安徽历史文化研究文库·第十四辑

U0883737

淮河文化传统与文化自信

——第九届淮河文化研讨会论文选编

主　编　马　雷　张立驰
副主编　江　涛　程继新

合肥工業大學出版社

图书在版编目(CIP)数据

淮河文化传统与文化自信:第九届淮河文化研讨会论文选编/马雷,张立驰主编.—合肥:合肥工业大学出版社,2018.10
ISBN 978-7-5650-4197-6

Ⅰ.①淮… Ⅱ.①马…②张… Ⅲ.①淮河流域—地方文化—文集
Ⅳ.①G127.54-53

中国版本图书馆 CIP 数据核字(2018)第 231049 号

淮河文化传统与文化自信
——第九届淮河文化研讨会论文选编

马 雷 张立驰 主编　　责任编辑 朱移山　　责任校对 孙南洋

出 版	合肥工业大学出版社	版 次	2018 年 10 月第 1 版
地 址	合肥市屯溪路 193 号	印 次	2018 年 10 月第 1 次印刷
邮 编	230009	开 本	710 毫米×1000 毫米 1/16
电 话	人文编辑室:0551-62903915	印 张	32.25
	市场营销部:0551-62903198	字 数	580 千字
网 址	www.hfutpress.com.cn	印 刷	安徽昶颉包装印务有限责任公司
E-mail	hfutpress@163.com	发 行	全国新华书店

ISBN 978-7-5650-4197-6　　定价: 65.00 元

如果有影响阅读的印装质量问题,请与出版社市场营销部联系调换。

安徽历史文化研究文库

编委会

主　任　马　雷

委　员　卜幼凡　江　涛　周祥飞

　　　　程继新　张　宏　葛　跃

编辑部

成　员　程继新　张浩淼

　　　　李井伍　许宝喜

前 言

“厚重安徽”是安徽省社科联重点打造的地方历史文化研究平台，旨在组织开展对安徽地方历史文化的研究，注重挖掘整理安徽深厚的地方历史文化资源，结合时代精神和发展需求，推动安徽地方历史文化的创造性转化和创新性发展，不断提升当代安徽文化的软实力，进一步增强安徽文化自信，促进创新型文化强省建设。

2017年8月5日，第九届淮河文化研讨会在亳州召开。本届会议由安徽省社科联和亳州学院联合主办，省淮河文化研究会、亳州市社科联和亳州学院亳文化研究中心协办。研讨会坚持以习近平总书记在哲学社会科学工作座谈会上的重要讲话为指引，贯彻落实《关于加快构建中国特色哲学社会科学的意见》《关于实施中华优秀传统文化传承发展工程的意见》等文件精神，大力弘扬社会主义核心价值观，以“淮河文化传统与文化自信”为主题，从考古学、历史学、民俗学等视角对淮河文化进行了广泛交流与探讨，进一步明确了对中华文明起源及早期文明交流与发展状况的认识，增强了对中华文明的认同感与自信心，促进了建设创新型文化强省的自觉性与主动性。研讨会共收到论文112篇，来自沿江各市社科联的嘉宾和省内外专家学者、有关单位代表，共计120多人参加了研讨会。

本届研讨会参与面广、成果丰硕，从专家学者提交的112篇论文来看，研究领域涉及淮河流域思想文化、经济社会、历史人物、典籍考古、文学艺术等各个方面，研究的水平进一步提升，体现了淮河文化研究的最新进展。当然，进一步深化淮河文化研究，还需要结合当今淮河流域经济社会发展的实践和现实需求，在拓宽理论视野、创新研究方法上，要不断推动淮河文化研究向纵深发展上下功夫；在坚持打淮河文化研究品牌、着力提高文化自信，繁荣发展哲学社会科学上下功夫。

《淮河文化传统与文化自信——第九届淮河文化研讨会论文选编》作为安徽省社科联《安徽历史文化研究文库》的第十四辑出版。为充分反映本次会议优秀学术成果，我们会后对与会论文进行了重新梳理，精选了60篇编辑出版，部分作者对提交的论文作了修订。亳州学院、合肥工业大学出版社的领导和编辑对论文集的编辑出版付出了辛勤劳动，在此一并表示衷心感谢。

编辑部

2018年4月

目 录

一、文化自信研究

二、经济与社会研究

三、历史人物研究

四、典籍与考古研究

五、文学艺术研究

六、附　录

研究淮河文化 增强文化自信

陆勤毅

中国这片土地是人类的重要起源地之一。旧石器时代是实现人类体质进化的时代，以黄河、长江、淮河流域为代表的中国境内适合早期人类生存的广大区域都发现过原始人类活动的遗迹。在完成了原始人进化到现代人以后的新石器时代，中华民族和中华文化都进入了起源阶段。生活在各地的人们创造了前所未有的物质文化和精神文化，淮河流域在此过程中发挥了重要的作用，形成了独具特色的“淮河文化”。

一、淮河文化之成立

淮河在黄河“夺淮入海”之前是一条东西流向、拥有独立入海口的河流，为“四渎”之一。其流域范围东至黄海，北至沂蒙山和黄河南堤，西至伏牛山、桐柏山，南至大别山和皖山余脉，覆盖了当今的河南、江苏、安徽三省的近半面积以及鄂东北的小部分和鲁南的大部分地区。淮河流域地理气候条件接近，在地貌上以广阔的冲积平原为主，除江淮之间的局部区域外，基本属于开放的地理环境；自新石器时代开始，流域内的物质文化面貌较相近，在此基础上产生的精神文化形态风格一致，具有较明显的文化同一性，故可以将淮河流域的文化作为一个文化单元来研究。淮河流域面积约 30 万平方千米，较之黄河流域的 75 万平方千米和长江流域的 180 万平方千米，范围相对有限，环境差异不大，便于形成相对独立的文化圈。

淮河文化所处地域位于中原腹地及其周缘地带，自史前时代就是沟通南北的重要区域，是探索中华文明起源的核心地域之一，在中华文明起源的过程中发挥了重要的作用。淮河流域的人们及其创造的文化既是中华民族和中华文明的重要来源之一，又在中华民族和中华文明发展的各个历史时期发挥着独特的重要的作

作者简介：陆勤毅，安徽省委宣传部原副部长，安徽省社科院原党组书记、院长，安徽省淮河文化研究会会长。

用。因此，无论是研究中华民族和中华文明的过去，还是实现继承和发扬光大中华优秀文化的历史重任，都不得不把淮河文化放在重要的位置上。

由于淮河流域处在南北文化交汇地带，这块土地上孕育产生的淮河文化呈现出丰富复杂的面貌。史前时期的淮河文化，可以依其流域划分为上、中、下游三个区域，并可分为三个阶段：第一阶段为距今 7000 ~ 9000 年，上游有裴李岗文化，中游和下游上段有小山口—顺山集类型文化，下游其余地段文化暂缺；第二阶段为距今 5000 ~ 7000 年，上游有仰韶文化大河村类型文化，中游有双墩—侯家寨类型文化，下游偏北区域依次为北辛文化和大汶口文化，南部为地方类型龙虬庄文化和青墩文化；第三阶段为距今 4000 ~ 5000 年，在其早一时段，淮河流域上游有相对于庙底沟二期文化的遗存，中游、下游基本为大汶口晚期文化类型分布范围，有尉迟寺类型和花厅类型，至其后一阶段，则基本过渡到龙山文化时期，上游有王湾三期文化、中游有王油坊类型文化、下游主要是山东龙山文化分布区，在下游南部区域还有少量良渚文化分布。

夏商周及其以后的各个历史时代，在地理概念上淮河流域是地处中原的中央王朝的必争之地，是沟通中央王朝与东南地区不可缺少的区域，是实现大一统政权的重要资源。在文化概念上，淮河文化既是中华文化的重要组成部分，又对中华文化的形成、融合、发展起到催化和推动的作用。

二、淮河文化之研究

从历史文化研究的角度看，“淮河文化”是一个较新的名词，类似的名称还有“淮系文化”“淮河流域文化”“淮文化”等，是由淮河流域本地学者 20 世纪 80 年代率先提出，20 世纪 90 年代以后淮河文化的研究力量逐渐发展壮大，参与力量主要以考古学者、历史学者和地方从事经济、文化、地理、水利研究的学者为主，并且成立了相应研究机构，定期召开有关淮河文化的研讨会，其中以安徽省社科联主办的会议最具影响力，参与的学者最为广泛，迄今已召开八届，学者们对淮河流域历史、地理、考古、历史人物、重大事件、非物质文化遗产、民风民俗、文化地理、经济发展等问题有着较广泛的讨论，会后都将论文结集出版。此一系列机构的成立和会议的召开，对淮河流域文化研究的深入和社会影响力的扩大起着较重要的促进作用。正是由于这些学术活动的开展和研究成果的积累，淮河文化已经为学界和公众所关注和认可。

考古学界对淮河文化的关注实际可以追溯至 30 多年前，著名考古学家苏秉琦根据淮河流域有限的材料，就曾指出“不能把黄河流域、长江流域的范围扩大到淮河流域来，很可能在这个地区存在着一个或多个重要的古代文化”，而这一推论今天看来，无疑是极具前瞻性的。但在当时，由于考古材料的限制，淮河古文化还未有一个明确的提法。20世纪80年代中后期以来，随着淮河上游贾湖遗址、中游皖北片史前遗址的发现，一批新成果使得学界对淮河流域有了全新的认识，并由苏秉琦先生倡导于1990年在合肥召开了"苏鲁豫皖考古座谈会"，淮河流域文化被正式提上了议事日程，此后又召开了相关的学术会议，为史前淮河文化的研究提供了一个重新认识和重新研究的平台。参与的考古学者开始关注淮河文化的内涵研究，尤其是旗帜鲜明地提出"淮河文化"或"淮系文化"，并在取得大量田野考古发掘资料的基础上，持续关注淮河流域史前文明的特征及其起源与发展脉络。

其中一些考古学者和先秦史专家对史前淮河文化关注较早。陆勤毅1991年曾根据新石器时期淮河中下游考古资料，提出过"淮河文化"的概念，认为淮河中下游地区对中国古代文明的产生作出过贡献，说明淮河文化是中华民族文化的重要基础之一，并且发挥了促进中国古代文明早日诞生的催化作用（见《安徽大学学报》1991年第3期）。周崇云也以淮河流域的原始经济资料考察了当地史前文化形成和发展的基础（见《安徽大学学报》1999年第5期）。李修松综合运用了考古和文献材料论证了先秦至秦汉期间淮河流域在全国的历史地位（见《安徽大学学报》2003年第6期）。陈立柱、洪永平对淮河文化的概念进行了学术意义的阐述（见《安徽史学》2008年第3期）。高广仁则从考古学资料出发系统论证了"淮系文化"存在的意义，简述了先秦时期淮夷文化发展脉络及淮系文化的成就，并最终融入夷夏共同体之中。文中强调了裴李岗文化是形成史前淮系文化群的主源（见《东方考古》第1辑，科学出版社2004年版）。《郑州大学学报》于2005年第2期辟出专栏刊发了一组淮河文化笔谈文章，分别邀请高广仁、张居中、栾丰实、张敏、陈朝云等考古专家，就淮系文化的存在，淮河流域古代文明的源头，淮河流域古代文明与海岱地区、长江流域古代文明的关系及夏商周中原王朝文明对淮河流域古代文明的影响和辐射等诸问题展开论证，从宏观层面探究了淮河流域古代社会的文明化进程，其观点摆脱了早期对淮河流域文化理解的片面性，而将淮系文化确立下来，考量其在文明形成前所作的贡献。这组文章尽管较为简略，但其适时的提出，无疑为此后相关研究起到了积极作用。近十年来，学界以淮河流域这个特定地域为选题，在流域内的环境与聚落变迁、史前文化与文明化进程、原始社会经济模式等专题研究上取得了一些成果，至于一些个案的研究则更是数量众多，总体上呈现出一派繁荣的景象。

归纳起来，"淮河文化"的概念，总体而言是指历史上生活在淮河流域的人们创造的物质文化和精神文化的总和，其包含的内容非常丰富，年代由远古至当今，是一个宏观意义上的定义。但是，不同的学科对淮河文化有不同的认识。例如，考古学所说的“淮河文化”是指淮河流域人类活动遗址、遗迹、遗物以及由它们呈现出的生产生活场景、社会结构、精神面貌等文化现象。历史学则主要通过文献资料研究各个历史时期淮河流域的文明成果，从而得出对不同历史时期“淮河文化”的认识。民俗学主要以淮河流域的民俗历史资料和现存的民俗现象为研究对象，以此为依据得出关于“淮河文化”的种种结论。如此等等，不一而足。它们从各自的学科角度为淮河文化的研究发掘资料、积累成果、创新观点、构建体系。

三、研究淮河文化之意义

研究淮河文化能够明确人们对中华文明起源以及早期文明的交流与发展状况的认识。淮河流域和长江流域、黄河流域几乎同时出现了文明的曙光，因而淮河流域成为中华文明探源工程关注的重要区域。淮河流域处于南北气候带的交界处，自然生态复杂多样，原始时代就是人类生息繁衍的理想之地。在距今7600~9000年的河南舞阳贾湖遗址中不仅发现了陶器、磨制石器、居址、墓葬等遗迹，而且发现了具有七音阶的骨笛和刻画在骨头上的符号，说明此时音乐、记事符号、灵魂安置这三大早期文明的标志在淮河流域皆已出现。安徽蚌埠双墩遗址，距今约7300年，发现600多件陶碗，圈足内刻画符号多达几十种，许多符号具有象形、会意的性质，这类刻画在定远侯家寨等遗址也有发现。有学者认为双墩刻画符号已经具备文字雏形的意义，著名历史学家李学勤先生断言双墩是世界同时期发现刻画符号最丰富的遗址。蒙城尉迟寺遗址是淮河流域的又一重大考古发现，在这个距今4300~4800年的大型聚落遗址中发现了连排的房屋建筑基址、氏族集体活动的中央广场、加工精细的石器和陶器、用于祭祀活动的鸟形神器和完善的墓葬制度，这些都充分反映当时人们的物质文化和精神文化成就已经达到很高的水平。在整个新石器时代，属于淮河流域范围的不仅是安徽境内，苏北、鲁南、豫东一带的文化面貌大致相同，充分表明淮河文化理所当然应成为中华文明的重要源头之一。我们研究淮河文化的一个重要目的，就是通过考古发现和文献资料，进一步厘清淮河流域在中华文明起源过程中的作用，厘清淮河文化与长江文化、黄河文化的关系并进而发现早期南北文化交流对推动中华文明产生、交流、发展的意义。

研究淮河文化能够增强人们对5000年中华文明的认同感和自信心。5000年中华文明的最大特色是绵延不绝、内涵丰富、在交流中融合、在融合中升华。处于以长江文化为代表的南方文化和以黄河文化为代表的北方文化过渡地带的淮河文化于其中发挥着不可替代的作用。固镇垓下龙山文化城址的发现，是考古发现淮河流域距今约5000年的标志性成果，其内涵充分证明此时淮河流域已经跨入了文明的门槛，这个时期大致处于史书记载的三皇五帝等传说时代，城市的出现被学术界公认为人类进入文明社会的重要因素。到了夏禹时期，“大禹治水”的任务之一是治理淮河。为了完成这一历史使命，“禹娶涂山女”，以联姻的方式与生活在今蚌埠一带的涂山氏结成联盟，并号召天下方国共襄治水大业，形成了“禹合诸侯于涂山，执玉帛者万国”的局面。在淮河流域发现的这一时期的遗址、遗物印证了大禹治理淮河活动的存在。商周时期，位于黄河中下游一带的中央王朝势力强盛，位于淮河流域的淮夷、南淮夷、徐、六等方国与商周王朝同时存在。商周王朝屡次征伐位于今皖北、苏北一带的夷方，主要是为了向东南一带扩张，夺取铜矿资源，获取冶铜技术，以实现和巩固商周中央王朝在科技和文化上的领先地位。淮河流域此时成为南北文化冲突、交流、融合的必经区域。到了春秋时期，在过去长期的文化冲突、交流、融合所积累的成就基础上，出现了“百花齐放、百家争鸣”的文化繁荣景象，管子、老子、庄子、孔子、孟子等一批大思想家出现了。他们中的大多数生长于、活动于、成就于淮河流域，以至于我们完全可以这样说“淮河流域是中国古代思想家的摇篮”。秦统一中国以后的历史时期，淮河流域继续在中华文明发展中发挥作用，淮河文化得到进一步的丰富和升华。在中国封建社会2000多年的历程中和近现代以来，从来没有停止过文化的继承、积累和发展，而淮河文化就是其中的重要内容。在淮河流域发生了无数件影响中国历史进程的重大事件，这些事件包括思想的、文化的、军事的、科技的、生产生活的，如此丰富精彩的篇章组成了淮河文化的主要内涵。因此，我们认识淮河文化就是认识中华5000年文明的一个重要组成部分，我们研究淮河文化就是进一步加深对中华文明的理解、提升对中华文明的信心。

研究淮河文化能够提高建设创新型文化强省的自觉性和主动性。安徽省第十次党代会提出全面建成小康社会，既要物质富足，又要精神富有，要着力推进文化繁荣发展，坚持社会主义先进文化前进方向，以高度的文化自觉和文化自信，深入打造创新型文化强省。经济强省是基础，决定着安徽发展的物质文明水平和全面实现小康社会的经济基础，关系着老百姓的衣食住行等物质生活状况；生态强省是关键，经济发展的同时保持空气清新、山川秀丽、水源洁净、食品药品安全是科学发展的具体体现，只有在科学发展的前提下才能实现人与自然、人与人、人与社会的和谐；文化强省是灵魂，文化是渗透于每个国家、每个民族、每个人精神层面的财富，拥有这样的财富需要继承优秀文化传统、吸收外来文化精华、创新文化发展思路，形成自身文化特色。淮河文化历来是中华文化的重要组成部分，当然也是安徽文化的有机内涵。孕育淮河文化的区域范围包括安徽约一半的面积，生活着安徽一半以上的人口，深入研究淮河文化自然成为创新型文化强省建设不可缺少的内容。更为重要的是，经过几千年积累发展的淮河文化中包含着中华文明的许多优秀成果，我们研究淮河文化，了解历史上淮河流域的兴衰得失，不仅有利于我们今天在打造创新型文化强省中加以吸取和消化，也可为建设创新、协调、绿色、开放、共享的美好安徽提供借鉴。与此同时，具有丰富内涵的淮河文化既为我们提供了充分的研究素材，又使我们对创新型文化强省建设充满信心、更加自觉。

淮河文化与城市精神

陈立柱

摘 要：淮河文化强调天人合一、道法自然、道德本位与和平主义，是农业文明精神的体现与典型代表，一定意义上也是中国文化的代表。农业重土地、朴实与和平，所以这里的城市并不发达，历史上淮河流域的城市主要是中小城市，治安管理与军事驻守职能突出，工商业的发展很薄弱，城镇不过是农村的集市而已。这种历史文化背景对于淮河流域现代城市发展有重大影响，这里虽是中国中东部核心地带，但至今没有出现经济发达的大都市。淮河流域的城市发展既要考虑历史传承，也要注意国家生态文明建设的大方向，走文化为主的城市建设可能就可以兼顾各方面。如此，则淮河流域这块“经济洼地”与周边“工业高地”之间也容易形成互补，相得益彰。这需要国家统筹考虑与顶层设计。

关键词：淮河文化；农业文明；生态文明；城市建设

一、“城市”意味着什么：中国与西方的基本差异

城市是历史发展到一定阶段的产物，城市文化是复杂之智力的产物，具有物质文明的成分，是各种建筑设施、礼仪规划与艺术呈现的集中表现，也是复杂理智活动的产物，有一套完整复杂的管理系统，所以说城市是文明的承载器或储藏器。城市精神意味着系统、复杂、智力、雕饰、礼仪等一系列物质的与精神的东西。不同地方的城市因为地方性、区域性历史文化的因素而有所不同。上海是元代以后出现、近代迅速发展的大城市，受到海外因素与近代西方文明影响大，海味明显。北京辽代以来就是京都，礼仪文化、天子气象极其突出，北京的道路都

作者简介：陈立柱，华南师范大学历史文化学院教授，安徽省淮河文化研究中心研究员。

是正南正北笔直有序的。合肥汉代建城，“城在四水之中”，三国时期一度成为扬州府治的所在，但是1949年以前一直在州与县两级徘徊，深受地方乡村文化的影响，其现代化区域性都市建设开始于几十年前，城市的文化特点还不突出，还在建构之中。[①] 蚌埠市是“火车拉出来的城市”，应该说是比较现代的城市，也是曾经被认可的工业城市，但是市民的农民气息很浓，这里的人大部分两代以上都是农民。

西方文明的源头是古希腊，古希腊时期是城邦文明，那里土地贫瘠，三面靠海，围绕着海滨与山间盆地建立了很多小城镇，围绕着城市形成城邦，在城邦联合与争夺、海外殖民与贸易中发展自己。所以古希腊文明城市的印记很明显，在城邦中建构了古希腊文化的精神，城邦公民与商业气息都很浓厚。中世纪西方城市也多是工商业中心、消费中心，封建领主在庄园里收租，住在城堡中，经常到城里消费，城市常常是领主的一部分，但城市市民可以通过出钱买取城市的自由、选举权等。所以在西方，城市成为资本主义的起源地。

中国古代的城市则是另一番景象。《吴越春秋》说：大禹的父亲鲧“筑城以卫君，造郭以居人，此城郭之始也”，说的是城郭起源于鲧，目的是为了保卫君主与人民不受侵害。所以中国早期的城市都是政治、军事据点与消费中心，王城的布局是“左祖右社，面朝后市”，即王宫为中心点，然后是官僚办事机构与住宅，再后就是他们生活的市场和百工居地。最初的城市叫“邑”。“邑”这个字，过去有很多种解释，说下部为人，上部表示城居。笔者有一个考证是，甲骨文、金文中，邑字上面最初是圆圈，是上天的表示，下面一个跪着的人的形象，整体上就是祈求上苍保佑，所谓“自邑告命” “廷告于天”，人群聚落即围绕告（请）命之神坛祭所而建，所以有“左祖右社”的情况。这是上古城市起源的关键，即政教中心。[②]

中国城市起源很早，6000年前郑州西山就建设了古城，4000年前到5000年前的时候，一大批城池在中国大地出现，从南到北、从东到西纷纷建城。但是中国有一个很有意思的现象是，天下共主大邦的所在城不用建设城墙，只需要外围的诸侯国建城作为守卫，所以夏、商、周、秦国都城都没有城墙。中国是直到汉代才开始在天子所居住的京都长安建设城墙的，也是到了汉代（高祖六年），政府下令天下所有郡、县都要建设城墙，在这之前不是所有的政治中心都有城墙的，有的就是依山傍水的居邑。

可以看出中国最初对于城市的理解就与西方的不同。所以中国先秦的思想家

① 陈立柱：《探究合肥城市的文化之魂》，《合肥日报》2015年12月31日（理论版）。

② 陈立柱：《邑字缘起新说》，《殷都学刊》2004年第4期。

们都是大地行吟者，他们在农村、在河边教授学生，完成对于中国文化思想的精神建构。孔子学说人称“洙泗学”，就是在洙水、泗水边上教学思考。老子的老家在“曲涡间”①，河流纵横的“沛地”②。沛者，水草丰茂之谓也。庄子也是在濠梁间与惠施论辩的。后来的曹操在城郊50里的地方筑茅屋读书，郑樵在夹漈山读遍天下书，也汇天下书为一书，完成《通志》。宋元以后出现的书院很多都是建在山间溪旁的。中国文化人对于自然的认可更胜于对热闹都市的向往。相反，西方的大学大都是建在城市里、寺院中。

不能说中国古人排斥城市生活，但可以说中国人不把城市看作自己的根或者归宿，而是看作有所作为、立功名于天下的地方。在城市考试、做官，一旦功成名就了，老了都要告老还乡，总是强调“叶落归根”，所以中国人的“根”意识很浓，城市生活不是追求的目标。“根”在哪里？在老家，在农村。这就与中国文化以农业为根本密切相关。传统中国社会是农业社会，以种地生产为主业，城里的人大都是农村过来的，所以中国人本质上是农民。农民希望什么？风调雨顺，和平没战争，与大地交往要道法自然，天人合一，所以平安无事被视为生存的理想境地，“道不拾遗”“天下太平”八个字是中国古书中对于理想社会生活描述最多的用语。过去打更更夫好说一句话：“太平无事喽！”最集中地说出了中国人的心声。这些都是农业社会生活的期盼。所以率性的为人、朴实大美与内在充实的生活是中国人的通常表现，而西方很早就有的科学理性精神、市场意识、法律观念等，在中国古代则很淡薄。

中国人为什么会这样？这就要到总结与阐发中国文化精神的先秦诸子的身上去寻找答案，而先秦诸子的主要代表人大多出生于淮河流域。如老子（涡阳，一说鹿邑）、孔子（曲阜）、墨子（淮北市，一说滕州）、庄子（蒙城，一说民权）、孟子（邹县）、韩非子（新郑）等，更早的还有姜尚（临泉、新蔡一带）、管子（颍上）等，这些人都是在淮河流域出生的。荀子，在赵国出生，但是他15岁就到淮河流域发展，后到齐国的都城稷下学宫“三为祭酒”，就是学长，再后来就在楚国做兰陵县（今山东苍山兰陵镇）令，著述终老于兰陵，也在淮河流域。所以先秦时期很多有名的思想家都是淮河流域出生长大的，淮河流域成为“中国文化的中原”、中国思想文化精神创发的根据地。③ 范文澜曾指出，先秦中

① 郦道元：《水经·涡水注》，陈桥驿校证本，中华书局，2007年。

② 《庄子》之《天运》《寓言》，《刘文典全集》（二），安徽大学出版社、云南大学出版社，1999年。

③ 陈立柱：《淮河文化研究的现状与反省》，《学术界》2016年第9期。

国有三个文化中心，即宋国、鲁国与齐国①，宋、鲁都在淮河流域，文化中心形成也早，而齐国的文化中心稷下学宫则是从陈国（今河南淮阳市，淮河中游地区）去的公子完后人建立的。春秋以后齐的君主是田（陈）齐，不再是姜齐。可以看出齐国文化发达和淮河流域关系密切，从姜尚、管子到稷下学宫的很多学者，大都是淮河流域出生的人过去的。可以看出，淮河流域产出的学人奠定了中国文化的基本格局，他们的思想观念深刻地影响了中国社会历史文化的每一层面。

二、淮河流域地理形势与文化精神取向

为什么是淮河流域出生的人而不是长江、黄河流域出生的人成为阐发中国文化的主力军？根本的原因就在于淮河流域的地理形势与社会经济生活。中国四周是高山阻隔与大海为限，淮河流域位于中国中东部的中心地带、核心地区，所以在中国的每一个地方政权发展起来之后，都要向中东部挺进，淮河流域就成为早期中国大规模持续性争夺的战场，同时也成就了它作为四方文化风云聚集的核心地带，所以很早的时候淮河流域就成为南北西东四方文化融汇的场所。目前所知至少可以追溯到大汶口文化与仰韶文化时代（5500 年以前）。那个时候西部的仰韶文化族群与东方的大汶口文化族群不断地在淮河流域中游一带交融碰撞，一会儿大汶口文化族群向西推进多一些（一度到颍水上游），一会儿仰韶文化族群向东推进多一些。另外，北方（内蒙古东南部）的红山文化与江淮南部的凌家滩文化两地出土的玉人十分相像，学者已指出两地有很多交流②，他们的来往自然也得通过淮河流域。到龙山文化时期，东部山东龙山文化、南部的良渚文化村与西部河南龙山文化在淮河流域进一步交往、对抗与融合，也是你来我往此消彼长，主要的交界线在今天的河南杞县、商丘到安徽的临泉、寿县一带。夏商周三代，淮河流域更是“三代”交往的中心，夏族以河南洛阳一带为中心，与东边的商族夷族交通往来与战争争夺，考古学上就是二里头文化与岳石文化的东西对立，焦点也在淮河中游地区的豫皖交界一带。③ 到了春秋时期，北方的三晋文化、东边的齐鲁文化、西南的荆楚文化、东南的吴越文化全都向淮河流域扩张发展，齐、楚、吴、晋等国的军队都曾多次打到地处淮河中游的亳州及其附近。这里也是楚国向东北方向发展的根据地，所谓“夏路以左”④，所以淮河流域的国

① 范文澜：《中国通史简编》第一编，人民出版社，1959 年，第 78 页。

② 李新伟：《中国史前社会上层远距离交流网的形成》，《文物》2015 年第 4 期。

③ 宋豫秦：《夷夏商三种考古学文化交汇地域浅谈》，《中原文物》1992 年第 1 期。

④ 《史记 · 越王勾践世家》，中华书局，1982 年。

家虽然都不是很大（但都很古老），如郑、宋、鲁等只是二流的国家，徐、陈、蔡等甚至是三流国家，但都是各国交流往来的通道，诸子百家的行吟之地、周游之所，文化交流十分频繁。交流碰撞容易产生火花，文化交融则产生新的思想观念，这里自然就成为思想文化的中心、文化代表人物的产出地了。秦国早期都是利用别国的人才，自己不产，晋国也是“楚有材，晋实用之”的①，原因就是秦晋一带很少有文化人才交流互动。后来在淮河流域生活的墨家人物许多去了秦国，帮助秦国一步步强大，灭掉六国，统一全国。②

淮河流域周边虽有一些山区，但是因为自身面积广大，有 27 万多平方公里③，平原面积广阔，占绝大部分，所以这里的政治战略地位不如关中、洛阳平原与北京的险要，这就决定了其不会成为政治重地，大城市也很少在这里出现，但是思想文化的火花在这里肯定会成为燎原之火。北宋都城开封，属于淮河流域，可以视为一个例外，这个例外不仅能证明这里不适合建设大都市，甚至足以说明这里不适合成为政教中心，因为北宋的两位皇帝就是从开封被掠走的。长江流域的南京成为六朝古都，虎踞龙盘，但也是特殊背景下的产物，南京并不适合成为中国这样一个地理面积广大而复杂、人口众多而密集的国家的首都。黄河流域一直都是政教中心，主要因为其地理形势与战略地位，可以较好地应对来自北方游牧民族的冲击，一马平川的淮河流域就只能是争夺、决战之地了，所以淮河流域的战争比较多。

从淮河流域内部看，农业生活是这里经济发展的最主要的经济形式。早期淮河流域河流纵横，密如织网，对于早期生产力比较落后的古人来说，平原土地容易开垦，加上这里水多，容易生存，土地可以种植水稻、麦子、黍稷等，水族生物也是生活的重要来源。所以这里的农业很早便十分发达，人口众多。《战国策·宋卫策》记载说“宋无长木”，就是说宋国土地开垦得很充分了，战国时期森林都开发了，没有可以当作大料的树木了。此时，欧洲绝大部分还是蛮荒之地。汉代人口最多的几个郡，汝南郡（全国第一人口大郡）、沛郡（第二人口大郡）、颍川郡（第三大郡）等，都在淮河流域，《汉书·地理志》还说宋国这个地方“其民犹有先王遗风，重厚多君子，好稼穑，恶衣食，以致畜藏”，用今天的话说就是这里的人主要是种庄稼，不太讲究吃穿，为人厚实而有君子之风，喜

① 《左传》襄公二十六年，杨伯峻《春秋左传注》本，中华书局，1990 年。

② 何炳棣：《国史上的“大事因缘”解谜——从重建秦墨史实入手》，《光明日报》2010 年 6 月 3 日。

③ 关于淮河流域的面积、长度与发源地，中国科学院遥感应用研究所重新做了研究，认为总面积为 274657 平方千米，源头在河南嵩县车村镇东溪沟，最长度为 1252 千米，参见《中国科学家重新确定淮河源头》，《新华网》2012 年 11 月 26 日。

欢聚财，这是淮河流域平原地带早期居民的典型特征。宋国就在淮河流域的中游，早期都商丘，当时叫宋城，后来迁到相城，今淮北市。[①]

在较为纯粹的农业生活中长大的淮河流域诸子，吸收了本地农业文化的营养，再受到其他不同地方文化的启发，产生各种不同的思想火花，各人以其所得阐述自己的思想意愿，彼此交流、融汇，所以这些人既具有共同的方面，或者叫共性，又有自己的特色，成就了先秦时期淮河流域的文化盛宴。黄河流域、长江流域都没有这样的地理中心、人口众多与文化融合的优势。所以，黄河流域最后成为中国的政教中心，而长江流域的经济特色更明显。比较而言淮河流域成为中国思想文化的中心，或者说中国文化精神的阐发地、“中国文化的中原”，这种思想文化就是以农业为重心、为本体的文化。

先秦诸子阐发的中国文化内涵丰富，形式多样，总体来看共性的地方主要有三个方面：一是倡导人与自然和谐，承认人与自然是融合而不是对立的关系，即“天人合一”“道法自然”，而不是一味地向自然攫取，战胜自然；二是道德本位意识，强调“道生之，德蓄之”“一切止于至善”，即道义为先，德主刑辅，过去经常宣传的“四维”“八德”等，都是具体的表现；三是中国文化的和平主义取向，从先秦时期的“协和万邦”“弭兵”运动、“和为贵”“和而不同”，到今天的“和平共处”“和平崛起”等，都与西方普遍主义思想中的“文明冲突”意识不同。这三点分别关注的是人与自然、人与人、人与自身及国家，即人类生存活动的主要方面，体现的都是比较纯粹的农业文明精神，是农民精神的写真与生活希冀所在。

如此，则淮河文化的这种精神指向与上文所说的现代城市化的内在要求之间就存在了差别，一定意义上也可以谓之“内在矛盾”。

三、淮河文化与现代城市精神的内在矛盾与化解

可能是由于以上的原因，淮河流域虽然是中国中东部的核心地区，但是没有成为政教中心，没有像样的大城市，多是一些防御性的中小城市，虽然本地人口仍然是全国（农村）最稠密的。古代淮河流域的重要城市，如徐州、开封、曲阜、亳州、寿春、淮阳、汝南、商丘、四洲、相城、济宁等，都是一些戍守性质的城镇。隋唐大运河通济渠流经淮河流域，曾经产生一批州县城镇，如宿州、灵璧等，但是一方面这个运河到南宋初就不通航了，另一方面主要是国家漕运的需要，有一些商业影响，但是不深刻也不持久，没有能产生出商业味道浓厚的发达

① 陈立柱：《战国时宋都彭城辨》，《安徽史学》2009 年第 3 期。

城市。宿州成为州一级别的城市，主要因为它的地理形势，它在徐州之南，又不像相城距离徐州太近，可以南控淮河、北接徐州，控制1万多平方公里的土地（这是古代中原地区州、府一级单位控制地区的基本情况）。扬州的繁华从汉代吴王刘濞时已经开始了，以后得益于南北大运河的交通与漕运，而实际上扬州是宋元以后才成为淮河流域的城市的。近代以来，淮北、蚌埠的出现近代文明的产物，淮北的精致使其拥有不少现代城市的味道，那是受到上海文化精神影响的结果（上海人过来不少）。蚌埠市虽然是火车拉出来的，是比较现代的城市，但是市民的农民气息还是很浓的，并且发展得都很缓慢，根本不能与邻近的非淮域的城镇相比。

总体看，在诸侯国统治的时代（秦或者汉武帝以前），淮河流域的一些城市曾经成为商业相对发达的地方，如定陶（“天下之中”）、淮阳（“夏路以左”的位置）、寿春合肥（上古以来“江淮通道”的节点、输会之都）、泗县（古称夏丘、夏州，齐楚交汇之地）等，主要得益于诸侯国之间的贸易往来。汉代郡县制以后，连接中原与东南、南海的江淮通道一段的“江淮运河”即自合肥通到淮河一段，魏晋时断流，淮河流域的商业精神进一步萎缩，成为国家郡县组织一部分的淮河流域，就只是农业生产与南北纷争的战场了。后来的隋唐大运河与京杭（南北）大运河都只促成沿岸地区商业的短暂繁荣（也是有限的，扬州除外），广大的淮河流域因为经常的天灾（黄河夺淮）人祸（南北之间争战的战场）而贫困不堪。当明清时期江南出现经济型市镇的时候，西方的商业理性精神也在迅速张扬的时候，淮河流域正处在黄河泛滥、土匪横行、征战不断的生存挣扎之中，自然与人文生态被极度破坏。一本书说南宋“淮以北举不知有全书”[①]，地方志文献经常可以看到“宁愿带刀，不愿买犊”之类的记载，因为买把刀放在身上，既可以防身也可以抢劫而偷生，买回牛犊很可能晚上就被别人抢去。看看这里的花鼓灯，看看这里的泗州戏，再看看扬琴调，都是苦难艺术，是在逃荒要饭中凝结出来的。早期淮河流域培养的文化精神在宋元以后被“贫困文化”所取代，如重义轻利、知足常乐、安贫乐道、听天由命、得过且过、好逸恶劳、好吃懒做、轻死易斗等观念。“穷日子安分”“十亩地一头牛，老婆孩子热炕头”等是这种文化意识的典型代表。[②]

古人常说：“所过者化，所存者神。”过去的历史已经积淀为文化，产生对于今天有影响的价值指向，在社会主义建设的过程中就不能不考虑文化的影响。

---

① 郑元祐：《遂昌杂录》，文渊阁四库全书本。

② 陈立柱：《淮河文化研究要为流域经济发展服务》，《学术界》2004年增刊；《文化再造：淮河流域发展的新视角》，《咨政》第19期（2005年）。

历史是一面镜子，照出我们的身影，也指示我们前进的方向。

淮河文化是对于农业生活深刻体会的产物，和平、道德、率性、自然、朴实等是它最典型的特质，而城市就是要把人造的世界与自然的世界用城墙隔开，就是要标准化、科学化与理性化生活，更关注物质的、理性的、科学的、商业的、雕饰的与时尚的。也正因为如此，与城市化发展相一致的工业化在淮河流域没有得到很好的发展，淮河流域成为中国中东部地区工业化水平最低、现代经济发展最为缓慢的地区，被多数经济学家视为"经济洼地"，一定意义上可以说与其农业味太重、对于自然生活在本性上太过于推崇以及宋元以来的千余年没有为工业化发展、城市化生活培养更多的物质与精神准备相关系。

如此一来，淮河流域的现代城市化可能就是以建设"大文化"为主的城市建设，即以广义的文化建设为主导的城市建设，而不是通常教科书上讲的实现工业化以后的城市文化建设，像南方城市今天所做的那样。文化建设为主导的城市建设，与现代农业生态文明建设、各种类型的文化建设（如文教事业、文化休闲等）密切相关，也要充分利用周边工业集中地区（淮河流域周边基本都为"工业高地"）的互补关系搞好自己的文化建设。所以，淮河流域的工业建设主要是与生态文明建设相一致的一些工业化生产，如文化产业与文化事业、产业化的农业、与农业相关的工业生产、与周边工业化发展较充分的工业区互补的有关产业等。[①] 这样做符合淮河流域的历史人文精神和改革开放以来发展的实际，也与未来生态文明建设相一致。党的十八大从新的历史起点出发，做出"大力推进生态文明建设"的战略决策，从 10 个方面绘出生态文明建设的宏伟蓝图。2015 年 9 月 11 日中央政治局召开会议，又审议通过了《生态文明体制改革总体方案》，提出树立"六大理念"，秉承"六个坚持"，构建"八项基础性制度或体系"，因此淮河流域的发展要抓住国家提倡生态文明建设的机遇，迎头赶上。大规模工业化建设不适合淮河流域的发展需要，也与国家《全国主体功能区规划》（2010 年制定）的黄淮平原主要是"限制开发区"的目标不相协调。而生态文明建设精神与我们上面所说的淮河文化追求的目标是相一致的。这意味着未来淮河流域的城市发展一定要充分考虑本地地理与历史文化因素，照搬一般工业化发展路径是不适合淮河流域的实际情况的。

由于淮河流域分属多个不同的省份，在我们国家目前以省区为中心的发展格局中，光靠地方政府很难协同发展，因此从国家层面考虑淮河流域发展尤其是城市建设问题十分必要，就是设立综合考虑淮河流域发展战略的专门机构，针对淮

① 陈立柱：《探索淮河流域发展的新道路》（发布于 2016 年 11 月第四届"安徽文化论坛"上，蚌埠）。

河流域的实际进行调查研究、制定总体发展战略与分步实施计划等。此一问题较为复杂，笔者另有文专论。

结　语

古人总是强调叶落归根，农村才是自己的老家，而城市化是现代化的一种途径与方式，是工业文明的必然产物，似乎是人类发展的必经之路，尤其是淮河流域人口众多，不进行城市化很难消化这么多人口。这是一般人的思考，但是，研究淮河流域城市化、现代化建设，要充分考虑淮河流域的实际，考虑其历史与人文环境，即要考虑这里的人文社会与自然环境等多方面因素。西方现代社会的发展也说明一些地方的现代化发展不一定要先工业化才能实现现代化，可以借助国家与世界工业化转型的机遇，进行适合于自己的现代化建设。所以探索符合淮河流域发展的道路仍是目前淮河流域发展研究的当务之急。

城镇化是工业文明的产物，工业化是人类发展史上的一个阶段，并不是全部。人，并不绝对地需要都市生活，人类从丛林中走来，最终还是要回归大自然，这是生态文明成为必然选择的历史逻辑。淮河文化与现代工业化产物的城市精神存在内在的矛盾，但是淮河流域现代化的发展可以借助国家生态文明的理念与方向进行以广义文化为主的城市建设。

淮河流域的历史文化过去一直存在于故纸堆与淮河人的记忆深处，如今开始向人们发出呼唤，正视历史文化的现实存在才能在当下获得关于淮河流域发展的有益的启示，才能让生活变得真正美好。仅仅从外面发展的路径去说淮河流域的发展，难以为淮河流域提供更有参考价值的意见。这是过去几十年淮河流域工业化不甚成功给我们带来的最有价值的启示与教训。

淮河文明与淮扬区域文化发微

张　强　李巨澜

摘　要：中华文明主要由黄河文明、长江文明和淮河文明三大文明区域构成，淮河流域有独立发展的史前文化体系，可以与黄河文明、长江文明并立。由于淮河在长江和黄河之间，造就的文明形态从一开始便表现出兼容性、开放性的特质，可以说，淮河孕育的文明兼有黄河文明和长江文明的特点。在淮河文明的辐射下，经过长时期的积淀，淮扬区域文化的特点逐步显示出来，形成富有个性特征的区域文化。

关键词：淮河文明；黄河文明；长江文明；淮扬文化

一

中华文明主要由黄河文明、长江文明和淮河文明三大文明区域构成，三大河流对中华民族的形成有哺育之功。淮河流域有独立发展的史前文化体系，可以与黄河文明、长江文明并立。具体地讲，黄河是北方文明的典型代表，长江是南方河流文明的典型代表，淮河是江河之间的河流文明的典型代表。

上古时期，黄河中下游地区是华夏部族活动的主要区域，长江中下游地区是苗蛮部族活动的主要区域，淮河流域是东夷部族活动的主要区域。三大部族是中华民族历史形成的重要基础，三者之间的交流和碰撞铸造了中华文明的辉煌。在这一过程中，由于淮河在长江和黄河之间，其造就的文明形态从一开始便表现出兼容性、开放性的特质，可以说，淮河孕育的文明兼有黄河文明和长江文明的特点。

淮河流域有丰富的文化遗存。如河南省舞阳县北舞渡镇西南约3里处有贾湖遗址，贾湖遗址是淮河流域迄今发现的年代最早的新石器时代文化遗存，这一文

作者简介：张强，男，江苏沭阳人，淮阴师范学院原副校长，教授、博导，主要从事运河文化及中国古代文史研究；李巨澜，男，江苏淮安人，淮阴师范学院历史文化旅游学院院长，教授、硕导，主要从事中国近现代史及苏北区域社会史研究。

化遗址存在的时间与在黄河流域、长江流域发掘的新石器时代文化遗址的时间大体相当。贾湖遗址规模较大，保存完整，文化积淀极为丰厚，经过前后七次研究性的发掘，发现了距今 9000 年左右的房屋遗址 53 座、窖穴 370 座、陶窑 13 座以及灰坑、酒坊、墓葬、瓮棺葬等。发掘出土了近 5000 件的文物，其中，石磨盘、陶器、骨笛、契刻符号以及碳化的稻粒、陶器中的残留物等对了解淮河流域的社会生产生活、文化习俗等具有重要的意义，为人类文字史、音乐史、酿造史研究提出了新课题。具体地讲，舞阳酒坊是目前发现的世界上最早的酿酒作坊，表明人类饮酒已有近 9000 年的历史；用鹰腿骨制作的骨笛有约 8200 年的历史，是目前世界发现的年代最久、保存最为完整的乐器，骨笛的发现改写了世界音乐史，推翻了“中国笛子西来说”和“七声音阶外来说”。贾湖遗址既是淮河流域典型的早期文化代表，也是建立黄河中游至淮河中下游之间新石器文化关系的一个连接点。

淮扬区域是人类较早生息、活动的地域，新石器时代的青莲岗遗址和龙虬庄遗址是史前经济活动的典型代表。青莲岗遗址位于淮安市淮安区城东北 35 公里的宋集乡青莲村，北距古淮河 4 公里，分布范围约 4000 平方米。青莲岗文化是“距今 6000 至 7000 年淮河下游新石器时代早期文化代表，其社会发展处于母系氏族社会时期。它的发现，使得东南沿海地区的原始文化，同中原黄河流域的诸原始文化在地域上连成一片，形成了我国新石器时代文化的完整体系”①。龙虬庄遗址位于高邮市区东北约 9 公里，一沟乡龙虬庄村北，地势平坦，四周环水，海拔 2.4 米，总面积 43000 平方米。龙虬庄遗址是淮河下游史前文化内涵最丰富的新石器时代遗址。根据层位关系、器物形态特征和组合及文化构成等，龙虬庄的文化遗存大致可分为连续发展的三期。令人瞩目的是发现了 4000 多粒 5000 ~ 6600 年的碳化稻米，反映了龙虬庄人完成了水稻从野生型到栽培型的转化，稻种已从原始栽培稻转变为人工种植的栽培稻——粳稻。这一发现对进一步探索淮扬区域的史前文化，研究淮扬区域的古生态环境、稻作农业的起源和发展均具有重要意义。

青莲岗和龙虬庄是淮扬区域的代表性文化遗址，这两个遗址一个在淮扬区域北部的淮河之滨，一个在淮扬区域中南部的高邮湖沿岸，二者在地理环境、生活生产、文化内涵诸方面均具有极强的一致性。从自然地理环境看，青莲岗遗址和龙虬庄遗址均处于水网发达之区，地势平坦，湖沼遍布，气候温暖湿润，适宜人类生产生存。从经济生活看，采集、渔猎和稻作农业是其共同的经济基础，尤其

① 龚良．重构与解读——江苏六十年考古成就［M］．南京：南京大学出版社，2009：110.

是稻作农业在龙虬庄文化遗存的二期、三期已经相当发达，完成了由原始野生稻向人工栽培稻的转变。① 从器物形态特征及组合看，二者也极为相似，如陶器制作有夹砂红陶和泥质红陶，器形有釜、鼎、罐、豆、壶、钵、杯、盆、盘等生活用品，陶器纹饰有水波纹、八卦纹、鱼网纹等，同时还有石器、骨角器、陶器生产工具及装饰品等。可见青莲岗遗址和龙虬庄遗址文化面貌基本一致，同时又独具特色，具有完整的文化序列和稳定的文化特征。龙虬庄遗址因其文化遗物的丰富和独特，对于重新认识青莲岗文化和江淮东部地区的原始文化具有极其重大的学术价值，诚如学者高鸣所说："龙虬庄遗址的发掘，确认了在距今5000~7000年前江淮东部地区存在着一支文化风格独特、特征稳定、序列完整的原始文化，它既不同于淮北的北辛文化和大汶口文化，也不同于江南的马家浜文化和崧泽文化，从而填补了这一地区新石器时代早期古文化遗址的空白。这一发现不仅解决了20世纪50年代青莲岗文化提出后在分布地域、内涵特点等问题上的争议，而且对进一步探索江淮地区的史前文化，研究这一地区的古生态环境、海岸线变迁，推动苏、鲁、豫、皖考古研究的发展均具有重要意义。"② 此外，海安青墩遗址也是淮扬区域重要的新石器时代文化遗址，其墓葬的葬式、头向、葬俗均和龙虬庄遗址相似，出土的石器、陶器、骨角器及玉器等也与龙虬庄有共同的特征，从文化总体面貌来看，青墩遗址与龙虬庄遗址具有一致性，二者属于同一种考古学文化。总之，青莲岗和龙虬庄遗址是淮扬文化的早期代表，体现出淮扬文化兼容南北的文化内涵和过渡性特征，淮扬区域作为中国沿海文化与内陆文化、长江文化与黄河文化交流的走廊，为史前文化的交融汇聚发挥了重要作用。进而言之，青莲岗和龙虬庄文化遗址可在一定程度上揭示淮扬文化在中华文明演进历程中的价值和地位。

从另一个层面看，贾湖遗址与青莲岗、龙虬庄遗址之间存在着某种内在的联系。如中国科学技术大学张居中教授在系统研究的基础上提出贾湖先民创造了自身的文明后，出现了向淮河流域和汉水流域东西两个方向发展和迁徙的可能性。这种可能性的存在，从而形成了淮河流域和汉水流域较为一致的文化传统，并形成"淮汉文化带"。如在安葬方面，贾湖文化和龙虬庄文化墓葬的排列方式非常相似，都是以连续而密集的墓葬排列为显著特色，葬式上的一次葬与二次葬的合葬现象、摆放式二次葬现象、多人一次合葬现象等，也呈现出一定的相似性；在遗物方面，陶制品制作工艺和器物组合上具有较多的相似性，均以夹砂和泥质红陶为主，骨角器发现较多，尤其是龙虬庄遗址，器形多样且磨制精良，数量以镞

① 李民昌，张敏．高邮龙虬庄遗址史前人类生存环境与经济生活［J］．东南文化，1997（2）．

② 高鸣．江淮地区又一新石器时代的古文化遗址——高邮龙虬庄遗址［J］．治淮，1996（7）．

最多；在文化传统方面，以鼎为主要炊器，壶为主要水器，鼎文化为其显著特征；在经济形态方面，贾湖和龙虬庄都发现了丰富的稻作文化遗存，表明二者都以稻作或稻粟混作为主要生产形式；在自然环境方面，淮河流域纬度大致相当，地域相连，在贾湖、龙虬庄、石山子、王因等地都发现了大量的斑鹿、麋、獐、麂、家猪、猪獾、牛、狗等哺乳动物骨骼，龟、鳖、扬子鳄等爬行类动物骨骼，鹤、雁、天鹅、雉等鸟类骨骼，鲤鱼、青鱼、草鱼等大量鱼骨，丽蚌、矛蚌、珠蚌、楔蚌、篮蚬、中华圆田螺等草原、湖沼和水生动物骨骼，表明其有着同样的自然环境和气候条件；在精神文化方面，贾湖和龙虬庄都有相当成形的契刻符号，且有一定的重复率，特别是贾湖遗址在陶器上刻有太阳纹，表明它们之间可能有共同的原始宗教意识。如龙虬庄遗址出土属于造律台文化的陶片上的刻符，不仅结构复杂程度不低于安阳殷墟甲骨文，而且书写流畅，书面排列规律性强，虽然不能给予完全解读，但完整地记录当时的一件事情则是完全可能的。根据这些情况，张居中先生指出："在贾湖文化晚期，其居民因某种原因，其中一支沿淮河东下，进行同纬度迁徙，后与当地土著居民融合，创造了侯家寨文化和大汶口文化的大墩子类型，并影响了整个大汶口文化和淮河中下游地区，故可认为江淮东部的原始文化来源于贾湖文化，其稻作农业亦应源自贾湖文化。"① 由此推论，淮扬区域的龙虬庄文化是在接受淮河上游贾湖文化的辐射后形成的。这一情况的存在表明，淮河是中华文化的重要策源地。在淮河文明的辐射下，经过长时期的积淀，淮扬区域文化的特点逐步显示出来，形成富有个性特征的区域文化。

二

在历史的表达中，淮河流域虽然同属于淮河文明，但不同时期有不同的地理区域认识和分区。如《尚书·禹贡》有"海、岱及淮惟徐州""淮、海惟扬州"等语，此时，淮河流域分属九州中的徐州和扬州，在人们的地理知识中初步形成了淮河以北属徐州、淮河以南属扬州的观念。徐州"淮、沂其乂，蒙、羽其艺。大野既猪，东原厎平。厥土赤埴坟，草木渐包。厥田惟上中，厥赋中中。厥贡惟土五色，羽畎夏翟，峄阳孤桐，泗滨浮磬，淮夷蠙珠暨鱼。厥篚玄纤缟。浮于淮、泗，达于河"②，扬州"彭蠡既猪，阳鸟攸居。三江既入，震泽厎定。筱簜既敷，厥草惟夭，厥木惟乔。厥土惟涂泥。厥田惟下下，厥赋下上，上错。厥贡惟金三品，瑶、琨筱、簜，齿、革、羽、毛惟木。岛夷卉服。厥篚织、贝，厥包

---

① 张居中．略论淮河流域新石器时代文化［J］．郑州大学学报，2005（2）．

② 阮元．十三经注疏［M］．杭州：浙江古籍出版社，1998：148.

橘柚锡贡。沿于江、海，达于淮、泗"①。可见，在战国时代人的眼中，徐、扬二州在自然环境、水土条件、物产资源等方面存在一定差异。换言之，以淮河为界，淮河北的徐州和淮河南的扬州有不同的经济地理。从发达的程度看，徐州的生产水平明显高于扬州。

春秋以前，淮河流域小国林立，在竞逐争战的历史进程中，客观上推动着不同国家之间文化的涌动交流，淮扬区域成为这一文化运动的大本营。此种形势使得多种地域文化在淮扬区域融通整合，淮扬文化从一开始便具有兼容诸地域文化的包容特性，且随着强势文化——楚文化的进入，淮扬文化深深地打上了楚文化的烙印。越王勾践平吴与楚国划分各自的势力范围时，"以淮上地与楚"②。赵晔记载道："勾践已灭吴，乃以兵北渡江淮，与齐、晋诸侯会于徐州，致贡于周。周元王使人赐勾践，已受命号，去还江南。以淮上地与楚，归吴所侵宋地，与鲁泗东方百里。当是之时，越兵横行于江淮之上，诸侯毕贺。"③《左传·哀公二十二年》云："越灭吴。"鲁哀公二十二年为公元前 473 年，可知淮扬区域并入楚国发生在公元前 473 年。从越王勾践"去还江南"看，所谓"以淮上地与楚"，是说淮河以南到长江北岸这一广袤的区域已并入楚国。进而言之，以公元前 473 年为界，《禹贡》所说的扬州即跨长江南北的扬州已分属不同的国家。在这样的背景下，淮河流域有了新的区域划分。如果再考虑到越国"归吴所侵宋地，与鲁泗东方百里"与楚，那么，《禹贡》九州中的徐州、扬州与淮河相关的区域均已并入楚国。稍后，楚灭越，张守节《正义》注《史记·货殖列传》云："越灭吴则有江淮以北，楚灭越兼有吴越之地，故言'越楚'也。"司马迁论述道："彭城以东，东海、吴、广陵，此东楚也，其俗类徐、僮。朐、缯以北，俗则齐；浙江南则越。"张守节《正义》注云："彭城，徐州治县也。东海郡，今海州也。吴，苏州也。广陵，杨州也。言从徐州彭城历杨州至苏州，并东楚之地。"淮扬区域并入楚国后，民风民性发生了重要的变化。如出生在淮河支流颍水之滨的管仲曾写道："楚之水淖弱而清，故其民轻，果而贼。"④ 管仲以水性及地域特点论楚人的性格可谓是别开生面，这一提法虽未必准确，但在一定程度上揭示了地域与性格之间的关系。不过，楚国幅员辽阔，境内有长江、黄河、淮河造就的不同的文明形态，因此自然地理的复杂性造就了不同区域的文化差异。

在《史记·货殖列传》中，司马迁依据气候、地理、物产、经济生活等将

① 阮元．十三经注疏［M］．杭州：浙江古籍出版社，1998：148-149.
② 司马迁．史记［M］．北京：中华书局，1982：1746.
③ 赵晔．吴越春秋［M］．南京：江苏古籍出版社，1990：168-169.
④ 管仲．管子［M］．北京：人民出版社，1984：503.

全国划分为山东、山西、江南和龙门碣石以北四大风俗区，在此基础上，又根据各地民风、经济特点及相互间的内在联系，将四大区域分为关中、巴蜀、三河、勃碣、齐、邹、鲁、梁、宋、三楚、九疑至儋耳等更为细致的经济地理和文化区域。灭越以后，楚国的疆土远及吴、越故地。西楚相当于今徐州以西至湖北的区域，东楚相当于徐州以东及扬州至苏州的区域，南楚相当于今安徽淮河以南、湖南及江西的区域，三个区域虽各有特点，但有共同的风习，基本上可以用“其俗剽轻，易发怒”来概括。之所以出现这样的趋同，关键在于江淮之间“吴、粤与楚接比，数相并兼，故民俗略同”①。这里的“剽轻”与张良所说“楚人剽疾”是同义语，是指楚人剽悍躁急、轻捷草率。“易发怒”，是指喜怒易形于色，是其性格急暴的直接体现。楚地包括了淮河以南全部和淮河以北的大部分地区，这种“剽轻”的性格大体可以代表整个淮河流域的地域性格。司马迁依民俗将楚地划分为西楚、东楚和南楚三个文化区域，其中，东楚的区域包括了后世所说的淮扬区域。可见，楚国灭越之后，淮扬区域不仅在政治上隶属楚国，在文化面貌上也深受楚文化的影响。需要指出的是，司马迁认识到东楚有共同的风俗文化，得出“彭城以东，东海、吴、广陵，此东楚也，其俗类徐、僮”的结论。徐是生活在淮河下游地区的古代部族；僮是生活在长江以南的古代部族，是苗蛮的一支。“徐”指徐夷即淮夷，淮扬区域的生活主体是淮夷，淮夷是在淮扬区域生活的先民，是这一区域社会群体的先祖。从文化传承的角度看，淮扬区域的社会群体继承了先民的风俗文化传统。

淮扬人“剽轻”或“剽疾”的性格特征在文献中多有记载。特殊的地域塑造着淮扬人的性格和灵魂，为淮扬区域民俗民风的形成注入了生生不息的活力。东晋大将桓温之参军伏滔在《正淮论》中指出，淮南叛服兴替无常，与淮南剽勇强悍的民性有极大的关系。先且不论这一说法寓含的片面性，但他明确无误地传达了淮南有尚武之风的信息。所谓“其俗尚气力而多勇悍”②，是说淮扬区域在相对独立的发展过程中形成了尚武、勇敢和剽悍之风；所谓“其人习战争而贵诈伪”③，是说淮扬人善于用兵，改变了周王朝以来形成的以礼约兵的战法，在战场上不再受礼法的约束，将下战书、布阵排兵的正面对垒的君子之战改为用谋略夺取战争中的胜利。淮河流域适处南北交锋对峙之区，在古代号为“战神祭坛”之地，兵燹连绵，战火横飞，此种军事地理环境对其尚武剽悍民性的形成起了十分重大的影响。

---

① 班固．汉书［M］．北京：中华书局，1962：1668.

② 房玄龄．晋书［M］．北京：中华书局，1974：2399.

③ 房玄龄．晋书［M］．北京：中华书局，1974：2340.

淮扬人除了有“剽轻”或“剽疾”的性格外，又有“挟任节气，好尚宾游”之风。唐初纂修的《隋书·地理志》对淮域民风民性有更为细致的总结和概括。应该说，淮扬区域好尚宾游风气的形成一方面受到国家组织的政治移民之影响，另一方面更与地方政府的政策引导直接相关。淮扬地处南北交通之冲，人员往还流动频仍，思想较为开放通达，排他性弱，吸附性强，历史上中央政府在江淮地区的政治移民活动和历次北人南下，不断地强化了这一趋势。而淮扬区域的一些统治者为实现自己的政治理想而大肆招徕亡命之徒的决策更成为此种社会风气盛行的重要推助力。西汉时吴王刘濞蓄谋夺取中央政权，遂“招致天下亡命者”，“佗郡国吏欲来捕亡人者，讼共禁弗予。如此者四十余年”①。汉景帝前元三年（前154年）刘濞谋反时，发动全国14岁以上、62岁以下的人都参加战斗，共计20余万，而他自称“人民虽少，精兵可具五十万”②。说吴国有50万精兵自然是不实之词，但就以20万来说，也是一个庞大的数字。据此推测，吴国的人口确实为数很多，葛剑雄先生认为大约有120万。这120万是包括了江东地区的，如果把江东人口和淮南东部人口以相同的水平来区分，那么淮南东部也有60万左右。淮南西部地区大力招揽人口的是淮南王刘长和刘安。刘长在位时，“收聚汉诸侯人及有罪亡者，匿与居，为治家室，赐与财物爵禄田宅”③。刘安时期，“亦欲以行阴德拊循百姓，流名誉。招致宾客方术之士数千人”④。史书虽然未记载刘长、刘安招引人口的具体数目，但可以推测，其数量是比较多的。淮扬区域的这些诸侯王国大力招致宾客方术之士的政治行为极大地改变了当地的人口构成，同时助长了“挟任节气，好尚宾游”的社会风气。

淮扬人除具有“剽疾”的特征之外，还有“气宽舒”“性轻扬”的性格气质。如孔颖达正义云：“淮海间其气宽舒，禀性安徐，故曰徐。徐，舒也。江南其气燥劲，厥性轻扬，故曰扬。扬，轻也。”⑤ 杜佑指出：“扬州人性轻扬，而尚鬼好祀。每王纲解纽，宇内分崩，江淮滨海，地非形势，得之与失，未必轻重，故不暇先争。然长淮、大江，皆可拒守。”⑥ 史称：“淮南东、西路，本淮南路，盖《禹贡》荆、徐、扬、豫四州之域，而扬州为多。当南斗、须女之分。东至于海，西抵灉、涣，南滨大江，北界清、淮。土壤膏沃，有茶、盐、丝、帛之利。人性轻扬，善商贾，廛里饶富，多高赀之家。扬、寿皆为巨镇，而真州当运

① 司马迁．史记［M］．北京：中华书局，1982：2823.
② 班固．汉书［M］．北京：中华书局，1962：1910.
③ 班固．汉书［M］．北京：中华书局，1962：1962.
④ 班固．汉书［M］．北京：中华书局，1962：2142.
⑤ 阮元．十三经注疏［M］．杭州：浙江古籍出版社，1998：147.
⑥ 杜佑．通典［M］．北京：中华书局，1988：4849-4850.

路之要，符离、谯、亳、临淮、朐山皆便水运，而隶淮服。”① 在神气闲定的前提下，淮扬人凭借地势之利形成了重商、“善商贾”的生活习性。

由于商业繁荣，淮扬区域奢靡之风盛行。明代初年，扬州民风尚且淳朴敦厚，百姓勠力本业，室庐简素，无大纹饰，婚丧嫁娶，崇尚俭约。降及明成化、弘治以后，盐商大量密集，民风为之大变，嘉庆《扬州府志》卷六十称“四方商贾陈肆其间，易与王者埒……妇人无事，居恒修冶容，斗巧妆，镂金玉为首饰，杂以明珠翠羽。被服绮绣，其侈丽极矣”；“其民多嗜利，好宴游，征歌逐妓，袨衣偷食，以相夸耀”。淮安民风原本“士勤学问，民务农桑，有淳厚之风，礼让之俗”，然而随着商业的发展，“豪右竞势逐利，以财力侈靡相雄长，细民争趋末利，虽文物盛于前，而淳厚之风少衰”②。逮及明中叶以后，奢靡之风大行，史称“始明季，迨乎国朝，纲盐集顿，商贩阗咽，关吏颐指，喧呼叱咤。春夏之交，粮艘牵挽，回空载重，百货山列。市宅竞雕画，被服穷纤绮。歌伶嬉优，靡宵沸旦。居民从而效之，甚有破资鬻业以供一日之费”③。淮扬地域民风的此种嬗变，在嘉靖《两淮盐法志》卷三有十分精彩的分析论述，其云：“诸场错列扬、楚间，区分域限，风异气殊，盖至赜而弗齐矣。大都楚饶山陇，厥土坚瘠，其俗多挟节负气，失则决烈而劲悍。扬饶川泽，厥土沙息，其俗多含文履正，失则靡弱而轻扬……然俗与时移，系诸习尚，要未可以定论也。余闻之长老，国初海氓率椎质奉法，营营治鹾事，习渔稼，广蓄聚，繁殖其生而无他嗜好。乃后，则稍稍惮本业，攻淫末，或逋荡亡风轨矣。四方弊贾，操其奇赢，往往游荡场肆间，乘坚策肥，履丝曳缟，以涂眩愚氓之耳目。鼓煽撼摇，辄相则效。富者率衣绮縠，畜声乐，广伎妾，文画屋庐，雕镂器用，竞以侈靡相高。至贫者，亦呰窳偷生，而亡积聚，得百钱即醵饮沾醉，仙仙舞衢巷间。然尤好博，呼卢夺雉，多贷以为乐，即一掷倾其产，弗惜焉。邹司成有言，淮扬俗侈，蠹之自商始，非诬也。”④

此外，淮扬人还有“尚鬼好祀”的习俗信仰和文化传统。国家有国家的祀典，民间也普遍存在着各种各样的祭祀活动，表达着各地民众的思想信仰和文化诉求。淮扬区域具有“尚鬼好祀”的习俗信仰，此种信仰渊源可以追溯至史前文化时期。20 世纪 50 年代考古工作者在青莲岗遗址采集到 2 件彩陶，彩陶都是灰胎，表里砖红色，口缘内外各包红彩一道，里壁上绘有八卦纹的几何形图案。

---

① 脱脱．宋史［M］．北京：中华书局，1985：2185.

② 卫哲治等修，叶长扬等纂．乾隆淮安府志［M］．北京：方志出版社，2008：510.

③ 王光伯原辑，程景韩增订．淮安河下志［M］．北京：方志出版社，2006：22.

④ 杨选等修，史起蛰等撰．嘉靖两淮盐法志［M］．北京：方志出版社，2010：136.

颜色是大红的，陶器泥料很纯，打磨细致，看起来似有闪光。龙虬庄二期遗址出土的彩绘陶器上也有卦纹纹饰。占筮是古人信巫鬼的重要表达形式，《周易》是古代最为重要的算卦书之一，八卦即为巫师举行筮法时所用的一种表数符号。这些卦纹图案透露出史前淮扬人群信仰习俗的重要历史信息。尤其值得一提的是，20 世纪 70 年代考古工作者在江苏海安青墩遗址发掘出 987 件麋鹿角和骨骼，其中 8 件上有奇特的刻纹。在最具代表性的两件中，一件表面刻有 11 组平行细划纹，每组三、五、六、九划不等；一件刻画有 5 组平行线纹，每组四至五划，每两组平行线之间刻有两组顶端相对的复道人字纹，每组也是四至五划组成。① 经学者考证研究，青墩遗址鹿角的刻画纹饰为早期的原始八卦，都是由 6 个数字组合而成，即 3 5 3 3 6 4（艮下、乾上，遁）和 6 2 3 5 3 1（兑下、震上，归妹）。② 青墩遗址原始八卦的出现，不仅表明淮扬区域巫鬼信仰的悠久与兴盛，而且对中国易学史的研究意义重大，它是目前为止中国最早的易卦实物资料，代表了易卦发展史上的早期形式，可据此探寻易卦起源地等重大问题。进而言之，淮扬区域是中国易学的重要发源地，淮扬文化是中国传统文化的重要源头之一。

淮扬人“尚鬼好祀”的习俗信仰是一以贯之的，进入文明时代以来，相关的文献史籍对此多有载述。文明时代淮扬人信鬼好祀的习俗既是对史前文化传统的继承，也与楚文化的东渐密不可分。楚国是一个巫风极盛的南方大国，这在《楚辞》中有生动反映。楚人东进北上后，自然将这种习俗带去，大大地强化和凝固了淮扬区域尚鬼好祀的风习传统。秦汉大一统时代以来，虽然中央推行“书同文，车同轨，行同伦”的文化统一政策，但在淮扬区域，作为民间信仰系统的尚鬼好祀的文化习俗一仍其旧，并未发生若何变化。唐人杜佑亦指出：“扬州人性轻扬，而尚鬼好祀。”③ 隋唐以来，淮扬区域的城隍神信仰有很大发展。除此而外又有其他各色神灵的祭祀，如《太平寰宇记》记载扬州有江祠（江都王或易王庙）、东陵圣母庙、孝妇祠等。淮扬区域介于江、淮二渎之间，运河贯穿南北，湖泊众多、水网密布，再加之黄、淮、运汇聚于此，河督漕督河工萃集于此，这种水乡泽国的地理环境和特殊的政治地位使得当地的水神崇拜和祭祀比较发达。水是生命之源，万物之本。中华文明发生和国家起源与水息息相关。大禹成为家喻户晓的传说人物，与治水密切相关，其中蕴含着深刻的政治和文化意义。先秦时蜡祭主要祭祀八种神灵，其中有两种与治水有关。可以说，水是中国文化发生发展的基本环境条件，水的二重性使

---

① 南京博物院．江苏海安青墩遗址［J］．考古学报，1983（2）．

② 张政烺．试释周初青铜器铭文中的易卦［J］．考古学报，1980（4）．

③ 杜佑．通典［M］．北京：中华书局，1988：4849.

中国文化从一开始便隐藏着灾害的因子，考察中国传统文化的构成首先要注意到灾变。从这个意义上讲，淮扬区域发达的水神崇拜是中国传统信仰体系中不可或缺的重要方面。

三

在历史的进程中，黄河中下游地区是最早开发的区域。从夏周商三代起，中国的政治中心一直在黄河流域，因黄河流域的经济走在长江流域和淮河流域的前面，为创造形态丰富的文化奠定了坚实的基础。在这样的文化背景下，提升了华夏部族的优越感，乃至于华夏部族一直以“吾闻用夏变夷者，未闻变于夷者”的眼光对待周边的苗蛮、东夷以及戎狄等部族。这一意识经过积淀，遂出现了以华夏文化为正统的思想观念。

中国历史上多次出现不同政治集团或国家对峙的情况，这种对峙，一是指农耕社会不同政治集团间的对立；二是指游牧民族入主中原承认农耕生活方式的合理性，并对农耕民族实行有效的统治，如春秋时期华夏诸侯国与楚国之间的对峙，三国时期曹魏与孙吴、蜀汉之间的对峙，蜀汉灭亡后西晋与孙吴之间的对峙，东晋南朝与十六国北朝之间的对峙（东晋对五胡十六国的对峙；宋、齐与北魏之间的对峙；梁先与北魏，后与东魏、西魏之间的对峙；陈先与北齐、北周之间的对峙，后与隋之间的对峙；南宋与金之间的对峙）等。尽管双方的势力此消彼长，疆域盈缩不定，但大体维持在秦岭—汉水—淮河一线。在这中间，处在黄河、长江两大流域之间的淮扬区域，成为南北政权鏖兵的主战场。诚如冀朝鼎所说：“淮河流域的地理位置，就命定它成了南北之间的要道和军屯与内战的中心……在自秦以后的整个中国历史上，淮河流域就成了南北之间的战场了，即使在各次战争的间隙之间，也是由屯田兵保卫着的。”① 淮河作为横向流淌、水域广阔的大河，与高峻雄伟的秦岭一道，成为中国古代南北分裂和对峙的一条天然分界线，战略意义重大。如南宋绍兴十一年（1141 年），针对南宋守军准备放弃淮河北岸的事件，王德指出：“淮者，江之蔽也，弃淮不守，是谓唇亡齿寒也。”如果要想固国守江的话，必须以淮河为防线。前人有“淮甸者，国之唇；江南者，国之齿”之说，淮河一线成为军事重镇林立棋布、战事频仍之地。

淮扬区域有特殊的战略意义，东晋以降，凡在长江以南立国者，国家存亡主要由淮河防线的存在与否所决定。六朝立国建康（今江苏南京），回旋余地较小，为争取更大的战略空间，孙吴、东晋、宋、齐、梁无不着力守淮，陈朝力

---

① 冀朝鼎．中国历史上的基本经济区与水利事业的发展［M］．北京：中国社会科学出版社，1981：85-87.

弱，只能守江，其亡也速。南宋僻居临安（今浙江杭州），实在是宋高宗等懦弱之徒的逃命之策，有志之士无不愤慨，如李纲力主迁都关中或退其次以建康为临时国都，他指出："若夫万乘所居，必择形胜以为驻跸之所，然后能制服中外，以图事业。建康自昔号帝王之宅，江山雄壮，地势宽博，六朝更都之，臣昔举天下形势而言，谓关中为上，今以东南形势而言，则当以建康为便。今者，銮舆未复旧都，莫若且于建康权宜驻跸。"[①] 张浚亦说："东南形势，莫如建康，人主居之，可以北望中原，常怀愤惕；至如钱塘，僻在一隅，易于安肆，不足以号召北方。"[②] 淮河具有极其重要的军事价值和战略地位，是南北对峙政权的分界线，有着深刻悠远的文化意蕴。具体地讲，在北方游牧民族入主中原，汉族偏居南方的南北分治时代，淮扬区域已成为江南的屏障和中原文化的守护者。

淮河及淮扬区域保护着南方政权和中原文化的安全与延续，在维护文化传统方面具有特殊的意义。《论语·宪问》中记载了孔子与其弟子子贡的一段对话：

子贡曰："管仲非仁者与？桓公杀公子纠，不能死，又相之。"

子曰："管仲相桓公，霸诸侯，一匡天下，民到于今受其赐。微管仲，吾其披发左衽矣！"

在讨教孔子的过程中，子贡对齐相管仲的行为提出质疑，孔子站在历史的高度肯定了管仲在保护华夏文化方面的贡献。这一问答看似寻常，但涉及中国古代十分重要的文化命题即华夷之辨。宋人邢昺注疏"微管仲，吾其披发左衽矣"时写道："微，无也；衽，谓衣襟，衣襟向左，谓之左衽，夷狄之人披发左衽；言无管仲，则君不君，臣不臣，中国皆为夷狄，故云吾其被发左衽也。"华夏与戎狄有不同的习俗，华夏文化发达，冕服采章，束发右衽；戎狄分在四裔，文化落后，披发左衽。本来，"右衽"和"左衽"只是习俗不同的标志，但经孔子阐释遂成了先进文化和落后文化的代名词了。客观地讲，华夷之辨贯穿了中国古代社会的始终，其中以北方游牧民族入主中原、汉族偏居南方的南北分治时期表现得最为强烈。

南北对峙时期，迁都江南后最大的危险来自北方。乘势南下的游牧民族虽然居无宫室城郭，但弯弓善射，铁骑浩荡，军事力量要比以农耕为主要生活方式的汉族强劲。在游牧民族铁骑的打击下，汉民族政权为求得生存不得不以长江为天险在江南寻求喘息之机。在这一过程中，南北对峙遂在淮河沿线展开了激烈的争

① 脱脱. 宋史［M］. 北京：中华书局，1985：11264.

② 脱脱. 宋史［M］. 北京：中华书局，1985：11311.

夺。进而言之，此时的淮河有了特殊的意义，既是南北政权对峙的分界线，又是农耕民族与游牧民族争夺的前沿阵地。对于流移南方的汉族政权而言，淮河已成为维持政权的屏障，更重要的是，以淮河为军事对抗的前线，淮扬区域已成为守卫汉民族文化传统的重要区域。如李焘有感于宋室偏安一隅著《六朝通鉴博议》，历考东晋、宋、齐、梁、陈之攻守形势，以古射今。在李焘看来：一是东晋、宋、齐、梁、陈和十六国北朝的对立，与孙吴和曹魏的对立不同，孙吴和曹魏为汉族之间的南北对立，东晋南朝和十六国北朝则为汉族与非汉民族之间的对立，所以尽管东晋南朝僻居江南，犹为“中国也”，十六国北朝虽居神州，犹为“夷狄也”；二是江南为华夏正统所在，既有山川之险，又有“天意佑华”；三是苻坚淝水之奔与佛狸（拓跋焘）盱眙之辱，是以华胜夷的典型体现，而合江左之全力以恢复中原，当为不难之事。仔细推究，这三层含义中均与淮河有密切的关系。所谓南北对峙、华夷对立的分界线，即在淮河；所谓“江南之险，兵不可攻”，其“险”首在淮河；而淝水之奔、盱眙之辱，也是发生于淮河沿岸的重要战例。可见在李焘看来，淮河就是东晋南朝与十六国北朝的分野，是“中国”与“夷狄”的分野，是南北争战的疆场、先进文化的屏藩、中原正统的守卫。李焘的认识寓意深长，淮河除了有自身的文明形态外，还是黄河文明成果的守卫者。

西晋末年，“洛京倾覆，中州士女避乱江左者十六七”，中原文物典章流移江左，东晋虽然立国江淮，但仍以中原礼仪的继承者自居，并以此为受命于天“正朔相承”的依据。贺昌群进一步论述道：“至公元第四世纪之初，南北在文化的地位，却陡然起了一个大变动，这个大变动是中国文化受外来影响的第一章，也是南与北在文化上之所以成为对峙的开端……五胡入据中原，北方完全在他们的政治势力支配之下，胡朔之风，日甚一日，弥漫各地，中国文化的光华，摧创深剧……晋室既南渡，汉族的正统便转移到南方来，这以后三百年间正史上通称为六朝（东晋、宋、齐、梁、陈），六朝因为是汉族的正统，又称南朝，以对塞外民族的北朝而言。政府既南迁，人民亦不甘受异族的凌虐，大多数便也随着南移，尤以显贵望族为多……自此以后，中国固有的文化，便如潮涌一般的奔流到南方来。”① 东晋南朝赓续正统是因为有了南迁的前提，为了稳固政权，需要以礼乐相号召向世人宣示文化的优越性。

宋、金对峙时期，淮河的战略地位再度彰显。晋怀帝永嘉（307—316）丧乱后约八百年，发生了靖康之变。在金兵的威逼下，宋室南迁，这一形势与永嘉

① 贺昌群．贺昌群文集［M］．北京：商务印书馆，2003：165-166.

之乱相仿。宋、金以淮河为界形成南北对峙局面。此时，淮河北岸为游牧民族掌控，先后属女真、蒙古；淮河南岸为南宋掌控，保持着原有的文化传统，甚至有所光大。贺昌群先生指出："综观五代至元初三百五十年间，中国北部不绝地在契丹、女真、蒙古等塞外民族的压迫和支配之下，北方文物萎敝之极，而同时南方则始终为汉族的君主所统治，幸免于异族的摧残，故南方的文化如朝花怒放，日新月异的欣欣向荣。"① 南北分治以后，淮河成为人们关注的对象被赋予了新的文化内涵。这一时期的有识之士或借淮河天堑说事，以图恢复中原；或慷慨赋诗，抒发百般的愁思。如南渡后宋高宗赵构一度起用李纲为相。李纲上任伊始，决心重整朝纲，恢复旧山河。

划淮而治的局面形成后，宋王朝的北部疆界由桑干河一带收缩到淮河，昔日的版图变成"异域"，本属腹地的淮河成为"天涯"，奉命出使的杨万里倍感悲愤和无奈。《初入淮河四绝句》是杨万里初入淮河时有感而发的，在一定程度上表达了南宋爱国志士群体的诉求。一水之隔，天壤悬绝，丧失中原之痛，分裂南北之苦，恢复故土之思，全都溶释在那若有知亦若无知、似有情却又无情的千里淮水之中了。可以说，这是特殊时代有识之士对淮河的特殊感悟。淮河既是宋金南北政权的分界线，也是双方鏖兵的战场。汤汤淮水，不知流淌着多少仁人的热血，卷走多少志士的身躯；淮水汤汤，拍打着多少英雄的泪水和血汗。如南宋江湖派诗人戴复古在《频酌淮河水》中写道："有客游濠梁，频酌淮河水。东南水多咸，不如此水美。春风吹绿波，郁郁中原气。莫向北岸汲，中有英雄泪。"在《盱眙北望》中又写道："北望茫茫渺渺间，鸟飞不尽又飞还。难禁满目中原泪，莫上都梁第一山。"美好的追忆与现实的伤痛拧在一起，为淮扬区域文化增添了新的内容。

南宋耽于苟且，"临安"了一个半世纪，但爱国志士驱除金虏、恢复故土的心愿似乎一直没有止息过，他们奔走呼号，激扬文字，发出了振聋发聩的呐喊。如王信吟唱道："禹迹茫茫万里天，望中皆我旧山川。谁将淮水分南北？直到幽燕始是边！"这首诗斗志昂扬，豪情满怀，至今读来，仍然发人深省、催人奋进。"谁将淮水分南北"，介于南北之间乃至华夷之间的淮河，因此具备了太多的文化意蕴！

在分裂对峙时期，南与北的意识显著增强，南与北的分野格外凸显，淮河由此成为关注的焦点，它不仅是南北双方的军事攻防线和政治地理分界线，而且成为一条民族的分界线和胡汉文化意识的分界线，淮河被赋予了极其丰富的历史文

① 贺昌群．贺昌群文集［M］．北京：商务印书馆，2003：170.

化意义。作为南方汉族政权的北部边疆和北方胡族政权南下的必经之地，淮扬区域自然成为南北双方军事争夺和政治斗争的前沿阵地，淮扬人因此而抛头颅、洒热血，而南北对峙之后的结果是又迎来了新的更大规模和更深层次的统一，淮扬人由此而为中国历史的发展作出了巨大的贡献。此种军事、政治形势和地理格局给淮扬人的文化思想和社会意识注入了全新的内容，淮扬文化也具有了新的表现样态和思想内涵。

南北分治，淮扬区域成为南方政权的北部边境，被视为与“天涯”接壤，与“异域”相连，与“边塞”为临，由此而激发出强烈的民族意识与国家意识，这一意识的产生不仅极大地丰富了淮扬区域文化的内在构成，而且反过来进一步强化了淮扬区域在南北分裂时期的特殊地位。淮扬区域战火横飞、兵燹不止，社会之动荡不宁，家庭之妻离子散，生命之朝不保夕，无论是沧桑之历史抑或残酷之现实，都使淮扬人具备了深沉的忧患意识和强烈的生命意识，这也成为淮扬人奋起、抗争、敢闯、敢创精神的重要原动力。

总而言之，在南北分治的特殊历史时期，民族的伤痛，国家的沦丧，家庭的离散，生命的毁灭，这一切的一切，都给淮扬区域注入了新的文化因子，淮河以及淮扬区域因此而具备了诸多的文化意义。

参考文献：

[1] 龚良．重构与解读——江苏六十年考古成就［M］．南京：南京大学出版社，2009.

[2] 李民昌，张敏．高邮龙虬庄遗址史前人类生存环境与经济生活［J］．东南文化，1997（2）．

[3] 高鸣．江淮地区又一新石器时代的古文化遗址——高邮龙虬庄遗址［J］．治淮，1996（7）．

[4] 张居中．略论淮河流域新石器时代文化［J］．郑州大学学报，2005（2）．

[5] 阮元．十三经注疏［M］．杭州：浙江古籍出版社，1998.

[6] 司马迁．史记［M］．北京：中华书局，1982.

[7] 赵晔．吴越春秋［M］．南京：江苏古籍出版社，1990.

[8] 管仲．管子［M］．北京：人民出版社，1984.

[9] 班固．汉书［M］．北京：中华书局，1962.

[10] 房玄龄．晋书［M］．北京：中华书局，1974.

[11] 杜佑．通典［M］．北京：中华书局，1988.

[12] 脱脱．宋史［M］．北京：中华书局，1985.

[13] 卫哲治等修，叶长扬等纂. 乾隆淮安府志 [M]. 北京：方志出版社，2008.
[14] 王光伯原辑，程景韩增订. 淮安河下志 [M]. 北京：方志出版社，2006.
[15] 杨选等修，史起蛰等撰. 嘉靖两淮盐法志 [M]. 北京：方志出版社，2010.
[16] 南京博物院. 江苏海安青墩遗址 [J]. 考古学报，1983 (2).
[17] 张政烺. 试释周初青铜器铭文中的易卦 [J]. 考古学报，1980 (4).
[18] 冀朝鼎. 中国历史上的基本经济区与水利事业的发展 [M]. 北京：中国社会科学出版社，1981.
[19] 贺昌群. 贺昌群文集 [M]. 北京：商务印书馆，2003.

略论曹操的节俭雅性

魏宏灿

节俭是中华民族的传统美德，我国古代的明君贤臣、黎民百姓，皆懂得“节用强国兴家，俭省修德养福”的道理。魏晋时期，虽然有人认为“自魏氏以来，迄于太康之际，公卿世族豪侈相高”，追求奢侈的物质享受，但作为“治世之能臣”的曹操却“雅性节俭，不好华丽”。宋代史学家司马光在《资治通鉴》中总结曹操能够“芟刈群雄，几平海内”的成功经验时，把曹操“雅性节俭”视为一个重要的因素，这是很有道理的。在曹氏的倡导下，当时曹魏大多数官吏都能够“布衣疏食”，从而改变了东汉以来奢侈靡费的风气，形成了俭朴节约的社会风尚，出现了建安、黄初年间的“节俭之世”。①

一、曹氏父子的节俭生活

曹操很会追求生活享受，尤其是精神上的愉悦，他尤好音乐。《三国志·武帝纪》裴注引《魏书》说他“为人佻易无威重，好音乐，倡优在侧，常以日达夕”②，沈约《宋书·乐志》也云：“但歌四曲，出自汉世，无弦节，作伎，最先一人倡，三人和，魏武帝尤好之。”③ 但他不太讲究物质生活享受，除了隆重的集体宴会，一般没有豪华的摆设，没有玉盘珍馐。他深知“成由勤俭败由奢”的重要性，其《度关山》云：“舜漆食器，叛者十国。不及唐尧，采椽不斫。世叹伯夷，欲以厉俗。侈恶之大，俭为共德。”④ 认识到节俭乃为成败之本，所以他倡导节俭并以身作则，在衣食用度诸方面严格要求自己，注意节俭，其节俭之行为在历史上是非常罕见的。

作者简介：魏宏灿，亳州学院教授。

① 陈寿：《三国志·何夔传》，北京：中华书局，1959 年版，381 页。

② 陈寿：《三国志·武帝纪》裴注引《魏书》，北京：中华书局，1959 年版，54 页。

③ 河北师院中文系：《三曹资料汇编》，北京：中华书局，1980 年版，3 页。

④ 安徽亳县《曹操集》译注小组：《曹操集译注》，北京：中华书局，1979 年版，9 页。

（一）曹操节俭，衣食用度严于律己

《三国志·武帝纪》裴注引《魏书》说曹操：“雅性节俭，不好华丽，后宫衣不锦绣，侍御履不二采，帏帐屏风，坏则补纳，茵蓐取温，无有缘饰。”卫凯在上书魏明帝奏折中也云：“武皇帝之时，后宫食不过一肉，衣不用锦绣，茵蓐不缘饰，器物无丹漆，用能平定天下，造福子孙，此皆陛下之所亲览也。”①

曹操在告诫吏民及其家人的《内诫令》中也记载了自己的节俭生活：“孤不好鲜饰严具，所用杂新皮韦笥，以黄韦缘中。遇乱事无韦笥，乃更作方竹严具，以皂韦衣之，粗皮作里，此孤之平常所用也。”② 所谓“严具”，就是日常梳洗打扮之用具，这句话的意思就是：我不喜欢装饰美丽的箱子，所用的是掺杂新皮制成的皮箱。遇到乱世没有皮箱，就用竹子做成方箱，用丝帛罩在外面，粗布做里，这就是我平时所用的生活用品。

同文又云：“吾衣皆十岁也，岁岁解浣补纳之耳。”就是说：我的衣服棉被都已经使用十年了，年年把它拆洗缝补一下罢了。由此可见曹操服饰之俭朴。

同文又云：“孤有逆气病，常储水卧头。以铜器盛，臭恶。前以银作小方器，人不解，谓孤喜银物，今以木作。”曹操患有逆气病，发病时头痛欲裂，为缓解病痛，常要准备一盆凉水浸头。曹操原来用铜器盛水，但水放久了有铜臭气。后来改用银制成的小方器，有人认为曹操喜欢银器，他听说后就改用木器盛水。曹操节俭，以身作则，不惜将有益于治病的银器改为木器，以绝他人仿效之口实。不难看出曹操在带头俭朴这个问题上如何处处小心。曹操所用的器物，遗留后世，曾有见之者，确实是相当普通的。

由上述文字看出，曹操衣食用度非常简朴。

曹操在衣着上很随意。《三国志·武帝纪》裴注引《傅子》云：“汉末王公大臣，多委王服，以幅巾为雅，是以袁绍之徒，虽为将帅，皆着缣巾。魏太祖以天下凶荒，资财乏匮，拟古皮弁，裁缣帛以为帢，合于简易随时之义，以色别其贵贱，于今施行，可谓军容，非国荣也。”又注引《曹瞒传》曰：“被服轻绡，身自配小鞶囊，以盛手巾细物，时或冠帢帽以见宾客。”③ 汉末王公大臣，多用细绡制成的一种缣巾为幅巾，以显示高雅。曹操则因天下凶荒，财资乏匮，则用蔓草茎纤维制成的葛巾，裁制成帢。曹操的这一衣着打扮，显然不符合孔子《论语·雍也》所云“质胜于文则野，文胜质也史。文质彬彬，然后君子”的礼仪之规范，简直像一个粗俗的凡夫野人。正是这简便的装束，不仅体现了他的雅

① 陈寿：《三国志·卫凯传》，北京：中华书局，1959 年版，612 页。
② 安徽亳县《曹操集》译注小组：《曹操集译注》，北京：中华书局，1979 年版，194 页。
③ 陈寿：《三国志·武帝纪》裴注引《曹瞒传》，北京：中华书局，1959 年版，54 页。

性节俭、不好华丽的生活作风，更张扬了他的通脱精神及“魏晋风度”。

曹操节俭，要求后宫吏民节俭朴素。他明确规定：“后宫衣不锦绣，侍寝履不二采。”[①]《内诫令》又规定：“吏民多制文绣之服，履丝不得过绛紫金黄丝织履。前于江陵得杂彩丝履，以与家，约当著尽此履，不得效作也。”[②] 这就是说不允许后宫妻妾穿锦绣衣服，不允许身边的侍女穿戴有两种颜色的鞋子，不允许官吏穿用朱红、紫、金黄几种颜色的丝鞋。这可能是我国历史上独一无二的服饰规定。用今天的眼光去审视这些规定，是有些近于偏执苛刻，何况后宫女性及官吏享有尊宠，具有衣着锦绣的物质能力。这种规定虽然有些偏执，但表明曹操崇尚节俭的决心和态度，正因此，为曹魏政权开辟了“衣不锦绣”的社会风气。

曹操节俭，严格约束家人，禁止家人熏香。东汉时期，“香薰”和“以香藏衣著身”是上流社会的生活时尚，文人士大夫竞相标榜，人们都喜欢熏香，曹操的谋士荀彧，当时是尚书令，特别喜欢熏香，被人称为“熏香令”或称“令君香”。据《襄阳记》记载，荀彧去别人家做客，那户人家就熏香了三天。可见“熏香”习俗之风在当时的盛行。曹操认为熏香是一种奢侈，有违背朴素之道，故加以禁止。他在《内诫令》中作了具体的规定：“昔天下初定，吾便禁家内不得熏香。后诸配国家为其香，因此得烧香。吾不好烧香，怀不遂所禁，令复禁不得烧香，其以香藏衣著身亦不得。”[③] 这即是说，以前天下刚安定时，他曾禁止家里以香熏室。后来三个女儿同嫁于汉献帝成了贵人，为她们熏了香，才破坏了规矩。为使此规定继续执行下去，曹操再次宣布禁止熏香，要求更严，即使把香放在衣内或带在身上也不允。同时告诉大家，如果“房室不洁，听得烧枫胶及蕙草”[④]。

曹操严格按规定办事，不论是谁，只要犯了“衣不锦绣”之禁令，就严加处置。《三国志·崔琰传》裴注引《世语》：“植妻衣绣，太祖登台见之，以违制令，还家赐死。”自己的儿媳违了规定也不宽恕，可见曹操倡导节俭之决心。

曹操军旅倥偬，杂事繁多，然也不忘节俭，处处精打细算。《世说论语·捷悟》记载这样一件事：“魏武征袁本初，治装，余有时数十斛竹片，咸长数寸。众云并不堪用，正令绕余。太祖思所以用之，谓可为竹椑楯，而未显其言。驰使问主簿杨德祖。应声答之，与帝心同，众伏其辩语。”在常人眼里数寸长的竹片毫无用处，而曹操却思考怎么废物利用。这从一个侧面说明曹操处处注重节俭，

① 陈寿：《三国志·武帝纪》裴注引《魏书》，北京：中华书局，1959年版，54页。
② 安徽亳县《曹操集》译注小组：《曹操集译注》，北京：中华书局，1979年版，195页。
③ 安徽亳县《曹操集》译注小组：《曹操集译注》，北京：中华书局，1979年版，195页
④ 安徽亳县《曹操集》译注小组：《曹操集译注》，北京：中华书局，1979年版，195页

物尽其用，不肯浪费。

在曹操雅性节俭的言传身教下，其家人也都能以节俭自律。其子曹植“性简易，不治威仪，舆马服饰，不尚华丽”①，其子曹衮“尚约俭，教敕妃妾纺绩织纴，习为家人之事”②。曹操的夫人卞后起居用度奉行节俭，《三国志·武宣卞皇后传》裴注引《魏书》云：“后性约俭，不尚华丽，无文绣珠玉，器皆黑漆。”又常以“国用不足”为由“减损御食，诸重银器物皆去”③。“常言‘居处当务节俭，不当妄赏赐，念自佚也……吾事武帝四五十年，性俭日久，不能自变为奢，有犯科禁者，吾且能加罪一等耳，莫望钱米恩贷也’。”④

《三国志·武宣卞后传》裴注引《魏书》还记载，卞夫人弟卞秉宅第建成后，“卞太后幸第请诸家外亲，设下厨，无异膳。太后左右，菜食粟饭，无鱼肉，其俭如此”。作为王后，卞氏的行为在后宫具有榜样的示范作用，魏后宫中生活形成节俭风气与卞氏的这种率先垂范密切相关。

（二）曹操节俭，提倡婚丧简办

婚丧乃人生之大事，受儒家伦理学说的影响，东汉以来，人们习惯于大办大操婚丧，既耗费人力，又浪费社会财富。曹操从节俭出发，破除陈规陋习，倡导婚丧节俭。他以身作则，率先简办。《三国志·武帝纪》注引《傅子》云：“太祖愍嫁娶之奢僭，公女适人，皆以皂帐，从婢不过十人。”所谓皂帐，就是不华丽的黑帐子。曹操把嫁娶的奢侈无度和超越礼制视为必须革除的社会问题，所以他率先垂范，从自己做起。嫁女于献帝为妃，彩礼嫁妆十分简朴，所用帷帐为黑色的，随从侍婢不过十人，这在当时是非常少见的。

曹操节俭，禁厚葬，倡薄葬。汉代重礼制，厚葬之风盛行，丧葬之礼为其重要内容之一。有严格的规定，例如在安葬棺木上，《丧大记》中记载：“君松椁，大夫柏椁，士杂木椁。”棺内放置的随葬品，因身份、地位、贫富而定。王侯厚葬乃当时的普遍现象，这从中山靖王刘胜墓中的金缕玉衣和长沙马王堆中的薄如蝉翼的大量绢丝陪葬品即可见一斑。雅性节俭的曹操对其深恶痛绝，曾三次下令严禁厚葬，提倡薄葬。据《三国志·武帝纪》载，第一次是在建安十年（205）春正月，下令曰：“‘其与袁氏同恶者，与之更始。’令民不得变私仇，禁厚葬，皆一之于法。”⑤ 第二次是在建安二十三年六月，令曰：“古之葬者，必居瘠薄之

① 陈寿：《三国志·曹植传》，北京：中华书局，1959 年版，557 页。
② 陈寿：《三国志·曹衮传》，北京：中华书局，1959 年版，583 页。
③ 陈寿：《三国志·卞皇后传》注引《魏书》，北京：中华书局，1959 年版，157 页。
④ 陈寿：《三国志·卞皇后传》注引《魏书》，北京：中华书局，1959 年版，157 页。
⑤ 陈寿：《三国志·武帝纪》，北京：中华书局，1959 年版，27 页。

地。其规西门豹祠西原上为寿陵，因高为基，不封不树。《周礼》冢人掌公墓之地，凡诸侯居左右以前，卿大夫居后，汉制亦谓之陪陵。其公卿大臣列将有功者，宜陪寿陵，其广为兆域，使足相容。”① 第三次是在建安二十五年，即其死前作《遗令》，其中云：“天下尚未安定，未得遵古也。吾有头病，自先著帻。吾死之后，持大服如存时，勿遗。百官当临殿中者，十五举音，葬毕便除服；其将兵屯戍者，皆不得离屯部；有司各率乃职。敛以时服，葬于邺之西冈上，与西门豹祠相近，无藏金玉珍宝。”② 三道令文，其精神皆是禁厚葬，丧葬以简。

曹操认为世俗丧葬之礼“繁而无益”，所以他生前对后事作了具体安排，预备了四季送终的衣服，盛放在四个箱子里，分别题写春夏秋冬四字以示区别，并遗言“有不讳，随时以敛。金珥珠玉铜铁之物，一不得送”③。《晋书·礼志》云：“魏武以礼送终之制，袭称之数，繁而无益，俗又过之，豫自制送终衣四箧，题识其上，春秋夏冬，日有不讳，随时以敛，重耳珠玉铜铁之物，一不得送。”曹操的行为为其后代树立了很好的典范，曹魏从公元220年至265年，历时46年，经曹丕、曹睿、曹芳、曹髦、曹奂五帝，承曹操之遗令遗风，他们死后的葬礼之事皆节俭。其中文帝曹丕的态度，从其于黄初三年（222）十月所颁布的《营寿陵诏》看，比曹操还要彻底坚决。是年，曹丕表首阳山东为寿陵，并针对古代丧葬制度及汉末存在的厚葬陋习，提出不建寝殿、园邑、神道，与山林浑然一体，丧事从简、薄殓等，表达节俭治丧、移风易俗的思想：“为棺椁足以朽骨，衣食足以朽肉而已。故吾营此丘墟不食之地，欲使易代之后不知其处。无施苇炭，无藏金银铜铁，一以瓦器，合古涂车，刍灵之义。棺但漆际会三过，饭含无以珠玉，无施珠襦玉匣，诸愚俗所为也。”④ 并告诫后人不得改变他的遗嘱：“若违今诏，妄有所变改造施，吾为戮尸地下，戮而重戮，死而重死。臣子为蔑死君父，不忠不孝死者有名，将不福汝。”⑤ 情真词切，信誓旦旦，这实际是申明自己继承贯彻执行曹操的节俭传统。所以，《晋国·礼志》云：“文帝遵奉，无所增加及受禅，刻金玺，追加尊号，不敢开埏，乃为石室，藏玺埏首，以示陵申无金银诸物也。汉礼明器甚多，自是皆省也。”

曹氏家族其他成员也节俭自律。曹植“遗令薄葬”⑥，曹衮崇尚节俭，对己后事也有明确的安排，其敕令曰：“吾寡德忝宠，大命将尽。吾即好俭，而圣朝

① 陈寿：《三国志·武帝纪》，北京：中华书局，1959年版，51页。
② 安徽亳县《曹操集》译注小组：《曹操集译注》，北京：中华书局，1979年版，187页。
③ 安徽亳县《曹操集》译注小组：《曹操集译注》，北京：中华书局，1979年版，186页。
④ 陈寿：《三国志·文帝纪》，北京：中华书局，1959年版，81页。
⑤ 陈寿：《三国志·文帝纪》，北京：中华书局，1959年版，82页。
⑥ 陈寿：《三国志·曹植传》，北京：中华书局，1959年版，576页。

著终诰之制，为天下法。吾气绝之日，自殡及葬，务奉诏书。”① 由此可看出曹衮好节俭和要求薄葬，是遵守曹操“终诰之制”的教诲。曹丕的妻子郭皇后管教亲戚以曹丕为榜样，遵法节俭，其外甥的母亲去世，欲厚葬起祠堂，郭皇后止之曰：“自丧礼以来，坟墓无不发掘，符由厚葬也。首阳陵可以为法。”② 作为皇亲国戚奉行薄葬，这势必为朝中大臣确立了丧葬从俭的榜样。

二、曹魏举吏以俭为先

在实行科举制度前，中国古代对人才的选拔大都是通过征辟、举荐等方式，主要看“孝”“廉”以及“名望”等，这种举吏的方式人为因素太重，于是出现了“公门出公，卿门出卿”“上品无寒门，下品无世族”的现象。大家世族垄断了读书和做官的权利。东汉就是这样的一个社会，曹操就是以“孝廉”的名誉被司马防举荐做了洛阳北部尉的。

曹操深知人才的重要性，他说“吾任天下之智力，以道御之，无所不可”③，“为国失贤则亡”④，在《短歌行》中以“周公吐哺，天下归心”的典故表达自己求贤若渴的心情，所以踏入社会后，政治上违逆两汉“清议”的用人标准，而实施“唯才是举”的干部路线。为此，他还特意发布了“求贤三令”，在《求贤令》中提出“唯才是举，吾得而用之”；在《举贤勿拘品行令》中提出只要“有治国用兵之术”⑤ 就可大用，而不必看德行的惊世骇俗的标准。在《敕有司取士勿废偏短令》中提出“士有片段，庸可废乎”的忠告。这就是我们所说的“唯才是举”，即不拘一格。这就根本上否定了汉代“以仁孝”为核心的用人制度。“唯才是举”是具有颠覆汉代“干部路线”的口号，有人就以为曹操只看重才能而忽视“德行”，其实这是一种误解。曹操并非不看重品行，只是对过去“重门第、轻能力”的用人政策的一种积极颠覆，在“德才”难以兼顾时，他搁置品德而讲究才能，这是乱世的权宜之举，是退而求其次的办法。他不拘一格，“知人善察，难眩以伪，拔于禁、乐进于行阵之间，取张辽、徐晃于亡虏之内，皆佐命之功，列为名将；其余拔出细微，登为牧守者，不可胜数”⑥。

曹操选拔人才，不仅唯才是举，而且还将节俭作为整个统治集团的生活行为加以推广，并将其与选举制度结合在一起，以俭率人，把节俭作为选拔官吏的重

① 陈寿：《三国志·曹衮传》，北京：中华书局，1959 年版，584 页。
② 陈寿：《三国志·郭皇后传》，北京：中华书局，1959 年版，166 页
③ 陈寿：《三国志·武帝纪》，北京：中华书局，1959 年版，26 页。
④ 陈寿：《三国志·何夔传》，北京：中华书局，1959 年版，379 页。
⑤ 陈寿：《三国志·武帝纪》，北京：中华书局，1959 年版，49 页。
⑥ 陈寿：《三国志·武帝纪》，北京：中华书局，1959 年版，54 页。

要标准之一。曹操掌握中央政权后，要求当时负责举荐官吏的“毛玠、崔琰并以忠清干事，其选用先尚俭”①，“其所举用，皆清正之士，虽于时有盛名而行不由本者，终莫得进。务以俭率人，由是天下之士莫不以廉节自励，虽贵宠之臣，舆服不敢过度”②，一时形成了一种以节俭朴素为尚的社会风气。《三国志·毛玠传》裴注引《先贤行状》曰：“其典选举，拔贞实，斥华伪，进逊行，抑阿党。诸宰官治民功绩不著而私财本足者，皆免黜停废，久不选用。于时四海翕然，莫不励行。至乃长吏还者，垢面羸衣，常乘柴车。军吏入府，朝服徒行，人拟壶飧之洁，家象濯缨之操，贵者无秽欲之累，贱者绝奸货之求，吏絜于上，俗移乎下，民到于今称之。”③这里虽然有追求形式、迎合上有所好、故意装出一副穷酸相之嫌，但由此可看出社会上厉行俭约已蔚然成风。

正是在这种风气的熏陶下，曹魏大多数官员能节操清明，恭俭自守。据《三国志》卷九到卷二十七所记载的168位官员，如果不把曹氏家族的32人计算在内，其余的136位都是曹魏各级各类政权的官吏，陈寿在他们各自的传记里不同程度地记载了各自的节俭行为，其情形大致分类如下：

（1）“清俭”“清节”“清忠”“节俭”“俭约”“清己”等行为者

大将军夏侯惇“性清俭，有余财辄以分施，不足资之于官，不治产业”。（《三国志·夏侯惇传》）

“‘徵事邴原、议郎张范，皆秉德纯懿，志行忠方，清静足以厉俗，贞固足以干事，所谓龙翰凤翼，国之重宝。举而用之，不仁者远。’代凉茂为五官将长史，闭门自守，非公事不出。”（《三国志·邴原传》）

“大鸿胪钜鹿张泰、河南尹扶风庞迪以清贤称，永宁太仆东郡张阁以简质闻。”（《三国志·邴原传》）

司空管宁，“清高恬泊，拟迹前轨，德行卓越，海内无偶”。

司空陈群又荐宁曰：“臣闻王者显善以消恶，故汤举伊尹，不仁者远。伏见徵士北海管宁，行为前世表，学任人师，清俭足以激浊，贞正足以姣时。”（《三国志·管宁传》裴注引《傅子》）

侍中尚书仆射邢颙，时人称之曰：“德行堂堂邢子昂。”庶子刘祯书谏曰：“家丞邢颙，北土之彦，少秉高节，玄静淡泊，言少理多，真雅士也。”（《三国志·邢颙传》）

司徒华歆，“素清贫，禄赐以振施亲戚故人，家无担石之储。公卿尝赐没入

---

① 陈寿：《三国志·和洽传》，北京：中华书局，1959年版，655页。

② 陈寿：《三国志·毛玠传》，北京：中华书局，1959年版，375页。

③ 陈寿：《三国志·毛玠传》，北京：中华书局，1959年版，375页。

生口，为歆出而嫁之。帝叹息，下诏曰：‘司徒，国之俊老，所与和阴阳理庶事也。今大官重膳，而司徒蔬食，甚无谓也。’特赐御衣，及为其妻子男女皆作衣服”。（《三国志·华歆传》）

司徒王朗，“虽流移动穷困，朝不谋夕，而收恤亲旧，分多割少，行义甚著”。裴注引《魏书》曰：“郎高才博雅，而性严整慷慨，多威仪，恭俭节约，自婚姻中表礼贽无所受。常讥世俗有好施之名，而不恤穷贱，故用财以周急为先。”（《三国志·王朗传》）

弘农太守杜恕，“推诚以质，不治饰”。（《三国志·杜恕传》）

魏群太守郑浑，“清素在公，妻子不免饥寒”。（《三国志·郑浑传》）

京兆太守颜斐，“斐又清已，仰奉而已于是吏民恐其迁转也”。（《三国志·仓慈传》注引《魏略》）

弘农太守令狐邵，“所在清如冰雪，妻子希至官省”。（《三国志·仓慈传》注引《魏略》）

“自太祖迄于咸熙，魏郡太守陈国吴瓘、清河太守乐安任燠，京兆太守济北颜斐，弘农太守太原令狐邵、济南向鲁国孔乂，或哀矜折狱，或推诚蕙爱，或治身清白，或擿奸发伏，咸为良二千石。”（《三国志·仓慈传》）

右将军徐晃，“性俭约畏慎”，“病笃，遗令敛以时服”。（《三国志·徐晃传》）

江夏太守桓禺，“嘉平中，谯郡桓禺为江夏太守，清俭有威惠，名亚于聘”。（《三国志·文聘传》）

光禄勋和洽以为：“民稀耕少，浮食者多。国以民为本，民以谷为命。故费一时之农，则失育命之本。是以先王务蠲烦费，以专耕农。自春夏以来，民穷于役，农业有废，百姓嚣然，时风不至，未必不由此也。消复之术，莫大于节俭。太祖建立鸿业，奉师徒之费，供军赏之用，吏士丰于资食，仓府衍于谷帛，由不饰无用之宫，绝浮华之费。”后“转为太常，清贫守约，至卖田宅以自给”。（《三国志·和洽传》）

光禄勋太常常林，“节操清峻”。（《三国志·常林传》）注引《魏略》：“林性既清白，当官又严”。（本传）“虽贫，自非手力，不取之于人。”（本传注引《魏略》）“以林及吉茂、沐并、时苗四人为《清介传》。”（本传注引《魏略》）

卫尉田豫，“清俭约素，赏赐皆散之将士。每胡、狄私遗，悉薄藏官，不入家；家常贫匮。虽殊类，咸高豫节”。（《三国志·田豫传》）注引《魏略》曰：“鲜卑素利等数来客见，多以牛马遗豫；豫转送官。胡以为前所与豫物显露，不如持金。乃密怀金三十斤，谓豫曰：‘愿避左右，我欲有所道。’豫从之，胡因跪曰：‘我见公贫，故前后遗公牛马，公辄送官，今密以此上公可以为家资。’

豫张袖受之，答其厚意。胡去之后，皆悉付外，具以状闻。于是诏褒之曰：‘昔魏绛开怀以纳戎赂，今卿举袖以受狄金，朕甚嘉焉。’乃即赐绢五百匹。豫得赐，分以其半藏小府，后胡复来，以半与之。”（本传注引《魏略》）

（2）布衣蔬食、粗衣恶食者

太仆国渊，“居列卿位，布衣蔬食，禄赐散之故宗族，以恭俭自守，卒官”。（《三国志·国渊传》）

兖州刺史司马朗，“虽在军旅，常粗衣恶食，俭以率下”。（《三国志·司马朗传》）

议郎吉茂，“好书，不耻恶衣恶食，而耻一物之不知”。（《三国志·常林传》注引）“其或馈遗，一不肯受。”（《三国志·常林传》注引）

寿春令时苗，“其始之官，乘薄軬车，黄牸牛，布被囊。居官岁余，牛生一犊。及其去，留其犊”。（《三国志·常林传》及裴注引《魏略》）

（3）无余财者

侍中光禄大夫荀彧及其侄子荀攸，“皆谦冲节俭，禄赐散宗族知旧，家无余财”。（《三国志·荀彧传》）曹操曾说：“孤与荀公达周游二十余年，无毫毛可非者。”（《三国志·荀攸传》裴注引《魏书》）

东曹掾毛玠，“务以俭率人，由是天下之士莫不以廉节自励，虽贵宠之臣，舆服不敢过度”。“玠居显位，常布衣蔬食，抚育孤兄子甚笃，赏赐以振贫族，家无所余。”（《三国志·毛玠传》）

谏议大夫、丞相军祭酒袁涣，“当时诸公子多越法度，而涣清静，举动以礼……前后得赐甚多，皆散尽之，家无所诸，终不问产业，乏则取之于人，不为皦察之行，然时人服其清……涣子侃，亦清粹闲素，有父风，历位郡守尚书”。（《三国志·袁涣传》）

议郎张范，“性恬静乐道，忽于荣利”。“救恤穷乏，家无所余，中外孤寡皆归焉。赠遗无所逆，亦终不用，及去，皆以还之。”（《三国志·张范传》）

魏郡太守、大司农郎中令王修，“阅修家，谷不满十斛，有书数百卷。太祖叹曰：‘士不妄有名’”。（《三国志·王修传》）

御史中丞鲍勋，“内行既修，廉而能施，死之日，家无余财”。（《三国志·鲍勋传》）

河南尹、大司农司马芝，“卒于官，家无余财，自魏迄今为河南尹者莫及芝”。（《三国志·司马芝传》）

并州刺史梁习，“在州二十余年，而居贫穷，无方面珍物”。（《三国志·梁习传》）

典农中郎将任峻，“于饥荒之际，收恤朋友孤遗，中外贫宗，周急继乏，信

义见称”。(《三国志·任峻传》)

司空崔林，“贫无马车，单步之宫”。(《三国志·崔林传》)

少府杨阜，“会卒，家无余财”。(《三国志·杨阜传》)

汝南太守、太尉满宠， “不治产业，家无馀财”，有“清忠俭约之节”。(《三国志·满宠传》)

司空徐邈，“(嘉平)六年，朝廷追思清节之士，诏曰：‘夫显贤表德，圣王所重；举善而教，仲尼所美。故司空徐邈、征东将军胡质、卫尉田豫皆服职前朝，历事四世，出统戎马，入赞庶政，忠清在公，忧国忘私，不营产业，身没之后，家无余财，朕甚嘉之’”。(《三国志·徐邈传》)

“卢钦著书，称邈曰：‘徐公志高行洁，才博气猛。其施之也，高而不狷，洁而不介，博而守约，猛而能宽。圣人以清为难，而徐公之所易也。’或问钦：‘徐公当武帝之时，人以为通，自在凉州及还京师，人以为介，何也?’钦答曰：‘往者毛孝先、崔季珪等用事，贵清素之士，于是皆变易车服以求名高，而徐公不改其常，故人以为通。比来天下奢靡，转相仿效，而徐公雅尚自若，不与俗同，故前日之通，乃今日介也。是世人之无常，而徐公之有常也。’”(《三国志·徐邈传》)

荆州刺史、征东将军胡质，“没军功赏赐，皆散之于众，无入家者”。又云：“性沉实内察，不以其节检物，所在见思。嘉平二年薨，家无余财，惟有赐衣书箧而已。”嘉平六年朝廷诏书褒述质清行，赐其家钱穀。(《三国志·胡质传》)

“胡质子胡威，字伯虎。少有志尚，厉操清白。质之为荆州也，威自京都省之，家贫，无马童仆，威自驱驴单行，拜见父。停厩中十余日，告归。临辞，质赐绢一匹，为道路粮，威跪曰：‘大人清白，不审于何得此绢?’质曰：‘是吾俸禄之余，故以为汝粮耳。’威受之，辞归。每至客舍，自放驴，取樵炊爨，食毕，复随旅进道，往还如是。质帐下都督，素不相识，先其将归，请假还家，阴资状百余里要之，因与为伴，每事佐助经营之，又少进饮食，行数百里。威疑之，密诱问，乃知其都督也，因取向所赐绢答谢而遣之。后因他信，具以白质。质杖其都督一百，除吏名。其父子清慎如此。于是名誉著闻，历位宰牧。晋武帝赐见，论边事，语及平生。帝叹其父清，谓魏曰：‘卿清孰与父清?’威对曰：‘臣不如也。’帝曰：‘以何为不如?’对曰：‘臣父清恐人知，臣清恐人不知，是臣不如者远也。’”(《三国志·胡质传》注引《晋阳秋》)

(4) 丧葬俭节者

豫州刺史贾逵，“会病笃，谓左右曰：‘丧事一不得有所修作’”。(《三国志·贾逵传》)

左仆射徐宣，“清雅特立，不拘世俗”，“青龙四年薨，遗令布衣疏巾，敛以

时服”。(《三国志·徐宣传》)

光禄大夫裴潜，“遗令俭葬，墓中惟置一坐，瓦器数枚，其余一无所设”。(《三国志·裴潜传》)

司徒韩暨，“遗令俭以时服，葬为土藏”。(《三国志·韩暨传》)

右仆射王观，“治身清素，帅下以俭，僚属承风，莫不自励”。“遗令藏足容棺，不设明器，不封不树。”(《三国志·王观传》)

光禄勋高堂隆，“生廉追伯夷，直过史鱼”。“隆卒，遗令薄葬，敛以时服。”(《三国志·高堂隆传》)

由上述史料看出，在陈寿所记载的168位人物中有节俭行为的有70人(次)，接近一半，由此可见曹魏绝大多数官员能够做到节俭清政、恭俭自乐，认真实践曹氏所倡导的“节俭”，并将其作为规范自己行为的标准。虽然节俭方式不一样，有的以清俭、约俭为主，有的以布衣蔬食称著，有的以家无余财受人称道，有的以俭葬显世，但皆能做到节操清政、恭俭自守。诚如《三国志·毛玠传》所云：“太祖为司空丞相，玠尝为东曹掾，于崔琰并典选举。其所举用，皆清正之士，虽于时有盛名而行不由本者，终莫得进。务以俭率人，由是天下莫不以廉节自励，虽贵宠之臣，舆服不敢过矣。”正因此，一时廉节蔚然成风，魏末咸熙此风犹存。陈寿曾说：“自太祖迄于咸熙，魏郡太守陈国关璀、清河太守乐安任燠，京兆太守洛北，颜斐、弘农太守太原令狐邵，济南太守鲁国孔乂，或哀矜折狱，或推诚惠爱，或治身洁白，或擿奸发伏，成为良二千石。”① 直到西晋时期，傅玄还说曹操以俭取人，以致当时没有敢穿华丽衣服、敢享用美食的官吏，甚至一些官吏提出：“为官长当清，当慎，当勤，修此三者，何患不治乎?”② 因此，建安、黄初年间的官吏大多自律、廉洁、勤政。和洽认为：“消复之术，莫大于节俭。太祖建立洪业，奉师徒之费，供军贵之用，吏士丰于资食，仓府衍于谷帛，由不饰无用之宫，绝浮华之贵。”③ 这种政治清明的局面，史学家称之为“节俭之世”④，这当然与曹氏父子的身体力行有着直接关系。正如夏侯玄所云：“是故宜大理其本，准度古法，文质之宜，取其中则，以为礼度。车舆服章，皆从质朴，禁除末俗华丽之事，使幹朝之家，有位之室，不复有锦绮之饰，无谦采之服，纤巧之物，……夫上之化下，犹风之靡草。朴素之教兴于本

① 陈寿：《三国志·仓慈传》，北京：中华书局，1959年版，513页。

② 陈寿：《三国志·李通传》注引《晋书》，北京：中华书局，1959年版，536页。

③ 陈寿：《三国志·和洽传》，北京：中华书局，1959年版，657页。

④ 陈寿：《三国志·何夔传》，北京：中华书局，1959年版，381页。

朝，则弥侈之心自消于下矣。”[①] 曹植在《武王诔》中更明确地指出曹操“敦俭尚古，不玩珠玉，以身先下，民世纯朴。圣性严毅，平修清一。”[②]

当然在践行“节俭”美德中，不免出现矫枉过正的现象，据《三国志·和洽传》记载：“今朝廷议，吏有著新衣、乘好车者，谓之不清。长吏过营者，形容不饰，衣裘敝坏者，谓之廉洁。至令士大夫故污辱其衣，藏其舆服。朝府大吏，或自挈壶餐以入官寺。”[③] 这虽然给人以形式之嫌，但由此也可看出当时社会厉行节俭风气的盛行。

三、曹操倡导节俭的原因

曹操不仅自己“雅性节俭”，还将节俭作为曹魏统治集团的生活行为加以推广，因此曹魏时期的建安、黄初年间政治比较清明，其统治的北方社会比较安定，经济繁荣，人民安居乐业。当时的官吏就称道“以武皇帝之节俭，府藏充实”[④]，曹魏成为三国中实力最强的政权。那么，曹操为何要极力提倡并践行节俭呢？其因有以下几点。

（一）时代使之然

经过了黄巾起义和董卓作乱，汉朝统治已经岌岌可危，摇摇欲坠。是时“汉末，天下大乱，雄豪并起”[⑤]，各路诸侯在讨伐董卓失败以后，纷纷拥兵割据，虎视天下，竞相逐鹿中原，战乱频仍，天灾不断。当时，土地荒芜、人相食、饥饿成为最突出的社会问题。《三国志·武帝纪》裴注引《魏书》曰：“自遭荒乱，率乏粮榖。诸军并起，无终岁之计，饥则寇略，饱则弃余，瓦解流离，无敌自破者不可胜数。袁绍之在河北，军人仰食桑葚。袁术在江淮，取给蒲蠃。民人相食，州里萧条。”诸葛亮在《出师表》中说：“此诚危急存亡之秋也。”曹操就是在这样的形势下，于汉灵帝中平六年，在家乡孝廉卫兹资助下，聚合五千多人，“散家财，合义兵，将以诛卓”[⑥]。董卓被诛后，“长安城空四十余日，强者四散，羸者相食，二三年间关中无复人迹”（《资治通鉴·汉纪》）。此后三十多年战乱不断，其间很多的重大战事，都是因为粮草不足而出现危机的。据《三国志·武帝纪》记载，兴平元年，曹操与吕布在濮阳大战，“与布相守百余日。蝗虫起，百姓大饿，布粮食亦尽，各引去”。“是岁古一斛五十余万钱，人

① 陈寿：《三国志·夏侯玄传》，北京：中华书局，1959 年版，298 页。
② 赵幼文：《曹植集校注》，北京：人民文学出版社，1984 年版，198 页。
③ 陈寿：《三国志·和洽传》，北京：中华书局，1959 年版，655—656 页。
④ 陈寿：《三国志·杜恕传》，北京：中华书局，1959 年版，499 页。
⑤ 陈寿：《三国志·武帝纪》，北京：中华书局，1959 年版，55 页。
⑥ 陈寿：《三国志·武帝纪》，北京：中华书局，1959 年版，4 页。

相食，乃罢吏兵新募者。”[①] 建安五年，在官渡之战的关键时刻，“太祖军粮方尽，书与彧，议欲还许以引绍。”曹操因军粮不足，曾写信与荀彧商议，欲退还许都。[②]《三国志·武帝纪》裴注引《曹瞒传》载：在北征乌丸时，“时寒且旱，二百里无复水，军又乏食，杀马数千匹以为粮，凿地入三十余丈乃得水”。赤壁之战后，曹操在建安十四年的诏令中说：“自顷以来，军数征行，或遇疫气，吏士死亡不归，家室怨旷，百姓流离，而仁者岂乐之哉？不得已也。”[③] 这个“不得已”，就是“天下凶荒，资财乏匮”[④] 的社会环境，曹操面对这样的社会现实，势必倡导节俭，诚如卫觊在奏章所云：“奢俭之节，必视世之丰约也。”所以曹操要求：“后宫食不过一肉，衣不用锦绣，茵蓐不缘饰，器物无丹漆。”[⑤]

（二）曹氏家族使之然

陈寅恪先生在《书〈世说新语·文学〉类钟会撰写四本论始毕条后》中说：“东汉中晚之世，其统治阶级可分为两类人群。一为内廷之阉宦，一为外廷之士大夫。阉宦之出身大抵为非儒家之寒族，所谓‘乞匄携养’（古代宦官无子，收养他人为子）之类……主要之士大夫，其出身则大抵为地方豪族，或间以小族。然绝大多数则为儒家之信徒也。然则当东汉之季，其士大夫宗经义，而宦官则尚文辞。士大夫贵仁孝，而阉宦则重智术。盖渊源已异，其衍变所致，自大不相同也。”陈先生还说这两大统治集团在生活习尚上也有不同：“儒学豪族尚奢侈，非儒家豪族尚节俭。”曹操出身于阉宦之家，但属寒族。在文化上“曹氏并不以儒学为务，与豪族的服膺儒教不同”。这种出身和文化传统决定了他崇尚节俭的人生理念。

曹操的祖父曹腾是东汉末年的大宦官，因参与外戚梁冀扶持汉桓帝登位有功被封为费亭侯，迁中常侍大常秋。其父曹嵩乃腾之养子，也曾任过太尉，曹操自然与阉宦扯上了关系，被其政敌骂为“赘阉遗丑”“乞匄携养”“本无令德”。[⑥] 宦官在社会上长期受到歧视，属于社会结构的中下层，受其家庭影响，他踏入政治舞台后就与众不同。他既然属于“非儒学之寒族”，就不可能像世族子弟那样严守礼节规矩，因而他尚通脱，不拘于礼，任侠放荡，不治行业，同时他又刻苦攻读，知书达礼，颇以自己不是“岩穴知名人士”[⑦] 为耻，因而结好当时一些与

---

① 陈寿：《三国志·武帝纪》，北京：中华书局，1959 年版，12 页。
② 陈寿：《三国志·荀彧传》，北京：中华书局，1959 年版，314 页。
③ 陈寿：《三国志·武帝纪》，北京：中华书局，1959 年版，32 页。
④ 陈寿：《三国志·武帝纪》注引《傅子》，北京：中华书局，1959 年版，54 页。
⑤ 陈寿：《三国志·卫凯传》，北京：中华书局，1959 年版，612 页。
⑥ 陈寿：《三国志·袁绍传》注引《魏氏春秋》，北京：中华书局，1959 年版，197 页。
⑦ 安徽亳县《曹操集》译注小组：《曹操集译注》，北京：中华书局，1979 年版，132 页。

宦官作对的社会名士。他向往“王者贤且明，宰相股肱皆忠良。咸礼让，民无所争讼”“仓谷满盈”“子养有若父与兄，犯礼节，轻重随其刑。路无拾遗之私”① 的太平盛世。这种受儒家熏陶所产生的理念，又使他与一般宦官拉开了距离，因而他是当时众多宦官子弟中唯一的另类。和宦官相比，他有理性；和世族相论，他少一些束缚。史书称他“为人佻易无威重”②，郭嘉说他“体任自然”“以至心待人，推诚而行，不为虚美，以俭率下，与有功者无所吝，士之忠正远见而有实者皆愿为用”③。所谓“佻易无威重”“体俭自然”“不为虚美”，都是相对于世族“繁礼多仪”而言的，他迎献帝后与世族多有冲突，他的许多措施也多是针对世族的，提倡节俭、抑制奢靡就是如此。所以陈寅恪说：“曹操如此厉行节俭，与他出身于寒族及当时经济的破坏虽有关系，但更重要的是摧破豪族的奢侈之风。”

（三）传统文化使之然

作为叱咤风云的一代英雄，曹操的学术思想呈现出多元化的文化心态。他不排斥任何学术文化的合理因素与创造精神，对于多种学术思想，兼容包并，使其互相调节，臻于完善，调和一体，各得其所。在他身上既有儒家精神，又有道家思想；既有墨家作风，又有兵家思想。早年，他的行动符合封建道德对臣节的要求，他曾站在清流士人的立场上打击恶势力，营救“党人”脱险，上书为在党锢之祸中遇害的窦武、陈蕃鸣冤，言辞直切。建安八年他颁布“修学令”，要求各郡国“修文学”，各县“置校官”，以使“先王之道不废，而有以益于天下”④。在其《善哉行》中，赞美儒家的典范，在《对酒》等诗中描绘的是儒家的太平盛世。他也喜好道家之学，在其“游仙诗”中与仙人玉女遨游，喝长生不老药。他崇尚节俭，反对奢华，主张“兼爱尚同”，这恰与墨家思想相吻合。他好兵法，曾作兵书十余万言，注《孙武子》十三章。傅玄曾云“近者魏武好法术，而天下贵刑名”，刘勰曾说“魏之初霸，术兼名法”，都是很有道理的。

就其节俭而论，其“雅性节俭”是对儒、墨、道、法之节俭精神的传承与发展。勤俭尚节，是我国古代各种思想学派中几乎都公认而无异议的一种思想观念。在我国经济、政治、文化、军事发展的历史长河中有各种学派、各种思想，尽管这些学派在政治思想的基本观点上各持一端，大相径庭，但在提倡勤俭尚节这方面是比较一致的。如儒、墨、道、法诸家，可以说是在诸子百家中各成体

---

① 安徽亳县《曹操集》译注小组：《曹操集译注》，北京：中华书局，1979 年版，15 页。
② 陈寿：《三国志·武帝纪》注引《曹瞒传》，北京：中华书局，1959 年版，54 页。
③ 陈寿：《三国志·郭嘉传》注引《傅子》，北京：中华书局，1959 年版，432 页。
④ 安徽亳县《曹操集》译注小组：《曹操集译注》，北京：中华书局，1979 年版，88 页。

系、互相对立的几大显学派，或主张王道礼治，或主张非攻兼爱，或主张道法自然、无为而治，或主张以法为教、以吏为师，但共同的一点是提倡勤俭节用。

儒家主张“食无求饱，居无求安”“发愤忘忧”“安贫乐道”。孔子在《论语·述而》里说得十分豁达：“饭蔬食饮水，曲肱而枕之，乐亦在其中矣!”①

墨家极力主张“节用”“节葬”，认为“节俭则昌，淫逸则亡”②，重视艰苦实践，据说其弟子皆能赴汤蹈火，以自苦为极。

道家视“俭”为“三宝”③ 之一，在物质生活上一再强调“寡欲”“知足”，不齿于淫逸富贵。法家主张勤耕、勇战，在阐明治国之礼时认为“常以俭得之，以奢失之”④。作为“御军三十余年，手不舍书，昼则讲武策，夜则思经传”⑤“好学明经”的曹操，当然熟知先贤的这些经典言论，从中吸取有益的东西，丰富其治国用兵策略。

诸子对曹操影响最深的莫过于墨家和道家。儒家虽也倡导节俭，但孔子却要求“质胜文则野，文胜质则史，文质彬彬，然后君子”⑥。曹操“雅性节俭，不尚华丽”，这显然不符合孔子的审美要求。

墨子代表当时劳动生产者的利益，主张节用，比如服饰，他说“衣必常暖，然后求丽”，只看重服饰的实用意义，对凡是“非为身体，皆为观好”的服饰美持完全否定。服饰现象，往往是社会俭奢风气的晴雨表，服饰形之于外，因此俭与奢必然通过服饰表现出来。因此，墨子极力反对服饰奢侈华美，他把统治者“厚作敛于百姓，暴夺民衣食之财，以为锦绣文采靡曼之衣，铸金以为钩，珠衣以为佩，女工作文采，男工作刻缕，以为身服”视为国乱之因，提出国君“欲天下之治”“为衣服不可不节”（《墨子·辞过》）。这恰与曹操的“不好华丽”相吻合。

道家主张“被褐怀玉”（《老子》第70章），“褐”是古代下层的衣着，《诗经·七月》中有“无衣无褐，何以卒岁”，褐常用麻或兽毛捻成线，再编织缝制而成，质地粗陋，常与锦绣对举。《史记·平原君列传》描写赵国贵族与邯郸贫民生活悬殊时即以贵族“婢妾被绮绣”“而民褐不完”为例。在儒家着装，被褐当然无“文”，不华美。“玉”是古代社会上层的配饰，润泽有光，扣之音清扬，是“君子”人格美的象征，故“古之君子必佩玉”（《玉藻》）。老子提出“圣人

① 杨伯峻译注：《论语译注》，北京：中华书局，1980年版，70页。

② 《墨子·节用》（下）。

③ 老子：《道德经》第67章。

④ 《韩非子·十过》。

⑤ 陈寿：《三国志·武帝纪》注引《魏书》，北京：中华书局，1959年版，54页。

⑥ 杨伯峻译注：《论语译注》，北京：中华书局，1980年版，61页。

被褐怀玉”，一方面是与贵族“衣绮绣”“必佩玉”相对立，另一方面以“怀玉”指人内在的道德美、品格美。可见道家的服饰审美观强调质，重视内美。因而要求去文饰，反对形式上的繁缛。正因此，庄子曾身着打补丁的粗布衣、脚穿破鞋去见魏王。

墨道两家的这种节俭观念和行为，很符合曹操当时所面临的社会状况之需要，给曹操以有益的启迪，所以他能够接受并继承墨道两家的节俭理念，颁布一系列有关倡导节俭、反对腐靡的政策、规定，如《内诫令》《终令》《遗令》及“举用先尚俭”等。可以说，先秦诸子的节俭理念，尤其是墨道两家的服饰审美观，启发了曹操的节俭美德，使其悉知社会，视当时的社会环境和政治生态之需要，大力提倡节俭，并率先垂范，使其形成社会风尚。

曹操洞察东汉腐朽社会，力图整顿腐化糜烂之风。他雅性节俭，不尚华丽，采取了一系列节俭措施，取得了一些成效，这是一般人难办到的，这正是他的过人之处。“任法课能，矫之以趋于刑名，而汉末之风暂息者数十年。”（王夫之《读通鉴论》卷五）建安、黄初年间出现的“节俭之世”，正是其“雅性节俭”、以俭率人的结果。这对我们今天反腐倡廉具有重要的启示。今天，物质文明可能引诱一部分人失去自控能力，失去理性，不能严于律己而走向堕落，正如《礼记》所云：“夫物之感人无穷，而人之好恶无节，则是物至而人化物也。”这是人仅有的生物特征，很容易被欲望所俘虏。节俭的核心就是要求人们节制生活欲望，约束自己的消费行为，正确地对待富裕的物质生活。就此而论，身为魏王的曹操如此“雅性节俭”，很值得我们深思，很值得我们效仿。

安徽江淮地区先秦时期青铜容器文化演进及其原因探讨

——与史料记载人口迁移活动的观照

叶舒然

就现有考古资料看，安徽江淮地区商周青铜器演进的过程，部分器物的演变规律较为清晰，但也有部分器物的演变缺环、形制风格复杂，同时演变中存在突变性，这无疑反映了区域内考古学文化间的消长关系。即便是具有区域特征的器物，例如牺首鼎，也较难厘清其发展渊源。在生产力较不发达时期，这些考古学文化面貌上的转变，往往与族群的迁徙有着密切的联系。因此从人口迁移的角度入手，或可有助于我们厘清区域内青铜文化发展的线索。

一、区域内出土青铜容器文化构型

安徽江淮地区商周青铜容器出土地点主要集中于区域内的东部和北部，大致可分为沿淮区、中部环巢湖流域、西部山区、西南皖江流域四片区域。东北部的沿淮区，包括凤阳、蚌埠、长丰、寿县等地，区域内出土铜器群包括双墩一号容器群①、下庄一号墓墓容器群②、凤阳大东关容器群③、寿县蔡侯墓容器群④、寿县朱家集楚王墓容器群⑤等。本片区域靠近中原地区，但目前出土的青铜容器年代偏晚，主要集中在春秋晚期至战国。从考古学文化背景看，该片区的旧石器和新石器文化遗存数量也不及安徽江淮地区南部。不过，该片区域出土铜器群的显著特征是级别往往较高，并且国别属性明确。双墩一号墓容器群、下庄一号墓容器群、凤阳大东关墓容器群被确认为钟离国统治者和高级贵族墓葬，寿县蔡侯墓

① 安徽省文物考古研究所、蚌埠市博物馆：《安徽蚌埠双墩一号春秋墓发掘简报》，《文物》2010 年第 3 期，第 4～18 页。

② 安徽省文物考古研究所、凤阳县文物管理所：《凤阳大东关与下庄》，科学出版社 2010 年。

③ 安徽省文物考古研究所、凤阳县文物管理所：《凤阳大东关与下庄》，科学出版社 2010 年。

④ 安徽省文物管理委员会、安徽省博物馆：《寿县蔡侯墓出土遗物》，科学出版社 1956 年。

⑤ 铜器当时被盗出土后，地主、官僚、商贾相互争夺，器多分散，流散到外埠或当地私家的不知其数，当时剩下来 700 余件由安徽省立图书馆珍藏，1949 年后它们和其他零星收集的铜器转由安徽博物馆、北京历史博物馆等收藏，可参考李景聃：《寿县楚墓调查报告》，《田野考古报告》第一册，1956 年。

被确认为蔡侯墓葬，寿县朱家集楚王墓群被确认为楚王墓葬。中部巢湖区域，包括巢湖、肥西、庐江、舒城等地，区域内出土铜器群包括肥西大墩子群①、孙家岗群②、肥西馆驿群③、泊岗群④、岳庙群⑤、三塘群⑥、肥西金牛群⑦、小八里群⑧、凤凰嘴群⑨、河口群⑩、五里群⑪等。该区域至少从中更新世晚期就有人类痕迹，旧石器时代有望城岗旧石器地点群等，新石器时代有肥西古埂等，二里头文化时期有大城墩类型等，因此该区域是安徽江淮地区史前人类发展的重要区域之一。该片区域出土的青铜容器，年代最早可至二里头，并在一定程度上反映了该区域和中原二里头的联系。西周中晚期之后，区域内出土铜容器依然不少，岳庙群、三塘群、金牛群和小八里群等青铜容器群均有地方典型特征，它们和西北部沿淮支流区域的凤凰嘴群、河口群、五里群、肖严湖群以及西南皖河流域的杨家牌群在形制和纹饰上非常接近，反映了该时期三片区域的文化融合。此外，此片区域东部靠近滁河流域，包括天长（明光）等地，也出土了少量铜器，但由于数量相对较少，文化面貌尚不清晰。西北部沿淮支流区域包括淮南、寿县、霍邱、六安、霍山、金寨等地，区域内出土铜器群包括肖严湖群⑫、六安燕山群⑬、六安城西窑厂群⑭、六安城北群⑮、六安白鹭洲 M566 群⑯等。该区域也是安徽江

① 安徽大学、安徽省社会科学院、安徽省文物考古研究所：《安徽江淮地区商周青铜器》，文物出版社 2014 年，第 13 页。

② 杨德标：《安徽省含山县出土的商周青铜器》，《文物》1992 年第 5 期，第 92 页。

③ 安徽省博物馆：《遵循毛主席的指示，做好文物博物馆工作》，《文物》1978 年第 8 期，第 1 ~ 11 页。

④ 葛治功：《安徽嘉山县泊岗引河出土的四件商代铜器》，《文物》1965 年第 7 期，第 23 ~ 24 页。

⑤ 马道阔：《安徽省庐江县出土春秋青铜器——兼论南淮夷文化》，《东南文化》1990 年 1、2 合期，第 74 ~ 78 页。

⑥ 孟庆龙：《安徽江淮南部地区若干新见铜器初步研究》，安徽大学，2014 年，第 31 页。

⑦ 安徽省文物工作队：《安徽肥西县金牛春秋墓》，《考古》1984 年第 9 期，第 852 页。

⑧ 安徽省博物馆：《遵循毛主席的指示，做好文物博物馆工作》，《文物》1978 年第 8 期，第 1 ~ 11 页。安徽省博物馆：《安徽省博物馆藏青铜器》，上海人民美术出版社 1985 年，图 13 ~ 16。

⑨ 安徽省文化局文物工作队：《安徽舒城出土的铜器》，《考古》1964 年第 10 期，第 498 ~ 503 页。

⑩ 安徽省文物考古研究所，舒城县文物管理所：《安徽舒城县河口春秋墓》，《文物》1990 年第 6 期，第 58 ~ 66 页。

⑪ 安徽省地方志编纂委员会：《安徽省志 · 文物志》，方志出版社 1998 年，第 345 页。

⑫ 寿县博物馆：《寿县肖严湖出土春秋青铜器》，《文物》1990 年第 11 期，第 65 ~ 67 页。

⑬ 安徽省博物馆、六安县文物管理所：《安徽六安县发现一座春秋时期墓葬》，《考古》1993 年第 7 期，第 656 ~ 657 页。

⑭ 许玲：《安徽六安县城西窑厂 2 号楚墓》，《考古》1995 年第 5 期，第 124 ~ 140 页。

⑮ 褚金华：《安徽省六安县城北楚墓》，《文物》1993 年第 1 期，第 29 ~ 38 页。

⑯ 安徽省文物考古研究所、六安市文物管理局：《安徽六安市白鹭洲战国墓 M566 的发掘》，《考古》2012 年第 5 期，第 29 ~ 40 页；安徽省文物考古研究所、六安市文物管理局：《安徽六安市白鹭洲战国墓 M585 的发掘》，《考古》2012 年第 11 期，第 23 ~ 32 页。

淮地区商周青铜容器出土较为集中的区域，从春秋早期延续到战国晚期。值得注意的是，该片区青铜容器的形制在不同时期差异较大。早期，青铜容器具有强烈地方色彩，包括牺首鼎、蝉纹鼎以及甗形盉等，至晚期则以楚器为主。西南皖河流域包括潜山、宿松、望江、怀宁、太湖、枞阳等地，出土铜器群包括金寨斑竹园群①、潜山县彰法山群②、宿松隘口群③、杨家牌群④、潜山黄岭群⑤、潜山公山岗群⑥、潜山彭岭群⑦、安庆圣埠 M33 群⑧等，时代主要集中于春秋中期至战国。

安徽江淮地区出土的二里头至商早期的青铜容器的种类和数量都很少，且全部是饮酒器，主要包括肥西大墩子遗址出土的斝和孙家岗遗址出土的爵等。而商中期的器物类型依然全部是酒器，但和早期比较，出现了盛酒器尊，同时饮酒器中也新出觚，包括肥西馆驿青铜容器群、泊岗容器群等。商晚期至西周早期，包括金寨斑竹园群、潜山县彰法山群、宿松隘口群、宿松乔木群、来安墩丘山群等，青铜容器的类型扩大至斝、爵、尊、觯、鼎、鬲、甗、簋等，其中出现以鼎为代表的食器。西周中晚期，包括小八里群、五里群、三塘群、肖严湖群等，器类包括鼎（含牺首鼎）、鬲、甗、盉、簋、缶、匜、盘，其中出现频次最多的是鼎（含牺首鼎）、盉、缶，此时期食器数量和种类迅速增多，同时前期频繁出现的酒器爵和斝在这一时期消失，代之以注酒器盉和盛酒器缶，同时还新出现了水器。春秋早期，包括河口群、杨家牌群、岳庙群、六安燕山群、肥西群、潜山黄岭群、凤凰嘴群等，器类包括鼎（含牺首鼎）、鬲、甗、簋、盉、缶、匜、尊等，其中鼎、盉、缶的出现频率占绝对优势地位。春秋中晚期至战国早期，包括双墩一号墓容器群、卞庄一号墓容器群、凤阳大东关容器群、寿县蔡侯墓容器群、舒城九里墩墓容器群、六安城西 M2 容器群、六安城北容器群等，器物的种类较为丰富，包括鼎、鬲、甗、簋、敦、豆、盉、鉴、罍、缶、盒、盘、匜等，鼎依然占绝对地位，但盉的地位较前期相对下降，同时水器盘和匜出现的频率较

---

① 安徽大学、安徽省社会科学院、安徽省文物考古研究所：《安徽江淮地区商周青铜器》，文物出版社 2014 年，第 69 页。

② 李丁生：《安徽潜山彰法山 9 号战国墓》，《江汉考古》1992 年第 4 期，第 24 页。

③ 孟庆龙：《安徽江淮南部地区若干新见铜器初步研究》，安徽大学，2014 年，第 9 页。

④ 怀宁县文物管理所：《安徽怀宁出土春秋青铜器》，《文物》1983 年第 11 期，第 68 ~ 71 页。

⑤ 潜山县文物局：《潜山黄岭春秋墓》，《文物研究》第 13 辑。

⑥ 安徽省文物考古研究所、潜山县文物管理所：《安徽潜山公山岗战国墓发掘报告》，《考古学报》2002 年第 1 期，第 95 ~ 122 页。

⑦ 安徽省文物考古研究所、潜山县文物管理所：《安徽潜山彭岭战国西汉墓》，《考古学报》2006 年第 2 期，第 231 ~ 280 页。

⑧ 叶源磊：《安庆圣埠战国墓群的发掘整理及其相关问题》，安徽大学，2013 年。

高。战国中晚期，包括六安城西 M99 群、潜山公山岗 M24 群、潜山公山岗 M61 群、潜山公山岗 M73 群、六安白鹭洲 M566 群、六安白鹭洲 M585 群、安庆圣埠 M33 群、潜山彭岭群等，出现的器类主要有鼎、罍、壶、盉、盘、匜等，其中除了鼎，壶的出现频率较高。

二、史料有关区域内人口迁移活动的记载

尽管自 20 世纪 20 年代以来，安徽江淮地区新出土了数量极为繁多的商周青铜器，但就目前研究来看，这些铜器文化因素复杂，器物发展的线索似乎也存在某些缺环。在生产力不发达的古代，受限于传播手段和媒介，文化的交流往往是由人口的迁徙带来的①，而在上古时期，人口的迁移活动频繁，譬如《史记·五帝本纪》就载黄帝“披山通道，未尝宁居”②。由此我们将视角集中于人口迁移，通过梳理先秦时期区域内人口迁移的过程与特点，或可厘清区域内青铜文化发展的线索。文章将“移民”的内涵界定为具有一定数量、一定距离、在迁入地居住了一定时间的迁移人口③，同时重点探讨流入人口，对流出人口涉及较少。按甲骨文和文献记载，商代安徽地区的方国或族邑或有人方、林方、盂方、亳、雀、弜、贝、攸、潜、栗、杗、徐、旧、筑、铚、鸡、霍、虎方、六、陈等，西周时期有据可考的封国和方国大体有宋、陈、焦、赖（历）、沈、徐、胡、萧、寘、向、阴、钟离、庐、英、六、虎方、蓼、巢、皖、桐等，春秋时期有据可考的封国和方国大体有钟离、下蔡、六、蓼、英、巢、群舒、宗、桐、皖、向、州来等④。

依此为线索，结合史料⑤，将区域内夏商周时期重要的人口迁移活动整理如下。

（1）皋陶及其后裔的迁入。《帝王世纪》记载皋陶生于曲阜，《史记·夏本纪》：“封皋陶之后于英、六，或在许。”⑥《史记·陈杞世家》：“皋陶之后，或

① 葛剑雄：《秦汉时期的人口迁移与文化传播》，《历史研究》1992 第 4 期。

② 司马迁：《史记》，中华书局 1985 年，第 3 页。

③ 关于“移民”的内涵，学术界存在多种类型的说法，考虑本文研究时段，采纳和引用了葛剑雄先生在《中国移民史》一书中的定义，参看葛剑雄：《中国移民史》，福建人民出版社 1997 年。

④ 详见陆勤毅、李修松主编：《安徽通史·先秦卷》，安徽人民出版社 2011 年，第 184 页、226 ~ 229 页、282 ~ 294 页。

⑤ 有关安徽江淮地区商周史的文献记载主要散见于《左传》《国语》《尚书》《竹书纪年》《战国策》《史记》，此外春秋战国时期的一些子部书，如《战国策》《韩非子》等，也有关于安徽江淮地区商周史的史料。至于后代的史著中，《史记》中有较多记载，资料多取自《左传》《国语》等书，叙述间有不同，可以互相参证。

⑥ 司马迁：《史记》，中华书局 1985 年，第 83 页。

封英、六，楚穆王灭之。”[①]

（2）夏桀奔巢。《竹书纪年》载：“元年，征淮夷。二年，征风夷及黄夷。七年，于夷来宾。”[②]《尚书·伯虺之诰》：“成汤放桀于南巢。”[③]《国语·鲁语》：“桀奔南巢。”[④]《淮南子》：“整兵鸣条，困夏南巢，谯以其过，放之历山。”[⑤]《淮南子》高诱注“南巢”为“今庐江居巢”，释“历山”曰“盖历阳之山”。[⑥]《吕氏春秋·仲秋纪·论威》：“此夏桀之所以死于南巢也。”[⑦]《说苑·权谋篇》：“迁桀南巢氏焉。”[⑧] 学者对南巢地望的推定虽有居巢县、巢县和桐城县三说，但基本未脱离安徽江淮地区范围。[⑨]

（3）东夷迁入。史料中有诸多有关商与东夷斗争和东夷南迁的记载，但对象指称有东夷、淮夷、南淮夷之别，学术界对其概念范畴存在争议，但一般认为在与商的斗争中，确有族群从山东南下。《左传·昭公四年》：“商纣为黎之蒐，东夷叛之。”[⑩]《左传·昭公十一年》：“纣克东夷而陨其身。”[⑪] 又《左传·昭公二十七年》：“季氏甚得其民，淮夷与之，有十年之备。”《吕氏春秋·仲夏纪·古乐》：“商人为象，为虐于东夷。”[⑫]《尚书·费誓》：“嗟！人无哗，听命。徂兹，淮夷徐戎并兴。善敹乃甲胄，敿乃干，无敢不吊！备乃弓矢，锻乃戈矛，砺乃锋刃，无敢不善！……甲戌，我惟征徐戎。峙乃糗粮，无敢不逮。”[⑬]《尚书·大诰》：“武王崩，三监及淮夷叛。”《尚书·多士》：“昔朕来自奄，谓先诛三监，后伐奄淮夷’。”《诗经·鲁颂·閟宫》：“至于海邦，淮夷来同。”《春秋·昭公四年》：“夏，楚子……淮夷会于申。”《后汉书·东夷传》：“武乙衰敝，东夷浸盛，遂分迁淮、岱，渐居中土……后徐夷僭号，乃率九夷以伐宗周，西至河上。穆王畏其方炽，乃分东方诸侯，命徐偃王主之。偃王处潢池东，地方五百里，行仁义，陆地而朝者三十有六国。穆王后得骥騄之乘，乃使造父御以告楚，令伐徐”[⑭]；“周厉王无道，淮夷入

① 司马迁：《史记》，中华书局 1985 年，第 1585 页。
② 方诗铭、王修龄：《古本竹书纪年辑证》，上海古籍出版社 1981 年，第 5 页。
③ 李民、王健注译：《尚书译注》，上海古籍出版社 2004 年，第 110 页。
④ 徐元诰撰：《国语集解》，中华书局 2002 年，第 172 页。
⑤ 顾迁译注：《淮南子》，中华书局 2009 年，第 263 页。
⑥ 刘安等编著，高诱注：《淮南子》，上海古籍出版社 1989 年，第 208 页。
⑦ 许维遹撰：《吕氏春秋集释》，中华书局 2009 年，第 182 页。
⑧ 刘向著，向宗鲁校证：《说苑校证》，中华书局 1987 年，第 329 页。
⑨ 参看杜金鹏：《关于夏桀奔南巢的考古学探索及其意义》，《华夏考古》1991 年第 2 期，第 22 ~ 32 页。
⑩ 杨伯峻编著：《春秋左传注》，中华书局 1995 年，第 1252 页。
⑪ 杨伯峻编著：《春秋左传注》，中华书局 1995 年，第 1323 页。
⑫ 许维遹撰：《吕氏春秋集释》，中华书局 2009 年，第 128 页。
⑬ 李民、王健注译：《尚书译注》，上海古籍出版社 2004 年，第 416 页。
⑭ 许嘉璐主编：《后汉书》，汉语大词典出版社 2004 年，第 1697 页。

寇，王命貌仲征之，不克。”金文中也有“淮夷”字样的出现，例如《虢仲盨》：“虢仲与王南征，伐南淮夷。”《曾伯簠》：“克狄淮夷，抑燮繁汤，金锡行。”《史密簋》：“敋南尸（夷）膚虎会杞尸（夷）、舟尸（夷）雚不折，广伐东或（国）。”①《虢仲盨》：“虢仲与王南征，伐南淮夷。”② 金文对淮夷的记载出现在西周中期以后，很多学者认为淮夷的族源与东夷的南迁密切相关。西周时期，原先活跃在今山东地区的东夷，由于在抗周斗争中落败，被迫部分南下迁移，其中多数定居淮河流域。

（4）桐国南迁。桐国，商之后，位于河南虞城县南五里有桐亭。《孟子·万章上》：“太甲颠覆汤之典刑，伊尹放之于桐。三年。太甲悔过……复过于亳。”《续汉书·郡国志》：“梁国虞：有空桐地，有桐地，有桐亭。”雷学其《纪年义证》十一云：“桐乃宋之北门，因其面向桐邑，故以为名，即太甲所居，《汉志》所谓‘桐地’者是也，《元和志》及《路史》谓‘虞城南五里有桐亭’，与《寰宇记》所言‘虞城东三十里’是‘空桐’有异，故《汉志》分为二地。今虞城县在归德东七十里，虞县故城在今城南三里，桐邑又在故城南五里，是桐在薄之东数十里。”都说明桐地在故虞城县南五里，其地有桐亭，空桐。周武王灭商后，桐人有一部分难逃至安徽桐城，另建桐国。《读史方舆纪要》卷二十六庐州府舒城县：“桐乡，在县西南。”杜预曰：“舒县有桐乡，即古桐国。”

（5）蔡国南迁。《史记·管蔡世家》，“武王已克殷纣，平天下，封功臣昆弟。于是封叔鲜于管，封叔度于蔡，二人相纣子武庚禄父，治殷遗民”，“武王既崩，成王少，周公旦专王室。管叔、蔡叔疑周公之为不利于成王，乃挟武庚以作乱。周公旦承成王命伐诛武庚，杀管叔，而放蔡叔”，后其子胡“率德驯善”“复封胡于蔡，以奉蔡叔之祀，是为蔡仲”。③ 西周末年开始，楚国积极北伐，蔡国先迁都新蔡，后迁至州来。《春秋列国爵姓及存灭表》：“国于蔡，今河南汝宁府上蔡县。平候迁新蔡，今汝宁府新蔡县。昭候迁州来，今江南凤阳府寿州北三十里下蔡城是。”④

（6）楚国势力侵入与定都寿春。公元前 7 世纪，楚国势力在区域内逐渐扩张。《左传·宣公八年》：“楚人灭舒蓼。”⑤《左传·宣公十二年》：“楚子灭萧。”杜预注：“萧，宋附庸国。”又说：“萧，宋邑，今沛国萧县。”《左传·成公十六

① 李学勤：《史密簋铭所记西周重要史实考》，《中国社会科学院研究生院学报》1991 年第 2 期，第 5 页；张懋镕、赵荣、邹东涛：《安康出土的史密簋及其意义》，《文物》1989 年第 7 期，第 64 页。

② 刘社刚：《虢仲盨及相关问题考》，《文博》2011 年第 6 期，第 25 页。

③ 司马迁：《史记》，中华书局 1985 年，第 1564、1565 页。

④ 顾栋高：《春秋大事表》，中华书局 1993 年，第 563 页。

⑤ 杨伯峻编著：《春秋左传注》，中华书局 1995 年，第 694 页。

年》：“诸侯迁于制田。知武子佐下军，以诸侯之师侵陈，至于鸣鹿。遂侵蔡。未反，诸侯迁于颍上。”①《左传·襄公二十五年》：“舒鸠人卒叛楚……遂围舒鸠，舒鸠溃。八月，楚灭舒鸠。”②《左传·昭公四年》：“夏，楚子、蔡侯、陈侯、郑伯、许男、徐子、滕子、顿子、胡子、沈子、小邾子、宋世子佐、淮夷会于申……秋七月，楚子、蔡侯、陈侯、许男、顿子、胡子、沈子、淮夷伐吴。”③《左传·昭公十三年》：“楚之灭蔡也……吴灭州来。”④ 或按公元纪年，总结如下：公元前622年，楚灭六；公元前615年，群舒叛，楚攻群舒，执舒子平及宗子，遂围巢；公元前613年，楚东袭群舒伐舒蓼；公元前614年，楚灭庸；公元前601年，楚灭舒蓼；公元前548年，楚伐舒鸠；公元前548年，楚灭舒；公元前519年，吴攻下钟离、居巢两邑；公元前453年，楚灭蔡。公元前3世纪，楚国几次易都，公元前278年迁都于陈（今河南淮阳），公元前253年迁都于钜阳（今安徽阜阳市北），公元前242年最后迁都于寿春（今安徽寿县）。

总结上述史料，首先，从人口迁移的方向看，主要由北向南、由西向东，迁出地具体包括今河南、山东、湖北等地。同时前期往往是由人口密度高的区域向人口密度低的区域、由较为发达的区域向较为落后的区域迁移。夏商周时期，青铜器可作为最先进生产力的代表，从现有出土青铜器资料看，区域内的发展较中原落后。从迁移的可能路线看，早期的迁移，可能偶发性因素更多，即没有明确的目标，穿过的地带有平原、河谷、山口、高原、比较平缓的山岭、比较狭窄或平静的河流等。其次，从迁移的动因看，战争和动乱可能是主要原因。按竺可桢先生的研究，仰韶文化期到西周时期，中国年平均气温普遍比现在要高2℃~3℃，故而当时黄河流域的气候比长江流域的气候更适宜人类的生存和繁衍。⑤ 学者考证淮河流域是大禹治水的重要区域，淮河流域在上古时期水泽纵横遍布，且平行入淮的支流相当密集，对于远古先民而言，生存条件可能相对较为恶劣，故而，有理由推测，春秋之前，区域内还较为荒凉、人口稀少。总之，越是在前期，迁移的原因往往可能更多是被动因素。伴随金属冶炼技术的发展，尤其是东周时期铁器的出现和逐渐普及，生产力得到了较大的提高，从春秋中期以后，区域内人口迅速增长，区域外以楚势力为代表，也开始主动地向区域内迁移人口。最后，从迁移的特点看，早期移民反映了强烈的宗族性特征，相当多的移民往往聚族而居，这是因为在人类经济

---

① 杨伯峻编著：《春秋左传注》，中华书局1995年，第892页。
② 杨伯峻编著：《春秋左传注》，中华书局1995年，第1104页。
③ 杨伯峻编著：《春秋左传注》，中华书局1995年，第1244~1245页。
④ 杨伯峻编著：《春秋左传注》，中华书局1995年，第1360~1361页。
⑤ 竺可桢：《中国近五千年来气候变迁的初步研究》，《考古学报》1972年第1期。

生活尚不发达的阶段，陌生人间的合作存在信任的问题，因此离开族群独自生活往往面临较大的挑战，族群是人类解决合作问题的主要方法。

三、青铜容器演进与史料记载的观照

安徽江淮地区商周青铜容器的演进大致经历了三个阶段，第一阶段为单一对中原文化的模仿，虽然此时期器物的形制、纹饰和铭文均反映出强烈的一致性，但材料的松散提示我们这种一致性仅仅只是中原文化对周边地区的传播，而不能说明区域内部、族群内部的整合。第二阶段为区域内部呈现青铜文化多元化阶段，除对中原文化的吸收，海岱、宁镇等地区的文化因素均有所体现，并且也发展出独特的区域文化特征。第三阶段，从北部沿淮至南部沿江区域，青铜容器的多元化风格又变为单一的楚文化风格，材料的丰富使我们可以确定，这一阶段青铜容器的文化面貌，与其说是单一，不如说是形成统一。

区域内早期阶段的青铜容器文化内涵较为单一，器物的形制、纹饰和铭文均反映出强烈的中原文化特征，往往无法看到此时期区域内部青铜文化的自发性生长。肥西县大墩子遗址出土的斝，柱顶较短、下腹部形状接近、器壁较薄、素面，从器物形制与纹饰看，靠近二里岗下层①。肥西馆驿铜器群、泊岗铜器群、金寨斑竹园铜器群、潜山县彰法山铜器群、宿松隘口铜器群、宿松乔木铜器群、来安墩丘山铜器群出土的铜器，从器形和纹饰看，直接受到了商文化的影响。同时《安徽江淮商周青铜器》近年发表的材料中公布了一批早期铜器铭文资料②，零散出土于肥西上派、太湖刘畈、舒城古城等地的铭文主要可分为两类，一是族徽氏铭文，还有一类是“以日为名”的简单名号，铭文无论从字形还是内容看与中原地区无异，其拥有者很有可能就是来自中原地区。从青铜器的出土地点、器物的形制特征等角度分析，联系潜山薛家岗、含山大城墩、含山孙家岗、肥东吴大墩、肥西大墩子、寿县斗鸡台等发掘的类似中原二里头文化的陶器和青铜器③，结合“皋陶之后于英、六”以及“夏桀奔巢”等史料，此时期，有一批来自中原和北方地区的移民并非毫无根据。

---

① 参考安金槐：《对郑州商代二里岗期青铜容器分期问题的初步探讨》，《中原文物》1992 年第 3 期，第 7 ~ 36 页。

② 详见安徽大学、安徽省社会科学院、安徽省文物考古研究所：《安徽江淮地区商周青铜器》，文物出版社 2014 年。

③ 参看安徽省文物考古研究所：《潜山薛家岗》，文物出版社 2004 年；《安徽含山大城墩遗址发掘报告》，《考古学集刊》第 6 期，中国社会科学出版社 1989 年；安徽省展览、博物馆：《安徽含山县孙家岗商代遗址调查与试掘》，《考古》1977 年第 3 期；向桃初：《二里头文化向南方的传播》，《考古》2011 年第 10 期。

最迟至西周中期，区域内青铜容器文化面貌开始朝多元化发展，出土数量迅速增长，主要包括舒城凤凰嘴春秋墓①、肥西县小八里铜器群②、寿县肖严湖铜器群③、舒城河口④、六安燕山⑤、潜山黄岭春秋墓⑥等。此时期，青铜容器发展的一个重要特征是牺首鼎和甗形盉的出现，这批具有地方文化面貌特征的器物在区域内出土的地点包括了环巢湖流域、西南皖江流域，甚至还有沿淮区域，回溯新石器时代，这三片子区域的考古学文化尚有着非常显著的区别，但从中商开始，这些地区的文化面貌显著趋同。至西周中晚期，区域内部族群已大致完成融合。虽然从青铜容器的文化面貌来看，牺首鼎的渊源似乎非常复杂，其牺首的造型基本和张家坡 M163：33⑦ 有类似之处，仅肖严湖出土的牺首鼎略有差异；而羊子山西周墓出土的 4 件铜兽面⑧，其角和眼的造型也和区域内牺首鼎的牺首造型有类似之处；同时牺首鼎腹部和足部的形制，可同长清仙人台 M5：85⑨ 比较，整体形制颇有相似之处。但综合来看，这些器物可能反映了与鲁东南地区青铜容器文化因素的紧密联系。⑩ 无独有偶，按史书记载和前辈学者的考证，周初曾有大规模的东夷南迁，并对安徽江淮地区的历史发展产生了重大的影响。⑪ 此外，在春秋中晚期之后，这些较有土著特色的青铜器突然又在区域内消失，但在浙江绍兴及其以南的部分地区出土了较多的春秋晚期至战国时期陶质或原始瓷质的牺首鼎，有学者据此推断它们可能是徐、舒南逃迁移后带去的固有习俗。⑫

---

① 安徽省文化局文物工作队：《安徽舒城出土的铜器》，《考古》1964 年第 10 期，第 498 ~ 503 页。

② 安徽省博物馆：《遵循毛主席的指示，做好文物博物馆工作》，《文物》1978 年第 8 期，第 1 ~ 11 页。安徽省博物馆：《安徽省博物馆藏青铜器》，上海人民美术出版社 1985 年，图 13 ~ 16。

③ 寿县博物馆：《寿县肖严湖出土春秋青铜器》，《文物》1990 年第 11 期，第 65 ~ 67 页。

④ 安徽省文物考古研究所，舒城县文物管理所：《安徽舒城县河口春秋墓》，《文物》1990 年第 6 期，第 58 ~ 66 页。

⑤ 安徽省博物馆、六安县文物管理所：《安徽六安县发现一座春秋时期墓葬》，《考古》1993 年第 7 期，第 656 ~ 657 页。

⑥ 潜山县文物局：《潜山春岭春秋墓》，《文物研究》第 13 辑。

⑦ 中国科学院考古研究所：《张家坡西周墓地》，中国大百科全书出版社 1999 年，图版 113。

⑧ 随州市博物馆：《湖北随县安居出土青铜器》，《文物》1982 年第 12 期，第 55 页。

⑨ 山东大学历史文化学院考古系：《长清仙人台五号墓发掘简报》，《文物》1998 年第 9 期，第 22 页。

⑩ 郑小炉：《试论徐和群舒青铜器一兼论徐、舒与吴越的融合》，《文物春秋》2003 年第 5 期，第 6 ~ 14 页。

⑪ 参看胡嘏：《群舒史迹钩沉》，《安徽史学》1986 年第 6 期，第 33 ~ 37 页；徐中舒：《蒲姑、徐奄、淮夷、群舒考》，《四川大学学报（哲学社会科学版）》1998 年第 3 期，第 65 ~ 76 页。

⑫ 郑小炉：《试论徐和群舒青铜器——兼论徐、舒与吴越的融合》，《文物春秋》2003 年第 5 期。

区域内出土的青铜器，从春秋中期开始，受楚文化的影响日益深刻[①]，卞庄M1[②]、双墩1号墓[③]、寿县蔡侯墓[④]中的青铜器已经具有楚文化因素，这与史料记载的楚国势力东扩的时间节点大致相同。六安城北[⑤]、六安城西窑厂[⑥]、六安市城东白鹭洲M566和M585[⑦]、寿县朱家集楚王墓[⑧]出土的青铜器已经是典型的楚器，伴随楚国势力的东进，包括都城的迁移，本土文化因素开始后退，楚文化逐渐占据强势地位，最终区域内青铜器物的形制迅速向楚器靠拢。但有一点值得注意，就青铜容器观察所见，即便在政治上属于被吞并方，但是这种族群的融合，或者说这种同化具有很强的包容性。就像越被楚灭亡之后，越式鼎在楚文化圈的流行，舒城河口出现的小口鼎，在蔡侯墓和楚王墓再次变形出现。从青铜器的视野来看，虽然说风格最后实现了统一，但这种统一是多种文化相互交融的统一。从考古学的视野出发，安徽江淮地区很早就有人类活动的印迹，当旧有族群遭遇迁徙至此地的新族群时，原有的文明可能会稍加调整甚至剧烈变动。然而无论如何，这些调整与变动最终都使得这片土地逐步得以开发。

虽然受限于资料的缺乏，对区域内先秦时期的人口迁移活动，我们尚不能勾勒一个完整轮廓，但安徽江淮地区的地理位置，确实容易成为南北乃至东西人口迁移的重要通道，来自各方的多种文化在此交汇和相融，并最终趋同。人口的迁移，对于安徽江淮地区社会的发展起到了重要的推动作用，它增加了区域内的人口数量，向区域内传播了包括铜器冶炼等当时先进的技术，促进了区域内文化的交流与发展，也为先秦诸子在淮河流域的集中出现奠定了基础。

---

① 参看陆勤毅：《安徽楚文化研究的回顾与展望》，《学术界》1991年第1期；刘和惠：《楚文化的东渐》，湖北教育出版社1995年；张钟云：《安徽地区楚文化的研究与展望》，《东南文化》2001年第3期。

② 安徽省文物考古研究所、凤阳县文物管理所：《凤阳大东关与卞庄》，科学出版社2010年。

③ 安徽省文物考古研究所、蚌埠市博物馆：《安徽蚌埠双墩一号春秋墓发掘简报》，《文物》2010年第3期，第4~18页。

④ 安徽省文物管理委员会、安徽省博物馆：《寿县蔡侯墓出土遗物》，科学出版社1956年。

⑤ 褚金华：《安徽省六安县城北楚墓》，《文物》1993年第1期，第29~38页。

⑥ 许玲：《安徽六安县城西窑厂2号楚墓》，《考古》1995年第5期，第124~140页。

⑦ 安徽省文物考古研究所、六安市文物管理局：《安徽六安市白鹭洲战国墓M566的发掘》，《考古》2012年第5期，第29~40页；安徽省文物考古研究所、六安市文物管理局：《安徽六安市白鹭洲战国墓M585的发掘》，《考古》2012年第11期，第23~32页。

⑧ 铜器当时被盗出土后，地主、官僚、商贾相互争夺，器多分散，流散到外埠或当地私家的不知其数，当时剩下来700余件由安徽省立图书馆珍藏，新中国成立后它们和其他零星收集的铜器转由安徽博物馆、北京历史博物馆等收藏。

近代皖西北地区庙会述论

刘家富

摘　要：庙会作为中国土生土长的一种社会形态，以其丰富的内容涉及社会生活的诸多方面，在经济、文化和社会等方面发挥着独特的作用。皖西北地区位于豫皖交界，受江淮文化与中原文化的双重熏陶，发展出独具特色的庙会文化。与明清时期庙会中浓厚的神灵信仰崇拜相比，近代皖西北地区庙会中浓厚的信仰色彩在不断减弱；同时，随着社会的不断发展进步，部分庙会会期由长变短，政府对庙会的引导功能在不断强化。从庙会的功能来看，在经济功能方面，庙会由最初以“庙”为主转变为以“市”为主，在社会功能方面，庙会一直扮演着信息传播者的重要角色。

关键词：皖西北；庙会；传承；变迁

“庙会亦称庙市。中国的市集形式之一。”① 庙会在我国历史久远，并拥有雄厚的民众基础和深刻的历史文化内涵，是我国民族大众文化的一部分。它既是一种历史文化现象，又是民俗民风的缩影。庙会作为一种特殊的历史形态，能够反映一个地区特有的经济、文化等社会状态。庙会最初是由祭祀活动发展而来，其间融入经贸曲艺等，逐渐演变成人们喜闻乐见的节日传统。作为一种聚集民众、娱乐民众的特殊组织形式，庙会发挥着不可低估的经济、文化、社会等功能。

早在唐朝时期，我国就已有了庙会这种形式的贸易活动。清代张培仁所著《妙香室丛话》中记载：“京师隆福寺，每月九日，百货云集，谓之庙会。”② 因此庙会是中国民俗文化的一个宝贵的历史传承。但是，在新的历史形势的推动下，庙会所表现的形式和发挥的功能都被赋予了新的内涵。近年来有关皖北地区

作者简介：刘家富，阜阳师范学院历史文化与旅游学院副教授，历史学博士。

基金项目：本文系安徽省教育厅基地重点招标项目“近代淮河文化的传承与变迁” （编号SK2014A071）阶段成果之一。

① 辞海编辑委员会．辞海［M］．上海：上海辞书出版社，1980：809.

② 张培仁．妙香室丛话［M］．清光绪十年版．

庙会的研究已经有了很大发展，刘冲在《明清时期淮北地区的庙会研究》一文中对明清时期皖北地区乡村庙会进行了比较详尽的研究。另外，在一些地方文献中也有关于庙会的阐述，如《阜阳风情·太和卷》中记载的《赶庙会去》就描绘了乡间庙会的热闹场景。张济锦先生在《城隍庙会》一文中追忆了民国时期凤台县城隍庙会的繁荣景象。这些研究成果大多是简要记述淮河流域庙会的历史发展情况，学理上的研究并不多见。

一、近代皖西北地区庙会的发展概况

庙会，传统观念认为有庙则有会。“庙”本来是用来供奉祖先或神灵的建筑，如家族祠堂、城隍庙、土地庙等。现在所谓的具有神灵佛祖祭祀意义的庙会，其起源可以追溯到上古的原始自然神与天神崇拜。伴随着宗教的产生、寺庙的出现，各种祭祀活动有了固定的场所和日期，并逐渐扩大到宗教范围以外，这使我国庙会的内容和形式发生了很大的变化。庙会期间，除了庙观为吸引善男信女利用神灵诞辰、灵应日等定期举办香火会外，广大民众也会采取民间文艺演出的形式来报答神灵的保佑，从而形成了众多形式各异、精彩纷呈的迎神、酬神活动。因此，庙会是依附于特定宗教场所的宗教活动而发展起来的集宗教祭祀、娱乐游艺和商贸交易于一体的民俗活动。由于经济繁荣，大量的商贾贸易与民间娱乐等内容逐渐加入庙会中来，许多人即使不拜佛、不游玩，日常也会到庙会上逛逛。从历史上看，庙会作为一种民俗活动，在明清时期已经广泛存在于我国的城乡各地，渗透进老百姓的日常生活中。在20世纪中后期，庙会一度被禁止，很多地方庙宇被破坏，地方传统庙会被湮灭。改革开放后，随着市场经济的发展和繁荣，很多地方又陆续恢复庙会，这些庙会，有些是利用原有的庙会资源重新发展起来的。除了少数历史悠久的老庙会之外，有相当一部分庙会与传统庙会相比，发生了很大变化，其目的也从以神灵信仰为主转向以商品交易为主，庙会的经济功能尤为显著。

淮河流域的皖西北地区介于黄河和淮河两大流域之间，充分融合了中原文化与淮河流域文化，庙会繁多、十分兴盛，尤其是农村地区发展起来的乡镇庙会，逐渐形成了特定的庙会文化。如该地区的临泉县地处皖北平原，分别与豫皖两省9个县市区接壤，受江淮文化与中原文化的双重熏陶，孕育出了各种植根于当地现实生活、风格鲜明且绵延至今的民俗活动，有着独特灿烂的文化和悠久的历史。据相关资料记载：“临泉县地处阜阳偏僻，民俗简朴，且与阜阳分治未久，风尚多与阜阳同。”① 该地区民风淳朴，自古就有举办庙会的传统，拥有深厚的庙会文化，在长

① 刘涣东．临泉县志略［M］．民国二十五年版．

期发展过程中不断发展与演变，形成数量众多的庙会，具体见表1：

表1　临泉县境内部分地方庙会一览表

庙会名称	庙会时间（农历）	会期	地点
铁佛会	正月十六、四月初八	三天	长官镇
南柳庙会	正月十八		
长官会	三月二十八		
陈集会	二月二	三天	陈集镇
黄岭会	二月二、清明、七月二十三	三天	黄岭镇
冯营会	四月初二		
谭棚会	二月十三	三天	谭棚镇
苏屯会	正月十三		
关庙会	二月十九	五天变为三天	关庙
朱集会	二月十二	三天	老集镇
西南庙庙会	三月初八		
马寨会	三月三		
老集会	三月二十八	五天变为三天	
杨桥会	二月十九	六天	杨桥镇
八十里店	六月十五	三天	
滑集会	二月十九、小满会	五天	滑集镇
鲖城会	二月二十四至二月二十六、五月二十八	三天	鲖城镇
张营会	二月二十五、三月十五、四月初十	五天	张营乡
周楼会	四月初三		
刑塘会	三月三、四月三、八月三		刑塘镇
庞营会	三月三、小满会、十月十五、十一月初九	五天变为三天	庞营乡
谢集会	三月三	五天变为三天	谢集乡
胡台会	三月二十八	七天	
陈家庙庙会	二月二十八	三天	土坡乡
土坡会	三月三		
李集水牛庙会	三月十八		
台阁寺会	四月初八		
彭店集会	二月二、三月十五		

（续表）

庙会名称	庙会时间（农历）	会期	地点
姜子牙古庙会	三月二十八	三天	姜寨镇
艾亭会	三月十八至二十二、十月十五至十九	五天	艾亭镇
迎仙会	三月二十八、六月十三、十月十五	三天	迎仙镇
白庙会	二月十九、三月初八、四月一日	五天	白庙镇
梁塘会	四月十三	五天	单桥镇
城关古会	小满、十二月初八	五天	城关镇

同处于皖西北地区的太和县文化悠久、人烟稠密，集市星罗棋布。在县境内虽然没有像北京城隍庙庙会那样规模浩大、名声斐然的庙会，但是由于庙会文化的传播和影响，县境内先后兴起、繁盛百余处庙会，有些至今仍未萧条，老百姓们仍热衷于前往。该县民众一般称呼庙会为“香火会”，同其他地区一样，太和县境内的庙会在某个约定俗成的日子举行，而会日均以农历日期为准。会期多为一天，亦有两天、三天、十天甚至半个月。根据张玉中先生的研究，太和县境内较为热闹的庙会，即香火会，是城关的城隍庙会以及旧县集的白果树会。据记载，太和县城隍庙内有两座神胎，其中一座是坐胎，泥塑；另一座是行胎，木雕。后者专事“出巡”。在清明节那天，笙箫齐鸣、锣鼓喧天，县里的百姓们抬着“城隍爷”，出南门，进东门，在全县各地“视察”一遍。同时，城内各街道人们献演文艺节目，狮子舞、肘哥、竹马灯、龙灯、旱船、小车子等分别昼夜登场。城外则表演跑马、上刀山。说书的、卖唱的，集中在城东南角；城隍庙的戏楼上，戏人演唱大戏。据说当年会日流动人口约五万之众，市场交易额在十万银圆左右，城隍庙会由街道士绅、权威人士与大商巨贾组成会首，集资筹办。可惜的是，自辛亥革命以后，封建迷信活动日渐减少，城隍庙会逐年萧条，以致闭会。近代乃至民国时期，太和县境内庙会数量众多，名称各异，具体见表2：

表2 太和县庙会一览表

序号	会名	会址	种类	逢会日期（农历）	会期天数
1	赵集小满会	赵集	古会	四月二十一日	1
2	界牌买卖会	界牌	古会	四月三日	1
3	界牌神火会	界牌	古会	六月一日	1
4	旧县白果树会	旧县	古会	一月二十二日	1

（续表）

序号	会名	会址	种类	逢会日期（农历）	会期天数
5	旧县三月二十八会	旧县	古会	三月二十八日	1
6	二月十三日会	税镇	古会	二月十三日	3
7	小满会	税镇	古会	小满	3
8	三月十五日会	孙寨	古会	三月十五日	3
9	十月十三日会	孙寨	古会	十月十三日	3
10	白果树会	旧县	古会	十月二十二日	1
11	四月初十会	范庙	古会	四月十日	1
12	十月初十会	范庙	古会	十月十日	1
13	三月二十会	八里店	古会	三月二十日	1
14	四月十五会	八里店	古会	四月十五日	1
15	倪王庙会	倪邱	庙会	三月二十八日	1
16	港集古会	港集	古会	四月四日	1
17	马集庙会	马集	庙会	三月三日	1
18	马集骡马大会	马集	古会	四月十八日	1
19	付集庙会	付集	庙会	三月三日	1
20	张桥会	张桥	古会	一月十五日	1
21	原墙古会	原墙	古会	九月九日	1
22	原墙古会	原墙	古会	一月十五日	1
23	宋集小满会	宋集	古会	小满	1
24	宋集古会	宋集	古会	四月二日	1
25	郭庙古会	郭庙	古会	三月二十六日	3
26	名利店古会	名利店	古会	九月二十六日	1
27	大新集谷雨会	大新	古会	谷雨	1
28	大新集小满会	大新	古会	小满	1
29	十月十九会	高湾	古会	十月十九日	1
30	三月十五会	高湾	古会	三月十五日	1

（续表）

序号	会名	会址	种类	逢会日期（农历）	会期天数
31	九月二十五会	高湾	古会	九月二十五日	1
32	四月初八会	陈庙集	古会	四月八日	1
33	陈庙集会	陈庙集	古会	三月二十八日	1
34	正月二十七会	邢小街	古会	一月二十七日	1
35	未店集古会	未店集	古会	二月十六日	1
36	未店集古会	未店集	古会	三月十二日	1
37	未店集古会	未店集	古会	九月十四日	1
38	未店集古会	未店集	古会	十月二十一日	1
39	三月初九会	胡总集	古会	三月九日	5
40	四月二十五会	胡总集	古会	四月二十五日	10
41	十月初三会	胡总集	古会	十月三日	10
42	骡马物资会	胡总集	物资会	十月十三日	10
43	小满会	关集	古会	小满	1
44	三月二十八会	三塔集	古会	三月二十八日	1
45	四月初八会	草寺集	古会	四月八日	1
46	三月二十会	闫庙集	古会	三月二十日	1
47	四月十二会	王寨集	古会	四月十二日	1
48	十月十五会	坟台集	古会	十月十五日	1
49	三月三会	陶各	古会	三月三日	1
50	四月八会	双浮集	古会	四月八日	1
51	四月十二会	吴店集	古会	四月十二日	1
52	二月十五会	刘关集	古会	二月十五日	1
53	二月十九会	纪桥集	古会	二月十九日	1
54	唐孤堆会	桑营	古会	一月十六日	1
55	刘天齐庙会	刘桥大队	古会	三月二十八日	1
56	郑桥大队古会	郑桥大队	古会	二月十四日	1

（续表）

序号	会名	会址	种类	逢会日期（农历）	会期天数
57	赵庙集古会	赵庙集	古会	四月八日	1
58	黑虎集骡马会	黑虎集	骡马会	二月二十六日	1
59	龙台集古会	龙台集	古会	二月二十八日	1
60	张小庙庙会	张小庙	古会	一月十五日	1
61	古梅庙会	古梅	庙会	二月二日	1
62	宫集买卖会	宫集	古会	四月十八日	1
63	蔡庙集古会	蔡庙集	古会	三月三日	1
64	曹集小满会	曹集	小满会	小满	1
65	高庙古会	高庙	古会	四月五日	1
66	高庙古会	高庙	古会	十月十五日	1
67	香火会	三堂集	古会	二月十四日	1
68	香火会	三堂集	古会	十月十五日	1
69	迎水寺会	迎水寺	庙会	二月十九日	1
70	王庙会	王庙	古会	三月十八日	1
71	二月十九会	肖口集	古会	二月十九日	1
72	十月十三会	肖口集	古会	十月十三日	1
73	奶奶会	赵寺集	古会	四月二十一日	1
74	物资交流会	苗集	交流会	三月三日	1
75	小满会	双冲	香火会	四月八日	1
76	板桥古会	板桥会	香火会	四月八日	1
77	古会	阮桥	香火会	十月四日	1
78	立夏会	小新集	买卖会	立夏	1
79	古会	陶各	香火会	三月三日	1
80	古会	黄岗寺	香火会	四月八日	1
81	古会	安庙	香火会	二月十九日	1
82	古会	王庙	香火会	四月十五日	1

从表1、表2可以看出，皖西北地区所辖大大小小乡镇数目繁多，从庙会分布地点看，该地区几乎所有乡镇集市每年都有定期举办庙会的传统，甚至发展到乡镇以下的村落也存在庙会。如临泉老集镇的马寨村三月三举办古庙会，当地人称之为逢会。从庙会举办的时间来看，从正月开始到十二月几乎都有分布，尤其集中在春季二三月份。各个地方都有自己特定的举办时间并形成传统，因此会出现同一天有多个地方举办庙会的现象。如在临泉，农历三月二十八是迎仙镇、土坡乡陈家庙、谢集乡胡台、老集镇庙会时间。庙会会期一般连正日在内，前后3天，也有会期达4到5天，有的地方可以持续7天的时间，如该县谢集乡的胡台庙会作为临泉三大历史久远的古庙会之一，会期持续7天。当地举办庙会的历史源流已无从考证，但是它已经融入临泉县人民生活的各个方面，成为一种约定而成的习俗。许多庙会是作为物资交流和文化娱乐而兴办起来，例如临泉艾亭镇一年有两次庙会，第一次在每年的农历三月十八到二十二，是作为物资交流大会而发展起来；另一次在每年农历十月十五到十九，是艾亭镇的传统古庙会。会期均为5天。每当会期临近，人们都会把会场所在地打扫得干干净净，把门面整理一新。外地的商贩、工匠也纷纷在会期之前赶到，以选占有利地面。会期一到，周围群众便竞相邀请亲朋好友前来"赶会"。临泉县古庙会原以县城东岳庙、杨桥八十里店、滑集胡台庙会最盛，以瓦店集六月六古会最驰名，方圆百余里有"六月六吃炒面，吃了炒面赶瓦店"① 之谣。到了正会这一天，会场上人潮涌动，表演杂艺的、出售商品的、来赶会的挤满了街道，是一年中极为热闹的。另外，皖西北地区的庙会以民间古会居多，是城乡广大民众交易娱乐的重要场所。

二、近代皖西北地区庙会的发展特点

（一）神灵信仰色彩渐弱，庙会性质呈现多元化

明清时期是我国庙会发展最为繁荣的阶段，从简单的祭祀行为到成熟的传统庙会形态的发展演变，就是从这一时期开始的。从秦始皇时的焚书坑儒、汉武帝时的独尊儒术到明清时期的文字狱可以看出，历代封建统治者大多通过加强思想控制来稳固政权统治。虽然历代统治者为了加强统治不断强加给民众新的神灵信仰，但是皖西北地区并没有系统的信仰体系，在贫苦的生存边缘挣扎的老百姓只相信能保佑他们、给他们带来希望的神灵，诸如城隍神、土地神、关公、龙王爷、观音菩萨、阿弥陀佛等。长期以来皖西北地区依靠淮河发展农业，同时又遭

---

① 王平，史祥富. 临泉县志［M］. 合肥：黄山书社，1994：448.

受淮河带来的灾害，十年九灾。其中，黄河夺淮入海是淮河流域自然灾害的主要原因。由于人们对自然认识不够，不得不把希望寄托在神灵身上，因此祭奉驱蝗大神，旱时祈雨，涝时求神，从而形成了具有区域特色的神灵信仰，并逐渐保留和传承下来，有些还被融入酬神娱神的庙会表演中，成为具有特色的文艺形式。如临泉县姜寨至今还存有始建于唐朝的南海寺，南海寺正殿供奉“南海正神”，侧殿供奉“千手观音”“如意观音”。姜寨火王爷庙、奶奶庙、东王庙和南海寺都属于一个时代兴建的。人们每到初一、十五都来祈福求神。尤其是每年三月二十八庙会日，善男信女前来上香祈求神灵庇护。临泉县境内的城隍庙主要分布在县城，城隍神作为官方神灵信仰，无论在人们的思想上还是生活行为中都具有普遍的约束意义。明清时期皖西北地区的颍州府治所在地颍州（今天的阜阳）也有城隍庙，“颍州府城隍，郡北依颍水为隍”①，每年也定期或不定期举办城隍庙会，规模更为壮观。除去对城隍神的虔诚信仰，广大民众把对城隍的祭祀盛典逐渐演绎为富有古朴信仰色彩的民间庙会。“正月十五、十月初一，有城隍会”②；“清明，民间祭祀扫墓，官祭厉坛，请城隍出巡，百戏竞作……三日始毕”③。另外，土地神信仰在我国同样有非常久远的历史。我国传统社会是典型的农业社会，尤其是处于皖北平原中的皖西北，人口众多，农业是当地人民生存发展的根基。“汝阴人率性真直，贱商务农”④，因此人们希望土地神能够保佑风调雨顺、农业丰收。人们对于土地的信仰还在于祈求平安，摆脱困苦，即使是死亡也要求入土为安，足以见证人们对土地的敬重和亲近。前述临泉县境内的土地庙相对于城市中的城隍庙来说，更多是处于广大农村地区，逢年过节，拜谒土地几乎成为当地独特的文化景观。二月二被视为祭祀土地神的日子，并由此演化出了独具特色的乡村庙会，如“二月二村村做土地会”⑤。长期存在的神灵信仰满足了当地人民的精神需求，人们总是相信“冥冥之中自有定数”“举头三尺有神明”等，认为神灵拥有惩善扬恶的神力，因此会更加遵守规矩，本分做人。

民国时期尤其是新中国成立后，随着人们教育水平的提高，加之各类急风暴雨式的政治运动，皖西北地区绝大多数庙宇被拆除或改作他用，庙会中的迷信活动逐渐消失。虽然在庙会中依然存在部分抽签占卜、焚香烧纸等行为，但是神灵崇拜已经不再是各类庙会的主题，庙会也呈现出以下几个新特点：

---

① 安徽省阜阳市地方志办公室．乾隆颍州府志［M］．合肥：黄山书社，2006：67.

② 季易和．民国凤阳县志略［M］．台湾：成文出版社，1975：88.

③ 赖同安．光绪五河县志［M］．清光绪二十年刊本．

④ 胡朴安．中华全国风俗志［M］．上海：上海科学技术文献出版社，2008：143.

⑤ 季易和．民国凤阳县志略［M］．台湾：成文出版社，1975：88.

其一，兼容性和集体性。庙会是群众性、集体性的活动，每逢庙会举行的时候，不仅仅是寺庙所在地的人们会去参加庙会，周边乡镇的百姓也会赶去参加，参加的人中年龄不同、职业不同，社会地位也各异，但是他们都有信仰、祈福的权利，并没有贫富贱贵的等级差别。

其二，娱乐性和民众性。在庙会中，除了少部分人祭祀神灵、烧香祈福外，还存在着戏剧、杂技、小吃之类的娱乐活动。而人们参加庙会，主要是为了商品买卖，此外还有的是为了丰富自己的生活或满足自己精神上的需求。

其三，民间性和自发性。尽管庙会也得到了当地政府的政策支持，但它依旧是一个群众性的、自发性的活动，毕竟庙会是一个约定俗成的传统习俗，人们在庙会日会不约而同地赶往庙会，这是其他活动都难以替代的。

（二）会期由长变短，庙会形式和内容趋于简约

“明清两代是皖北地区民间庙会发展的黄金时期”①，自此以后，庙会遍布皖西北地区的各个角落。庙会作为固定的风俗惯例，却存在一个动态的演变过程。从前面两个表中可以看出，临泉和太和境内各类庙会的举办时间主要集中在农闲时节。会期长短不一，一般为 3 天，最多可达 7 天。近代以后，受社会经济等各方面因素的影响，该地区部分庙会会期发生变化，主要表现为会期由长变短，如临泉老集镇三月二十八古庙会由以前的 5 天变为 3 天，太和境内的各地庙会会期也有明显的缩短。

从庙会举办的过程来看，近代皖西北地区举办庙会在形式和内容上逐渐趋于简约，尤其是庙会举办的第一天，以往那些比较隆重的崇拜城隍神、土地神等各种神灵的仪式逐渐弱化，人们更加注重的是庙会的商品交易目的。同时，地方政府对庙会的引导作用更加强化，通过庙会的形式来引导人们进行物质交流和文化建设。

三、近代皖西北地区庙会的功能

近代皖西北地区的庙会在曲折的历史进程中不断演变，不仅在性质上有着明显的变化，在功能方面也发生了显著的嬗变。

（一）经济功能

庙会曾在社会经济中扮演了重要的角色，直到今天，庙会这种极具传统文化内涵的集市仍然发挥着特殊的商贸功能。如临泉县老集镇三月八日西南庙庙会，每逢庙会庙宇周边挤满了前来经商的小贩和逛庙会的人，庙会成为老百姓物资交

① 刘冲．明清时期淮北地区庙会研究［D］．昆明：云南民族大学，2012：6.

易的主要场所和主要方式，庙会有聚商的作用。正由于庙会有一定规模的货物交易活动，所以每逢庙会开始，各地商人都会聚拢而来。因此，人们有时候说去逛庙会，不一定是要去烧香拜佛，而是去庙市逛逛。在社会发生动乱，庙宇衰败，甚至被拆毁后，在原有寺庙之地仍然保留着用于定期贸易的庙会。庙会期间，前来赶会的人给当地庙会带来了巨大的人流，提供了市场，也成了当地人维持生计的重要手段。在庙会上不仅有农民手工制作的柳编、竹制品等各种小玩意，还有花鸟鱼兽等，应有尽有。庙会中还会出现专门的"布市"、牲畜买卖等，为广大民众的交流贸易提供便利。因此，庙会在社会经济的发展中扮演极为重要的角色，对地方经济的发展起到了极大的推动作用。与早期庙会相比，皖西北地区出现了更多以物资交流为主的庙会。如临泉县艾亭镇每年的农历三月十八到二十二是当地人民的物资交流大会，逢会时选一个相对较宽敞的地点，两头用绳子一拉就成为一条街道，两旁各式各样的摊位云集，以供行人挑选购买所需物品。在新的历史时期，通过"文化搭台，经济唱戏"，该地区庙会的经济功能更为突出，庙会越来越成为具有本土色彩的展销会，日交易额比平时逢集多出数倍，极大地带动了当地经济贸易的发展。

（二）文化功能

庙会除了进行物资交流、商品买卖外，还会吸引很多艺人前来。除了请来的戏班子也会有本地艺人上台演出。"临泉县较流行的戏剧曲艺有淮北梆子、曲子戏、触调、二夹弦、清音戏、话剧等。"① "较流行的音乐有唢呐班、八音班、锣鼓棚、民间小调等。"② "较流行的舞蹈有龙舞、狮舞、轿舞、旱船、秧歌舞以及火叉、火伞、高跷、肘歌等20余种。"③ 赶庙会是艺人谋生的重要方式。艺人迫于生计，一般不羁留于一地，总是按时序窜走演出于各地，促进了当地民间艺术的交流和发展。提及临泉县庙会不得不说庙会中出现的肘阁、抬阁这些独特的民俗艺术形式。"肘阁、抬阁，是集舞蹈、音乐、戏剧、绘画于一体的综合艺术形式，是民间迎神赛会的一种游戏项目。"④ 相传明代已有肘阁、抬阁，至今已有500多年的历史。"明代中期，每逢庙会，临泉当地就有青壮年男子和儿童表演一些民俗活动。为了便于更多人观看，艺人们便让儿童站在青壮年的肩上表演，当时叫驮歌。"⑤ 这一改革虽方便了观众，却增加了表演难度，儿童站在驮者肩

① 王平，史祥富．临泉县志［M］．合肥：黄山书社，1994：360-363.
② 王平，史祥富．临泉县志［M］．合肥：黄山书社，1994：366.
③ 王平，史祥富．临泉县志［M］．合肥：黄山书社，1994：372.
④ 王平，史祥富．临泉县志［M］．合肥：黄山书社，1994：373.
⑤ 江小角，张媛媛．安徽非物质文化遗产［M］．合肥：安徽文艺出版社，2015：103.

膀上演出，既受到了限制，也不安全。这种为了方便持久的表演，同时也借鉴外地表演的风格、模式的演出方式，逐步演变成了肘阁。肘阁表演多在街道、大院场地中，其剧目也十分丰富，如《天女散花》《孙悟空》《水漫金山》等。抬阁跟肘阁相似，但是肘阁是一人顶，抬阁是两人或多人抬，演出的场面更大，人物更多，剧目有《武松打虎》《白蛇传》《回荆州》等。临泉杂技历史悠久，在明朝就已形成了影响深远的杂技班组。如今的临泉县更是闻名遐迩的“中国民间艺术（杂技）之乡”。逢会的时候，会在集镇、庙宇的空地上拉围竖杆演出，主要节目有蹬技、顶技、走钢丝、转碟等，其中最引人注目的是“跑马上刀山”，动作惊险，令人叫绝。庙会中发展起来的传统民俗文化如大鼓书、坠子戏、肘阁、杂技马戏等丰富了当地人们的精神文化，作为非物质文化的传承形式也加强了临泉县的文化底蕴。这些传统曲艺不断得到传承和发展，是庙会中不可或缺的文化活动，也是庙会在传承中不断兴盛的见证。

（三）社会功能

庙会逐渐发挥它的独特功能，在经济上表现为贸易领域和范围不断扩大，在文化上表现为不断发展的民俗艺术表现形式，既娱乐大众又是中国传统文化遗产的宝贵传承，在社会秩序的维护上也发挥着不可或缺的作用。一方面，庙会由宗教信仰活动演变而来，处于困苦环境中的人们都祈求通过虔诚的信仰，得到神灵的救助；另一方面，人们又敬畏神灵，这使神灵惩恶扬善的形象深入人心，对人们的行为具有约束作用。由于庙会独特的聚众功能，政府得以在信息不发达的时期借庙会颁布政策、法令；民众借庙会获得平时不易得到的外界信息。庙会中集聚各地前来赶会和参与表演的人，加强了人们之间的交流，使当地民众得以开阔视野、增长见识。庙会中的曲艺经贸活动，既给人们紧张、艰难的生活调剂乐趣，也给商人、艺人提供谋生获利的平台。农历二月十九是临泉庙岔镇传统庙会，当地派出所往往会抓住举办庙会的机会积极组织所内民警在做好庙会安保工作的同时，联合镇禁毒机关、司法所开展“传统庙会搭台，禁毒宣传唱戏”活动，向群众发放禁毒宣传资料，在主要路口设置禁毒宣传展板、悬挂条幅、张贴标语，并向群众现场讲解禁毒法律法规、解说吸毒贩毒的危害等。当地政府还通过文化扶贫下乡活动将禁毒常识融入文艺演出中，让群众在娱乐中了解禁毒常识，强化群众对毒品危害的认识，引导人们珍爱生命、远离毒品。

庙会是一个立体的小社会，它作为普遍的社会组织，其发展与乡村民众的思想意识和行为方式息息相关。因此地方政府要加强对庙会的引导，使其更好地服务人民、服务社会。对于庙会所蕴含的历史文化资源，我们应该加强开发和利用。加强对庙会文化的发掘必然会为当地物质文明和精神文明建设注入新的活力。

参考文献：

[1] 辞海编辑委员会. 辞海 [M]. 上海：上海辞书出版社，1980.

[2] 王平，史祥富. 临泉县志 [M]. 合肥：黄山书社，1994.

[3] 安徽省阜阳市地方志办公室整理. 乾隆颍州府志 [M]. 合肥：黄山书社，2006.

[4] 胡朴安. 中华全国风俗志 [M]. 上海：上海科学技术文献出版社，2008.

[5] 徐占亭，万守才. 临泉史话·第一辑 [M]. 政协临泉县文史研究委员会编印，1984.

[6] 江小角，张媛媛. 安徽非物质文化遗产 [M]. 合肥：安徽文艺出版社，2015.

[7] 郁喆隽. 神明与市民：民国时期上海地区迎神赛会研究 [M]. 上海：上海三联书店，2014.

[8] 蒲娇. 民间庙会稳态性研究：以天津皇会为例 [M]. 北京：中国文史出版社，2016.

[9] 彭笑芳，李军. 庙会 [M]. 北京：中国铁道出版社，2015.

[10] 张晶. 民间庙会 [M]. 合肥：黄山书社，2012.

[11] 华智亚，曹荣. 民间庙会（2 版） [M]. 北京：中国社会出版社，2008.

淮河文化符号系统研究

王静静　吴利琴

摘　要： 以符号学理论为研究基础，分析和梳理淮河文化符号的主要类型；从物质文化符号和精神文化符号两方面探讨淮河文化所指的提炼和能指的更新，进而以淮河流域城市宣传片为样本分析淮河文化符号的传承与发展。

关键词： 淮河文化符号；物质文化符号；精神文化符号；符号的传承和发展

一、引言

"文化符号，是指具有某种特殊内涵或者特殊意义的标识。文化符号具有很强的抽象性，内涵丰富。文化符号是一个企业、一个地域、一个民族或者一个国家独特文化的抽象体现，是文化内涵的重要载体和形式。"（百度百科）淮河流域是中华文明的发祥地之一。淮河文化是炎黄文化的重要组成部分。有关淮河文化的研究多是从淮河文化概念的界说（陈立柱，洪永平，2006，2008），淮河文化的内涵及其技术层面的研究（李良玉，2006），淮河文化与皖江文化、徽州文化的比较（朱洪，2008），淮河文化对中华文明起源的贡献（陆勤毅，朱华东，2015）等方面进行。然而，陈立柱、洪永平（2008：95）指出："与许多地域文化相比，淮河文化更加复杂而不易把握，这是由多种因素所决定的，其中淮河文化本身'大象无形'的特点可能较关键。"无形的文化要通过有形的符号载体来体现。每种文化都有彰显其文化内涵与特质的符号内容与形式。目前，国内淮河文化研究处于起步阶段，有关淮河文化符号的系统研究还没有开展。因此，有关淮河文化符号系统的研究有助于加深对淮河文化本质的全面认识。同时，对于如何传承、发展淮河文化等方面均会产生重要启示。

作者简介： 王静静，安徽财经大学，讲师；吴利琴，安徽财经大学，教授。

二、理论背景

每种文化都有其具有代表性的符号内容与形式。回顾与总结淮河文化的相关研究，结合符号学理论背景，将具象的淮河文化提炼、加工为一个符号系统的理论依据研究。

现代语言学之父、符号学的奠基人——索绪尔认为任何一个符号或符号体系既要有形式上的“能指”，又要有内容上的“所指”。“‘能指’就是符号形式，即符号的形体；‘所指’即符号内容，也就是符号能指所传达的思想感情，或曰‘意义’。”（黄华新，2004）但是，符号远不是“一物代一物那么简单”。（Daniel Chandler，2004）美国哲学家皮尔斯创立了符号研究的三元结构，重视人对符号的理解与阐释。每一个符号过程都体现了符号、符号所指的客体和解释体之间的关系。皮尔斯根据符号与指称对象之间的不同关系把符号分为象征符号（symbol）（与其客体的联系是任意的、约定俗成的）、图像符号（icon）（类似于客体）与指示符号（index）（与其客体有事实或因果的联系）。皮尔斯的意指过程三分法，把“对象”与“解释项”分开，从而迈出了解释符号内涵意义的重要一步。

与淮河文化相关的文字、民间传说、史料典籍等属于象征符号。文字书写记载的历史与史实之间有一种任意的人为关系；照片、画像、雕塑、施工草图和各类图形属于图像符号（icon），这类符号一目了然，最适宜跨语言的交流；淮河文化遗址属于指示符号（index）。指示符号往往出于实用的目的或者是人类无意识活动的痕迹，并不是为了记忆历史或传承文化而被制造和保存的。所以，时间越久远，越容易被破坏，消失得越彻底。这也是文化符号发掘、保护与开发的难点所在。相比之下，指示符号和图像符号往往作为文化传承与发展的必选元素，以期通过修复和重建这些能指符号体现悠久的文化传承。本研究不再仅仅是研究文化符号的外延意义（denotations），而是要重点聚焦符号和内涵意义（connotations）之间的张力，即在当前时代背景下诠释、发展符号意义。符号所指的提炼，符号能指的更新要考虑：社会环境、作为解释体的人以及文化符号自身的独特性。

三、淮河文化符号代表的选取与组合

“淮河文化，即淮河流域居民上古以来创造的历史文化，以其地理上的平旷开阔，连南接北，族群上的夷夏交互，战争融合，早期形成道、儒两家为代表的学术流派，重视和合，富有总结、反省与融通精神，尚德轻智，以尚德、治世、养生为主要，构成中国历史文化的基本层面，影响中国社会、历史与生活各方面……”（陈立柱，洪永平，2008：100）根据以上对淮河文化的定义可见，淮河文化主要包括历史文化、地理文化、政治军事文化以及思想精神文化。我们从物质文化符号和精神文化符号两方面对淮河文化符号进行分类、分析和提炼，并在弘扬中华文明的大背景中赋予这些符号内涵和价值。

（一）物质文化符号的代表

“淮河流域文化是域内各种文化样态的总和，是以流域文化为特质的、以水利文化为核心的、以淮河干流区域文化为代表的地域文化的定义。”（陈立柱，洪永平，2008：95）淮河文化物质符号众多，主要体现为水利文化以及中华文明发祥地这两个特点。

1. 水利文化为淮河文化的核心

与淮河文化相关的物质文化符号中，“水利文化”无疑是最具代表性的。与中国传统的水文化的“上善若水”“借水言志”等不同之处在于，“水利文化”是“治水”的文化，是与水和谐共处的文化。世界上有很多关于大洪水的传说和故事。例如，圣经中“诺亚方舟”的故事。上帝耶和华计划用洪水消灭恶人，为了保护“义人”诺亚和家人以及世界上的各种陆上生物，神指示诺亚将各种生物带上方舟，躲避大洪水。大禹治水采用“疏导”的方法，体现了中国人因势利导、与自然和谐共处的精神。“疏导”“和谐”这些符合时代特点的价值观和精神在处理个人和社会事物上无疑会取得全世界各国人民的认可和共鸣。

2. 刻画符号

双墩遗址是目前淮河中游地区已发现的年代最早的新石器时代文化遗存，是淮河流域早期文明的有力证据。双墩遗址出土的文物众多，其中最为珍贵的是630多个陶器刻画符号。双墩遗址东西北三面环水，因为渔猎活动与水密不可分，因而在600多个刻符中有六分之一是与水纹相关的符号。这些符号反映了淮河流域先民对水环境、气候等的记录和认知。这是双墩刻符的一大特点。

双墩刻符最大的特点与贡献是：“在中国文字史、汉字起源史上有重要地位。双墩刻符可以说是中国文字起源的重要源头之一，对于中国文字乃至整个人类文字起源的研究都有十分重要的意义。”（百度百科）从功能上看，双墩刻符可以分为表意、戳记、计数三大类。

这说明这些刻符是在先民的生产、生活中发展起来的。先民把对世界的认知和理解经过概括和抽象，用有形的符号载体体现丰富多样的社会活动。计数则是更加抽象的表意活动，或者说是更加抽象的符号活动，即用一个符号代表现实生活中的数和量。而戳记符号，代表着对事物的所有权，是一种权利的象征。

2009年11月，中国文字博物馆正式开馆。双墩刻符无疑是中国文字发展史上的重要成果之一。同时，这些刻符对中国文明以及世界文明的发展均有着重要的启示。刻画符号的研究可以与中华文明的源起与发展相互结合，进而在全球文字符号、文明起源的背景下，通过对比、分析，彰显这些古老刻画符号的意义与价值。

（二）精神文化符号

淮河流域精神文化符号众多，对中华文明影响深远。从流派上来看，淮河流域的思想文化符号主要分为以下三类。

首先，我国的孔孟儒家学说，墨家学派，韩非、李斯的法家学派，均在淮河流域创立。淮河流域对他们思想的产生意义重大。追本溯源，我们只有了解这些思想的源起才能深入地理解和传承。

再次，代表政治文化方面的人物有陈胜、吴广的反抗精神；亳州有曹氏墓群和曹操地下运兵道以及曹操的政治、军事和文学成就。

最后，还有三国时神医华佗的华祖庙，出生在淮河流域的"建安七子"等。

每年举行的有关淮河文化的学术讨论会，从理论上推动了学界对淮河文化的研究。吴利琴（2010）论述了孔子的"仁"和耶稣的"爱"的文化特质。从符号形式来分析，这些精神符号的载体多为象征符号（文字、民间传说、史料典籍）和图像符号（画像、雕塑等）。换言之，淮河文化符号的能指亟待更新，从而在当前的数码时代，利用多模态的符号形式，更直观、有效地传承思想文化。

淮河文化符号的所指要注入更多契合当前时代的内容。从所指上看，习近平总书记在2017年端午节时赞扬屈原民族精神为中国梦"塑心、聚能"。"纪念屈原，是为了寻找古人精神与当下需求的连接点，以溯民族精神之源流、辟与时俱进之路径，用屈原精神为生民'塑心'，为实践'立行'。"当前，国家倡导用传统文化中的"心忧家国、情牵百姓、勇于探索、清正高洁的人格魅力和思想精髓"来塑造中华民族之精神内核。我国在全球范围开办孔子学院，国内通过祭奠孔子等仪式符号传播孔子的仁爱思想，这些都是对精神文化传播内容与形式的积极探索。

四、淮河文化的传承与发展

淮河文化传承与发展在实践层面也反映出各地的侧重点和理念差异。我们收集了一个淮河流域城市宣传片的小型样本，以此来分析文化符号形式与内容使用的情况。

淮河流域城市宣传片文化符号使用研究

城市名称	形象片名称	文化符号使用重点
河南安阳	一座三千三百年城市	传统文化
安徽蚌埠	印象蚌埠	地理文化（交通）
河南商丘	华商之源，中国商丘商	（融通传统与现代）

河南安阳使用大量的历史文化符号来探寻中华文明的源头，例如一开始就出现中国文字博物馆、殷墟、《周易》发源地羑里城、岳飞庙、马氏庄园等历史文化遗迹。甲骨文被一位红衣舞者定义为“一个个定格的舞姿，在跳动着远古的节拍”，有丰富的历史文化与现代的红旗渠精神。练习书法的小朋友与外国友人、豫剧、农民画、非物质文化遗产安绣、人工天河红旗渠、巍峨的太行山被誉为“中国脊梁”。太行天路、太行平湖、石板岩民居等自然景观与人的生活息息相关。可以说，这座三千多年的古城文化符号丰富，从古至今，感染着这座城市的人民和生活风貌。安阳的城市宣传片文化底蕴深厚，强调文化与城市、人民生活的相得益彰。

河南商丘的城市宣传片，紧扣一个“商”字。华商之源很巧妙地融合了政治上的“商”、文化上的“商”以及当前经济发展的“商”。所有符号形式和内容紧紧围绕“商”字做文章。

“蚌埠印象”以蚌埠的地理文化为切入点。开篇即说明蚌埠联通南北的地理文化特点。但是，古往今来，蚌埠地理文化对政治、经济、思想等的影响没有得到深入挖掘。整个宣传篇全面地展示了蚌埠经济、自然景观等方面。与安阳和商丘的城市宣传片比较而言，蚌埠城市宣传片在文化传承与发展方面仍有很多值得挖掘和发展之处。淮河流经的城市，如同“珍珠”串联起淮河文化符号系统，如果各地均能紧扣地域特点，传承淮河文化，这串古老的“珍珠链”会更加灿烂辉煌。

五、结语

陈立柱（2016：153）提出淮河文化研究存在“力量弱、成果少、影响小、亟待加强”的现象。从符号学的视角分析，淮河文化研究前景开阔，具有多方面、多层次开展的维度，可不断扩大淮河文化在国内外的影响。

参考文献：

[1] 黄华新．陈宗明主编．符号学导论［M］．郑州：河南人民出版社，2004：3.

[2] Daniel Chandler. Semiotics the Basics. ［M］. London and New York：Routledge，2004：29.

[3] 陈立柱，洪永平．浅谈“淮河文化”概念［J］．学术界，2006（4）.

[4] 陈立柱，洪永平．“淮河文化”概念之界说［J］．安徽史学，2008（3）.

［5］李良玉．淮河文化的内涵及其技术层面的研究［J］．安徽史学，2006（1）．

［6］朱洪．皖江文化的特点——与淮河文化、徽州文化比较［J］．学术界，2008（5）．

［7］陆勤毅，朱华东．淮河文化对中华文明起源的贡献［J］．学术界，2015（9）．

［8］陈立柱．淮河文化研究的现状与反省［J］．学术界，2016（9）．

略论大数据时代的淮河文化研究

李德楠

摘　要： 大数据为淮河文化研究的开展提供了新的机遇，拓展了深入研究的空间。在大数据时代，研究者要培养大数据思维，立足于大数据时代的发展特征和趋势，从而推动淮河文化研究向纵深发展。

关键词： 大数据；淮河文化；淮河文化研究

大数据是指在可承受时间范围内无法用常规软件工具进行捕捉、管理和处理的数据集合。与互联网时代相比，大数据时代意味着更广泛、更深层的开放和共享。[①] 国家自然基金委近年发布的“大数据驱动的管理与决策研究”计划项目指南明确提到，希望通过本重大研究计划的执行，我国在大数据驱动的管理与决策研究等相关领域可以跻身国际前列，培养一批跨学科交叉型骨干人才和创新团队，并为国家在相关领域的管理决策和智库提供支持。

大数据时代是一场全新的技术革命，带来工作、生活与思维方式的大变革，已经在科技研发、灾害预测、商品销售等方面得到应用，并为人文社会科学领域开拓了崭新研究路径。有学者指出，人文社会科学研究与大数据的结合也渐成潮流与时尚。[②] 目前，大数据全面冲击着人文社会科学研究，以大数据为视角进行研究和考察的成果不胜枚举。淮河文化研究自然也无法置身事外，应该紧跟这样一个时代潮流。

淮河文化是淮河流域文化域内各种文化样态的总和，是千百年来生活在淮河干、支流地域的人们日积月累而形成的主要以流域文化为特质的、以水利文化为核心的、以淮河干流区域文化为代表的地域文化[③]，它与黄河文化、长江文化具

作者简介： 李德楠，男，山东临沂人，历史学博士，淮阴师范学院历史文化学院副教授。

① 涂子沛：《大数据》，广西师范大学出版社，2012 年，第 308 页。

② 郭辉：《大数据时代史学研究的趋势与反思》，《史学月刊》，2017 年第 5 期。

③ 曹天生、朱光耀主编：《淮河文化导论》，合肥工业大学出版社，2011 年，第 19 页。

有同等重要的历史地位。[①] 淮河文化有兼容并包、尚武重义、勇于抗争、永不言弃等精神特质[②]，表现出四个基本特征：一是具有南北区域文化的过渡性和兼容性，二是淮河在其文化传承中发挥着重要作用，三是安贫求稳的农业文化心态，四是尊君尚官的政治文化生态。[③] 因此，淮河文化研究在安徽、在全流域乃至在全国，已成为引起人们注意并具有一定影响的一门学问[④]，涉及考古学、文献学、史学、艺术学、政治学、经济学、社会学等学科层面。

目前已在淮河文化的研究对象、内容范围、特色地位以及淮河流域历史地理、文学艺术、社会风俗、考古发现、水利灾害、经济发展等方面取得了诸多进展。[⑤] 但与此同时，淮河文化研究也存在整体上力量弱、成果少、影响小的问题[⑥]，亟待加强研究的深度与广度：一是研究成果不均衡，以安徽省居多，其他省份的研究相对较少；二是内容及方法较为传统，大多停留在古籍挖掘、考古物证、历史疑点探究等方面；三是与当前社会政治经济的结合度不高，虽有部分成果比较关注社会现实，但大多研究者主要侧重历史资源的整理发掘，尚未与社会发展有实质性对接，研究成果没有成为广大民众的公共文化产品。

淮河文化的复杂性与主要问题研究的薄弱，说明了研究方法的重要。[⑦] 上述淮河文化研究中需要面对的问题，同时也是大数据时代要进一步思考和解决的问题。本文拟在已有研究[⑧]的基础上，提出大数据时代关于淮河文化研究的一些思考，希望借助大数据的手段加深对淮河文化相关问题的研究。

一、利用大数据拓展研究思路和领域，推动精准型、跨学科的淮河文化研究

大数据是有别于传统数据的海量数据，更加精确的大数据有助于完整、全面、客观地刻画研究对象，可为淮河文化研究提供新的理念、系统、技术与手

---

① 程必定、吴春梅主编：《淮河文化纵论》，合肥工业大学出版社，2008 年，前言。

② 梅良勇、袁静：《淮河文化精神研究》，载《淮河文化与皖北振兴》，合肥工业大学出版社，2012 年，第 21 页。

③ 房正宏：《淮河文化内涵与特征探讨》，《阜阳师范学院学报》，2015 年第 4 期。

④ 曹天生：《关于淮河文化研究的若干思考》，载《淮河文化与皖北振兴》，合肥工业大学出版社，2012 年，第 1 页。

⑤ 相关研究成果，参见历届淮河文化研讨会论文集以及会议综述。

⑥ 陈立柱：《淮河文化研究的现状与反省》，《学术界》，2016 年第 9 期。

⑦ 陈立柱、洪永平：《淮河文化概念之界说》，《安徽史学》，2008 年第 3 期。

⑧ 目前所见，朱光耀等提出了建设淮河文化资源数据库的设想，认为建立淮河文化资源数据库，构建淮河文化资源服务体系，对淮河文化的研究、普及、传承和保护有重要的作用，同时对促进沿淮地区经济发展也具有重要意义；徐婷提出将新兴的动漫产业与淮河流域文化紧密结合，着力探讨蚌埠市动漫产业的创新发展路径。

段。在大数据时代，数据分析成为第四范式，复杂巨量、覆盖全面的大数据不仅有助于为淮河文化研究提供充分的研究素材、拓展新的研究领域、获取新的洞察力，而且研究者可通过已有研究成果的数据分析，寻找小数据难以发现的数据间的相关性或规律，从而有助于发现新的研究问题，有助于推动重要历史问题的研究，拓展淮河文化研究的思路和领域。

淮河文化历史悠久，内涵丰富，目前尽管淮河文化的数据库已有多个，但学术性不强，难以全面、准确、系统地展示精彩丰富的淮河文化，因此需要加强数据资料的搜集与整理。今后要重视海量数据的收集、清洗和挖掘，充分利用各种雨后春笋般涌现出来的数据库，利用云计算平台、物联网、专题网站、社交网络、搜索引擎等获取有效数据，充分展现丰富的淮河文化资源，实现淮河文化研究由"数字化"向"数据化"的转移，进一步创新淮河文化研究。

相关的淮河文化数据资源既包括古籍文献，也包括近现代以及当代文献；既包括纸质文字资料，也包括图片、音像资料；既包括已经建成的专题网站，也包括谷歌、百度、腾讯、微软、亚马逊等新兴数据公司的数据。按照文化的内容划分，包括文学艺术、宗教信仰、文物考古、历史人物等；按照时间的先后划分，包括古代淮河文化、近代淮河文化、现代淮河文化、当代淮河文化；按照行政区划分，包括江苏淮河文化、河南淮河文化、安徽淮河文化、山东淮河文化。因此在大数据时代，淮河文化研究的跨学科合作将更加突显，应打通学科之间的联系，用跨学科的思维加强淮河文化研究，有计划地合作开展重点课题公关。例如，可利用大数据挖掘文化消费者的行为习惯和喜好，从凌乱纷繁的数据背后找到更符合文化消费者真正的兴趣和习惯的文化产品和文化服务，投其所好，对文化产品和文化服务进行有针对性的调整和优化。① 又如，可开展关于淮河文化区某位或某些历史人物交往与关联的整体研究，挖掘人物的价值观、个性、情感、心理等数据，通过数据去解释其背后纷纭复杂的世界。

二、将淮河文化研究现实问题结合起来，积极发展基于大数据的淮河文化产业

文化是历史的积淀，体现一定的价值观念，对于现实社会发展问题会产生或积极或消极的影响，将它同历史与现实结合起来，可以突显其在历史发展过程中的意义，从而认识并接近其实质。② 大数据为解决文化产业所面临的问题带来了

① 刘爽：《大数据时代的文化强国建设》，《经济知识》，2013 年第 21 期。

② 陈立柱、洪永平：《淮河文化概念之界说》，《安徽史学》，2008 年第 3 期。

机遇[①]，“十三五”将是中国文化产业进入大数据的时代，其中带状发展将是“十三五”中国文化产业发展新趋势。[②] 今后的淮河文化研究要适应大数据时代的要求，注意为现实服务。要剖析淮河文化产业发展面临的深层次问题，根据大数据分析结果进行市场推广和企业管理，从而推动演艺、娱乐、传媒、书刊、信息、体育健身、软件、动漫等文化产业的发展，服务于淮河流域经济社会发展。例如，旅游产业可以通过大数据分析旅游出行方式、资源选择、旅游体验、设施应用等要素，以提供可资借鉴的决策依据，从而有助于提出淮河文化旅游主题公园建设等方面的开发战略。

三、加强基于大数据的淮河文化比较研究，拓展淮河文化研究的广度与深度

比较研究有助于增强研究的深度与广度，提高研究的科学性和公信力。[③] 在大数据时代，大数据提供的信息量和资料整合效率前所未有，假设、预测等自然科学的研究方法被运用到社会科学，提升了人文社会科学研究的科学性和客观性，有助于确保淮河文化比较研究的顺利进行以及比较的可行性和科学性。

淮河流域面积广大，地跨苏鲁豫皖四省，淮河文化延续时间长、空间跨度大，不同时期以及不同区域文化差异明显，因此有必要从不同角度进行比较，以加深对淮河文化的认识。通过比较，从冗杂的数据中提取有效信息，有助于对淮河文化的概念、内涵、历史史实等有更清晰的认识。

一是区域内部文化特色的比较。例如，淮河文化、皖江文化和徽州文化是安徽的地域文化特色，体现了安徽地域文化的多样与厚重，有必要对三大文化圈进行比较研究。[④] 在大数据时代，上述比较研究的设想可以借助大数据深入开展。

二是与跨区域的比较。通过比较，分析不同文化间的对抗、沟通、交流和融合，可以突出淮河文化的鲜明特色，突显淮河文化在中国地域文化中的特性与价值。陈立柱、洪永平研究指出，讨论淮河文化的特点，不要和齐文化、鲁文化、楚文化等地域文化进行比较，而是要和黄河文化、长江文化或皖江文化之类的流域文化进行对比。前者是以国族为主体的文化，国族的主体性影响是根本性的，而后者才是与淮河文化同类别的文化实体。主体相近即类别相同，比较起来所受

① 颜茵：《大数据时代贵州文化产业发展机遇探析》，《新西部（理论版）》，2015 年第 7 期。

② 范建华：《带状发展：“十三五”中国文化产业发展新趋势》，《云南师范大学学报（哲学社会科学版）》，2015 年第 3 期。

③ 周一平、王嘉川：《拓展史学比较研究的空间》，《江海学刊》，2007 年第 1 期。

④ 程必定、吴春梅主编：《淮河文化纵论》，合肥工业大学出版社，2008 年，前言。

条件的限制会更加少些。①

三是古今比较，通过对先秦、秦汉、隋唐、两宋、明清等不同历史时期淮河文化发展状况的比较，有助于完善淮河文化研究的内涵，突出淮河文化从古代、近代、现代到当代发展的历史进程与价值。正如陈立柱、洪永平研究指出的，淮河文化的古与今问题有变也有通。通的情况是：淮河中上游与支流地区受到道家文化影响大，民风朴实，安贫乐道，常常表现为理智不足感性有余；淮河下游地区受儒家文化影响大，重礼仪、有君子之风等正是孔子、孟子的遗响，但山东“响马”也很出名。②

总之，大数据为淮河文化研究的开展提供了新的机遇，前景极为广阔。在大数据时代，研究者要培养大数据思维，立足于大数据时代的发展特征和趋势，从而推动淮河文化研究向纵深发展。

① 陈立柱、洪永平：《淮河文化概念之界说》，《安徽史学》，2008 年第 3 期。
② 陈立柱、洪永平：《淮河文化概念之界说》，《安徽史学》，2008 年第 3 期。

蚌埠市涂山文化与淮河文化研究30年综述

张朝清

摘　要：人们对淮河文化的研究虽然起步较迟，但近30年来的研究步伐却较快，这在蚌埠市尤其如此。由于有丰厚的历史文化资料，蚌埠市的淮河文化研究与地域性的涂山大禹文化、涂山文化的研究，呈现了持续发展的态势，成果也很丰硕，还体现了流域文化与地域文化研究紧密关联，与地方经济社会和文化事业发展繁荣相结合，官方重视与专业组织、民间力量相结合等特点，目前更有广泛深入发展的好前景。

关键词：涂山文化；淮河文化；蚌埠；研究综述

据曹天生、朱光耀主编的《淮河文化导论》得出的看法，学术界关于淮河文化的研究最早可以追溯到20世纪50年代，其后经历了酝酿阶段、催生阶段和学科式全面研究三个阶段。其酝酿阶段的时间是从新中国成立到20世纪80年代中期，其催生阶段从80年代中期延续到1998年安徽省首届淮河文化研讨会的召开，此后进入了淮河文化研究阶段。循此回想、考察、思索，笔者将20世纪80年代中期以来蚌埠市淮河文化与涂山文化研究进展的若干轨迹分三个时间段作一描述，供研究者和其他关心的人士参考和批评。

一、初期研究起步早、方向明

经考察发现，蚌埠市淮河流域文化与区域性涂山文化的研究，从20世纪80年代中期开始就紧密关联。

据《涂山考和涂山旅游开发学术讨论会纪要》，蚌埠市文化局和社科联于1984年8月31日召开的学术讨论会，有市属有关部门、单位和淮委及怀远县有关方面等40位同志参加。当时，怀远县从宿州地区划归蚌埠市管辖才一年多时间，怀远县境内的涂山早就受到蚌埠市的瞩目和关注，其研究成果早已不是稀有

作者简介：张朝清，男，蚌埠市教育科学研究所教研员，中学高级教师（已退休）。

之事物。这次会议论证了“涂山以大禹娶妻生子——夏后帝启和大会诸侯之地而成为千古名山”，“与会同志从涂山的自然景观和人文景观论述了开发涂山的有利条件”，还提出了涂山旅游点开发的建议。其实这次会议之所以召开，自有其社会的、思想文化的背景。试想，如果不是改革开放后社会氛围宽松，思想得以解放，文化价值多元并生，有关研究已形成一批成果，要开成这样有规模的学术讨论会，那是不可想象的。同时，从讨论会的内容来看，其着眼点是考证涂山的历史和其在中国的历史地位，涂山的自然景观和人文景观及其旅游价值和旅游开发举措，说明其在淮河文化的研究中，一开始就是与涂山、大禹、涂山景区相连的，并且不仅是过往历史的关联，而且是现实的、文化的关联。

距1984年的学术讨论会5年之后，即涂山风景区于1987年被公布为省级风景名胜区、涂山禹王宫于1989年被公布为省重点文物保护单位之后，1989年11月11日，蚌埠市政协社会文教委员会根据市委负责同志的倡导，举办了“碑林建设和大禹史迹座谈会”。座谈会宣读了我国著名雕塑家、环境艺术家傅天仇教授的文章《弘扬大禹精神——蚌埠建城主题之构想》。与会者在讨论碑林建设问题时认为：“考虑到淮河流域是夏文化的发祥地，蚌埠是沿淮最大的港口，又是治淮委员会所在地，以定名为‘淮河碑林’为宜，这样可与‘黄河碑林’相呼应，并建议将我国当代著名书法家吴作人为蚌埠市题写的‘涂山’‘大禹故居’，历史地理学家谭其骧所书‘禹会诸侯于涂山’的考证性碑文，著名书法家林散之所题苏轼涂山诗，书法家费新我所题苏轼诗，作为碑林刻石的重要内容。”(以上均见当年12月9日的《座谈会纪要》)。这已表明，淮河文化与涂山大禹文化、涂山文化紧密关联，蚌埠市的文化研究与文化事业的发展是联为一体的，还有着政府部门与民间力量相结合的特点。

1996年5月，经过蚌埠市政协一部分离退休的老同志积极筹备，蚌埠市涂山大禹文化研究会正式成立，蚌埠市委原常委、市政协原主席沈叶鸣任会长，市政协原副主席刘华等5人为副会长，还聘请市离休老领导罗霞光、肖高及淮委主任赵武京为名誉会长。时任市委副书记胡德新在成立会讲话中指出：“治水英雄大禹在我市涂山留有珍贵的文化遗迹，对此不进行研究是十分可惜的，希望通过研究促进涂山人文景观的开发，扩大蚌埠市的知名度，吸引国内外人士前来参观投资，进一步促进我市的改革开放和经济发展。”（据1996年5月16日《蚌埠日报》一版报道）。据了解，在第一批会员中，有许多是在职和退休的公务员、教师和科技、文化界人士。17年来，研究会刊物《涂山信息》已出刊二十多期，沈叶鸣、刘华、唐元海、黄敬坤、徐大立、王绍义、杨恒亮、李平实等都在其中发表了不少研究成果。

就在涂山大禹文化研究会成立的当年10月，由蚌埠市政协编辑的《中国的历史文化名山——涂山》一书出版，约28万字，是一部厚重的关于涂山、涂山大禹文化、涂山文化的专题研究成果。其中汤万象、黄敬坤、王奎三、张小宽等的论文，杨其昌、张季青、孟超、李凤山等的诗联以及历代诗文、民间故事选录及资料，给人以成果丰硕的鲜明印象，也与地方经济文化建设相关联。

特别应当指出，作为全书的“综述”，沈叶鸣的长文《中国的历史文化名山——涂山（涂山文化研究成果综述）》最为厚重。现列举文中的标题以见一斑：涂山文化研究的可喜成果、华夏之兴也以涂山、涂山的地望之争、大禹治淮的基地、禹会村与大禹会诸侯、大禹故居所在地、夏帝启的诞生地、民间文艺的摇篮、花鼓灯的发源地、历代名人敬仰的涂山、当代名人关注着涂山、以涂山为中心的系列景观、涂山文化的研究价值、让古涂山氏国重放异彩。由此可见，这些内容，无不围绕着涂山、涂山文化展开，其中心人物是大禹，其出发点、着眼点、落脚点都在涂山所在地蚌埠及蚌埠地区的古今文化，而蚌埠就在淮河中游的中心，就以涂山为标志，这里的文化就是淮河文化中的涂山文化。这也打破了“蚌埠是无文化底蕴的城市”的谬说。

二、中期研究层次高、成果丰

1998年11月，安徽省首届淮河文化研讨会在蚌埠召开。这个由安徽省社科联、水利部淮委和蚌埠市政府联合召开的专题研讨会，吸引了淮河流域皖、豫、鲁、苏四省的代表和研究者，是一次起始性、界碑性、标志性的学术会议。这次会议的成果已载入《学术界》1998年增刊。此前的1996年初至1998年初，蚌埠市社科联《淮河学刊》的“淮河文化”栏目已发表研究论文38篇。在这次会上，蚌埠市的一位热爱涂山、涂山大禹文化、涂山风景名胜区和涂山文化的民间研究者杨恒亮，带着凝聚他十多年心血研究试作的《涂山风景区总体规划方案》参会并作了展示，其中突出的是关于“禹王台大禹巨型雕塑”和“夏禹纪念堂”的设计。这个设计在十多年后的2013年1月18日的《淮河晨刊》刊出后，仍然受到广大市民的关注和交口称赞。仅此一点，也可以说明民间力量在政府的引导下，能够参与到地方文化建设中来。

随着文化热的持续升温，不仅在蚌埠，在安徽及全国性的学术研究，都越来越多地既关注历史文化，又与各地的经济文化建设有了更密切的关联度，2001年7月在蚌埠市召开的“涂山·淮河流域历史文明研讨会暨中国先秦史学会第七届年会”就凸显了这个闪光的特点。会上，李学勤等100多位专家学者一致通过的《关于深入研究发掘涂山历史文化遗产，科学规划、合理开发涂山文化资源的建议案》（以下简称《建议案》），是这一特点的有力证明。《建议案》作出了我国学术史上一个重大结论：“‘华夏之兴也以涂山’，涂山在中国国家形成过程中的历史地位应予充分注意，以涂山地区为中心的淮河流域古文明，与黄河流域和长江流域古文明具有同等重要的地位，并在中国古代南北文化的交汇融合中具有特殊的历史地位，起到了非常重要的作用。”仅以这个结论就可以说，这次会议和《建议案》是淮河文化研究史上的一个跨越性的新起点、新标志、一座里程碑。从此，对我国古文明的第三大支脉——淮河文化，尤其是对涂山文化的研究，有了方向标、参照系。不仅如此，《建议案》还为从此开始的新阶段实际研究和具体操作指明了路径。《建议案》写道：“与会的专家学者们一致提出以下建议：将涂山地区古文化遗址纳入早期文明探源工程；多方筹措资金，积极开展考古探查和发掘工作，进一步印证地上材料；希望安徽省各级领导重视涂山文化遗产的开发，科学规划、合理开发蚌埠地区丰厚的历史文化资源，推动蚌埠地区经济社会和文化建设事业的发展与繁荣。”（以上引文均见《先秦史研究动态》2001 年 12 月总 34 期《涂山·淮河流域历史文明专刊》第 16 页）由此可见，虽是地域性的文化研究，也与中华文明关系重大，更与一个地区的经济社会和文化建设事业血脉相连。可以说，这是一项既有深刻现实意义，又有深远历史意义的伟大事业。会后，汇集 69 篇研讨会论文的 52 万字的《蚌埠涂山与华夏文明》一书，于 2002 年 12 月由黄山书社出版发行，影响广泛。

就在此次会议召开之后，中国社科院考古研究所经过几年的筹措和准备，于 2006 年在涂山脚下的禹会村，开始了对史载和传说中的“禹墟”的实地勘察。以王吉怀研究员为队长的考古队，在此后的 6 年中，进行了 6 次规模性发掘，并在 2012 年出版了《禹会村遗址大型礼仪性建筑基址》。经考证，禹会村遗址距今约 4100 年，与传说中的大禹时代基本相符，已被公布为国家级重点文物保护单位。

几乎就在禹墟考古工作开始的同时，“蚌埠双墩遗址暨双墩文化学术讨论会”在蚌埠召开，这个由中国先秦史学会、安徽省文化厅和蚌埠市人民政府主办，省文物部门和蚌埠市委宣传部、文化局承办的讨论会，召开于 2005 年 11 月，参加会议的有文化部和省、市领导，有来自中国社科院考古所与历史所、北京大学、清华大学、中国科技大学、南京大学、安徽大学、安徽师范大学、科学出版社、中国文物报社以及豫、苏、鲁、皖等文博考古单位 30 余位专家。这次高端讨论会的召开，源于蚌埠市博物馆 1986 年对位于蚌埠市淮上区小蚌埠镇双墩村内的一处遗址的抢救性发掘，1991 年、1992 年安徽省文物考古研究所和蚌埠市博物馆又对遗址进行了两次发掘，都取得了重要发现。与会专家们认为，双墩遗址出土的文化遗物的年代距今 6900 ~ 7330 年，是目前淮河中游地区已发现的年代最早的新石器时期文化遗存，对建立淮河中游地区史前文化年代分期框架和谱系研究具有重要意义，由此命名为“双墩文化”。专家们还认为，双墩遗址出土的600余件种类繁多的刻画符号，是世界范围内至今还没有过的发现，从这个意义上来说，双墩刻画符号可以说是中国文字起源的重要源头之一，对于探索中国文字乃至整个人类文字起源的研究都具有十分重要的意义。这一点已被2009年召开的“蚌埠双墩刻画符号国际研讨会”所确认。刻画符号中还有出土文物中的陶塑人头像的雕题与文面，不仅证明陶塑人头像是我国新石器时期最珍贵的原始艺术品，其雕题对史学、考古、民俗、民族、宗教、美术史、雕塑史的研究意义不凡，而且在远古先民对天体宇宙形成和人类起源的认识方面具有宝贵的研究价值（以上见徐大立撰写的讨论会综述等文章）。这样说来，双墩遗址被确定为国家级重点文物保护单位就是情理中的事了。

上述两处遗址之间仅相隔一条涂山山系，中间还有一条亘古至今的古渎淮河，而两处遗址所属历史时期却相隔约3000年。历史的遗迹向我们证明，距今4000~7000年的淮河中游涂山地区，既是先民们的生存场所，也是他们的文化创造之地，对双墩文化的研究十分重要，也是淮河文化、涂山文化研究的十分重要的方面。

那么，在其间3000年的历史时期中，涂山周边的淮河中游地区，难道会是一片空白吗？不会，也是不可能的。考古发现，距淮河蚌埠段不足50公里的固镇垓下（今濠城镇），就是一个在大汶口文化晚期的史前古城所在地。这个遗址于20世纪50年代被发现，1986年被公布为安徽省重点文物保护单位，经安徽省文物考古研究所联合固镇县文物管理所2007—2009年的连续性发掘，明确了城址的建造年代为新石器时代大汶口文化晚期，距今约4600年，比大禹时代早了约500年，是一处史前时期和汉代城址，是目前唯一可确认的大汶口文化城址。垓下遗址荣获2009年“全国十大考古新发现”，后又被公布为全国重点文物保护单位。

以上这些都在说明，蚌埠市的淮河文化与涂山文化的研究具有十分丰厚的历史文化资源，所以学者对这个时段的研究才热力倍增。史迹表明，蚌埠地区的古文明与其地理坐标——涂山关系密切。这样看来，双墩文化、垓下文化、涂山大禹文化、涂山文化形成的文化链条已经显现。而如果加上蚌埠市区和周边也已被公布的“国保”文物单位：距今2600年前后钟离国君柏的双墩春秋墓，明朝开国元勋汤和墓园、明代初年的化明塘严氏墓和20世纪初的怀远教会建筑旧址，那么，蚌埠地区区域性文化的框架就更为明显，其能引起蚌埠市的文化研究者，乃至全省全国文化学术界的瞩目，就是水到渠成、理所当然的了。而且，这样的研究，对于一个地区来说，实为千载难逢的历史机遇，其对于地方经济社会和文化建设事业的发展繁荣的意义，真可称落到了实处，抓住了根脉。

安徽省特别是蚌埠市，还有许多研究淮河文化与涂山文化的其他相关活动和著述。

首先，1998 年的安徽省首届淮河文化研讨会之后，相继又召开了 5 次这样的研讨会，每次会议都是由省社科联和地方党委、政府及有关部门、单位主办和承办。每次会后都会将相关论文集结出版。其中 2011 年的第六次研讨会也是在蚌埠市召开的，这次研讨会的论文选编《淮河文化与皖北振兴》也已由合肥工业大学出版社出版。这部 63. 8 万字的论文选，只收入了 130 多篇提交论文中的 50 多篇，而参加会议的省内外著名专家学者和苏鲁豫皖四省淮河流域部分地市社科联负责人就有 200 余人。这些足以体现研究风气之盛、研究成果之多。在选编的“文化综合研究”中，蚌埠市的曹天生、唐元海、王硕民、于世勋、邬旭东等的论文，“历史遗存研究”中朱光耀、朱德宏的论文，“历史人物研究”中赵兰会的论文，都具有相当的分量，可见蚌埠的研究实力和水平。

其次，2004 年，位于市中心的淮河文化广场建成，此后几年间，蚌埠市关于淮河文化和涂山文化的出版物也纷纷刊印，如蚌埠市旅游局 2004 年编印的《淮河风情游》介绍了沿淮、淮北六市和凤阳、寿县的风景名胜；2007 年市委宣传部及市文联举办多项活动，编印了《蚌埠城市精神大讨论活动文萃》《美丽珠城蚌埠市市歌征集优秀作品集》《蚌埠赋优秀作品集》《中国蚌埠大禹颂诗词楹联大赛优秀作品集》等。2008 年郭学东主编的、全面反映蚌埠地区旅游文化资源的《蚌埠掌故》由黄山书社出版。

再次，在蚌埠市发表淮河文化和涂山文化研究的刊物，就有蚌埠市社科联主办的《淮河》，涂山大禹文化研究会的《涂山信息》，水利部淮委的《治淮》，安徽财经大学、蚌埠学院等大学的学报，蚌埠市政协的《文史资料选辑》，市诗词楹联学会的《涂山集韵》，蚌埠市国学研究会的《国学之光》以及蚌埠市政府各部门、各民主党派的出版物。当然《蚌埠日报》《淮河晨刊》和江苏《南京晨报》的“话说蚌埠”专版，都是发表研究文章和有关资料的重要阵地，而且其重要性也不可忽视，因为它们经常甚至天天和民众见面，影响力不可小觑。另外，蚌埠市和怀远、固镇、五河三县的广播、电视节目，也常有新闻节目、专题节目涉及淮河文化、地方文化的宣传。再则，地方各级党政部门、各种民间文化社团等，都热心于对地方文化及非物质文化遗产的宣传，尤其是玉文化和花鼓灯及其他文艺品牌。泗州戏、五河民歌、凤阳双条鼓、怀远石榴节、固镇诗联文化等，都得到广泛深入的宣传。固镇濠城镇已被省有关部门认定为“楹联文化镇”，并于 2012 年授牌。

在 21 世纪初的十多年中，蚌埠市的诗联教育和宣传推广活动也逐步开展起来。这项旨在以弘扬中华诗词优秀传统与本地区诗词文化为中心的诗教活动，早在 2000 年以前就被广大中小学纳入了素质教育之中。2004 年市诗联学会换届后，诗教被列为学会的重要工作，成立了诗教工作委员会。此后五六年中，被学会授牌列入“诗词楹联教育基地”的大中小学已达9所，这在涂山和禹墟所在的禹会区最为集中。同时，所辖三县的诗教活动也渐次开展起来，怀远还成立了由县委宣传部牵头的诗教工作领导小组。2013年4月在全省诗教（太湖）工作会议上，就有市和三县6名代表参会。蚌埠市的诗教工作也受到了中华诗词学会的关注和支持。市诗联学会是1985年成立的中华诗词学会发起单位之一，现有个人会员40余人。安徽省诗词学会成立后，也对蚌埠市的历史文化给予高度关注，2011年的首届年会就在蚌埠召开，“禹时圣迹，淮上明珠”采风活动成为年会的重要内容，还创作了一批吟咏蚌埠古今的诗词。目前，市诗联学会正在市委市政府的领导下、在市文联的指导下，投入创建“诗词之乡”的诗教活动中去。我们之所以把这项工作列入淮河文化和蚌埠地域文化的教育和宣传推广之中，是因为中华诗词是中华民族文化的精髓，诗教活动涉及社会方方面面，诵读的诗词，有许多是历代诗词名家吟咏本地历代英雄人物和风物的诗章，如怀远县诗联学会编选的《怀远古诗词》、蚌埠市诗联学会编选的古今诗人咏蚌埠的《蚌埠诗词楹联集》和与蚌埠市旅游局联手编印的《蚌埠旅游景区诗联选》，而且这样的作品也被蚌埠地区许多学校选为校本教材，成为学生的智育、美育和文学教育的营养餐，因而极受学生、家长和社会各界的欢迎和好评。

其实诗联学会并不是蚌埠市淮河文化与涂山文化的研究组织，专业研究组织是蚌埠学院专设的淮河文化研究中心和蚌埠市淮河文化研究会。说起这两个研究团队，还要提及它们的成立往事。在蚌埠市地域文化研究形成空前热烈氛围的情势下，在2006年的市“两会”上，笔者提交了建议成立蚌埠市淮河文化研究组织的政协提案，市委宣传部对此极为重视，当年就促成蚌埠学院专设了淮河文化研究中心。次年，笔者又提交提案，认为还应成立全市性的淮河文化研究会，又得到市委宣传部的高度关注。经过三年的积极筹备，蚌埠市淮河文化研究会于2010年宣告成立。几年来，这两个研究团队已获得了不凡的成绩，其编著的47.7万字的《淮河文化导论》已于2011年10月出版。

另外，2010年12月成立的蚌埠市国学研究会已出刊《国学之光》杂志3期，还开设了“涂山文化”专栏，举办了多期讲座。2004年水利部淮委编辑出版了50多万字的《淮河志》第7卷“淮河文化卷”。蚌埠市政协文史委编辑的250万字的《安徽文史资料全书·蚌埠卷》则于2005年12月出版。蚌埠市史志办编写的《蚌埠古诗词》和《蚌埠古城镇》，也于2012年由中国文史出版社出版，填补了蚌埠市的两项编写空白。还有由全市非遗资源的田野调查汇编的《蚌埠记忆》也已出版，固镇县垓下研究会出版了数种研究专集。成立多年的蚌埠市涂山大禹文化研究会，继2007年出版沈叶鸣、徐大立编著的《古迹的研究与评介》、2009年出版王绍义著《禹海淘金集》后，2010年研究会理事徐大立参与编著的《双墩遗址》也成书出版。2012年冬又迎来丰收季节，有三位中坚成员出版了他们的研究成果：沈叶鸣的《弘扬大禹精神》、王绍义的《大禹文化资料荟萃》、杨恒亮的《涂山文化——关于蚌埠历史文化的思考与研究》，三本书的内容都很厚重。

三、近期进展起色新、势头健

2013年元旦前夕，新上任的白金明市长走访了地方文化学者杨恒亮。白市长在访问中肯定地说："您的《涂山文化》这本书写得不错，花费了您27年的心血，不容易啊，"又说，"看到您写的涂山文化有7000多年的历史，您的这本书写得很好，我想让政府的每个同志都看一下，从您这儿买500本。"一市之长的这一少有的举措，经媒体宣传之后，引发了蚌埠市从官方到民间对文化研究和文化强市的空前重视，人们对蚌埠地方文化的思考和研究更趋深入。这一新动向的出现，不仅源自白市长的肯定和重视，随着阅读这本凝聚作者20多年心血著作的人越来越多，人们发现，这本著作的意义，对蚌埠市来说确有非同其他著作的价值。这正如中国社科院历史所研究员、著名历史学家孟世凯在致作者的信中所说："初步拜读，感到集二十年功力，篇篇有据，句句有力。但愿能引起有志官员重视，顺其思路全面研究，以战略眼光付诸实施。"由此看来，此书之所以能引起市长和市民，乃至专家学者的青睐，正是因为作者本人是在长期实际研究中，经过深入思考和艰辛努力，把悠久的历史文化研究与当今经济、社会和文化事业的发展繁荣紧紧地结合了起来，而不是为研究而研究。对此，杨恒亮本人说："按照党的十七届六中全会《决定》中关于'坚持以重大现实问题为主攻方向，加强对全局性、战略性、前瞻性问题研究，加快哲学社会科学成果转化，更好服务经济社会发展'的要求，在研究涂山文化成果的基础上，我写了一篇题为'弘扬涂山文化，加快文化复兴，实现蚌埠的真正崛起'的文章。"文章认为，弘扬涂山文化，加快文化复兴，是使蚌埠这座新兴城市能够科学发展、持续发展的关键因素和基础；只有认真贯彻十八大精神，落实十七届六中全会《决定》，才能实现蚌埠的真正崛起。他还写下了自己的愿望："希望在庆祝蚌埠建市80周年之际，能够看到真正崛起的蚌埠，成为皖北特大中心城市，成为中国著名、世界知名，经济发达且具鲜明地方特色文化的城市，实现梦寐以求的宏大梦想。"

我们高兴地看到，新一轮文化热逐渐在蚌埠形成。例如，市淮河文化研究会5月18日召开2013年年会，发布今后研究热点，交流论文44篇，其中有不少是关于涂山文化研究的。会议还请《涂山文化》一书的著者杨恒亮作了《我与涂山文化研究》的大会发言。在分组讨论中，人们的讨论也十分热烈。又如，在农历三月二十八日的涂山禹王庙会上，怀远县和蚌埠市的多位涂山大禹文化热心人士和研究者就举办了大禹文化交流活动，还就此进行了问卷调查，以做到对今后的研究方向心中有底。6 月初，蚌埠市涂山大禹文化研究会的部分成员和其他社会人士，就纪念大禹和弘扬大禹文化以及加快对涂山风景名胜区的“保护建设”问题，举行了两次座谈会，会后形成了给市政府的建议信。据最新了解，社会人士创办的“大禹文化探索”网站，正筹备加大运作力度；全市范围内为迎接省淮河文化研讨会第七届年会和“禹会·淮河·早期文明，禹会村遗址与淮河流域文明研讨会”，许多人正在精心撰写参会论文。

我们相信，随着时间的推移和研究的深入，蚌埠市的涂山文化和整个淮河文化的研究将呈现出超越之前 30 年的更新的面貌。我们深切地期望着。

闵子骞孝道思想分析

张　明

摘　要：闵子骞①作为儒家学派创始人孔子的弟子，凭借其出众的德行操守名列孔门十哲第二，而闵子骞最为人津津乐道的莫过于其孝行。孝道思想在中华历史的长河中经久不衰却又与时俱进，最能体现古代孝道思想的莫过于《孝经》。本文试图在结合《孝经》的基础上，通过分析闵子骞生平事迹来探讨闵子骞的孝道思想，并发掘其孝道思想在当今社会的宝贵价值。

关键词：闵子骞；孝行；孝道思想

一、"闵子之孝"与"《孝经》之孝"

如果说有一本书能够让人全面了解古代的孝文化的话，则此书非《孝经》莫属。而《孝经》又是儒家对孝道思想的阐释，上面多记录着儒家代表人物孔子、曾子等关于孝道思想的言论。作为孔子弟子德行代表的闵子骞，其孝行很多都与《孝经》所阐释的孝道思想相符合，而其孝道思想也有超出《孝经》的地方。

（一）从"事亲"到"事君"到"扬名立身"

中国古代孝道思想内涵远远要深于我们今天所理解的孝道，换言之，古之孝道即《孝经》所见孝道，提倡的是从"事亲敬长"到"事君忠诚"，一步一步地提升孝道的境界。孔子说过："君子之事亲孝，故忠可移于君；事兄悌，故顺可移于长；居家理，故治可移于官。是以行成于内，而名立于后世矣。"② 简单说来，即因为对待双亲孝，所以能够对待君主忠诚；因为对兄长顺从，所以能够

作者简介：张明，男，汉族，安徽宿州人，淮北师范大学历史与社会学院，2015 级硕士研究生，研究方向为中国古代史。

① 闵子骞：春秋时期鲁国（现安徽宿州）人，孔子弟子"七十二贤"之一，"孔门十哲"中位列第二，其德行与颜渊并称，并且被中国历代统治者推崇，闻名后世。

② （汉）郑玄：《孝经注》卷十四，据中华书局 1936 年版《四部备要》缩印，北京：中华书局 1998 年版。

服从上级；因为治理家庭有方，故而能够将所管辖的领地治理得井井有条。由此而看，《孝经》所包含的孝道，其实也是为人处世之道和安国兴邦之道。《孝经·开宗明义章》载："夫孝，始于事亲，中于事君，终于立身。"① 闵子骞很好地为世人诠释了下述三点。第一，在"事亲"方面，闵子骞做到尽心敬仰，并且在双亲去世后按照礼节服丧三年，丧期满后仍面无悦色。《说苑·修文》记载："闵子骞三年之丧毕，见于孔子。孔子与之琴，使之弦。援琴而弦，切切而悲，作而曰：'先王制礼，不敢过也。'孔子曰：'君子也。'"② 虽然三年丧期已满，但闵子骞仍然遵循着三年丧期的礼制，不敢有过激的礼乐行为，可见其悲伤从心而来，足见其对双亲感情之真切。第二，在"事君"方面，首先便是忠于国君，其次便是按照律法做好自己的本职工作。春秋时期，鲁国自僖公后，政权一直掌握在季氏手中，从而使人们只知季氏而不知鲁国国君。孔子时期，季氏（当时应是季平子）十分不把国君放在眼中，曾经用国君才可使用的六十四人在庭院中奏乐舞蹈，孔子对此十分气愤。季氏最初让闵子骞当费宰的时候，鉴于季平子的所作所为，闵子骞坚持忠于国君、忠于自己的原则，严词拒绝。后来闵子骞曾经当过一段时间的费宰，在此期间将费邑（春秋鲁国大夫费庈父食邑）治理得有条不紊。以上足以见闵子骞事君之能力。第三，在立身扬名方面，由于闵子骞德行出众，加上其晚年致力于传播儒学，这使得闵子骞不仅在当时名声广为流传，更是一直被后世统治者所赞颂。根据《后汉书》《圣门十六子书》及《光绪宿州志》等文献记载，汉朝时，汉明帝祭祀孔子及弟子，包括闵子骞。唐朝玄宗时期封闵子骞为费侯，宋朝度宗时期封闵子骞为琅琊公，并且历代对闵子骞的祭祀和供奉一直不断。

（二）从"天子之孝"到"庶人之孝"

《孝经》在关于孝的基本理论部分规定了天子、诸侯、卿大夫、士与庶人五等人所应遵循的孝道内涵。闵子骞虽不是天子、诸侯，也不是卿大夫、士，最多也就是当过一段时间的"费宰"，但他拥有了这几种人所应该拥有的孝行品质。第一，《孝经·天子章》记载："爱敬尽于事亲，而德教加于百姓，刑于四海。盖天子之孝也。"③ 简单来说就是，天子应该以身作则，用孝道感化世人，对待天下的父母跟对待自己的父母一样。闵子骞凭借其孝行，从古至今一直被世人所

---

① （汉）郑玄：《孝经注》卷一，据中华书局1936年版《四部备要》缩印，北京：中华书局1998年版。

② 《说苑·修文》，《四库全书·子部·儒家类》（第696册），台北：台湾商务印书馆1983年版，第173页。

③ （汉）郑玄：《孝经注》卷二，据中华书局1936年版《四部备要》缩印，北京：中华书局1998年版。

称赞，孔子曾说："孝哉闵子骞，人不间于其父母昆弟之言。"① 闵子骞的父母兄弟经常夸赞闵子骞，凡是认识闵子骞的人，尤其是闵子骞的邻居，都对闵子骞的德行尤其是孝行没有异议，对其父母兄弟的夸赞也都认同。《闵子书》记载，在孔子去世后，闵子骞为了完成师傅的愿望，曾讲学于齐国，故而有闵子骞在齐国传道的说法，也正是如此，在现在的历城等地，闵子骞的祠庙很多，人们对闵子骞也十分敬仰。可见，闵子骞一面亲自践行着孝道，一面将其德行传于四方，以教化众人为己任。第二，《孝经·诸侯章》说道："在上不骄，高而不危；制节谨度，满而不益。"② 闵子骞一直恪守着"制节谨度"这一准则。据《论语·先进》记载："鲁人为长府。闵子骞曰：'仍旧贯，如之何？何必改作？'"闵子骞向来反对铺张浪费，提倡节俭，更不愿意搜刮民财，也不屑与此类人为伍。《史记·仲尼弟子列传》记载，孔子夸赞闵子骞："不仕大夫，不食污君之禄。"③ 孔子向来主张入世，通过从政为官来实现自己的抱负主张，而闵子骞为了坚持自己"制节谨度"的原则，宁愿不在四处收敛民财、挥霍无度的季氏手下为官。第三，《孝经·卿大夫章》记载："是故非法不言、非道不行。"④ 对于有违道德操守的事情，闵子骞也是从来不做，正如上章所言，宁愿不做官，也不要德行败坏的君主的俸禄，以避免与其同流合污。对于不合规定的言论，闵子骞自然也从不说。孔子称赞闵子骞是"夫人不言，言必有中"⑤，就是说闵子骞平时很少开口，但只要一开口说话，其语言必定合理且中肯。第四，《孝经·仕章》记载："故以孝事君则忠，以敬事长则顺。"⑥ 忠与孝自古便是共同存在的，所以，有孝行的人对自己的君主必定忠诚，对待自己的师长必定恭敬顺从。众所周知，鲁国大夫季氏曾经在鲁国掌权，并且行为十分不合当时的礼制，搜刮民财，霍乱朝政。孔子十分看不惯季氏的行为。冉求替季氏搜刮民财，孔子便当着学生的面痛批他，并且鼓动学生一起攻击冉求的不义行为。闵子骞本身就正直，《论语·先

① 程树德撰，程俊英、蒋见元点校：《新编诸子集成·论语集释》，北京：中华书局1990年，第746页。

② （汉）郑玄：《孝经注》卷三，据中华书局1936年版《四部备要》缩印，北京：中华书局1998年版。

③ （汉）司马迁：《史记》，北京：中华书局，1959年，第2189页。

④ （汉）郑玄：《孝经注》卷四，据中华书局1936年版《四部备要》缩印，北京：中华书局1998年版。

⑤ 程树德撰，程俊英、蒋见元点校：《新编诸子集成·论语集释》，北京：中华书局1990年，第770页。

⑥ （汉）郑玄：《孝经注》卷五，据中华书局1936年版《四部备要》缩印，北京：中华书局1998年版。

进》载："闵子侍侧，訚訚如也"①，自然看不惯季氏的行为，加之出于对其师孔子的尊敬，便拒绝为季氏当官。《论语》有记载："季氏使闵子骞为费宰。闵子骞曰：'善为我辞焉！如有復我者，则吾必在汶上矣。'"② 闵子骞宁可逃离鲁国，也不愿与弄权的季氏沆瀣一气，不违背师傅的意愿，足以见其忠君，也足以见其敬长。当然，多方史料与古迹表明，闵子骞后来极有可能在孔子的劝说下去当了费宰，因为孔子主张入世，希望凭借自己的力量去改变世界，为世人尽力，闵子骞也是这样做的，在治理费邑遇到困难时，会请教孔子，《孔子家语》有关于闵子骞问政孔子的记载。根据宿州和费邑当地的传说，闵子骞治理费邑井井有条，从不四处敛财，人民安居乐业，只是后来闵子骞看不惯季氏在费邑搜刮民财，认为自己是在为虎作伥，便愤然隐退。第五，《孝经·庶人》记载："谨身节用，以养父母，此庶人之孝也。"③ 庶人恪守孝道的要求是行为举动，谨慎小心；用度花费，俭省节约，如此方可好好地供养父母。其实，孝道对于庶人的要求最基本的是供养父母，这也是我们现在对孝道的基本要求，即古人所说的"养儿防老"。闵子骞曾说："子之事亲，命也，无所解于心。"④ 在闵子骞看来，侍奉双亲是每个子女的本分，并且应该时时刻刻放在心上，不能有所懈怠，而他也确实是这样做的。

二、"闵子之孝"与社会主义核心价值观

上文已经提到中国古代孝道内涵丰富，从事亲敬长到治国安邦，皆可从孝道文化中汲取营养。因此，数千年来广为人民和统治者称赞的闵子骞，其孝道思想在与当今社会所提倡的社会主义核心价值观所衔接时，仍有不谋而合之处。社会主义核心价值观包括国家层面的"富强、民主、文明、和谐"与社会层面的"自由、平等、公正、法制"以及个人行为层面的"爱国、敬业、诚信、友善"。其中，个人层面的价值观要求我们要孝亲敬老、待人友善、廉洁奉公、忠于祖国。闵子骞的孝道思想在"孝亲敬老"与"廉洁奉公"方面表现得尤为突出，下面笔者便一一道来。

---

① 程树德撰，程俊英、蒋见元点校：《新编诸子集成·论语集释》，北京：中华书局1990年，第763页。

② 程树德撰，程俊英、蒋见元点校：《新编诸子集成·论语集释》，北京：中华书局1990年，第380页。

③ （汉）郑玄：《孝经注》卷六，据中华书局1936年版《四部备要》缩印，北京：中华书局1998年版。

④ （清）沈德昌撰：《圣门十六子书·闵子书》，《儒藏·史部·孔孟史志》（第7册），四川大学古籍整理研究所据清康熙刻本编，成都：四川大学出版社2005年版，第379页。

（一）“顺”“爱”“和”的家庭美德

第一，基于物质，更重精神。孝道文化中，孝与顺是分不开的。孔子说过：“三年无改于父之道，可谓孝也。”① 司马迁的鸿篇巨制《史记》的完成，很大一部分是为了完成其父的遗愿。同样，事亲敬长皆离不开“爱”。今天我们提倡孝道，已经从注重关心老人的物质生活进一步到关心老人的精神生活，而闵子骞在数千年前就已经开始注意到关注老人的精神生活。《圣门十六子书·闵子书》中记载，闵子骞在陪同孔子周游列国时，听说父亲辞官回家，便立马从当时的陈国和蔡国之间赶回家去照顾父亲，以宽慰父亲因刚刚退休而对生活有所不适应的心情。第二，着眼大局，致力和睦。闵子骞对父母顺从，同时对其两个弟弟疼爱有加，在此基础上，更是将“孝”进一步延伸至“和”的境界，致力于家庭和睦。根据《太平御览》记载：“闵损，字子骞，鲁人，孔子弟子也，以德行称。早失母，后母遇之甚酷，损事之弥谨。损衣皆藁枲为絮，其子则绵纩重厚。父使损御，冬寒失辔，后母子御则不然。父怒诘之，损默然而已，后视二子衣，乃知其故。将欲遣妻，谏曰：‘大人有，一寒子，犹尚垂心，若遣母，有二寒子也。’父感其言乃止。”② 意思为：闵子骞生母在他很小的时候便去世了，之后便由后母照顾他。但后母对他比较苛刻，有了两个自己的亲生孩子后，对闵子骞便更加刻薄，冬天的时候给自己的两个孩子穿的是棉衣，而给闵子骞穿的是芦花做的衣服。一次外出，父亲让闵子骞驾车，闵子骞因寒冷而握不住缰绳，致使车不稳，父亲生气而用鞭子打闵子骞，闵子骞衣服破了，芦花四处飞扬，其父方才知晓一切，于是怒而要休妻。闵子骞却跪在地上为其后母求情道：“母在一子寒，母去三子单。”于是后母感动，从此对闵子骞视如己出。这便是著名的“鞭打芦花”的故事。在此故事中，我们除了能看到闵子骞的善良、宽容之外，还能看到闵子骞对父母、兄弟的爱，更是闵子骞着眼于家庭幸福和睦的大局而做出的牺牲自己以成全整个家庭的决定，这是尤为难能可贵的。也正是因此，闵子骞才会受到老师的称赞。

（二）“廉政不阿”与“节用爱民”的职业道德

在反腐倡廉日益深化的今天，我国越来越重视廉政建设，于是如包拯类的清官的廉正思想越来越受到我们的关注。殊不知以孝闻名的闵子骞，其廉正思想亦值得我们重视。上文已经说到，古代孝道与治国安邦之道皆源于《孝经》中的孝道思想。儒家倡导“学而优则仕”，孔子更提倡通过为官来施展自己的治国理想，孔门十哲中亦有子路与子有以政事见长。上文已经提过，季平子请闵子骞去

---

① 程树德撰，程俊英、蒋见元点校：《新编诸子集成·论语集释》，北京：中华书局1990年版，第274页。

② （宋）李昉：《太平御览》卷四一三，用上海涵芬楼影印宋本复制重印，北京：中华书局1960年版。

自己的领地当官，但最初被闵子骞拒绝了。对此，有人认为是闵子骞为坚持本心而不愿与季平子同流。因为闵子骞对其师孔子十分尊崇，孔子十分鄙视擅权的季平子，且孔子曾教导他们“笃信好学，守死善道。危邦不入，乱邦不居。天下有道则见，无道则隐。邦有道，贫且贱焉，耻也；邦无道，富且贵焉，耻也”[①]，由此可见，孔子认为，如果一个国家政治黑暗，官场风气腐败，那便不能在此为官，以免沾染不正之风。笔者认为闵子骞的从政能力是毋庸置疑的。首先，其师孔子的从政能力是我们都认可的，其同门如子路等，也都是从政的优秀者，闵子骞在潜移默化中必然会耳濡目染地受到一定影响。其次，闵子故里宿州与费邑等地皆有传说，闵子骞当费宰的时候，将费地治理得很好。在“孝”与“治”同为一体的时代，如果闵子骞没有一定的政事能力，想必季平子不会聘请他，他也不会受到历代统治者的推崇。所以，笔者认为，闵子骞是为了坚持原则，故而不愿为费宰。笔者查阅资料发现，闵子骞出身贫寒之家，父亲为鲁国小吏。《闵子书》中引用的《尸子》原文：“闵子骞肥，子贡曰：‘何肥也。’子骞曰：‘吾出见美车马，则欲之。入闻先生之言，则又欲之。两心相与战，今先生之言胜，故肥。’”[②] 闵子骞未见过华丽的车马，故而第一次见到华丽的车马时，想要得到。由此也可证明，闵子骞确实非富贵人家，才会对华丽的车马如此好奇。最后，《韩诗外传》所记载：“闵子骞始见于夫子，有菜色，后有刍豢之色。子贡问曰：‘子始有菜色，今有刍豢之色，何也?’闵子曰：‘吾出蒹葭之中，入夫子之门，夫子内切磋以孝，外为之陈王法，心窃乐之。出见羽盖龙旂，旃裘相随，心又乐之。二者相攻胸中而不能任，是以有菜色也。今被夫子之教寖深，又赖二三子切磋而进之，内明于去就之义，出见羽盖龙旂，旃裘相随，诗之如壇土也，是以有刍豢之色。’诗曰：‘如切如磋，如琢如磨。’”[③] 对于出身贫寒的闵子骞来说，去当费宰是极大的诱惑，如此便可过上富裕的生活。然而闵子骞却刚正不阿且坚持不食污君之禄。

闵子骞节用爱民的本质也是众所周知的。上文已经提到过，鲁国要动用民财修建国库，闵子骞当即回应道，原有的就很好，何必劳民伤财，因为不愿铺张浪费，不忍心劳民伤财，爱惜民众，所以不愿因修国库而损害人民利益。据说闵子骞后来辞官不做，也是因为季平子让闵子骞为其敛财，闵子骞不愿为之，故而辞

---

① 程树德撰，程俊英、蒋见元点校：《新编诸子集成·论语集释》，北京：中华书局1990年版，第540页。

② （清）沈德昌撰：《圣门十六子书·闵子书》，《儒藏·史部·孔孟史志》（第7册），四川大学古籍整理研究所据清康熙刻本编，成都：四川大学出版社2005年版，第382页。

③ 许维遹撰：《韩诗外传集释》，北京：中华书局1980年，第37页。

官归隐。

三、结语

无论是在处理家庭关系和社会关系方面，还是在为官从政方面，先贤闵子骞都为我们留下了宝贵的思想。闵子骞的孝道思想不仅在当时及后世产生重大影响，在今天更是我们践行社会主义核心价值观所不可不学习的思想。本文通过结合闵子骞的生平言语行为与《孝经》所提倡的思想，阐发闵子骞思想中值得我们现代人学习的优秀思想。

参考文献：

［1］（汉）司马迁．史记［M］．北京：中华书局，1959.

［2］（汉）郑玄．孝经注［M］．北京：中华书局，1998.

［3］说苑·修文．四库全书·子部·儒家类（第696册）［M］．台北：台湾商务印书馆，1983.

［4］（宋）乐史撰，王文楚等点校．太平寰宇记［M］．北京：中华书局，2007.

［5］（宋）李昉．太平御览［M］．用上海涵芬楼影印宋本复制重印．北京：中华书局，1960.

［6］黄晖撰．论衡校释［M］．北京：中华书局，1990.

［7］程树德撰，程俊英、蒋见元点校．新编诸子集成·论语集释［M］．北京：中华书局，1990.

［8］（清）沈德昌撰．圣门十六子书·闵子书．儒藏·史部·孔孟史志（第7册）［M］．四川大学古籍整理研究所据清康熙刻本编．成都：四川大学出版社，2005.

［9］（清）孙希旦撰．礼记集解［M］．北京：中华书局，1989.

［10］（汉）何休．春秋公羊经传解诂．中华再造善本．第47册［M］．据中国国家图书馆藏宋淳熙抚州公使库刻绍熙四年重修本影印．北京：北京图书馆出版社，2003.

［11］许维遹撰．韩诗外传集释［M］．北京：中华书局，1980.

［12］刘伟．“德行”维分析——以颜渊、闵子骞、冉伯牛、仲弓为例［J］．孔子研究，2014（2）．

《淮南子》的法制观及其当代价值

应克荣

摘　要：《淮南子》在继承和扬弃先秦儒、墨、法、道各家的法律思想的基础上，结合西汉初年的社会现实，提出很多辩证的法理学说，在中国法制史上具有重要的地位，尤其是书中提出的“法生于义”的法律起源观、“法不阿贵”的法律适用观、“法与时变”的法律进化观，对后世产生了深远的影响，在建设法治社会的今天仍闪耀着思想的光辉，具有重要的借鉴价值。

关键词：淮南子；法制；法治

作为中国历史上第一部百科全书式的绝代奇书，《淮南子》以道家思想为旨归，兼采各家学术精华，结合汉初的社会现实，提出了许多治国理政的见解和主张。作为西汉黄老道家治国理论的结晶，其法治思想丰富多样，对后世产生了深远的影响。

一、“法生于义”的法律起源观

关于法律的起源，先秦时期，儒家、墨家、法家、道家等学派，从不同的角度、站在不同的立场作了自己的解释。

在先秦诸子中，法家始终高举法治旗帜。法家学派的商鞅认为，法不是从来就有的，而是随着“分定”产生的。商鞅在《商君书·开塞》中指出：“天地设而民生之，当此之时也，民知其母而不知其父，其道亲亲而爱私……故贤者立中正，设无私，而民说仁……分定而无制，不可，故立禁。禁立而莫之司，不可，故立官。官设而莫之一，不可，故立君。既立君，则上贤废而贵贵立矣。”韩非继承了商鞅的观点，认为“人民众而财货寡，事力劳而供养薄，故民争”，由于民“众”而货“寡”，社会就会产生纷争和暴力，有纷争暴力就需要有解决冲突的规则，于是才有法律的产生。

作者简介：应克荣，淮南师范学院副教授。

墨家学派认为法律起源于“一同天下之义”的“天志”。他们认为“古者民始生，未有刑政之时”，“一人则一义，二人则二义，十人则十义”（《墨子·尚同下》），每个人都有自己的是非标准，各以为是。为结束这种混乱局面，上天就挑选最贤能的人立为天子，然后由天子“发宪布令于天下之众”（《墨子·尚同上》），这样国家和法律产生了。

以孔孟为代表的儒家认为“法处于礼”，主张“以先王之礼为法”，施行仁政。在孔子那里，“先王礼乐制度的传统也就是‘法’的传统，礼的秩序也就是‘法’”[1]的秩序，“道之以政，齐之以刑，民免而无耻；道之以德，齐之以礼，民耻且格”（《论语·为政》）。孟子继承并发展了孔子的学说。孟子从性善论出发，认为人性本善，顺应人的本性，其行为则是善的。在此基础上形成其“仁政”学说，以伦理礼义代替法律，直接赋予伦理以法的性质。在孟子看来，法律的渊源来自“法先王”。孟子认为：“规矩，方圆之至也；圣人，人伦之至也。欲为君，尽君道；欲为臣，尽臣道。二者皆法尧舜而已矣。”（《孟子·离娄上》）

以老庄为代表的先秦道家，主张“人法地，地法天，天法道，道法自然”，强调以“道”统法。老子反对法治，老子认为：“法令滋彰，盗贼多有。”（《老子·五十七章》）所以主张放弃礼法，提倡“无为而治”。庄子承继老子学说，进一步阐明“无为”而“法自然”的政治主张。《庄子·胠箧篇》指出：“绝圣弃智，大盗乃止；擿玉毁珠，小盗不起。焚符破玺，而民朴鄙；剖斗折衡，而民不争；殚残天下之圣法，而民始可与论议。”庄子从“无为”的观点出发，认为所有的法律制度、礼乐典章、契约印玺、度量衡器等统统都应该摒弃，将法视为对人的本性的蒙蔽与迫害，直欲除之而后快。

《淮南子》在吸收借鉴先秦诸子有关“法”的思想的基础上，提出了自己的观点。关于法律的产生，《淮南子·氾论训》① 说：“法度者，所以论民俗而节缓急也。”《主术训》云：“法生于义，义生于众适，众适合于人心，此治之要也。故通于本者不乱于末，睹于要者不惑于详。法者，非天堕、非地生，发于人间，而反以自正。”

《淮南子》认为，法的产生不是外力强加的，既不是从天上掉下来的，也不是从土地里产生的，而是从人间道义中产生的，这道义源自公众生活的需要，并符合最广大民众的心愿。在这里，《淮南子》既没有将法律的产生归因于“道”，也没有遵循长期流行的“法权神授”说，也没有盲目认同战国以来所逐渐形成

---

① 本文所引《淮南子》文本，皆引自陈广忠《全译全注淮南子》，中华书局 2012 年版，以下只写篇名。

的君主的意志即法律的观念①，而是明确提出“法生于义”，这“不仅从形式上肯定了法律来源于现实社会生活，也体现了《淮南子》朴素的民本的思想，具有很强的时代进步性”[2]。

《淮南子》明确地提出了“以道统法”的说法，《泰族训》云：“故有道以统之，法虽少，足以化矣；无道以行之，法虽众，足以乱矣。”《淮南子》这种“以道统法”论，既重视了法律在治国中的作用，又重视了“道”在法律制定和实施中的指导地位，显然是对先秦道家否定法律制度之“道”内涵的进一步拓展。[3] 十八大明确指出：“法治是治国理政的基本方式。要推进科学立法、严格执法、公正司法、全民守法，坚持法律面前人人平等，保证有法必依、执法必严、违法必究。”但全面依法治国绝不是虚化、弱化甚至动摇、否定党的领导，而是为了进一步巩固党的执政地位，改善党的执政方式，提高党的执政能力，保证党和国家长治久安。没有党的领导这个“道”，“法虽众，足以乱矣”。

二、“法不阿贵”的法律适用观

《淮南子》继承并发展了先秦法家“法不阿贵，绳不挠曲”的思想。《韩非子·有度》：“法不阿贵，绳不挠曲。法之所加，智者弗能辞，勇者弗敢争。刑过不避大臣，赏善不遗匹夫。”韩非子主张，法不能偏袒权贵，法律的准绳决不能屈从于邪恶。应该受到法律制裁的人，即使有聪明才智的人也不能用言辞来搪塞，即使英勇无比的人也不敢用武力来抗争。惩罚过错，不可回避权贵大臣；而奖赏善行，则不可遗漏普通百姓。也就是说无论普通百姓还是权贵大臣，不分高低贵贱，在法律面前人人平等。

《淮南子》认为法不阿贵、尊卑同刑才能使君主更好地治理天下。所以立法的目的是“县法者，法不法也；设赏者，赏当赏也”，一旦法定之后，“中程者赏，缺绳者诛。尊贵者不轻其罚，而卑贱者不重其刑。犯法者虽贤必诛”（《淮南子·主术训》）。也就是说，符合法度的即使是不肖之人也会受到奖赏，如果触犯法律即使是贤德之人也必须加以惩处。赏赐和惩罚，不受尊卑贵贱的影响，不被权势地位左右，赏其当赏，罚其当罚，在法律适用上一律平等。这就要求无论是掌握司法权力的人还是普通百姓，都应遵守法律，不得恣意妄为，否则，就会受到法律的制裁。“法不阿贵”“尊卑同刑”，这样法律的权威性、司法的公信力才会得以树立。《时则训》还说“刑杀无赦，虽有盛尊以亲，断以法度”，强

① 西汉前期，一些耿直的官僚就抵制过皇帝以个人意志代替法律的行为。参见姚治中《淮南子》对专制主义皇权思想的叛逆——再论《淮南子》的时代特征，《皖西学院学报》，2011。

调即使是势力庞大、地位尊贵的皇亲贵族，犯了罪也要依法决断。

不仅如此，《淮南子》进一步提出，“法以禁君”。《主术训》云：

法者天下之度量而人主之准绳也……古之置有司也，所以禁民，使不得自恣也；其立君也，所以有司，使无专行也；法籍礼仪者，所以禁君，使无擅断也。人莫得自恣，则道胜；道胜而理达矣，故反于无为。

在《淮南子》看来，法律是天下的度量标准，也是国君执政的准则。古代设立有司之官，是用来制止百姓的，使他们不能放任自流；拥立国君，是用来控制有司的，使他们不能专断行事；法典和礼仪是用来限制国君的，使他们不能擅自独断。每个人都不能放肆“自恣”，正道便能胜利了；正道胜利公理便通达了，公理通达社会也就可以返回到无为而治的境界中去，就可以实现天下大治了。

与此同时，《淮南子》还强调君主要带头守法，然后才能以法责官治民。《主术训》说：

人主之立法，先自为检式仪表，故令行天下。孔子曰：其身正，不令而行；其身不正，虽令不从。故禁胜于身，则令行于民矣。

《淮南子》指出，国君订立法律，首先自己要以自己作为标准规范，带头遵守法律，这样，才能使法令在天下通行。就如同孔子所言：“其身正，不令而行；其身不正，虽令不从。”这与今天倡导的领导干部带头遵纪守法，发挥党员领导干部的示范带动效应要求是一致的，“这在两千多年前走向大一统、奉行君主专制独断的汉代，的确是难能可贵的，也是超越封建时代的”[4]。《主术训》还强调“人主之于用法，无私好憎，故可以为命”，即君主不能主观随意改变执法标准和量刑尺度，以保证法令政策的贯彻实施。《淮南子》主张“法不阿贵”“尊卑同刑”，进而主张“以法禁君”，防止君主擅断，显然比先秦法家更胜一筹。

《淮南子》是主张维护君权的，但君权不是绝对的，君主不得把自己置于法律之上，不得专断自恣，而必须以法律为准绳。《淮南子》进而提出了“法以禁君”的理由。首先，君主违背法令就是损害国家，即“明主之赏罚，非以为己也，以为国也”；其次，守法是衡量君主“身正”的一个标准，君主必须首先遵守法律，成为遵守法律的楷模，这样才有利于法律的施行。[5]

《淮南子》的这些观点，放在今天仍有现实意义，在建设法治社会的进程中，不仅要做到有法可依，更要做到有法必依、违法必究，将权力关进制度的笼子，营造风清气正的社会环境。

三、"法与时变"的法律进化观

道家的代表人物庄子从相对论出发，认为"物之生也，若骤若驰，无动而不变，无时而不移"（《庄子·秋水》）。庄子认为万物的生长，就像快马奔驰一样，没有哪个动作不在变化，没有什么时刻不在推移。既然万事万物都处在永恒的变化与流动之中，那么法律也不应当是一成不变的。

韩非子在《五蠹》中指出："世异则事异，事异则备变。是以圣人不期修古，不法常可；论世之事，因为之备。"在《心度》中又说："法与时转则治，治与世宜则有功。时移而治不易者乱，故圣人之治民也，法与时移。"就是说，社会变化了，一切事情也要随着变化；情况变化了，政治措施也必须相应地变化。法度能随着时代而变化，国家就能安定，治理方法适合于社会实际，就能取得满意的效果。时代发展了而治理手段不变，就会发生混乱，所以，圣人治理人民的原则就是法度随着时代的发展而变化。

《淮南子》继承了先秦道家"无动而不变，无时而不移"的思想，又吸收先秦法家"法与时移则治"的变法思想，形成了自己"法与时变"的变法说。《汜论训》云：

鲁昭公有慈母而爱之，死，为之练冠，故有慈母之服；阳侯杀蓼侯而窃其夫人，故大飨废夫人之礼。先正之制，不宜则废之；末世之事，善则著之。是礼乐未始有常也。故圣人制礼乐，而不制于礼乐。治国有常而利民为本，政教有经而令行为上；苟利于民，不必法古；苟周于事，不必循旧。夫夏商之衰也，不变法而亡；三代之起也，不相袭而王。故圣人法与时变，礼与俗化；衣服器械，各便其用；法度制令，各因其宜；故变古未可非，而循俗未足多也。百川异源，而皆归于海；百家殊业，而皆务于治。

《淮南子》通过具体翔实的事例，从三代以来礼、乐、法、俗的因袭变化，论证变法求治的必要性，阐明法令制度应随着时代的变化而变化，反对不顾客观现实地墨守成规、法古守旧。《淮南子》认为，只有适应客观环境的变化，"法与时变，礼与俗化"，国家才能兴盛，一味地法古循旧，只能像夏商那样走向衰亡。《淮南子》的变法观是一种积极有为的变法观，是一种主动适应客观环境、与时俱进的变法观。

《淮南子》主张"法与时变"、法不循古，法律要与时俱进，充满辩证法思想。《汜论训》提出，现时的法典是与时代一起变化的，礼义制度也是随现时的民情风俗而变更的。对于先王的制度，不合适就应该废弃它；对于朝代末期的事情，好的也可以记载下来。这样“有因有循，有革有化。因而循之，与道神之：革而化之，与时宜之。故能因能革，天道乃得；革而能因，天道乃驯。夫物不因不生，不革不成”（汉·扬雄《扬子法言》）。一些学习古代制度的人，遵循祖先的传统，承袭前人的基业，依据古代法典，固守旧的制度，以为不这样国家就不能治理，这就如同拿着方形的榫头往圆形的榫眼里放一样可笑。所以，因循守旧是极其荒唐的。

那么，变法的依据是什么呢？《淮南子》认为变法的依据就在于“利民”，《汜论训》则说道：

治国有常，而利民为本；政教有经，而令行为上。苟利于民，不必法古；苟周于事，不必循旧。

“治国有常，而利民为本”，这里的“常”是指治国的基本方略，“本”为根本和要害。这句话是提醒执政者，国家因民众的存在而存在，国家的举措都要以民众的利益为出发点。如果违反了这一点，国家就失去了存在的根基。事实上治理国家的确需要一套常用的礼仪法度，但应当以有利于人民为根本；政策教化要有常规，但最重要的还是政令的切实可行。如果政策法令不合时宜，则应当废除，只有摒弃不适时宜的法律政令，才能保持法律的时代性和进步性。《淮南子》的变法观体现作者进步的历史观和朴素的民本思想。

“治国有常，而利民为本”也启迪我们：坚持执政为民，就是要紧紧依靠人民，切实造福人民，团结和带领人民群众为实现自己的根本利益而奋斗，把人民拥护、赞成、高兴、答应作为制定各项方针政策的出发点和落脚点，一切工作都要以符合最广大人民根本利益为最高标准。

《淮南子》“采儒、墨之善，撮名、法之要”，融各家之长而自成一家，形成了自己一系列关于法制的思想和观点。从法制史角度来看，《淮南子》是在批判继承先秦道、儒、法等各家学派基础上阐明了自己鲜明的法制思想，在中国法制史上具有重要的地位。尤其是书中提出的“法生于义”的法律起源观、“法不阿贵”的法律适用观、“法与时变”的法律进化观，在建设法治社会的今天仍闪耀着思想的光辉，具有重要的借鉴价值。“苟利于民，不必法古，苟周于事，不必循旧。”当前和今后一个时期，我们的党要坚定不移地遵循以人为本、执政为民理念，适应经济社会发展的新常态，结合经济社会发展中出现的新问题，不断进行理论创新和制度创新，探索有利于完善执政方略、扩大执政基础、改进执政环境的新机制和新方法，既把党和人民的事业不断向前推进，又使党的执政实践从必然王国进入自由王国。

参考文献：

[1] 王启发．先秦诸子论礼与法（上）[J]．燕山大学学报，2002（1）．

[2] 强星星．淮南子法治理念思想与实践探究 [J]．淮南师范学院学报，2015（4）．

[3] 张维新．中国古代法制史学史研究 [M]．上海：上海人民出版社，2012.

[4] 李国锋．淮南子的法律思想 [J]．河南省政法管理干部学院学报，2006（5）．

[5] 康宁．淮南子法律思想探析 [J]．长江大学学报，2010（3）．

传承发展传统文化　增强区域文化自信

——以亳州市历史文化传承发展为例

王　宇　潘　炜

摘　要： 亳州历史悠久，文化丰富，古迹众多，是淮河文化的重要组成部分，传承发展亳州历史文化，对于传承发展淮河文化、增强区域文化自信具有重要意义。本文重点分析了亳州历史文化资源及传承发展的现状，从加强重点文物保护、促进非遗传承创新、建设文化示范村镇、繁荣文学艺术发展、健全公共文化体系、推动文化品牌建设、提升文化产业层次、提高文化开放水平等八个方面探讨了传承发展亳州历史文化的现实路径，并提出了推进亳州历史文化传承发展的保障措施。

关键词： 淮河文化；亳州市；历史文化；传承发展

淮河流域地处长江和黄河两流域之间，包括河南南部、湖北北部、安徽北部和江苏北部，流域面积274657平方公里。淮河流域地理气候条件接近，文化面貌基本相同，在历史长河中不断产生、发展、传承和延绵的淮河文化，在中华文化起源和传承过程发挥了重要作用。亳州地处安徽省西北部，已有3700多年历史，是国家级历史文化名城和中国优秀旅游城市，是淮河流域上一颗璀璨的文化明珠。以道家文化、中医药文化、白酒文化、市井商旅文化等为代表的“亳文化”，源远流长，影响深远，是淮河文化的重要组成部分和标志性特色文化单元，在淮河文化体系中具有重要地位。

一、亳州历史文化资源及传承发展现状

亳州历史悠久，人文荟萃，遗存丰富，具有丰厚的文化积淀，现有国家级文保单位7个、省级37个。亳州文化既浸润着传统文化的智慧，又包容着现代文明的创新，多姿多彩又独树一帜，人民群众对亳州历史文化和现代城市文化具有

作者简介： 王宇，男，亳州市政府发展研究中心主任、亳州市社科联副主席；潘炜，女，亳州市政府发展研究中心综合科科长。

高度的自豪感和认同度，为推动亳州市现代化建设凝聚了人心和力量。

（一）亳州历史文化源远流长、兼容并蓄

1. 道家文化

亳州是道教始祖老子、庄子和陈抟的故乡。老庄道家思想是中华文明的杰出成果，老子的《道德经》被誉为“群经之首、万经之王”，对中华民族乃至世界文明历史都产生了巨大而深刻的影响。历史的亳州弥漫着道教的思想和文化，并因老庄家乡的地位备受荣宠。今天的亳州道家文化资源丰富，以老子、庄子、陈抟等为代表的道家人物，以天静宫、道德中宫、尹喜墓、庄子祠、陈抟庙等为代表的道教圣地，彰显着亳州“天下道源”的地位。

2. 曹魏文化

亳州是著名的政治家、军事家和诗人曹操的故乡，三国时期的曹魏文化是亳州历史文化发展的鼎盛，文化、艺术、经济、医学的集大成。以亳州为发源地的三国曹魏文化，孕育出了璀璨的建安文学，其在中华文化宝库中占有重要地位。今天的亳州，坐落在涡河南岸的数十座曹氏宗族墓群和曹操运兵道书写着曾经的辉煌，成为亳州独有的、灿烂的曹魏文化遗产和名胜遗迹。

3. 中药文化

中医药是我国的三大国粹之一，亳州是神医华佗的故乡，是中医药文化的摇篮之一，盛产中药材，计有各类中药资源 171 科、410 种，被誉为“中华药都”。在中国《药典》上，“亳芍”“亳菊”“亳桑皮”“亳花粉”四种中药材以“亳”字冠名。自东汉末始，亳州种植、经营中药材之风经久不衰，历经 1800 多年的历史，明清时期已有“药都”之称。今天的亳州，“第一药市”的地位更加巩固，是全国最大的中药材集散地，亳州中药材交易市场是国内面积最大、上市品种最多、交易最为活跃的中药材专业交易市场，还已形成全国最大的中药饮片产业集群，是全国最大的中药材出口基地。

4. 养生文化

亳州作为华佗故里，对于中药养生的开展有先天的基础，华佗创造的五禽戏是导引练形养生的最早记载、漆叶青黏散是延年益寿方剂的早期记载。今天的亳州，作为老庄故里和中华药都，发展道家养生文化和中药养生文化有着独特优势，亳州百姓深受道家清静无为思想的浸润，注重精神养生，践行着健康养生的理念，兼具药食同源的生活智慧，形成了良好的生活方式。谯城区现有百岁以上老人 400 多位，被中国老年学会授予“中国长寿之乡”称号。

5. 酒文化

亳州是中国酒文化的发祥地之一，考古发现表明，亳州地区酿酒历史可追溯到远古时代，蒙城尉迟寺文化遗址中就出土了距今 5000 年的新石器时代的各种酒具。东汉建安元年（196 年），曹操向汉献帝刘协进贡家乡谯县（今亳州市）产的九酝春酒并上奏《九酝酒法》，这是中国历史上关于酿酒方法的最早文字记载。古井贡酒以其“香、醇、甜、净”的独特风格四次夺得全国白酒评比会金奖，获得“国家名酒”称号，被誉为“酒中牡丹”。目前全市拥有白酒企业 130 多家，形成“十里酒乡、百家酒厂”的格局。古井酒文化博物馆是首批“国家级工业旅游示范点”和安徽省“十大”行业馆之一，被誉为“华夏第一白酒博物馆”，充分展示了中国酒文化的博大精深。

6. 市井商旅文化

亳州市井商旅文化源远流长。3700 年前，商汤就定都于亳；唐开元年间列为“十望”州府之一；宋、明、清时期进一步发展繁荣，成为黄淮之间的商品集散地，有“小南京”之称。全国重点文物保护单位花戏楼就是清朝时期来亳经商的山陕客商所建会馆，其以巧夺天工的砖雕、精美绝伦的木雕成为中国古代建筑史上的奇迹，也见证着亳州历史的繁华。古亳州商业发达，城内商品多集中经营，形成一物一街、一品一巷的格局，出现白布大街、竹器巷、打铜巷、帽铺街、牛市、筛子市等专业市场，有“八步六条街”的奇异格局。始建于清道光五年（1825 年）的南京巷钱庄是目前国内保存最完好的古钱庄建筑，具有丰厚的商业文化底蕴。

7. 古遗存文化

早在原始社会，亳州就形成了较为完善的人类部落氏族，史前文化遗存的代表有“中国原始第一村”尉迟寺遗址以及傅庄、后铁营、马庄等古文化遗址。亳州曾为商汤都城、三国曹魏陪都和元末红巾军韩林儿龙凤政权的都城，有“三朝古都”之称，有着明显的帝都文化的印记。

（二）亳州非物质文化遗存丰富、积淀深厚

1. 门类繁多

亳州历史悠久，非物质文化遗产资源非常丰富，现已普查登记在册的非遗重点项目共有 200 多项，涉及民间文学、民间美术、民间音乐、民间舞蹈、戏曲、曲艺、民间杂技、民间手工技艺、生产商贸习俗、消费习俗、人生礼俗、岁时节令、民间信仰、民间知识、游艺、传统体育与竞技等 15 大类。其中二夹弦、华佗五禽戏、老子传说 3 项被列为国家级非物质文化遗产项目，亳州剪纸、晰杨掌等 20 项被列入省级非物质文化遗产项目，55 项被列入市级非物质文化遗产项目。

2. 个性鲜明

亳州位于黄淮经济文化带，非物质文化资源分布十分广泛，并因传承地域不同而有着鲜明的文化特质。如反映亳州历史名人思想学说和生平事迹的“老子故事传说”“庄子故事传说”“曹操故事传说”“花木兰故事传说”等，反映农耕文化的“铁器”“独轮车”“织布机”“犁、耙农具”等，反映地域艺术、酒药文化、健身文化的“二夹弦”“清音”“亳州剪纸”“大班会”“古井贡酒酿造技艺”“亳州药膳”“九曲黄河阵”和“华佗五禽戏”“晰扬掌”等，反映民俗、商贸、餐饮文化的“开斋节”“寿诞礼”“摇会”“撒汤”等。

3. 价值珍贵

亳州市非物质文化遗产历史久远，传承代数较多，很多珍贵遗产资源可以上溯到远古时期，有些源头和创始情况已不可考。这些非物质文化遗产满足了当时人们的生活需要，促进了地方文化精神的生成、认同和传播，保留和传承了优秀传统文化和价值观念，具有很高的历史价值、科学价值、艺术价值和经济开发价值。如国家级非遗项目二夹弦已有两百多年的历史，由船歌、号子及民歌小调等融合而成，发展中又汲取了花鼓、梆子、琴书等民间歌舞、戏曲的音乐营养，经历代艺术家的传承和创新，逐步形成了自己的唱腔，旋律清新柔美，节奏高亢明快。作为稀有剧种，二夹弦在我省境内仅亳州独有，深受群众的喜爱，具有重要的戏曲历史价值和艺术价值，是民族戏曲百花园中的一朵奇葩。又如古井贡酒酿造技艺，始于公元196年，曹操将家乡亳州特产“九酝春酒”及酿造方法敬献给汉献帝，自此，该酒便成为历代皇室贡品，古井贡酒由此得名，古井贡酒酿造技艺充分印证和反映了亳州地区悠久古老的民间酿造历史和高超技艺。

（三）亳州现代城市文化建设特色鲜明，成就斐然

1. 城市文化品牌形象显著提升

地级亳州市建立后，在跨越赶超、加速崛起的背景下，在科学发展、和谐发展的进程中，在历史文化、现代文化的交融里，不断积淀、整合、提炼、打造城市文化，形成了以“厚德、务实、创新、奋进”的亳州精神为主体的现代城市文化，明确了“天下道源·曹魏故里·中华药都·养生亳州”的城市文化形象定位，积极举办国际（亳州）中医药博览会暨全国（亳州）中药材交易会、中国（亳州）白酒文化节、亳文化论坛、非物质文化遗产展演展示、芍花旅游文化节等重大文化节庆和理论研讨活动，发掘历史文化资源。深入推进城市文明创建，市民文明素质不断提高，城市环境不断优化，城市文化形象不断提升。

2. 文化旅游规划体系逐渐完善

先后完成了《亳州市文化、旅游业发展总体规划》《亳州市文化旅游产业发展战略研究报告》《2015—2030年亳州市主城区公共文化设施规划》《亳州市中心城区文化旅游服务设施专项规划》，三国曹魏文化、道家文化、养生文化、古城文化4大主题文化旅游区修建性详细规划及曹操故里、华佗故里、庄子文化产业园等一批重点文化旅游项目规划编制工作，全市文化旅游业发展规划体系基本成熟，对文化旅游业发展的引领作用明显提高。

3. 公共文化服务能力稳步增强

积极完善市、县、乡、村四级文化设施网络，大力实施城市文化场馆、乡镇综合文化站、农家书屋、电子阅览室等建设，公共文化设施建设不断升级完善。目前全市共建有文化馆4个、图书馆5个、各类博物馆及纪念馆15个，广播电视播出机构4个、广播电视网络传输机构4个、县级电影公司4个、农村电影放映队97个、乡镇综合文化站87个、农家书屋1424个、公共电子阅览室99个、村农民文化乐园17个；全市实现广播村村通，电视综合覆盖率达100%。全市文化场馆以及乡镇综合文化站全部实现免费开放，不断创新公共文化服务方式，坚持送戏送电影进村进敬老院，实行每村每月两场文艺演出，开展全市“十大特色文化社区”“群众文化服务示范点”“优秀文化辅导员”等评选活动，文化服务质量和水平显著提升。“华佗五禽戏群众文化普及活动”获得全国第三批公共文化服务体系示范项目。

4. 文化产业发展提质增效

出版发行、影视制作、印刷、广告、演艺、娱乐、会展等传统产业稳步发展，文化创意、移动多媒体、动漫游戏等新兴产业开始破题。已评选出27家市级文化产业示范基地，5家骨干文化企业入选省级文化产业示范基地，安徽凯尊文化传播有限公司、利辛县文苑演艺有限公司入选省民营文化企业100强，文化产业规模不断壮大，文化产业发展体系基本形成，重点文化企业示范带头作用日益突显。“十二五”期间，中华药都养生园、老子生态文化产业园等22个项目进入省“861”重点项目；亳州万达城市广场、道德中宫、八步六条街等一批文化旅游项目先后建成，另外完成了花戏楼的提升改造、曹操地下运兵道出口的改扩建、南京巷钱庄的扩容。广播影视、图书音像、网络会所、3D影院、动漫游戏厅、歌舞娱乐场所、旅行社、星级饭店和农家乐等个性化、大众化的文化消费平台、产品和服务日趋完善，大众消费市场不断拓展，文化消费水平日益提升。

5. 文艺活动和创作不断繁荣

利用重点节日开展“药都欢歌——文化惠民天天演”系列群众文化活动，打造“文化惠民消费季”系列文化活动品牌，组织开展唢呐、舞蹈、声乐、器乐、广场舞大赛，举办书画展、剪纸展、摄影展及各类文化惠民活动。大力实施文艺精品工程，开展亳州市群星奖评选活动，完成《民生的印记》《三板正堂》《亳州老街》等文艺精品创作。梆剧《红芍花》荣获省“五个一工程奖”，《西淝河畔的女人》在全省折子戏展演中荣获一等奖，电影《大药商》《天下第一针》在央视电影频道播出，利辛文苑演艺公司被评为全省十大民营院团。编辑出版了《中国民间故事全书·亳州卷》《人文亳州》《亳州地名传奇》《亳州史话》《大美亳州》等20多部反映亳州历史文化的图书、画册，起到良好宣传推介作用。

二、传承发展亳州历史文化的路径探讨

紧紧围绕“五位一体”总体布局和“四个全面”战略布局，围绕树立和贯彻创新、协调、绿色、开放、共享发展理念，大力推进文化保护、传承、开放与创新，加强文化建设，繁荣文艺创作，发展文化产业，健全公共文化服务体系，提高文化供给能力，不断满足人民群众日益增长的精神文化需求，增强亳州文化的影响力和竞争力。

（一）重源头，加强历史遗迹保护

加强重点文物保护单位的保护升级工作，将文物保护与文化旅游结合起来，根据文物和历史遗迹遗存情况建造博物馆、纪念馆、遗址公园和文化园，保护重点文物，恢复历史遗迹旧貌；对于可能蕴藏重大文化价值的省级重点文物保护单位，有计划有步骤地进行勘探，及时采取保护措施。建设尉迟寺史前遗址公园，加强北冢城遗址、北平城遗址、伍奢冢遗址、禅阳寺遗址等涡河、西淝河远古和上古文明发展序列的考古勘探工作，探索可能蕴藏着中华文明起源的重大信息，厘清从尉迟寺史前文明到北冢城早商文明发展序列，为研究淮河流域夏文明和商文明的发展提供文物资料。

（二）重发掘，促进非遗传承创新

进一步发掘非物质文化遗产，加大非遗保护、传承与创新力度，改革创新传统演艺和民间手工艺的技法、内容、表现形式等，促进传统文化遗产创新性发展。支持传统曲艺利用互联网、光电、数码、舞台装备等技术，创作符合当代消费者需求的作品；支持剪纸、面塑等传统工艺美术在表现形式、技法和内容上的革新；利用动漫、影视、游戏、现场实景剧、网络剧、网络文学等现代表现手段，对非遗文化资源进行开发利用，创作文化精品，发扬光大老庄文化、曹魏文化、中医中药文化和白酒文化等亳州特色文化。

（三）重特色，建设文化示范村镇

根据现有资源和发展状况，围绕中医中药文化、曹魏文化、白酒文化、老庄文化、商汤文化，着力打造一批特色文化街区、特色文化城镇、特色文化乡村，做到串点成线，串线成片，连片成带，合理布局亳州特色文化产业空间。重点建设谯城区北关历史文化旅游产业示范街区，古井镇的中国白酒文化产业示范镇，华佗镇、十八里镇、十九里镇的中医药文化产业示范镇，魏岗镇、城父镇、坛城

镇、漆园镇的历史文化旅游示范镇，五马镇的生态农业旅游示范镇，双沟镇的民间演艺文化镇，发展地方特色文化。

（四）重创作，繁荣文学艺术发展

发动市内外文艺创作力量，推出一批反映亳州历史文化和改革发展的戏剧、电视剧、广播剧、歌曲等具有地方特色的文艺作品。扶持具备良好发展潜质的作品走向舞台和荧屏，打造演艺影视精品。扶持原创文学，壮大文学原创人员队伍，提高亳州作家在全国的影响力。发展旅游演艺和动漫游戏，创作体现亳州历史文化精髓的大型旅游舞台剧和动画剧，展示亳州历史文化的魅力。

（五）重基础，健全公共文化体系

大力实施公共文化服务基础设施全覆盖工程，推动公共文化设施免费开放服务，加快形成城乡一体化公共文化服务发展格局。推进建设博物馆新馆、大剧院、民俗博物馆、非遗博物馆、传统医药展示馆、城市化展览馆、广电中心等市级公共文化服务基础设施。对县区图书馆、文化馆、博物馆等公共文化设施进行升级改造，补充和升级馆藏图书、文物和设施，提升县区公共文化基础设施档次。推进乡镇、街道综合性文化服务中心和中心村农民文化乐园建设，建设集宣传文化、科学普及、普法教育、体育健身等功能于一体的基层综合性文化服务中心。按照人口规模和服务半径，建设选址适中、与地域条件相协调的文体广场。实施广播电视村村通工程、城乡公共阅报栏工程、农村公益电影放映提质工程和农家书屋工程，提升公共文化服务能力。加强数字文化和流动文化设施建设，构建立体化、全媒体传播格局。

（六）重内涵，推动文化品牌建设

依托“名城、名人、名产、名菜”等历史文化资源优势，突出重点项目，着力培育特色知名文化品牌，带动和支撑亳州文化发展。打造“文化名城”品牌，按照城市整体风貌、文物古迹和文化旅游景点布局，实施保护性开发建设；打造“名人故里”品牌，重点研究宣传老子、庄子、曹操、华佗四位世界级名人，充分发挥名人效应；打造“世界中医药之都”品牌，研究培育中医药文化，办好国际（亳州）中医药博览会暨全国（亳州）中药材交易会，发展现代中药产业，建设“中国中草药植物园”和“中国中药博物馆”，成为全国最知名的中药文化旅游胜地和研学基地；打造“养生亳州”品牌，推广五禽戏、太极拳、易筋经、八段锦、六字诀等中医传统养生健身运动，发掘中医养生健身、保健、美容文化潜力，开发保健、健身等养生品牌和产品，创新药膳菜品，举办药膳美食文化节和药膳大赛等活动；打造“徽酒基地”品牌，支持古井、高炉做大做强，支持金不换等区域品牌扩大影响，支持中小白酒企业加快发展，扩大“亳酒”影响力；打造文化会展品牌，进一步提高药博会、亳州芍花旅游文化节、五禽戏健身养生节、二夹弦艺术节、国际老庄文化研讨会等活动的知名度。

（七）重创新，提升文化产业层次

加快建设特色文化产业，推进文化与旅游、生态农业、中医药、健康养生、信息等产业融合发展，培育具有独特优势的文化产业新业态，发展文化产业聚集区。大力发展文化旅游业，推进道家历史文化旅游带、药商历史文化旅游带、涡河沿岸文化旅游带、白酒文化主题旅游带建设，打造包含生态农业文化、养生文化、历史文化、中医药文化等主题的综合文化旅游精品线路，带动亳州文化旅游产业发展。发展壮大文化市场主体，支持文化产业实体做大做强，鼓励文化企业通过资源整合、资产重组、联合投资、股份合作等多种形式组建行业龙头企业，壮大演艺骨干企业实力，发展创意设计、影视动漫游戏、特色文化农庄等各类文化产业，推动包装印刷、工艺美术品制造、演艺、新媒体等行业发展。推进中华养生文化产业园、建安文化产业园、老子文化产业园、庄子文化动漫主题公园等文化产业园区建设。

（八）重宣传，提高文化开放水平

促进对外文化交流，扩大对外文化贸易，加强传播能力建设，创新文化传播方式，讲好亳州故事，传播亳州声音，展示亳州形象，提高文化开放水平。建设对外开放的交流平台，通过建立友好城市，在海外举办亳州文化周、影视文化节、五禽戏表演等活动展示亳州文化魅力。办好中国亳州网、亳州旅游网等政府主要网站外文版，提高外宣作品和文化产品质量和制作水平，吸引世界游客关注亳州。推动亳州文化走出去，争取国家资金支持的对外演出项目，将亳州的民间音乐、戏曲、剪纸等非物质文化遗产推向国际舞台。扩大亳州工艺美术品贸易，推动发艺制品、剪纸作品、手工编织品等进入国际文化贸易市场。

三、传承发展亳州历史文化的保障措施

认真贯彻落实中央和省文化建设的政策措施，加强组织领导，健全完善人才培育和经济政策体系，推动文化体制改革，为文化传承发展提供强力支持。

（一）加强组织保障

建立党委领导、政府实施、相关部门配合落实的领导机制和工作机制。市、县区成立文化产业发展领导机构，组织协调各职能部门研究制定文化产业发展目标、计划和相关政策，负责重大文化项目论证、布局、立项、投资、运营等的决策指导，研究解决文化产业发展进程中的重大问题。

（二）加强人才培育

深入实施文化领域拔尖人才工程、青年英才工程，加强文化强市专家库建

设，加大力度培养文化产业投资运营、文化企业管理、媒体融合发展和网络信息服务等方面的复合型紧缺人才，探索特聘专家制度，引进文化发展急需的海内外高级人才。加强基层文化人才队伍建设，打造专兼职结合的基层工作队伍，扶持民间文艺社团、演出团体和业余文化队伍，培养乡土文化能人、民族民间文化传承人和各类文化活动骨干带头人。完善基层公共文化服务人才培养机制和激励机制，对基层文化服务岗位人员、文化能人、非物质文化遗产项目代表传承人、民族民间文化传承人等方面人才提高相应待遇，改善工作生活条件，在评定职称、参与培训、申报项目、资助扶持、表彰奖励等方面给予倾斜。

（三）加强资金扶持

加大财政投入，整合落实各级财政文化资金，保障公共文化服务体系建设和运行，加大文化民生工程投入，提高各类公益金用于文化事业的比重。充分发挥财政资金杠杆作用，综合运用贷款贴息、保费补贴、债券费用补贴等方式扶持文化企业。创新公共文化服务投入方式，采取政府购买、项目补贴、定向资助、贷款贴息等政策措施，支持文化企业、社会各类文化机构参与提供公共文化产品和服务。鼓励和引导社会资本与政府开展项目合作，参与公共文化设施建设和运营。探索文化消费补偿机制，推动文化惠民消费活动。用好用足文化税收政策。鼓励金融机构创新金融产品和服务，引导各类产业发展基金支持文化企业发展，鼓励各类担保融资机构对文化企业提供融资担保，支持文化企业实现非金融企业债务融资，建立文化产业保险制度，规范引导文化领域的互联网金融业务发展。

（四）加强用地保障

将文化用地纳入城乡发展规划、土地利用总体规划，实行文化产业差别化供地政策，在国家土地政策许可范围内，优先保证重要公益性文化设施和文化产业设施、项目的用地。新建、在建、扩建居民住宅区，按照国家有关规定规划和建设相应的文化体育设施。鼓励将城市转型中退出的工业用地优先用于发展文化产业。

（五）加强改革创新

深化文化管理体制改革，改革文化行政审批制度，清理和取消不必要的文化项目前置审批；理顺文化市场管理体制，整顿和规范文化市场秩序，营造公平有序的市场环境；全面推进公益性文化事业单位改革，加快推动经营性文化单位建立健全现代企业制度，整合文化资源，促进文化生产要素的合理流动；建立健全国有文化资产管理制度，加强国有文化资产监管；培育、发展和规范文化产业协会和文化中介组织，发挥管理、协调、组织、监督等作用，加快形成行业自律，推动文化产业健康发展。

（六）加强文化交流

淮河文化的形成是流域多样性文化共同作用的结果，要注重区域文化融合，强化内部衔接，建立区域文化交流联系机制，增强淮河流域不同地区之间更为广泛的文化传播和文化交流，促进淮河文化创新发展。

参考资料：

[1] 张雷等．亳州市非物质文化遗产现状和保护开发情况调研．

[2] 亳州市“十三五”文化改革发展规划纲要．

沿淮流域安徽民间文化的资源整合与文化自觉

汪四红

摘　要：沿淮流域的安徽民间文化以其独具匠心的“徽风皖韵”“汉风唐韵”而著称，沿淮流域的安徽民间文化长期在“文化自觉”的人际传播方式中，实现文化的历史传承。随着新科技时代的到来，文化传播方式出现历史性的变革，在自媒体的语境下实现对沿淮流域安徽民间文化资源的整合，有利于加强对沿淮流域安徽民间文化的舆论监管，推动沿淮流域安徽民间文化与全球化的良性互动。

关键词：自媒体；沿淮流域的安徽民间文化；资源整合；文化自觉

一、引言

一个地方文化资源的丰富程度彰显一个地方文化底蕴的深厚程度，安徽是文化资源丰富的文化强省，特别的地域文化造就安徽特有的文化气质，安徽最早的文化历史痕迹可从两百万年前的繁昌县人字洞的人类活动遗址说起，安徽依据独特的地形与环境，在漫长的历史进程中逐渐形成三大文化板块：涡淮文化、皖江文化、徽州文化（新安文化），以合肥为中心的新的文化圈——环巢湖文化圈逐渐成为安徽省第四文化圈，安徽丰富的文化资源为安徽地区文化经济的发展提供了充足的文化素养，成为安徽政治经济文化发展强有力的文化支撑。

沿淮流域的安徽民间文化资源作为安徽文化资源的重要组成部分，其独特的皖风徽韵最为世人称道，人们总以博大精深形容沿淮流域的安徽民间文化，但安徽丰富的民间文化资源与当前安徽的民间文化产业规模、民间文化资源的旅游开

作者简介：汪四红，安徽黄梅戏艺术职业学院思政教研室负责人，副教授，研究方向：思想政治教育、中国传统文化。

基金项目：2017 年度安徽高校人文社会科学研究项目“民间文化融入高校社会主义核心价值观教育耦合培养机制研究”（SK2017A0974）；安徽省高等职业教育创新发展行动计划（2015—2018 年）“精品资源共享课‘思想道德修养与法律基础’”（XM-06）；安徽省高等职业教育创新发展行动计划（2015—2018 年）教育教学研究项目“艺术化传播‘中国梦’长效机制研究”（RW-60）的阶段性成果。

发、民间文化精品化与成果推广等存在严重的不对称，除沿淮流域的安徽民间文化存在地域分散、文化系统之间管理松弛、民间文化市场难以开拓、民间资源缺乏有效的整合等原因造成沿淮流域的安徽民间文化资源在安徽其他地域乃至全国推广受到严重的限制，自媒体在推介沿淮流域安徽民间文化的传播舆论引导途径上也有待于进一步加强。

二、沿淮流域的安徽民间文化资源整合与文化自觉

地域文化离不开一定的地理空间、长期的风俗习成，它是集地域特色文化之大成。梁启超曾论："同在一国，同在一时，而文化之度相去悬绝，或其度不甚相远，其质及其类不相蒙，则环境之分限使然也。"[1]梁启超向我们展示了地理环境对文化的深刻影响。沿淮流域的安徽民间文化潜伏在安徽四大丰富的文化板块或文化圈中，"文化自觉"作为安徽文化精神的典型特征深深地根扎安徽地域的"文人墨士"之中，安徽人的"文化自觉"带来沿淮流域安徽民间文化的繁荣，我们能从多个方面看到安徽人的"文化自觉"给沿淮流域安徽民间文化带来的发展契机，实现沿淮流域安徽民间文化的内涵提升，有效整合沿淮流域安徽民间文化资源，增添沿淮流域安徽民间文化的学术价值。

沿淮流域安徽民间文化中，戏曲文化对中国戏曲文化影响至深至远，王世华先生所撰写的《徽商与戏剧的发展》一文指出："徽戏"进京对国剧——京剧[2]的产生有重大影响。罗可曼先生在其所撰写的《从明清徽商、家乐班的活动探徽剧文化的张力》中指出，徽剧作为安徽地方戏，明以前只是活动在安徽地方的民间小戏，后来在社会文化交融的大背景下，徽剧取百家之长，海纳百川，兼收并蓄，成为具有全国影响的国家大剧[3]。徽剧是京剧的前身，可在京剧的骨子里找到徽州文化的精髓，徽州文化对中华文化的影响凸显安徽地域文化的张力，徽剧作为安徽民间戏曲文化的代表其戏曲价值与学术价值可见一斑。

安徽民间戏曲之黄梅戏，作为中国目前五大戏曲剧种之一，是安徽的地域名片，深受国内外观众的喜爱，黄梅戏以其独特的音韵、表演艺术、服装舞美等曾征服了戏曲史上最庞大的海外观众群，观众的存在是建立在他们对某种文化存在的共识。法国史学家兼文艺理论家丹诺在他的著作《艺术哲学》一书中认为：种族的特性是民族精神文化的重要组成部分，民族和时代创造一种永恒的美，黄梅戏的产生和发展与其赖以生存的皖江历史文化的人文地理和民俗文化特征是分不开的。安徽的其他戏曲，青阳腔、岳西高腔、泗州戏、花鼓戏等，无不是本地人社会生活、语言特征和思想意识的表达和建构，反映了当地普遍的文化心理。

关注安徽民间戏曲文化，从发生学的角度出发，必须对它们生存的共同的

人文环境进行了解，找寻它们的血脉联系，充分发挥皖人对皖戏曲文化的历史责任感和使命感，以“文化自觉”作为精神内核，加强安徽戏曲文化内涵式培育，实现安徽戏曲文化的整合，促进安徽戏曲文化的发展。戏曲只有不断地找寻历史、现在和未来的最佳结合点，才有可能找寻到其生存发展的空间。

沿淮流域安徽民间文化之民俗文化中的精英文化蕴藏着中原文化的哲学基因，“老庄文化”中所体现的道家思想对中国辩证法哲学的发展起到重要的引领作用，道家思想的独树一帜与本土性，使其在中国哲学发展史乃至世界哲学发展史中占有一席之地，体现人类文明的思想成果。同时，安徽民俗文化也是华夏农业文明发展的历史积淀之一，是人类规范生活的文化表现[4]，反映了他们朴素的道德行为和原始情感。安徽许多民俗于先秦两汉时期就已形成并延续至今，展现其作为中国传统文化的独特魅力，如安徽民间保持着祖先流传下来的重要节日的习惯做法：大年三十接祖宗，除夕吃团圆饭、贴春联、守岁，春节走亲戚拜年，元宵节送祖宗，清明节祭祖，端午节插艾叶，中秋节吃月饼等，展现安徽节日风俗文化的辉煌事象。安徽饮食风俗文化也独具风情：安徽民间对“豆腐”情有独钟，原先安徽乡间“豆腐作坊”几乎家家俱设，过年做豆腐几乎是安徽民间乡村约定俗成的生活习惯，各种形式的以豆腐为主菜的菜肴是安徽春节迎接客人的主要美食，长期的生活习惯，让豆腐菜肴成为安徽食谱上不可缺少的一部分，“无豆腐不成席”。最具代表性的豆腐文化当属“淮南豆腐文化”，这个可从学术上找到考据，宋代理学大师朱熹在其《豆腐》一诗中指出豆腐应是汉代淮南王刘安发明的，明代大药学家李时珍在《本草纲目》中指出“豆腐之法，始于淮南王”，这些考据佐证了安徽淮南的豆腐文化。

安徽婚嫁风俗中的“哭嫁”文化，表达对父母的感恩和依恋之情，安徽丧葬风俗中“送终、报丧、入殓、请七、出丧、安葬”是送别逝者必须举行的葬礼环节，体现了安徽人对死者的重视。在程朱理学盛行的徽州曾流行一句话“要生生在苏州、要死死在徽州”，由此可见，安徽在对逝者的礼数与其他地方的确不同。表达对死者的尊重，深刻体现了“死者为大”的民俗理念。安徽民俗文化作为安徽最具地域特色的生活文化，深深融合在安徽民众的日常生活中，随着时代的发展，对待传统民俗文化，要用“时代”的眼光和“文化自觉”的意识对其进行资源整合，取其对传承中国优秀文化传统有益的部分，去其具有封建迷信的部分，同时用现代的科学手段、文明理念等对其进行改良创新，安徽民俗文化在保留传统的同时定能焕发新春。

沿淮流域安徽民间文化之民间文学在中国文学史上具有特殊的地位，尤以“桐城歌”为胜，桐城歌是最具有桐城地域特色的文化之一，其语言表达与艺术风格独树一帜，这与其独特的地域环境和人文土壤是分不开的。桐城自古就有

"文都"之称，它是中国文学史上最大的散文流派——桐城派的发祥地，历代英杰名士群星璀璨，素有"文化之乡"的美称，悠久的历史、古老的文化、优美的自然环境造就了"桐城歌"这个民间文学的奇葩。桐城歌在明中叶自"两淮以至江南"，民间歌谣盛行，民间歌谣为两淮文化注入了新的活力，形成"共有"格局，它使属于音乐范畴的黄梅调找到了文学的依附，对黄梅戏的产生具有基因孕育作用，它涉及的领域广泛，内容丰富，涉及社会生活的方方面面，语言朴实无华，通俗易懂，是我省流传下来为数不多的珍贵的民间文学类国家级非物质文化遗产。"六尺巷"是以民间故事形式流传的安徽民间文学，其文化内涵中折射出的"和合"思想反映中华民族追求和谐社会的历史文化道德传统，对我国现阶段社会主义道德建设有深刻影响。《孔雀东南飞》作为我国文学史上第一部长篇叙事诗，与《木兰辞》并称"乐府诗双璧"，是中国汉乐府民歌中最长的叙事诗，它以赞颂诗中主人翁刘兰芝和焦仲卿坚贞不渝的爱情而千百年来为文人墨客所称道，具有较高的文学价值、风俗价值和史料价值，是反映中国民间文学的光辉诗篇。安徽民间对不讲道理的婆婆至今仍有称之为"焦母"的说法，可见这一民间文学的影响之深。安徽怀宁还建有孔雀东南飞影视基地。安徽民间文学折射出皖人在文学造诣上的深厚功底，"文化自觉"精神深深渗透在古今安徽民间文学的鸿篇创制之中，实现安徽民间文学的资源整合对传承安徽民间文化、展现安徽民间文学的优秀成果、树立皖人的文化自信有积极作用，能让更多人感受到安徽民间文化的独特魅力。

沿淮流域安徽民间文化之民间美术的艺术底蕴和文化内涵是中国美术史上重要的一笔，"徽州三雕"是其中最具代表性的民间美术。徽州三雕包含徽派风格的"木雕、石雕、砖雕"三种民间雕刻工艺，是在繁华的"徽州文化"背景下产生的。"徽学"和"敦煌学""藏学"并称中国三大地域文化学派，"以质趋文"的徽州文化造就了黄宾虹、查士标、石涛、黄士陵等中国美术史上罕见的书画家群体，他们是中国美术史上公认的大家，这些奠定了"徽州三雕"的美学艺术水准。徽州三雕的雕刻主题为"忠、孝、节、义""忍让、中庸""崇王""恩荣""读书及第"等，"观礼"中包含着对儒家文化的崇拜和儒家文化的教化。徽州是朱熹的故乡，朱熹是程朱理学的儒家思想代表，自然成为徽州儒生膜拜的对象，这为徽州三雕浓郁的儒家文化特征找到母体的根源。徽州三雕是以徽商的经济实力为基础的，徽商富可敌国的财力、敦实淳厚的徽文化、丰富多样的自然资源、高超绝伦的雕刻技巧，使徽派建筑具有鲜明的汉风唐韵，完整的设计规划、立体的空间感官、程式的寓意表达、完美的建筑装饰使我们感受到其他艺术所没有的艺术感染力。徽州三雕是"中华民族母体文化下的一个重要组成部分，是封建社会晚期的一颗璀璨明珠，是最后的传统，终点的辉煌”[5]。徽州篆刻、徽州版画与徽州三雕并称“徽州三绝”。安徽合肥的“火笔画”，安徽宿州的“灵璧钟馗画”“萧县农民画”，安徽滁州的“凤画”，安徽池州的“青阳农民画”，安徽安庆的“望江挑花”以及安徽阜阳的“民间剪纸”，这些淳朴的民间美术文化已融合在安徽百姓的生活中。随着国家对传统文化的抢救和保护，这些民间文化在当代皖人“文化自觉”的传承创新中呈现出新的美学常态。

沿淮流域安徽文化资源必须坚持属于自己的、同时又具有全国乃至具有全球意义的文化符号，才能不断地提高本省的文化软实力和文化影响力。安徽人必须以“文化自觉”的精神和状态传承和发展安徽优秀的文化资源，建立皖人对本土文化的“文化自信”，树立起皖人对本土文化的“文化自豪”，唤醒皖人对本土文化的“历史记忆”。安徽省政府出台《关于加快建设文化强省的若干意见》提出安徽省由“文化大省”向“文化强省”的转变，提出建立“文化强省”的重要目标，为实现文化建设目标，应以安徽“经济圈”作为经济后盾、以安徽“四大文化圈”作为文化基础，提升沿淮流域安徽民间文化的文化内涵、实现沿淮流域安徽民间文化资源的有效整合，加快安徽文化强省的建设步伐，提升安徽文化的国际影响力。

三、结语

沿淮流域的安徽民间文化深受徽文化的影响，徽文化离不开徽人的文化自觉，徽商是传播徽文化的主要群体，徽商的文化自觉推动了徽州地区的文化繁荣，给沿淮流域安徽民间文化提供了充足的文化养分，打好了沿淮流域安徽民间文化的文化根基，奠定了沿淮流域安徽民间文化的文化底蕴。“一个群体的精神也反映一个群体的特征，是一个群体生存与发展的基础”[6]，沿淮流域的安徽民间文化哺育了安徽人，赋予安徽人独特的徽文化气质，形成独具特色的徽文化体系，促成整个华夏文化体系的结构养成。历史的成就代表的是过去的辉煌，今天我们皖人仍需担负起传承沿淮流域安徽民间文化的历史重责。

参考文献：

[1] 梁启超. 梁启超全集 [M]. 北京：北京出版社，1999.

[2] 王世华. 徽商与戏剧的发展 [J]. 新视野，2010 (5).

[3] 罗可曼. 从明清徽商、家乐班的活动探徽剧文化的张力 [J]. 中国音乐，2013 (1).

[4] 陈琴建. 中国民俗学 [M]. 上海：华东师范大学出版社，2007.

[5] 吴玉红．徽州“三雕”的成因及艺术特色［J］．美术，2008（10）．

[6] 习近平．在全国宣传思想工作会议上的讲话［EB/OL］．（2013-08-19）．http：//finance. ifeng. com/a/20130909/10639558_ 0. shtml.

[7] 陈军．新媒体传播中的文化构建［J］．新闻与传播研究，2010（9）．

[8] 陆勤毅，等．安徽文化论坛2013——徽商与徽州文化学术研讨会论文集［C］．合肥：安徽大学出版社，2013.

安徽民间文化资源传承与发展状况分析及建议

李晓星

摘　要：安徽徽文化是一种极具地方特色的区域文化，徽学是与敦煌学和藏学并列的中国三大走向世界的地方显学之一。安徽文化底蕴十分深厚，蕴藏着丰富的民间文化资源。在当前多元文化冲击的时代背景下，安徽民间文化出现了消失或濒临消失、衰退、断层、原生态消失等情况。为加强安徽民间文化的传承和保护，安徽省委省政府做了大量的工作，取得了一定的成效，但仍然存在一定的问题，对此必须采取相对应的措施，以期解决安徽民间文化可持续发展的重大问题。

关键词：安徽民间文化；成就；异象；困难与问题；建议

安徽民间文化遗产是劳动人民创造的财富，要对这些文化遗产进行有效的保护，必须有广泛的社会基础，需要全社会的参与。文化部制定的中国民族民间文化保护工程的工作原则为“政府主导，社会参与；长远规划，分步实施；明确职责，形成合力”。在世纪之交的时候，在国内外重视文化多样性保护的大背景下，安徽省委和省政府高度重视民间文化的保护工作。由于政府开始重视舆论的广泛宣传，安徽地区民间保护民族文化遗产的自觉性逐步增强。安徽民间文艺家协会在挖掘、抢救、保护民族民间文化遗产过程中做了大量的工作，组织出版了多本民间文艺资料集。目前，在全省民族地区形成了良好的保护民族文化的氛围。

作者简介：李晓星，男，安徽黄梅戏艺术职业学院图文信息中心副主任、马克思主义学科带头人。研究方向：中国传统文化研究、思想政治教育。

基金项目：2017 年度安徽高校人文社会科学研究项目“民间文化融入高校社会主义核心价值观教育耦合培养机制研究”（SK2017A0974）；安徽省高等职业教育创新发展行动计划（2015—2018 年）“精品资源共享课‘思想道德修养与法律基础’”（XM-06）；安徽省高等职业教育创新发展行动计划（2015—2018 年）教育教学研究项目“艺术化传播‘中国梦’长效机制研究”（RW-60）的阶段性成果。

一、安徽民间文化发展卓有成效

20世纪90年代以来，安徽在保护民族民间传统文化方面做了大量卓有成效的工作，主要从以下几个方面表现出来：

（一）省委、省政府相关部门对民间艺术加大政策支持，非遗保护成为社会共识

2014年，安徽深入贯彻党的十八届三中全会精神，紧紧围绕文化强省标杆，落实《文化强省建设实施纲要》，求突破，跳跃攀升，攻坚克难，争先进位。据了解，“十二五”时期，文化产业是安徽大力发展的新型战略性产业之一。

2014年5月6日《安徽省人民政府办公厅关于印发安徽省推进文化创意和设计服务与相关产业融合发展行动计划的通知》（皖政办〔2014〕35号）相关内容表示：安徽省努力实现到2020年，文化创意和设计服务的先导产业作用更加凸显，培养一批高素质人才队伍，培育一批具有核心竞争力的企业，形成一批拥有自主知识产权的产品，打造一批具有国际影响力的品牌，建设一批特色鲜明的融合发展城市、集聚区和新型城镇。

2012年6月4日，《安徽省“十二五”时期文化改革发展规划纲要》文化产业相关内容：优化文化产业布局。依托合肥、皖江城市带和皖南、皖北等资源优势，积极构建文化产业“一核三区”新格局，促进形成核心带动、南北相融、东西呼应、板块互动、差异化发展的态势。

一是以合肥为核心，着力打造全省现代产业核心增长极，建设区域性文化资源聚集中心、文化产品生产流通中心、新型文化业态培育中心、文化创意设计研发中心。

二是以徽州文化生态保护实验区建设为基础，以徽文化为底蕴，着力打造传统文化传承创新基地、国际文化旅游目的地和以文房四宝等为代表的文化产品交易市场。

三是依托皖江城市带承接产业转移示范区的文化创新能力，大力发展与制造业相关的文化创意产业，着力发展红色旅游、文化旅游、体育健身、休闲娱乐、动漫游戏等产业，把沿江一线建成我省乃至全国独具特色、竞争力较强的文化产业发展示范区。

四是深入挖掘皖北文化资源，大力发展红色旅游、文化旅游、演艺娱乐、马戏杂技、书画、工艺品等文化业态，积极推进传统文化产业结构升级，逐步把淮河流域建成文化资源特色鲜明、文化基础设施先进、文化产业发达、文化实力和辐射力较强的文化产业特色区。

（二）开始用法律的手段保护民族民间文化遗产，初步建立两级遗产名录保护体系

用法律的形式保护民族民间文化遗产是国内外的普遍做法。采用法律的形式对民族民间文化遗产进行有效保护始于日本和韩国，国内的云南、贵州、广西也先后制定保护民族民间文化的地方法规。

2014 年 8 月 21 日，安徽省十二届人大常委会第十三次会议对《安徽省非物质文化遗产条例》进行表决，获全票通过，2014 年 10 月 1 日正式施行。我省是非物质文化遗产资源大省，民间文化蕴藏丰富。近年来，我省在非物质文化遗产保护方面做了大量的工作，进行了有益的探索，取得了一定的经验。《安徽省非物质文化遗产条例》获得通过，为我省依法开展非物质文化遗产保护工作提供了重要法律依据，真正做到了有法可依，有法必依。这个条例的颁布实施标志着安徽地区民族民间文化遗产的保护步入法制化轨道。

2005 年国务院办公厅《关于加强我国非物质文化遗产保护工作的意见》中决定建立国家级非物质文化遗产代表作名录体系。目前我省已经公布四批国家级和省级非物质文化遗产保护名录，国家、省两级名录保护体系的建立，使安徽地区非物质文化遗产得到有效的保护。被载入国家级非物质文化遗产名录的，第一批有 26 项，第二批有 33 项，第三批有 15 项，第四批有 14 项。省级非遗项目也有四批，第一批有 128 个，第二批有 111 个，第三批有 75 个，第四批有 71 个。

国家、省两级名录保护体系的建立，使安徽省非物质文化遗产得到有效的保护。

（三）民间艺术普查工作、民族古籍整理取得实效，民间文化传人开始受到尊重

2002 年 2 月 26—27 日，由中国民间文艺家协会主持的“中国民间文化遗产抢救工程研讨会”在北京召开，冯骥才主席作了主题发言，向社会公布了近 100 名专家学者签名的《抢救中国民间文化遗产呼吁书》，引起了社会强烈关注，从此也开启了“中国民间文化遗产抢救工程”。2003 年 10 月 27—30 日，文化部在贵阳召开“中国民族民间文化保护工程试点工作会议”，正式启动了“中国民族民间文化保护工程”。在这两大工程的推动下，安徽地区也开始了民间文化抢救和保护工作，并取得了初步成效。

国家新一轮古籍整理工作开始后，安徽省委省政府高度重视，在安徽省委的领导及相关部门的共同努力下，圆满完成了《释音春秋左传注疏六十卷（晋）杜预注（唐）孔颖达疏（唐）陆德明释文元刻明修本安徽省图书馆存四十卷（十至十三、十七至三十五、四十至四十二、四十四至四十八、五十二至六十）》《增刊校正王状元集注分类东坡先生诗二十五卷（宋）苏轼撰题

（宋）王十朋纂集（宋）刘辰翁评元刻本皖西学院图书馆存一卷（四）》《乐府诗集一百卷目录二卷（宋）郭茂倩辑元至正元年（1341）集庆路儒学刻明修本安徽省图书馆存二十二卷（二十四至四十五）》等270部古籍的登录、编写工作，为全省古籍的保护做了一项最基础性的工作；并批准了芜湖市图书馆、安庆市图书馆、无为县图书馆、桐城市图书馆、歙县博物馆、皖西学院图书馆为古籍重点保护单位。

在抢救和保护民间文化遗产的过程中，民间文化传承人的地位和作用得到重新认识。

2013年4月24日，安徽省淮北市濉溪县临涣镇政府举行民间文化艺术传承人颁奖仪式，对10名民间文化艺术传承人每人颁发了1200元的政府专项补贴，对2名民间文化艺术特殊贡献人才每人颁发了2000元的政府专项补贴。据悉，被文化部授予“中国民间文化艺术之乡”称号的临涣镇，民间文化艺术人才达300多人，在农村群众性文化活动中发挥着主力军的作用。为进一步激发传承人投身民间文化艺术保护传承工作的热情，从2012年开始，该镇每年对民间文化艺术人才进行评选，对评选出的代表性传承人实施政府专项补贴。补贴主要用于民间文化艺术传承人带徒传艺、整理资料、展演展示、学术交流等活动。同时，对传承人实行动态管理。

2015年4月，安徽省民间艺术家协会与省文联共同开展了首届安徽省民间艺术大师评选认定工作。首届省民间艺术大师认定工作暨第三届民间工艺大师及传承人评选认定工作旨在培养和发掘民间后备工艺人才。此外，协会还举办了“山花奖”重点作者（重点项目）研修班以培养文艺人才，同时编辑出版了《安徽民间文化传承人名录》，建立了民间文化资源数据库，以图文并茂的形式记录了民间文化杰出传承人的传承历史、技艺特征、代表作品和技艺影响。

（四）举办民间文化艺术节，建立博物馆，重拾对古老文化的历史记忆

在挖掘、保护民族民间文化遗产过程中，安徽省举办了各种形式的文化艺术节和文艺会演，继承和弘扬民族民间优秀传统文化。如，由安徽省文化厅和阜阳市人民政府共同主办，阜阳市文化局和临泉县委、县政府共同承办的安徽省首届民间杂技艺术节于2009年9月上旬在临泉县举行。2015年9月21日，“坐着高铁赏民俗——第十二届皖浙赣闽四省四市民间艺术节”在徽州大剧院隆重举行。四省四市民间艺术节活动由安徽黄山市、浙江衢州市、江西上饶市、福建南平市人民政府共同主办，旨在“发展民间艺术、弘扬优秀文化”。2015年10月由中国文学艺术界联合会与黄山市人民政府联合主办的第6届中国国际民间艺术节，在享誉中外的旅游文化名城——黄山开幕，由此启动了中国迄今规模最大的国际民间文化交流活动。自1992年以来，安庆已成功举办了七届黄梅戏艺术节。在艺术节上，除了黄梅戏演出外，还融合了各种戏曲艺术流派，京剧、豫剧等全国五大剧种，庐剧、梆子戏等地方戏的名家齐聚安庆，还有宿松文南词、岳西高腔等国家非物质文化遗产也一展风采。黄梅戏是我国五大地方剧种之一和首批非物质文化遗产，是民族文化的瑰宝。安庆是黄梅戏的故乡，已形成融创作、表演、研究和人才培训为一体的黄梅戏生产体系，为黄梅戏艺术传承与发展作出积极而重要的贡献。中国安庆黄梅戏艺术节在国内外享有较高声誉和广泛影响。这些文化艺术节和表演对弘扬民族民间文化起了十分重要的作用。

安徽建有省级博物馆和市级博物馆。以前的博物馆主要是收藏考古发掘的地下文物和地面文物资料。20 世纪 90 年代后这些博物馆开始收藏了一批民俗文物和民间文艺等方面的图片。还建立了私人博物馆、民俗文物陈列室、民族文化陈列室。这些博物馆都收藏了许多民俗文物，如雕花家具、服饰、刺绣、挑花、剪纸、竹编等作品。这些与民众生活息息相关的文物保存了民族民间文化的远古记忆。

（五）移植保存活态民间文化遗产，传承创新保证民间文化永久活力

在保护民间文化过程中，安徽把旅游开发、景点建设与民间文化的传承保护结合起来，把古老的民间艺术和仪式移植到景区，既丰富了旅游的文化内涵，又保护和传承了民族文化。这种做法既给旅游充实了文化内容，也为民族民间文化的传承找到了支点。民间文化的继承与创新是相辅相成的，没有继承就没有创新，没有创新继承就没有发展，也就没有出路。

2011 年 11 月 2 日，第二届中国安徽民俗文化节期间，全国众多民俗学专家和民间艺术家相聚铜陵天井小镇，畅谈民俗文化的传承与创新、保护与发展。第二次前来参加民俗文化节的中国艺术研究院研究员苑利说："再次举办民俗文化节，表明安徽保护优秀传统文化的意识持续增强，反映了安徽在推进文化繁荣发展中的高度文化自觉。"弘扬民俗文化，要重点挖掘、整理百姓喜闻乐见的优秀传统文化资源，再用现代的手段和方式展示出来。中国民间艺术家、泥人张第四代传人、清华大学美术学院教授张錩说："让民俗文化在传承中创新"，"民间艺术是先辈留给后人的无价财富，创新不能割断传统"。现代艺术是古代艺术的继承与发展。传承民间艺术，要继承民族精神、艺术风格的纯真性、艺术表现的意蕴性。国家博物馆研究员、国家非遗专家委员会成员宋兆麟谈到如何开发地方民俗文化和产品时，他的建议是"软硬兼施"。宋兆麟指出，安徽民俗村硬件不错，有充足的空间、较大的平台来展示各种各样的民俗，但在软件上还可做得丰富多彩些，比如，定期开展具有本地特色的手工艺、传统服装和家具等展示活动，发展创新的结果，使安徽民间文化找到新的出路，焕发生机和活力。

退、断层、原生态消失等问题。

（一）濒临消亡或已消亡

安徽民间艺术中有些民间传统活动的诸多内容由于与当前国家的政策和国情不符，面临着相关活动不能开展、资金短缺、后继无人等尴尬的局面，随着拥有这些传统活动知识的老人的逐渐过世，这些传统濒临消亡或已消亡。

由于现代生活的流动变化，宗族对族人的凝聚力量削弱，且祭祖曾被认为是封建迷信而被制止，已经鲜为人知，徽州宗祠祭祀有在徽州消失的可能。祁门傩舞的表演形式保持着古代傩祭的原始风貌，由于涉及封建迷信等内容也在逐渐消失。

青阳腔在明代万历年间已风靡天下，与“昆山腔”并称为“时调青昆”，享有“天下时尚，南北徽池雅调”之美誉，由于战争、瘟疫和外来文化冲击等多种原因，青阳腔日渐式微，濒于消亡。二夹弦也濒临灭绝。这些剧种亟须抢救、保护和传承。

东路庐剧也因演出市场萎缩、专业演出团体锐减、传承及人才匮乏、民间艺人极待培训而处于濒危状态。由于受到现代多元文化的冲击，皖西庐剧同全国其他地方戏曲剧种一样，面临着生存的危机。有的地方剧种已经消亡，如“端公戏”，但在皖西庐剧中可以找到它的艺术特点。

萧县花腔渔鼓，又名薛三派花腔渔鼓，花腔曲折复杂，但县里没有记谱和录音，全靠口传，弟子学习较为困难，且他的弟子均已作古，现在唯有徒孙刘永林尚能演唱，亟待保护。

（二）衰退

安徽民间艺术中有许多民间技艺如纸笺加工技艺、宣纸制作技艺、歙砚制作技艺、万安罗盘制作技艺、桑皮纸制作技艺、漆器髹饰技艺、徽墨制作技艺等，曾经在历史上风靡一时，但由于现代多元文化的冲击和机器批量生产，这些传统技艺失去了往日纯手工所打造的艺术境界，再也难以恢复往日的辉煌，面临着让人痛惜的传统技艺衰退景象。

（三）断层

目前除了国家级的大剧种，许多地方剧种断层严重，在采访地方剧种专家的过程中，他们对此表现出深深的忧虑，如徽剧就濒临着“断层”的危险，主要原因是老艺人大部分过世，1949 年后培养的第一代徽剧演员大多退休，而近 20 年来又未招收徽剧演员。因此，当前亟须大力抢救保护这份遗产，才能使徽剧得以传承和发扬。研究青阳腔遗脉岳西高腔的汪同元专家，其对岳西高腔的未来发展如是说：“我们不缺乏优秀的剧本，我们也不缺乏优秀的剧目导演，国家给了我们大量的资金支持，我们现在最缺的是演员。我们排一场戏，往往需要很多外剧演员协助，这难以保证这个剧种演出的原汁原味。”这只是列举其中之一二，断层成为许多传统艺术发展过程中的切肤之痛。

（四）原生态消失

由于多种原因，原生态的凤阳花鼓、原生形态的花鼓灯、原汁原味的五河民歌都已逐渐消失，而它们蕴含的丰富的艺术资源还没有被充分挖掘出来，这些珍贵的民间艺术遗产亟待抢救。

三、安徽民间文化传承与发展中存在的困难和问题

安徽民间艺术，作为劳动人民表现生命意识、抒发生存感受、寄托人生希望与追求的一种文化形式，在中国传统民间艺术史上占有重要位置。千百年来，其以多种形式融入人们的现实生活之中，记录着这一地域的历史和人民群众的生活风貌。进入21世纪，安徽民间艺术受到了市场经济的强烈冲击，从事民间艺术的人越来越少且逐渐淡出人们的视野。近年来，在政府的关怀重视和有关部门的大力支持下，传统艺术又逐渐活跃起来。目前技艺类民间艺术人才可以分为三种类型：一是原生态民间艺术，这部分多由老年艺人组成；二是传统型民间艺术，这是以剪纸为主体，中年人居多，在传承中有新突破，在创新中体现个性艺术特点；三是现代民间艺术，他们在吸收传统剪纸艺术精华的基础上，大胆创新，融入了现代人的审美情趣，丰富了创作手法，体现了时代特征。

随着经济社会的不断发展、科学技术的日新月异，人们的思维观念和审美情趣也发生了重大变化，民间艺术等一些非物质文化遗产项目受到了前所未有的冲击，加之存世艺人日渐减少，民间艺术正面临着人亡艺绝的严重形势。

（一）民俗类民间艺术存在的困难和问题

1. 政府对民俗文化的认识不够

由于政府对民俗文化的认识不够，相应的政策法规不健全，且缺乏相应的传承保护机制，而民俗文化属于非再生资源，其存在形式是多样的，且自我保护的能力非常弱，所以民俗类民间艺术存在诸多困难。

2. 民间民俗文化的发展空间在逐年逐步下降

尤其是改革开放以来，我国的经济得到了迅速的发展，人们的生产和生活方式都发生了翻天覆地的变化，人们的认识和思想随着社会的变化也发生了相应的变化，人们的审美情趣也发生了一定的变化，可以说民间民俗文化受到了前所未有的冲击。因此，民间民俗文化的发展空间随着时代的变化在逐年下降。很多古朴的民风、传统的民俗正逐渐被人们淡忘，很多民间艺术甚至被人们遗忘了。很多民间艺人的传统手艺被忽视，甚至是失传。

3. 民间民俗文化的传承后继乏人

民间民俗文化的继承问题很严重。会文艺技能的老人占大多数，而年轻人极少。在经济改革的时代，民间民俗文化的市场占有率实在是太低。调查发现，年轻人都不屑于参与民俗活动，他们大都在城镇打工，而不愿意学习民间民俗文化与民间传统艺术。

4. 民间民俗文化的传承和保护的经费欠缺

传承与保护民间民俗文化，尽管近几年引起了政府部门的重视，但是用于专门研究、挖掘、整理民间民俗文化的启动经费还是较困难。很多民间民俗文化爱好者是靠热情来宣传和保护的，所以缺乏实质性的进展。由于民间艺术保护经费不足，所以缺乏现代科技手段和载体，无法开展紧急抢救，民间艺术有湮灭的危险。缺乏研究人员，民间艺术既不能得到科学有效的保护，也难以形成精品，直接影响民间艺术的后续开发和合理利用。

整体来看，安徽民俗艺术传承与发展的生存环境渐趋恶化。一些独特的民间习俗、民俗事象、风俗习惯因受到同化和影响也在慢慢淡化中走向逐步湮灭。

（二）戏曲类民间艺术存在的困难和问题

1. 生存空间日渐萎缩

原有众多民间剧团被电影、电视冲击得毫无招架之力，民间艺术生存空间正在逐步变小，大部分剧团已解体。

2. 人员老化，队伍萎缩

由于人才进出渠道不畅，演职人员终身制违反了艺术表演的发展规律。艺术表演的发展规律是新陈代谢快、艺术青春短暂，很多演职人员到了一定年龄该改行改不了，该退休退不掉，新鲜血液进不来，好戏大戏没人演，排不了，现只能勉强应付，谈不上艺术档次，更满足不了人们的审美需求。

3. 设备简陋，设施不齐

许多剧团自建团至今，没有创作室，没有排练厅，没有像样的灯光、音响、服装、道具，且长期下乡演出设备、设施磨损严重。由于受经费制约，排练出的节目也很难到达边远山区及文化生活贫乏地区。

4. 人才管理和经验的缺乏

随着社会的发展，老的管理模式已远不能适应新的发展形势，其岗位设置、管理办法、用人制度、经费投入、艺术生产等方面无合理的、权威的体系，人员进出无自主权，不能形成业务竞争，文化投入低、艺术生产单一与文化娱乐需求高、多元化形成反比，分配激励机制不配套，无法调动职工的积极性与主观能动性，工作效率低。由于缺乏学习培训的机会，演员视野不开阔，演技达不到要求。

5. 地方戏剧协会发展陷入瓶颈

一是没有固定活动经费，开展创作无经营保障，协会难以更好发展和提高。二是受经费制约，培训不够，创作水平难以提高。

(三) 民间文学类民间艺术发展状况

安徽的千年历史积淀出独具一格的地方民间文化，保存完好的民俗、传说、历史、风物、特产等凝合为无可比拟的安徽地域文化魅力。传奇、传说、民间故事等民间文学具有传统文化基因的同时，具有“时代融合性”“民间共识性”等特色。

散落于民间的奇闻轶事原汁原味，有细节，有文化内蕴，这里面有民间祥瑞故事、宗教故事、爱情故事、战斗故事等。老街、塘巷、古树、古石、桥梁、书院、寺庙、厅堂、石碑、历史建筑等古迹遗存都有相关的奇闻轶事。工作人员挖掘了既有的记录和描述，并注意展示其承载的文化，另外对与寺庙相关的庙会以及一些碑文等也作了收集。有些已经不存在了，工作人员在占有大量史料的基础上，进行了合理想象和描述，因为历史遗存是与人联系在一起的，通过讲述历史传奇来描绘这些遗迹，希望人们能够从历史的发展中去感悟它们。刺绣、标布、崩瓜、酱菜、�绣、瓷刻、本帮菜等特色风物也都有相关故事，乡土文化传承常常从一些手艺人身上开始，是他们用勤劳熔铸了本土与外来智慧，让民间风物获得涅槃般的生命力，我们在这里找到了乡土的灵性与美，找到了民间文化的颜色和味道。舞龙、刺绣、庙会、城隍出巡、生育习俗、各种节日习俗、民谣、丝竹、徽剧等文艺民俗，都有着悠久的历史，包含着老百姓的生活、信仰、审美体验，是安徽的文化名片，也为今天安徽文化建设指引了方向。搜集古今安徽民间重要人物，突出有历史影响的，有细节和故事的，如重要官员、文人墨客、商人、民间艺人等。一个地方出现了几个对历史有贡献的人物，就像山有了水，人有了眼睛，这个地方也就有了灵魂。

安徽宗教文化发达，安徽九华山庙会直接影响了安徽的风俗民情，人文特色鲜明。安徽桐城文化闻名遐迩，一批文化名人相继诞生，名流聚集，人才辈出，安徽民间故事传奇多了不少人文气，多了不少文人创作的韵味，大众生活气息厚重。

历史上，安徽交通和商贾发达，百姓安乐，文化兴隆，一批民间风物和艺术纷纷传承至今。民间故事非常生动，是安徽民间文化和民俗文化的特色和精髓。特别提出的是有关安徽桐城“六尺巷”和安徽怀宁“孔雀东南飞”两则故事。

1. 六尺巷

清朝宰相张廷玉与一位姓叶的侍郎都是安徽桐城人，两家比邻而居，都要起房造屋，为争地皮，发生了争执，张老夫人便修书北京，要张宰相出面干预。没想到，这位宰相看罢来信，立即作诗劝导老夫人："千里捎书只为墙，让他三尺又何妨？万里长城今犹在，不见当年秦始皇。"张老夫人见书明理，立即主动把墙往后退了三尺，叶家见此情景，深感惭愧，也马上把墙让后三尺。这样，张叶两家的院墙之间，就形成了六尺宽的巷道，成了有名的六尺巷。这个故事说明，邻里之间应相互谦让、相互谅解。六尺巷现存于桐城市内，作为中国文化的遗产，是重点文物保护单位，是中华民族和睦谦让美德的见证。2007 年 4 月，"桐城文庙—六尺巷"成为国家 3A 级旅游景区。所以，到安徽桐城去的游客，参观六尺巷是必备项目。

2. 孔雀东南飞

《孔雀东南飞》是我国文学史上第一部长篇叙事诗，沈归愚称其为"古今第一首长诗"，因此它也被称为我国古代史上最长的一部叙事诗，是我国古代民间文学中的光辉诗篇之一。《孔雀东南飞》与南北朝的《木兰辞》并称"乐府双璧"及"叙事诗双璧"。后又把《孔雀东南飞》《木兰诗》与唐代韦庄的《秦妇吟》并称为"乐府三绝"。《孔雀东南飞》取材于东汉献帝年间发生在庐江郡（治舒县，汉末迁皖县，均在今安徽境内）的一桩婚姻悲剧。《孔雀东南飞》最早见于南朝陈国徐陵（507—583）编《玉台新咏》卷一，题为《古诗为焦仲卿妻作》。《乐府诗集》载入"杂曲歌辞"，原题为《焦仲卿妻》，现今一般取此诗的首句作为篇名。《孔雀东南飞》原为建安时期的民间创作，在长期的流传过程中可能经过后人的修饰。《孔雀东南飞》故事的两个主人公以其对爱情的坚贞不渝而赢得千古文人墨客的赞叹。

主人公的墓地在今安徽省怀宁县小市镇粮站前方，经后人的修缮，这里现已经成为一处免费的供游人凭吊的风景地。

（四）曲艺类民间艺术存在的问题

曲艺是一门来自民间的艺术，是雅俗共赏的、笑的艺术。我们要抵制和反对庸俗、低俗、媚俗之风，这不是让曲艺回到简单的说教，去重塑高大全式的、理想化的人物，而是要根据时代的变迁，了解人民群众精神文化生活需要的变化，不断及时调整创作观念和创作思路，眼光向下，体现平民情怀，做到雅俗共赏、喜闻乐见。

在当今的时代，曲艺家要完成好自己的使命和责任，至少应重视以下三点：

1. 曲艺作品需要把握正确的审美取向

曲艺艺术需要笑声，但笑声不能廉价，不能低俗，曲艺作品需要在笑声中把握正确的审美取向。

2. 曲艺家必须坚守自己的道德底线

优秀的曲艺作品必然显现着歌颂真善美、鞭挞假恶丑的艺术效果，是在对假

（六）深入研究民间文化理论，教学内容纳入民间文化，增强传统文化认同感

民间文化的挖掘、保护、传承、创新都必须有科学的理论和方法，所以学术研究是挖掘、保护、传承、创新的基础。近几年来，安徽省政府十分重视民间文化研究工作，制定了“民族文化研究课题”实施方案，从 2006 年开始每年投入 20 万～70 万元进行课题招标，安徽省人民政府定期举行安徽民间文化论文评奖活动，有力地推动了全省民间文化研究。

为了让青少年一代了解本民族的历史文化，增强民族文化的认同感，加强爱国主义教育，安徽地方学校把民间文化纳入教学内容。许多学校开设了民族文化课，每周 1～2 节，主要教唱民歌，规定每个学生每学期至少学会 5 首民歌。有的学校还编写了民间文化课本进行教学；有的学校把民间传统体育项目纳入教学；还有的学校请当地民间文化传人做兼职教师，坚持上民间文化课，包括传统服饰、婚嫁、饮食、丧葬、墓碑、节庆习俗、方言俗语、谜语儿歌、民间故事等。安徽许多学校积极响应党中央发扬发展中国传统文化的号召，都在广泛地开展民族文化进校园、进课堂活动。民间文化进校园使青少年一代恢复了对民族文化的记忆，增强了对民间文化的认同感。

二、安徽民间文化生存与发展异象

安徽民间艺术历史悠久，品种繁多、艺术作品、工艺作品技艺精湛，具有鲜明的地方特色，是我国优秀民族文化艺术遗产的重要组成部分。近十多年来，由于各种原因，传统艺术和相关工艺的生存状况面临着“人亡艺绝”的危机。为摸清这些民间传统工艺的生存发展状况，保护和发展优秀传统工艺，近期我们从安徽每一类别的民间艺术节中选了 1～2 种传统工艺进行了实地调研。调研主要采用两种形式，一是深入安徽民间艺术单位所在地，实地参观调研，与民间艺人座谈，了解相关情况和信息，征询解决意见；二是根据专业调研人员多年来采集的有关资料进行整理，提取最新信息。在此基础上，写出如下报告：

近些年来，安徽在国家加强中国传统文化的传承和保护的政策指导下，对安徽民间文化加大了资金和人力的投入，对安徽民间文化进行了大量的文献搜集整理、技艺抢救性影像保护、民间传承人重点资助扶持等工作，一些本已消失的民间艺术，经过相关人员的辛苦找寻，再现民间，与世人再次见面，让更多的人重拾历史文化的记忆，感受过去时光的灿烂美好，也让我们为我国民间所蕴藏的文化瑰宝而感到自豪。一些年轻人对民间文化由过去的一无所知到现在的无比喜爱，民间文化充满了无穷的魅力，但我们同时看到在世界文化、现代文化等多元文化的冲击下，安徽民间文化发展前景不容乐观，许多民间工艺濒临消亡、衰

恶丑的讽刺与嘲弄中，凸显真善美的可贵。这其中，道德评判是一个重要的内容，只有拥有正确的道德观，坚守住自己的道德底线，我们才可能厘清该歌颂什么，该鞭挞什么，才能够告诉观众什么是真善美，什么是假恶丑。

3. 曲艺家必须具有创新意识

创新是一个民族的生命力所在，更是文艺创作的生命力所在，如果我们仅仅停留在模仿、跟风的状态下，绝不会产生好的作品。

4. 加强曲艺评论

为了多出优秀曲艺作品，多出优秀曲艺人才，促进社会主义文化大发展大繁荣，必须加强曲艺评论。文艺创作和文艺评论，如车之两轮、鸟之两翼，缺一不可，已经成为人们的共识。但在实际上，曲艺评论一直没有得到人们应有的重视，再加上客观上有许多困难，至今还是一个异常薄弱的环节。要警惕“文艺批评”变成“文艺表扬”。文艺批评其实是为文艺创作指路的，往往起到助推器的作用，如果净剩下文艺表扬，其实就是互相吹捧，这对创作是极其有害的。

5. 要坚持“三贴近”，高唱正气歌

只有贴近生活，贴近实际，贴近群众，才能不断发现现实生活中那些十分鲜活生动的先进人物，激发创作激情。传播中的无聊内容和垃圾信息防不胜防，网站上娱乐版登载的文章常以刺激性的字眼吸引网民，网络聊天工具、论坛和网络游戏中充斥着不良信息，在茶社、民营“小剧场”等表演场所，演员们用低级庸俗的表演和下流黄色的笑话取悦观众，甚至在银幕、荧屏上，也不乏打着“艺术”幌子的露骨表演等。

6. 要提防“灰色文化”的侵蚀

“灰色文化”概括起来主要有三：其一是所谓“无伤大雅”。许多灰色文化信息打着“无毒无害、无伤大雅”的幌子，实质上却是“人生消极总结”“戏谑政治体制”“恶搞夫妻生活”等有害信息的自由传播。这类“灰色文化”，就会让人们在一笑中渐渐丧失警惕，对于危害视而不见。最可怕的是，一些对事物分辨能力不强的年轻人，十分容易沉溺于低级趣味之中，其所带来的危害，特别值得警惕。

其二是所谓“娱乐无罪”。许多“灰色文化”的传播者高喊着“娱乐无罪”的口号，大肆恶搞，对主流文化大兴篡改、戏谑之风。这类“灰色文化”呈现出的就是社会责任感的缺失、价值观的日趋扭曲，它造成的负面社会影响难以估计。

其三是所谓“眼球经济”。这类“灰色文化”的特性就在于标新立异、哗众取宠，吸引观众眼球是最大诉求。比如网络上的一些“大红人”通过贩卖低俗而一举成名；许多影视作品打着“擦边球”，多方制造各种耸人听闻的噱头，只因为“不炒不红”。每一个事件都伴随着攻讦和口水，每一个热点都吸引着大量的看客，每一场“战争”都有冉冉升起的“新星”……“眼球经济”规模不小，“利润”唾手可得，其背后的危害也更为深远。“眼球经济”的另一面就是“看客经济”，片面追求经济效益而忽视社会效益必然导致社会责任感的淡漠、整个社会走向空虚和浮躁，用低级趣味吸引眼球是曲艺发展之大忌。

当前曲艺发展出现的一些问题，原因有三：

其一，从业人员的素质参差不齐。说唱艺人的入行门槛很低，似乎不要太多的文化，也无须经过专业院校的培养，只要口耳相传一点才艺，再掌握一两个绝活，便可登台卖艺了。“不要说建构与弘扬社会主义的核心价值观了，有些艺人，可能连价值观、审美观的基本内涵都未必说得清楚。”因此，庸俗、低俗与媚俗，常常成了他们不自觉的选择。

其二，有关部门对新兴的文化市场缺乏有效引导。“在商品经济大潮的冲击下，曲艺成了纯粹的商品，说唱艺人成了这类商品的生产者、贩卖者。”为了追求商业利益的最大化，为了实现一夜成名、一夜暴富的梦想，有些艺人不得不用“黄段子”“灰段子”“花段子”刺激观众的感官，撩拨观众的本能，以延长自己在舞台上滞留的时间。

其三，艺术是社会的晴雨表，以语言为载体的曲艺与社会的关系更直接、更密切。眼下的社会风气，并不尽如人意。这样的社会风气，必然影响以相声仿形、现编现挂为特点的说唱艺术。

（五）音乐类民间艺术存在的问题

安徽许多专家、学者、艺术家形成了一个庞大的文化行为群体、传播群体，自20世纪50年代以来，对民间的音乐文化的抢救、保护、传播作了大量抢救保护工作，但仍存在下面一些问题与困难。

1. 民间音乐文化的抢救、保护还是缺乏科学、合理的理论指导

民间音乐的文化属性一度被界定在“音乐”本体之上，以音乐艺术的评判标准和价值取向来定义或界定其价值，而忽略了民间音乐所蕴含的民族迁移、社会经济文化的发展、民族社会心理等大量的文化信息。基于其“音乐”本体的抢救保护措施、方法和理论，显然是有失于其作为文化之发展规律。进行某一文化艺术事象的解释、阐述，音乐家、学者有着强势的话语权，即权威。而音乐家、学者们对有别于自身所处生活方式、生产习俗行为进行解析时，往往又因其所属文化类别层面的局限和难以融入局内、跳出局外等而误读、误解。我们抢救、保护工作的行为主体，由政府文化决策者和音乐学者、专家组成，其强势的话语权不言而喻。在强势话语权的遮蔽下，也许存在片面甚至错误的保护措施、

理论方法，需经较长历史周期和无数次经验教训，方能找到一种近乎科学、合理、完善的保护理论、方法和具体的措施。

2. 民间音乐文化保护与人文生态之间的矛盾与冲突

自改革开放以来，随着社会经济文化的发展，人们的生产、生活方式随着时代的进步逐渐变化；民间音乐文化在不同行为主体的习俗中行使着各自不同的社会功能。在部分地区，流行音乐文化的影响取代以传统歌、舞、乐承载祭祀、社交、教化等“仪礼”功能。我们通常把对这些音乐文化的抢救、保护视为一种艺术事项，其价值单一地界定在“音乐”本体之上，而忽略了其作为文化的社会价值和其特定社会功能，因此，把其社会功能盲目地抬高成音乐艺术的审美功能。而建立在对其社会价值、社会功能的误读、重新解构基础之上的抢救保护，必然脱离其文化行为主体。因其祭祀、社交、母语教化等功能，在当今这一文化行为主体的地域风俗、生产生活中，发挥不了主要的作用或逐渐淡化、式微，其行为主体自然在社会经济文化变迁中丧失这一音乐文化的本能和自觉，具体表现为：先民创造的古歌、乐器、情歌等歌种、乐种传承断代，保护传承人困难。

3. 民间音乐行为主体的文化本能与文化自觉的丧失

区域经济、文化水平的反差，引起的短暂性的“务工移民”，致使保护民间文化生态的“文化圈地”运动可能将沦为一种伟大而收效甚微的文化壮举或文化运动。我们使用的有限手段，似乎挡不住汹涌的打工潮，故文化生态的难以复制使得特定的民间音乐的文化环境难以保护，又与区域经济的发展、某一族群求发展的文化心理矛盾重重。

4. 音乐类遗产的保护变成一种被动的音乐文化行为

音乐类遗产的保护行为之绝对主体为各级政府文化行为者、专家学者。各政府文化行为主体、专家学者拥有绝对强势的话语权。而这类音乐事项的行为主体则处于一种被动的地位，他们只因为操作某一类音乐文化而被关注，而他们的话语权则极少被关注，于是某一音乐文化行为主体的音乐行为只不过成为一种机械的文化艺术“表演”行为。以此完成各种文化艺术行为目的的“提线木偶”的程式动作表演，非物质文化遗产音乐类文化遗产的保护，因被保护对象之行为主体的话语权丧失了，从而导致保护话语权的错位，于是抢救保护成为政府文化行为主体的绝对主动，而对于保护与否，似乎与音乐文化行为主体的生产、生活、娱乐不构成很大影响。

（六）舞蹈类民间艺术存在的问题和困境

1. 伪民舞现象凸显

近年来，民俗、民间文化正在成为一种热潮。越来越多的人在民俗传统中寻找自己情感的寄托，在熟悉的民间文化中寻求精神的栖息地。各种民俗村落、边地文化旅游、民俗活动、传统庆典也开始进入人们的视野。然而，这种热潮中隐藏着一股“伪民俗”的暗流。这些伪民俗现象表现形态五花八门、名目繁多。有的为了功利目的任意添加、拼凑民俗事象，生硬地编造出一套在该地区根本不存在的、没有任何本土文化生态依据的民俗事象和内容来招揽旅游者；有的打着“原生态”的旗号，人为制造出粗制滥造、指鹿为马的民俗活动；有的将民俗活动进行反季节表演……不管是何种形式的伪民俗现象，都有着很强的功利性——经济利益的驱动。这些名目繁多的伪民俗现象，简单地说就是人为制造“虚假民俗”或对民俗文化事象进行有意无意的误读和解释。伪民俗现象的普遍存在，极大地伤害和动摇了传统民俗文化的健康发展。这种伪民俗现象，也滋生了各种形态的伪民俗舞蹈。伪民俗舞蹈产生的恶劣影响是难以挽回的，它完全违背了民俗文化活动的主旨，脱离了民俗舞蹈活动特定的情景，尤其是表演者在表演时失去了对神灵原有的一种敬畏之心，而变为一种戏谑、玩耍行为，这在很大程度上亵渎了这一神圣的民俗文化。还有一些地区的政府部门，将本地民族节日期间的民俗舞蹈活动予以冠名，出资策划，使原本是老百姓自己操持的节日活动纳入政府领导之下。行政部门重视弘扬民族传统文化原本是好事，但开展民俗节日期间的传统舞蹈活动，行政主管部门最好是加以引导即可，不能越俎代庖。

2. 传统民间舞蹈的肢解、破坏，风格的转变、民族属性的异化

粗制滥造的“民族舞蹈”“民间舞蹈”“原生态舞蹈”，千篇一律的舞蹈创作手法、大同小异的表演形式，除了引发消费者的审美疲劳，让大家产生上当受骗的感觉外，并不能让我们真正找到心灵的家园。相反，它最终将导致传统民间舞蹈在新的生态环境中日渐失去本真形态，影响了传统民间舞蹈的生存与健康发展，这是令人万分担忧的。

（七）美术、技艺类民间艺术存在的问题和困境

安徽美术、技艺类民间艺术资源积淀深厚，内容丰富，但由于受到外来文化的冲击，加之保护不力，民间艺术发展前景令人担忧，有的种类已经濒临失传或处于“绝迹”的状态。主要表现在以下几方面：

1. 当地党委、政府的重视程度不够

由于目前地方党政大多数的工作重点是抓经济建设，对于民间艺术这类投资周期长、回报效率低的非物质文化遗产项目重视程度不够，一些领导干部没有完全认识到保护文化遗产、保存民族“血型”的重要意义和文化产业对于工业经济的促进作用，导致对这项工作的安排部署少，资金扶持小，民间艺术保护工作举步维艰，没有列入政府的重要议事日程，保护工作方案缺乏可操作性。

2. 许多传统技能和民间艺术濒临失传甚至绝迹

一批具有重要价值、特色鲜明的民间艺术项目，其制作技能和表演技艺的掌握者，大多年纪较大，普遍面临技艺失传、徒弟来源短缺的境地。大多数民间艺术处于自生自灭的“瘫痪”状态。民间艺人受市场经济的冲击，年轻人中已很少有人从事民间艺术工作。年轻人受网络文化、平面文化等冲击，对传统文化缺乏热情，对民间艺术反映冷漠，导致后备人才严重不足，严重制约着民间艺术的发展，民间艺术队伍的后备人才不足。

3. 发展民间艺术的观念不新

多数从事民间艺术的爱好者认识不到民间艺术作品也是凝聚人类智慧和艺术价值的商品，更没有对民间艺术作品进行知识产权保护和市场化开发的观念，许多民间艺术仅仅作为装饰应用于逢年过节，作为“展品、礼品、装饰品”而非“商品”的现状仍未得到根本性转变。

4. 大量民间艺术的珍贵实物和资料惨遭损毁

因为缺乏民间文化保护机构，缺乏对民间文化市场的管理，大量民间艺术的珍贵实物和历史资料流失到域外甚至境外。如有的村民，在 20 世纪 90 年代把雕刻的花窗木门以极便宜的价格卖给外地客商，殊为可惜。一些散落在民间的珍贵遗产，由于保护不力或保护方法不当已被破坏，处于濒危甚至灭绝的状态。

5. 城市“建设性”破坏和旅游“开发性”对民间艺术资源破坏严重

旧城改造的推土机把大量的老城民居中附着的文化精华，如砖雕、木雕、石雕、壁画等轰然推倒并碾碎。农村中一些具有历史、科学和文化价值的古村落、古街区、古建筑群在集镇建设中遭到破坏。民间艺术资源陷入经济越发展、破坏越严重的沼泽之中。一些部门看到民间艺术中蕴含着巨大商机，纷纷举着民间艺术的旗号开发所谓的“旅游资源”，这种开发行为，要么是不懂艺术的“拍脑袋工程”，要么是把民间艺术当成摇钱树的唯利是图之举，往往成为变相破坏式摧残。

6. 开拓民间艺术市场的信息不畅

绝大多数民间艺术作品艺术性很高，收藏价值很大，但大多只是艺人自娱、自乐，仅是自己抒发对生活感悟的应时应景之作，而且大多年事已高，生活贫困，信息闭塞，缺少把作品变为商品的中间环节，只有少数民间艺术创作被当作实现自身价值、发家致富的商品来经营。只有使民间艺术市场化、产业化，才会有更多的人投入更多的精力和热情来从事民间艺术创作，只有这样，民间艺术市场才会繁荣。

四、安徽民间文化生存与发展建议

根据以上调研情况以及我们的分析，加强民间艺术的抢救和保护，是加强文化建设的一项重要内容。当前，优秀传统民间艺术的延续和发展令人担忧，政府应重视并制定相关政策，以加强抢救和保护工作。

（一）为安徽各类民间艺术的发展提出一般建议

1. 加紧制订民间艺术保护规划

要着眼长远，立足实际，按照“保护为主，抢救第一，合理利用，继承发展”的思路，加紧制订民间艺术保护规划，真正把民间艺术资源建设列入各级政府的议事日程。对一些具有较高历史、文化和科学价值的典型民间艺术，建立健全资料档案，列入《保护名录》，制定详细、操作性强的抢救保护方案，落实保护措施和经费，进行系统全面的保护。

2. 加强民间艺术传承人队伍建设

对濒临失传又具有重要价值的民间绝技、绝艺、绝活，要采取重点扶持政策，鼓励带徒授艺，使民间绝技后继有人，同时组织人员进行记录、整理，尽快用录像、录音、文字、照片等方式，把民间艺术的资料留存下来；对长期从事优秀民间艺术制作、表演并形成风格、自成流派、有成就者，要给予一定的精神和物质奖励；要引导年轻人学习民间艺术，培养传承人；要创造条件，促使民族民间艺术进学校、进课堂，倡导在中小学成立兴趣班，建立民间艺术传承、保护、研究的骨干队伍，促进各种民间传统文化的传承与研究。

3. 提供民间传统文化的坚强保障

要切实加强领导，成立省、市、县三级民间传统文化保护与开发领导小组，为民间艺术资源建设提供组织保障；要建立长效机制，加大财政投入，设立民间传统文化保护专项资金，并列入每年财政预算，主要用于民间传统文化资源的普查、征集、保护、利用、人才培养及重要项目和传承人的扶持。同时，积极开拓多种筹资渠道，引导社会资金参与民间艺术的保护、开发和利用，建立国有和民间相结合的多元投入机制。

4. 创造民族民间文化的生存环境

在保护民族民间传统文化的同时，开展民族民间传统文化生态保护区建设；正确处理好保护与开发、保护与建设的关系，挖掘一批文化艺术资源，参与到旅游和经济活动中去，走边保护边开发的可持续发展的道路。积极创新农村文化活动载体，经常开展群众性文化活动以及参与面广、影响深刻的节庆活动，引导这些活动与民间艺术资源的发挥相结合，既满足群众“求美、求乐”的需求，又为民间艺术资源的发展创造良好的环境。

5. 树立全民保护民间艺术的意识

积极宣传保护民间传统文化的价值和意义，从文化资源是一个地区软实力标志的高度，鼓励人们更多地了解民间艺术资源，进一步提高广大民众对抢救和保护民间艺术的认识，增强全民保护民间文化的自觉性，培养人们对民间文化的感情，努力在全社会形成关注、支持、保护民间传统文化的良好氛围。

（二）对安徽各类民间文化提出针对性建议

1. 民俗民间艺术发展建议

（1）更新思想，抓住机遇

近年来，国家对于新农村建设中民俗文化的传承与保护很重视。一是我国已经开始对非物质文化遗产进行了保护，从 2006 年起，把 6 月份的第二个星期六定为文化遗产日。二是为建设社会主义新农村，2005 年 11 月 7 日，中共中央办公室、国务院办公室发出了《关于进一步加强农村文化建设的意见》。根据文件精神我们看到要更新农民思想，要他们抓住机遇，大力加强对于民间民俗文化资源开发和利用的力度。积极开发并保护具有民族特色和地域特色的民间民俗文化和民间艺术。三是为了丰富安徽地区的民间民俗文化生活，省政府正着手极力打造特色民俗文化。加大宣传力度，打造婚俗文化的表演艺术；提升民俗旅游文化内涵，推介本土文化，打造和发展绿色经济。采取一定的措施，使安徽民间民俗文化登上一个新台阶。

（2）大力宣传，营造氛围

加强宣传力度，这项任务其实要靠全社会热爱民俗文化、尊重民俗文化的有责任感的社会人。营造一个良好的传承与保护民间民俗文化氛围是重中之重。春节期间，是宣传民俗节日的大好时机，应利用好时机做好宣传工作。广播电视台要选取具有特色的民俗文化进行播放，文化宣传部门要大力宣传形式多样的民间民俗文艺活动。各乡镇还要利用大型节庆假日搞好群众的民间民俗文艺会演。有条件的村要建立村民文化活动室和图书馆。通过各种活动大力宣传，对他们进行爱国主义、社会主义思想教育，逐渐形成村村比文明、家家比文化的良好发展态势。

（3）加强沟通，增大投入

传承与保护民间民俗文化是一项艰巨而庞大的工程。我们知道，参与民俗文化传承与保护的人群中，年龄结构分层严重不合理。储备的年纪轻的参与人严重不足，这对民间民俗文化的发展极为不利。我们应不遗余力地挖掘安徽民俗文化资源，挖掘市场潜力，引导民间民俗文化走进市场，创造市场效益。当然，还需要政府和各部门的大力支持，增大扶持力度，增加资金投入，在新农村建设中，做好民间民俗文化的人才利用和培训。对年轻一代人进行适当的传统民间民俗文化教育，鼓励年轻一代在闲暇之余学习传统民间民俗表演技艺，逐步使民俗文化传承人的年龄结构合理化。

安徽应精心打造一批具有民间民俗文化特色的品牌，以吸引更多的人来参与我们的民间民俗文化传承。扩大影响，吸引更多的游客参与独特的、独具风味的民间民俗文化表演项目，这对于提升安徽的知名度与文化品位是非常必要的，安徽的旅游和经济必然会蓬勃发展的。安徽传统民间民俗文化是一笔非常宝贵的财富，我们每一个安徽人都有义务肩负起保护与传承民间民俗文化遗产的重任，让安徽民俗文化事业蓬勃发展，经济迅速发展，为推进安徽民俗文化建设作出积极贡献。

2. 戏曲类民间文化发展的建议

（1）建立戏曲艺术长期发展的长效机制

根据国家有关非物质文化遗产代表作保护政策，制定保护和传承安徽民间戏曲艺术的、具有可操作性的长期政策，建立民间自发的代代传唱和自觉保护相结合的机制，加强对戏曲专业和业余演出团体的指导，提高戏曲表演技能和拓宽戏曲传播空间，保障其长期传承下去。

（2）深化改革，积极探索戏曲市场化运作道路

在剧院继续实行绩效工资再分配制度，逐步完善考核评价制度、量化考核制度、竞争上岗制度和全员聘用制度，逐步深化戏剧市场化改革，进一步增强剧团发展的活力。同时，通过理顺体制、激活机制，在完成“三下乡”演出任务、省州文艺调演、节日晚会辅导、农村文艺辅导、礼仪接待任务的同时，积极探索市场化运作道路。

（3）进行深入调查、普查，收集整理相关资料，建立资源库

要深层次地对安徽戏曲传统资源、现代资源进行深入细致的调查，全面系统准确地对安徽戏曲文化的内容、艺术和表现形式进行深度挖掘、收集、整理，通过搜集、记录、分类、编目、出版等方式，组织专家学者对安徽戏曲文化进行深入研究，高质量摄制安徽戏曲优秀剧目、优秀曲调、优秀长短剧等音像制品，建立完整的档案资料库，出版安徽戏剧、曲调、论文等专集，建立多功能安徽戏曲文化传习展览馆，举办安徽传统戏曲艺术实物、优秀剧目成果展览，因地制宜，合理地开发安徽戏曲文化资源优势，以开发促发展，以发展促保护，达到社会效益、经济效益双丰收。

（4）认定戏曲艺人或传承人，传承和保护安徽戏曲艺术

利用广播、电视、报刊等媒体对安徽戏曲文化进行广泛宣传，使安徽戏曲文化更具活力、更加深入人心，命名有代表性的安徽各类戏曲传承人，建立安徽戏曲艺术剧本创作、舞台表演、乐器演奏等优秀专、业余文艺人才奖励基金，鼓励

他们从事戏曲文化研究、创作演出和培养学徒，对重点保护传人给予生活补助，举办传承和保护培训班，保护接班人和新一代继承人，培训安徽戏曲业余爱好表演骨干，在青少年人员中传授、教唱安徽戏曲。

（5）进一步巩固和发展安徽戏剧家协会

一是将安徽戏曲文化活动经费列入财政预算，保证活动的正常开展。二是安徽戏剧家协会要不断提升作品的品位和内涵，创作出无愧于时代的戏曲艺术精品。三是举办戏曲知识培训班、讲座。四是加强戏曲剧团和戏剧家协会的交流与合作，解决专业与业余“两张皮”现象，达到水乳交融的目的；为培养安徽戏曲创作、演出人才搭建平台；巩固和发展省、市、县三级业余戏曲文艺演出队，并积极为他们的发展创造平台。

3. 文学类民间艺术发展建议

对于民间文学类民间文化发展，我们要特别注意处理好三大关系：历史和现实的关系；历史展示和文学性描写的关系；历史事实与文化创新的关系。

（1）历史和现实的关系

在民间收集地方志史料的基础上，我们力图从中挖掘安徽千年历史中的重大事件节点，收集细节，整理出大致的纵向与横向脉络。同时我们要进行实际考察，对年老镇民或家庭传统保持较好的镇民家庭进行资料整理，了解比文字史料更鲜活的口述历史，也对地方志进行补充，同时观察、体会当地人对事件的判断标准及立场。另外，我们也应注重以当下的文化发展方向为参照，对学校文化机构、寺庙厅堂进行实地调研。我们强调：在调研和写作时，要摒弃先入为主的印象与旧有僵化的价值判断标准，尊重历史文献、民间话语，尤其对现状的描述，更要从调研实际出发。另外，又要有相应的大事件进行深入描述，以点带面，力求引起不同文化背景的人对安徽文化的兴趣以至共鸣。要通过具有延续性的事件、风物、习俗、民风将两段主题贯通一气，为历史寻找现代投影，为现状寻找历史根源，产生古今呼应。

（2）历史展示和文学性描写的关系

我们在两个方向上做了一些思考：一是我们要人们关注一个民族志记述的理由，不在于作者能够从遥远地区捕捉原始事实，然后像面具或雕刻那样把它们带回家，而在于他能够在何种程度上澄清这些地方的情况，从而减少出自未知背景的未知行为造成的疑惑。我们在衡量自己解释说服力时所必须依据的，不是大量未经阐释的原始材料，不是极其浅薄的描述，而是把我们带去接触陌生人生活的科学想象力。二是古代文化和文人总是在他们所在或所经过的地方留下较深印记，我们所看到的山水并不完全是自然山水而是一种“人文山水”。这是中国悠久历史文化的魅力。每一个地方，总有其让人无端地感动，无端地喟叹某一段历史。静听着千百年前没有丝毫差异的风声鸟声，中国文化的真实步履落在这山重水复、莽莽苍苍的大地上。而无论是现存的古迹还是已经消亡的，都应该成为考察对象，要让它们以文学的形式继续保留下来，这就牵涉文学性表述的问题。同时，总结过去在处理古迹文物方面的成就和不足，探讨如何保护这些珍贵的历史遗产。此外，还能够结合一些历史故事、民间风俗，使得对古迹遗存的描述更加生动，贴近当下。

(3）历史与文化创新的关系

文化寻根——整合文脉遗存，展现提升文化内涵，打造文化走廊。保存完好的民俗、传说、历史、风物、特产等凝合为无可比拟的文化魅力。这些文化为今日的文化建设提供了历史依据和参照。

其一，文化寻根与文化想象为文化建设提供基础。安徽众城镇浓郁的人文文化风情，给快节奏的都市生活带来一抹悠然闲适之情。在具备良好的自然、人文、经济基础上，安徽“经济强省、文化名省、都市重省”的建设总目标也在一步步实现。安徽文化发展，而这个新亮点离不开文化寻根和文化想象的力量，安徽文化魅力是其根本源泉。民间故事和传奇，正是这种文化寻根和文化想象的基础。

其二，传承与创生。首先是文脉继承。我们力图通过挖掘安徽文脉遗存，并用文学笔法展示安徽文化魅力，在上海这个国际大都市的边缘打造一个古典、诗意的“文化”空间。这要求我们研究，但是不拘泥于考辨旧迹；挖掘，但是不拘泥于旧有实存。做好文脉的现代延伸和演绎，应该加入当代人的理解和创造，这些都是我们正在思考的。

其三，历史与当下的产业对节点。我们特别重视景观故事、风物故事、特产故事等的挖掘、整理和研发工作。这种挖掘是可以和旅游资源的开发，地方土特产、民间工艺的传承和创新，地方生活资源的开掘利用（风俗节庆）直接结合的。不是为这些直接服务，但是，会形成这种产业化发展的底层基础。

4. 曲艺类民间艺术发展建议

要改变当下流行的种种时弊，促进曲艺的健康发展，就必须从以下几个方面入手：

(1）要建立对曲艺艺术的自觉、自信、自强、自尊

首先，要具有艺术自觉。要明白曲艺乃至整个文艺是服务和影响人们精神与心灵的特殊审美活动，不是简单的谋生手段与普通的赚钱工具，不能以经济思维和金钱收益作为创演经营的运作理念与衡量标准，否则只能导致媚俗迎合而缺乏起码操守。

其次，要建立艺术自信。曲艺之所以千百年来承续发展，是由于有着无可替

代的独特优势与审美价值。不能因为历史悠久就以为陈旧过时，也不能以为传统深厚就是包袱桎梏。故不能自卑自弃，自残自贱；追逐时尚，胡乱革新；化我为他，丧失特色；失去目标，迷失自己。一个时期以来普遍存在着的“说书单纯讲故事，唱曲非要加伴舞，韵诵只把技巧弄，谐谑嬉闹卖粗俗”积弊，致使“戏剧化”“歌舞化”和“杂耍化”的创演偏向于“今天写、明天演、后天丢”的浮躁态度以及“媚俗迎合、娱乐至上”的低级追求和“甘愿草莽，放弃担当”的思想操守，这已然成为影响当下曲艺创演健康开展的主要问题。只有坚持曲艺以口头语言“说唱”叙述的本体特征，创演具有自身特色的精品力作，才是曲艺发展的正道。

再次，要追求艺术自强。坚持“出人，出书，走正路”，通过诚实的艺术劳动，推出各自的经典节目，确立自身的艺术地位，赢得曲艺的社会声誉；而不是盲目狭隘地为了金钱折腰媚俗，或者急功近利地创演速朽的“快餐垃圾”。

最后，还要去赢得艺术自尊。雅和俗属于审美风格的范畴，没有是非曲直之别；艺术品有高雅和低俗之差，艺术样式却没有高低好坏之分。低俗、媚俗和庸俗不是曲艺的“原罪”，曲艺也拥有流芳千古的经典。只有把曲艺创演当成作品而非一般的商品对待，靠审美创造而不靠包装制作，靠美感升华而不靠性感渲染，靠艺术表现而不靠技术装点，靠倾心投入而不唯资金投注，就一定能够通过艺术自觉建立起自己的艺术自信，通过艺术的自强赢取自身的艺术地位。

（2）曲艺发展要反对“三俗”

人民群众和广大曲艺工作者在曲艺工作中：一是有正确的指导思想和文化理念，坚持先进文化的前进方向，在评奖办节过程中，一手抓繁荣，一手抓管理，用更多思想性、艺术性俱佳的作品来引导创作；二是不断面向基层，服务大众，让越来越多的艺术家走进基层，服务大众，让群众接触到更多的高质量艺术作品，充分满足群众的精神文化需要。只有用正确的思想武装曲艺工作者，让人民群众的文化权益得到实现，才能让“三俗”之风失去容身之地。

（3）曲艺艺术来自民间，植根生活，面向社会，服务百姓

曲艺创作的繁荣和曲艺事业的发展，如果脱离了实际，脱离了生活，脱离了群众，那么曲艺艺术就成了无本之木、无源之水，就是死路一条。今天这个伟大时代既为曲艺家提供了施展抱负、展示才华的广阔舞台，也对曲艺家提出了新的更高标准和要求。

曲艺工作中要四个“有机结合”。

第一，坚持弘扬主旋律与提倡多样化有机结合。我们要深刻把握现阶段我们文化工作的主题，坚持先进文化的前进方向，奏响时代发展和社会进步的主旋

律。同时反映社会生活的多样性、丰富性、层次性，给人以温暖、快乐和力量。

第二，坚持创作自由与社会责任有机结合。曲艺这种复杂性的精神劳动，需要发挥曲艺家的主动性和创造精神，写什么和怎么去写只能由曲艺家在艺术实践中去探索，逐步求得解决。同时，要在艺术上精益求精，力戒粗制滥造，严肃认真地考虑作品的社会效果，恪守职业操守和职业精神，力求把最好的作品奉献给社会和人民，履行当代曲艺工作者的庄严使命和神圣职责。

第三，坚持艺品与人品有机结合。崇德尚艺、德艺并修、德艺双馨始终是党、社会和人民对曲艺家的普遍要求。曲艺大家、领军人物要靠精湛的艺术说话，努力攀登艺术的高峰，同时还要靠高尚的道德情操赢得社会的尊重和人民的爱戴，努力攀登人生的高峰。

第四，坚持继承与创新有机结合。推进曲艺事业发展，基础在继承，关键在创新。不善于继承，缺乏创新的基础；不善于创新，缺乏继承的活力。在继承基础上的创新，在创新引领下的继承，是推动曲艺艺术生生不息、传承发展的两个重要轮子，这两个轮子都要统一于社会主义曲艺事业的生动实践中。

(4) 崇高的精神，坚持主旋律是优秀曲艺文化的灵魂

优秀文化可以用这样四句话来概括：根植于内心的修养，无须提醒的自觉，以约束力为前提的自由，为别人着想的善良。同时糟粕文化也可用四句话来概括：肤浅表面的效仿，提醒之后都不自觉，没有任何约束力的自由，为自己着想的不善良。创作什么样的作品，传播什么样的作品，不仅仅是艺术家的良心所在，也是其社会责任。

应该重视理论研究，更准确地提炼、更明晰地表述社会主义的核心价值观。抵制“低俗”，正本清源，弘扬纯正的曲艺情趣，绝非是一朝一夕的短期工程，而是任重道远的长久课题。

5. 音乐类民间艺术发展建议

民间音乐文化的抢救保护，面临音乐文化本身、音乐行为主体、音乐文化生态、文化抢救保护行为主体等方面的问题和困难。针对这些问题，我们可以尽可能地找到更趋于合理的科学的方法、措施来对其进行抢救保护。目前，就音乐文化抢救、保护的状况，笔者认为可以采取如下几种方法：

(1) 完善已往抢救、保护的方法和措施

其一，建立民间音乐档案。以民族音乐历史文献资料以及由专业民族音乐学者收集、整理、记录的民间现存乐种的乐谱、音像资料及撰写的民族音乐学著述为保存对象。运用多种形式与手段将那些易变易失的无形音乐文化遗产转化为可以长久保存的文本资料：以乐谱的形式将其音响予以书面记录，并配以录音、录像等手段录制原始音像资料，用文字的形式将各种民族音乐事象的实际存见状态

予以客观描述，撰写民族音乐志，从而为民族传统音乐文化建立起一份完备的档案。

对于传统音乐的采集，文化部门60年前就着手了，为了完善已往抢救、保护的方法和措施，以四部音乐集成志书为线索，组织相关专业人才，以“四部集成志书音乐”为基础，对编辑入和未编辑入“音乐集成志书”的优秀民间音乐文化进行现状调查、采集、录音、整理研究，形成文字研究、乐谱记录、音像录入三位一体的立体研究文本，完成其更为详细、科学、合理的保存，并遴选部分旋律优美、流行地域广的乐曲，制作成音像制品出版发行。一方面，可以发掘其文化艺术价值；另一方面则促进了此类音乐文化的传播和社会的、文化的影响力。

其二，加大音乐学理论教育建设的力度。在高等艺术院校，专设民间音乐文化保护理论专业，培养更多的致力于音乐文化抢救、保护的专业人才。目前，安徽各高等艺术院校除开设“民族音乐学”外，音乐文化人类学、音乐传播学、音乐社会学、音乐批评学等专业均未开设，故高等艺术院校应加大对与音乐文化理论研究相关的学科教育的建设。解决民间音乐抢救、保护与发展缺乏专业人才的问题，增强音乐文化理论研究的实力。增大推广民间音乐进入各中小学音乐教育的力度，加大对师资队伍的建设，改革现有的中小学音乐教育体制，使民间音乐文化教育真正纳入国家正规的教育体系，使传承困难、濒临断代的民间音乐通过音乐教育得到维系和传承。各中小学音乐教育人才的引进，优先考虑高等艺术院校毕业的各类少数民族音乐专业的优秀人才，如民歌专业、民俗专业的毕业生，解决民间音乐进入高校专业音乐教育的就业难困境，促进民间音乐高等教育的发展。

（2）建立非物质文化遗产音乐类的申报、评审对话、交流和监督平台

非物质文化遗产保护代表作音乐类代表作名录的申报后的评审环节，除了音乐类专家、学者外，还应聘请在各地音乐文化行为主体中的优秀的歌师、乐师和造诣高深的基层文化人作为评委。对申报文本中的保护方法、措施，进行操作性、科学性的审核、评定，与专家学者们形成交流、对话，形成一种学术标准的双向评判的机制。即学者、专家的学术研究中对某一音乐文化的解读与某一音乐文化行为主体的解读形成对比参照，检验是否误读。进而，检验专家、学者对音乐文化抢救保护的措施、方法理论的评判是否合理与科学，促进民族民间音乐文化抢救，保护理论的完善，形成更具科学、可操作的方法和手段。

（3）开发民间音乐的文化艺术价值和社会价值

在保持民族民间音乐传统形态特征基础下，进行创新，开发其潜在的文化艺术功能，在各地的旅游景点进行商业性的展演，转化其社会功能。使之在发展中

传承，使其音乐行为主体在实用性心理的驱使下，继续传承或参与到自己音乐文化的传承中来，慢慢形成一种音乐文化的自觉。

6. 舞蹈类民间文化发展建议

在当今，我们所指的传统民间舞蹈主要是指由广大民众创造，具有悠久的历史文化传统，在群众中广泛流传，并延续至今仍以活态方式传承，具有鲜明的民族风格和地域特色的舞蹈形式。这一舞蹈形式，有别于经过艺术家有意加工、整理、创作而成的舞台化的表演性民间舞蹈。

在漫长的历史岁月中，人类的生存繁衍，不同种族和文化的发展变迁，都在民间舞蹈中留下了珍贵印记，从某种意义上讲，人类“身体刻写了历史的印记”。它凝聚着这片土地上千百年来创造的艺术精华，并将这一切用富于动态美的人体动作展现出来。这一点我们可以从历史典籍中得到印证。《毛诗大序》中有“情动于中而形于言，言之不足，故嗟叹之，嗟叹之不足，故歌咏之，歌咏之不足，故手之舞之，足之蹈之也”的记载，可见舞蹈是人类生命的象征，是人类生命灵性的律动，是情感最直接、最真实的表达。

传统民间舞蹈是一种民间文化现象。民俗是一种具有悠久历史传承的民间风俗。民间舞蹈是用人类自身的形体动作表现社会生活，体现民族历史和文化特征。民俗是表现人们精神心理方面的习惯、礼仪、信仰、仪式等民族事象的传统文化。舞蹈和民俗是两个不同的学科，有各自学科的理论体系和研究对象，但民间舞蹈与民俗均属世代相传的民众文化，在它们产生的初期就已融为一体，有着千丝万缕的联系。在各类出土文物、原始壁画、雕刻中，我们都能找到原始舞蹈的形态，其表现内容涉及社会习俗的方方面面，包括劳动、战争、祭祀、娱乐、性爱等。许多民间舞蹈中至今还残留着这种原始舞蹈的痕迹。

(1) 民俗是民间舞蹈依存的土壤

我国各地传统的年节庆典、婚丧仪礼、祭祀仪式、信仰习俗等民俗活动，为传统民间舞蹈提供了广阔的传承空间，为民间舞蹈的表演内容提供了特定的社会文化背景。民间舞蹈在民俗活动中产生、传承和发展。整体来说，民俗是相对稳定存在的，并随着历史的变化而发展的。民间舞蹈依附于民俗活动，始终保持着鲜明的民俗特征，具有无限的生机和活力。

民间舞蹈动作以舞姿、造型为基础，加上一定的动律和节奏，从而形成了不同的舞蹈风格。而民间舞蹈的动作、节奏、动律的产生，都与民俗生活密切相关，是在不同的民俗环境下，经过长期的历史发展而形成的。从这一点来说，民俗对民族民间舞蹈起着决定性作用。民间舞蹈的风格不局限于单纯的舞蹈语言，舞蹈风格和社会生活是相关联的。民间舞蹈受历史、文化、地域等因素的影响，不同的风俗产生不同的舞蹈风格。

(2) 民间舞蹈在民俗中的支撑作用

民间舞蹈与民俗活动紧密结合，常在重大的民俗活动中进行，是民俗活动中的重要组成部分。传统民间舞蹈一旦成为民俗活动的一部分，就具有营造活动氛围、招引参与者、加强民俗影响力等作用。同时，由于民间舞蹈是一种群众性活动，人人都可以加入集体的舞蹈行列中来，因而具有广泛的群众基础，能够增进交流、表达集体意愿。

在部分民俗活动中，民间舞蹈甚至具有支撑作用。在各种仪式活动中，民间舞蹈的动作无论简单还是复杂，本身就具有对仪式参与者产生潜在影响的能力，当舞蹈应用于相应的仪式活动时，就能成为仪式活动的一种驱动力。

在历史的演变、发展中，有多少艺术形式已消失、遗落，而古老的民间舞蹈却能世代流传、久盛不衰。究其原因，还在于传统民间舞蹈紧紧依存于民俗活动，适应于民俗的发展变化，不断地更新、完善，一直深受人民的喜爱。传统民间舞蹈失去了民俗这一载体，就难以延续。千百年来，人们以歌舞的形式表达着内心的情感和对生活的憧憬与向往。以舞祭神、祭祖，是对神灵和先民的一种敬畏和缅怀，以此来激励现世的人们更加珍惜今天的生命与生活。所要强调的是，这些古老的音乐、舞蹈都依附在民俗文化活动和仪式当中，这是它们所依存的根本土壤。同时，通过肢体语言来表达情感的舞蹈艺术，又在这些重要民俗事象和仪式中起着支撑作用。只有尊重民俗、顺应民俗，传统民间舞蹈才能充满生机和活力，焕发出新的生命力。

7. 美术、技艺类民间艺术发展建议

(1) 加强对艺术作品的抢救、整理、挖掘工作

由于对民间艺术作品缺乏保护意识和保护知识，民间艺术作品极容易被破坏或流失，这里面不乏一些艺术精品、珍品。因此，在做好建档造册登记的同时，应妥善抢救、整理这些作品，并将这些作品归类、整理、印刷成册，以便于保存和传承这一民间艺术。同时要建立民间艺术博物馆，收藏代表作品，将这些民间的珍品作为文物保护起来。各地文化馆要充分发挥保护作用，宣传方面要起到积极的作用。要组织相关专业艺术人员，深入农村、深入群众，对民间艺人的作品进行抢救性保护，并制作成影像资料妥善保存。

建议我省各级有关政府主管部门在原有相关政策的基础上制定更详细、更具有实际操作性的实施办法，比如对徽州石雕、木雕、砖雕等的保护，不仅要重视整理、挖掘、保存现有资源，更要使徽州石雕、木雕、砖雕文化能得以传承下来并能持续发展。这一措施，对其他民间传统工艺同样重要。比如木画、铁画等民间艺术工艺在 20 世纪 80 年代以前既没图像资料保存，也没文字记载，这无疑是一个很大的缺憾。另外，漆器方面，目前虽建立了漆艺基地，但由于宣传不够，

很多人并不知道有这样一个地方，市场冷冷清清，同时，漆艺基地的管理也存在一定的问题，仅有的几位国家级大师也因各种各样的原因，并没有进驻在那里，而宁愿守着自己简陋的工作室从事漆艺。因而，对传统工艺品的整理、保护、宣传、包装，政府有关部门仍需加大力度，除给予政策支持外，还应组织力量，增加投入，加强管理，并给予尽快落实。

（2）强化对后备人才的培养、培训工作

对民间艺术的继承与发扬光大，关键在于专业艺术人才，要建立一支年龄结构合理、老中青相结合、有较高艺术造诣的专家群，构成有深厚群众基础的金字塔形的人才结构体系。因此，要加大对后备人才的培养、培训力度，通过举办不同层次的培训班，召开各种座谈会，举办不同艺术风格的展览，以促进培训工作的进行。同时政府在转移支付中应予以财力支持，充分调动人们传承民间艺术的热情和积极性，通过市场化运作来培养造就越来越多的艺术新星，不断壮大艺术队伍。

为解决人才后继问题，同时提高人才的整体文化素质，增强文化认同感，提高艺术品的文化品位，建议有关主管部门制定更加可行的扶持政策。比如在民间艺术在对师带徒补贴制的基础上，增加学徒的补助制，并对学徒学成后的出路问题也给予合理的考虑。同时，针对目前民间传统工艺从业人员整体文化素质不高的情况，建议与技校联合，给予招生指标，设立专业，培养专门的技术人才和理论研究队伍，提高行业的文化内涵。加大对优秀工艺大师的照顾和保护的力度。目前我省传统工艺美术界的国家级大师为数不多，他们之中许多人已经年迈体弱，需要照顾。这些实际问题的解决并不难，它不但可以解决传统工艺优秀人才的一些实际困难，还可以起到扶植传统艺术，促进优秀传统工艺顺利传承等作用，建议有关部门尽快予以落实。

（3）切实做好民间艺术的保护与开发工作

要坚持“保护为主、抢救第一、合理利用、传承发展”的方针和“政府主导、社会参与、长远规划、分步实施”的原则，既要保留和传承民间艺术特有的艺术风格，又要结合新时期人们的审美特点和精神文化需求进行创新；既要遵循非物质文化遗产保护的规律，又要按照文化产业发展的要求，解决保护过程中发展资金短缺的问题；既要保护民间艺人的经济利益，又要保证艺术作品的质量，以确保艺术的长盛不衰。同时要形成民间艺术保护与合理利用的资金保障机制，政府应在转移支付中优先保证这项公益事业的正常经费支出。与此同时，鼓励和引导企业投资，利用社会闲散资金做大做强文化产业，动员广大群众广泛参与，努力形成民间艺术这一非物质文化遗产保护和利用的合理利益分配体系，不断拓展文化市场，让民间艺术得到切实的保护和开发，以促进特色文化产业的发展，全力推动特色文化大省的建设步伐。

由于目前一些重要的传统工艺都具有商业化的特点，又都存在着假冒伪劣、以次充好现象，建议有关部门制定一套更适合我省民间传统工艺的市场管理法规作为管理依据，以保护传统工艺的纯正性。对目前生存困难的薄弱行业，建议给予适当的资金扶持，像漆器，成本高、制作周期长，产品出来后，若碰上展销会被人看上了可卖出去，或政府有礼品订单做一些，但这些产品除成本后，利润往往所剩无几。对这些利润薄弱的行业，应给予资金倾斜，除给予从艺人员适当补贴以激发从艺人员的积极性外，还应在场地、启动资金上给予大力扶持，这样一个行业的振兴才有希望。

与市场接轨，成立经纪人代理制度。完善的艺术品代理制度，是国际艺术品市场的基础环节之一。运用专业知识和专业人才，打通国际艺术品市场渠道，对于民间传统工艺的发展十分重要。漆器大师黄时中先生感叹："我们自己做产品自己卖，但会做的人一般不会卖。像国外的画廊，有严格的评级制，很规范，他们规定抽成百分之几，绝不会因你产品卖了好价钱而提高抽成。但国内常常是中间商低价买入，高价转出，真正的实惠没有到生产者手上。"

（4）尽快成立与民间艺术相关的组织机构

为适应新形势发展和民间艺术保护的需要，应尽快成立民间艺术协会，以组织、指导相关工作，同时政府要在人力、物力、财力上予以保证。建议各级文化主管部门引导民间传统工艺根据自身的特点，制定行业标准，制止行业间的不正当竞争，同时也保护自己的正当权益。

灵璧石文化内涵演变考

朱春悦

摘　要：灵璧石因其具有美妙的声音，自古就被视作王宫的打击乐器。早在魏晋南北朝时期，灵璧石便因为具有一种特殊的文化价值而为文人所钟爱。灵璧石的文化价值一直延续到宋元时期。蒙元时代随蒙古军事力量进入汉地的回回人对财富的价值观的传播，在明初得到了助力。自此至今，灵璧石除文化价值外，被赋予财富价值。分析灵璧石在古代文化价值内涵的演变过程，可以发现中华多元文化融合的历史轨迹。

关键词：灵璧石；文化内涵；演变

灵璧石因其具有美妙的敲击声音，自古就被视作王宫的打击乐器。北宋绍兴进士张孝祥有诗云："湘江竹深韶不传，后夔神禹飞上天。泗滨之磬无人编，帝敕此宝沦深渊。"① 南宋时期灵璧石亦用作磬石之音。灵璧石的自然价值一直延续到了元代："石部，编磬一，元初，磬亦用宋、金旧器，至元中，始采泗滨灵璧石为之。"② 明人俞汝楫对此总结道："自尧舜作乐以来，钟必用青铜，磬必用灵璧石，若用纯金西玉为钟磬，恐其声不可。"③ 清代灵璧石仍作此用。④

作者简介：朱春悦，滁州学院马克思主义学院讲师。

① ［宋］陈思：《赋王唐卿庐山所得灵璧石》，《两宋名贤小集》，四部丛刊景元本。

② 《元史》卷六八《礼乐二》，登歌乐器条，中华书局，1976年，第1700页。

③ ［明］俞汝楫：《访名儒以正雅乐》，《礼部志稿》卷六十，文渊阁四库全书本。

④ ［清］吴荣光：《吾学录初编》卷十，清道光十二年吴氏筠清馆刻本。此外，《雍正大清会典》（允禄等监修，光绪朝版本）卷二百十四《乐器制度》条："丹陛乐的御定钟制，其中编磬一架，用灵璧石磬十六枚。应律吕如钟架，制同康熙五十九年。"《嘉庆朝大清会典事例》（托津等奉敕，光绪朝版本）卷四百十六记载："各坛、庙、暨宫殿乐器圆丘与祈谷坛，编磬皆用玉，余以灵璧石为之。"《钦定大清会典》卷三七《编磬律分图》记载："编磬用灵璧石，惟圜丘祈谷坛用碧玉，十六磬同。"［清］刘启端纂，光绪石印本《高宗纯皇帝实录下》（官修，卷一三五一四，清内府钞本）记载了乾隆朝已经渐将灵璧石为玉取代，作为编磬的材料："先行预备乾清宫、重华宫二，分应用其编磬一项，乾清宫、重华宫二分系玉琢成，如略被薰灼，尚堪备用，固属甚善。若玉质已坏，自应速为赶办。朕思从前中和乐磬，原系灵璧石者，现贮广储司银库，着金简等。查明一面先将石磬抵用，一面照原制玉磬尺寸、样式开单呈览，即发交叶尔羌办事大臣等挑拣玉料送京。"

值得注意的是，宋元鼎革之际，伯颜进入临安城，接收了南宋国库中的图籍、宝玩、车辂诸物。但他并未将所有奇珍异宝带走，于是，以储藏南宋旧物[①]为目的的江浙行省广济库应运而生。在灭南宋初年，江浙行省广济库官员就在此公开售卖南宋的宫中珍贵藏品——宋徽宗御笔的灵璧石[②]："大衍库[③]出售杂物，时有灵璧小峰，长仅五六寸，高半，玲珑秀润，所谓胡桃玉色，徽宗御书八小字，刻于峰旁，云：山高月小，水落石出。略无琢刻之形，真奇物也。"[④] 刻有宋徽宗御书的灵璧石被售卖，进入流通市场，说明初入杭州的蒙古人并不珍视它，还可以证实他们尚未接受江南的文化价值观，那么元中后期的情况是不是也如此？少数民族入主中原，带来了两种文化价值观的接触，这是否给灵璧石的文化内涵增添了内容？这是个非常值得探究的话题。

一、元代以前的灵璧石及其文化内涵

翻检史料不难发现，灵璧石在古代不但用作打击乐器，更因其具有一种特殊的文化价值而为文人钟爱。这一传统可能早自南北朝时期的张正见。[⑤] 隋炀帝对灵璧石亦钟爱有加，对此，北宋制墨名家晁说之记载道：

凤凰山石与石殊，敕使督贡倾舳舻，擎空不数碧菡萏，媚日宁顾女珊瑚。但识天圄箫韶底，岂期汴岸沙砾余，炀帝锦帆几来往，曾不得汝恨何如。[⑥]

南唐后主李煜（重光）对灵璧石爱不释手，有一块灵璧石研山，后此石得到宋徽宗青睐。陈继儒《妮古录》记载："浙江槜项氏灵璧石一座，长二尺，许色青润，声亦泠然，背有黄沙文，一带峰峦皆隽下金填刻字云，宣和元年（1119）三月朔日，宋徽宗御书其下押一字。"

① 至元十三年（1276），伯颜大军进入南宋都城临安，接收了南宋政权，对文化财宝也收归所有。元廷在临安设立以户部尚书麦归、秘书监焦友直为宣慰使的浙东道宣慰司，其中一项职责即为"括宋秘书省禁书图籍"。是年十月，两浙宣抚使焦友直以临安经籍、图画、阴阳、秘书来上（《元史》卷九，《世祖本纪》六，第179页、185页），至大都后，忽必烈亲自过问秘书监收罗而来所藏文书书画，可见重视程度。见王士点、商企翁编次《秘书监志》卷六，秘书库部分，高荣盛点校，浙江古籍出版社，1992年，第109页。

② ［宋］周密：《水落石出笔格》，《癸辛杂识》续集下，中华书局，1988年，第167页。

③ 即广济库。

④ ［宋］周密：《云烟过眼录》卷四，中华书局，1988年，第65页。

⑤ 参阅南朝张正见的《灵璧石赋》，《全陈文》卷十六，严可均辑，许少峰等审订，北京商务印书馆，1999年，第435页。

⑥ ［宋］晁说之：《灵璧石有未上供者狼藉两岸》，《嵩山文集》卷五，上海涵芬楼景印旧抄本。

文人对灵璧石的痴迷，可以从米芾的一则轶事中得知：

米元章守涟水，地接灵璧，蓄石甚富。一一品目，入玩则终日不出。杨次公[①]为廉访，规之曰：朝廷以千里郡付公，那得终日弄石？米径前于左袖中取一石，嵌空玲珑峰峦洞穴皆具，色极青，润宛转翻，落以云杨。曰：此石何如？杨殊不顾，乃纳之袖。又出一石，迭峰层峦，奇巧又胜，又纳之袖。最后出一石，尽天画神镂之巧，顾杨曰：如此那得不爱？杨忽曰：非独公爱，我亦爱也。即就米手攫得之，径登车去。[②]

南宋宗室子弟赵希鹄的《洞天清录》是一部鉴赏古文物的著作，该著作反映了文人对古玩的讲究。其中《怪石辨》部分，首先对灵璧石作专业的品评，足见此物在时人心中的地位。宰相杜衍之孙杜绾撰《云林石谱》，对如何赏玩灵璧石也有独特的见解。[③] 宰相贾似道[④]、武将赵葵[⑤]都十分青睐灵璧石。那么南宋人的钟爱灵璧石之风，入元后是否为蒙古人、色目人与北人士大夫接受？

二、元代灵璧石的下落

搜检元人文集，现将元人珍藏或鉴赏灵璧石的情况做归纳，如表 1 所示：

---

① 即杨杰，《宋史・杨杰传》："杨杰字次公，无为人，少有名于时，举进士。……元祐中，为礼部员外郎，出知润州，除两浙提点刑狱，卒，年七十。"杨杰与苏轼交好，宋哲宗元丰八年（1085），苏轼任登州知州时曾有"杨次公惠法酝一壶"等语；苏轼亦曾为之作《次韵和杨次公惠径山龙井水龙井水洗病眼有效》，见《苏文忠公全集》卷一八，明成化本。

② ［明］何良俊：《语林》卷二六，文渊阁四库全书本。

③ ［宋］杜绾：《云林石谱》卷上，灵璧条，清知不足斋丛书本。

④ 灵璧石亦得到贾似道的青睐，周密曾记载吴兴向氏所藏雪白灵璧石遭贾似道占为己有一事，周密：《癸辛杂识》后集，向氏书画，中华书局，1988 年，第 42 页。

⑤ 除了文人，灵璧石还深得南宋武将赵葵的青睐，其麾下将领赵邦永献给他一块灵璧石，深为之喜爱。赵葵，《宋史》卷四一七有传，为京湖制置使赵方之子，曾在宋金战争中杀死李全，立下诸多战功，端平金亡，有北上收三京之举，时任兵部尚书、京河制置使，知应天府、南京留守兼淮东制置使。在此期间，他越过淮河，在金管辖区域灵璧县得见灵璧石，深为喜爱，第 12498 页。周密在《齐东野语》记载了赵葵对灵璧石的喜好："赵邦永，本姓李，李全将也，赵南仲爱其勇，纳之，改姓赵氏。入洛之师，实为统军，尝过灵璧县，道旁奇石林立，一峰巍然，崷崒秀润，南促立马旁，睨抚玩久之。后数年家居，偶有以片石为献者，南仲因诧诸客以昔年符离所见者。邦永时适在旁，闻语即退。才食顷，数百兵儿一石而来，植之庭间，俨然马上所见也。南仲骇以为神，扣所从来，则云：昔年相公注视之际，意谓爱此，随命部下五百卒辇归，而未敢献。适闻所言，始敢以进，南仲为之一笑。"见周密：《齐东野语》卷五，赵氏灵璧石，中华书局，1983 年，第 84 页。

表1 元人珍藏/爱好灵璧石情况一览表

身份	人物	鉴赏或持有时间	史料出处
蒙古	元文宗图帖睦尔	天历元年后	虞集《道园学古录》卷二
色目	廉希贡	至元二十九年	周密《志雅堂杂钞》卷上
	高克恭	至元二十八年后	顾瑛《草堂雅集》
北方官吏	鲜于枢	至元二十九年	周密《志雅堂杂钞》
	宋褧	至治、泰定间	宋褧《燕石集》卷一
南方官吏	赵孟頫	成宗年间	周密《云烟过眼录》
	朱德润	至正六年	朱德润《存复斋文集》
	仇远	不详	仇远《金渊集》卷三
	柯九思	元末不详	柯九思《丹邱生集》卷二
北人	大都宜桥园主人	至治、泰定间	宋褧《燕石集》卷六
	济南张惟健	后至元前后	宋褧《燕石集》卷一
	汴客	至正六年	朱德润《存复斋文集》卷二
南人	周密	至元二十九至至元三十年	周密《云烟过眼录》卷一至卷四
	顾阿瑛	文宗时期	柯九思《丹邱生集》卷二
	孔克齐	元末	孔克齐《至正直记》卷三
	王寿衍	至元末年	顾阿瑛《玉山璞稿》卷下
	南谷杜真人	至元后不详	顾阿瑛《玉山璞稿》卷下

据上表可知，蒙古、色目以及南北官吏、文人均钟爱灵璧石。高克恭就曾将灵璧石鱼遗赠南谷杜真人（高第）①，后来此物入月溪王真人（寿衍）②：

灵璧石鱼磬，房山高公（高克恭）所遗杜南谷真人者。后归开元王溪月，

① 南谷杜真人曾于吴兴（湖州）计筹山学道，后“国兵南伐，宋且纳土，乃杖策军门，为民祈命。丞相淮王与语大说，一如其请。及入奏对，言论慷慨，深契帝衷。寻上疏言求贤、养贤、用贤之道，天子悉嘉纳之”。见王袆：《尚德斋记》，《王忠文公集》卷九，明嘉靖元年张齐刻本。

② 顾阿瑛《题石鱼，为杜丹丘真人赋》有云：“仙人有灵玉，浑然神鲤形。曾作大鲸吼，振鬣徙南溟。灵璧石鱼，元高侯彦敬（高克恭）得之，径尺而鳞鬣、口目具焉。侯遗南谷杜真人，真人仙去，为月溪王真人持去。月溪羽化，复为杜丹丘归之。”《玉山璞稿》卷下，宛委别藏本。

追溪月殁，南谷之孙丹丘复得之。[①]

廉希宪家族的书法家廉希贡[②]喜好灵璧石，周密在至元二十九年（1292）与鲜于枢拜访此人，并记载了廉家的收藏：

[至元二十九（1292）] 九月十日，偕伯几访廉端父［端甫］理问。出商尊一，曰父已，商器也……向芗林灵璧石，又灵璧立石。[③]

南人仇远也曾目睹廉希贡的灵璧石，对它的品质给予了很高评价。[④] 周密、仇远与廉希贡[⑤]、鲜于枢等任职江南的色目、北人官员一起品评、鉴赏灵璧石，此物成为南人、北人增进感情，追寻传统汉文化价值的媒介。

济南张养浩长子张强[⑥]曾得一灵璧石，请宋褧为之作序：

济南张公子惟健[⑦]，得灵璧石。方而厚，两峰相连，右高而左不及，中微断不绝，腹背有凹痕修以直，若泉溜致然者。云类其乡鹊山，制名溜翠石。日示

① ［明］袁华：《灵璧石鱼磬歌》，《耕学斋诗集》卷六，文渊阁四库全书本。

② 廉希贡善书法，他曾与邓文原为义士夏椿墓碑篆词，见顾清《正德松江府志》卷十七。延祐年间，廉希贡任职杭州期间，为西湖书院增置田一事作撰额，参阅阮元《两浙金石志》卷一五《西湖书院增置田记》。

③ ［宋］周密：《志雅堂杂钞》卷上，中华书局，1991 年，第 15 页。

④ 仇远言廉希贡的灵璧石可与岘山齐名："至宝忽横道，峰峦高复低，数尖灵璧石，一曲武夷溪。黛色春浮玉，黄流雨曳泥，遥知千载下，名与岘山齐。"见《廉公子家藏元石》，仇远《金渊集》卷三，中华书局，1085 年，第 32 页。

⑤ 此廉希贡为廉希宪之弟。值得注意的是，今流传的清知不足斋丛书本鲜于枢《困学斋杂录》，记载两浙都转运使廉希贡为讹误，此廉希贡当为廉希尹，此事在《元人传记索引》（王德毅，台北新文丰出版公司，中华书局，1987 年版）中提及。童晓峰在《西域人廉香林论考》（中国传统文化与元代文献国际学术研讨会会议论文集，北京师范大学古籍与传统文化研究院编，北京：中华书局，2009 年版）一文中，对廉希贡仕途轨进行考证，谈到廉希贡误作廉希尹一事，但均未出示相关史料。该两浙都转运使卒年为至元二十七年，文中记载"又嘱其弟端夫［甫］理问及其子可忠等，勉以忠孝"，此人才是廉端甫希贡。廉希贡交游十分广泛，与山村逸民仇远、北村老人汤炳龙、巴西邓文原、婺胡长孺、吴兴赵孟頫、西秦张楧、楚龚、紫霞道士马臻、长沙冯子振、燕山贯云石、吴张渊、句曲道士张嗣显、浦城张懋卿、玄览道人王寿衍等皆熟识，见《赵氏铁网珊瑚》卷九，瑛公住持隆教寺疏条，文渊阁四库全书本。廉希贡一大爱好是收藏、品评书画，为此，结交了一大批志趣相投的好友：大德二年二月廿三日，他与霍肃清臣、周密公谨、郭天锡祐之、张伯淳师道、马昫德昌、乔篑成仲山、杨肯堂子构、李衎仲宾、王芝子庆、赵孟頫子昂、邓文原善之等人在鲜于伯机处品评王右军思想帖真迹，见汪砢玉：《珊瑚网》卷一，法书题跋，《王右军思想帖真迹》。

⑥ 张养浩：《先茔碑铭》，《归田类稿》卷一、二，四库全书珍本三集。张养浩家族相关史实，可参阅熊笃：《张养浩生平三考》，文史第 43 辑，中华书局，1997 年，第 211-224 页。

⑦ 宋褧为张养浩友，张子惟健卒，宋褧为之作《哭张惟健》："惟健，济南张希孟之子，贤而有文才，识通敏，丰仪俊秀，礼法从容，好古物，善草、隶诸书，当时之名公子也，有至乐斋。"见《燕石集》卷六，北京图书馆古籍珍本丛刊影印清钞本。

余，且征赋。圆穹孕灵，品汇赋形。有万不同，怪状异名。寓至道于隐颐，供抚玩于高明。[①]

宋褧曾与其兄宋本在寒食节拜祭先祖，路过宜泉桥，见完颜阿骨打碑亭处的灵璧石：

一百五日[②]，侍诚夫兄[③]出南城，拜扫沙堡先茔[④]。归，循宜泉桥北，少东一园，内有金太祖武元皇帝（完颜阿骨打）碑，扃守严秘，呼主人开门，读竟，憩园后小亭。亭四旁植卉木成列甚多，峙二灵璧石于巽坤隅。移时将出，主人前导，复由碑前过一栅门，旁锁二猴，云畜四五年矣。[⑤]

灵璧石不仅得到元代官员、文人的珍藏，也被元文宗亲笔题字。文宗图帖木儿曾设立奎章阁[⑥]，阁下设群玉内司，专门用于鉴赏书法字画，文宗为奎章阁灵璧石题字后，命虞集为此事赋诗：

奎章阁有灵璧石，奇绝名世，御书其上，曰奎章玄玉。有敕命臣集赋诗，臣再拜稽首，而献诗曰：《禹贡》收浮磬，尧阶望矞云。自天承雨露，拔地起烟缊。击拊磬音合，衡从玉兆分……柱立尊皇极，盘安广帝勋。讵云陈秘玩，因愿献前闻。[⑦]

---

① 宋褧：《溜翠石赋，有序》，《燕石集》卷一，北京图书馆古籍珍本丛刊影印清钞本。

② 冬至后的一百零五天，指寒食节，语出（南北朝）徐陵《荆楚岁时记》："去冬节一百五日，即有疾风甚雨，谓之寒食，禁火三日。"《徐孝穆集笺注》，文渊阁四库全书本。

③ 即宋本，见《故集贤直学士大中大夫经道官兼国子祭酒宋公行状》，《燕石集》卷一五，北京图书馆古籍珍本丛刊影印清钞本。宋本相关事迹还可参阅《元史》卷一八二《宋本传》，第4203-4206页。

④ 宋褧《初冬之先茔即事》记载：至治三年（1323），先茔在南城之东，南宜泉村沙堡，《燕石集》卷六。

⑤ 宋褧：《沙堡拜扫》，《燕石集》卷六，北京图书馆古籍珍本丛刊影印清钞本。

⑥ 按《元史》卷三一《明宗本纪》："天历二年二月，文宗立奎章阁学士院于京师，遣人以除目来奏，帝并从之。"天历二年二月甲寅："立奎章阁学士院，秩正三品，以翰林学士承旨忽都鲁都儿迷失、集贤大学士赵世延为大学士，侍御史撒迪、翰林直学士虞集并为侍书学士，又置承制、供奉各一员。八月庚子，升奎章阁学士院秩正二品。"《元史》卷三三《文宗本纪二》，第730-731页、第739页。关于奎章阁的设置品级，《元史》卷八八《百官志四》，做了记载："奎章阁下设群玉内司，秩正三品，天历二年始置，专门负责掌奎章阁图书宝玩，及凡常御之物。"对奎章阁设立之初的目的，可参阅陈旅在《群玉内司华直题名记》中的记载："天历元年秋，皇帝入缵丕绪，戡定之后，思与天下休息，而底治于无为也。明年某月，乃作奎章阁于兴圣殿西，于以稽古而怡神焉。故凡皇祖宝训暨诸载籍与夫玩好之珍，率于是乎在。"《安雅堂集》卷七，文渊阁四库全书本。台湾学者姜一涵在《元代奎章阁及奎章阁人物》一文中，对此机构的设置、组织、地位等做考证，见台北联经出版社，1981年。

⑦ 虞集：《奎章阁有灵璧石，奇绝名世，御书其上曰奎章玄玉》，《道园学古录》卷二，四部丛刊景明景泰翻元小字本。

考文宗亲笔题汉字多赠与达官显贵、受宠的文臣。[①] 题墨宝于灵璧石上，说明此物给文宗留下了深刻的印象。

宋元时期灵璧石文化价值传播的轨迹为：两宋时期风靡于贵族、文人间的灵璧石，入元后传递给了任职杭州的喜好汉文化的色目、北人官吏[②]，再经由文人墨客传递给了蒙古上层。那么到了明代，灵璧石所具有的文化内涵是否依然存在?

三、明代灵璧石的文化内涵演变

明代王守谦作《灵璧石考》一文，将此石在宋元间受到官员、文人青睐一事作了翔实的刻画，并对明代灵璧石的命运进行了讨论。该文提到宋代达官、文人视灵璧石为“至尊之宝”。北宋米芾、元代赵孟頫皆痴迷此物。到了明代：“国朝垂二百六十余年，寥寥无闻，即问之土著者，亦竟不知灵璧石为何物。”尽管在万历二十年（1609）有南台侍御张鸿屼“访此石甚殷”。但时人多将灵璧石用于交易：“苏人不爱，善价买，舟载去，一入灵境，莫不侈口谈石，突然风尚，良可骇异。走南中贩石者踵相接，而格价顿减。”[③]

从王守谦记载的宋、元、明灵璧石的流传情况不难发现，明人中虽不乏品鉴、珍藏灵璧石者，但此时的灵璧石赏玩风气已大不同于宋、元时期。明代民间多将此物待价而沽，后因“贩石者众”，而“价格顿减”。其文化价值已悄然发生了质变。时至今日，灵璧石为世人所赋予的依旧包括了文化价值、商品价值双重内涵。

四、结语

以灵璧石为视角，可以纵览此物在古代文化演变的轨迹。蒙元统一中国，元获南宋灵璧石，统治者从最初的售卖、发展到后来包括皇帝在内的赏玩，可见元代南北文化价值观从存异到彼此交流、认同的过程。到了明代，文人对灵璧石的喜好已经大不如前，虽仍不乏喜好之人，但他们的赏玩之风掺杂了世俗的功利性，灵璧石所蕴含的文化价值内涵也已经不同于前。刘迎胜先生在《王仲德家

① 参阅傅海博先生：Could the Mongol Emperors read and write Chinese? Asia Major, n. s. 3, 1952: 28–42。在此文中，傅海博提到吉川幸次郎的《元代诸帝文学》中对文宗文学的考证，吉川幸次郎所引用的材料，如虞集的《道园学古录》等。傅海博提到了揭傒斯《揭文安公全集》中记载的文宗为赵世安“御书雪林二字”一事情，见《御书雪林二字赐赵中丞应制》。此外，文宗曾在芦菔上刻“永怀”二字，见《恭跋御赐永怀二字》，《金华黄先生文集》卷二一，元钞本。

② 也可以理解为北人官吏一如既往的钟爱灵璧石。

③ ［清］赵宏恩：《乾隆江南通志》卷一七《舆地志》，文渊阁四库本。

族与元末江南古玩收藏》[①] 一文中提及，元代接受回回人价值观的主要是以元皇室为代表。至明代，回回人的财富价值观开始为中国人所接受，回回人的价值观在明初得到了助力。明代社会频繁买卖灵璧石的行为，可以理解为文人对此物的评价标准除了文化价值，也增添了商品财富价值，且此物为世人所赋予的双重价值一直延续到当下。由此不难发现，元代既是中国传统文化发展的重要一环，也是中华“多元一体”文化发展的关键时期。

① 刘迎胜主编：《元史及民族与边疆研究集刊》第二十二辑，上海古籍出版社，2010 年，第 17–51 页。

浅析淮河地域文化及其现实意义

孟祥运

摘　要：本文着重从淮河地域文化的基本情况、成因、特点及其精神价值与现实意义等五个方面介绍淮河地域文化，认为淮河文化是周边文化在这里碰撞、融会贯通而形成的独具特色的地域文化，其文化历史悠久，积淀深厚，具有包容性、多样性和实用性的特点，并蕴含着自然和谐、奋发向上、勇于创新的精神，对当今淮河地域旅游业和各项事业的发展具有很强的指导意义。

关键词：淮河文化；特点；价值；旅游；意义

在安徽，由于淮河、长江两条大河自西向东横贯省境，把全省自然区分为淮北、江淮之间、江南三大地理板块。淮北平原地势坦荡，为黄淮海大平原的一部分；中部江淮之间则西高东低，由皖西大别山脉逶迤而下，丘陵、台地和镶嵌其间的河谷平原错落有致，其中巢湖周边和沿江地区河网密布，土地肥沃，为天然粮仓，属长江中下游平原；长江以南则是山峦起伏、风光绮丽的皖南山区。这三大块地域，在各自的地形地貌、民风民俗、经济水平、发展状况和居民观念形态等方面均存在着明显的差异，即通常所说的"一方水土一方人"，并因此而在漫长的历史进程中逐步演化并形成涡淮文化（或曰淮河地域文化）、皖江文化、新安文化（或曰徽州文化）三大文化圈，其中尤以淮河地域文化出现早、内涵丰、影响大、意义深。

一、淮河地域文化的基本情况

一般地说，广义上的文化是指人类通过物质和精神生产实践所创造的一切物质财富和精神财富，它是以区域文化形态出现的。以此类推，淮河地域文化就是指上古以来淮河流域的先人所创造的物质财富和精神财富的总和。淮河文化博大

作者简介：孟祥运，男，中共党员，大学文化，肥东县撮镇镇政府副主任科员、记者站站长。兼任安徽省孟子思想研究会理事、中华文化大学网记者等，长期热心宣传工作，在省市县媒体上发表各类稿件近千篇，有多篇征文获奖。

精深，丰富多彩，是中华文化的重要组成部分，历史上的许多人物曾成长或活动在该流域，许多重大历史事件发生在该流域。

狭义文化是指一定社会集团典型生活方式的总和。它包括这一集团的思想理论、伦理道德、教育科学、文学艺术、社会心理、宗教信仰等。一般研究文化是从广义文化的角度进行的。

淮河文化的形成得益于得天独厚的底蕴和丰富的内涵。淮河发源于河南省桐柏山，流经安徽境内中游河段，长约430公里。涡河、颍河及泗水等都是它的支流。历史上的大河大江往往都是人类文明的发祥地。双墩遗址、尉迟寺聚落遗址的发掘表明，约5000年前淮夷族人在此创造了先进的史前文化。“禹合诸侯于涂山，执玉帛者万国”的记载，说明早在夏代这里就是重要的政治活动中心。春秋战国时期，诸侯争霸，百家争鸣，不同文化在此交汇融合，这一时期是淮河文化的繁荣时期，如产生了管子、老子、庄子等千古人物，影响中国深远。楚国后期建都淮河南岸寿春，楚文化东移进一步丰富了淮河文化内涵，如由孙叔敖主持兴建的安丰塘，早于四川都江堰。有汉一代，淮河区域文化更是繁荣，产生了淮南王刘安、桓谭、曹操父子、嵇康、李绅及南北朝的宋武帝刘裕、五代后梁王朱温及明朝的朱元璋、常遇春等历史人物，为淮河地域文化繁荣和中华文明进步作出了重大贡献。总之，淮河文化更是安徽地方文化的重要组成部分，开展淮河文化研究，繁荣安徽地方文化，是我们的历史使命。

二、淮河地域文化的成因

河流孕育了人类文明。沿着古老的淮河极目远眺，有一个十分有趣的现象，许多踽踽独行在这块土地上的古代先哲与这条河流有着千丝万缕的联系。淮北大地，偎依着淮河，人杰地灵，名人辈出。

颍河是淮河蜿蜒流淌在淮北平原上一条重要支流。约2740年前，被誉为法家先驱、“华夏第一相”的管仲就出生在颍河河畔。管仲，春秋时期颍上人，是淮河流域里最杰出的政治家、思想家、经济学家和军事家，任齐相四十年，辅助齐桓公继承和发展了太公的立国之本，对内实行改革，对外亲诸侯、攘夷狄，建立了九合诸侯、一匡天下的大业，使齐国成为五霸之首。管仲的一生不仅建立了彪炳史册的功勋，还给后世留下了一部以他名字命名的巨著《管子》，其文化在本质上是经邦济世、改革、创新、务实，主要包括哲学、政治、法学、人文、巫术、经济、天文、地理、教育、伦理及工农商贸医等，被后世誉为百家之源。管子提出不慕古、不留今、与时变、与俗化，要求人们懂得事物的发展规律，按照事物的形、势、道办事。事物存在的形、势、道是管子的创新思维，这应是“实事求是”的文化根源。管子治国之道内容丰富，如以富治国、以法治国、以孝治国、以文治国等，其哲学基础就是以道治国，这个“道”就是道理、法则、规律。管子礼法并用的核心理念为秦始皇建立大一统的秦王朝奠定了基础。而由管学滥觞的郡县制以及牧民第一、以人为本、重仓廪、兴农工商、制轻重之度、礼法并施、招贤纳士、百年树人等思想无不代表着当时中华民族乃至世界文明智慧的最高水平。孔子曰：微管仲，吾其披发左衽矣。

涡河是淮河的众多支流中的一条，发源于河南省尉氏县，流经安徽亳州、涡阳、蒙城，于怀远县城附近注入淮河，全长380公里。据专家考证，距今天涡阳县城北三公里的涡河支流武家河，就是古谷水。老子经老师商荣的推荐到了东周都城洛阳，当上了周朝“守藏室之史”，从此“察先王之制，通礼乐之源，明道德之规”。这条不起眼的小河，在中国学术史乃至世界学术史上却负有盛名，正是这条河畔，相继诞生了杰出的思想家、哲学家、道家学派的创始人老子和他的继承发扬者——同样杰出的思想家、哲学家和文学家庄子。老子以《道德经》所表达的睿智精辟的思辨，把中国古代朴素的辩证法升华到与苏格拉底、释迦牟尼相媲美的世界经典高度；大约200年后，庄子也出生在涡河河畔的蒙城，距离老子出生地仅仅百余公里。这位梦蝶逍遥的智者不仅以隽永绮丽的笔墨文章闻名于世，更是把老子的道家学说向前大大推进了一步。《庄子》汪洋恣肆、奇异瑰丽的想象与文风，同样在中国乃至世界思想史和文学史上立起了一座不朽的丰碑。老子由人到神的传说，则体现了道家学派在涡淮流域深刻而久远的影响。由涡及淮，西汉时参与集体著述《淮南子》的淮南“八公”，在“茅仙洞”修炼得道的茅盈、茅固、茅衷三兄弟，五代宋初的亳州陈抟老祖等，都是道家学派的佼佼者。因此，涡淮流域是当之无愧的道家文化摇篮。其中著名的亳州神医华佗及其创立的五禽戏亦可归入道家养生法。

当老子在洛阳悉心悟道之时，另一位哲人孔子也在淮河的支流沂水河畔踽踽独行。孔子出生在鲁国陬邑（今山东省曲阜），家门前不远处就是沂水。沂水是古泗水的支流，古泗水是淮河流向山东的一条重要支流。孔子曾经长途跋涉，到洛阳向老子问道，晚年带着学生编著“六艺”，创立了儒学。100多年后，孔子的继承人孟子出生在古泗水流经的邹城，他提出的舍生取义、舍我其谁、浩然之气等思想，是中华民族阳刚之气的主要来源。千百年来，孔孟和老庄创立的儒、道学说如同两股清泉疏浚中华文明的脉络，也荡涤着国人的情怀。

创立儒道学说的几位先哲几乎同一时期诞生在同一河流流域之上，巧合得令人费解。德国著名哲学家雅斯贝尔斯对此解释为“轴心时代”现象。当然，令淮河地域的人引以为自豪的绝不仅是这几位先哲，仰望历史的星空稍加盘点，还可以列举出一串长长的名单：孔子的七十二贤之一孝圣闵子骞，汉赋开创者枚乘，中国无神论第一人桓谭，三国时以“三曹”为代表的建安文学流派，以

“竹林七贤”领袖嵇康、刘伶为代表的魏晋玄学流派，还有坐怀不乱的柳下惠、代父从军的花木兰、神医华佗、南朝文学家、《世说新语》作者刘义庆、元朝戏剧家孟汉卿等。他们如群星般璀璨在中华乃至人类文明史册上闪耀着独特的光芒。这些是涡淮文化的“上层”，其共同的主要特点是哲思（“三曹”尤其是曹操的诗歌，能将中国文学诗歌的主题引向人本身，就因为其有哲学的思考）。涡淮文化的“底层”以民间表演艺术为代表，主要有流行于阜阳、淮北的梆子戏，沿淮两岸的泗州戏（拉魂腔）、凤阳花鼓和花鼓灯以及太和民歌、宿州的杂技等。无论其身姿舞步，还是音韵唱腔，都表现出浓郁的地域风情，之所以能流传至今，余韵袅袅，充分反映了特色民俗文化在民间的强大生命力，这也可视为这一流域的基础性文化标识。它们的艺术特色突出的是粗犷奔放。这种奔放是涡淮平原带来的，没有驰骋而无碍的奔放，就没有老子的哲学、庄子的文学、“三曹”的诗歌。

总之，在老子以前，淮河流域有姜尚、管仲等杰出个体人物；在其以后，则呈现群星璀璨的群体形象，涡淮文化能够形成主要是因为有一批杰出的人物。有学者曾经作过这样的描述：淮河两岸多平原，少高山。以老庄、孔孟以及管仲、墨子、嵇康等为代表的先贤犹如淮河岸边耸立的“高山”，令后人叹为观止。

三、淮河地域文化特点

由于淮河地域的特殊地理位置和人文环境，各种文化在此碰撞、交流，淮河文化作为融合了中原文化、吴楚文化的一种区域文化，具有兼容性、多样性和实用性等特点。

（一）兼容性

从地理上看，老庄出生在淮河流域，这一流域是东西南北的交汇点，也是百家争鸣互动的大舞台，老庄在争鸣中自然也吸收了各家之长，包括《管子》和《周易》的道德、政治、军事等思想，才形成了道家文化。从对周边学派的兼容性看，以儒墨为主的齐鲁文化和稷下学派是当时的显学，对老子影响较大，如老子的尚柔贵谦、处下不争等思想在周文化、儒文化中都有体现。同样，孔子问礼于老子，受老子的影响很大。庄子批判墨家，但也吸收了墨子思想，如庄子在《逍遥游》中提出的“无所可用，安所困苦哉”即是对《墨子·亲士》提出的“万物有用”了就会夭折（人太有用了就会多灾多难）的发挥。淮河流域的西部是法家的活动地，两家也有相通的地方，其共同点就是不偏不阿、公而不党。法家认为一切按法办事，法无亲疏，道家认为人们一切按道即规律办事，道无亲疏，两者只是解释不同罢了。由此可以看出，老庄思想是各地文化相互融合的结晶。以“三曹”为首的建安文化则受到各家思想的影响，如立身处世用儒家的道德规范行为，调节身心吸收了道家的思想，治国用兵采用了兵家思想。如曹丕下诏颂美孔子，修孔庙、崇周礼、立太学、正祀典，同时他慕通达、尚黄老。

总之，淮河人知足常乐、安贫乐道等思想观念是受道家思想的影响。淮河人尚义、淳朴、直爽的粗犷民风以及重农轻商的观念等，是受到中原文化和齐鲁文化影响而形成的。

（二）多样性

淮河文化中既有管子的政治、经济、军事、法学、天文、地理、农学等各种思想，又有管子的道家、儒家、法家、兵家思想及楚文化等在此融合，还有曹魏建安思想在此发展。同时，多样性还体现于在这一区域产生了影响很大的中医、白酒等影响中国深远的文化，并且产生了淮北梆子、凤阳花鼓、泗州戏及太和民歌、利辛猴戏、亳州盘鼓、雕刻、剪纸等独特的文化艺术形式，可谓百花齐放，大放异彩。至于历代文人骚客在淮河流域留下的逸闻趣事、诗词歌赋更是数不胜数，给我们留下丰厚的文化瑰宝，如北宋大文豪苏轼30年间先后约10次来往滞留于宿州，留下了“人生到处知何似，应似飞鸿踏雪泥”“不似白云乡处冷，温柔。此去淮南第一州”等多首诗词。文学家黄庭坚登临蚌埠涂山更留下了“涂山绝顶忆神功，亘古情形一览中……有径直通霄汉外，登临无不是仙踪”的感叹……所有这些均闪烁着淮河地域文化的绚烂多彩。

（三）实用性

淮河文化的一个重要特点是讲求经世致用、向往“天下和谐”。讲求经世致用、救时之弊，是中国传统知识分子“以天下为己任”的情怀之重要表现。淮河地区在历史上灾害频仍，战乱不断，社会动荡，人民常常陷于艰难竭蹶之中。对此，历代有责任感的士人都十分关注社会现实，心怀治国理想，企望建立一个和谐安定的社会，从而使经世致用的治学原则在历代士人中世代延续，成为文化传统中的主旋律。

经世致用的思想在淮河文化中的突出表现，首先在于对治国之道的关注，不断提出自己的治国理念和治国主张。管仲认为“治国之道，必先富民”，他为此要求君主要“俭材用，禁奢泰”，要“以法治国”，更要“置法以自治”，同时要“行之以仁义”，提出“礼义廉耻”乃“国之四维”的著名命题，指出“四维不张，国乃灭亡”，并明确提出建立和谐社会的目标：“畜之以道则民和，养之以德则民合。和合故能谐。”

即使是被人们认为是“出世”或“避世”的道家，也不忘治国安民。如老子提出了生而不有，为而不恃，长而不宰的道德观，主张以道治国，认为治国要“以百姓心为心”，要行“损有余而补不足”的“天之道”，君主自身要“去甚、去奢、去泰”。他还针对春秋时代战争频繁的现实，要求诸侯“不以兵强天下”。

融道、儒于一体的《淮南子》主张治国要以“利民为本”，法令的制订要“因民之欲”“因民而虑”，君主与官吏应“所禁于民者，不行于身”，君主应克制自己的贪欲，以免“民力竭于徭役，财用殚于会赋”。它追求的就是“天下和洽”的理想社会。甚至连出家的道士，也关心世事，关心国家的治理，如著名道教学者陈抟就认为君主当以“致治”为务，而不能“留意黄白之事”，只求个人的长寿。

其次，经世致用的取向还表现为勇于实践、敢于担当。姜尚相周、管仲相齐等，既为后世政治家投身于安邦定国事业提供了先例，也形成了士人在国家危难之秋勇于承担的传统。即使像陈抟、朱昇这样的隐逸之士，也走出山林，为安邦定国出谋献策。

再次，经世致用的思想还表现于对民生的关注。淮河贤人很重视医、农、水利、天文、历算之学。如寿县安丰塘、华佗中医、古井白酒等，影响深远。

四、淮河地域文化的学术价值及现实意义

淮河为南北地域文化的过渡地带，周边文化在这里碰撞，融会贯通，形成了独具地域特色的淮河文化。淮河文化积淀深厚，内容丰富，具有包容性，其在悠久的历史积淀中自然形成了一种自然和谐、奋发向上、勇于创新的精神。如仁慈厚德的商汤于此建都，积极进取，成为古代最有德行和建树的君主之一。闵子骞孝贤天下、柳下惠坐怀不乱堪称道德典范。儒道的厚德思想和进取精神早已深入这个地区的人们心中。被称为超世之杰的曹操，说真话、求实效，曹操父子在文学创作上追求新变，借古乐府写时事，是曹操的首创。有近两千年历史、素有酒中牡丹之称的古进贡酒，更因为曹操的献酒，被推崇为中华第一贡。被誉为中国外科鼻祖的华佗是我国历史上明确记载的第一位施行剖腹手术的医生，他发明了中药麻醉剂——麻沸散并应用于外科手术，比国外人工麻醉剂早1500多年，他独创的五禽戏影响至今，有医圣之名，这些都展现了淮河文化敢为人先的创新精神。

（一）学术价值

1. 淮河地域文化为研究中国封建社会农村社会实态提供了一个范本

淮河地域保存着无数处地面文物遗存及各种文献、文书，跨越千年历史，涵盖政治、经济、文化各个领域，尤其地面文物遗存、无形文化遗产和文书档案，均为第一手资料，是人们了解中国封建社会不可多得的资料，为按历史本来面貌做综合实态研究创造了前所未有的有利条件。

2. 淮河地域文化是中国封建社会传统文化的典型代表

地域文化流派纷呈，独树一帜，在很多领域都处于领先位置。如凤阳花鼓、

宿州马戏、阜阳的四句推子、花鼓灯、口头文学、亳州木雕石刻、中医中药、灵璧奇石、萧县的国画、埇桥区的马戏、泗县的泗州戏曲、五河的民歌等代表了中国传统文化的很高成就。管子、老子、庄子更是中国先秦时期学术思想史上的高峰，因此淮河地域文化的研究，实际也就是对中国封建传统文化的研究，窥一斑而见全豹，具有普遍的学术意义。

3. 淮河地域文化具有地理文化单元的人类文化学研究价值

淮北大平原，作为一个独立的自然地理单元，风景秀丽，人们的审美观自然受到环境的影响。淮河流域的马戏、花鼓灯、民歌等，就是淮河流域自然环境同淮河人审美观相结合的产物；而淮河的面食、亳州的中医、淮河流域方言的形成同淮河独特的自然地理环境及资源有关联；淮河流域宗族社会构成和村落结构同地理环境也有关系，具有地理文化单元的人类文化学研究价值。

4. 具有研究文化融合规律的价值

淮河文化是先秦以来中原文化的主流，并逐步影响到全国，研究淮河文化，可为繁荣中华大文化作出贡献。

（二）现实意义

淮河地域文化资源遗存十分丰富，为发展当地旅游经济提供了很好的条件，具有很强的现实意义：

第一，对阜阳、亳州、宿州、淮南、淮北等市而言，打好旅游牌，做好淮文章是21世纪淮河流域发展的新战略。“南到黄山看山水，北到亳州看人文”。合肥各家旅游公司每年都推出多种多样的徽州山水游，可是皖北的人文游相比皖南就差远了，亳州、宿州、蚌埠、淮南等旅游线路少有旅游公司推出。这一方面缘于人们重山水风景、轻人文历史有关；另一方面，也与地方政府同旅游公司的合作思路有关。

那么如何游呢？一是要做好本地范围的特色游。如亳州可依托药都、道家开展养生几日游（如到亳州参观华佗庵，观看五禽戏，购买百草药膳鸡，到康美中药城购买中药材）；也可依托“三曹”等文人、名士开展建安文化游；再可在涡阳、蒙城等地开展寻道问源游；从长远看，还可依托其具有道教、中医、白酒等的悠久历史，打造高端养老养生项目，使游客充分享受到自然环境、文化体验、养生休闲的乐趣，以增强旅游后劲。

颍上可做活水文章，开展千古一相、水城特色游，还可依托5A级八里河景区及小张庄生态村，利用道教文化同休闲健康相结合的模式，打造乡村旅游精品休闲游。宿州、淮北可依托古运河、码头以及皇藏峪森林公园等开展古道、深山探秘游；还可发挥书画艺术的修身养性作用，做大做强萧县国画之乡旅游；灵璧素有“虞姬、奇石、钟馗画，灵璧三绝甲天下”之誉，可建设相应的特色文化园。蚌埠可充分利用大禹活动的遗存和传说打响荆涂山旅游牌。淮南可做强八公山、寿州窑等历史遗存的大文章；寿县在做好古都、古城、古遗址保护利用的同时，应注重发掘孙家鼐（光绪帝师）、孟庆树（中国妇女运动的先驱和领袖、中共六大、七大代表）的思想及家族文化等；怀远、凤阳等还可做活东方芭蕾花——鼓灯，让人们感受到，只有这花鼓灯能表达皖北大地劳作人民的喜怒哀乐。当然大明江山的开拓者朱元璋及常遇春等历史人物的故乡还有很多可挖的旅游资源。把淮河文化转化为旅游资源可从以下几方面努力：

一是淮河各地应尽可能地利用其人文自然资源，打造出特色不同的文化休闲养生产业园、生态农业园或非遗文化园（如管子、老子、庄子、华佗、三曹、淮南王、虞姬、钟馗、花鼓灯、灵璧石等文化休闲产业园，非遗园最好有互动项目，如让客人能亲身体验花鼓戏节目表演、种植制作中药等），以不断提升旅游品质。

二是各地要联合打造好旅游组合拳。淮河地域各市要敢于、善于打破县、市地域界线，有大淮河旅游一盘棋的思想，充分整合利用淮河流域得天独厚的人文资源、自然资源，打造淮河文化三至五日游。如将有关大禹、管子、老子、庄子、闵子骞、淮南王、华佗、三曹等圣贤的景点联结起来，形成一条或多条特色人文旅游线路。如视野更开阔一些，还可将同属淮河流域的老庄和孔孟等圣贤旅游景点结合起来，开展儒道文化景点多日游，唱响世界牌，进一步丰富旅游内涵，提升人们的文化素养。

三是随着“一带一路”倡议的深入推进，各地要紧紧依托淮河地域特有的自然遗产、文化遗产等稀缺性资源，积极争取引入世界或中国500强、某一产业领域领军型企业等，努力吸引一批国千省千人才大企业高管、工艺大师、科技人员和其他创新创业人员，着力打造出风格不一的绿色小镇或特色小镇，使之成为淮北大地上一颗颗闪亮的旅游明珠。同时，淮河各地还可建成统一的旅游服务热线平台，实现景区无线网全面覆盖，并打造过境短信平台、手机版淮河旅游网站等特色招牌，从而进一步提升淮河旅游的核心竞争力。

四是从长远的目光看，淮河流域各地要早做安排，按照今年中央1号文件的精神，建设淮河地域特色的田园综合体，即农业+文旅+地产的综合发展模式。其核心产业是以淮河流域特色农产品和园区为载体的农业生产和农业休闲活动。农业重点打造现代农业产业园和休闲农业等，通过依托观赏型农田、瓜果园、观赏苗木、花卉展示区、湿地风光区等，让游人深入农村特色的生活空间，享受休闲农业带来的乐趣，感受田园风光和农业的魅力；文旅产业既要打造好淮河地域特色的生态旅游产品，又要能彰显出淮河地域特色的文化生活，其重点是要建设好地方特色的乡村风情活动场所，包括演艺广场、特色街、绿色农产品、特色小吃等，让游人体验地方特色的乡村风情活动，享受到地方特色文化带来的快乐。地产方面的重点就是尽量保持原有村貌开发建设，通过产业融合和产业聚集，营造新社区，构建城镇化的核心基础，从而逐步形成地方特色的旅游度假目的地。

通过田园综合体中各个产业的相互渗透融合，把休闲娱乐、养生度假、文化艺术、农业技术、农副产品、农耕活动等有机结合起来，使传统功能单一的农业、农村成为现代休闲产品的载体，从而发挥产业价值的乘数效应。

总之，对淮文化进行研究，有助于高水平、高质量地向世界推介淮河文化，把淮河文化转化成宝贵的旅游资源，促进旅游经济的健康快速发展。

第二，管子智慧、老庄思想、建安文学等作为中国传统文化的重要部分，体现了一种与时俱进的时代精神，在当今仍有积极意义。顺应自然、包容和谐、积极向上既是历史传统，也是后来者的人文价值的导向。将淮河文化融入和谐社会建构中，能塑造人们的自尊自强心态，培育人们乐观宽容的精神，提高人们的思想境界，形成文明健康的社会风尚，同时还能激发人们开拓创新、追求卓越、敢为人先、永不言败的勇气。当然建设淮河流域城市群，需要进一步提炼升华淮河精神，将其从自发状态提升到自觉状态，充分发挥其文化精神的政治优势，加强人文关怀，升华公民境界，弘扬科学精神，从而为地方发展提供不竭的精神动力，创造良好的社会环境。

第三，管子、老子、庄子等都是淮河地区杰出的乡贤（乡贤，传统意义是指品德、才学为乡人推崇敬重的人），弘扬杰出的乡贤文化，就能使中国传统文化永远立于世界之林。乡贤文化，根植乡土，贴近性强，蕴含着见贤思齐、崇德向善的力量。在实践中，我们要充分继承本地得天独厚的乡贤文化传统，并使之与时俱进，弘扬有益于当代的乡贤文化，发挥新乡贤的示范引领作用，将乡贤文化从自发状态提升到自觉状态。努力让现代社会一些成长于乡土、奉献于故里的成功人士、道德模范等成为新乡贤的主体，以期用他们的嘉言懿行垂范乡里，涵育文明乡风，同时吸引和凝聚贤达人士反哺桑梓，进而让乡贤文化在建设美好的淮河大地上发挥更大的作用。

文化是历史性的积淀，存续时间越长的文化其内容的生命力就越强，就不易被灭亡，从这点上说，传承几千年的淮河文化已深深地烙在人们的心里，发挥不可替代的作用。同时，江淮农村的传统文化是建立在封建社会结构下的小农文化，是中国历史环境下的必然产物，它的特点是人与土的关系密切，安土重迁，崇尚勤劳俭朴，保守封闭，重农轻商，熟人社会等。历史经验告诉我们，唯有与时俱进、继承创新的文化才具有永久的生命力，这些都是我们在淮河文化的整合利用中所应注意的。

山水无文难成景，风光着墨方有情。我坚信，经过淮河儿女的共同努力和精心打造，淮河大地一定会以其秀丽的自然风光和丰厚的文化底蕴赢得世人的青睐。

参考文献：

[1] 王德寿．安徽文化概要［M］．合肥：安徽人民出版社，2012.

[2] 王正明，魏宏灿，张立驰．亳文化十讲［M］．合肥：安徽教育出版社，2013.

挖掘地域文化资源，打造蚌埠城市品牌

崔北军

摘　要：蚌埠地处中国地理南北分界线淮河秦岭一带，具有鲜明的淮河文化特色，拥有“大禹会诸侯”“垓下之战”“霸王别姬”“花鼓灯”等在全国享有较高的知名度的地域文化符号。但是由于留在地面上的历史文化遗址不多，可视性资源较少，蚌埠地域文化在全国的影响力不大。通过整合梳理蚌埠地域文化资源，找寻特色和亮点，挖掘其潜力和价值，对扩大地域文化的影响力、提升蚌埠城市形象、打造城市文化品牌、推动文化强市建设具有重大现实意义。

关键词：蚌埠市；地域文化；城市品牌；开发利用；路径选择

一、蚌埠地域文化资源特征

蚌埠是一座文化自然风光优美、文化底蕴深厚的城市，有着独特而优越的地理环境，地域文化资源积淀深厚，时间跨度长，资源分布广且类型多样，具有鲜明的地域特色。

（一）沿淮河条状分布，拥淮河发展

蚌埠地处淮河中游，淮河从西向东穿过蚌埠全境约 150 公里。不论是以山水为主体的自然文化资源还是以历史遗址为主的历史文化资源，大都分布在淮河两岸。淮河小“三峡”有两个在蚌埠（怀远的荆山峡、五河的浮山峡），大洪山、荆山、涂山、黑虎山、张公山、雪华山、曹山、锥子山、西芦山、东芦山、大巩山、浮山等自西向东分布在淮河岸边。天河、张公湖、龙子湖、沱湖、樵子涧等也与淮河紧密相连。全市 7 处国保文物，除了垓下遗址在淮河以北 50 公里外，其他 6 处都分布在淮河两岸。甚至连花鼓灯、五河民歌等无形文化资源也都流传在淮河边。可见，千里淮河养育了珠城人民，也孕育了灿烂的淮河文化。

（二）文脉清晰，时间跨度长

蚌埠历史文化资源时间跨度长，从 7300 年前的新石器晚期的双墩遗址，到

作者简介：崔北军，男，蚌埠市委党校副教授。

4000多年前龙山文化时期的禹墟遗址和垓下古城遗址，史前文化遗址十分丰富。从2600年前春秋时期的双墩一号墓，到2200年前的垓下古战场遗址，到600年前散布蚌埠境内多处的明文化遗址，再到近现代遗址，历史文脉清晰。近十年的多次考古发掘取得了重大成就，在2008年和2009年全国十大考古新发现评选中，双墩春秋一号墓和垓下龙山文化城址连续两年获此殊荣，这在全国是罕见的，再次证明了蚌埠地区具有深厚的历史文化底蕴。就安徽文化而言，学界有了新的提法，即“明清文化看徽州，先秦文化看亳州，史前文化看蚌埠”之说。

（三）融通南北，刚柔相济

蚌埠地处我国南北分水岭，自然风光兼具南北特色，“塞北西风骏马”和“杏花春雨江南”的美景在这个城市都有。既有荆涂山的雄伟，又有东西芦山的秀美；既有淮河的宽阔浑厚，又有龙子湖的清幽明净。不论是花鼓灯、泗州戏，还是五河民歌，都具有浓郁的地域色彩，反映出淮河文化南北融合的特点，既具有北方的粗犷豪放，又具有南方的秀美柔和，这种特色在花鼓灯艺术中体现得最为明显。在饮食习惯中，南甜北咸、南米北面、南茶北酒在这个城市中普遍存在。考古出土的文物也证明蚌埠地处南北文化的过渡地带，是多元文化的交汇地。历史上，蚌埠处于楚头吴尾，与东北的齐鲁文化和西北的中原文化交汇，文化上呈现出过渡性和多元性的特征。

（四）移民集聚，开放包容

蚌埠是一个以移民为主体的开放城市。1912年1月，津浦铁路全线通车，蚌埠开埠，成为水运和现代铁路相连的交通枢纽，成千上万的人涌向这个小渔村，不过十多年，这里就变成了拥有十多万人口的城市。火车拉来了城市，也吸引了周边地区的商人纷至沓来，在商埠和码头逐渐形成了江苏帮、山东帮、河南帮、河北帮、浙江帮。人们来到同一座城市求生存、求发展，并且能和谐相处、共同发展，需要具有较强的包容心态，这使蚌埠这座移民城市具有文化的包容性特征。在城市发展的过程中还不断有新的移民加入，也为其文化发展不断补充新的元素和养分。移民城市的文化也是因其开放性而充满活力、吐故纳新的文化，具有极强的生命力。移民城市的文化是一种创新性文化。移民前往新的城市，是为了获得更大的发展和成就，要实现自己的人生理想，就需要勇往直前的进取精神和百折不挠的意志。历史上，创新进取精神曾经让蚌埠这座城市在全省赢得较高的地位与辉煌。

二、蚌埠地域文化资源开发利用现状

尽管蚌埠地域文化资源丰富，特色鲜明，像“大禹会诸侯”“垓下之战”“霸王别姬”“花鼓灯”等文化符号在全国享有较高的知名度，但是留在地面上的历史文化遗址不多，可视性资源较少，一些远古文化遗址，或为断壁残垣、零砖碎瓦，或仅存于史料中，造成“有史可讲，无景可看”的尴尬处境。由于缺乏重大文化遗迹、重大历史事件和重要历史人物，再加上城市年轻没有积淀，很难受到公众的高度关注和认同，蚌埠地域文化在全国的影响力不大。总的来看，蚌埠的特色文化品牌和城市文化没有形成较强的影响力，品牌效应不高。

地域文化是一个城市的精神支撑和宝贵财富，我们有责任保护好和传承好，发挥它的教育功能和精神引领作用。同时，我们也要开发好和利用好，发挥文化对经济社会发展的动力支撑作用。

（一）地域文化资源开发利用处于初始阶段

随着社会、政府和专家对蚌埠地域文化资源保护、传承、开发和利用的重视，一系列措施不断出台，淮河文化研究中心也应运而生，为深入研究蚌埠文化提供了理论平台。

一是政策支持。近几年来，蚌埠市连续出台了《关于加快推进文化强市建设的实施意见》《关于加快文化产业发展若干政策的意见》《关于弘扬先进思想文化推动蚌埠加快发展的意见》《关于培育和践行社会主义核心价值观的实施方案》《关于大禹文化产业园区发展意见》等一系列政策性文件，从财政、税收、土地、资金、人才等多方面对促进地域文化资源的开发利用进行引导和支持。

二是开发有序推进。目前，蚌埠比较重要的地域文化资源都不同程度地得到了保护和开发，有的结合旅游打造为景点，有的进行修缮保护，有的规划为遗址公园，有的借助文化元素建设文化产业。基本建成的项目主要有禹王宫、汤和墓古迹园、许慎文化公园、孙家圩子渡江战役总前委旧址、花鼓灯嘉年华主题公园、张公山景区、龙子湖景区等。正在兴建的项目有湖上升明月、大明文化产业园、白石山佛教文化园、白乳泉景区、谷阳城遗址公园、樵子涧景区等。拟开发的项目有垓下霸王城遗址公园、双墩文化遗址公园、长淮卫古镇开发项目等。经过多年的努力，从整体上看，蚌埠地域文化资源开发利用处于起步阶段，并取得了初步成效。

三是效益初显。经过前期论证规划和后期投入开发，一些自然文化资源风景区和历史文化资源项目初步建成，并取得了良好的社会效益和经济效益。位于市区张公山景区和龙子湖风景区投入大批资金开发建设，现已建成为风景优美的国家4A级景区，每年吸引了大量游客来蚌埠观光。花鼓灯嘉年华主题公园借助国家级非物质文化遗产花鼓灯这一文化元素，结合现代高科技手段，使传统文化焕发出新的魅力。作为蚌埠地域文化集中展示的蚌埠博物馆新馆建成开放以来，短短半年时间已接待数万人次参观，扩大了蚌埠文化的影响力。

（二）开发深度不够，群众参与性不足

从蚌埠目前已经开发的地域文化资源项目来看，多数属于浅层次的开发，只做了一些景观，没有什么特色，开发的旅游产品单一，没有形成产业链，缺少创意和深度开发。如国家级文保单位汤和墓古迹园、垓下之战古战场等地地处偏僻，道路交通等旅游基础设施落后，景点分散，旅游服务、广告宣传不到位，游人数量稀少，影响力不大，社会效益不高。还有些地域文化景观为静态的陈列和展览，少有现代化的设施和互动型的项目，慕名而来的游客很难亲身参与、互动体验地域文化，这无疑大大缩短了游客逗留的时间，同时弱化了地域文化与游客沟通、寓教于乐的功能。

（三）招商引资困难，资金投入不足，精品项目不多

利用地域文化资源开发文化旅游项目，是前景辉煌的朝阳产业，但是开发此类项目也存在着投入大、见效慢、回报周期长等风险。因此，文化旅游项目招商引资难度很大，双墩遗址公园、垓下霸王城遗址公园、涂山大禹文化园等项目在多年前就已经规划，但是由于投资规模太大，前景收益难以确定，招商引资一直无法落地。2014 年底，蚌埠大禹文化产业园成功跻身全国文化产业示范园区，由于园区内重大文化项目和精品项目不多，新项目招商引资难，挖掘地域文化资源的深度和整合资源广度不够，完成目标任重道远。再加上宏观经济影响，经济下行压力大，融资越来越难，造成资金投入不足、项目建设缓慢等突出问题。总体来看，蚌埠地域文化资源开发利用存在建设档次不高、服务设施滞后、吸引力不强等短板。

（四）对无形文化资源保护开发重视不够

在保护开发地域文化资源实践中，往往重视有形的地域文化，而对无形的地域文化重视不够。由于历史和社会发展的原因，一些民间技艺正在消亡，一些民俗礼仪也逐渐被人们淡忘，有的已经从人们的生活中消失。同时，蚌埠非物质文化遗产还面临着传承困难、后继乏人的突出问题。在全市 6 个国家级传承人中，5 人已故。通过对蚌埠市 16 项省级以上的非物质文化遗产的生存状况进行综合分析，有的项目正处于濒危状态，如省级非物质文化遗产——端公腔，目前只有 1 名传承人。卫调花鼓戏是极具特色的省级非物质文化遗产，现在能演唱的只有寥寥几人，最年轻的也有 50 多岁了。作为国家级非物质文化遗产花鼓灯、泗州戏、五河民歌，保护与传承工作取得一定成效，但是，如何利用其经济价值对其进行开发性保护，还需要进一步探索。

三、挖掘地域文化资源，打造城市品牌的路径选择

任何一座文化强市必定拥有特色鲜明的城市品牌，而地域文化资源则是城市

品牌的核心与灵魂。通过整合梳理蚌埠地域文化资源，找寻特色和亮点，挖掘其潜力和价值，对扩大地域文化的影响力、提升蚌埠城市形象、打造城市文化品牌、推动文化强市建设具有重大现实意义。

（一）提炼地域文化符号，明确城市品牌定位

淮河流域是中华文明重要发祥地之一，千里淮河孕育了灿烂辉煌的淮河文化。淮河文化源于7000年前的新石器晚期的双墩文化，兴于4000年前的涂山大禹文化，盛于先秦老庄文化。蚌埠处于淮河流域的中心，是淮河文化的发源地，拥有“双墩”“大禹”“垓下”“花鼓灯”等一系列特色鲜明的地域文化符号。因此，打造蚌埠城市品牌的路径选择应明确为“淮河文化品牌”。

明确城市品牌定位后，还需要推出城市形象宣传标语。从国内其他省市成功打造地域品牌的经验看，形象宣传标语具有极强的标识功能。如山东省推出了高度概括山东文化的“好客山东”标识，在这一主题下，衍生出了“奥帆之都，魅力青岛”、“走遍四海，还是威海”、“登泰山，保平安”（泰安）、“孔子故里，东方圣城”（曲阜）等宣传标语。另外还有“晋善晋美”“七彩云南”“多彩贵州”“神奇宁夏”“浪漫之都，中国大连”“常来常熟”等耳熟能详的宣传口号。可见，一个地区形象宣传标语既要体现独具特色的地域文化，又需要用关键信息撞击受众的视听感觉，进而产生心理诉求。结合蚌埠淮河文化特征，提炼重要地域文化符号，可以把“大禹故里，花鼓之乡，珠城蚌埠欢迎您”作为城市形象宣传标语。

明确了淮河文化的城市品牌之后，在“大禹故里，花鼓之乡，珠城蚌埠”城市形象标语之下，三县城市形象标语要体现“一县一品”，结合地域文化，在“美”字上做文章。山环水抱的怀远着力打造“皖北最美县城”，楚风汉韵的固镇着力打造“大美古镇”，河湖密布的五河着力打造“皖北最美水乡”。

建设淮河文化城市品牌，非一日之功，要以此为抓手，充分挖掘地域文化资源，着力打造文化名城、生态绿城、休闲怡城、创新之城、运动新城，提升城市品位和文化魅力。

（二）挖掘历史文化资源，打造文化名城

1. 以大禹文化为核心，发展文化产业和文化旅游业

发展文化产业，是优化产业结构、推动经济发展、提高城市形象的重要抓手。文化产业的核心是文化，要借助地域文化优势资源，加大文化与产业、科技、金融等融合力度，形成特色鲜明的文化产业。因此，要以蚌埠大禹文化产业园跻身国家级示范园区的大好机遇，利用“双墩”“大禹”“垓下”等具有淮河文化特色的历史文化品牌，丰富文化产业项目库，创新招商引资方式方法，以重大项目为带动，以大禹文化为核心，进行深度开发，打造特色鲜明的文化产业。

发展文化旅游业，要以文化为灵魂，以重要景点为支撑。在蚌埠众多的历史文化资源中，大禹文化资源十分丰富，既有涂山禹王宫、望夫石、禹墟等有形文化资源，也有大禹史料、大禹故事等许多无形文化资源。要把大禹文化中有形资源与无形资源相融合、自然文化资源与历史文化资源相融合，高标准规划建设以禹王宫为核心景点的“涂山大禹文化园”项目，要按照“修旧如旧”原则对禹王宫进行规划扩建，提升禹王宫的建筑规模和档次。要增强望夫石、圣泉、灵泉、卧仙石等景点的可看性，增设“涂山日出”观景台。完善旅游服务设施，在山顶建造宾馆供香客住宿。在涂山南麓建造大禹文化广场，塑造大禹像，建造大禹文化博物馆、大禹故事模拟场景等。在天河岸边的“禹墟”建造“大禹民俗文化村”，展示古涂山氏国生活场景。

利用蚌埠考古文化遗址众多的优势，积极编制申报国家大遗址保护公园项目。近年来蚌埠考古成就辉煌，有影响全国的“春秋双墩一号墓”“垓下龙山文化古城址”“禹墟”等。在全市层面，要专门成立申报国家大遗址保护公园项目领导小组，统筹规划，抓住机遇，努力争取，如果申报成功，每年可以获得国家拨付的大量财政资金。有了资金支持，对于保护重大文化资源、提高蚌埠文化旅游知名度和文化品牌影响力，将起到重要保障作用。

2. 以花鼓灯艺术为龙头，发展民俗文化旅游

要充分利用花鼓灯在全国的知名度，打造淮河民俗文化旅游产品。花鼓灯原生态保护区位于景色优美的天河湖畔，这里背靠巍峨的涂山，水域开阔，水质优良。要把花鼓灯艺术与优美的天河湖自然风光结合起来，建好“中国花鼓灯第一村”，成为集花鼓灯保护、旅游观光于一体的民俗文化旅游景点。要把花鼓灯与大禹治水的传说结合起来，建好民俗文化村。大禹治水成功，人民安居乐业，在淮河岸边敲锣打鼓、载歌载舞喜庆丰收，产生了淮河文化艺术奇葩——花鼓灯。要把天河风景区建成皖北民俗文化旅游示范区，进一步打造为全国民俗文化旅游目的地。要把民俗文化与旅游结合起来，在中华古民居、大明文化园、花鼓灯嘉年华等文化旅游项目中增加花鼓灯、泗州戏、五河民歌、卫调花鼓、淮河琴书等民俗文化元素，提高游客的参与性和体验性。

3. 利用宗教文化资源，发展朝圣旅游

利用宗教文化资源，发展朝圣旅游，是近年来逐渐兴起的旅游新模式。蚌埠现存多处宗教文化遗址，比较著名的有道教文化遗址涂山禹王宫、佛教文化遗址栖岩寺。蚌埠是个移民城市，宗教信仰多元，市区内回民众多，有天桥清真寺、南山路清真寺、黄庄清真寺、马村清真寺等多处。从宗教文化资源布局看，城东有佛教锥子山栖岩寺，城西有道教涂山禹王宫，城中有多处清真寺。另外，投资1亿元的白石山佛教文化园建设进展顺利，该园区以栖岩寺为核心，建筑规模宏

大，气势非凡，建成后将成为皖北最大的佛教主题园区。丰富多元的宗教文化资源，为蚌埠发展朝圣旅游奠定了良好基础。

4. 整合革命遗址资源，发展红色旅游

发展红色旅游，对于加强革命传统教育、增强全国人民特别是青少年的爱国情感、弘扬和培育民族精神具有重要的现实意义和深远的历史意义。蚌埠市是具有优秀革命传统的城市，红色资源丰富，革命遗址众多。蚌埠革命烈士陵园、渡江战役总前委旧址、新四军淮上办事处旧址等多处革命遗址已经成为爱国主义教育基地，成为广大市民凭吊先烈、继承革命精神的最好去处。要加大投入，整合革命遗址，充分发挥红色文化在提升市民素质、弘扬先进文化中的积极作用。

（三）利用自然文化资源，打造生态绿城

蚌埠自然文化资源丰富，是一座生态良好的山水园林城市。水是城市明亮的眼睛，充满灵性。市区内，千里淮河贯穿东西，8 平方公里的龙子湖环抱城东，与城西浩渺的天河遥遥相望，张公湖、珠园是镶嵌在城市中的两块碧玉。双山双水绕双城的怀远城美不胜收；淮、浍、漴、潼、沱汇聚而形成的水上五河城赛过江南水乡；水城倒映的大美固镇清新明丽。沱湖、天井湖、香涧湖、四方湖、茨河湖等像一颗颗璀璨的明珠镶嵌在淮河这条绿色项链上。淮河闸水利风景区、三汊河湿地公园、樵子涧水库、大巩山森林公园生态优良，景色优美。龙子湖山水相依，张公山绿树成荫，淮河景观带美景初现，一座古老而又年轻的生态绿城逐渐呈现在世人面前。要以创建全国园林城市为契机，老城区的棚户区拆迁后，尽量原地建成绿地和广场，扩大公园绿地面积。

（四）开发城市文化资源，打造休闲怡城

随着旅游业深入发展，休闲旅游将成为主导产业，蚌埠拥有优越的区位、良好的生态、深厚的文化、繁荣的商贸和完善的城市功能，打造休闲城市具有先天的条件。

蚌埠是南北文化的融合地，饮食文化发达，并逐渐形成了南北兼具的特色。烧饼夹里脊鲜辣可口，具有北方的风味；雪圆四色汤圆酸甜香浓，又是典型的南方美食。此外还有湖沟烧饼、生炸圆子、小龙虾、老淮滨小吃等传统美食。要规划建设传统美食街区，集中蚌埠特色饮食，打造“吃在蚌埠”的美食品牌。注意对以淮河路商圈为核心的“老蚌埠记忆”的恢复重建工作。借鉴上海等地经验，对蚌埠知名老街进行标注，设立标注牌，并附有老图片和历史沿革介绍。要加强对宝兴面粉厂、健康路老建筑等为数不多的老建筑的保护。

充分利用自然生态资源，以中华古民居、大明文化园、花鼓灯嘉年华等重要景点为依托，形成以养老、温泉养生、古民居体验、游乐等为内容的龙子湖生态休闲度假旅游区。要不断丰富“吃、住、行、游、购、娱”旅游六要素内容，突出城市地域文化，用创新的理念、创新的手段与休闲元素结合，打造休闲怡城，满足市民和游客的心理体验和精神需求。

（五）传承城市精神，打造创新之城

文化是城市的根脉，创新则是文化的灵魂。创新是蚌埠地域文化中的精髓，大禹治水变堵为疏，关键就在于创新。在蚌埠城市精神和先进思想文化中，创新进取是一种时代精神。在计划经济年代，让蚌埠人津津乐道、引以为豪的“五大机”就是蚌埠创新精神的最好证明。2008 年“合芜蚌自主创新综合配套改革试验区”设立，创新精神再次成为新时期蚌埠经济社会发展的不竭动力。在中央提出的五大发展理念中，创新是引领发展的第一动力。作为从来都不缺乏创新的城市，蚌埠必须把创新摆在社会发展全局的核心位置，不断推进理论创新、制度创新、科技创新、文化创新等各方面创新，让创新在全社会蔚然成风，建成一座现代化的创新之城。

（六）弘扬传统武术，打造运动新城

蚌埠开埠之初，淮河码头的装卸工人，为了抢码头、争活计，经常会发生打斗，码头上便出现了习武之风，这增添了这个城市的威武豪爽性格。1949 年后，武术成为市民健身强体的传统体育项目。改革开放以来，全民健身活动又为这座城市增添了勃勃生机。这里是安徽的“足球之乡”，又是淮河两岸的武林高手荟萃之地。长期以来，除了专业竞技项目外，校园体育、社会体育十分活跃，蚌埠人以热情豪放的性格、挺拔矫健的身躯展现了活力之城的风采。以 2018 省运会在蚌埠举行为契机，要加快体育场馆和全民体育设施建设，再次兴起全民健身的新高潮，打造充满活力的运动新城。

参考文献：

［1］郇旭东．打造淮河文化品牌　提升蚌埠文化软实力［J］．蚌埠党校学报，2011.

［2］俞香云，丁春生．蚌埠市历史文化资源开发利用现状与对策分析［J］．蚌埠学院学报，2014.

［3］罗先奎．安徽地域文化的内涵［J］．芜湖职业技术学院学报，2015.

［4］钟艳．安徽地域文化资源整合与集群化发展的初步构想［J］．安徽行政学院学报，2014.

［5］俞思念．当代中国地域文化与城市文化建设［J］．学习论坛，2010.

［6］曹天生，朱光耀．淮河文化导论［M］．合肥：合肥工业大学出版社，2011.

［7］邢军等．文化转型与大湖名城［M］．合肥：安徽教育出版社，2015.

[8] 文化蚌埠编委会. 文化蚌埠 [M]. 合肥: 安徽文艺出版社, 2009.

[9] 孙建伟. 打造地域文化品牌　增强城市影响力 [J]. 奋斗, 2011.

[10] 白秀. 打造地域文化品牌　推动强市名城建设 [N]. 张家口日报, 2012-02-16.

[11] 隋琳. 地域文化建设与地方经济发展 [J]. 中国石油大学学报 (社会科学版), 2006.

[12] 郑晓星. 发挥地域品牌优势　推动文化发展繁荣 [N]. 三明日报, 2012-02-16.

[13] 吴兆民. 科学处理地域文化关系　推动安徽文化强省建设 [J]. 黄山学院学报, 2009.

[14] 卞利. 略谈安徽地域文化的流变和形成 [N]. 安徽日报, 2016-01-25.

皖北红色文化融入大学生思想政治教育的路径探析

付 琼

摘 要：皖北红色文化资源内涵丰富，是取之不尽的精神宝库，要采取多种形式将皖北红色文化融入高校大学生思想政治教育，既要发挥思想政治理论课的主渠道作用，又要丰富红色教育的社会实践活动，同时还要立足于对本土红色资源内涵的挖掘，构建特色校园文化体系，使课堂教学与实践教学、社会教育与学校教育形成有效合力，使皖北红色文化教育成为加强和改进大学生思想政治教育工作的重要途径和优势特色。

从皖北地区红色文化的资源内涵方面，分析了将皖北红色文化融入高校思想政治教育工作，对提升大学生的思想道德修养水平和促进大学生健康成长的重要意义，对当前皖北红色文化教育面临的困境进行了论述，表现为：多元文化和价值观的冲击、融入思政课的内容和形式单一、本土红色文化资源挖掘不够以及网络新媒体带来的新挑战。针对问题，提出了要拓展皖北红色文化的教育途径、丰富和创新教育的内容与形式、大力发掘本土红色文化资源、构建特色校园文化等意见建议，将皖北红色文化有效、充分融入课堂、教材、社会实践和校园文化。

关键词：皖北；红色文化；大学生；思想政治教育；路径

一、皖北红色文化资源概况

皖北地区通常泛指安徽淮河以北及沿淮部分地区，包括宿州、淮北、蚌埠、阜阳、淮南、亳州六个地级市，该区域历史底蕴厚重，文化特色鲜明。皖北是中国命运大决战——淮海战役的主战场，邓小平、刘伯承、陈毅、粟裕等老一辈革命家和共产党人曾率淮海战役总前委进驻该地区，该地区曾是淮海和渡江战役的

作者简介：付琼，宿州学院办公室政工师。

基金项目：安徽省人文社科重点研究项目：“皖北红色资源在高校思想政治教育中的开发与利用”（SK2017A0473）。

军事指挥中心和华东地区的政治决策中枢。[1]

皖北地区有丰富的红色文化资源，主要包括与皖北革命历史有关的重大历史事件、革命运动以及重要革命遗址遗迹、革命人物等，内涵丰富、分布广泛、形式多样。据2012年安徽省革命遗址普查数据，全省共有革命遗址3318处、其他遗址250处，其中皖北六市的革命遗址数为711处。[2]其中，影响较大、知名度较高的革命遗迹、遗址主要有淮南新四军纪念林、涡阳新四军四师指挥部旧址、临涣淮海战役总前委旧址等。据不完全统计，皖北地区省级及以上爱国主义教育基地33个、全省领导干部党史教育基地11个。

皖北红色文化是中国共产党领导皖北人民在建立红色政权以及建设实践过程中留下的足迹和取得的功绩，以及在此过程中形成的革命理论、革命精神和革命传统，包括革命遗址、纪念场馆等物质文化资源以及思想、理论等精神文化资源。皖北红色文化资源是丰富的教育资源之一，它不仅蕴含革命先辈崇高的理想、坚定的信念、高尚的爱国热情、不屈不挠的奋斗精神、奋发进取的创新精神和高尚品德，还承载着红色的历史、光荣的传统、优良的作风以及崇高的思想境界，既是思想政治教育的重要内容，又是思想政治教育的重要载体。

二、皖北红色文化融入大学生思想政治教育的现实困境

皖北地区有中小学9138所、普通高中232所、本科高校12所、中高职学校26所[3]，要充分发挥皖北红色文化资源的育人作用。但当前皖北红色文化融入大学生思想政治教育面临着多元文化和价值观的冲击、教育的内容和形式相对陈旧单一、本土红色文化挖掘不深等问题，影响了红色文化育人功能的发挥。

（一）多元价值观的影响和西方意识形态的渗透

经济全球化带来了文化、价值观念的多元化，使传统的价值观受到了前所未有的冲击。受西方价值观念的冲击，拜金主义、享乐主义、极端个人主义等不良思潮，在思想认识、审美情趣、价值取向、道德观念等方面给大学生带来了一定的负面影响，青年学生的思维观念和行为方式等也不可避免地呈现出多样化的特征。95后大学生个性突出，敢于追求新鲜事物，但又缺乏去伪存真的能力，受西方价值观念和社会不良环境的影响，部分大学生理想信念淡薄、政治信仰淡化，甚至少数青年学生对中华优秀文化产生怀疑。有调查发现，大学生课余时间对红色文化主动涉猎少，大多数学生没有完整地阅读过一本马克思主义经典著作或党史图书。这些都为革命传统教育增加了难度，如果不能对大学生进行正确的教育和引导，可能会使部分学生在人生观价值观上迷失方向，甚至影响其健康成长。

（二）对本土红色文化资源开发与利用不够

皖北本土红色教育资源为进行大学生革命传统教育提供了得天独厚的条件，整理和挖掘当地的革命历史资源对弘扬地方红色文化、提升红色文化的育人功能具有重要意义。然而皖北红色资源的共享与利用程度依然不够高，部分遗址由于年久失修、拆迁改造、缺乏管理等，濒临损毁或已消失。以蚌埠地区为例，据2012年革命遗址普查情况来看，蚌埠地区76个革命遗址和重要历史事件和重要机构旧址中，仅有8个被列为各级重点文物保护单位；62个革命遗址中，仅有9个被命名为各级爱国主义教育基地，占革命遗址总数的14.8%。[4]有的革命遗迹遗址没有得到充分的开发与利用，长期无人问津，甚至逐渐荒废。目前大部分高校已将区域内的爱国主义教育基地纳入对大学红色文化教育实践教学场所，但由于缺乏系统性、统筹性和长效性的规划，重形式、轻内涵，没能有效地将本土优质红色文化资源融入教材、引进课堂和融入高校自身特色校园文化建设，红色文化教育氛围营造力度不够。地方政府在弘扬本土红色文化方面宣传力度不够、对文化内涵挖掘不深、定位不精准、开发不到位等问题，影响了红色文化教育功能的充分发挥。

（三）融入思想政治理论课的内容形式单一

当前，皖北红色文化融入皖北地区高校思想政治教育教学，还存在教学内容比较陈旧、方式方法还较为单一、教育的力度和深度不够大等问题。在内容上，实施红色文化教育的主要载体是思政课理论教材，部分教师往往根据书本内容，以理论知识传授为主，由于教材内容相对固化，加上课时安排的限制，学生从课本上获得的知识有限；此外，思政课课本的知识广度有限和理论深度不够，且未能体现最新的理论研究成果，教材内容的生动性和可读性不足，不能有效调动当代大学生的学习兴趣。而除了思政课，其他课程中普遍缺乏系统的对革命传统知识和民族精神方面知识的传授与解读，没有将红色文化教育贯穿于思想政治教育的全过程。在形式上，目前大多数高校红色文化教育方式仍以理论课教学为主导，理论课与实践课教育的密切融合度不够。虽然高校普遍开展了一定的红色文化教育实践活动，但大多停留在游览参观红色景区、烈士纪念馆、祭扫烈士墓等较浅的层面，学生对革命传统精神的内涵的理解多为直接的感观认识，缺乏深刻的理性思维，教育效果不够理想。[5]

（四）新媒体带来的机遇和挑战

95后大学生是伴随着互联网的发展而成长起来的一代，他们的社交、娱乐、消费方式都深受互联网的影响。在互联网时代，新媒体给红色文化教育工作带来了新契机，也带来了新挑战：一方面，大学生正处于世界观、人生观、价值观形成的关键时期，互联网上大量鱼龙混杂的信息和负面消极的舆论可能会对大学生产生恶劣的影响，使其出现思想上的混乱和动荡，甚至人生观、价值观产生偏移，这对大学生的社会主义核心价值观教育和意识形态安全教育提出了极大的挑战。此外，互联网时代大学生的思维方式发生了一定的变化，单一被动接受式教育和简单的以党团组织和政治教育方式进行红色文化教育的方式很难吸引大学生，一定程度上影响了教育效果。另一方面，在“触手可及”的网络时代，特别是随着无线网络的普及，高校图书馆、教室等校内场所及车站、商场等社会公共场所 Wi-Fi 无处不在，为大学生获取信息提供了极大便利，相比之下传统的信息传播方式受到了较大的时空限制，很多大学生把业余时间和精力投入网络世界，互联网快速传播、同步交流的功能也为思想政治教育工作带来了新机遇。

三、皖北红色文化融入大学生思想政治教育的对策

拓宽皖北红色文化融入大学生思想政治教育的有效途径，完善皖北红色文化教育的长效机制，使红色文化教育成为加强和改进大学生思想政治教育工作的重要途径和优势特色。

（一）创新方式方法，推进皖北红色文化进课堂

将皖北红色文化融入思想政治教育，既要发挥思想政治理论课的主渠道、主阵地作用，也要深刻把握时代环境的变化，不断创新方式方法，充分利用红色文化资源特色。

一是充分发挥思政课的主渠道作用。把皖北红色文化资源纳入思想政治理论课教学计划和课堂安排，帮助学生了解中国共产党人领导人民进行革命和建设的奋斗历史。思政课教师要有意识地寻找皖北红色文化教育与教学内容的结合点，有针对性地依托当地红色文化资源的内容进行讲解，使红色文化资源转化为课堂教学活动的宝贵资源。思政课要紧密联系红色文化的精神内涵，对大学生开展爱国主义、民族精神以及价值观、人生观、道德观等思想领域的正面教育，在进行“形势政策”“基础课”“纲要课”“概论”课教育教学中，据教材内容和教学需要，将地方红色文化内容穿插其中。如《思想道德修养与法律基础》课程关于理想信念教育的教学中，联系邓小平、刘伯承等老一辈革命家在皖北地区艰苦战斗的经历，使理想信念教育更加鲜活生动。[6]

二是改变传统课堂教学方法。利用红色文化资源生动、形象、富有感染力的优势，改变单一枯燥的教学方法，多采用影像式教学、案例教学、讨论式教学、网络式教学，使教学方式接地气、更有成效，将皖北红色文化资源融入大学生思想政治教育过程。

（二）丰富主题教育活动，推进皖北红色文化进实践

一是创新红色教育实践形式。社会实践是大学生的第三课堂，要改革以理论

讲授为主的教学形式，创新红色教育实践形式，让大学生在实践中增长知识、接受教育。实践教学基地是开展校外实践教学的平台和载体，要充分发挥皖北地区的革命遗址、博物馆、革命传统纪念场馆等爱国主义教育基地的教育作用，将其纳入思想政治理论课的实践教学基地和开展红色革命传统和爱国主义教育的重要场所，通过组织开展皖北“红色文化之旅”等主题教育实践活动，深入皖北地区的革命遗址、纪念馆等，使学生切身感受红色精神。[7]安徽省有着丰富的红色文化资源，党史人物故居、纪念地随处可见，革命旧址、纪念馆比比皆是，红色名人名家层出不穷，除了皖北之外，皖西地区的大别山革命历史纪念园、金寨县革命博物馆，省会合肥有渡江战役纪念馆等国家级和省市级爱国主义教育基地，这些地方具有厚重的历史文化积淀，规模较大、交通便利，适宜选作大学生实践教学基地。皖北的高校要主动挖掘本地及周边区域红色教育教学资源，主动和地方的红色旅游景点、爱国主义教育基地联系，建立稳定的合作关系，共同建设开发一批具有代表性的红色资源教育实践基地，实现资源的共享利用。

二是开展形式多样的主题教育活动。利用抗战胜利纪念日、烈士纪念日等重大节日和活动纪念日的契机开展主题教育活动，更容易让学生获得感性的体验、灵魂的触动和精神的洗礼。适时开展以缅怀革命先烈、弘扬爱国主义精神的各类主题党日、团日活动，举办历史知识讲座、主题班会、红色文化宣讲、党史知识竞赛等活动，让学生重温红色记忆，感受红色文化熏陶。如在纪念抗战全面爆发80周年等重要时间节点，组织学生收看直播或视频并开展专题讨论活动，邀请思政课教师开设专题讲座，解读抗战的历史、意义，教育引导学生正视历史，积极投身实现“中国梦”的伟大实践。向学生推介红色经典书籍和影视作品、举办读红色经典征文大赛等一系列主题活动，使学生不断加深对革命精神的认识和了解。

（三）挖掘区域红色文化资源，推进红色文化进教材

区域红色文化具有就近性、直观性，红色文化教育必须与当地革命历史相结合，才能把抽象的革命传统内涵还原为具体丰富的革命形象，把革命传统的历史感转化为青年学生耳闻目睹的现实感[8]，所以，皖北高校要主动挖掘本地及周边红色教育教学资源。

一是编写反映皖北红色历史文化内涵的校本教材。编写校本教材是彰显高校教育教学水平、体现本土文化特质的重要载体，也是开展红色文化教育特色化、长效化的重要方式。深挖皖北及周边红色文化的资源内涵，编写一部反映区域红色历史传统的校本教材，并使之转化为教育教学资源，以本土红色故事感染学生、激励学生、教育学生，增强学生对家乡或本土厚重历史文化内涵的认识，促使他们坚定理想信念，养成良好的道德品质。

二是加强对本土红色文化的理论研究。地方文化是地方高校发展的重要养分，高校应积极担当传承弘扬革命传统教育的责任，建立皖北红色文化研究机构，加强对地方红色文化、红色精神的研究、提炼，努力形成有特色的红色文化教育产品。如近年来宿州学院立足皖北本土红色文化资源，依托安徽省人文社科研究基地——宿州学院大学文化研究中心开展课题的研究。鼓励教师积极申报国家级、省级科研课题，通过挖掘地方红色文化资源，促进其开发利用，增强地方红色文化资源的生命力。宿州学院还依托皖北作为黄淮战役的主战场的资源优势，在校内建成革命传统教育馆，并把其作为该校思想政治理论课重要的实践教学基地、宿州市及周边青少年接受红色革命传统和爱国主义教育的重要场所，对加强青少年学生和党员的革命传统教育和传承皖北地区宝贵的革命传统发挥了重要作用。

（四）构建特色校园文化，推进红色文化进校园

校园文化活动是对大学生进行思想政治教育的重要载体，要多种形式地将红色文化融入校园文化。

一是发挥校园教育媒介的作用。将皖北红色文化要素融入校园文化建设的方方面面，为大学生提供更多接触本土红色文化的机会，从而内化红色精神。在校园文化的重要体验场所例如图书馆、教室、校园文化宣传栏等，定期展示和传播红色文化知识，同时利用广播、校报多宣传、刊载红色文化事迹，多种形式营造浓厚的校园红色文化学习氛围。鼓励和引导学生参与校园、班级文化建设，通过班训、班风、学风建设来体现隐性红色文化，打造特色校园，增强大学生对红色文化的认同感。[9]

二是借助网络教育新平台的优势。互联网已成为师生学习交往的新空间、思想和知识传播的重要领域、教学和管理的重要平台，红色文化教育要与时俱进，借助网络平台优势。在校园文化建设中注入网络元素，开展融思想性、知识性、趣味性于一体的网络文明建设活动，如利用官方微博、微信、班级QQ群等信息传播媒介，推送党史知识、红色经典和时政热点，组织师生党员、学生干部参与讨论热点话题，弘扬正气、树立新风；在校园网开辟革命传统教育专题网站，图文并茂、声像并举增设生动的内容版块，并定期更新维护，加大红色网站的宣传力度，提升网站在学生中的吸引力和影响力。开展“网上祭扫、寄托哀思”等一系列活动，营造积极向上、健康浓厚的红色教育的环境。

三是完善“融入”保障机制。将皖北红色文化融入校园文化不是一时一地之策，而是需要长期坚持，形成常态。皖北高校要高度重视对包括红色文化在内的优秀传统文化的继承和弘扬，将红色文化教育纳入校园文化建设发展规划，纳入学校思想政治教育发展规划，明确红色文化教育的发展目标、方向和措施。同时，出台完善保障机制，加强对红色文化教育的组织领导，落实相关部门的任务和责任，形成工作合力。此外，出台奖励制度和办法，鼓励师生创作红色歌曲、喜剧等文艺作品，激发大学生参与红色文化活动的积极性。

四、结语

皖北红色文化具有特殊的物质载体和丰富的精神指向，是取之不尽的精神宝库，要采用多种形式拓宽皖北红色文化融入思想政治教育的渠道，发挥思想政治理论课的主渠道作用，丰富红色教育的社会实践活动，同时还要立足于对皖北地区本土红色资源内涵的挖掘，发挥课堂教学与实践教学、社会教育与学校教育的合力作用，真正使皖北红色文化教育成为加强和改进大学生思想政治教育工作的重要途径和优势特色。

参考文献：

[1] 沈明堂．感受蚌埠厚重历史弘扬优良革命传统［N］．蚌埠日报，2016-07-13.

[2] 中共安徽省委党史研究室．安徽省重要革命遗址通览（第1册）［M］．合肥：安徽美术出版社，2012.

[3] 安徽省教育厅关于印发2013年支持皖北地区教育发展工作要点的通知［EB/OL］．安徽教育网，http：//www. ahedu. gov. cn/164/view/8532. shtml.

[4] 中共安徽省委党史研究室．安徽省重要革命遗址通览·蚌埠市［M］．合肥：安徽美术出版社，2012.

[5] 龙海平．大学生红色教育存在的问题、原因及对策［J］．文教资料，2009.

[6] 周晓光，雷家军．新时期高校革命传统教育的路径探析［J］．黑龙江教育学院学报，2012.

[7] 李倩．红色文化在高校思政课实践教学中的运用——以皖西红色文化为例［J］．淮南职业技术学院学报，2015.

[8] 金艳芬．论高校革命传统教育［J］．吉林师范大学学报（人文社会科学版），2008.

[9] 杨国栋．红色文化融入大学生思想政治教育的对策思考［D］．保定：河北农业大学，2016.

弘扬涂山文化 加快文化复兴 实现蚌埠真正崛起

杨恒亮

摘 要：本文通过三个方面的论述，认为涂山文化是蚌埠市赖以发展的主要因素之一；涂山文化研究和整合的成果是实现蚌埠文化复兴的基础；加强涂山文化资源转化为文化产业的力度，是实现蚌埠文化复兴的关键。因此，坚决贯彻党的十八大精神，落实党的十七届六中全会《中共中央关于深化文化体制改革、推动社会主义文化大发展大繁荣若干重大问题的决定》（以下简称《决定》），弘扬涂山文化、加快文化复兴，使蚌埠这座新兴城市能够科学发展、持续发展，才能实现蚌埠的真正崛起！

最后提出，希望在庆祝蚌埠设市80周年之际，能够看到真正崛起的蚌埠成为皖北特大中心城市，成为中国著名、世界知名、经济发达且具有鲜明地方特色文化的城市，实现其梦寐以求的宏大梦想！

关键词：涂山文化；资源；转化；文化产业；文化复兴；崛起

一、涂山文化是蚌埠市赖以发展的主要因素之一

世界上任何一座城市的诞生、发展，都有着各自的因素。如何充分利用好各自的积极因素，对于这座城市的持续发展起着决定性作用。

经济和文化的相辅相成，是一座城市兴起后能够科学发展、持续发展的最主要的积极因素。经济社会的发展，是一座城市发展的基础，城市的文化繁荣，又影响着这座城市的经济社会的发展。“文化是城市的灵魂，深厚的历史文化积淀是创造个性化、艺术化城市不可替代的宝贵资源”，这就是通常所谓的经济实力和文化软实力两者的紧密结合，只有这样才能使这座城市得到真正的发展，缺一不可。

作者简介：杨恒亮，山东人，1938年生，1988年退休。文化学者、画家、园林规划师。

一般来说，一座新兴城市，难有“深厚的历史文化积淀”，需要上百年甚至数百年的积累，才可以实现。如果，一座新兴百年的城市，有着得天独厚的历史文化底蕴，而长期没有被发现，或者被发现而没有被执政者重视的话，则影响对其开发利用，以致影响这座城市文化软实力的提升，也影响着这座城市的经济发展。

蚌埠这个地方，因其遇上了津浦铁路修建通车，得以发展成安徽省最早在民国时期就设市的城市。由于蚌埠兴起的历史较短，文化积淀浅薄，所以，人们对自己城市的历史文化有着一种不可名状的自卑感。自20世纪60年代后，人们开始不断地总结、探索蚌埠城市的历史文化。改革开放以来，由于探索认识的方法欠妥，对蚌埠历史文化的根源和内涵，一直是处于模糊认识之中。虽然，在2001年和2005年两次在蚌埠召开的全国性研讨会上①已经指出，这座新兴的蚌埠城市有着7000多年历史文明，但是两个研讨会的专家学者和省领导的“建议”，却没有得到地方政府及其主管部门领导的重视，也没有将其“建议”予以研究发掘和整合，以致仍将“珍珠”作为蚌埠市的历史文化的核心，举办了各种文化活动，并以“珍珠文化”为主题，选出了蚌埠市歌、市标，并将“禹德厚风的品格、孕沙成珠的精神”作为蚌埠城市精神，因此，有人还认为这座城市是火车拉来的，无根无源。

近年来，人们开始逐渐意识到这座新兴城市不是火车拉来的，而是有其独特而深厚的历史根源和文化内涵。但是至今，地方中上层部分领导及部分广大市民，仍对自己城市的历史文化没有清晰的认识，以致市有关主管部门仍将“珍珠文化”作为市标，扒掉张公山公园南大门建筑物，不惜重金在南大门广场上树立代表蚌埠历史文化的巨型“珍珠文化”雕塑。蚌埠市有关部门的这种做法，继续误导市民和游人对张公山公园历史文化和蚌埠历史文化的正确认识。

虽然自2001年“涂山·淮河流域历史文明研讨会及中国先秦史学会第七届年会”（简称“涂山历史文明研讨会”）提出了《关于深入研究发掘涂山历史文化遗产，科学规划合理开发涂山文化资源的建议案》（简称《建议案》），但是，对涂山文化的正确认识，还需要政府及其主管部门的大力宣传，才能进一步深入人心。

市民能普遍意识到涂山文化是蚌埠城市真正的历史文化，这只是达到了人们的广泛共识；对涂山文化研究、整合的成果能被政府及其主管部门予以重视，积极实施，才能实现蚌埠的科学发展、持续发展。因此，涂山文化是蚌埠赖以发展

① 即2001年“涂山·淮河流域历史文明研讨会及中国先秦史学会第七届年会”和2005年“蚌埠双墩遗址暨双墩文化学术研讨会”.

的关键因素之一，又是实现蚌埠文化复兴的基础。

二、涂山文化研究和整合的成果是实现蚌埠文化复兴的基础

欧洲中世纪的文艺复兴早已被世人传为佳话。涂山文化研究和整合的成果能否成为蚌埠文化复兴的因素和基础，是笔者再三思考和研究的问题。

笔者之所以提出蚌埠文化复兴的问题，是基于中国先秦史学会在其《建议案》中对蚌埠涂山文化的肯定，并指出涂山文化在中国历史文化发展进程中起到了非常重要的作用，具有重要的历史意义和现实意义。

笔者把臧世凯同志于2005年在“双墩文化研讨会”上的致词作为研究涂山文化、思考蚌埠文化复兴问题的重要指示。

涂山文化，首先于20世纪80年代由蚌埠市地方文化学者提出①，然后于2001年由中国先秦史学会在其第七届年会上予以公认，并且提出了中肯的关于涂山文化的《建议案》。《建议案》提出三条建议的最后一条是：“希望安徽省各级领导重视涂山文化遗产的开发，科学规划、合理开发蚌埠地区丰厚的历史文化资源，推动蚌埠地区经济社会和文化建设事业的发展与繁荣。”

在2005年“蚌埠双墩遗址暨双墩文化学术研讨会”（简称“双墩文化研讨会”）上，安徽省委常委、宣传部部长臧世凯在其致词中指出：“蚌埠这种丰富而独特文化资源成为蚌埠城市可持续发展的不懈动力。蚌埠要通过整合历史文化资源，深入发掘历史文化内涵，把握历史文脉，实施文化立市战略，提炼历史文化核心价值，概括蚌埠文化精神。以独特的历史文化品牌和具有时代特征的蚌埠文化精神塑造蚌埠文化形象，以先进文化引领蚌埠未来发展方向，凝聚民心、集合民力、发挥民智，实现建设和谐蚌埠，再创辉煌的宏伟目标。”臧世凯同志的这段建议讲话，是对涂山历史文化重要性的进一步阐述，并且，臧世凯同志在致词中指出安徽省委省政府“把发展文化产业作为全省八大产业之一”。

笔者按照专家学者和省委领导的建议，通过十多年来积极对涂山文化的研究和“整合”后，出版了《涂山文化——关于蚌埠历史文化的思考与研究》一书。笔者认为：以涂山为标志的涂山文化、涂山大禹文化、涂山风景名胜区等三位一体的“丰富而独特的（涂山）文化资源”，完全可以“成为蚌埠城市可持续发展的不懈动力”。用涂山文化定义的概念，完全可以整合涂山、涂山大禹文化、涂山风景名胜区等各个因素；完全可以“整合（蚌埠）历史文化资源”；完全可以“深入发掘（涂山）历史文化内涵”；完全可以“把握（蚌埠）历史文脉”；完

① 黄敬坤《涂山文化初探》.《中国的历史文化名山·涂山》，蚌埠市政协编，1996年10月出版.

全可以“提炼（涂山）历史文化核心价值，概括蚌埠文化精神”；继而完全可以“实施文化立市战略”的目标，即实现蚌埠的文化复兴。“严格保护、永续利用”好丰富而独特的涂山文化资源，完全可以使蚌埠达到真正的崛起。

譬如，已经论争了1000多年的“涂山地望”问题，全国各地的专家学者代表们终于在2001年“涂山历史文明研讨会”上达成共识，即“禹迹涂山地望在今安徽蚌埠怀远境内的古史传说”（参阅《建议案》）。这就是说，中国的历史名山——涂山，是在蚌埠怀远境内。另外，中国社科院考古研究所对涂山山脚下禹会村的“禹墟”考古发掘初步成果认为，禹墟为我国4000多年前新石器龙山文化极为罕见的一处大型祭祀遗址，与大禹涂山治水会诸侯的历史传说时期极为一致，如果对其继续考古挖掘，史载“禹会诸侯于涂山”的历史传说极有可能为历史的现实。这样，涂山、“禹会诸侯于涂山”，就是蚌埠市的一张历史名片，这对于提高蚌埠市的文化声誉具有很大的作用！

再如，涂山文化所蕴含的7000多年悠久历史及丰富而独特的文化内涵（参阅《涂山文化——关于蚌埠历史文化的思考与研究·涂山文化概论》一文），需要我们“通过整合（涂山）历史文化资源”，并“深入发掘（涂山）历史文化内涵”，使人们“把握（蚌埠的）历史文脉”，这样就可以“实施文化立市战略”，使人们普遍认识到涂山文化的历史悠久和博大精深，使世人对蚌埠刮目相看。正如外国人看到故宫、兵马俑、金文、甲骨文等文物，再登上长城游览，对中国悠久历史文化的高度赞扬便油然而生一样，如果看到涂山文化7000年后的双墩遗址出土的600多个刻画符号和那两个陶塑人头像，就会感觉到，涂山文化就是一个“独特的历史文化品牌”，涂山文化的历史悠久和博大精深让世人啧啧称奇！

涂山大禹文化，更是塑造蚌埠城市精神最优秀的传统文化。我国妇孺皆知的大禹治水的历史传说，就发生在蚌埠的涂山这个地方，而大禹在涂山治水的十多年时间里，正是大禹精神主要显现的时期，因而大禹治水能够获得成功，能够被天下诸侯、酋长公认为“天下共主”，为大禹后来建立夏朝——中国国家的雏形，奠定了坚实基础。大禹涂山治水是涂山大禹文化的始端，历朝历代人们颂扬涂山大禹精神的文艺作品浩如烟海，所以，臧世凯同志在其致词中指出，涂山大禹文化完全可以“提炼历史文化核心价值，概括蚌埠文化精神”，塑造蚌埠城市的精神。

涂山大禹文化，是中国最具核心价值的优秀传统文化，涂山大禹文化隐含的大禹精神，“凝聚着中华民族自强不息的精神追求和历久弥新的精神财富，是发展社会主义先进文化的深厚基础，是建设中华民族共有精神家园的重要支撑”。（见党的十七届六中全会《决定》）

涂山风景名胜区，是涂山文化、涂山大禹文化赖以依存的地方。对涂山风景名胜区严格的“保护建设”，完全可以使其晋升为国家级风景名胜区，甚至可以被列入世界遗产名录，这可以更加凸显涂山大禹文化的魅力，以其“独特的历史文化品牌”来提升蚌埠文化软实力和国际知名度，“推动蚌埠地区经济社会和文化建设事业的发展与繁荣”。

涂山文化，虽然是软实力，但可以转化为文化产业的硬实力。这就需要加强以涂山文化中优秀传统文化的历史题材为基础创造出一批原创作品，然后将其转化为文化产业。

三、加强涂山文化转化为文化产业的力度是实现蚌埠文化复兴的关键

党的十八大提出“推进经济结构战略性调整”，指出“必须以……优化产业结构……着力解决制约经济持续健康发展的重大结构性问题”，如何优化蚌埠的产业结构，实现蚌埠经济持续健康发展，着力加快发展蚌埠特色的文化产业，是实现蚌埠文化复兴的关键，更是这座城市真正崛起的象征。

如何开发利用涂山文化，将涂山文化资源转化成文化产业的资源，需要从以下几个方面着手。

1. 积极克服对涂山文化资源开发利用的错误认识和错误做法

虽然，2001 年“涂山历史文明研讨会”提出了《建议案》，2005 年“双墩文化研讨会”上，省有关领导在其致词中提出了“整合”蚌埠历史文化等建议，但是，由于当时人们对于文化产业的概念还处于模糊认识阶段，没有引起地方有关主管部门的重视，至今，人们对涂山文化资源的开发利用，还存有错误的认识和错误做法。

譬如，近年来，由于对涂山文化资源和自然资源进行了错误的开发利用，以致要把涂山风景名胜区作为城市发展的一部分，纳入蚌埠市西部新城的开发规划，搞“大禹文化产业示范园区”，后经蚌埠市一些有识之士的反对，才把涂山风景名胜区从大禹文化产业示范园区规划范围内除去，但是仍对“大禹文化产业示范园区”进行了“概念性规划”。殊不知，这种以“大禹”命名的“文化产业示范园区”，因为并没有文化产业的内容，只不过是挂着“大禹”或者“大禹文化”的名字，施行的是房地产业、旅游产业性质的开发而已，没有一点儿“文化产业”的内涵。

另外，对涂山文化资源没有深刻的认识，也没有积极地去“整合”，更没有积极地去发掘，以致对涂山文化开发利用束手无策，更无任何将涂山文化资源转化为文化产业资源的办法。

涂山文化或涂山大禹文化，是蚌埠市最具特色的历史文化品牌，其丰富而独

特的历史文化资源是蚌埠市科学发展、持续发展的不竭动力，更是蚌埠市文化事业和文化产业赖以发展的丰厚资源。

如何把涂山文化资源转换为文化产业，是蚌埠市亟待解决的重要问题。认真地贯彻执行党的十七届六中全会《决定》，是深化我市“文化体制改革”和解决蚌埠市文化产业发展，推动蚌埠市社会主义文化大发展大繁荣的唯一途径。

2. 按照《决定》，积极发展文化产业，构建蚌埠现代文化产业体系

根据《决定》对“构建现代文化产业体系”的阐述，蚌埠市丰富而独特的历史文化，完全可以作为构建现代文化产业体系的基础资源。

首先，要积极组织和鼓励“推出更多优秀文艺作品”，将涂山文化转化为文化产业。涂山文化、涂山大禹文化蕴含的丰富而独特的历史文化资源，完全可以作为蚌埠市“重大革命和历史题材创作工程、重点文学艺术作品扶持工程”予以积极组织、扶持，积极“鼓励原创和现实题材创作，不断推出文艺精品”，并将这些“文艺精品”，作为文化产业的文化资源，政府鼓励扶持有条件的印刷企业，积极成立（涂山）文化出版社，将这些优秀文艺作品积极印刷出版，这样做，既能鼓励优秀文艺作品的创作，又能扶植印刷出版业的发展，这是第一步。

其次，对蚌埠市文化产业发展进行规划。将出版印刷的文化资源扩展到“出版发行、影视制作、广告、演艺、娱乐、会展等传统文化产业”和“文化创意、数字出版、移动多媒体、动漫游戏等新兴文化产业”，使其发展壮大，这是第二步。

最后，按照《决定》，积极鼓励蚌埠市“有实力的文化企业跨地区、跨行业、跨所有制兼并重组”，然后，“优化文化产业布局……加强文化产业基地规划和建设，发展文化产业集群，提高文化产业规模化、集约化、专业化水平”，同时“加大对拥有自主知识产权弘扬民族优秀文化的产业支持力度，打造知名品牌”，这是第三步。

如果，按照上面所述三步去做，完全可以把蚌埠市文化产业构建成现代文化产业体系，使其成为蚌埠市经济社会的支柱产业，对发展蚌埠市特色文化产业、建设特色文化城市、加快蚌埠的文化复兴具有极其重要的意义。

3. 加快对涂山风景名胜区的“保护建设”，是蚌埠文化复兴的一个标志

《决定》指出：“加强国家重大文化和自然遗产地……保护建设。”涂山风景名胜区属于“国家重大文化和自然遗产地”，应予以加强“保护建设”。但是，蚌埠在这方面的工作存在严重失误。

以往人们不但对涂山风景名胜区的认识是错误的，而且在其规划、建设和管理上，一直被当作旅游产业来对待，因而对涂山风景名胜区的自然资源和文化资源造成了极大的破坏，也影响了对其“保护建设”。这种错误的认识至今都没有

纠正过来，而且，破坏行为和现象仍在继续发生。

加强对涂山风景名胜区的保护建设，具有极其重要的现实意义和深远的历史意义。保护建设好涂山风景名胜区，完全可以使其晋升为国家级风景名胜区，极有可能被列入联合国《世界遗产名录》，这对提升地方和国家文化软实力具有重大意义。

保护建设好涂山风景名胜区，对于弘扬蚌埠独特的传统优秀历史文化主旋律、进行爱国主义教育具有极大意义。

保护建设好涂山风景名胜区，对提高蚌埠的国内国际知名度、促进国家的和平统一具有重要意义。

保护建设好涂山风景名胜区，对促进地方的经济和文化的发展繁荣、对于蚌埠的文化复兴更是意义重大！

所以，保护建设好涂山风景名胜区，是蚌埠市文化复兴的一个标志。可以说，这项事业做好了，利在当代，功垂千秋！

四、弘扬涂山文化，加快文化复兴，实现蚌埠的真正崛起

涂山地区，曾经创造过无数个文化的辉煌，但那只是历史，不能代表当今紧挨涂山兴起的蚌埠市的辉煌。虽然，蚌埠在城市建设发展上已今非昔比，在皖北地区也是没有第二个城市可以相比。但是，就其自身来说，还缺少文化内涵的辉煌。一座城市，除了经济社会的发展之外，文化事业的发展繁荣是决不可轻视的，只有城市文化发展繁荣了，才能算是一座城市繁荣辉煌的象征。

经过数十年的探索，人们已经发现，涂山文化是这座新兴城市赖以发展的资源和动力，只有经过蚌埠市人民发扬涂山大禹精神，顽强拼搏，才能确保到2020年实现十八大提出全面建成小康社会宏伟目标。对蚌埠市长远发展而言，要想实现省委省政府对蚌埠的希望和重托，只有弘扬涂山文化，加快文化复兴，才能实现蚌埠的崛起，才能重返安徽第一方阵，才能建成皖北特大中心城市，引领皖北的经济社会和文化事业的发展繁荣。

笔者在蚌埠生活了六十多年，到了晚年，却产生了一个宏大的梦想：希望蚌埠到2027年庆祝设市80周年之际，能够看到兴起116年的蚌埠真正崛起为中国著名、世界知名、经济发达的、具有强烈地方特色文化的城市！

到那时，我们可以自豪地说：蚌埠已经实现了真正的崛起！

构建淮河文化的系统框架 为打造淮河文化数据库奠定基础

王绍义　高　群

摘　要：进入信息化社会，打造淮河文化数据库成了当务之急。打造这个数据库，首先要依据系统理论所提供的思想和方法，构建好淮河文化的系统（即体系）。系统有概念系统和实体系统之分，前者是后者的基础，后者是前者的依据。系统的构成为淮河文化数据库的建设奠定了基础。实体系统建设的最大难点在于“总体设计部”的建立和“顶层设计”的拟制。建设数据库有两大工程，即建库工程和数据化处理工程。然后进行注册登记，建网站，参与境内外网络运行，为淮河流域的经济社会建设提供文化软实力做出贡献。

关键词：淮河文化数据库；淮河文化概念系统；淮河文化实体系统

打造淮河文化数据库这个课题，已有有识之士做出了创新性的研究。譬如蚌埠市淮河文化研究中心朱光耀、杨业丰、邓士成、钱冲等老师撰写的《建设淮河文化资源数据库的设想》就是其中的一篇，文章认为：“当前淮河文化资源存在分布零散、收集不全、收藏量少等问题。未有哪个部门形成系统的淮河文化资源服务体系，也未提供现代化的信息服务手段。建立淮河文化资源数据库，构建淮河文化资源服务体系，对淮河文化的研究、普及、传承和保护有重要的作用，同时对促进沿淮地区经济发展也具有重要意义。”这充分说明“形成系统的淮河文化资源服务体系”的重要性。笔者东施效颦，试以此文就教专家。

用系统理论打造淮河文化数据库

所谓数据库，通俗地说，就像中药铺里的众多抽屉，将各种药材（资料）分别置放其中。但这种置放不是杂乱无章的随意所为，而是根据一定的结构，有序地、规范地进行分类置放，即要有一个规范化的系统框架。这个框架以一定的

作者简介：王绍义，男，1931 年出生，退休于安徽省蚌埠市政府经济文化研究中心，职务：秘书，职称：助理研究员；高群，男，1965 年 12 月生，中国大禹文化研究中心安徽分会副会长兼秘书长。

理论为依据，系统理论提供的思想和方法，就是其中的重要一种。

胡锦涛在看望住院的钱学森时说："您老这个理论（指系统理论）强调，在处理复杂问题时一定要注意从整体上加以把握，统筹考虑各方面因素，这很有创见。现在我们强调科学发展，就是注重统筹兼顾，注重全面协调可持续发展。"同样系统理论也可以解决淮河文化系统框架构造中的难题。

我们说"淮河文化"是一个客观存在的系统，并非故弄玄虚。马克思主义哲学认为："每一个相对独立的事物，都作为系统而存在，就是说，它们都是由互相联系互相作用着的若干要素按一定方式组成的统一整体。"① 前几届淮河文化研讨会的论文中，也有文章认为"淮河流域文化是一个系统工程"。陕西人民出版社出版的《系统思想与方法》一书认为："凡符合以下条件的事物者即为系统。第一，它们都是由两个以上的要素（部分、环节）组成的整体，构成这个整体的各个要素可以是单个事物，也可以是一群事物组成的小系统；第二，这些要素之间，要素与整体之间以及整体与外界环境之间，存在着一定的有机联系，从而在系统的内部和外部形成一定结构和秩序，环境就是系统所从属的更大的系统；第三，这个整体具有不同于各个组成要素（部分）的新功能，这种新功能主要是系统内部的有机联系和结构决定的。简言之就是由两个以上的相互联系、相互作用的要素所组成的，具有一定结构和功能的有机整体，它从属于更大的系统。"如果我们深入研究，就会发现"淮河文化"这一复杂的事物完全符合这些条件。

但是，也有不少论文认为，淮河文化其内涵过于芜杂，就像"大象无形"，难以找到切入点。笔者认为：我们面对这一巨大而芜杂的非线性的，又是多元的巨系统，如果运用现代系统理论所提供的科学思想和方法，将混沌系统从无序中发现有序，在冥杂中寻找简捷，困难就可迎刃而解。

系统理论告诉我们，系统分概念系统和实体系统。实体系统必须根据客观存在的概念系统来打造；而概念系统必须依据客观存在而未被完全揭示或未被有机整合的实体系统来描述。因此首先要找到揭示淮河文化这一概念系统的钥匙。

淮河文化的概念系统

我国系统理论大师钱学森说："客观物质世界既是统一的，又是充满矛盾的。它由纷繁复杂、不断运动变化的各种系统所组成。要想认识整个客观世界，就必须按照实际情况，分别从各个不同角度去研究。"② 这就给我们探讨这一系

① 中共中央党校出版社出版的《马克思主义哲学学习纲要》（以下简称《纲要》）。
② 钱学敏著：《钱学森科学思想研究》第111页（以下简称《敏著》）。

统指明了方向。

复杂性问题的研究是当今科学研究的前沿和焦点。当今国内外诸多著名的科学家都在研究这个问题，而钱大师在这方面做出了开创性的研究。什么是开放的复杂巨系统？钱学森认为："开放的复杂巨系统是系统科学的核心概念，指的是系统本身与系统周围的环境有物质、能量、信息等的交换，因而是'开放的'。系统所包含的子系统很多，成千上万，甚至上亿万，所以是'巨系统'。巨系统内子系统的种类繁多，有几十、上百甚至几百种。每个子系统既参与整个系统的行为活动，又受整个系统和环境的影响，形成复杂的相互作用，高度非线性。并有许多层次结构，各层次结构之间的关系也很复杂，以至于有些层次与层次之间的关系、结构都还不清楚。例如，人脑系统、人体系统、社会系统、地理系统（包括生态系统）、星系系统以及目前与互联网有关的种种复杂系统，都是开放的复杂巨系统。"而淮河文化正是这样的一种"开放的、复杂的、与地理系统有密切关系的社会巨系统"。必须指出系统一词，与辞书上"体系"一词并无多大区别。

那么怎样才能揭示这种复杂巨系统的本来面貌呢？钱学森认为："研究和认识复杂事物和人等这些开放的复杂巨系统核心的问题是具备整体观。因为系统就是由许多部分组成的整体，所以系统的概念就是要强调整体，强调整体是由相互关联、相互制约的各个部分所组成的……系统工程就是从系统的认识出发，设计和实施一个整体，以求达到我们所希望达到的效果。"①

要想分解任何一个极其复杂的巨系统，使系统尽可能的简单化，首先要识别这个系统的性质。上面已经将这一系统定性为社会系统，但它又与地理系统密切相连，是在一定的地域内生存发展的。而任何系统又都是有层次的，首先要选择最简单易行的方法把淮河文化这一社会巨系统的最高层次分解出来。我们认为可以按不同的地域来分割，使之成为几个并列的部分（子系统或要素）。淮河按地域来划分，有上游（即湖北、河南段）、中游（即安徽段）和下游（即江苏及山东段）这样三个地域：洪河口以上为上游，长 360 公里；洪河口以下至洪泽湖出口中渡为中游，长 490 公里；中渡以下至三江营为下游入江水道，长 150 公里。

这三个流经不同地域的淮河文化，均存在着不同的文化内涵，表现出不同的文化特征；同时也必须根据各自的特点来拟定各自的继承和发展的战略规划，很难归纳到同一系统框架之内。因此就形成了前面所说的"大象无形"、杂乱无章

① 《敏著》第 109 页。

的情况。如果将这三个流经不同地域的淮河文化按各自的文化特征来构建各自的系统框架，使之成为上一系统——淮河文化系统的三个并列的子系统（第一层次）；各自下面再分出并列的要素，构成自己的系统框架。这样才能解决上述难题。

在三个不同的地区里，又存在着不同的水系，淮河流域由淮河与泗沂沭两大水系组成。这些水系非常复杂，有的水系又是互相交叉的，要将这些水系所涵盖的流域作为下一层次的并列要素来构造框架的第二层次有很大的困难，仍须另辟蹊径。而在上述流域中，又存在着不同的城市。以安徽段为例，自西往东的城市有阜阳市、六安市、淮南市、淮北市、蚌埠市、宿州市、滁州市、亳州市。将这八大城市作为系统第二层次里面的并列的要素。可以把不同城市及其所辖区域分割成更小的部分，并形成并列的第二层次的要素（子系统）。基本上涵盖了所有水系。这样划分的好处就是每个城市都有政府的职能部门（电视广播及文化局）来掌管该市的文化，以免实体系统的构造无人负责而落空。淮河文化的一、二层次的系统框架如图 1 所示。

这个第一、二层次的系统框架，使每个城市作为淮河文化系统的最小单位，在它的下一层次由什么要素来组成第三层次的系统框架，是必须费心思考的。这是淮河文化这一巨系统的核心部分，则必须给予精心设计。

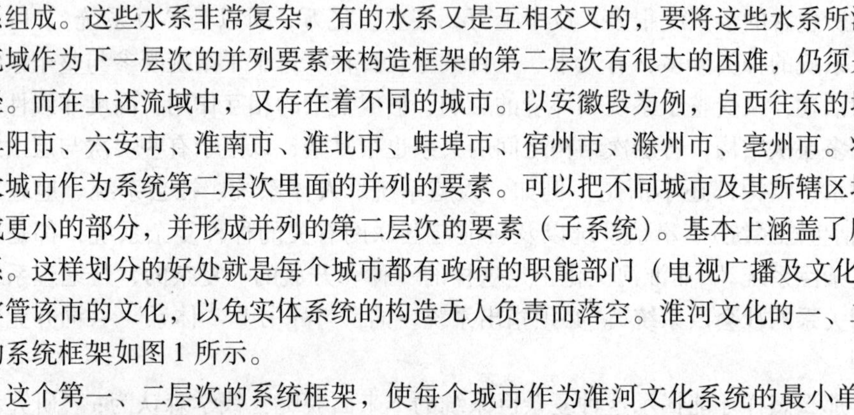

图 1　淮河文化系统框架图

注：以上第二层次以中游安徽段为例，上游及下游仿照构建

下一层次复杂的系统构造，宜粗不宜细，太细则又要陷入混沌的境界。我们以文化的各种表现形态为经，以各种文化事象为纬，构成一个网状系统，以涵盖城市全部文化内容。

（一）经线，淮河文化所表现的形态

1. 淮河文化的软件部分（即非物质形态表现出来的文化）

淮河文化的软件部分包括各种典籍中有关史实的记载，与淮河文化相关的神话、传说，后人评价，赞颂的语录、诗词、楹联、美术作品，与淮河文化相关的各种文艺形式（譬如花鼓灯）等，还包括今人的理论研究、史料考证等研发成果。

2. 淮河文化的硬件部分（即相关的可移动和不可移动文物）

淮河文化的硬件部分包括与淮河文化相关的庙宇、碑亭、遗址、遗迹、建筑物、挖掘出来的各种文物等，均以物质形态出现、具有考古价值的实物，以及与之相关的文化事业，譬如博物馆、纪念堂、人文景点、碑林等。

3. 与淮河文化相关的文化产业

譬如将上述文化事业和脑力劳动所生产的精神产品，当作商品来运作的产业，以及以淮河文化命名的各类企业，还包括这些文化产业所伸延的产业链。

（二）纬线，淮河文化的各种事项

1. 该城市的历史名人

历史上很多文化事象都是围绕著名的历史人物而展开的，因此这是纬线上的首选。在安徽省的八大城市的市志中，所列的历史名人很多，不胜枚举。因此应当有一个比较权威的标准。笔者以为，省建的“安徽名人馆”所陈列的人物，作为首选，是应当成立的，至于其他人物，可以全部囊括在“其他人物”一栏中，加以简单说明。

2. 该城市的非物质文化遗产

非物质文化遗产，是指各民族人民世代相承的、与群众生活密切相关的各种传统文化表现形式（如民俗活动、表演艺术、传统知识和技能以及与之相关的器具、实物、手工制品等）和文化空间。非物质文化遗产是指人类以口传方式为主，具有民族历史积淀和广泛代表性的民间文化艺术遗产。范围包括：口头传统以及作为文化载体的语言；传统表演艺术（含戏曲、音乐、舞蹈、曲艺、杂技等）；民俗活动、礼仪、节庆；有关自然界和宇宙的民间传统知识和实践；传统手工艺技能；与上述表现形式相关的文化空间。我们要选取的，当然必须与淮河文化有紧密的关系。

3. 其他重大文化事件

其他重大文化事件包括产生在淮河流域的、与上列历史名人不相关的重大历史事件以及一些无法归类的文化现象。

表 1　淮河文化概念系统第三层次架构表（以蚌埠市为例）

文化表现形态	历史名人				非物质文化遗产					其他文化遗产		
	大禹，涂山氏女及启王	朱元璋	项羽	汤和	花鼓灯	泗州戏	蚌埠玉器加工	杨氏微雕	卫调花鼓灯	双墩春秋墓	双墩遗址	涂山氏国
一、以物质形态表现的文化硬件	涂山禹王庙，禹会村遗址，涂山其他大禹遗址遗迹，荆山启王庙	化明塘严氏遗墓	垓下遗址	汤和墓	花鼓灯乐器，服装和其他演出器具	泗州剧院，演出服装道具和乐器等	玉器加工的厂房设备仪器等硬件	杨氏微雕工作室	演出的服装道具场所	双墩春秋墓遗址	双墩遗址及出土的文物	涂山氏国遗址

（续表）

二、以非物质形态表现的文化软件	各种典籍，描述大禹实际的文字六十余则，历代名人，涉禹的文艺作品，今人研究大禹的学术著作	有关化明塘严氏遗墓的文字记载和建墓说明	有关项羽兵败垓下的历史记载	有关汤和的文字记载	花鼓灯老艺人的口传遗产，花鼓灯的曲谱遗存，有关花鼓灯的评介文字等	泗州戏的剧本遗存，泗州戏名艺人的传记资料等	蚌埠玉器加工的技艺和文字记载	杨氏微雕的技艺，有关杨氏微雕的文字记载	有关卫调花鼓灯的曲谱遗存，有关卫调花鼓灯的文字记载	双墩春秋墓遗址的文字记载	双墩遗址及出土文物的考古说明	涂山大禹文化遗迹的文字记载
三、兼有上述两种表现形态的文化产业	大禹文化产业园	—	—	—	花鼓灯的商业演出	安徽省泗州剧院	蚌埠玉器加工厂	杨氏微雕产品的商业活动	演出的经营活动	—	—	—

表1是以蚌埠市为例，制作的淮河文化概念系统第三层次的系统框架。

图1是一个举例性的概念系统，不是完整的实体系统。各城市在构建这一系统时，应根据各个城市自身的特点加以调整。当各城市在主要栏目上时，应取得一致，以便有一个可以对比的评价标准，得到公平合理的评估。

上述以蚌埠市为例构建的概念系统，为实体系统的构建提供了依据，也为各城市提供了一个样本。但各个城市都有自己的特点，不能生搬硬套，要在各城市政府管理文化的职能部门掌控下，根据自己的情况来加以修正。各个城市都在强调本土文化的强势，这无可厚非，但最忌搞所谓的“无中生有”，花巨资购买境外的文化资源（譬如古民居），来冒充本土的文化遗产，并纳入系统之中，这使系统失去了客观真实性。

淮河文化的实体系统

打造实体系统，应当通力合作来解决一个难题和重视一个重要手段。

（一）通力合作解决“总体设计部”的设置这一难题

整个淮河文化的实体系统的构建，最大的难点在第一、二层次的领导机构的确定。钱学森认为：“总体设计部，是当今国家进行长远规划、解决各种复杂系统、开放复杂巨系统问题的决策咨询机构和参谋机构。”他又认为：“这个总体设计部，应由德高望重、学术渊博、勇于开拓的总体设计师及各行各业具有团结、务实、创新精神的科技家组成。”① 现在党中央根据钱学森的“总体设计部”的思想，十分重视“顶层设计”，各项重大的工作都成立了中央领导小组，以解决复杂的、涉及多部门的统一领导、统一指挥、统一行动问题，减少和消除互相扯皮、效率不高的现象。淮河文化的第一、二层次，就缺少这样的一个总体设计部。虽然有安徽省社科联和淮河文化研究会等机构出面定期召开学术性的研讨会，但毕竟没有得到具有决策能力和行使决策的权和责的授权。任何一个系统都是有目的的，都是用来实践的，纯粹的概念化的学术研究机构，是不能构成复杂巨系统的，它只能成为这个巨系统的一个部分。因此作为这个复杂巨系统的“总体设计部”要想发挥出执行“顶层设计”的领导作用，还必须得到正式的授权。

作为第三层次的各个城市，虽然具有现成的政府职能部门（文化局）作为第三层次的领导机构，这是一大优势；但同时又带来了不少弊端。首先，各个文化职能部门必须听命于当地政府领导的意愿，而地方政府往往从本地区的利益出

① 《敏著》114页的第七章《运用综合集成法的集体——总体设计部》一节。

发，存在地方保护主义，即一切从地方的GDP和地方的财政收入出发，走“文化搭台，经济唱戏”的老套路，缺乏淮河文化系统的整体观念而各自为政，从而违背了系统理论里的四个基本定律之一的“整体优化率”。这个定律表现为：“在系统中，由于诸要素、诸层次的有机联系和有序结构，系统整体的质与功能，优于部分的质的总和和功能的总和；在系统自组织、自控制下，系统朝着熵减少和有序度提高的方向运动、发展，并逐步达到系统整体最佳状态。也就是系统整体的质和功能，优于部分质的总和与功能的总和（即1+1>2），这个著名的亚里士多德定理。”① 如果听任地方保护主义的泛滥，那么1+1很可能会小于2，甚至是-2。各个城市的文化职能部门又往往会强调自身的特点，存在“突出自己，贬低他人”的强烈排他性的思想意识。这就需要淮河文化第一、二层次的“总体设计部”根据“顶层设计”来制约这种地方保护主义思潮。

综上所述，“总体设计部”的设置，是淮河文化实体系统成败的关键所在，成了解决淮河文化系统建设的头等大事！为此期盼，安徽省社科联及安徽省淮河文化研究会，要有敢为人先、勇于担当的精神，共同出面邀请其他省份的相同机构，成立“筹建‘淮河文化总体设计部’筹备小组”，共同协商“淮河文化总体设计部”的筹建工作，力争取得他们的共识和赞同。

“淮河文化总体设计部”的职责十分重要，其必须协调好各省各市的关系。要以社会主义核心价值观为指导思想，梳理出整个淮河流域的核心价值观，为整个流域的经济社会发展提供文化软实力。在文化多元的情况下，依据习总书记引用过的费孝通教授所提倡的十六字方针——各美其美，美人之美，美美相容，世界大同（习总书记在访问墨西哥时的讲话将最后一句改为“互利共赢”），来协调好各省各城市的关系，使淮河文化系统“整体优化率”的功能得以充分发挥。

（二）要重视一个重要手段——系统的信息化建设

加强省际、市际以及一、二、三层次之间的信息沟通，是当务之急。

系统理论的四大定律之一的中介转化律被表述为：“在系统中，由于系统诸要素、诸层次之间，相互发生作用和反作用时，通过中介实现相互过渡和相互转化的必然过程。所谓中介，是事物之间相互联系、相互转化的条件和手段。无限的物质世界，是由无数有限事物构成的有机整体。无数有限事物之间相互联系、相互凭借、相互转化都是凭借一定条件（即中介）而进行的。一切对立也都经过中间环节而互相过渡。”在《马克思恩格斯全集》里恩格斯说过：“辩证法……使固定的形而上学的差异互相过渡……并通过中介联系对立。”他还说：

① 钱学森1982年7月在北京“系统论、信息论、控制论中的科学方法与哲学问题讨论会”上作题为“系统思想、系统科学和系统论”的学术报告。

"一切差异都在中间阶段融合，一切对立都经过中间环节而相互过渡。"现在进入信息化社会，媒体上互联网+、大数据已成为最热的热词。我们建立淮河文化数据库的目的之一就是为了信息沟通的方便。构建淮河文化实体系统，离不开信息的沟通。前面提到的朱光耀等老师的论文里的"未有哪个部门形成系统的淮河文化资源服务体系，也未提供现代化的信息服务手段"正是说明当前淮河文化系统存在信息不够畅通的弊端。这种情况不改变，淮河文化的实体系统构建就会举步维艰，概念系统即便建立了，也是"空中楼阁"。但信息网络的建设，要有一个"中心网站"。在总体设计部尚未建成以前，这个"中心网站"的角色，又责无旁贷地落在了"安徽省社科联及安徽省淮河文化研究会"的肩上，而且其还在"总体设计部"正式成立之前承担信息沟通重任。

现在我们可以给淮河文化系统下一个定义了。这个系统是：它是一个客观存在的、可供人工控制和操作的社会巨系统，但又与地理系统密切相关；它是一个内涵非常丰富、外延非常广阔的复杂系统，又是一个相对稳定的动态系统。

在牢固的基础上建立起淮河文化数据库

对于如何打造淮河文化数据库，是一个庞大的课题，不是本文所能详叙的。好在朱光耀等老师的研究报告，已作了详尽的描述，拟出了"淮河文化资源数据库结构框架图"和"淮河文化资源数据库建设流程图"，可供参考；拙作《打造大禹文化去数据库研究报告》一文中也有较为完整的叙述，这里限于篇幅，只能简单地说明。有了系统框架，就等于淮河文化数据库的工程已完成了大半。关键在于落实，接下来的工作就是两大工程：建库工程和数据化工程。

（一）建库工程

首先由"总体设计部"，通过民主集中制的办法，将淮河文化数据库的"顶层设计"制定出来，并落到实处。也就是要由"总体设计部"统筹，按照"顶层设计"的要求，指导各省各城市，将各自的文化资源，按照第三层次蚌埠市的样板，把第三层次的实体系统建造好，由"总体设计部"集中后加以整合，成为一个完整的，全流域的实体系统。

其次就是要建立起工作机制和体制，"顶层设计"再怎么完美，总要有人去操作，去运行。因此各省各城市都要分管领导来挂帅，每个城市都要指定专门同志负责此项业务；要有一台专用电脑来建库，要有一名专职电脑操作人员，来专门负责数据库的管理、操作和运行。

（二）数据化工程

就是要将所有的入库资料进行数据化处理，也就是数字的转换、存取、处理、传输、控制、压缩等技术处理。最为重要的是，要编制出一份检索目录

（有的人称之为检索卡）和操作规程，使使用它的人能够熟练地进行操作。

在上述两项工程基本完成以后，还要进行“淮河文化数据网”的注册登记工作，使数据库能够进入“互联网+”运行，进而大力进行数据库的宣传介绍工作。召开一次新闻发布会，宣布淮河文化数据库开始运行，并介绍网址，将检索目录刊入首页，现场演示这个库的内容和使用方法；进行讨论，广泛征求与会者意见。

最后才是与外界进行联系、交流，协商合作事宜，淮河文化数据库应能跻身于国内外互联网的交流行列之中，充分发挥数据库的功能，并为各个城市“智慧城市建设”做出应有的贡献。

参考文献：

［1］钱学敏．钱学森科学思想研究［M］．西安：西安交通大学出版社，2009.

［2］黄麟雏，等．系统思想与方法［M］．西安：陕西人民出版社，1984.

［3］中共中央宣传部理论局．马克思主义哲学学习纲要［M］．北京：中共中央党校出版社，1989.

新媒体视角下提升淮河文化内涵的传播路径研究

柏丹丹

摘　要：淮河作为历史上独流入海的四大河流之一，其文化内涵底蕴深厚，其在当今社会主义核心价值观的氛围熏染下也孕育着新的内涵。提升淮河文化内涵应选准新媒体服务工作平台这个切入点，探索构建新媒体视角下的传播路径、运行机制，凝心聚智、统筹协调，对于淮河文化传播事业的健康蓬勃发展具有重要的现实意义。

关键词：新媒体；淮河文化内涵；社会主义核心价值观；传播路径

一、淮河流域历史文化发展

历史上的淮水是一条独流入海的河流。在商代的甲骨文和西周的钟鼎文里就有“淮”字出现，历史上，淮河与长江、黄河、济水并称四渎，是独流入海的四条大河之一。经过多年的考古发掘和研究表明，淮河流域文化面貌表现出特有的多元性、过渡性和开放性。从新石器时代裴李岗文化到夏商周的徐夷、淮夷文化，淮河流域古文化与黄河流域、长江流域一样，都是中华文明的源头。

自旧石器时代开始，人类逐渐在淮河两岸定居，这里不仅有帝王故里的凤阳古都，有霸王别姬的垓下古战场，有禹王会诸侯的夏朝遗址，还有三国名将的练兵之地等，创造出独特的区域文化，可谓历史悠久，人杰地灵。

由此可见，淮河流域的历史文化在中国社会文明化进程中占有重要地位。

二、新时期淮河文化孕育新内涵、面临新情况和新任务

（一）新时期淮河文化孕育新内涵

实践证明，淮河文化是中国民族文化的重要平台，也是中华民族精神文明建设的重要领域，具有特殊性和独特作用。随着社会主义核心价值观的全面深化推

作者简介：柏丹丹，安徽理工大学学生辅导员。

进，我国社会文化发展事业不断深化改革，淮河文化进入新发展时期，呈现出新的发展内涵和特点。

一是“富强”聚力提升淮河文化发展新方向。“富强”作为社会主义核心价值观的首要观念，是全中国人民的共同追求。富强作为经济概念的同时也是一个综合国力概念，淮河流域一直在向建设富强、民主、文明、和谐的社会主义现代化国家而努力。目前由于淮河文化存在或多或少的发展问题，政府正在追求改变发展模式、建立以发展为主旨的新理念，实现与经济发展共赢机制。在社会主义核心价值观的指引之下，淮河文化出现了的新方向，并坚定不移地朝着这个方向前进。

二是“法治”助力规范淮河文化发展新视角。“全面依法治国”是“四个全面”中的内容之一，法治强调的是“法律至上”的思想，它是治国理政的基本原则，也是淮河文化发展的基本内涵之一。近年来淮河治理部门着力构建完备的水法律规范体系、高效的水法治实施体系、严密的水法治监督体系、有力的水法治保障体系，依法行政和依法治水、管水能力全面提升，水利法治建设工作向纵深开展。[1]全面打击造成水土流失等违法行为，提升全社会水忧患意识和水法治观念，坚持教育与实践结合。用“法治”来规范发展淮河文化，会使淮河文化进一步得到提升。

三是“友善”巩固充实淮河文化发展新内容。“友善”作为社会主义核心价值观的重要组成部分，淮河流域用属于自己的方式，向国家展现着淮河文化的“友善”。淮河起源于河南，自黄河夺淮后，就经常出现“小雨小灾、大雨大灾，无雨旱灾”的情况，这使淮河成为一条难治之河。2007 年，为保上游河南、下游江苏的安全，安徽淮河王家坝开闸泄洪，做出“弃小家，保大家”的伟大牺牲壮举。淮河文化在时代的推动下，不断地补充着新内容，淮河文化的新内涵也促进着和谐社会的建设。

（二）新时期淮河文化传播工作面临新情况和新任务

随着互联网时代的崛起，它改变的不仅是人民的生活与工作方式，更改变着社会文明的发展步伐。同时，伴随着中西方文化交流的深入，文化产业呈现多元化发展趋势，受众群体主流文化意识也呈现多样化趋势。在这样的大背景下，互联网不仅为弘扬淮河文化内涵带来了不容错失的新契机，也带来值得深入分析的新情况和新任务。

一是人们愈益清楚地认识到，新媒体传播作为一种重要的淮河文化载体和文化路径，对淮河文化内涵的传播和发展具有重大影响。同时，淮河文化的传播和发展也对社会发展进程有一定的影响。随着改革开放和社会主义市场经济的深入发展，如今新媒体传播也已经对社会生活形成了多方位的覆盖，对社会的绝大多数领域发挥着巨大的辐射作用。

二是当今新媒体也在不同程度地瓦解着社会主流文化，致使文化消费主义倾向日渐明显，不利于淮河文化内涵的全面传播。并且越来越高技术化、细致化的媒体传播的演进态势，要求我们必须在理论和实践两个层面能够对其进行有效的把握，进而提供必要的指导，否则，我们将处于十分被动的境地。[2]

三是受众群体主流文化意识分化日趋明显。西方主流文化的渗透面日益增强，这使得我们民众在接受中国文化熏陶时存在意识淡薄，乃至崇洋媚外的思想。这迫切需要我们运用社会主义核心价值观等具有导向的思想精神，就新媒体传播和淮河文化传播和发展的关系进行深入探讨，以引导、推动我国新媒体在正确的轨道上健康发展，淮河文化能更好地传播。

为适应新时期淮河文化传播工作的发展趋势、面临的新情况和新任务，淮河文化传播工作应站在新的历史起点上，结合社会主义核心价值观，站在高处，看在远处，把淮河文化传播和实践不断推向新平台；运用互联网平台，想在细处，抓在实处，探索传播运行新机制，努力提升淮河文化传播工作科学化水平；发挥新媒体的优势，目标上同心同向，行动上同心同行，以新媒体的视野去捕捉各类具体问题，深入探求新形势下淮河文化传播的发展和新的可能性，尽快形成有效应对的工作思路，努力发现解决问题的现实途径。

三、加强新媒体服务平台建设在提升淮河文化内涵传播中的价值意蕴

（一）新媒体服务平台实现了淮河文化内涵全国传播和交流

当今社会信息传播的方式多种多样，而新媒体无疑是最便捷有效的方法，新媒体已经成为全球交流信息的途径，每个国家都在致力于成为媒体大国。美国学者丹·吉尔默指出，新媒体即新闻媒介；而美国《连线》则认为，新媒体是所有人对所有人进行的一种传播活动。[3]不论从何处去理解新媒体的概念，新媒体相对于报纸等传统信息传播平台更快更广，它实现了信息传播者和信息接收者的双向交流性，使得受众从被动接受转变为主动接受，文化多方位的渗透及交流更加深入，这为淮河文化的弘扬提供了更为便捷的路径，也使淮河文化的内涵在全国的传播和交流能够实现最大化。

（二）新媒体服务平台实现了淮河文化内涵的多样化表达方式

淮河文化内涵的表达在社会民众看来，无疑就只有传统的书面和口头宣传，随着网络交流平台的兴起，传统媒体的单向性交流模式已经逐渐跟不上时代的脚步，新媒体所带来的双向交流性传播方式，为淮河文化的渗透与提升提供了更加方便的平台。由此更加促进了传播媒介的多维化，其表达形式也能与之同步得到丰富，由传统的文本格式成功转型为融合声音、影像、图文的超文格式。文化逐

步转变为以超文本为主的储存形式，如微视频、微电影、微电视等。

（三）新媒体服务平台实现了淮河文化内涵的高效性建构

新媒体的出现可以使淮河文化从一种意识形态转变为一种物质力量，为淮河文化内涵注入新鲜血液，新媒体在其中的作用就显得尤为突出。继报纸、广播、电视之后，网络联合多种传统媒介功能建立了集合文字、图片、声音、视频等形式为一体的超文本型信息发布平台。[4]这种全新的信息交流平台为淮河文化的继承和弘扬增加了空间和途径，会让更多的受众主动去接受并认同其所要表达的精神，成为文化推广的主动参与者。再加上网络传播速度较快，淮河文化内涵的弘扬和提升的效果得到较大的提升，这也使得淮河文化与经济有机结合，同时促进物质和精神文明的繁荣和发展，提高国家整体文化的软实力。

四、新媒体视角下提升淮河文化内涵的传播路径的构建与创新

当前我国文化事业正处于可以大有作为的重要战略机遇期，有学者指出："2020 年文化产业将成为国民经济的支柱性产业。"[5]同时不断满足全社会成员的精神价值需求，文化审美的需求等都是民族文化发展的立足点，淮河文化作为民族文化中的瑰宝更应发挥自身更多的价值。所以提升淮河文化内涵的传播要坚持以问题为导向，不断满足人民群众的精神需求，积极利用好、发挥好社会资源，唱响社会主义核心价值观的主旋律；搭建新媒体服务平台，加强社会舆情管理，拓展传播途径的主渠道；定位文化发展路线，抓出"亮点"品牌建设，形成以"点"带"面"的鲜活文化，打造出"和谐共进"的主氛围，逐步创建淮河文化发展的新局面。

（一）突出问题导向，树立一种理念，唱响社会主旋律

做好提升淮河文化内涵的传播工作，解决突出问题是根本。能做到"与时俱进""因势而动"，以"喜闻乐见"的方式传播，才更加易于被群众"主动接收"。淮河流域分布地域广、民俗风俗差异大，所以了解市场的真实情况，掌握群众的真实需求，以解决问题为导向，有针对性地开展工作是关键。

同时，淮河文化的内涵要与社会价值观的内涵彼此相容，所以树立以社会主义核心价值观为理念的发展内涵也相当重要。淮河文化内涵深远，在不断发展的历史进程中，它衍生出的新内涵与社会主义核心价值观的内涵相辅相成，淮河文化发展要与时代同行，与社会同步，与人心相向，与自然相合。充分利用、发掘社会资源，不仅要取其精华，去其糟粕，还要将社会主义核心价值观的内涵更深入、更全面地融入其中，让更多的人以"喜闻乐见"的方式了解淮河文化内涵的因势而动——唱响社会主义核心价值观的主旋律，如此被赋予新活力的淮河文化内涵的传播才有意义。

（二）搭建新媒体平台，加强舆情监控，拓展传播主渠道

科学技术日新月异，新媒体作为一种新的信息传播路径，已深入人们的日常生活，各种媒体传播平台层出不穷，所以搭建淮河文化传播新媒体平台显得尤为重要：创建数字期刊、数字电视、数字广播等新型媒体形态，方便人们及时获取淮河文化相关动态，以将《治淮》期刊电子化为例，人们能够了解更加权威的淮河文化发展；创立网站，以图片、文字、视频等各种传播手段进行全面跟踪报道和相关内容的查询，如淮河水利网实时发布相关新闻等；建立微博、微信、论坛等信息传播平台，为相关淮河文化活动做前期宣传、中期跟进以及后期总结，以“微言论”“微视频”等形式来引起人们对淮河文化话题的关注。

除此之外，也要看到网络舆情活跃性也空前高涨。小到饭后茶语，大到社会热点、国际聚焦事件，通过个人自媒体都能立即形成网上舆论，通过这种新媒体来表达观点、传播思想，进而产生巨大的舆论压力，达到任何部门、机构都无法忽视的地步。由此可见，互联网不仅仅是思想文化信息的集散地，也是社会舆论的放大器，一旦不能及时有效地疏导、处理，很快就能成为“大事件”背后的无形推手。所以，想要新媒体快速、高效、持久性地传播淮河文化内涵，我们要时刻关注舆论导向，引导正确价值观，加强舆情监控。

（三）定位发展路线，创建亮点品牌，打造文化主氛围

淮河文化的发展需要以清晰的发展路线为支撑，以品牌文化、热搜文化带动其他淮河区域文化，以“点”带“面”，以“面”促“全”，在此发展路线的基础上大力发展淮河文化。

淮河文化具有其独特的民族魅力，应捕捉文化遗珠，打造亮点品牌，创造影响效应。例如，淮河饮食文化中世界闻名的豆腐文化节，每年 9 月 15 日在海峡两岸同时举办，豆腐文化节的成功举办，也推动着淮河其他饮食文化的发展。除了饮食文化，淮河非物质文化也是璀璨无比，素有“东方芭蕾”称号的花鼓灯就是淮河两岸人民共同培育出的亮点品牌，得到了国家领导人的赞扬。在国家大力发展文化产业的背景之下，让花鼓灯文化带动其他不为人们所熟知的非物质文化如灵璧钟馗画等，从而促进淮河非物质文化的蓬勃发展。这就是以品牌文化带动其他文化的优点所在，能全方面地打造鲜活有特点的淮河文化氛围。

淮河文化是中华历史文明巨轮留下的一道不可磨灭的痕迹，是孕育无数炎黄子孙的源头活水，是凝聚出源远流长的中华民族文化的重要一脉。在新时代新形势下，利用新媒体对淮河文化内涵进行传播是我们的一次重要尝试，对提升淮河文化内涵意义重大，是我们的责任和义务。当然，新媒体对提升淮河文化内涵的

传播不可能一蹴而就、千篇一律，我们还需要不断地摸索，与时俱进地利用有利的工具，以求得淮河文化能在时间长河的冲刷中熠熠生辉、永不褪色，淮河文化内涵也能随着时代的发展、人们思想的进步而不断提升。

参考文献：

[1] 王丹丹．全面加强依法治水管水取得显著成效［R］．水政工作会议报道，2016.

[2] 蔡惠福．新形势下我国文化传播领域面临的挑战［J］．求是，2004.

[3]［4］王巍．新媒体给核心价值观传播带来了哪些改变［J］．人民论坛，2016.

[5] 张琛，张军．文化产业园区：时空交错中的文化价值表达［J］．华侨大学学报，2015.

试论深化淮河文化传承发展的对策与建议

袁　飞

摘　要：经千百年的积累演变，淮河流域形成了一整套独特的文化系统，给流域两岸的百姓带来了取之不尽的精神食粮，极大地丰富了这一区域的人文资源。如何使这一文化进一步发扬光大，并延绵不绝地传承下去，是我们这一代人肩负的重要历史使命，也是建设国家软实力、实现“中国梦”的需要。

关键词：淮河文化；水利；资源；流域

淮河在历史上除了农田水利、发展农业经济之外，其水运优势也较早得到了人类的开发。“汴水扬波澜，万里江南通”，这曾是淮河地区出现的盛景，中原地区也因这一条“黄金水道”而达到了经济、社会发展的顶峰。伴随着曾经的“水利优势”，经千百年的积累演变，这一条水道拥有深厚的文化底蕴，形成了一整套独特的文化系统，给淮河流域两岸的百姓带来了取之不尽的精神食粮，极大地丰富了这一区域的人文资源。

近代以降，随着社会的巨大变革，淮河流域也失去了往日的辉煌，逐渐成为经济洼地，文化发展和影响也随之滞后。20世纪50年代以来，国家在淮河治理上开始大力投入，“一定要把淮河修好”成了一个时代的口号和标准，直至现在仍在发挥旗帜作用。十八大以来，随着中部崛起的提出，打造淮河经济带已显得迫在眉睫，刻不容缓。其中，突破淮河主要是为了防洪和灌溉的思维窠臼，最大限度地发挥淮河的积极作用，不仅只限于其固有的“物理性”优势，还包括丰富深厚的文化性要素，这将会是今后淮河流域发展的一个重要着力点和抓手。

一、淮河文化研究的学术史回顾——以淮河航运史研究为例

当前，淮河文化研究已引起了不少人的关注，学术界有一批人一直孜孜着力于这方面的研究，也取得了不少成果。陈立柱先生的《淮河文化研究的现状与

作者简介：袁飞，男，蚌埠学院副教授，党委宣传部副部长。

反省》(《学术界》2016 年第 9 期) 一文已经对当前淮河流域研究的现状进行了较为详细的总结，本文不再重走陈文老路，而是以当前被人忽视的淮河航运史为视角看当前学术界的淮河文化研究现状和存在的问题。

由于种种原因，淮河的航运史并没有引起多少人的关注，学术界的研究更是相对较少。现有的研究成果主要分为以下三大类：学术研究、技术研究、咨政建议。

学术研究类，主要从学理的角度来探讨历史上的淮河航运。这一类研究在现有的研究中所占比重最大，分量最重，学理性最强。其中，相关专题性通史专著，如《安徽航运史》《河南航运史》《江苏航运史》三书对各自境内涉及的淮河流域的航运作了专题研究，也从历史的角度做了探讨，但研究深度、广度以及相关性方面还有进一步深化和拓展的空间。此外，王鑫义主编的《淮河流域经济开发史》、吴春梅等著的《近代淮河流域经济开发史》探讨了淮河流域航运业的历史变迁，对轮运业的兴起、木帆船业的发展，甚至包括船舶修造业的新旧并存以及航运法规及航运组织等都有较为详细的阐述和探讨，对近代以来淮河流域的航运情况作了较为清晰的勾勒，但在广度和深度上稍嫌欠缺。学术论文方面主要有：蒲霞《论明清时期淮河流域航运的开发》一文主要是以明代及清前中期淮河流域水利工程的治理为载体，以航运航道为视角，对工程建设、特点等问题进行了有益的探讨，作为较早的学术成果有一定的借鉴意义。但此文将航运的开发与淮河治理、航道治理等同起来，缩小的航运这一主题的研究范围和意义，更没有突出淮河航运的“昨天”“今天”和“未来”，只是局限于一般意义上的淮河治理或水利治理。蒲霞的另一篇文章《论清代前期淮河流域航运的管理》，考察了淮河流域航运的管理问题，此文较为详细地考察了淮河流域河道的管理，从制度规定、组织结构、日常行为等方面进行探讨，但不足之处与其上文一样，只是偏重于航运的一个方面——淮河河道或水道的管理问题，而忽略了其他方面的考察，如重要榷关、港口的税收、货物申报以及周边地方政府的管理措施，等等。陈隆文《从乌龙集到淮滨县：以淮河水运为中心的考察》一文以历史上淮河水运与河南淮滨重镇乌龙集商业繁荣之间的关系为研究对象，探讨了淮河黄金水道水运与其流域内中小商业城镇的密切关系，从而为当今淮河流域经济发展提供借鉴意义。虽然该文只是考察了一个城镇的历史变迁，却从中展现出水运的作用，是航运史研究的一个较好代表。另外杨立红、朱正业《抗战时期淮河流域安徽段驿运事业述论》一文再现了抗战这一特殊时期，淮河航运在保障军用、民用物资的流通中的作用。符晓月《历史上的淮河运输排》一文详细记载了淮河流域重要的水上交通工具“排”，作为一种淮河流域底层劳动人民生产生活的主要交通工具，作者再现了当时生动具体而又真实的状况，为我们认识和了解淮河航运提供了不可或缺的帮助。

技术研究类，主要探讨了淮河水道治理的技术方法和措施。这一类的研究成果主要是利用淮河治理的成果而进行的延伸研究，作为淮河治理的一个方面来进行考察。因为水利工程规模的原因，在研究角度上，这一研究往往都是局部研究和个案研究，探讨当前水道治理的方法和得失，如张明进《淮河入汇对口岸直水道深水航道整治效果影响的数值计算》等。

咨政建议类，主要是根据淮河的航运状况，提出可以用来改进和提高效率的方法和措施；或者基于可靠的数据和证据之上提出淮河航运的诸多问题以及解决办法和措施，为政府决策或相关机构出台政策提供一些参考。这一类的成果有《关于发展淮河航运调研报告——解决淠淮航道存在的问题与建议》《发展淮河水运经济对策》《新形势下蚌埠地区淮河水运发展分析》等。

总之，淮河航运史的研究还没有引起学界太多的关注和重视，在当前中部崛起的大环境下，不仅需要治理淮河，去除淮河之害，更重要的是要发挥淮河的优势，为当前经济社会发展注入更多活力。

二、淮河文化研究的现状和问题

随着社会经济的发展，人们对地方文化的重视程度也在逐渐提升，然而作为地方文化代表之一的淮河文化却由于种种原因而呈现出参差不齐的研究现状。这种局面不仅仅有研究地域上的差别，也有重视程度，更有研究主题和主体的不同。首先是在整个淮河流域的上中下三部分所在的三个省份，在淮河文化以及淮河航运史的研究上差异较大。上游的河南省、中游安徽省和下游江苏省三省中，最重视淮河文化研究的当属安徽省，不仅投入财力、物力和人力进行这方面的研究，还成立了各级学术组织作为研究平台，整合力量。此外，定期召开全省淮河文化研讨会，检验一段时间内的淮河文化研究成果，为淮河文化研究的发展提出建议。蚌埠市作为沿淮城市，对淮河文化的研究和打造做出了巨大的努力，从多方面着手，推动淮河文化的研究、发展以及品牌的打造，近年来取得了较为显著的成效。相比之下，其他两省在这方面的关注较为逊色，江苏省的关注度最低，只有寥寥的几位学者进行相关研究。其次，研究主题差异巨大。当前的研究大多关注与淮河水灾相关的研究主题，形成了“一家独大”的局面，其他方面多被忽视甚至还是空白。其中航运史的研究是当前被轻视的一个研究领域。再次，在研究者上的差别也很大。当前的研究主要集中的高校和科研机构，这是占比重最大的；专门负责淮河水政的政府事业单位，如淮河水利委员会、安徽省水利科学院等相关机构的研究主要是向政府提供决策建议，以及相关的咨询报告等，但淮河文化以及淮河航运史的研究不是他们的强项。最后就是一些热爱区域文化的地方学者或文化爱好者，他们通过多年研究，也形成了一些成果，但受理论水平、专业结构等限制，这些成果的理论水平不高，大多还属于感性的或记述性的。

总的来说，淮河文化以及淮河航运史的研究主要存在下列一些的问题：

（一）研究成果相对较少

淮河文化大框架下有些主题研究还没有得到应有重视，学术界的研究成果相对较少。作为大水系，对淮河的研究主要集中于水灾以及水利治理方面，而对于淮河航运的研究则非常单薄，一些寥寥的成果也是近年来淮河灾害史及相关方面的研究得到深化的副产品，缺乏对这一领域主动而又有效的研究行动。

（二）研究人员、机构、资金等相对缺乏

基础研究既费时又费力，更费财力，因此没有人财物的投入，研究很难取得较为深入的发展，尤其作为区域性文化淮河文化一部分的淮河航运史研究。当前，进行淮河航运史研究的人员少之又少，而且主要集中在高校；在高校中，又处于边缘地位，因此没有相关机构作为研究平台，难以引起重视，更无法取得资金支持。驻蚌高校中主要进行淮河文化研究的单位当属安徽财经大学和蚌埠学院。其中，进行淮河航运史研究的只有两三位人员，而且主要集中在蚌埠学院，力量薄弱、结构单一，地位边缘。蚌埠市淮河文化研究会作为蚌埠市进行淮河研究的民间团体组织，在淮河文化研究方面起到了平台作用，但因为其只是民间组织，在人力、物力和财力方面有着体制性的困难，难以推动这一领域的快速发展。

（三）文献资料缺乏

当前，淮河文化包括航运史研究中的一个主要难题就是文献资料的缺少，这直接影响到相关研究的深入和扩大。就目前的研究状况而言，所用的文献资料民国之前的地方志系列占绝大部分；新中国成立后的文献资料也占非常重的比例。民国时期的文献档案非常缺乏，而民国之前的文献史料除地方志系列外其他寥寥无几，这样的文献资料状况根本无法推动研究的深化，必须有更多的文献资料，包括出土文物、考古发现、田野调查等。当前学术界对民国时期淮河方面的档案利用非常少，一方面是因为档案确实少；另一方面是无法或者难以有途径或机会去利用这些档案。如中国第二历史档案馆有关淮河部分的档案，因为数字化等原因一直处于封闭状态，在一段时间内无法利用；即便数字化工程完成，是否能对公众开放也存在很大的不确定性。

（四）力量分散，单打独斗，各自为政

淮河文化，如淮河航运史研究的主体力量主要在全省各高校及相关科研院所；而在这些机构中，研究淮河文化的更是寥寥无几，而且更是作为研究者的副业，力量非常分散，无法形成主要的研究方向和研究力量。在研究结构上，因力量分散，无法形成团队，科研平台便无法形成和打造。仅靠个人的力量无法对淮河航运史研究产生大的影响和效果，更难以进行诸如资料整理这样意义重大而又吃力不讨好的基础性工作，而没有这些基础性工作，淮河文化（淮河航运史）研究犹如无本之木，无法发展壮大，更谈不上对当前社会发展起推动作用。

（五）研究力量相对薄弱

蚌埠市的研究力量相对薄弱，现有的研究队伍中具有相关专业背景且能进行深入研究的人员非常缺乏。蚌埠市作为淮河流域的主要城市，在淮河文化研究方面应该起到主阵地作用，然而由于种种原因，蚌埠市的淮河文化研究力量并没有得到加强，无论数量上还是质量上多年来基本上处于“静止”状态。而且在有限的研究力量中，具有相关专业背景的人更少。

（六）水利部淮河水利委员会（以下简称淮委）的角色缺位

理论上看，淮河文化研究的中心地位本应该由淮委担负起，然而由于其作为水利部的直属派出机构，其职责是淮河流域水资源综合规划、治理开发、统一调度和工程管理等。简单地说，其职责是要研究当下的问题，而淮河文化研究是要探索之前的问题。由于主要负责人的态度、意见和支持力的不同而有着巨大的差别，长期来看，淮河文化研究也只能算作一些人的业余爱好，或者是淮委的因需之作，整体的主阵地角色缺位。

三、深化淮河文化研究的对策建议

一是提高对哲学社会科学重要性的认识，大力繁荣发展哲学社会科学。习近平总书记在 2016 年 5 月 17 日哲学社会科学工作座谈会上指出：“坚持和发展中国特色社会主义，必须高度重视哲学社会科学，结合中国特色社会主义伟大实践，加快构建中国特色哲学社会科学。”一段时间以来，我们过于偏重于经济建设以及城市 GDP 的增长，而将作为软件的哲学社会科学放在了可有可无的位置上。文化是一个民族的根和源，一个城市没有文化也就没有了灵魂和发展的动力。经济发展进入新常态，文化的发展更需要补课。要扭转原来唯经济建设和 GDP 的发展认识，以习总书记“5 · 17”讲话为契机，大力扭转和提高对哲学社会科学重要性的认识，营造有利于哲学社会科学发展的氛围，创造有利于哲学社会科学发展的环境。

二是政府引导，建立和健全相关区域和地方文化发展的体制机制，占领区域文化研究的制高点。文化建设和发展需要政府投入，发展的前景更需要政府引导，不仅要制定一些利好政策和措施，引导研究力量向这一领域聚集，更要建立和健全促进地方文化发展的有效体制和长效机制，同时通过引导，构建相关研究的长效平台，推动研究的集中和汇集。

三是组织相关研究力量，打造研究梯队，并以项目为抓手，通过一定的途径和方式加大后备研究力量的培养。文化的研究不是一蹴而就的，更没有捷径可走，需要一大批热衷于此的有志者长年累月地积累和不懈努力，只有这样才能使一个地方的区域文化研究得以深入挖掘和大力弘扬，靠单打独斗是难以形成影响力的，更无法取得话语权。组织和集中相关研究力量，通过政府的引导，以连续的项目为抓手，不仅可以形成一批成果，为地方文化的深入研究奠定基础，也可以在研究中打造一支研究团队，构建相互协作的学术梯队，更能够在这一过程中培养一批后备力量，为研究的可持续性提供保障。

四是大力进行文献资料的调查、收集和整理等基础性工作，为研究的深入开展提供前提条件和保障。文献资料是文化研究的基础，当前，淮河文化研究因为文献资料等原因而一直处于缓慢发展的状态，在有些领域甚至是停滞的，这显然与淮河的历史地位不符，更无法满足淮河流域周边对文化尤其是地域文化的需求。现有的淮河文化研究大多依据于流域周边之地方志，而且相关信息也比较少，难以支撑后续研究的深入，因此急需对周边文献资料进行调查、搜集和整理。而且，以后的淮河文化（包括淮河航运史）研究不能仅依靠文字资料，我们需突破传统研究局限于文字资料范畴的不足，应当拓展至实物资料、口传资料、音像资料和图片资料等，因为这些资料在一定程度上会成为文字资料的有利补充和不可或缺的佐证。

五是建立信息交流和学术资源共享体制和机制。学术研究需要大量的信息和学术资源作为支撑，没有有效信息资源的学术研究是难以做大做强的。当前，淮河文化特别是淮河航运史研究出现了一个困境和盲区，那就研究者之间、研究者与文博收藏单位之间存在联系间距，存在空白，没有形成资源共享的合作方式，两者之间互不借力，直接导致能研究的无资源、有资源的难以研究的尴尬状况。当前，我们迫切需要打破这种阻碍学术研究和发展的落后思维，打破眼光狭隘的“小团体思想”和学术界一直诟病的所谓的“门户之见”，建立有利于信息交流和学术资源共享的平台，并以此平台为基础，建立有利于学术交流和学术资源共享的长效机制，促进区域文化研究的深化。

淮河流域环境变迁的历史考察*

朱正业

摘　要：淮河流域在中华文明的形成和发展过程中发挥着重要的作用。淮河流域环境变迁呈现不同的时空镜像，既有自然的因素，也有社会或人为的因素，更有自然因素和人为因素共同作用的因素。深入考察淮河流域环境变迁具有重要的历史意义和现实价值。

关键词：淮河流域；环境变迁；历史考察

淮河流域地跨河南、安徽、山东、江苏等省，在中华文明的形成和发展过程中发挥着独特的作用。淮河流域地理位置重要、交通便利、文化底蕴深厚、市场潜力巨大，在全国改革发展大局中具有重要的战略地位。为实现淮河流域的可持续发展，深入探讨淮河流域环境变迁具有重要的历史意义和现实价值。

一、淮河流域环境变迁的时空镜像

（一）时间镜像

大致以南宋时“黄河夺淮入海”作为分界线，淮河流域前后呈现截然不同的两种镜像。

时间镜像一，黄河夺淮前，淮河是一条从云梯关独流入海的河流，有自己的入海水道，干支流水系较为稳定，河道宽阔，水流通畅。沂、沭、泗河是淮河的下游支流。其间，黄河与淮河大抵相安无事，黄河虽有决溢南泛入淮，但决口不久即被堵塞。

淮河，是我国一条古老而又独具地域特色的河流，与我国长江、黄河、济水齐名于世，并称“四渎”。淮河流域是中华文明的主要发源地之一。根据考古发现，早在旧石器时代，淮河流域就有人类活动。从淮河流域出土的文物证明，数

* 本文系安徽省哲学社会科学规划项目“近代淮河流域环境与社会变迁”（批准号：AHSKY2016D137）研究成果。

作者简介：朱正业，安徽大学历史系教授、博士生导师。

千年以前，淮河流域就已经有了农业、手工业和畜牧业。中国历史上第一个王朝——夏就是在颍河上游的登封建都。

淮河流域在历史上美丽富饶，“走千走万，不如淮河两岸”。自从邗沟、鸿沟、汴渠和京杭运河的先后开凿，这里成为国家的经济命脉。

时间镜像二，黄河夺淮后，淮河不再独流入海，改由三江营汇入长江。直至1855年，黄河在河南兰考县境内向北决口，经山东利津入渤海。1938年，南京国民政府为阻止日军西进，在郑州附近的花园口炸开黄河南堤，黄河主流自颍河入淮，直到1947年花园口复堵止，黄河又泛淮达9年之久。

受黄河长期侵淮夺淮的影响，淮河水系十分紊乱，排水不畅或水无出路，入海通道被淤塞，中游的水下不来，下游的水又流不出，淮河成了一条难治的河。淮河流域地形地貌发生了很大变化，古济河、巨野泽和梁山泊消失，河床普遍淤高，且留下了废黄河河床，形成洪泽湖、南四湖和骆马湖等新的湖泊。

南宋以来，淮河流域变成了“大雨大灾，小雨小灾，无雨旱灾”的灾害频发区。淮河流域在全国的经济地位不断下降。

（二）空间镜像

主要表现为区域的过渡与区域的不同，经济地位由高到低，形成经济“塌陷区”。

空间镜像一，经济重心由黄淮地区向长江流域转移。

由于战乱频发、政治中心南移、北方民众南迁，国家的经济重心发生转移，即自北向南从黄河流域、淮河流域转移到长江流域和江南一带，由内地向沿海逐渐转移。

经济重心南移反映了我国古代南北经济发展的巨大变化。黄淮地区是中国开发最早的地区，人口集中，经济文化发达，成为最早的经济重心。到了唐宋时期，长江流域经济发展很快，随着南方经济的持续、快速发展，中国经济重心开始迁移南方，即由黄淮地区向长江流域转移。

空间镜像二，淮河流域成了夹在长三角经济区与华北经济区间的“经济谷地”。

近代以来，随着中国纳入世界经济体系程度的不断加深，开放口岸不断增加，外向型经济的重要性日益凸显。上海、天津开埠后，凭借优越的地理条件，在区域进出口贸易中居于枢纽地位，在其辐射带动下，分别形成长三角经济区与华北经济区。

淮河流域开埠城市数量较少，时间较晚。最早是清末开放的连云港，民国时期徐州、郑州、蚌埠陆续开埠。连云港作为流域内唯一开放的沿海口岸，并未如上海、天津那样，在流域经济发展中扮演龙头角色。在外向型经济的冲击下，以大运河为动力的流域传统经济发展模式已难以适应形势变化的需求，昔日辉煌夺目的运河沿线城市，如扬州、淮安、济宁等日趋衰落。

空间镜像三，淮河流域处于流域省份间的一个欠发达地区。

淮河流域地跨河南、安徽、山东、江苏等省，不仅各省之间发展得不平衡，流域内豫东南、皖北、苏北和鲁西南的经济在所属省份相对滞后。各省在进行经济开发时，又多侧重于本省经济比较发达的地区，从资金、技术等多方面予以扶持倾斜。这种资源优先配置发达地区的开发模式，无疑加剧了各省经济发展的不平衡程度。由苏、鲁、皖、豫被边缘化地区构成的淮河流域，自然成了经济发展的“低谷”。

二、淮河流域环境变迁的多重原因

淮河流域时空镜像呈现多种面相或不同类型，既有自然的因素，也有社会或人为的因素，更有自然因素和人为因素共同作用的结果。

（一）黄河夺淮自然因素是重要原因或主要原因

目前，有关淮河流域史分期，一般以淮河流域水系变迁来划分，即独流入海时期、黄河夺淮时期、黄河北徙以后。可见，黄河夺淮对淮河流域的巨大影响。学界在论述淮河流域环境变迁时，往往会列出黄河夺淮作为其重要条件。黄河夺淮对淮河流域所产生的重要影响毋庸置疑，可以说，黄河夺淮是影响流域社会经济最重要的因素之一。但是，我们也要看到，在不同地区、不同时期，黄河夺淮因素所显示出来的影响力有很大的不同，厘清其中的主导性和非主导性因素、直接性和间接性因素、本源性或触发性因素及其相互间的关系，对于认识淮河流域环境变迁十分重要。也就是说，在不同的时空条件下，黄河夺淮这一自然因素影响的程度也有所不同。

同时，在考察淮河流域环境变迁时，我们不仅要考虑自然因素的影响到底有多大，还要审视人文社会因素的具体影响。

（二）战争不断

淮河流域地处中原地带，南北交汇之地，自古以来便是兵家必争之地。春秋战国时期，邗沟、鸿沟先后开凿，这里成为经济命脉地带。淮河流域成为大国角逐和争霸的重要地区，如春秋时宋楚两国发生的泓水之战，秦末项羽与刘邦分别率领楚汉两军决战于垓下；王莽新朝末年，新汉两军在昆阳进行决战；东汉末年，曹操率军在官渡击溃袁绍的主力；南北朝时期，北魏与南梁发生涡阳之战，东晋谢玄与前秦苻坚率军激战于淝水；北宋王朝建都汴梁，南宋时，宋金对峙以淮河为界；元末，朱元璋于凤阳起兵反元。一直延续到近现代，各种战争不断在淮河流域上演；如抗日战争相持阶段的四大会战之一——徐州会战；解放战争时期发生最大规模的战略决战——淮海战役。历史上的重要农民战争大多发起于淮河流域，如秦末陈胜、吴广大泽乡起义，西汉赤眉起义，唐末黄巢起义，北宋宋江梁山起义，元末刘福通、郭子兴红巾军起义，清末张洛行捻军起义等。

淮河流域发生的一系列重要的战争，对流域社会经济产生巨大的影响。但我们不能忽略一个现实，由于中国历史分合交错，在大一统进程中，战火纷飞，战乱频发，是常见的现象，除淮河流域外，其他一些重要地区战争也接连发生。东部沿海地区虽然在近代史上社会经济得到快速发展，但也是各种战争的交汇场所。

（三）开发过度

淮河流域作为早期中华文明最发达的地区之一，气候温暖，雨量充沛，土地肥沃，河湖密布，植被繁盛，加上交通便利，适宜于居住和农业经营，于是淮河流域便成为国家重要的粮食生产中心，也是当时人口密度集中的地区。

然而，经过持续不断的开发，淮河流域生态环境遭到严重破坏，沟壑纵横，河湖淤塞，水土流失严重，水旱频仍，农业衰退，尽管历朝历代为改善生态环境作出努力，但只能治标不能治本，也只是延缓生态恶化的进程。有时因治理不善，反而使生态环境进一步恶化。随着人类社会的发展与进步，人类日益成为自然界的主宰，并朝着以自然为工具进而牺牲自然环境为代价的方向发展。

（四）人口压力

人类活动对环境的影响主要是由人口压力导致的，表现为人口的不断增长与环境承载能力之间的矛盾对立。人口压力突破资源的承载力，导致生态退化，如果叠加大气、水文等自然因素的异常，或者政治腐败、战争等人为因素的破坏，资源承载力剧烈下降，甚至会产生灾难性的后果。我国历史上的几次移民，自南而北、从东向西、从华北到东北、从中原到四边，层层推进，不断扩散，反映出人口压力的递增与生态环境的破坏历程，比较有名的有“江西填湖广，湖广填四川”的人口运动。从“苏湖熟，天下足”，到“湖广熟，天下足”，再到“江浙仰给湖广，湖广又仰给四川”，一定程度上反映人口与环境的变化。

当我们感叹于淮河流域的美丽富足时，生态环境悲剧的警钟已经敲响。因人口剧增而占水围垦、伐木垦山等不当行为，使得整个流域的生态链遭到严重破坏。

（五）沧海桑田的变化

斗转星移完全是自然界的造化，沧海桑田也是大自然的造化，虽然人类自身活动也施加了重要的影响。从历史上看，中国南方与北方生态条件的优劣地位已发生逆转。中国经济重心的转移，与地理环境的变化密切相关。由于气候变迁，暖温带南移，南方自然条件优越，阳光充足，降水充裕，河流较多，这些有利条件适宜于农作物的生长，有利于农耕经济的发展。

淮河流域处在我国南北的过渡地带，环境变化的频率高，对于外力抵抗能力低，容易导致生态系统的不稳定，一旦某一环境要素出现波动，各种要素相互交错叠加，整个系统就会随之发生变化。

（六）淮河流域处在长江和黄河两大流域之间的过渡地区

这一过渡性质决定了处在两大发达区域的淮河流域，处于经济谷地的地位。

三、淮河流域环境变迁的历史启示

（一）灾害治理与经济建设相结合

灾害治理是淮河流域社会经济发展不可或缺的重要组成部分。黄河夺淮使原本畅通的淮河水系发生重大变动，以致入海无路，入江不畅，到处泛滥。清中叶以后，过度的垦殖与砍伐，造成流域内水土流失严重，生态环境更趋恶化，淮河流域逐渐成了"无年不灾，无灾不酷"的重灾区。据统计，仅1901年至1948年的48年，淮河流域先后遭遇42次水灾和23次旱灾。[①] 频发的灾害给淮河流域人民的生命财产造成巨大损失，如1931年发生的大水灾，涉及豫、苏、皖、浙、陕、鲁、鄂、冀等省，尤以"淮河区域罹灾最重"。[②]"人民无粟可食，乃剥树皮，磨成粗粉，掺以水藻、草根、树叶各物，蒸而食之，虽难以下咽，聊胜枵腹"[③]，即是灾后皖北人民生活状况的真实写照。每次大灾过后，都要恢复与重建，如此反反复复，形成"恢复—毁坏—再恢复—再毁坏"的恶性循环，严重束缚着流域的经济建设。

开辟入海通道，理顺淮河水系，一直以来是社会各界有识之士的共识。在社会多方关注下，各种"导淮"方案应运而生。从晚清苏北绅士丁显的"复淮"主张到民国时期柏文蔚、费礼门、张謇及导淮委员会等提出的"导淮"方案，可谓异彩纷呈，各具特色，彰显了不同的治淮理念与思路。但是，治淮是一个复杂的系统工程，仅靠导淮不可能达到标本兼治的目标。同时，受战争、资金、技术等因素制约，多数方案仅停留于文本上而未付诸实施。实践证明，当流域灾害较少，流域经济就会得到较快发展；反之，则发展缓慢，甚至停滞不前。可见，治淮与流域经济建设休戚相关。兴修水利工程，加强淮河治理，是促进流域经济持续发展的有效途径。

① 水利部淮河水利委员会《淮河水利简史》编写组：《淮河水利简史》，水利电力出版社，1990年，第290页。

② 邓云特：《中国救荒史》，三联书店，1961年，第31页。

③《皖北春荒惨况》，《申报》，1932年4月17日。

（二）流域内外区域发展相协调

从水系来看，淮河流域同属一个地理单元；但从行政区划来看，淮河流域又分属苏、鲁、豫、皖等省。淮河流域在运行和管理上是实体经济区域，但在河流管理上既有行政区域的管理，也有分属水系的管理，两者虽有交叉，但又是分离的。

一直以来，淮河流域未被划作一个完整的经济板块，也没有统一的经济管理机构。民国时期的导淮委员会，仅是一个治淮组织，旨在依据淮河流域的地形、河道及水文资料，研究制定导淮计划与方案。依据水系设立的导淮委员会，主要致力于水利建设和水灾防治，关联多个省份，尚不具备经济建设功能。淮河流域经济建设实际上是以各省政府为决策主体和管理主体的省域性经济建设。各省在进行经济开发时，往往优先于本省经济比较发达的地区。如苏南地区，即当时江苏省公路建设的重点，1935 年时人指出："本省公路，在江南已可勉称完备，虽尚有一二县未能联络，而铁道公路，平行齐驱者已复不少，但江北部分，则迄无正式公路。"① 同时，各省政府多从本省利益出发，热衷于构建自成体系的生产格局，缺乏必要的沟通协调与整体发展规划。各省为政的建设结果，往往是工作重复，资源浪费，经济建设的绩效大打折扣。

近代已降，随着中国纳入世界经济体系程度的不断加深，外向型经济的重要性日益凸显。对外开放口岸也越来越多，这些口岸成为中国与外部世界接触联系的主要窗口，如上海、天津开埠后，凭借优越的地理条件，在区域进出口贸易中居于枢纽地位，在其辐射带动下，分别形成长三角经济区与华北经济区。连云港作为淮河流域内唯一处于沿海地区的口岸，处在北方大港与东方大港之间，又是陇海铁路的终点，加之内地水运交通利便，将"迅速崛起于黄海之滨，令世人刮目相看"②。事实上，连云港并未在淮河流域经济发展中发挥辐射带动作用。淮河流域经济发展与长三角区域、华北区域形成的差别格局，诱发流域内人才、资金、信息等向上述两个区域单向流动，流域由此成了"塌陷"的经济板块。因此，淮河流域经济建设应扬长避短，在发挥自身区位、资源、产业等方面优势的同时，应不断加强与周边区域的衔接互动、协作配合。

（三）利用自然与尊重自然相一致

自然界是人类生存和发展的基础。没有自然界，人类社会就成了无源之水，无本之木。随着科技的进步和经济的发展，人类改造自然与抗御灾害的能力极大地增强了，人类社会走向了空前的繁荣。人类的强大，使自然环境受到的干扰越

① 吴时霖：《江苏省公路建设之过程》，《江苏建设月刊》，1935 年第 9 期。

② 孙中山：《孙中山全集》，第 6 卷，中华书局，1985 年，第 326-327 页。

来越大，人类角色由依赖自然、敬畏自然，向征服自然转变。但是，在利用与改造自然中，正是人类的无知和错误的行为，反而使人类付出日益沉重的代价，遭受大自然的更大惩罚。正如恩格斯曾经指出：“我们不要过分陶醉于我们对自然界的胜利。对于每一次这样的胜利，自然界都报复了我们。每一次胜利，在第一步都确实取得了我们预期的结果，但是在第二步和第三步却有了完全不同的、出乎预料的影响，常常把第一个结果又取消了。”① 淮河流域同样由于不当行为，环境变坏，自身受损。

我们必须要尊重自然、善待自然、爱护自然，与自然和谐相处，而不能总想着战胜自然、以牺牲环境为代价。灾害是难以根本消除的，也许与我们长久地共生共存。在当代，几乎每一次灾害的发生都或多或少地与人类有关。我们只有正确认识灾害，重视自然界的本体价值，充分发挥大自然的自我修复能力，才能有效地降低灾害所造成的后果。在对待环境方面，我们不能以主人自居，更不能以征服者的心态任意支配河流，要按照客观规律办事，在防止河流对我们造成侵害的同时，也要注意防止我们对河流的侵害。环境的承载能力是有限的，我们必须在环境所能承受的范围内，保证环境自身的发展需要。只有以人与自然协调发展的理念指导实践，才能实现人与自然的和谐共处，才能推动地区经济社会的可持续发展。

① 马克思、恩格斯：《马克思恩格斯全集》，第20卷，人民出版社，1979年，第519页。

保护与营造：淮河流域传统村落文化生态的一点思考

孙大军

摘　要：文化生态的保护与营造，关系到人类自身的生存质量。安徽作为一个传统的农业大省，保留了大批的传统村落文化遗存，呈现出徽风皖韵的独特魅力。随着工业化、城镇化的迅猛推进，土地经营与开发概念大规模挺进乡村与田野，淮河流域的不少传统村落开始遭遇厄运，传统村落文化崩溃和消解的速度骤然加快。日趋单一化的农村城镇化建设模式，警醒我们必须引入文化生态保护理论，从保持文化多样性的角度出发，借鉴徽州文化生态保护区的成功实践，形成保护传统村落文化生态的高度自觉。只有坚持人本理念，关注村民的文化实际需求，持续进行传统村落文化改善活动，才是保护与营造安徽传统村落文化生态，纾解皖人乡愁的可行路径。

关键词：传统村落；文化生态；多样化；文化自觉；文化改善；营造

近年来，纪录片《苍穹之下》、博士返乡日记《迷惘的乡村》《一个农村儿媳眼中的乡村图景》等反映乡村剧变的作品甫一公开，不断引起社会各界对乡村命运的关注。冯骥才、潘鲁生、胡彬彬等众多知名学者多年来对传统村落文化保护的奔走呼吁，更让人感到保护传统村落文化迫在眉睫。如何保护好传统村落的文化生态，为子孙后代营造一个“望得见青山，看得见绿水，记得住乡愁”①的可持续发展的生态家园，已经成为学界关注的热点。笔者就安徽传统村落文化生态的保护和营造谈几点看法，以期抛砖引玉。

作者简介：孙大军，淮南师范学院经济与管理学院党委书记，文化创意与传播学院副教授，北京师范大学民俗学与文化人类学研究所访问学者。

基金项目：安徽省社科规划项目“新农村建设与安徽传统村落文化生态保护研究”研究成果（AHSK11-12D292）。

① 习近平．之江新语［M］．杭州：浙江人民出版社，2013 年．

一、文化多样：传统村落文化生态保护的紧迫态势与安徽的区域特征

文化生态保护与营造，关系到人类自身的生存质量。传统村落是指拥有物质形态和非物质形态文化遗产，具有较高的历史、文化、科学、艺术、社会、经济价值的村落。① 安徽作为一个传统的农业大省，经济发展速度相对缓慢却保留了大批的传统村落文化遗存，它们以其历史古老、建筑独特、文化内涵丰富而著称于世，呈现出"徽风皖韵"的迷人魅力。但随着工业化、城镇化、现代化的迅猛推进，土地经营与开发概念开始大规模闯入田野，大批传统村落面临着被破坏或渐趋消失的窘境，传统村落的原始风貌、生态环境不断遭受破坏，传统村落文化崩溃和消解的速度在不断加快。② 令人欣慰的是，国家已全面启动了传统村落保护工作，建立了国家传统村落名录，中央财政也下拨了专项补助资金用于环境改善和基础设施建设、保护这些村落的文物和文化遗产等。安徽省近年来高度重视传统村落的保护工作，已拥有国家级的徽州文化生态保护区一个，入选中国传统村落名录 111 个，传统村落保护工作进入全国第一方阵。但必须正视的是，安徽传统村落的保护度虽然已不断加强，但其衰退趋势仍不可阻挡。如任其发展，我们将会永远失去一些珍贵的历史文化遗产和民族记忆，因此，保护和营造安徽传统村落文化生态已迫在眉睫。

一是传统村落大多几乎成为"空心村"③。安徽作为传统农业大省，现在保存较好的传统村落，大都地处偏僻，交通阻隔，经济欠发达，依靠种自家地养家糊口已不现实，难改贫困面貌。在滚滚而来的市场化大潮中，面对改变自身命运的选择，传统村落的青壮年劳动力纷纷外出务工，挣钱养家，农业已经不再成为村民维持生存的第一经济支柱，农村只剩下老弱病残，传统村落失去了往日的生机和活力，除了极个别保护利用较好的传统村落外，绝大多数安徽传统村落几乎成了"空心村"。

二是传统村落村民的宗亲关系日趋淡薄。作为务工大省，安徽的大量农村年轻人外出务工，这使年轻人的婚姻状况开始发生改变，婚姻观念日益开放，父母之命日益减少，自由恋爱谈婚论嫁呈上升趋势，通婚圈持续扩大，但离婚率也开始逐渐上升。原先依赖的婚姻攀附宗亲关系已经发生巨大改变。同时，大量年轻

---

① 住建部、文化部、财政部等. 关于加强传统村落保护发展工作的指导意见［EB/OL］.［2012-12-12］. http：//www. mohurd. gov. cn/zcfg/jsbwj_ 0/jsbwjczghyjs/201212/t20121219_ 212337. html.

② 程必定. 中国的两类"三农"问题及新农村建设的一种思路［J］. 中国农村经济，2011，（8）：4-11.

③ 王晶. 现代性背景下的村庄传统——基于一个宗族性村庄的调查［D］. 武汉：华中科技大学，2011.

人的外出，使原先以家族为单位、以村落为生存单元的聚合功能遭到了弱化，家族成员之间、村民之间一年也见不上几次面，关系日益松散疏远，几世同堂现象几乎荡然无存，宗族关系日益淡薄。①

三是传统村落损毁趋势加快。传统的农耕历史，一直让安徽存留大量的传统村落。但在经济社会急剧转型变革之际，安徽传统村落的去留正在面临窘境。保护村落，面临大量资金缺口，开发显然成为多数地方官员发展经济的战略需求。商业利益的强烈吸引、追求政绩的一时冲动，使传统村落的文化生态、人文精神、历史内涵、个性特色等内容完全被忽略，这些传统村落要么在推土机的轰鸣中变成瓦砾，要么成为现代材料工艺堆砌起来的商业仿古建筑，传统村落几千年形成的乡土建筑、地形地貌、生态环境、历史风貌等多遭毁灭，传统村落形成的多元文化特色丧失殆尽，一些传统村落已面目全非。②

四是传统村落的文化变迁剧烈。随着现代科学技术的引入，安徽传统村落居民的观念开始发生悄然变化，尊天敬神意识日益淡化，崇物拜金观念不断增强。随着科技的日新月异，村民们的娱乐方式发生改变，原来人们喜闻乐见的露天电影、说唱艺术、地方戏等草根文化日益衰落，电视、网络以及智能手机开始涌入乡村。现代科技媒体的强势侵入，使得农村的小传统逐步让位于大传统。国家引导社会、城市引导集镇、集镇影响乡村，成为安徽传统村落文化变迁的主要趋势。③

二、文化自觉：文化生态保护理论与安徽传统村落的实践策略

“文化生态学”的概念由美国人类学家朱利安·斯图尔德（Julian H. Steward）于1955年在其《文化变迁论：多线进化方法论》一书中提出的，他将生态学原理引入文化研究之中，发现了文化与环境的因果关系，并把生物性基础、文化形貌与自然生态环境三者关系予以系统梳理，为社会科学研究提供了新的视角。④ 文化生态学实际上是文化的生态观念，它包括人们对人与自然环境关系的认识，既包括生产方式、生活方式对文化的影响和制约，也包括文化模式、文化变迁、传承传播、民俗文化等要素的相互影响，并认为各文化亚系统之间是

① 车震宇．传统村落保护中易被忽视的“保存性”破坏——以西递、宏村为例［C］．第十五届中国民居学术会议论文集，2007（7）：20.

② 郑萍．村落视野中的大传统与小传统——东郑庄的人类学个案分析［EB/OL］．［2005-11-29］．http：//www. channelwest. com/.

③ ［美］朱利安·斯图尔德．文化变迁论：多线进化方法论［M］贵阳：贵州人民出版社，2013（11）.

④ 汪欣．传统村落与非物质文化遗产保护研究——以徽州传统村落为个案［M］．北京：知识产权出版社，2014（6）.

相互作用、相互影响的。近年来，文化生态学的方法在历史文化保护、城市规划以及文化遗产保护等领域得到广泛运用，在传统村落文化生态保护方面，该理论更备受学者青睐。

面对资源的日益枯竭以及生存环境的不断恶化，人们逐渐意识到生态破坏给自身带来的灾难性后果。于是，文化生态保护理论很快成为人们应对生态危机的理论良药。正因为如此，日趋单一化的安徽传统村落文化发展趋势，要求我们从保持文化多样性的角度出发，引入文化生态保护理论，通过西递宏村国家级文化生态保护区的生动实践案例，引导人们对安徽的传统村落生态加以保护利用，从而形成高度的文化自觉。①

时空参与是西递宏村给游客们感受天人合一境界的一大要素。文化生态是区域现实人文状况、生存方式的集中反映，它与特定区域的地理生态环境和历史文化传承密不可分。西递宏村的村落文化生态呈现的是安徽南部农民的聚居场所、宗法制度、伦理规范、习俗惯例、信仰崇拜等文化形态，反映出了中国乡土乡民共同秉持的价值追求。从时间上看，是数代人历朝历代累计繁衍生活在一起的。从空间上看，古徽州男人早年外出经商，妇人留守在家养儿育女的人文生态，使必须选择一个生活相对安全、方便的地方。所以小桥流水、白墙黑瓦的自然生态，人文相亲、尊重自然、诗书礼仪传家的儒教传统，构成徽州村落生态文化的主体。西递宏村的古村落、牌坊和远山近水等民俗文化，彰显出西递宏村的乡土精神和人文信仰，呈现出异地时空独特的美。

身体感知是西递宏村吸引游客的不二法宝。感知自然、感触民俗、感受文化，是人类绵延生存的一种生物性能力。进入西递宏村，首先映入眼帘的是群山环绕、小桥流水的环境感知。其次是徒步穿行于一个个青石板铺就的道路街巷，近距离感知村民的民俗生活，感受村落里的一些明清时期的古民居以及家居陈设，近距离欣赏精细的木雕、石雕和砖雕，近距离感悟西递宏村的建筑文化、楹联文化、祠堂文化、雕塑文化、宗教文化、科举文化、民俗文化等，徜徉在几千年古代中国政治、经济、宗法、民俗文化事象缩影之中，不仅给人以儒家温柔敦厚的教化，更会给游客们带来强烈的内心震撼。

自然生态保护是西递宏村至今善存的关键所在。文化生态是一个结构性的空间存在，它包含了许多必不可少的区域性文化要素，黄山、九华山、皖江、淮河等名山大川，就是安徽自然山水与人文历史景观的结晶。同时，文化生态还表现为一种时序存在。比如说徽文化、新安文化、建安文学、桐城派文化等，都是一

① 董建波，李学昌. 20 世纪江浙沪农村社会变迁中的文化演进［M］. 上海：华东师范大学出版社，2010：34-35.

定历史时期安徽文化积淀的集中展示，是文化多样性的体现。西递宏村是难得的世界文化遗产地，比较完整地保存了传统村落原始风貌、建筑、街道、装饰以及水系，大量明清时期的民居、祠堂、牌坊、园林等古建筑，成为展示徽文化的“活化石”。西递宏村之所以能够保存得这么好，与徽州人的生存理念有关。徽州先人及其子孙后代一直怀有敬畏自然、保护生态、敬天保民的思想，从不轻易改变山川风貌，从不随意砍伐自然植被，从不轻易动土拆迁，这保证了西递宏村的原真性和完整性，并熔铸为一个集自然环境、经济环境、社会环境和谐共处、协调发展、约定俗成的良好文化生态，催生出新安理学、徽派朴学、新安医学、新安画派、徽派版画、徽派篆刻、徽剧、徽商、徽派建筑、徽菜、徽州茶道等一系列影响深远、特色鲜明的文化品牌。

《世界文化多样性宣言》重申“文化多样性是人类的共同遗产，应当从当代人和子孙后代的利益考虑予以承认和肯定”。西递宏村等传统村落文化的保存，是世界文化多样性的一个典型的文化样板，它之所以能够成为世界文化遗产，更多的是因为当地居民的文化自觉。西递宏村居民一代代继承并践行的生态保护策略，值得传统村落保护部门以及传统村落文化生态保护研究者关注。

三、文化改善：文化人类学视域与安徽淮河流域传统村落的生态营造

1937年，梁漱溟在其《乡村建设理论》中描述中国的乡村：原来中国社会是以乡村为基础，并以乡村为主体的；所有文化，多半是从乡村而来，又为乡村而设——法制、礼俗、工商业等莫不如是……①可以看出，作为一个农业大国，几千年来的农耕文化深深地影响着国民，对农业大省安徽的影响要更为浓厚和持久。在推行城镇化建设的今天，安徽传统村落的文化生态正面临三重矛盾：一是消费时代大众通俗文化选择与文化精英倡导高雅文化之间的矛盾；二是国家在场的主导文化与约定俗成的民间文化之间的矛盾；三是外出务工人员都市蚁居观念与村落留守人员固守家园观念的矛盾。三重矛盾互相纠结缠绕，影响了当今安徽传统村落的文化生态建设。认识到当代传统村落文化的多元性、多样性和复杂性，关心传统村落居民的文化需求，从根本上进行文化改善活动，才是保护与营造好安徽的传统村落文化生态、纾解皖人乡愁的一个可行的现实路径。

文化人类学认为，良好的文化生态，是文化与自然、社会能够和谐共生、协调发展的文化生存状态。传统村落的文化改善活动，就是改善传统村落的文化生态环境、维护文化的多样化，使文化遗产得以世代相传，让系统的传统文化得到

① 梁漱溟．梁漱溟全集（第2卷）［M］．济南：山东人民出版社，1991：150.

较好的保全。优化传统村落的文化生态环境，使客观环境和历史条件在变化之后，代代相传的文化遗产仍然能够通过创新获得新生命，促进文化的多样性，使整体的文化获得更新的发展。[①] 由此可见，传承和创新，是营造安徽传统村落文化生态的题中之义。

营造传统村落文化生态必须重视传承工作。安徽传统村落作为农耕文明遗留下来的最大遗产，无论是传统技艺、乡风民俗还是青山绿水、村落建筑，都刻画出安徽农村社会发展的历史进程和中华民族历史文化发展的鲜明印记。所以传承保护好安徽传统村落文化十分紧迫。现在传统村落正处于从新农村走向城镇化的大建设之中，如果不注意保护，很多传统村落都将灰飞烟灭。冯骥才先生认为：传统村落普查完后，要及时确定村落的发展规划，但也要避免类似城市的“规划性破坏”，保持传统村落的多样文化品性。因此，安徽传统村落要科学编制传统村落保护规划和建设规划，把安徽传统村落的传统资源、历史特色、文化形象、生态地貌、个性特色等多样性内涵充分融入新农村建设之中，注重保护村落赖以生存的山林田地、河湖沟渠、天然植被等自然生态，尊重和选择多元文化模式和多种村落生态环境，保护好村落民居具有鲜明地域特征的特有布局和历史文化背景的生活习俗，如服饰、方言、饮食、婚丧习俗、节令习俗等，实现自然和文化、物质和非物质、历史和现时的点线面保护方式，不搞统一规划，不做复制建设。坚持走传承传统村落文化与建设现代新农村生活相结合、与建设美丽乡村文化相结合、与发展文化旅游业相结合的路线，促进乡村文化资源的可持续发展。探索建立传统建筑认领保护制度，对空壳空巢的村落进行内容补济，发掘盘活遗产文化、徽派园林、宗族文化、祠堂文化等传统村落文化资源。遴选项目传承人，传承居民的生产生活方式、乡规民俗、历史传说、节庆礼仪等传统村落文化，建立精准“文化扶贫”机制，调动和吸纳社会力量通过捐资捐赠、投资、入股、租赁等方式参与保护和发展，使传统村落具备文化遗产保护、观光、居住、文化体验、度假休闲等功能于一体，不断改善村民生活，留住村民，留住手艺，避免空心化，提高传统村落的再生能力。

营造传统村落文化生态必须重视创新工作。社会转型是人类社会发展的必然趋势，形态变迁也是传统村落必将经历的一个过程。必须认识到，当前推进的乡村城镇化建设，与传统村落文化保护并不矛盾，而是通过乡村城镇化建设来寻求二者之间的平衡，创新传统村落文化，为传统村落文化创造永续空间。当然，这

① 【美】唐纳德·L. 哈迪斯蒂：生态人类学［M］. 郭凡，邹和，译. 北京：文物出版社，2002：8.

种创新绝不能借“创新”之名牟利，而应通过创新赋予传统村落文化以新的生命。①

一是重视传统村落文化资源的创意转化。充分挖掘安徽传统村落作为农耕历史悠久的文化遗产，根据不同的村落特点，充分发掘其自然资源、人文资源、传统文化、民俗文化、民间艺术资源，积极挖掘整理具有传统和地域特色的剪纸、绘画、陶瓷、泥塑、雕刻、编织等民间工艺项目，以及戏曲、杂技、花灯、龙舟、舞狮舞龙等民间艺术和民俗表演项目，探索建立民俗客栈类、摄影影视类、文化教育类、服务民生类、民俗活动类、文博展示类、教育基地类、名人故居类等十余种传统村落业态，将安徽的传统村落作为乡村体验游、摄影绘画艺术村、农业生态游、文化创意产业等基地。

二是创新传统村落保护利用体系。坚持“政府主导、村民自治、部门协调、社会支持、专家指导”相结合的组织体系，试水传统村落保护股份合作制度，引入混合所有制，构建“政府+社会力量+村社主体+村民”的保护利用共同体，实施整体保护、重点保护、活态保护、特色保护并重的保护体系，建构多业态发展、多价值挖掘相结合的利用体系，运用现代信息技术，对传统村落文化资源进行数据挖掘和整理，科学开展安徽传统村落文化的传承保护与利用传播工作。

三是创新营造传统村落文化生态的多元化投入机制。营造传统村落文化生态，需要形成多元化传统村落保护资金投入机制，建立中央、地方、居民、社会共同投入的机制，加强省、市、县、乡四级政府保护机制建设，设立专项配套资金并落实到位。运用“互联网+”技术，设立传统村落保护基金，通过众筹手段向社会、企事业单位和个人募集基金。探索建立民营资本投融资机制，变“输血”为“造血”，构建“投资—经营—维护”良性机制，加快村落房地确权步伐，将“保护”与“活化”有机结合，确保传统村落文化生态的营造有强大的经费支持。

21世纪以来的广大乡村，自然环境日益恶化，消费文化日益盛行，拜金文化积弊日重，社会道德日益滑坡，亲情伦理日益淡薄，世俗哲学大行其道，外在的经济快速高增长与内在的人文素养不断在下滑，严重阻碍了新农村的建设步伐。资本逻辑的专横与现代科技的偏执给传统村落文化带来了致命性的毁灭，传统村落自然的山水与淳朴善良的人性近乎遭受灭顶之灾。在此形势下，要保护与营造好安徽传统村落的文化生态，不仅需要国家积极作为，更需要基层政府“以人为本、服务民生”的积极作为，还需要广大村民自己清醒的文化自救与文

① 赵心宪．新世纪初国内期刊文化生态概念的阐释过程——巴蜀作家群生态研究理论依据的文献整理之一［A］//巴蜀作家与20世纪中国文学研究论文集［C］．2006.

化自觉行动，否则“看得见青山、望得见绿水、记得起乡愁”只能停留在人们的美好记忆中，将与我们渐行渐远，无法呈现在我们的现实生活之中。

参考文献：

[1] 费孝通. 乡土中国 [M]. 北京：北京大学出版社，1998.

[2] 冯骥才. 灵魂不能下跪 [M]. 宁夏：宁夏人民出版社，2007.

[3] 李秋香. 闽西客家古村落 [M]. 北京：清华大学出版社，2008.

[4] 李培林. 巨变：村落的终结——都市里的村庄研究 [J]. 中国社会科学，2002.

[5] 黄平. 乡土中国与文化自觉 [C]. 上海：生活·读书·新知三联书店，2007.

[6] 赵之枫，杨俊丰. 村落历史资源的保护与利用——以北京市昌平区长陵镇康陵村村庄规划为例 [A]. 中国民族建筑研究会学术年会暨第二届民族建筑（文物）保护与发展高峰论坛会议文件 [C]. 2008.

[7] 姚磊，谭明义，田雨普. 新农村建设中村落农民体育发展环境分析——安徽省小岗村、小井庄和落儿岭3村实证分析 [J]. 体育与科学，2011.

[8] 陈文苑，闵丽. 徽州古村落型文化遗产保护及旅游开发模式探讨——以古村呈坎为例 [J]. 黄山学院学报，2012.

城镇化对皖北非遗的影响探析

谢政伟　胡　飞　胡　经

摘　要：近年来皖北城镇化的加速推进为皖北非遗拓展了传播发展空间、注入了时代内容、加速了非遗资源向文化产品的转化。同时城镇化也使皖北非遗面临诸多严峻挑战，衍生出原生态环境受到严重破坏、现代生产生活方式对非遗形成冲击、传承人培养陷入困境、非遗保护传承方式与现代社会难以调适等现实问题。

关键词：皖北；非遗；城镇化；影响

据安徽省统计局数据显示，2014 年安徽城镇化率已达 49.15%，2015 年达 51%，2020 年将达 58%，与全国平均水平差距正逐步缩小。其中皖北地区包括蚌埠、阜阳、宿州、淮北、淮南、亳州六市，较皖南、皖中而言，皖北城镇化水平相对不高，但目前已经进入加速发展的阶段。皖北拥有悠久的历史文明，文化底蕴十分深厚，有着众多古老的非遗资源，门类众多，其中不少享誉中外，体现皖北人民的勤劳与智慧，是皖北人民的集体记忆，是皖北地区耀眼的名片。皖北非遗大多产生并生存于农耕社会，农村是许多非遗赖以生存的文化空间。而城镇化的推进加速了传统农耕社会的变迁，也使非遗生存的土壤与社会环境发生根本性变化。文化空间的演变既使皖北非遗迎来一定的发展机遇，也给皖北非遗带来更多严峻的挑战。

一、城镇化进程中皖北非遗的发展机遇

（一）城镇化为非遗拓展出新的传播发展空间

作为农耕文化的产物，皖北大多数非遗具有明显的地域特色，在农村这一区

作者简介：谢政伟，湖南衡阳人，蚌埠学院文学与教育系副教授，文学硕士，主要从事民俗文化等研究；胡飞，安徽蚌埠人，蚌埠学院艺术系教授；胡经，安徽六安人，蚌埠学院本科生。

基金项目：安徽省高校人文社会科学研究重点项目“城镇化冲击下的皖北非遗文化空间保护研究”（SK2016A0586）、蚌埠学院淮河文化研究项目“共生理论视阈下的安徽沿淮地区文化旅游区域合作模式研究”（BBXYHHWH2012B03）、蚌埠学院“设计艺术学”重点培育学科建设项目（201503）、蚌埠学院 2015 年国家级大学生创新训练项目“蚌埠市传统手工艺的保护与传承研究”（201511305018）。

域传播发展相对有限，城镇密集人口为非遗传播提供更多的覆盖人群，尤其是在城乡社会互融互通的大趋势下，城镇化为非遗提供新的传播发展空间。花鼓灯、淮南豆腐、剪纸等众多非遗项目随着人口的流动已逐渐走近市民，并在城市扩展开来，有的甚至深入人心，成为城市的闪亮名片。在皖北各级政府及有关部门的大力推动下，广大市民愈益关注与重视非遗的保护传承。花鼓灯、界首彩陶、阜阳剪纸、淮南牛肉汤、杨氏微雕、乐石砚等作为皖北非遗的佼佼者也已经率先走向全国，走出国门，在相关城市博物馆、文化馆等场所，通过图片、文字、多媒体、实物道具等方式生动集中展示有关非遗及其代表性传承人。非遗进社区在皖北各地有条不紊地推进，非遗的展演、绝活的亮相使市民近距离接触到非遗的独特魅力。城市追求多元的消费文化为烧饼、牛肉馍等传统小吃提供了发展空间。城市休闲文化的全面兴起也为传统体育、游艺与杂技类非遗提供了机遇，尤其是亳州华佗五禽戏旨在养生健体，与现代生活观念不谋而合，在城市健身人群中大有推广空间。花鼓灯、泗州戏、剪纸、皮影戏等非遗项目进校园活动也蔚然成风，有的校园已成为一些非遗项目的传习基地。相关大中小学增设有关非遗的课程、邀请传承人讲习及开展相关的传承活动，为青少年近距离认识、了解非遗提供了良好的契机，通过对本土特色文化的体验、感悟，为非遗代代相传奠定了一定的传承基础。皖北相关高校主动承接为地方文化建设服务的功能，为花鼓灯、泗州戏、界首彩陶等相关非遗项目的保护传承与开发研究提供强有力的理论支持。同时花鼓灯、泗州戏、淮南牛肉汤、雪圆小吃、宿州乐石砚等皖北非遗项目纷纷登陆央视等权威媒体，成为展示文化魅力的绝佳机会。网络、手机等新兴媒体也为皖北非遗保护传承提供了有效的平台。其中结合豆腐制作技艺，以淮南豆腐文化为主要元素制作的原创动漫《豆宝云游记》在 PPTV、优酷网等上线播出，且于 2013 年受邀到东京电影节参展，有效地宣传了悠久的豆腐文化。

（二）城镇化为非遗注入时代内容

城镇化有力地引领和推动了美好乡村的发展，既为皖北非遗的保护传承注入时代内容，也为相关非遗项目的发展提供丰富的题材，培育出再生的土壤。不少非遗传承人面对非遗保护传承的现实困境，不抱怨、不等待，而是选择自我调适，以城镇化为契机推陈出新，反映乡村生产生活变迁，描绘美好乡村画卷，同时主动融入时代洪流，为非遗发展博得发展生机。其中阜阳剪纸作为一种古老的民间艺术，其题材中不乏吉祥喜庆、五谷丰登、六畜兴旺等反映传统生产生活的内容，近年来随着社会发展，阜阳剪纸也在不断吸纳新的题材，焕发出时代的光彩。例如吴青平、葛庭友等相关传承人推出反映北京奥运会、和谐中华等题材的剪纸精品，并将剪纸艺术延伸至服饰、礼品包装、旅游文化用品等，使剪纸艺术大有可为。萧县农民画也不断地以笔墨描绘出身边的美好乡村。在蚌埠怀远，花鼓灯传承人借花鼓灯身边人，讲身边事，反映美好乡村建设的变化。泗州戏、太和清音、界首渔鼓等传统剧种传承人也推出不少农村致富、八荣八耻等反映时代的作品。不少传统手工艺人了解现代社会消费变化与消费趋向，注重由单一的传统生产生活工具拓展到具有装饰、观赏、收藏等多功能的现代工艺制品，延续了传统手工技艺的生命，且推出的手工制品纯天然无污染，符合现代低碳环保理念。淮南豆腐传统制作技艺传承千年，其品种、花样繁多，满足了现代消费需求，不仅为淮南豆腐传统制作技艺赢得了现代活力，而且有效带动了相关产业的发展，尤其是一桌豆腐宴让慕名而来的天下食客充分领略淮南豆腐文化的无穷魅力。依托泗州药物布鞋制作技艺推出的布鞋不仅秉承传统药物配方，而且主动吸收现代制鞋工艺，在款式上也有所改进，不仅适应市民的穿着习惯，且符合现代保健养生观念，发展前景十分广阔。

（三）城镇化助推非遗资源向文化产品的转化

城镇化给人们的生产生活带来深刻变化，消费观念发生许多改变，精神追求越来越多元，审美标准也日趋多样。当前城市社会对非遗的关注与重视不再局限于其实用功能，观赏或收藏等价值已成为人们对文化产品消费的一大热点。城市社会消费新热点、新时尚为皖北广大非遗资源提供难得的发展契机，城镇化为非遗资源转化为文化产品提供广阔的舞台。由非遗资源转化而成的文化产品不仅具有实用价值，而且兼具艺术价值、观赏价值及收藏等价值。其中徽雕、木雕、石雕、根雕等传统手工艺品因其精湛技艺、独特魅力、艺术水准高而备受青睐。宿州制作的乐石砚、淮南制作的紫金砚、灵璧磬石雕刻、阜阳刺绣、淮南寿州窑陶瓷等成为家居珍藏珍品，竹编、柳编等工艺也时常出现在市民家庭中。牛肉汤、烧饼、杠子馍、夹里脊、烙馍等地方传统小吃已成为广大市民追捧的对象，人们通过舌尖切身体验到皖北独特的非遗文化。当前国内旅游市场火爆，民风民俗成为游客观光旅游重要的看点，一些依托花鼓灯等非遗项目形成的文化旅游品牌相继推出，加速了非遗文化与现代旅游业的深度融合，为非遗在城市社会的推广提供了新的思路。淮南举办的中国豆腐文化节已经成为集文化、旅游、商贸于一体的国际性商旅文化节庆活动，已成为推介淮南、扩大影响的重要品牌。[1]

二、城镇化冲击下皖北非遗面临的严峻挑战

不可否认的是，城乡社会之间毕竟存在许多差异。“城镇化在快速推进过程中带来了不可遏止的‘去农村化趋势’。”[2]随着皖北城镇化的推进，现代生产生活方式发生巨大变迁，也在显著改变甚至破坏非遗赖以依存的自然、社会环境，使大量非遗面临濒危甚至消亡的境地，皖北非遗保护传承也面临前所未有的严峻挑战。

（一）原生态环境受到严重破坏

随着城镇化的推进，农村人口大量迁居城镇，农村人口逐年减少，老弱病残者成为农村留守的主力，年轻力壮者纷纷进城求学、就业成为新市民。非遗的保护传承离不开人，既需要保护传承者，也需要一定的群众基础，既要保护传承人的努力“吆喝”，更需要观众、听众的大力捧场。例如，凤台火老虎作为一种民间舞蹈，需要表演者的胆识与耐力，非专业训练者不敢贸然表演。而钱杆舞、旱船舞、砀山唢呐、花腔渔鼓、淮河琴书、端公腔、扁担戏等许多非遗项目由于缺乏观众、听众而难以为继。同时由于城镇化的大力推进，许多传统村落面临拆迁，城市社区兴起而传统乡村逐渐衰落，非遗赖以依存的自然空间、人文环境遭到严重破坏，非遗整体性深受损害，生存空间极为狭窄，且不断受到挤压，“非遗脱离其赖以生存的文化语境，成为孤立的文化碎片”[3]。“乡村是草根性民间艺术天然滋生地，因而也最有可能成为它自然衍生的‘家园’。”[4]花鼓灯等民间舞蹈作为自娱自乐的一种方式，其表演具有鲜明的乡土气息，近年来一些表演团体频繁涉足商演，独有其“形”忽略其“神”，这使花鼓灯等非遗项目变味甚至变质。禹王庙会、苗湖书会等民俗活动过往盛极一时、纷至沓来的人文环境已经不再。许多非遗项目一旦缺少农耕社会的生存土壤，强行剥离其遗存的文化空间，就难免会“水土不服”，而一些城市对非遗生存环境的移植、再造、修复终究改变不了非遗遗存的原生态被破坏的现实，增强文化空间保护意识迫在眉睫。此外，在城镇化进程中，商品经济高速发展，机械化、工业化大肆进入生产领域，工业产品充斥城乡市场，许多传统手工产品压力空前，其赖以生存的经济条件与环境逐渐丧失，随时面临消亡的危险。

（二）现代生产生活对非遗形成冲击

许多非遗项目从田间地头兴起，在传统社会中有的具有非常实用的价值，有的纯属自给自足、自娱自乐，有的被视为雕虫小技，根本不容许登“大雅之堂”。随着城镇化的推进，人们生产生活发生了根本性的变化，皖北非遗面临更多的新的挑战。首先，非遗保护传承要花费相当的人力、物力及财力，而现代社会好算“经济账”，倾向于省事、省时、省钱、省力。就皖北民间手工艺而言，大多需要繁复的制作工序，例如阜阳临泉毛笔制作工艺，仅一个笔头的制作要经过十六道工序，而成笔则要一百多道工序，技艺要求非常严格，而如今实用价值大不如前。淮北的面塑技艺需要捏、揉、碾、拔、挑等多道程序，讲究动作连贯，且要求一气呵成，制作要求较高，消耗较大，但销售前景并不好。柳编、芦编等民间手工产品虽然具有较高的文化价值与艺术价值，但作为日常生活用品，普通消费者毕竟更为看重其实用价值和经济耐用的功能。其次年轻一代是非遗保护传承的未来，但他们目前对非遗的态度值得担忧。过去农闲节庆时节借助钱杆舞、旱船舞、砀山唢呐、淮河锣鼓、狮子灯、马戏灯等娱乐助兴，老少咸宜，而如今广大年轻人早已不感兴趣，网络、手机等新媒体已经占据他们的生活，他们有新的目标与追求。淮北梆子戏、灵璧皮影戏、余家皮影戏、花腔渔鼓、淮河琴书、端公腔、扁担戏等曲艺成为老年一代自娱自乐的方式，年轻人参与得很少，自然谈不上保护传承。此外，皖北一些地方及有关部门过于重视经济指标，对包括非遗在内的文化事业重视不足，且在非遗资源的保护、开发利用方面存在误区。非遗是重要的城市名片，一些地方为招商、旅游而大打文化牌，借非遗文化搭台、经济唱戏，但很多场合下非遗终究只是经济的工具而不是主角，“戏”唱罢而非遗项目生存空间并未显著改善，急功近利的执政理念无助于非遗的保护传承。而在一些生产者手中，玉器、剪纸、年画等非遗项目已成为赚钱工具，完全脱离手工的精雕细琢，缺少手工艺人凝聚的心血跟情感，机械化加工制作、成批量生产最终使其丧失了文化的底蕴，没了产品的独特性与差异性，所谓的“变通”与“创新”导致其在文化品位上大打折扣，过度商业化倾向暴露无遗。

（三）传承人培养陷入困境

非遗保护传承关键在人，推进城镇化建设为皖北人民带来很多的就业机会与谋生方式，也使大多数非遗项目传承人培养面临严峻危机。一方面许多老一代传承人竭力投身于非遗保护传承，但从事钱杆舞、旱船舞、太和狮子灯、砀山唢呐、淮河锣鼓等非遗项目的保护传承并不能带来明显的经济收益。尽管非遗项目并非一种好的谋生手段，但非遗保护传承仍然是许多传承人孤独的坚守与心灵的寄托，面临人老艺亡的境地，传承人有时既无奈也无助，有心却无力。有的手工绝活固守传内不传外、传男不传女等规矩，也在一定程度上限制了非遗的传承。另一方面传承人有心传授而广大年轻人却无心继承。有的非遗项目学徒一门心思想靠非遗赚钱，一旦发现其“清汤寡水”，自然经受不住其他职业的经济诱惑，最终会选择半途放弃。而广大年轻人进城求学、择业，不愿意投身于非遗保护传承，使得非遗传承后继乏人甚至后继无人。尤其是徽雕、玉器加工、彩陶烧制等不少非遗项目工序繁杂，技术要求高，还需要一定的艺术修养与悟性，既费心又费力，学习难度较大。有的则要求吃苦耐劳，例如凤台火老虎作为一种民俗舞蹈活动，由于表演时要经受火烤之苦，存在潜在危险，而五河临北狮子舞、打铁工艺等项目对体力要求较高，年轻人将其当作副业尚成问题，更不要说作为主业终身坚守。许多年轻人对之知难而退、望而却步也在情理之中。

（四）非遗保护传承方式与现代社会难以调适

文化并非墨守成规、一成不变，皖北非遗同样要面临“变”与“不变”的选择。当前皖北一些非遗保护传承方式较为单一，有的一味固守，自然与现代社会难以调适。在坚守非遗文化不变味、不变质的前提下，相关非遗项目要尝试多角度、多层次改进与创新，以满足现代社会的多样性需求。例如涂山大禹传说、老子传说故事、管仲的传说、庄子的传说、鞭打芦花等不能仅依靠口耳相传，可以以新方式讲老故事，制作相应的视听产品，充分运用现代多媒体手段，扩大其传播与影响范围。蒙城歌谣、捻军歌谣、垓下民间传说等要结合当地发掘的遗址加以有效传播，否则脱离特定的文化空间收效不会明显。亳州晰扬掌、六洲棋、淮南永京拳、五音八卦拳等传统体育、游艺与杂技项目如何在表演方面加以改进与创新，如何瞄准现代养生健体观念，如何寻求以恰当的切入点加以有效融合都是值得思考的问题。铜城火叉、火鞭起源于战国，常用于抗敌或震慑入侵者，明清时期才演变为一种民间祭祀表演活动，要思考如何与现代观念、社会价值相融合。淮南采莲灯、淮南藤牌对马、蚌埠独杆轿等传统舞蹈如何满足现代精神需求，砀山四平调、颍上大鼓书等传统曲艺如何结合现代生活唱出百姓心声，五河民歌等传统民歌如何反映美好乡村建设。阜阳剪纸、萧县石刻、淮北泥塑、面塑等传统美术项目如何提升艺术审美和文化内涵，如何形成独特的看点、卖点，如何满足现代社会多元的观赏与收藏需求等，都是值得思考的问题。临涣酱培包瓜等传统饮食制作工艺如何将制作技艺延伸至其他食品上，避免品种单一、消费有限的问题，淮河柳编、竹编、芦编等传统手工艺如何在现代社会树立品牌意识，塑造品牌形象，推出高中低端产品，满足市民不同层次的消费需求也都是值得思考的问题。

总之，皖北城镇化建设为非遗保护传承带来发展契机，也面临诸多严峻挑战。如何结合城镇化建设进程有效推进皖北非遗保护传承工作将是我们深入思考并着力解决的重要课题。

参考文献：

[1] 陈崇韧．经典·传承·创新·发展 [N]．淮南日报，2012-09-03.

[2] 谢中元．城镇化进程中的非物质文化遗产保护问题新探 [J]．理论导刊，2015.

[3] 陈莉．非物质文化遗产的碎片化及其对策 [J]．徐州师范大学学报，2009.

[4] 陈德琥．论花鼓灯艺术的当代出场路向 [J]．江淮论坛，2013.

重文与尚武：徽州与淮河民风文化之辩

孙语圣

摘　要：就徽州文化与淮河文化来说，在历史上两者之间存在诸多迥异之处，即便在现当代也有些许差异。从传统习俗和行为规范言之，徽州文化与淮河文化差异较大，尤其在20世纪中叶之前的历史时期，徽州崇文，淮河尚武，两者泾渭分明、清浊可辨。当然，徽州的崇文与淮河的尚武也不是绝对分立的。徽州社会也有重武的风气，只不过没有淮域那么明显，以至"名"闻遐迩；淮域也曾人杰迭出，只不过没有徽州那么昭彰，雅文之风遮盖在好勇斗狠的社风之下。另外，徽州的重文之气和淮域的尚武之风也呈现于不同的历史时段，有着逐渐演化的漫长过程。历史早期，淮域文化远胜过徽州山越文化，两地的"文""武"文化分野主要在靖康之乱后，明清时期最为凸显。不过，北宋可算得上两地文化同辉的时代。

关键词：淮河流域；徽州地区；民风民俗；比较研究

文化是一种社会现象，是人们长期创造形成的产物，同时又是一种历史现象，是社会历史的积淀物。文化是凝结在物质之中又游离于物质之外的一种存在，能够被传承的国家或民族的历史、地理、风土人情、传统习俗、生活方式、文学艺术、行为规范、思维方式、价值观念等，是人类进行交流的、普遍认可的一种能够传承的文化形态。

近代及以前，徽州的崇文与淮河流域的尚武之民风比照鲜明，有霄壤之别。近代著名学者、歙县人许承尧曾说："江以南风土习尚与北殊异，其民冶佚而好文学，哦吟流连，玩天然之美，亦其地之温淑和软，山水媚丽，有以致之也。"淮河似反之。造成此况，其因亦多，不能将之纯粹归结为：淮河流域地广而贫瘠，人众而穷困，又位于数省接合部，是政府统治和社会控制的薄弱地区，故民风强悍，匪患横行。殊不知，徽州地区虽人少，但山地多，人均耕地面积甚少，也同样位于数省接合部，东南比邻浙江，南部接壤江西，交通不便，政府的社会管控也较弱小，然没有淮河流域特别是皖北剽风和匪患的民风。笔者认为，文教氤氲化育的厚薄也在南北民风的差异中扮演着重要的角色。

一、重文与尚武：徽州社会

徽商奠定了徽州经济社会发展的经济基础，见多识广的徽商积累了雄厚的财力和知识经验，搜集了各地的人文和科学素材，对徽州社会人文科学和自然科学的发展是一个强大的推进器。尤其是淮域自然科学发展的阙如，与强大经济实力的推动也有一定的关系。大运河及其他水路的开通及后来公铁交通的发展，使得北上南下的人们多了一些便捷，但淮域土著人对外经济文化交流的力度和频度并不很高，也很少有徽商一样的地方商业集团走遍中国各经济发达区，赚取大量的商业财富和积累大量的新鲜的知识经验，反馈于家乡的基础设施建设、经济建设和文化建设。这样，淮域的“斯文扫地”和科学技术的滞后就不足为怪了。

其实，徽州社会并非自古皆崇文尚气，其脉不断，而是在一定的历史时期如斯，或崇文与重武并行不悖，或以文为重，以致现在的人们提及宋明清以降的徽州，儒商、徽骆驼、重教、文人雅士、勤劳刻苦、持家有方、秩序井然、文房四宝、新安文学、新安医学、新安画派、魅力的古民居、罕见的牌坊群等一系列符号和字眼漂浮脑海。其实处于群山之中的徽州原属山越文化，人民鲜知礼节，“志勇好斗”，如绩溪庙子山王氏族谱记载：“吾庙子山村民，乾嘉之前无儒士，而以侠自奋者，盖皆以义起。”故古徽州人也有悠长的重武历史，与崇文并驱，相关历史资料记载，练武风气在古徽州各地相当盛行，称戈立矛，引弓击剑，且其尚武风气一直延续到晚清及民国时期，但其旨趣及社会效应与淮河流域大相径庭，大有霄壤之异。

徽州地形特殊，山区面积居多，道路崎岖不平，山径险陡，人们日常劳作于山地，基本采取肩挑、背扛的运输方式，长年累月的磨炼，使得徽州农人腿壮力足，且耐力好、平衡力强。这是徽州人重武的地理因素和体质基础，也影响了徽州人的性格和心理。徽州属典型的宗族社会，明中叶以来宗族为确保和争取生存资源，斗争激烈，械斗之风颇甚，宗族纷纷组织族人习武自卫，培植宗族和主家的武装，名目多样，平日耀武于乡里或充当保镖，械斗时则是冲锋的前驱。至清朝，徽州宗族和绅商为武装自保，徽州团练纷纷组建起来，按户选勇，按村出资，形成城乡设局、绅士统领、设防预警、相互协助、经费自筹的办团特色。甚至一些读书人也常常要棍弄棒，儒武兼修。徽州团练及拳术凸显其防御为主的特点，如拳术套八锤，动作精悍连贯，灵活多变，步法以弓、马为主，形成踢、踩、踹、扫等腿法；手法以拳为主，结合掌、肘诸法，形成冲、架、格、砸、劈、击、抓、拿等技击方法。徽州拳术名家亦众多，如王寅、程宗猷、程冲斗、汪宗孝、程学颐、项元池、程真如、程元藩、张老、程打虎、潘佩言、吴志清、洪正福等。程宗猷对枪、刀、棍造诣很深，程冲斗后将此刀法整编成明晰的运动路线、运作布局，便于实战训练。从武科举仕来看，明清时期，徽州也有数量可观的武举人、武进士，如府地歙县明朝武榜举人75人，进士21人；清朝武榜举人升至226人，进士则为65人。

东汉以降，中原大族为避战乱等南迁徽州，给徽州社会带来了中原文化和纯正儒风，其后徽州“师友渊源”和重视文教的浓郁氛围，使得徽州此后逐渐实现从“崇武”到“尚文”风尚的变迁。其始于唐成于南宋，明清至鼎盛，不亚于邹鲁，成为中华正统文化传承的典型和精华之域。徽州社会的重武与其地理环境、经济社会、历史文化等因素紧密相关，徽州的重武也没有演变成如淮河流域普遍的剽悍斗狠和盗匪丛生的社会生态。徽州人习武，非常注重武德，“拳虽小技，其道存焉”，“学拳宜以德行为先”，这种讲究德与道的武，笔者谓之“儒武”，习武之人自觉遵守儒家伦理道德规范。徽州谱牒、宗祠和乡规民约等都对“儒武”的有序发展起到管控的作用。渗透朱子理学的徽州谱牒是为“原本始，别尊卑，正彝伦，明齿序而敦世教也”，以规范族人的礼仪行为，也有彰善除恶的教化意义。徽州谱牒的大量兴修和续修，宗祠对人死后入祠程序和要求的甄别，以及乡规民约的渲染教化，避免了重武之风走向失序的极端，大体始终处于礼乐教化的约束之下。汪俊祺认为，徽州的文武两学发展相对平衡，徽州的“文”（如戏曲、歌舞）为徽州的“武”（武术、拳术）提供了充分展示和发展的平台，徽州戏曲和歌舞亦因融入了徽州武术的成分而增添了表演的效果，促进了徽州戏曲的发展。这种文风鼎盛、崇文兼武、文武相骈、武不伤文的徽州文武之学在明清及近代时期的淮河流域难觅其踪。淮河流域是武盖过了文，以至难见文气；何况徽州地区与淮河流域“武”的内涵也大不相同，徽州的“武”讲究武术技艺，目的更多是治安防御（当然也有械斗的成分），淮河流域的“武”则更多以嚣张跋扈示人，以斗狠作盗为宗，以至社风极坏。

徽州教育极为发达，十户之村，不废诵读，普及程度之高无出其右，科举中第人数之多独占鳌头。以纵向的历史行程看，明清时期富有地域特色的徽州传统教育，随着徽商的衰落、宗族势力和宗族观念的破败和淡化而日渐式微，但其久负盛名的文化传统和教育传统却如同遗传基因继续影响现今徽州人民的价值取向和生活方式。“这些地方性知识构成了人们生活世界（Live-world）里互动的知识背景。同时，它会以习惯系统的方式得以实现。人们以习惯为中介，过去的经验影响着现在经历这种经验的人，而这种对人的影响又必然会不同程度地作为人的生长结果而对以后的经验产生影响。”正如美国当代文化人类学家鲁思·本尼迪克特（Benedict）所说：“个体生活的历史中，首要的就是对他所属的那个社群传统上手把手传下来的那些模式和准则的适应。落地伊始，社群的习俗便开始塑造他的经验和行为。”

但在皖南徽州地区，受传统崇文重商观念的氤氲濡染，以地方性知识为主体的家庭教育却富有特色和时效。“家长对孩子的教育不是体现在空洞的说教或强制力的约束上，而是身体力行，为孩子树立一个模范的榜样，让孩子在潜移默化中成长。也许在学校里灌输的是这么一种思想：学习是令人生厌的活，是一场希望早日达到终点的比赛。而家庭的正确教育则让人觉得学习是一次伟大的旅行。”为推行家庭教育，汪村小学对家长学校的家长就以下方面素质提出要求：思想、政治、法治和道德等品德素质；科学文化知识、认知能力和技能技巧等智能素质；审美意识、审美能力和创美能力等审美素质；自主性素质。

在徽州地区，民间自我产生的民谚是一种流传较广的言语教化。俗语、警语、俚语等民谚形式在现今的徽州社会无不发挥其潜移默化的教育功能。如“行要好人，座要好伴”“下有孝心，上有慈心”“跟好学好，跟衰学衰”“细人家不吵是个宝，老人家不叮嗒是等好”“赌博钱，一龙烟；血汗钱，万万年”等。

但不可否认，徽州今天的农村学校教育如同其他地方农村一样，给人一种“不太景气”的感觉。贺飞曾于多年前对徽州汪村的一所小学和一所中学作了一次细致的田野调查，资料显示，汪村的正规学校教育，中小学有所不同，小学尚好，中学就逊色多了。汪村小学生源较为稳定，教师素质也相当不错。小学硬件和软件设施、课程设置、课外活动等均较好，全面并富有徽州地方特色，学生学业成绩和其他技能均能得到全面发展。但谈及汪村的 H 中学时，情形就大不相同了。从20 世纪 90 年代前期到21 世纪初年，H 中学学生的年均辍学率近 50%，未竟学业的徽州子弟大多选择外出打工，过早踏入社会。

二、重文与尚武：淮河流域

而淮北民风亦并非自古以“剽悍”“斗狠”“呰窳”“匪武”“不事耕耘”“愚笨”等可憎字眼以呈。古代淮北经济发达，孕育了繁荣的文化和醇厚的民风。邹鲁之地的鲁南，“俗好儒，备于礼，故其民龊龊，颇有桑麻之业”。原属梁宋之地的鸿沟、芒荡地域，“重厚多君子，好稼穑，虽无山川之饶，能恶衣食，致其蓄藏”。淮泗之间，“惠、庄隐士昔所游处，淮南宾客集而著书，风流所被，文辞并兴”。徐州府之西的萧、砀、丰、沛，“皆宋分也，微子封之，其民犹有先王遗风，重厚多君子”；其东之睢、邳、宿，为古下相，睢、陵、取、虑，“皆鲁分也，周公封之，其民有圣人之教化，上礼义，重廉耻”。颍州府，“好尚稼穑，重于礼文”，“故二百余年，人繁物阜，文献接踵”。泗州等地，“则清刻，矜己诺”。海州沭阳，“有淮泗之遗风。家诗书而户礼乐，弦歌之声不绝于闾巷”。此类记述甚多。随着社会生态的变迁，淮北地区的人文精神及民风习俗才渐至堕落，概而言之，其贫困致读书家庭稀少，武风反而愈演愈烈；教育的缺乏，难以产生文儒的士绅阶层，底层民众的思维和心理无法得到正确的引导，不勤力作，听天由命，贫穷和愚笨“实较强悍为甚”；匪患改变了淮北社会的价值观，盗贼成了高贵身份和荣耀的本钱，声望和地位高人一等；尽管贫穷，却极嗜赌博鸦片，刁诈和婪索，物利重于友情和性命。至于种种社会陋习，如吸食鸦片、赌博、娼妓、残害妇女等，是徽州地区与淮河流域的共性，只有程度的不同和形式的差异而已。

淮域也曾雅士辈出，士家大族亦非寥若晨星。汉魏时期，淮域人才辈出，产生众多的名士和作家群，如西汉时期的张耳、陈余、栾布、灌婴、郦食其、申屠嘉、刘邦、项伯、萧何、韩信、曹参、审食基、英布、卢绾、樊哙、周勃、王陵、彭越、叔孙通、夏侯婴、周昌、刘安、韦孟、朱浮、枚乘等。东汉时期汝颍一带名士特别众多，如汝南的戴凭、钟兴、许慎、周举、蔡玄，颍川的张兴、丁鸿等都是著名经师或学问家。东汉一朝任命的三公有姓名可记者共有 226 人次，出自淮河流域的汝南和颍川的便有 33 人次。汝南袁氏四世居三公之位，门生故吏遍天下。汉末魏初，曹魏政治集团中的文官集团，其名士多为汝颍之人，如荀攸、荀鹤、徐庶、陈群、枣祗等。曹魏时期，名士如林，最著名的是正始名士与竹林名士两大集团。竹林名士嵇康，是曹魏后期淮河流域文学成就最高的代表者。有宋一代，淮域集聚了一大批闻名于世的章句大家和文学巨擘，一时间淮域的文学巨匠灿若星河，诗词歌赋，华彩乐章，似繁花堆锦，美丽的自然风光和高雅的人文韵味相得益彰。明清及近代时期淮河流域虽民风剽悍，盗匪四起，社会秩序紊乱，但并不影响、也无法遮盖其文化艺术繁荣的一面。这种看似矛盾的社会图景，实则是文明冲突、互融和社会多元生活的真实写照。

徽州与淮域历史上文化艺术实则有共同繁荣的一面，但主要表现在戏曲艺术方面，从戏曲种类而言，淮域甚或大大超越了徽州，极为多样而繁荣；绘画艺术的知名度，则徽域还是远高于淮域。手工艺品方面，两域各有千秋，但主体和时间有差异。徽州明清时期的雕刻、版画、文房四宝等较为发达；而现代时期淮域的柳编、剪纸、彩陶、中国结、凤画、石刻等较为有名。

淮河流域有许多中国著名的文化遗产，有泗州戏、梆子戏、拉魂腔等，其中泗州戏被列入首批国家非物质文化遗产。泗州戏距今已有 200 多年的历史，是由流传于淮河流域的民间戏“拉魂腔”发展而来，唱腔优美，旋律动人。泗州戏在泗县有着广泛的群众基础和丰富的文化底蕴，取材都是人民生活中实实在在的事情，农业生产、婆媳关系、帮扶弱小、弘扬正义等都是歌唱的内容。《三蜷寒桥》《樊梨花点兵》《走娘家》《拾棉花》《喝面叶》等曲目家喻户晓，长期盛演不衰。马戏、打铁花、书画等民间艺术也名闻一方。

现今淮河流域因社会稳定、经济发展、人口流动、生活观念变化等，其尚武剽悍的风习已迥异于前，但历史的惯性和延展性使其习武之俗之余风仍可找寻。

改革开放以降，淮河流域民间习武、自办武术拳会、开展武术练习等已然兴起。源于对武术的爱好，阜阳民办武术社，招生习武，传授小龙拳、洪拳、形意劈挂掌、形意六合拳等拳术技艺。1984年界首农民自办少林武术学校，招生200余人。自20世纪90年代，淮河流域的武术馆校纷纷成立，尚武之风一度兴盛。泗县的武术馆校有15所之多，涡阳的武校人数近5000人。在全国武术竞赛中，淮河流域的相关城市也毫不逊色，1984年第一届全国武术运动会上，淮域相关城市选手在14个小项中获冠9项；1988年第二届全国武术运动会中淮域相关城市选手共在30个小项中夺冠25项。21世纪以降，因多种原因，武术馆校日益衰落，武校发展实施转型，办学主旨从文武兼修转向以文为主。但少数武校仍坚持办学，如阜阳武校常年招生，开展武术散打、套路、拳击训练等技能活动，储备省武术后备人才，培养一批武术精英。

所谓一方水土养一方人，一方社会成一方风习，淮河流域民风剽悍、崇尚武力、盗窃成风、匪患肆虐，与当时的时代环境紧密相连，如战乱灾荒、经济发展的滞后、农业社会的闲暇、官府管控的欠力、文化素质的低下等。随着时间的流逝、时代的变迁、人口的流动，任何的人与事、风与物都在悄然变化中，淮域尚武之风其表现形式、内涵、功能、社会效应等在今天皆发生巨大变化，既有历史余韵的赓续、地域文化的延承，又有诸多批零的消失、没落与湮灭，剩下的余绪更多是为了在经济大潮中满足谋职啖饭之需，20世纪八九十年代淮域武术馆校的大兴即是明证。而随着糊口谋职功能的弱化，尚武之需就很难再有人问津，所谓剽悍、盗匪更是遁形甚或无迹了。

此外，就两地而言，健讼也并非是淮域人的“专利”。明清时期，徽州的好讼之风亦大为盛行。徽州的民事纠纷与民事诉讼涉及田宅、山林、坟墓、水利、婚姻、继承和债务等，诉讼主体包括官僚、乡绅、地主、农民、商人、佃仆乃至地痞无赖等。具体来说，诉讼内容有田宅、山林、坟地和水利等纠纷，租佃纠纷，合伙与债务纠纷，婚姻、继子和家庭纠纷等类别；就某一类别言之，又可分为多个方面，如上述第一类别可细分为因田宅被重复典买典卖而引致的纠纷与诉讼、盗卖田宅而致的纠纷与诉讼、田宅和山林等侵界纠纷与诉讼、田宅和山林买卖后的找价之讼、风水坟地的纠纷与诉讼、陂塘渠堨等水利纠纷与诉讼。明清时期，无论是徽州人还是淮域人都兴争讼，虽这与该时期全国性的讼风蔚然直接相关，但徽州的好讼之风，富含徽商群体的推波助澜、宗族势力的大力支持等地方特色元素。

还有一点需要交代，以明清为主要历史时期的徽州数学、物理、天文等自然科学成就比较杰出，数学及应用数学成就处在世界的领先水平，得到国内外学者的一致公认，而同时期，淮域则无此辉煌气象。不过，据近年来的重大考古发现，在先秦时期，淮域的天文学、建筑学、青铜铸造工艺等均较出色。

淮河文化旅游发展问题的探讨

——以淮安为例

柳邦坤　张　雪

摘　要：淮河文化资源富集，给发展文化旅游创造了条件，淮河流域城市正积极争取将淮河生态经济走廊建设上升为国家战略，这也给淮河文化的传承与保护带来契机。发展特色鲜明的淮河文化旅游，对传承淮河文化、拉动城市消费有着重要作用。淮河流域城市之一淮安，有发展淮河文化旅游得天独厚的优势与机遇。发展淮河文化旅游，需要通过打造品牌、有效传播、加强协作等策略，并采取行之有效的措施，才能获得良好的经济效益、社会效益和生态效益。

关键词：淮河文化；文化旅游；淮安；策略

淮河是一条横贯中国中部的古老、文明的大河，淮河流域蕴含着丰富的文化资源，经过千百年来的积淀，形成了独具魅力的淮河文化。传承、保护淮河文化，是淮河流域城市与乡村的责任与使命。淮河流域的淮安市牵手安徽省蚌埠市、河南省信阳市，积极申请淮河生态经济走廊，这无疑是关乎淮河流域百姓福祉的大计。建设淮河生态经济走廊，最关键是做好水资源的生态保护与传统文化的保护、传承，在此基础上，进行适度开发利用，发展淮河文化产业，其中发展淮河文化旅游是需要淮河流域城市重视的一个问题。

淮河流域中心城市之一的淮安，有发展淮河文化旅游得天独厚的条件，需要借助中共中央国务院出台《关于实施中华优秀传统文化传承发展工程的意见》以及建设淮河生态经济走廊的机遇，保护传承淮河文化遗产，大力发展文化旅游。

作者简介：柳邦坤，淮阴师范学院传媒发展研究中心主任、淮阴师范学院传媒学院教授；张雪，淮阴师范学院传媒学院广播电视学专业2012级本科生。

基金项目：本文为江苏高校哲学社会科学重点研究基地文化创意产业研究中心重大项目“江苏运河文化资源保护与文化产业发展研究”（项目编号：2015JDXM032）的阶段性成果。

一、发展淮河文化旅游的优势与机遇

淮安是淮河流域的最大城市，淮河的历史有七千年之久，深厚的文化底蕴造就了淮安历史名城的美名，南北交界的地理位置形成了淮安独具特色的城市文化，国家部门的重视为淮安文化产业的发展创造了良好契机。

（一）淮安发展淮河文化旅游的优势

1. 地缘优势

淮安地处苏北腹地，是苏北重要中心城市，是长三角北翼城市。淮安是连接三大经济区的枢纽，南距长江，东距黄海，北距陇海线，距离最远的也不过150公里，这种特殊的地理位置给旅游业的发展带来便利。淮安傍水而生，水域航道总长近1500公里，京杭运河、盐河、淮河、苏北灌溉总渠和洪泽湖等重要航道交汇境内，先后进行京杭运河两淮段和盐河航道整治，盐河经改造升级后，千吨级货船可以通行并从滨海港入海（未来将使航道通行万吨级船只），境内干线航道可常年通行，形成通江入海、连城达港的内河航道网络。淮安现有的和正在规划中的公路即将形成“米”字形的高速公路骨架，成为国内少有的名副其实的大型公路枢纽。铁路客运目前可达国内30多个城市，正在进行的两条高铁在淮安交汇，2019年底通车，另有数条经过淮安的高铁正在规划中，届时淮安将成为高铁枢纽。淮安机场是“十一五”正式通航规划建设的重点支线机场，2010年正式通航，目前已开通直飞境内外城市的数十条航线。2015年，淮安有轨电车正式运营，是国内三线城市里首个开通有轨电车的城市，现代有轨电车可以促进运河文化长廊的规划建设，推动淮安旅游观光业的发展。淮安“水、公、铁、空、管”综合交通体系初步建立，交通枢纽地位基本奠定，这为淮安旅游的发展奠定了良好基础。

2. 资源优势

淮安地处黄河和长江两大文明的交汇处，历史悠久，人杰地灵，出现了韩信、吴承恩、周恩来等历史名人和近现代名人，曾与苏州、杭州、扬州并称为运河流域“四大都市”，有“运河之都”“淮河明珠”等称号和美誉，人文旅游资源异常丰富。

淮安沿淮的物质文化遗产有淮安古淮河风光带、盱眙第一山风景名胜区、铁山寺、明祖陵、白马湖休闲旅游度假区、洪泽老子山、洪泽湖古堰等一系列景区景点，还有闻名天下的淮扬菜、盱眙龙虾等美食资源，这些物质文化资源是吸引游客的重要资源。淮安淮河的非物质文化遗产更是丰富，可以分为传说、音乐戏曲、舞蹈、手工技艺等方面，传说有韩信、淮扬菜、巫支祁等传说，音乐戏曲包括金湖秧歌、十番锣鼓、淮海戏、淮剧、京剧等，还有马灯舞、泾口高跷、洪泽湖渔鼓等特色民族舞蹈，这些带有鲜明特色的文化资源丰富了淮安旅游的内容。

盱眙是淮河流经淮安的主要区域，是淮河文化遗产的主要聚集地。近年来盱眙县的旅游业有了长足的发展，铁山寺、明祖陵、第一山等景观都位于盱眙境内，尤其是美食龙虾的品牌已经广为传播，成为盱眙旅游资源的一大特色，盱眙“国际龙虾节”的成功举办更是推动了盱眙旅游业的经济消费。

（二）淮安发展淮河文化旅游的机遇

1. 淮河生态经济走廊建设

淮河流域虽然资源丰富，但流域经济社会发展一直落后于全国平均水平，“十二五”期间，为打造全面建设小康社会，在江苏省委省政府的支持下，淮安市牵头组织，苏、皖、豫三省联袂策划“淮河生态经济走廊”发展战略，试图将淮河建设为连接东中部地区的黄金通道，连接上下游，形成经济通道，形成以江苏淮安、安徽蚌埠、河南信阳为“三核”的跨省域的生态经济共同体，实现皖江城市群与沿海经济带的区域互补协调发展，打造继长三角、珠三角、环渤海之后的“中国第四大经济增长极”。目前，淮河生态经济走廊框架已基本形成，确立了以淮河为“带”，淮安、蚌埠、信阳为“核”，蚌埠、淮安、滨海为“枢纽”，豫皖苏三省沿淮县级城市为“节点”的“一带三核三枢纽多节点”的空间开发格局。①

建设淮河生态经济走廊，首要是做好生态保护，特别是水体的保护，杜绝污染，保持景观原生态，搞好沿岸绿化、美化，“利用铁路、公路、水路等交通方式，将沿岸历史文化名城固始、寿县、凤阳、淮安等连接起来，与全国各地联系起来，形成自然风光、人文历史、水陆兼济的千里黄金旅游线”②。

2. 国家对文化产业的重视

文化产业带来的巨大经济效益引起了我国的高度重视，“十二五”期间，国家提出将文化产业发展为国民经济的支柱产业，直至2017年，国家接连发布了多项扶持文化产业的重量级政策，政策囊括了移动互联网产业、文化企业融资以及微小文化产业的发展意见。2016年11月，国务院办公厅下发了《关于扩大旅游文化体育健康养老教育培训等领域消费的意见》，2016年12月，国务院正式印发了《“十三五”时期旅游业发展规划》，确定了未来五年旅游业发展的总体思路。

---

① 顾为东，张萍：《淮河生态经济带发展规划研究》，《江苏大学学报（社会科学版）》2016年1期，21页。

② 郑新立：《把加快淮河生态经济带建设作为我国扩大内需的重要战略支点》，《经济研究参考》2014年3期，第71页。

随着经济的飞速发展，各种环境问题成了各级政府的烦忧，为此既能发展经济，又能最大限度保护环境的产业——文化产业发展起来，2014 年，中国文化服务类的经济收入超过了 10 万亿。各地都积极寻找机会发展文化产业，改变产业结构，争取成功完成产业转型。淮安有淮河文化、运河文化资源，这为淮安发展包括文化旅游在内的特色文化产业提供了便利。

为了保护淮河原有的生态链，流域许多城市积极倡导以保护历史文化资源为前提发展旅游业，重点发展生态旅游，“淮河生态经济走廊”战略顺应了流域城市发展的需求，得到了流域城市的大力支持。

近年来，为了加快淮安的经济发展，淮安市被江苏省政府确定为苏北重要中心城市，在中心城市建设中，把旅游业列入重要的发展战略之一。市政府通过重大旅游项目建设，不断增加旅游项目投资，这不仅提升了淮安旅游业的综合实力，还增强了淮安旅游的对外吸引力和辐射力。

二、发展淮河文化旅游的重要性

淮河文化源远流长，是淮安的代表性文化，发展淮河文化旅游对于传承城市文化、提升城市知名度、拉动城市消费具有战略意义。

（一）传承城市文化

文化是一座城市的灵魂，它展现了这座城市的整体精神面貌，是一座城市的过去与现在甚至未来存在的证明。淮安是淮河流域最大的城市，文化资源丰富，是淮河流域古文化的发源地之一，淮河干流在境内纵横交错，襟带洪泽湖、白马湖、高宝湖，河湖占地广阔。淮安市下辖县、区，都临湖傍水，淮河、运河养育了淮安人，可以说，“水文化”是淮安历史文化的精髓。

发展淮河文化旅游是淮安历史文化传承的一项重要举措。文化是旅游的灵魂，旅游是文化的载体，文化旅游是一种精神上的徜徉，不同国家和地区的游客在分享各地文化多样性的同时，也会更加自觉地承担起文化传承的责任。

（二）提升城市知名度

城市的旅游形象，是城市对外印象的最为直观的表现，高知名度的城市都会有其代表性的旅游形象，苏州以园林闻名全国，拙政园、网师园等都是全国甚至全世界瞩目的文化遗产。旅游本身就是一种宣传的手段，“一传十，十传百”对于现在的网络世界并不是空话。大力发展淮河文化旅游，致力打造淮安市淮河文化品牌，使其成为淮安一大辨识词，对提升淮安的知名度有着重要作用。

（三）拉动城市消费

旅游业可以带动城市消费，凡是有游客必然会有消费，酒店、旅行社等服务产业的发展受到旅游业发展水平的直接的影响。游客来自五湖四海，“衣食住行”是首要考虑的问题。服务行业与旅游业是相辅相成、相互促进的，旅游业的发展可以带动服务行业的发展，反之亦然。

三、发展淮河文化旅游的策略

发展淮河文化旅游，需要着力打造淮河文化旅游品牌；运用大数据带来的传播效应进行有效传播；进行区域合作，协同发展。从而，创造良好的经济效益、社会效益和生态效益。

（一）品牌策略

沿淮城市发展淮河文化旅游，应注重文化品牌的打造，致力于使淮河文化成为文化旅游中的“名品”。品牌是文化旅游业的名片，要全力打造一批具有吸引力、影响力、竞争力的文化旅游品牌，使淮河文化旅游具有鲜明的总体品位和整体形象。

淮安已有了“运河之都”“淮扬菜之乡”的名片，盱眙也有“淮河明珠”的美誉，结合最新的淮安城市精神“包容天下，崛起江淮”，针对淮河文化旅游，可以打造淮安“淮上明珠”的品牌，重点建设好南北分界线标志园，这对于淮安旅游品牌的打造有着指导性意义。打响淮安淮河文化旅游品牌，要按照定位准确、主题突出、特色鲜明、梯次发展的要求，进一步做大做强。古淮河文化生态景区不仅是国家4A级景区，还是江苏自驾游基地，景区内建有中国淮扬菜文化博物馆、中国西游记博览馆、中国城市化史馆、淮安国际摄影艺术馆等多样丰富文化旅游项目，这是淮安淮河文化旅游的一大金字招牌。淮安市区清江浦已建成里运河文化长廊，这也是一个重要品牌。正在建设的《西游记》主题体验园、中国漕运城，也将成为淮安市旅游的金字招牌。

此外，通过节事活动打造淮安美食品牌，如“中国淮安·淮扬菜美食文化节”、盱眙的国际“龙虾节”等，从不同侧面、不同层次向外界宣传和展示了淮安的特色文化旅游资源，有效地激活了旅游市场，极大地推动了旅游经济的发展。

（二）传播策略

发展淮河文化旅游，要重视宣传、营销、推介。大运河申遗的成功为淮安旅游的发展提供了机遇，淮河生态经济走廊的建设进一步宣传了淮安“水城”的文化特点，在此基础上，确定淮安旅游形象，加强宣传，能够有效推动淮安旅游业的发展。

首先要重视媒介宣传的作用，主要包括电视、报纸和网络。如今网络在媒介传播中所占比重越来越大，但是电视仍然是最主要的传播渠道。城市形象是城市总体特征和风格的集中表现，以水文化驰名的城市有苏州、杭州，苏州享有

“东方威尼斯”之称，杭州西湖也是素有“天堂明珠”的美誉，它们的水文化形象能够深入人心，其中旅游形象宣传片发挥了重要作用。吴中是苏州重要的旅游胜地，吴中区政府拍摄了《寻梦太湖情归吴中》《又见吴中》等旅游形象宣传片，片中景色优美，用温婉动人的语调讲述了吴中的文化，通过在电视台播放，在观众的心中留下了深刻的印象。宣传淮安淮河文化，要充分利用电视资源，以独特的景点为骨架，丰满动人的文化历史为血肉，塑造专属淮安的旅游形象，在观众面前展示淮安独具魅力的淮河文化特质。除此之外，户外广告以及“两微一端”也是传播的重要手段。

其次，要把握住节庆的机会。节假日一向是旅游的高峰期，文艺演出、节庆活动的举办能够扩大知名度，成为吸引游客的筹码。节日期间可以举办淮河非遗表演、美食品鉴、民俗展示等活动，这能有效地提高淮河文化旅游的影响力。在十一届淮扬菜美食节期间，古淮河文化生态景区举办了“欢乐古淮河”旅游周、“缘定今生”婚纱摄影大赛、“最美新娘”评选、美食月等精彩活动，这些活动的举办提升了淮河文化旅游的知名度和美誉度，有力促进了旅游业的发展。

最后，要充分利用名人效应。名人是各大媒体视线的焦点，其一言一行在群众中都有着不可忽视的影响，现代许多商品在名人的代言下逐渐为人们所熟知，要让一个地方享有知名度，名人代言不失为一种很有效的办法。苏州吴中的宣传片就是以明星为主角，刘亦菲、韩雪都先后为其代言。然而代言人并不是随意选取的，淮河文化历史悠久，文化底蕴深厚，要选择属性与其相符，并且形象健康的代言人，否则将会给淮安的旅游形象带来负面影响。

（三）协作策略

淮河一带旅游资源丰富，却纷杂散乱、资源整合度低，特色不够鲜明，各个文化景区各自竞争、单打独斗，在互相竞争中旅游内容趋于雷同，配套性服务不够。因此，加强区域协作就显得尤为重要。

各景区协作，依赖于区域政府间的合作。淮河生态经济走廊确立了以江苏淮安、安徽蚌埠与河南信阳为“三核”的格局，抓住这一机遇，三市政府应以淮河为“带”，携手联合，制定区域协作共同发展的目标，形成淮河文化旅游的一条龙服务，争取达到“1+1>2”的功效。为了振兴皖北，2009 年安徽省政府下发《关于在合肥等市县与皖北三市六县之间开展结对合作的工作通知》，确定了亳州与芜湖之间的合作，结对期间取得了积极成效。① 这主要是指经济合作，这也给旅游合作带来启示，即邻近的城市或同处于一个文化圈的城市，完全可以联

① 朱磊：《沿淮与皖江城市带政府间合作研究——以亳州与芜湖结对合作为例》，《合肥学院学报（社会科学版）》2013 年 1 期，第 37-40 页。

手，通过成立联盟、协作体等形式，进行合作。比如江苏淮安与安徽蚌埠、河南信阳可以通过结盟等形式合作，共同推出淮河文化旅游产品，这样淮河流域文化旅游的影响力和辐射力就会得到增强。共同拓展旅游市场，形成带状旅游区域格局，打造淮河文化旅游精品线路。淮安还可以与邻近的徐州与宿迁合作，开辟汉文化之旅；与扬州协作，开辟淮扬文化之旅；与连云港联合，开辟《西游记》文化之旅。风物长宜放眼量，邻近的旅游资源是可以相互借用，共同发展的。

四、发展淮河文化旅游的措施

发展淮河文化旅游，需要采取行之有效的措施。

（一）文化旅游产品的开发与设计

旅游业的发展推动关联性产业的繁荣，比如衣、食、住、行、游、娱、购等，而“购”在其中占有相当大的比重。研究表明，在旅游业繁盛的地区，门票的收入仅占当地旅游总额的5%～10%，国外有30%～55%的旅游费用用于购物，在香港，游客购物花费超过了45%。由此可以看到这一产业利润的可观。

文化旅游产品具有强烈的地域性，游客的购买动机一般为纪念或是收藏，因此尤为看中产品中所含的本土特色和文化意义。淮安境内的淮河遗产主要分布于清江浦区，因此清江浦区是淮河旅游的集中地，旅游产品的贩卖也在那里相对繁盛一些，然而，这些产品却有着和很多旅游地区类似的问题——同质化。对于旅游产品开发，可以充分利用淮河的文化遗迹。淮河是划分南北的重要标识，其本身就具有文化艺术价值，淮安位于淮河下游，是南北文化差异表现的典型代表，在淮安的古淮河两岸建立中国南北地理分界线标志园是独特的旅游产品开发。

开发文化旅游产品，要注入创意的思维。发挥创意要基于本土，就是说，淮河文化产品不能丢失其历史文化的表征，虚有其表的产品只是商品，不是文化产品。文化是随历史的衍变逐渐更新的，其产品也要与时俱进，成功的文化产品应具有过去与现在两种含义，这样才更加有收藏的价值。淮河文化产品在淮安的旅游产品中餐饮类比重较大，尤其是土特产，比如洪泽湖大闸蟹、盱眙龙虾、岳家茶馓等产品，但这种土特产是一次性的，基本没有收藏价值，要设计区域文化特色鲜明、收藏价值高、购买价值也高的文化旅游产品。

（二）旅游景点的开发与维护

淮河旅游景点的开发必须依托于淮河两岸的生态资源、历史资源，充分利用淮河数千年的历史财富，展现淮河、淮安、淮安人民三者的联系。淮安境内与淮河相关的景点，主要在洪泽湖一带，以自然景观为主，有洪泽湖、洪泽湖大堤、明祖陵、老子山温泉以及铁山寺、金湖荷花荡等，这些景观的开发性较低，容易造成生态的破坏，而生态的恢复与治理需要高费用、长时间，因此应注重生态环境保护，发展以观光为主的旅游业。

淮河景观的保护是流域人民的责任，人类是历史的主要创造者，同时也是历史的主要破坏者，在历史的更迭中，淮河流域的许多遗迹已经消失，现存的遗迹更需要政府带领市民肩负起城市历史的保护、传承责任。遗迹遗址修缮问题、非遗传承问题、文化资源保护问题等，都需要制定计划、健全制度、落实责任。

（三）文化消费的促进与推动

文化消费是指通过购买文化产品，来满足人们精神需求的一种消费方式，主要包括教育、文化娱乐、体育健康、旅游观光等，这是一种精神消费。[①] 淮安市旅游商品以食品、土特产居多，盱眙龙虾在近年来名气日显，而具有收藏价值的旅游纪念品则相对较少，旅游商品研发、销售体系都还处于初始阶段。要提高淮安的文化消费水平，要遵循不要把鸡蛋放在一个篮子里的原则，淮安的旅游市场收入基本来源是餐饮、门票，缺乏娱乐消费和购物消费，要充分利用淮河的历史文化资源，开发多种消费方式。

不能过分依赖门票的收入，随着全域旅游的推进，景点免门票是大势所趋，所以要靠做精旅游产品吸引游客，通过人气的提升，增加其他收入。

节庆活动是一种大众文化的消费行为，是面对广大群众的，具有浓厚的节庆氛围。法定假日是消费的高峰期，要抓住节日的特点，结合淮河传统文化，开展独特的庆祝活动，积极营销。淮安的淮扬美食闻名全国，多次举办的淮扬菜美食文化节，不仅促进了美食文化的消费，还提高了城市知名度。2012 年，古淮河生态景区举办了“最美新娘”的评选活动，该活动的成功举办，使得更多的情侣选择来这里拍婚纱照，2014 年，隆重推出的“冰雪狂欢”活动，增加了运动项目，不仅提升了古淮河文化生态景区的美誉度，还促进了景区旅游业的发展。

淮安夜间旅游项目缺乏，可以增加一些夜晚演艺晚会，这类晚会不仅可以增加门票的收入，还可以带动相关的“住”“购”等行业的发展。演艺项目可以是戏曲、小品、歌唱等节目，可以在旅游景点建立小剧场，或是选取合适场地，表演地方戏曲，包括淮剧、淮海戏、金湖秧歌等。还有就是打造类似“印象漓江”一样的“印象淮河”或“印象运河”的大型实景演出，吸引游人，带动消费。

购物消费主要体现在文化旅游纪念品产业的发展上，纪念品的研发是关键。

促进文化消费可以借鉴体验消费的方式，体验消费出售的是一种体验，游客满意并愿意为此埋单，这是一种服务性消费。新的旅游产品加入市场必然会有质

---

① 李俊，蔡涛：《当代大学生文化消费现状分析》，《中国商贸》2010 年 9 期，第 100–101 页。

疑，可以通过公开展示、活动赠送、体验展示等方法进行宣传，缓解游客的质疑、不安等心理，从而达到销售的目的。

淮河生态经济走廊建设是促进淮河文化旅游发展的一大契机，要抓住机遇，充分利用优势，发展淮河文化旅游，带动区域经济发展。

参考文献：

[1] 曹天生，朱光耀．淮河文化导论［M］．合肥：合肥工业大学出版社，2011.

亳州市明清会馆现状的调查研究

李春风　杨　琴　邓浩然

摘　要：明清时期，亳州会馆林立，会馆作为文化遗产的一部分无疑是亳州文化繁荣的象征之一。由于年代久远、人为破坏等因素，得以保存的明清会馆并不太多。本文通过对会馆进行实地的调查走访，研究了明清时期亳州会馆的现存状况，结合相关参考文献，分析了会馆在保护中存在的问题，并探索新的再利用方式，最后探讨了会馆在旅游开发过程中的观赏价值、史学价值、文化艺术价值、审美价值、科研价值、休闲价值。

关键词：明清时期；亳州；会馆；旅游开发

亳州，古称谯城，地处中原，一向有中州门户、徐兖咽喉之称，涡水绕流其城东北，上接大河，下通江淮，水运极为便利。由于地理位置优越，兼水陆之便，物产丰盛，亳州城内长期商贾云集，会馆林立，明清时期即有"小南京"之美誉。亳州当时富商云集，他们争相修建会馆，最多时，亳州有各地商业会馆30余处。目前，亳州市保存状况较好的会馆有山陕会馆（花戏楼）、"江宁会馆""湖广会馆"等。作为亳州重要的历史遗迹，会馆蕴含着丰富的传统文化内涵，具有很高的历史文化、艺术以及学术研究价值。目前，学界对于亳州的研究主要集中于中药材、花戏楼等方面，而对于亳州明清时期的商业会馆研究不够系统、深入。① 本文在调查明清时期亳州会馆原有地址、规模基础之上，通过与现存会馆相比较，探究它们的现存状况以及受保护程度，为亳州会馆旅游资源的保护与开发提供合理的建议。

作者简介：李春风、杨琴、邓浩然，阜阳师范学院历史文化与旅游学院2014级人文地理与城乡规划专业学生。指导老师：李强，阜阳师范学院历史文化与旅游学院教师。

① 这方面主要研究有：吕用印：《亳州山陕会馆建筑文化的发掘及其保护》，《新乡学院学报》2012年第2期；李强：《明清以来亳州交通与商业发展》，《阜阳师范学院学报》2012年第5期；高振东：《亳州市中药材发展研究》，《商场现代化》2016年第12期等。

一、明清时期亳州会馆状况

明清时期，亳州会馆林立，据考察，现在能够说出名称和地址的有三十多个，只能说出名称但不知道地址的有十多个，共计有四十多个。千百年前，亳州的商业就极其发达，据《史记·货殖列传》[①] 记载："汤止于亳，其俗犹有先王遗风，重厚君子，好稼穑。虽无山川之饶，能恶衣食，致其藏蓄。"说明亳州在三千七百多年前就是富饶兴旺的地方。而到了明清时期，亳州成为中药材和粮食的主要产区，吸引了来自全国各地的富商。由于亳州物产丰富，商业发达，涡河航运便利，便驻有来自全国各地的买卖商人，久而久之形成许多行业。外地人在亳州经商，为了方便和发展各自实力，自然而然组织起来，形成了"行会"，同乡的人建立聚集商谈的地点，就成为"会馆"。

（一）花戏楼

亳州花戏楼是保存最完好的会馆。花戏楼又称"山陕会馆""大关帝庙"，位于亳州市北关隅咸宁街。因戏楼的砖雕、木雕、彩绘以地方戏曲折子戏为主要内容，所以俗称"花戏楼"。花戏楼建于清朝顺治十三年，药商"王璧，朱孔颖，皆籍系西陲，东行于亳，求财谋利，连裾偕来，亟谋设会馆，以为簪盖之地"（《重修大关帝庙碑记》），经百年逐步建成了山陕会馆，因为会馆里同时供奉着关羽的神像，因此也被称为"大关帝庙"。

山陕会馆是以大关帝庙为主体建筑，由张飞庙、岳飞庙、朱公书院、火神庙、粮坊会馆等组成的古建筑群，包括戏楼、钟鼓二楼、大殿和左右的厢房。整个会馆坐北朝南，大门为三层牌坊架式，仿木结构，水磨砖墙上镶满砖雕，玲珑剔透，构图宏富，雕工细腻，刻有人物、车马、城池、山林、花卉、禽兽等，是清代砖雕的优秀作品。内容大多为戏曲故事，有三顾茅庐、郭子仪寿宴等。会馆的主体建筑——戏楼，建于康熙十五年，呈现一个凸字形，院内的三间是戏台，戏台上的两根柱子做成的是垂莲柱，目的是减少视线的遮挡，屋顶则做成高耸的歇山屋顶。舞台用六根立柱顶立，檐角之下立方柱六根，柱础雕有故事图案。舞台正中屏风透雕二龙戏珠，上悬匾额曰"清歌妙舞"，中间上下场门有二额"想当然""莫须有"。台前悬挂木对联曰"一曲阳春唤醒今古梦，两般面貌做尽忠奸情"。藻井、梁枋之间都布满彩绘，有戏文、人物、花鸟、山水等各种图案。戏楼的底层做得较高，兼做门厅使用。钟楼和鼓楼紧接着戏楼，从院内观看，突出部、两耳和钟鼓二楼的檐柱节节后退，屋顶层层低下，面阔逐渐减小，以简洁

---

① 司马迁：《史记·货殖列传》，辽海出版社 2016 年版。

的手法取得突出中央主体的效果。[①] 会馆的门墙处理很有特色，中高边低，正中的牌楼是三间四柱五楼，通有拱门，而两侧的牌楼是单间二柱一楼，有一个通向钟楼鼓楼底层的拱门，三座牌楼之间皆用水磨砖雕连接而成。门墙前左右有一对高达 16 米的蟠龙铁旗杆和一对石狮，铁旗杆每根重 15 吨，高 16 米多。铁旗杆座上铸铭曰：皇大清道光元年（1821 年）岁次辛巳秋吉日铸造旗杆一对，重二万四千斤，陕西从药材邦弟子敬献铁杆一对，永保四方平安吉庆有余。

戏楼以北是大殿，分为前后两部，前部有三间明轩，做成卷棚屋顶，后部是硬山顶。殿内供奉着关羽的神像，也是宴饮大厅，庭院的东西两侧是厢房，朝向庭院都有前廊，可以看戏。山陕会馆的木雕以多彩闻名，涂彩木雕多用于戏台，藻井周围透雕着三国戏文十八组，柱枋雕刻垂柱、狮子、鳌鱼，屏风雕刻着二龙戏珠[②]，因为这些多彩的木雕，山陕会馆又被称为“花戏楼”。

（二）江宁会馆

江宁会馆，位于亳州市古泉路北侧，涡水环绕，原名为圆觉寺，东连商汤之陵，西接琉璃古井，始建于唐贞观年间，共有一千四百多年的历史，具有祭祀神灵、祈福求财；交流信息、商务活动；方便起居，娱乐休闲三大功能[③]。清康熙三十六年（1697 年）重修圆觉寺碑载：“城北有寺，名圆觉者，去城不里许，南带河流，北襟陆野，堂廊尽敞，庭院清幽，既可群游，尤堪独赏，颇为临观胜地。清康熙三十六年，重新修葺，增扩墓场，高崇殿宇，画栋雕梁，千宵佛汉，朱丹金碧，耀日照星，又在大殿后兴建大慈宝阁，高插云霄，碧瓦朱栏，陆离灿烂，其规模宏伟，大非寻常境界。”道光十年（1830 年），江宁人士在此设江宁会馆。

由康熙五十二年（1731 年）八月二十四日江南凤阳府亳州正堂在“江宁义家处”树立的《示禁碑》知，当时的南京商人已接管圆觉寺。嘉庆十二年（1807 年）江宁会馆修葺一新，碑中载道：“江宁会馆于嘉庆十二年大工告竣，自大殿、戏台以及后楼、廊舍萦回盏，深院重阶，规模宏敞，气象巍峨。夫金砖布地，由敢云白玉为堂，座上八宝庄严，阶上雕栏砌锦。”道光十年又重修了江宁会馆。

江宁会馆坐北朝南，现存有山门、大殿、钟楼、鼓楼、厢房、偏殿 29 间，面积约有 1600 平方米。戏楼的两侧各有楼房 3 间，东西廊各有看台五间，整个建筑都是砖木结构。会馆的券门上书“江宁会馆”四个字，以砖刻的织锦纹作

① 萧默：《中国建筑艺术史》，文物出版社 1999 年版。

② 杜强，梅金莉：《安徽建筑》，2016 年第 2 期。

③ 任晓民：《亳州名城名胜》，亳州市文化局 2002 年版。

为装饰；拱券形的门洞是由青白石作为门枋，坚固美观，古朴而庄重。而东边和西边的匾额分别镶嵌着“钟山”“分秀”几个大字，寓意着将秀丽的钟山风光置于这江宁会馆。

进入山门之后就是戏楼，戏楼是两层的砖木建筑，底层和花戏楼相似，类似于门厅，是进入会馆的主要通道，上层是戏台，平面呈现“凸”字形，台中间设有屏风，彩绘着“二龙戏珠”的图案，上面悬挂着“秀接钟山”的匾额，两边分置着上场门和下场门。舞台的边缘装着木护栏，台顶是平棋天花，显得古朴庄严。整个舞台布局紧凑而功能齐全，最突出的是后台的墙体上还保留着当年的演艺人手写的戏码、人名和日期等。戏楼属于歇山顶，青黛蝴蝶瓦合瓦屋面，瓦下铺望砖，方形木椽，正脊两端作龙形大吻，垂脊、戗脊装套兽，所有脊饰陡板正反两面均为高浮雕花卉的图案。[①] 整个戏楼的建筑集南北风格于一体，秀丽多姿。

江宁会馆后院的大悲宝阁、千佛殿堂、后殿等建筑，均已被拆除，里面原有的历代石碑、佛像都被损毁不在，历代住持和尚的佛塔也倾圮拆除，义冢被毁，义地被占用。据调查，江宁会馆在解放后作为粮食站，是用来存储农民上缴粮食的场所。过去会馆班长负责做勤杂事务，实际上负责看门、护院、打扫卫生，修缮房屋是会馆雇佣的仆人。当会馆不作使用的时候，也曾对外租赁，以供有钱人家办喜事。后来由于战乱，人事变化很大，原来出资修建会馆的官僚、政客调离了亳州，有的商人经济破产，渐渐没人出资修理，因此有的会馆逐渐倒塌，有的出租成了大杂院，特别是过去军阀横行的年代，会馆更是军队临时驻扎的好地方，他们任意糟蹋，加速了会馆的衰败。亳州解放以后，政府对一些会馆做了修缮并加以合理使用，大部分用于生产、办学，办起小型工厂和作粮食仓库。[②]

（三）金陵糖业公所

金陵糖业公所位于亳州咸宁街、花戏楼东面，紧挨涡河沿上，是南京帮经营糖、纸业和杂货的客商所建，当时的规模与影响力堪比山陕会馆。糖业会馆是一座鲜明的清代早期建筑，其中石大门、台阶条石、磉石柱础最有特色。现存有三间山门和两面分别是三间的耳房，山门后面是用围墙圈起的院落，过去是两进两出的四合院，后面是一座大殿和楼房，约有二十余间，都已不复存在。虽然整个院落有四千平方米，但仅保存了前面的山门、耳房和院中的三间房子。据记载，唐宋时期亳州糖业已极具盛名，清初、中期最为繁荣，其中红薯是亳州糖业的主要加工原料，因其种植历史悠久、产量高，也能加工成糖。后来由于百姓对居住

---

① 任晓民：《亳州名城名胜》，亳州市文化局2002年版。

② 陈大兴：《亳州会馆的前世今生》，《亳州晚报》，2014-12-05。

地的要求不断提高，便对其进行改造，所以糖业会所大小虽然未变，但是原貌已经遭到了破坏。后来国家对古建筑进行保护，现如今工程仍在进行。

（四）湖广会馆

湖广会馆现坐落于新民街（原天棚磁器街）中段路北，离涡河约 100 米，新民街向西 100 米，2015 年 2 月 27 日公布为亳州市级文物保护单位。湖广会馆始建之时主要是从事粮食布匹交易的场所，因靠近涡河，水陆交通皆便捷，故会馆多沿河而建。在天棚街路北，湖北楚商创立了楚商会馆，不久之后，又与湖南湘商联合成立了两湖会馆，再后又与粤商创立湖广会馆。湖广会馆原大小与花戏楼相差无几，有东西看楼、戏台、供奉的神殿，原是湖广商人谈生意、休闲的场所。“原会馆占地约有2500 平方米，但是现在保存下来的只剩三间房屋，原有大小三十乘四十公分的四块碑文现已被砌入墙体保护起来，碑文记载了湖广会馆修缮的时间和出资人的姓名，还有会馆的卖地契约——距今已有两百多年的历史。”① 会馆整修过几次，上一次修缮，还原了湖广会馆原貌。湖广会馆最为著名的就是木雕，现堂房外走廊的柱子上方至屋顶均有精致的木雕花纹图案。

（五）河南会馆

遗憾的是，河南会馆现已不复存在。据曾经在河南会馆唱过戏的原九刚讲述：“河南会馆是河南商人来亳州从事药材交易建立的，原貌为三个向南的大门，戏台，东西看楼，后面是一个小院落，院子后面供奉了三个皇，天皇、地皇、人皇，因此又被称为三皇庙。还有千手佛，后来来了个和尚叫沙亮就住在庙里，看庙堂。一进庙门就是舞台，戏台大小与花戏楼大小差不多，以前还有板凳、八仙桌，后来被人家拿走作为家用。上舞台的台阶有两个狮子。”② 因为要建马路，所以亳州房委会对河南会馆进行了拆迁，原址位于里坊街与大路的交叉口偏东的位置。

二、会馆建筑保护中存在的问题及建议

我国经济的持续发展，城市建设进程的加快和旧城改造规模的加大，给遗产的保护带来了很大的冲击，“保与拆”的矛盾在某些地区日益突出。因其涉及各方利益，并不能完全达成共识，但可以向相关者明确“有所为，有所不为”。我们通过学习“遗产保护修复原则与方法、保护设计方法以及遗产管理方法”等

① 讲述人：黄勇；访谈人：李春风、杨琴、邓浩然；访谈时间：2016 年 10 月 16 日；访谈地点：亳州市谯城区北关大街。

② 讲述人：原九刚；访谈人：李春风、杨琴、邓浩然；访谈时间：2016 年 10 月 16 日；访谈地点：亳州市谯城区北关老街。

关于建筑遗产保护的理论，讨论出一些关于亳州会馆的保护措施。

（一）会馆现如今存在的问题

通过对会馆进行实地勘察，发现目前会馆建筑保护中主要存在的问题有以下三个方面：一是部分会馆建筑室内环境破坏严重，有些甚至完全丧失历史风貌，与建筑本体差距较大；二是会馆建筑的保护修缮存在“轻前期预防、重后期治理”“轻日常维护、重集中修缮”“轻环境整治、重本体保护”的问题；三是普遍存在保护经费严重不足的问题。

（二）会馆建筑遗存的保护原则

一是修旧如旧。对于会馆的保护，我们应强调历史真实性、外观完整性。历史的真实性，即尽可能多地保护真实的历史遗存，即使是对历史建筑、历史文物进行维护修缮，也要做到尽可能恢复原貌。二是保护与利用的和谐共生模式。我们应当坚持可持续发展理念，基于文物价值的文化产业开发和进行相关行业产业的延伸，从而发展和谐共生模式。

（三）加强对会馆建筑遗存所在历史文化街区的保护

清明时期亳州会馆大都分布在亳州老街的两侧，如果老街得不到应有的保护，那么会馆在一定程度上也会遭到破坏。例如，若加宽改造道路，不可避免会对会馆的建筑造成一定威胁。

（四）探索新的再利用方式

一是再现会馆附产的功能。在历史上会馆建筑有主产和附产，大部分会馆除了为同乡提供无偿服务之外，还经营着附产的业务，如开办店面等，所得用于会馆的各项开销。现如今，我们可以设定“明清时期会馆”这一独特的历史主题来改造会馆，可以根据需求改造成茶馆等来吸引顾客。

二是作为社区活动的文化馆、图书馆等。会馆建筑大都分布于居住区，倘若把会馆改造为社区的公共建筑，如文化馆、图书馆等，可在满足社会功能需求的同时，促进会馆文化的传播。

三是打造主题旅游宾馆。历史上的会馆是囊括住宿、餐饮、集会的综合体，拥有较大的餐饮、交谈空间，也有适宜的居住空间，功能类似于现在的宾馆。如果会馆经过适量的改造，通过主打其独特的历史文化底蕴，必会有一定的竞争力。

四是借鉴国内外其他历史建筑保护和再利用的经验。南锣鼓巷是北京旧城改造的一个成功案例，其将很多民居四合院改造为极具个性和文化特色的餐厅、茶馆、休闲场所等，带来了不错的社会经济效益。由于在老街这个独特的历史文化氛围内，我们可以将优势地段的资源进行整合提升，根据实际情况，将会馆改造成具有特色的茶馆、餐厅等，以其特殊的历史主题和历史气氛为主打，必定能带来可观的经济效益。

三、会馆的旅游开发价值

近几年来，我国的旅游行业得到了很好的发展，各地政府也都充分认识到旅游对于促进地方经济发展的重要意义。在旅游开发领域，文物资源通常会成为重要的旅游资源，成为旅游资源展示利用的主要部分。但是地方政府往往把文物资源的价值利用在带动旅游、餐饮，甚至房地产等商业领域上，而忽略了发掘文物资源本身所蕴含的价值，然而这部分价值才是旅游资源开发的真正价值所在。文物资源价值主要有观赏价值、史学价值、文化艺术价值、审美价值、科研价值、休闲价值等方面，而会馆作为文物资源的一种，同样也具有这些价值。

（一）观赏价值

部分会馆保存较完善，而且具有鲜明的特征，可以以此为基础进行旅游开发。会馆作为古建筑，可观赏性是它作为古建筑最直观的特性，包括会馆的建筑外形、内部的艺术装饰，以及协调一致的总体建筑风格等。从它们的建筑外形来看，与现代的建筑有很大的不同，独特的屋檐、清净的院落等都让人印象深刻；在艺术装饰上，会馆多利用木雕、石雕、砖雕、彩绘等艺术手法来进行装饰，具有浓厚的艺术特点和风格。不过会馆的观赏价值并不仅仅局限在这两个方面，它还包括会馆周围建筑的整体氛围，这些都有很大的观赏价值。

（二）史学价值

在明清时期的涡河两岸，聚集着大大小小的会馆，它们见证了亳州商业历史的辉煌。明末清初，亳州已经成为我国四大药会之一，很多的外地商客聚集在此地，其中在里仁街、纸坊街、老花市三条街，有药行、药号、药店一百余家，都是万贯家财的商人。他们为了同乡之间的联系和交流，就集资建立了很多会馆，作为公共商事、议事的地方，成为当时亳州一道独特的景观。因此，这些都为亳州的社会史、经济史等方向的研究提供了有意义的资料，对于研究亳州的社会发展变迁和历史轨迹具有重要的价值。

（三）文化价值

文化价值是由于会馆完整的文化形态而体现出的其旅游资源的价值。会馆这一文化形态，包括了其深厚的人文内涵，而这些人文内涵也蕴含着这一时期的传统民风民俗、建筑理念、历史源流等多种含义，并反映着此时亳州社会经济的发展状况。

会馆的文化价值正是通过这些来表现。因此挖掘会馆深厚的文化内涵、探究其深刻文化价值不仅仅是会馆旅游开发的需求，同时也能使旅游者更好地了解会馆的文化特点、存在价值等，从而达到提高旅游的文化品位，拓宽人们视野的效果。

（四）审美价值

旅游者通过观赏会馆建筑的外观、艺术装饰等，并与现代建筑景观的对比产生强烈的视觉反差，从心理上取得新奇、愉悦的审美感受；通过体会会馆周围建筑的整体氛围，从中感受这个时期人们的生活状态，体会到现代城市体会不到的人文之美；通过探究会馆悠远的历史、浓厚的文化底蕴，体会亳州的历史美。

（五）科研价值

通过宣传与推广旅游产品，从而扩大会馆的影响力和知名度，因此会逐渐被旅游者接受而成为旅游目的地。除此之外，会馆吸引了很多来自建筑、史学、摄影等各个领域的研究人员。就会馆的建筑技术来看，不少会馆的建筑技术精妙，是典型的清代建筑技术，吸引了众多建筑专家的目光。与此同时，会馆的建筑格局、建筑理念、艺术装饰等也吸引着专业人员。像山陕会馆、湖广会馆等经过数百年的沉淀还相对完整地保留着当时的风貌，为历史学家提供了考察研究的范本。另外，会馆独特的艺术气息也吸引着来自摄影界的专业人员。这些来自不同领域的专家学者也是会馆旅游客源市场中的重要组成部分。因此，反过来说，会馆的科研价值也对会馆旅游的发展和开发起到重要作用。

（六）休闲价值

休闲旅游是以休闲为目的的旅游，它注重旅游者的精神享受。在休闲旅游活动中，人们通过身体放松、艺术欣赏、参与娱乐、享受美食、科学好奇心和接触大自然等方式，丰富生活，获得愉悦的心理体验和精神满足。从会馆旅游资源的特点来看，会馆旅游不仅会为旅游者提供了观赏、史学、文化艺术、审美、科研、休闲等方面的价值，还会使旅游者通过这种旅游形式，达到休闲度假的目的。

一直以来，旅游开发和文物资源之间都有着很深的内在联系，而以旅游资源的形式利用会馆是相对合理的利用方式。科学合理地利用文物资源不仅可以更好地、永续地保护，而且也会更好地发挥文物资源的价值，焕发其应有的生命力。

以旅游形式开发的文物资源具体体现在以下几个方面。从社会生活方面来说，以发展旅游的形式合理地利用文物资源，可使文物资源融入所在区域的居民生活中，与周围人的社会生活与建筑达成和谐共生的关系。从文化研究方面来说，文物资源的合理利用还可以使其艺术和建筑价值得到充分的发挥。从经济效益来说，一方面合理利用了原有的建筑和现有的道路等基本设施，免除了拆迁这些老建筑的费用，另一方面又因文物资源自身的价值而带来的旅游收益、周边商业收益以及打造城市品牌所带来附加收益，都会产生良好的经济效益。

因此，会馆作为文物资源的一种，以旅游的形式开发会馆，不仅可以更好地保护会馆，而且更会产生以上各方面的价值，同时也会带动亳州经济的发展。

皖北古镇文化的保护与开发

郭从杰

摘 要： 皖北古镇众多，历史厚重，是区域文化、淮河文化的重要载体。皖北古镇文化保护与开发中存在的困境与不足体现在：责任主体不明，既缺钱又缺人，开发缺乏科学规划，前期建设存在不足。推进皖北古镇文化保护与开发，应从以下几个方面着手：深度调研文化遗存，加强古镇的文献整理；系统学习相关文件精神，部门协调，争取政策与资金；利用旅游的衍生效应，将古镇建设嵌入到美好乡村建设中。对皖北古镇文化的保护与开发，必然能够有助于地方文化建设与经济发展。

关键词： 皖北；古镇；文化

一、皖北古镇的现状与文化内涵

镇是介于乡村与城市之间的基层行政单位，有时也称集镇，具有一定的商业服务和文教卫生等公共设施，并有相应下辖行政村或社区作为支撑。古镇，是在历史发展进程中逐渐形成的人类聚居地，在长期的演变过程中沉淀下来一定的历史底蕴、人文景观、工艺建筑等。

对于皖北所辖范围，不同时段人们的认知不同，有人认为皖北就是指安徽淮河以北的地区，还有人认为皖北就是指阜阳、亳州、宿州、淮北等地。而在中原经济区的设计中则将淮北、亳州、宿州、蚌埠、阜阳、淮南等市县都列入皖北范畴。而目前我省设立的“皖北办”则包括蚌埠、淮南、阜阳、亳州、淮北、宿州等市，并将定远、明光、凤阳、霍邱等县纳入进来。本文对皖北概念的讨论以我省“皖北办”的判定为依据。

根据相关研究，我们把研究对象古镇定义为：主要指19世纪中期以前发展

作者简介： 郭从杰，阜阳师范学院历史文化与旅游学院副教授。

基金项目： 本文系安徽优秀传统文化研究中心2016年立项课题“皖北古镇文化的保护与开发研究”的成果。

起来，具有一定规模，保存当时历史风貌、地方特色、民族风情、传统文化或历史信息，一种介于城市与乡村之间，作为区域经济、军事、政治、文化中心的人类集聚地。如亳州市的古井、城父；涡阳县的高炉、义门；蒙城县的漆园、乐土、篱笆；利辛县的阚疃、王人集；宿州市的符离集；萧县的白土镇、黄口镇；砀山县的良梨、玄庙；灵璧县的虞姬、韦集；泗县的黑塔、屏山；蚌埠市的长淮卫；怀远县的龙亢、常坟；固镇县的濠城；五河县的浍南、头铺；淮北濉溪县的临涣、百善；凤阳县的临淮关、府城；定远县的炉桥、藕塘；淮南市的曹庵、洛河、九龙岗；寿县的正阳关、瓦埠；等等。本课题所要探讨与调研的对象主要是乡村古镇。

古镇是一个复杂的综合体系，它包括大量的客观物质和丰厚的文化内涵，承载着厚重的历史文化元素，是当地政治、经济、艺术、文化以及当地居民社会生活的积淀，是历史的印记。一些古镇历经数百年甚至上千年，延续至今，无疑沉淀下不少历史传说、古迹遗址，甚至一些传统聚落形态和典型建筑风貌至今保存尚好，具有鲜明的地域特色。诸多古镇中，有的曾车马辐辏、千年繁华，有的曾为旧郡治所、军镇要地，有的伴随名人雅趣延传于今，它们往往是区域范围内的政治、经济、文化、交通中心或军事重地。这些古镇不仅具有历史价值、科研价值，而且还具有一定的旅游价值。

古镇是社会历史发展演变的产物，不但承载着数百年的区域地方文化，还体现着历史演变的时空特点。古镇文化是在长期的历史演变中形成的，就皖北古镇而言，其文化包括古迹遗址、宗庙祠堂、民居建筑等物质载体，也包括民风习俗、手工技艺、曲艺舞蹈、生活禁忌等，还应包括民间文学、歌谣传说等非物质文化层面的东西。显然，古镇是历史的见证，是我们认识和了解历史的载体。

古镇文化的历史内涵包括物质形态文化、非物质文化以及古镇的地理环境文化。物质、非物质的文化遗产构成了古镇的外形与内核。一定程度上而言，古镇的民众生活及其生存环境是具有生命的社会变迁展览馆，物质、非物质要素之间的交融是古镇文化底蕴之所在，其展现的精神气质往往带有浓郁的地方特色和乡土文化。

伴随城市化的单向进程，这些承载本地荣耀与记忆的古镇渐渐被人有意无意地忽视。不言而喻，在历史千年长河中大浪淘沙，它们最终被今人赋以古镇称之。然而长期以来，即使是处于古镇村落的一些本地居民对本地区划演变、历史发展也知之甚少，更遑论他人。无论是学术研究还是当前区域发展，对古镇文化并无切合实际的保护与开发，如何延续它们的命运是摆在人们面前的一大问题。

近年来，无论从国家层面还是省级层面，也都出台了相关建设名镇、评选名镇的文件。因此，如何利用皖北古镇的历史名片，“文化搭台，经济唱戏”，对皖北古镇进行必要的开发，促进地方经济发展，打造地方旅游新亮点，推进特色小镇建设，优化皖北古镇的相关资源，就显得尤为重要。当然对于旅游扶贫、促进就业等方面也具有重要的价值和意义。

当然从更广阔的视野而言，对于皖北古镇文化的保护与开发也是深化淮河文化或者安徽地域文化研究的必要。对古镇文化的保护与挖掘，毫无疑问是推进淮河文化建设的必要，甚至是极为必要的。

二、皖北古镇文化保护与开发中存在的困境与不足

随着皖北古镇数量的日益减少，一些古迹遗址遭到破坏，为数不多的古镇正在受到重视，对古镇文化的保护似已成为各方的共识。但谁来保护、保护什么、该怎样保护、为了谁而保护等一系列问题并不明确。

（一）古镇文化保护与开发的责任主体不明

谁来保护？是事关责任主体的问题。古镇的居民、当地镇政府、所属县市政府的相关部门等主体在古镇文化保护与开发中存在一系列的困境与利益博弈。古镇居民往往会为了自我生存空间的拓展与利益，改造甚至是破坏古镇。古镇资源是稀缺的，如合理开发利用将会给古镇居民带来利益，而对古镇居民而言，就存在一个长短期的矛盾。古镇所在的基层政府，面对古迹遗存，往往无能为力，只是停留在编制规划上，不少镇政府对于文化建设项目实际上并没有太多时间关注，更为关键的是对古镇文化的保护需要不少资金，而乡镇往往并无这方面的财政支出预算，对于县一级政府而言，应当着力推动对古镇的保护，同样往往也会考虑到古迹遗存没有短期利益，加之受制于财政、干部眼光等因素，对于古镇的保护一般会望而却步。至于文化局、文物局、旅游局、住建委等相关部门，由于体制、观念等原因，难以形成合力，也就是说从县市政府而言，缺乏行之有效的对古镇文化进行保护与开发的政策与规划。

（二）古镇文化保护与开发中既缺钱又缺人

古迹建筑是古镇的外部特征，也是古镇存在的依托。对于这些古迹如何保护，对于建筑遗存如何修缮，都需要大笔资金。临涣古城自20世纪80年代就谈如何保护与开发，然而长期以来城基取土严重，墓葬多被盗掘，城河淤塞干涸，一些明清建筑年久失修，甚至许多古迹只剩传说故事，已无文物遗存，有着数千年历史的临涣镇如何保护、如何开发。笔者进行走访后发现，资金缺乏是最大的问题。

古镇的灵魂在于其承载着民众的日常生活方式，而当前古镇特有的民俗风情也在日益淡化，文化中非物质文化遗产正在逐渐消失，一些传统工艺、技艺不断失传，留住或传承古镇文化信息，面临的问题就是缺人。当然缺人不仅是指非物

质文化遗产的传承缺人，对于古镇文化的保护也缺乏地方能人，缺乏热心人，缺乏公益人。

（三）开发缺乏科学规划，前期建设存在不足

由于没有新产业替代和新业态注入，历史上曾经繁华的一些古镇正在进入产业空心化和聚落空壳化状态。在具体落实古镇开发措施过程中，一些基层官员或出于造福一方的热情，或出于政绩的驱动，或对旅游开发的设想自信，一些项目存在仓促上马，甚至大拆大建、直接照搬其他地区的发展模式，对本地区的实情还缺乏深入调研。由于缺乏科学合理的规划，资源与资金没有形成有效合力，一些项目往往只重规模，甚至粗制滥造，古镇开发存在较大的盲目性、随意性，以至于开发本身就是一种变相的破坏。

事实上，皖北古镇旅游资源相对分散，散落在各地的古镇，各自为政，没有全局意识，因此在区域视野中难以呈现出重点。另一方面，在实际的开发操作中，过多强调对物质资源的开发，忽视了对文化内涵的开发及对其他资源的综合利用。从区域而言，没有重点，从项目本身而言，没有亮点。由于没有开发乡村文化和民风民俗资源，一些项目又缺乏后续资金的注入和维护，皖北古镇旅游普遍存在规模小、开发不足等问题，日久天长便陷入僵化的境地。

客观而言，在全国性快速城市化浪潮下，古镇难以独善其身，建设控制区和环境协调区的保护情况堪忧。目前对古镇文化的现状首要是保护，其次是开发。在目前城镇化的进程中，更多的理解是农民进城，村民市民化的过程，这种导向的背后就是至少作为县一级政府所在地成为本地移民中心，也就是说作为镇一级政府所在地实际上对民众的吸纳力极为微弱。一些村镇面对城镇化的冲击，存在空壳化现象。一定程度上也可以说，在快速城市化进程中村镇一级被有意无意地忽视。受种种因素制约，古镇的开发实际上处于困境之中。

三、皖北古镇文化保护与开发的相关对策

不言而喻，对于古镇不能仅仅停留在保护层面，如何在保护中进行合理开发就成为考验基层政府和有关部门的难题，在开发中需要通盘考虑，不仅考虑保护古镇文化，考虑开发的经济学原则，注重旅游的经济效益，同时要考虑政治政策层面的协作与连续，以及民众的参与和配合。

（一）深度调研文化遗存，加强古镇的文献整理

对于古镇首先要进行调研，在充分调研的基础上，对皖北古镇的古街道、古建筑、传统的民俗、传统美食以及文化艺术等进行深入挖掘。具体而言，宏观层面上对皖北古镇的文化内涵、特征及其传承等方面进行挖掘，为古镇的规划与开发提供文化和理论上的支撑；微观层面上对具体历史古镇进行个案研究，探讨古

镇的历史文化、人文风俗、社会结构、产业结构以及空间结构等方面的变迁。在实地调查的基础上，挖掘皖北古镇历史文化资源，总结提炼皖北古镇文化特征，为古镇开发提供智力支持。

只有深入了解皖北古镇深厚的历史文化底蕴，才能充分利用古镇丰富的历史文化资源，为地方政府合理开发提供智力支持和理论依据。因此从这个层面而言，从学术角度开展对皖北古镇的历史文化研究显得尤为重要。在这个层面上，将皖北古镇的历史资料与相关文献进行系统整理就成为古镇保护与开发的首要问题。同时通过分析上述古镇的相关资源，也有助于推进对地方文化、淮河文化乃至中原文化的研究与传承。

（二）系统学习相关文件精神，部门协调，争取政策与资金

近年来，无论从国家层面还是省级层面都出台了名镇古镇建设规划，地方政府需要组织相关部门系统学习领会一些文件精神。如《关于开展安徽省千年古镇、千年古村落地名文化遗产认定工作的通知》（民地字〔2014〕142号）、《关于开展特色小镇培育工作的通知》《关于开展特色小镇培育工作的指导意见》（建村〔2016〕169号）等，多部门协调，联合攻关，争取上级相关资源。如安徽省发改委等单位计划在“十三五”期间创建100个功能齐备、设施完善、环境优美、特色鲜明、宜游宜居、社会和谐的省级旅游小镇。作为市级政府需要考虑如何优先培育我们具有潜力的旅游小镇，从而争取上级资源支持。申请的旅游小镇，将按3A级景区或省级旅游度假区以上标准进行创建，并纳入国家全域旅游示范区和省全域旅游示范县创建的必备条件，纳入国家旅游发展基金项目和旅游基础设施投资申报项目，并将获得土地政策方面的支持。

地方政府应当抓住一切机会去申报名镇名村、古镇古村、特色小镇、旅游小镇等，再如目前安徽省民政厅等单位推选的古镇古村，意在加大对古镇古村地名文化遗产的宣传和保护，营造保护地名文化遗产的良好氛围，提高地名文化遗产的社会认知度、知名度，传播地域特色文化，为我省经济社会发展和文化旅游建设打造知名品牌，增强文化软实力。实际上，对皖北古镇的打造，至少应由县一级政府通盘考虑和布局，县政府可以考虑重点选择全县1~2个古镇，花费数年时间和精力去打造，去探索古镇的整体性建设。当然，对于一些旅游开发潜质大的古镇，市级政府可以列入发展规划。

（三）利用旅游的衍生效应，将古镇建设嵌入美好乡村建设中

古镇保护要和美好乡村建设有机结合起来。保护发展古镇，必须围绕国家农村建设的战略规划，将古镇的发展嵌入到新农村建设的大局中，嵌入到乡村旅游发展的布局中。目前旅游业的蓬勃发展、城乡统筹及土地流转政策的出台等，使得村镇化建设、乡村旅游的发展处于一个较好的历史机遇期。在旅游资源开发方面，需要就地取材，突出重点。就皖北而言，如何集中力量，以乡村休闲度假旅游为突破，以几个古镇建设为抓手，推进美好乡村建设，构建绿色生态安全体系，促进城乡一体、人与自然的和谐发展，走内涵式发展，进而提升皖北在安徽旅游体系中的地位，是值得深入思考的问题。

安徽省政府2013年6月份印发了《安徽省美好乡村建设规划（2012—2020年)》。在《安徽省人民政府关于促进旅游业改革发展的实施意见》中，也提出了乡村旅游富民工程，计划到2020年，创建30个旅游强县（市、区）、300个旅游乡镇、1000个乡村旅游示范村、1000家四星级以上农家乐。在《国务院办公厅关于进一步促进旅游投资和消费的若干意见》（国办发〔2015〕62号）文件中，提出大力发展特色旅游城镇。2015年6月安徽省旅游局发布了《关于扩大旅游消费的实施意见》，结合安徽旅游发展实际，安徽启动实施旅游项目建设“335”行动计划，即未来3年，推进3000个重点旅游项目建设，完成投资额总计不少于5000亿元。在美好乡村建设方面，我省财政每年也拿出10亿元投入。

因此，地方政府应当积极抓住机会，不仅向安徽省政府及相关部门，而且通过立项向中央及相关部门申请，获取政策及资金支持，从而推进美好乡村建设，推进乡村旅游。发展乡村旅游、建设美丽乡村，应当激发村民参与的积极性和创造性。要充分利用皖北平原特点，打造平原特色景观。当然，必须抓好亮点，不能遍地开花，必须抓住重点，进行有效建设，形成良性循环，切实通过乡村旅游来发展经济，推进美好乡村建设，落实皖北振兴的战略。

显然，依托乡村，从大格局而言，将古镇镶嵌在乡村旅游的发展布局中，而古镇可作为乡村旅游的顶冠与明珠，将各级乡村旅游发展纳入城乡建设规划，并组织有关专家对古镇、古村、古迹遗存进行分类、调查、统计，着手编制保护性规划。一定程度上，可以通过开发乡村旅游，增加旅游就业机会，推进扶贫工作的开展。随着城市化的发展和人民生活水平的提高，发展乡村旅游和乡村休闲产业具有优越的条件和巨大的市场需求和良好前景。

通过古镇开发，发展旅游，模式不宜过于单一，需要综合利用旅游相关要素。就吃的方面而言，皖北各地市各县城都有自己独特的美食，可以说毫不逊色于其他地方，开发、推介这些美味佳肴，不仅可以提高游客在旅游中的享受，也有助于扩大本地饮食文化的影响。购物方面，各镇开发有特色的工艺品或土特产，需要皖北区域间协同，差异化发展，不能粗制滥造，应大力促进旅游商品的研发、设计、生产和销售，推出一批有特色、有影响力的旅游必购商品，使得皖北特产能够拿得出去，用得放心，物有所值。

以古镇保护与开发为抓手，以乡村旅游为核心，吸引本地及周边城市居民观光休闲，可以逐渐推进对产品的系列开发与体验，如采摘农业、垂钓烧烤、生态餐厅、农家乐、民俗体验等，带动观赏作物种植、蔬菜瓜果品尝、家禽家畜消费、餐饮住宿接待、民俗文化感受甚至科普教育旅游等多样化发展，从而把农村的生产、生活资料转换成具有观光、体验、休闲价值的旅游产品。当然在旅游服务过程中，不断改善服务，在相应环节中进行系统性管理都非常必要，如怎样力所能及地将卫生做好。至于有条件的地方，可以适当开发住宿业，比如发展民宿，但规模不宜过大。

综上，在皖北古镇的保护与开发过程中，要处理好保护与开发的良性互动，没有条件没有能力的不能盲目开发，没有科学合理的规划设计就是破坏，要将保护规划纳入镇域总体发展和建设规划之中。不仅保护古镇的空间载体，也在传承文化，要对具有独特文化和传统风貌的古迹、建筑、民居进行抢救性保护，对损坏的建筑进行及时修整。在景观保护同时，重视对非物质文化遗产的利用。正确处理传统与现代、保护与开发之间的关系，继续挖掘皖北古镇历史文化资源，介绍宣传古镇历史文化，扩大古镇的影响；本着通盘考虑、循序渐进的开发原则，将古镇换新颜，促进皖北古镇旅游健康发展，进而推动本地美好乡村、美好集镇建设。小城镇能帮助不堪重负的大都市实现功能转移，它本身也可以成为区域经济发展中的新增长极，这些都为探索城镇化发展之路累积经验。

清民时期皖西地方社会的治理

——以皖西淮域地区示禁碑刻为例

关传友

摘　要：清民时期皖西地区留存大量的示禁碑刻，包括告示碑、条例碑、禁止碑三类。示禁碑刻是地方官府与乡族社会组织（包括宗族、保甲组织、寺庙道观、民间组织等）出于"防患于未然"和"亡羊后补牢"的策略，维护社会秩序而昭告晓谕示禁某些事项。通过考察皖西示禁碑刻了解到，其主要是基于利益纷争的调节、社会治安的应对、社会秩序的稳定、地方公益的维护、社会弊端的禁革等原因设立。皖西示禁碑刻是古代"刻石纪法"的体现，它是皖西地方官府所拥有的官权力及士绅、衿耆等地方精英代表所形成的"民间公权力"的象征，在一定程度上体现了地方社会的治理轨迹。

关键词：示禁碑；皖西淮域地区；社会治理；原因

示禁碑就是一种由官府（包括朝廷）和地方乡族组织（包括宗族、保甲组织、寺庙道观、民间组织等）制订并发布的用以昭示百姓知晓，以及禁止百姓从事某项事宜而镌刻竖立的碑。它是历代统治者宣传封建道德和法规，加强地方社会治安，维护社会秩序的一个重要手段；也是统治者传达政令、与民沟通重要信息的传播手段。它是官府及乡族组织等为严明法纪、制止违规行为而立的，是属于传统示禁文化的范畴。所以，示禁碑刻在地方社会的治理过程中的作用是不言而喻。近年来，作为社会史研究内容的示禁碑刻也受到学界的关注，有不少研

作者简介：关传友，皖西学院皖西文化中心研究员。

基金项目：安徽高校人文社科研究后期资助重大项目"明清民国时期皖西宗族与地方社会"（SK2015ZD27）研究成果之一。

究成果面世。① 本文根据作者收集到的皖西淮域地区清民时期的示禁碑刻，探讨当时地方官府及乡族组织对地方社会的治理和管理程度，不足之处敬请方家批评指正。

一、皖西淮域示禁碑刻概况

皖西淮域地区一般多指安徽西部地区六安市所辖的裕安区、叶集区全部及金安区的马头集、淠东、木厂埠、东桥、城北、翁墩、三十铺、先生店等乡镇，金寨、霍山、霍邱三县，以及2016年初划入淮南市的寿县。上述地区历史上留存了数量丰富的示禁碑刻，为我们今天研究皖西地方社会提供了极为可靠的原始资料。

作者通过野外调查和查阅地方志及宗谱，目前收集到示禁碑刻有69通，分布于皖西淮域地区的各县区。按照立碑的时间分为清、民国时期二类，其中清代有53通，民国有16通。按照立碑者的身份分为官方和民间两大类型。其中官方示禁碑有36通（包括官民合立9通），民间示禁碑有32通，不详者1通。具体时空分布见表1。

表1 皖西淮域地区示禁碑刻情况一览表

时代 分布地区	清代	民国	合计	备注
六安县	9		9	裕安、金安区
寿县	18	2	20	—
霍邱县	5		5	含叶集区
金寨县	11	10	21	—
霍山县	10	4	14	—
合计	53	16	69	—

① 主要研究成果有李雪梅的《法制"镂之金石"传统与明清碑禁体系》（中华书局2015年版）一书，是从法制史的角度解读历代禁碑。论文有：王日根、周惊涛的《从示禁碑看清至民国闽南地方政府对社会的治理》（刊《中国社会经济史研究》2007年第4期）从示禁碑探讨清至民国时期闽南地方官府注重对地方社会事务的管理和若干社会事项的治理，倪根金的《护林碑的研究》（《中国农史》1995年第4期）和卞利的《明清时期徽州护林碑的初探》（《中国农史》2003年第2期）、严奇岩等的《从禁渔碑刻看清末贵州的鱼资源利用和保护问题》（《贵州民族研究》2011年第2期）、倪根金等的《略论清代广东乡村的乞丐及其管治——以碑刻资料为中心》（《清史研究》2006年第2期）、郭春梅的《古代禁赌碑刻对我们的启示》（《中共山西省委党校省直分校学报》2005年第4期）和朱文广的《清代山西上党禁赌碑刻解读》（《历史档案》2015年第4期）等，则分别是对禁林、禁渔、禁乞、禁赌碑的单项研究。

官方示禁碑是指朝廷及地方各级官员颁布的带有示禁内容的碑刻，包括示禁、公告、表彰、判决等事宜的碑刻。这一类碑刻的格式，通常在碑文前要列出出示公告的官员，而正文之后，常以“右谕通知”或“右仰知悉”四字结束。明清时期皖西各州县学宫所立的卧碑，是礼部钦奉敕旨对全国诸府州县生员颁发的学规，主要对生员的行为进行约束。寿县正阳关镇的“奉本州大谕永禁差役不取正阳行铺户碑”① 是康熙四十一年（1702）寿州知州王帝臣禁止差役需索滋扰正阳关镇行铺户的示禁碑。雍正十二年（1734）六安州的《戚家畈下官塘记》、乾隆五年（1740）十二月十二日寿州知州范从彻《详请便民红白兼收记》、霍邱县《清理水门塘界碑记》、寿县安丰塘《示禁开垦芍陂碑记》《凤台城西湖勘定界址碑记》、清同治十年（1871）十二月六安直隶州知州李蔚应六安州地方士绅所请立《禁轿扛夫勒索示碑记》、清光绪十年（1884）寿州知州周辛炳《示禁房主任意刁难碑记》，等等，都是官方示禁碑刻。

民间示禁碑是指地方社会议定的乡规、族规、行规、民约等民间规范中带有示禁内容的碑刻。六安苏家埠罗氏宗祠的“法戒碑”是罗氏宗族于乾隆四十四年（1779）嘉平月（十二月）合族所立、霍山县的“永远义渡碑”是乾隆丙申年（1776）孟秋月（七月）净乐庵僧人和强恕堂赵氏合立、霍山县上土市古佛堂觉心庵的“遵遗勒石碑”是僧人所立、清道光二十七年（1847）三月十六日霍山县西乡歇马台保绅民立“奉宪勒石碑”、金寨县长岭乡西界岭的“复禁碑”等，则属民间示禁碑。

按照示禁碑刻表达的形式可分为告示碑、条例碑、禁止碑等三类。

告示碑是地方官府及乡族组织在集市、庙宇、村落及宗祠镌刻所发布的文告，晓谕地方社会，使百姓周知。金寨县双河道观的“双河庙碑”是清康熙十一年（1672）季春月（三月）商城县知县张弘训为免除该道观差徭而给立的告示碑，清嘉庆六年小阳月（十月）寿州报恩寺的“劝学文碑”，清咸丰十一年（1861）七月巧日（七日）的“霍山县正堂张瑜饬修堡事碑”，民国二十六年（1937）九月十七日的“安徽省立煌县政府训令碑”，民国二十九年（1940）二月的“安徽省政府批示碑”，都是属于告示碑。

条例碑是地方官府及乡族组织制订的若干规条，通过立碑的形式，昭示地方百姓知晓并遵从。清道光八年（1828）三月寿州知州朱士达给示所立的《正阳关义渡规约》、同治十年（1872）十月初八日金寨县双河道观所立的《公立双河庙条规》、光绪二十一年（1895）季春月（三月）寿州正阳关镇督销公所官盐行

① 《奉本州大谕永禁差役不取正阳行铺户碑》，碑立于寿县正阳关镇玄帝庙公园。

所立的《同心保示》、光绪二十六年（1900）九月二十八日六安州知州给示所立的《响山寺条规》、光绪三十四年（1908）十二月寿州城内回民所立的《回民送葬章程》、民国四年（1915）七月二十一日寿县正阳关镇所立的《截火会重订章程》等，则是属条例碑刻。

禁止碑是地方官府及乡族组织发布的严厉禁止从事某些事项的碑刻。清康熙四十一年（1702）十一月寿县正阳关镇的“奉本州大谕永禁差役不取正阳行铺户碑”、乾隆三十八年（1773）三月二十日寿州杨知州给示的州城清真寺《勒石永禁》、乾隆三十九年（1774）商城县知县戴如煌给示的今金寨县南溪镇吴家湾“猪头山祖茔官示碑”、乾隆四十四年（1779）六安苏家埠罗氏宗族所立的“法戒碑”、道光十四年（1834）八月初三日六安州城鼓楼所立的道光皇帝上谕“佐杂不擅受民词碑”、寿县安丰塘“示禁开垦芍陂碑”、光绪五年（1879）八月初九日凤阳督捕水利分府稽查关税盐务讷出示的“永禁各渡碑”、光绪十五年（1889）春寿州州同宗能徵出示的“分州宗示”、民国四年（1915）大吕月（十二月）霍山县陆知事给示的“奉宪勒石”等，都是禁止碑的范畴。

二、皖西淮域示禁碑刻的示禁原因

示禁碑刻在文类上虽有官方与民间之分别，但是其宗旨是相同的，即出于维护地方社会秩序而竖立的昭告晓谕示禁某些事项的碑刻。通过考察皖西地方示禁碑刻的文字发现，示禁碑一般由示禁的缘由、议定的条规构成。无外乎是出于“防患于未然”“亡羊后补牢”的策略。究其示禁的缘由主要体现在以下方面。

（一）利益纷争的调节

清代以来人口日繁，皖西地方社会时常出现因利益分配不均而引起纷争。当权利受到侵犯时，利益被侵害者或通过官府，或通过地方绅衿私下协商，以期达到保护利益的目的。故此，在争端发生的地方，通过竖立示禁碑刻来晓谕示众，一是为宣扬权利所属，二是告诫他人勿许有或再有侵犯的行为。清乾隆三十八年（1773）三月二十日，寿州城内清真寺内“勒石永禁碑”，是寿州杨知州审理清真寺捐产（也称愿产）者后人妄图侵夺的利益纷争案件之后所立的示禁碑①，其目的是劝诫他人不得再犯此等利益纠纷。乾隆四十一年（1776）霍山县净乐庵僧民“为防患于未然”，确保义渡财产的利益不受侵害而所立“永远义渡碑”，其碑记云：“琅与净乐庵自设义渡于兹，已廿有七载矣，寔不敢以名示人。无如世情不一，或后人侵渔，或舟子弄弊。不立成规以示遵守，善始恐难善终也。今

① 碑立于寿县古城西街清真寺内。碑文为作者所抄录。

特将所有田山粮亩、唐府乐助基地，及一切规例，细勒于石，为继起者法。”① 清光绪五年寿州正阳关淮河渡口因客货载渡而引起利益纷争，经驻正阳关镇的官府衙门审理后立“永禁各渡碑”②。清光绪二十九年（1903）应钟月（十月）六安直隶州左堂秦示谕有关响山寺寺产清理结果告示禁碑，要求寺田承种佃户按时照数完纳租稻，以确保寺庙的利益不受侵害。③ 由上所见，出于维护和应对利益纷争乃镌刻竖立示禁碑刻的重要原因。

（二）社会治安的应对

清代以来，皖西地方社会出现了不少无业游民，游惰成习，无所事事，设赌诱骗，还有一些人专干坑蒙拐诈、偷盗抢掠的勾当，由此而引发了严重的社会问题，给地方社会治安造成了极其恶劣的消极影响。为此，皖西地方社会各阶层通过官府立碑示禁而加以应对。如霍山县歇马台保士民于道光二十七年（1847）三月十六日奉霍山知县批示勒石示禁：“保地僻民贫，风俗清正。第恐苗之有莠，粟之有稗，积弊未除，人心莫抚，不为倡义振兴，焉能尽归良善。生等见邻保议有公禁，恭请县宪示禁勒碑，文以重久远。保民皆观感而化，生等爱之、慕之……爰约同人，将保内应禁事宜，公议条款，恳恩赏示勒石，俾众知之，民者见条款而警。倘有不法之徒弗遵公约，妄自横行，生等鸣保之名禀究。庶积弊除而人心正，人心正而风俗淳矣等情到县，据此，除批示外，合行示禁，如此示仰该乡保并居民人等知悉，自示之后，务各安居乐业，勉为良善。如有不法之徒，违犯条规，许该生等并乡保及被害之家，指名赴县且禀，自取诬咎，各宜凛遵毋违。”④ 金寨县长岭乡界岭村的《勒石永垂碑文》是同治九年霍山县西界岭保士民重议安民弭盗禁约，并禀请知县张伯超批准勒石。⑤ 金寨县双河道观的《公立双河庙条规》是该地余氏宗族、地方绅衿、道观、佛寺及约保等公同制订规条16条以约束道徒、僧人、余氏族人、佃户等人行为的示禁碑刻。⑥ 以上三碑刻都是具有较强约束力的公立告示禁令，前二碑是经地方官府同意并授权给示而立，是属于维护地方社会治安的乡规民约。所谓乡规民约“是指在某一特定乡村地域范围内，由一定组织、人群共同商议制定的某一共同地域组织或人群在一定时间内共同遵守的自我管理、自我服务、自我约束的共同规则”⑦。其对社会行为

① 碑存霍山县白莲岩水库上游漫水河镇安家河村原千笠寺古渡口庵庙。碑文为作者所抄录。
② 碑立于寿县正阳关镇玄帝庙公园内，碑残，部分碑文不清。碑文为作者所抄录。
③ 碑嵌存于金寨县响山寺院内墙壁。碑文为作者所抄录。
④ “奉宪勒石碑”，文见霍山县政协《霍山文史资料》第一辑，1992年印。
⑤ “勒石永垂碑”嵌立在金寨县长岭乡界岭村诸佛庵庙前广场碑墙。碑文为作者所抄录。
⑥ 《公立双河庙条规》，碑嵌金寨县双河道观中殿后外墙，部分文字掉落。碑文为作者所抄录。
⑦ 卞利：《明清徽州社会研究》第262页，安徽大学出版社2004年版。

规范的约束，为维护地方社会治安和乡村社会生活的稳定曾发挥了重要作用。同时也可看出当时地方社会治安问题的严重程度。因此，为有效应对严重的地方社会治安问题是竖立示禁碑刻的重要原因之一。

（三）社会秩序的稳定

和谐稳定的社会秩序是地方官府、民间共同追求的目标，共同的秩序追求决定了地方官府与民间在地方治理过程中会主动采取措施，消除地方社会可能面临的危机。示禁碑刻无疑就是地方官府与地方社会各阶层的此种行为之体现，在客观上维护了广大民众的基本利益，达到维持整个社会秩序稳定的目的。

皖西淮域地区是以农为主的地区，所以地方官府常应绅民申请立约示禁，维护农业生产秩序。清雍正十二年（1734）六安知州卢见曾的《戚家畈下官塘记》对戚家畈（今裕安区苏家埠镇境内）下官塘的用水秩序规定曰："下官塘来水自上官塘，大沟一道相通，使水二十八户，三涵、二沟。满塘之水，高埠先车四日；半塘之水，止车三日。先放高沟，次放低沟，俱照旧例，不得争论。如有私车私放，众姓禀公严究。"[①] 清光绪二十二年（1896）霍邱县陈知县晓谕："水门塘、吉水湾、罗家庙三保乡董、塘长及使水农佃人等，一体遵照，凡界外向集水分之户，不准强使塘水；其界内在水分之户，如需用水亦须禀明塘董等，眼同共放，不得私挖偷开。界内、界外有分，将分总以除埂坝闸时，曾共同出夫、出资。凡所□各户恪守向章，不许少有紊乱塘规，倘敢故违滋扰，准该乡董、塘长人等，指名具姓，报县公禀，以凭提讯究治。各禀巡成达，切切时示。"[②] 这些规章制度有效地提高了水门塘的用水、使水效率。

社会经济持续稳定发展的保证是以社会秩序的稳定为基础。因此，传统社会的地方官府通过刻石立碑，公布官府法令，树立其权威，对维护地方社会经济秩序发挥着不可替代的作用。晚清来六安苏家埠从事大麻买卖的江苏八大商号，于西街建白麻公所，呈请六安州方知州给示勒石，于清光绪三十四年（1908 年）十二月十八日在白麻公所立"奉宪勒石碑"[③]，为保护麻业的经营环境和秩序。

皖西地方每遇灾荒之年总有一些唯利是图的无良之人囤积居奇，哄抬物价，破坏市场交易秩序。清道光二十七年（1847）三月十六日，霍山县西乡歇马台保绅民立"奉宪勒石碑"对此有"稍囤有示例禁，如有保内专行稍贩，及窝留远方稍棍囤贩，藉事生端，飞诬诈骗，该乡保查实禀官，毋得徇隐""积贮麦豆稻粮，原以防荒岁，如遇天灾水旱，该余粟之家须按时价发卖，以救民生。倘有

① 乾隆《六安州志》卷之十九，"艺文志""碑记"。成文出版社有限公司 1985 年影印版。

② 《县正堂陈示》，碑立于霍邱县水门塘公园大门入口处右侧。碑文为作者所抄录。

③ 碑嵌于六安苏家埠镇老街西街李姓人家山墙，《苏家埠镇志》第 493—494 页，收录该碑文。

格外昂价运往他方，不顾本保食用，公同禀官议罚”“白糖原为食物，如遇荒年，又值稻米价高，该糖户暂停煎熬，以免糟蹋米粮。如不遵守示，公同议禀官”① 等三条禁规，严禁此种行为的发生，以维护市场交易秩序，确保民众的生存。

皖西地区有一些不法之徒私下制造私钱，扰乱市场金融秩序，百姓深受其害。霍山县西乡黄丽畈保士民于清道光十二年（1832 年）“公叩鸿慈，赏示除害”等事，呈请霍山刘知县给示勒石的“奉宪勒石碑”，有“私钱为害最深，兹因不法之徒，私造小钱，混行各镇，致令各处钱色低小，货价物昂，不惟下累乡民，抑日上关例禁。凡在行铺户、居民人等，如有违例，仍用私钱，一经查获，公同禀究”② 的规条。该县西乡歇马台保“奉宪勒石碑”对使用私钱扰乱金融秩序也有“店铺乡户需用制钱，如有私用新钞白片，不遵官制，以及乡市捏造假票，欺哄愚民，一经查出，公同禁禀官”③ 之禁规。

（四）社会弊端的禁革

清民时期社会承平日久，为害地方社会的许多弊端渐生。皖西地区也是如此，许多弊端日渐成习。为此，地方官府及民间社会力量通过设立示禁碑刻给予禁革。

地方胥吏差役利用为民办事之机，借端需索盘剥渔利，成为地方社会的固弊。清康熙四十一年（1702），寿州知州王帝臣发布永禁差役需索正阳镇行铺货物的告示。碑文称康熙三十一年（1692）正阳关镇各行铺户因惨遭差役需索，公吁“前任黄老爷案恩蒙令准勒石，永免正阳各行差徭，碑竖正阳北门，坊民安堵，迄今合镇感恩”。唯恐胥役再行需索滋扰，八行铺户再行公呈前情到州，给示勒石永禁。“据此查得本州莅任以来，一应上宪过往差徭，本州轸恤，尔等穷黎俱以自备，一草一木从不开预行铺。至于本州衙署日用等项，原属现价采买，此又尔等素所周知，非本州沽名钓誉也”，为此，“示仰正阳镇各行铺人等知悉，嗣后免一应过往上司差徭以及本州衙署日需各项，俱从市价置买，并不差徭滋扰，尔等各宜深体本州爱恤之心，永遵共同恪守。倘有泯不畏法差役，或乘本州公出，擅敢指称，妄取行铺物件者，许尔等受害之家指名具禀，定究玩法差役，互毙杖下，决不姑贷，慎之，慎之，须至告示者。右仰知悉”④。

清嘉庆间六安“州属骡、驴、马匹，向因差役兵丁，勾令脚行，强拉乡车，

① “奉宪勒石碑”，清道光二十七年。碑不详，《霍山文史资料（第 1 辑）》收录此碑文。

② “奉宪勒石碑”，碑存霍山县漫水河镇李家河村。

③ “奉宪勒石碑”，清道光二十七年。碑不详，《霍山文史资料（第 1 辑）》收录此碑文。

④ “奉本州大谕永禁差役不取正阳行铺户碑”，现竖立于寿县正阳关镇玄帝庙公园内，作者抄录全文。

勒索带头钱三十六文，寔为民害”，直隶州正堂宋思楷“合行出示严禁。为此，示仰车行、火房人等知悉：嗣后遇有军遣人犯过境，以及大小差使，如有需用车辆，总有印票为凭，该火房应办长车推送，按点给价，永不许指称办差名色，强拉乡车，亦不许勒索带头钱文。倘敢不遵，许受害乡民扭带具禀，以凭从重究办”①。宋知州还对扛夫勒索等弊给予示禁，立“禁扛夫勒索示碑”②。虽经地方官府严厉打击，到道光末年禁已渐弛，“民间抬葬扛夫勒索抬费，虽里许，竟有讹索至数十千之多，贫寒之家多有停柩不能遽出者，即家资稍裕之户，亦往往因出榇而负重累。轿夫工值民价，向章每名每里不过日给钱五文，近数年来每名每里日增至数十文之多，由城往乡者甘任重价，大率皆然，莫可如何，劫余穷黎已难勘此尤。自乡来城者，城内轿夫辄以差使为辞，率将乘轿之人拦路拉下，将轿扣留，并有殴打乡夫，讹索钱文。男子乘轿仅受讹诈而已，且有年少妇女当街被其拦拉者，更属不成事体，有伤风化。脚行僱车工价既较向年倍加，尤且乡车入城，无论推何货物，脚行每辆讹索车头钱多文。种种贻害，小民受之，恐涉讼累，隐忍弗敢控告。职等目系情形，实深嫉愤，若不查照昔年碑禁，禀请振作，将来煽虐加长，贻害不可胜言”。弊端依然十分猖獗，清同治十年（1871）十二月，地方士绅“为碑禁渐弛请示饬遵复行勒石永杜藐背事”，向六安直隶州知州李蔚公呈，遂批示：“据禀城厢轿、扛夫等，胆敢把持勒索，种种不法，藐玩已极。准如禀给示勒石永禁，以除积习”，立“禁轿扛夫勒索示碑”。③

针对皖西地方存在的不良社会恶习的禁革，使百姓能皆观感而化，达到人心正而风俗淳。寿州向存有“房主不准外来之生产，遇有疾病深恐死于宅内”，“此种恶习，相沿已久，人心公愤，天理难容”。因此，光绪十年（1884）十一月，寿州知州周辛炳应广济局董事孙恩诒所禀，合行出示严禁。④ 寿州西乡正阳关“城一带浮厝甚多，年久朽烂，遂致抛露。甚有芦席包裹，任令犬豕残食。更有一种恶习，凡婴儿病重尚未瞑目，即行弃置白骨塔内，忍心害理，莫此为甚，殊属可恨已极”。因此“钦加二品顶戴办理淮北督销兼正阳盐务总局记名江苏遇缺侭先题秦道杨”于光绪二十九年捐廉银购地，“建白骨塔一座，并盖草房一间，派人看守”，并给予立碑示禁，“嗣后凡无主枯髅，均令捡置其间，免伤暴露。至送来婴孩务须查验明确，倘一息尚存，病有转机，即令该家属抱回医

---

① 《禁拉车私宰示》，同治《六安州志》卷之六十，“杂纪”。江苏古籍出版社 1998 年影印版。

② 《禁扛夫勒索示》，同治《六安州志》卷之六十，“杂纪”。江苏古籍出版社 1998 年影印版。

③ “禁轿扛夫勒索示碑”，同治《六安州志》卷之六十，“杂纪”。江苏古籍出版社 1998 年影印版。

④ “示禁房主任意刁难碑”，碑文载于清光绪《寿州志》卷四，“营建志”。江苏古籍出版社 1998 年影印版。

治。至于塔旁隙地毋得稍侵占，以全善举，而妥幽魂。除分移地方文武官衙门立案并谕禁外，合行勒石晓谕，为此示仰，四境军民诸色人等，一体知悉，毋违特示”①，竖于小东门外。

（五）地方公益的维护

清代中期以后，皖西淮域城乡社会出现了一些社会公益性组织，为社会大众服务。为了使这些公益性组织能够得到有效有序开展，地方官民之间常进行互动，公立示禁碑刻加以维护。天花是一种世界性的传染疾病，历史上造成了千万人的死亡。中国至迟在十六世纪下半叶已发明人痘接种术，但不够安全。1796年，英国人贞纳（E. Jenner）受中国人痘接种法的启示，试种牛痘成功。1820年代，英国人发明了预防天花病的牛痘疫苗，开始被广泛应用于预防该病。鸦片战争后，牛痘种植法随传教士逐渐传入中国。在同治年间，皖西地方也开始推行牛痘种植法。同治九年（1870），署理六安直隶州事的王峻曾于州城内倡设种痘局并发布示谕规条。② 光绪二十年（1894）季春月（三月）驻寿州正阳镇盐务总局督办凌批示立《同心保示》告示碑③，是寿州正阳关镇士民、商行公议捐输成立的种痘局公益性组织，给阖镇居民儿童免费接种痘苗以防止天花病毒传染。

光绪末年寿州城内民夫总局专设回民义夫为回民死亡送葬事宜订立章程并报经知州给示勒石。其碑文云：“据仁和、留犊两坊董事禀称，缘城内回教送葬之事，已由民夫总局禀陈在案，生等遵章妥办，合教感激。惟详细章程尚未申明，恐积久或有更易，复致行多不便。生等谨将回教送葬细目粘单上呈，公恳备案，赏批勒石，以垂永远等情，并粘呈章程到州。据此除批示外，合行给示勒石。为此，示仰回教绅商士民及夫目、民夫人等一体知悉，自示之后，该民夫等遇有回教送葬等事，务各遵照后开章程办理。如有需索情事，查出定予革究，决不姑宽，切切特示。”④

皖西淮域地区除山区外，城乡民居多为草房，极易引起火灾。尤其是在城镇，如果扑救不及时，会延烧整个街巷，居民损失惨重。清后期至民国年间，寿县正阳关镇绅商士民捐资成立截火会公益性组织，降低减少居民因火灾造成的损失。为此该会于民国四年（1915）重订章程并刻石告示，详述了重新成立截火会及重订章程的缘由。⑤ 重订截火会的章程共有九条，并经安武军军事裁判处处

---

① 碑原立正阳关镇城小东门外，今存正阳关镇玄帝庙公园内。碑文为作者所抄录。

② 同治《六安州志》卷之六十，“杂类志七”“杂纪”“种牛痘示谕规条”。江苏古籍出版社1998年影印版。

③ 《同心保示》，碑立于寿县正阳关镇玄帝庙公园内。碑文为作者所抄录。

④ 《回民送葬章程》，碑嵌于寿县古城清真寺中门外南侧山墙。碑文为作者所抄录。

⑤ 《重整正阳关截火会碑记》，碑立于寿县正阳关镇玄帝庙公园内。碑文为作者所抄录。

长王雨人核定，另镌一碑。[1]

此外，还有义庄、义仓、义渡等公益性行为的示禁碑。故此，维护社会公益性行为是示禁碑刻竖立的缘由之一。

除了以上五条原因之外，生态环境的破坏也是示禁碑刻竖立的原因之一。

三、示禁碑所反映地方社会的治理轨迹

示禁碑刻是古代“刻石纪法”的体现，是公权力的象征，它既是王朝权力及各级地方官府所拥有的官权力，也包括士绅、衿耆等地方精英代表所形成的“民间公权”，是维护地方社会的公益而非个人私益。因此，其在地方社会中具有法律的权威性和约束力效应。通过对示禁碑文内容的考察，皖西淮域地区的各类示禁碑，基本上包括禁止性规定、惩戒性罚则和奖赏性措施的内容，体现出权威性、公正性、约束性等特征。但值得注意的是，各类“禁条”中除设定大量禁止性规范外，在罚则中对违反规定者，都规定“鸣官究治”“送官究治”“拿获送官”“呈官追究”“呈官治罪”“呈官惩治”等，表明国家在法律并没有赋予地方社会组织任何的审判权力，但地方社会管理组织却有对违反规定者的“送惩权”，所以地方官府颁布相关的“禁条”都明确规定，对违反规条情节严重者要交县以上司法机关处理。可以说示禁碑为我们展示了在国家法律管辖的情况下地方社会的治理途径。但是由于国家对地方社会治理与控制相对粗放，除直接涉及税收、缉盗等方面外，很难真正深入基层社会的每个角落。因此需要一个在基层社会具权威性的优势地位，能够获得基层社会广泛认同、左右基层社会成员生活的力量，替代官府的控制权力，这就是美国学者杜赞奇（Prasenjit Duara）提出的所谓“权力的文化网络”的文化传统控制力。这里的“文化，是指各种关系与组织中的象征与规范，这些象征与规范包含着宗教信仰、相互感情、亲戚纽带以及参加组织的众人所承认并受约束的是非标准”[2]。

皖西地区位于豫、皖、鄂三省交界区域，历史上属于所谓的“化外之区”，是朝廷及官府控制力量相对薄弱的地区。地方官府要实现对地方社会的有序管理，地方士绅、宗族及保甲组织无疑是其主要的依靠力量。因此，示禁碑则能从一定程度上体现官府对地方社会的治理轨迹。

地方士绅是实现地方社会有序治理的主要依靠力量，示禁碑体现出皖西地方士绅在对地方社会秩序的维护管理中发挥了不可替代的作用。前述许多官府有关

---

① 《核定正阳关截火会重订章程》，碑立于寿县正阳关镇玄帝庙公园内。碑文为作者所抄录。

② （美）杜赞奇：《文化、权力与国家：1900—1942 年的华北农村》第 14 页，江苏人民出版社 1996 年中文版。

社会管理的告示都是在他们的陈情、呼吁下颁布的。如清乾隆五年（1740）十二月十二日，寿州知州范从彻因“本州绅士孙珩等呈称红白兼收等情禀”各级衙门批准，勒石《详请便民红白兼收记》，准予漕粮“红白兼收秈粳并纳”。[①]清嘉庆年间六安直隶州知州宋思楷应监生王廷珍、刘光前、贡生王正位等呈称“差役兵丁，勾令脚行，强拉乡车，勒索”钱财及乡民“私宰耕牛”等情请示禁，立“禁拉车私宰示碑”。宋知州还应“贡生王作霖等呈控三门扛夫，乘民间棺柩出殡霸留伊等扛抬，任意勒索抬钱等情，当经出示严禁在案”，对扛夫勒索等行为给予示禁，立《禁扛夫勒索示》。[②]清光绪《寿州志》记载道光十八年（1838），“生员戴秉衡等呈称塘民开田，经总督陶澍札饬本府舒梦龄查勘示禁，知州续瑞勒诸石”[③]，立“禁开垦芍陂碑记”。清道光二十七年（1847）四月，寿州知州饶元英、凤台林知县应该州“绅耆士民王贤辅、方正鼎等，迭次公禀”，针对地方夫役霸抬讹索之事，合立石“示禁夫役霸抬讹索碑”。清同治八年（1869）霍邱县陆知县应该县绅士裴正绅、王鸿等呈请，立“禁烧窑取土示碑”，示禁在霍邱县龙脉之地取土烧窑。清同治年间六安苏家埠“奉宪勒石碑”则是六安知州据白墅圩、苏家埠、八里滩等保耆民徐大全、卢本仓，童生叶梅生、李显荣及民人李德成、王以书等禀称所准，禁止苏家埠牙行及胥吏征收女红之税。晚清之际，皖西地方城镇的士绅积极兴办商号，从事商业活动，故而成为绅商。一些绅商为保护商业经营环境、维护市场秩序，向地方官府陈情、申禀。如六安苏家埠就是如此，光绪三十四年（1908）十二月十八日所立“奉宪勒石碑”的开头“据江苏润德堂白麻公所吉盈丰号、五品衔侯徽和丰号、五品蓝翎候选州同吴紫辰吉兴昌号、五品衔黄钥裕丰和号、五品衔孙在宽万和兴号、监生徐廷彩增盛源号、监生陶永远德丰源洽字号、监生吴世恭裕昌隆号、州同衔夏魁等禀称”[④]之句表明，是士绅和商人联合订立规约并向官府禀陈，批准后所立。

一些士绅还直接制订示禁规约，如清光绪二十二年（1896）霍邱“县正堂陈示碑”称该县监生陈广庸“立前禀公议章程，使水界址，似无不可”。所以陈知县“除批示在合，任给示晓谕”立碑水门塘，合理利用水资源。清道光二十七年（1847）霍山县歇马台保“奉宪勒石碑”也是该保士绅订立规约后报经霍山县知县批准后立碑的。

宗族组织也是地方社会治理的主要依靠力量。皖西地方有不少示禁碑就是宗

---

① 光绪《寿州志志》卷七，“食货志”“田赋”。江苏古籍出版社 1998 年影印版。
② 同治《六安州志》卷之六十，“杂纪”。江苏古籍出版社 1998 年影印版。
③ 光绪《寿州志》卷六，“水利志”“塘堰”。江苏古籍出版社 1998 年影印版。
④ 碑嵌于六安苏家埠镇西街李姓家山墙。

族组织为约束宗族成员的行为而竖立的。清乾隆四十四年（1779）六安州苏家埠罗氏宗族为保护该族祭产而立“法戒”禁碑于八里滩罗氏宗祠，约束该族的族众行为。金寨县南溪镇的“吴家湾猪头山祖茔官示碑”是吴氏宗族的族绅、族长为保护该族始迁祖茔山不被盗葬、樵采及牛羊践踏，于清乾隆三十九年（1774）向当时商城县知县禀称而批准所立。

地方社会基层组织保甲（里甲）、乡约是地方秩序维护的主要力量。示禁碑也反映了皖西地方的基层保甲组织在社会治理中所发挥的作用。

首先，保甲组织是基层社会的管理者角色。如清嘉庆年间六安直隶州知州宋思楷立“禁拉车私宰示碑”有“许该保乡地验明报税”之句，清道光二十七年三月十六，霍山县西乡歇马台保绅民立“奉宪勒石碑”则有“该乡保查实禀官”之规定，均可说明保甲是承担基层社会管理者的角色。

其次，他们及时通报乡情，呈请给示。清乾隆《清理水门塘界碑记》载霍邱知县张海“取具各约保塘长，永远不许争占，甘结详覆，并请立碑永禁”①，就是该塘周边保甲、乡约组织向知县呈请的结果。

再次，广为宣讲，立碑垂远。为宣谕告示内容，他们不仅广为张贴，将一些告示转化为碑刻，而且制订规约报经官府批准立碑禁示。清嘉庆二十三年（1818）霍山县何家坊保（今属霍山县太平畈乡）绅民为保护该保士民所捐买的掩埋尸骸之义产，呈请霍山县缪知县批准勒石立碑，并订立严禁盗窃、赌博、恶丐结党等规约。

最后，直接参与对地方不法人员的抓捕。乡村基层组织的得力与否直接关系到禁令的贯彻落实，并直接影响到打击邪恶势力的成效。所以地方官府加强对基层组织的督促，主要体现在对保练等人员的要求上，一要秉公执法，徇情必惩。如金寨县响山寺所立清光绪二十六年（1900）九月六安直隶州翟知州、霍山县徐知县共同给示勒石的禁碑称：“昨经金寨保甲委员会马巡查到寺，因见游僧盘据，恐其招匿不法，当即驱逐。”② 是地方保甲组织驱逐响山寺游僧的行动。寿县安丰塘清道光十八年（1838）凤阳府知府舒梦龄奉督宪陶澍等批饬的《示禁开垦芍陂碑记》则对地方保甲有“保地徇隐，一并治罪”的规定。

四、结束语

由上所述，示禁碑是传统社会地方官府治理地方社会的一种有效途径，其示禁的各种规条实际上已经成为地方社会的“法规”，具有一般法律的效力。对维

① 同治《霍邱县志》卷十一，“艺文志二”之“碑记”。江苏古籍出版社 1998 年影印版。
② 碑嵌金寨县古碑镇响山寺院墙壁上。

护当时地方的社会治安，维持地方社会的秩序，防止祸端和意外的发生，保护民众的生命财产安全和生产生活的正常进行，起到了一定的积极作用。它是中国传统文化“德”“法”相互为用精神的贯穿，是中国传统社会法观念普及的重要表现。示禁的条文也是由熟悉地方事务、具有使命意识的社会精英及乡贤根据当地生产生活的实际情况，从乡村社会安定的角度出发而制定，反映了老百姓的要求和心声，代表了民众的意愿，具有较强的针对性和相当的可操作性，且能切实解决地方社会的问题。同时也得到了地方官府的认同而给示，因而披上了“合法化”外衣。而且这些示禁规条采取勒石立碑的方式谕示，长期广而告之，使老百姓知法守法，增强了百姓的守法意识，有利于提高民众守法的自觉性。因此，示禁碑体现了官民之间相互配合的共同治理的模式。

八里河风景区旅游开发与管理对策研究

吕　丽

摘　要：八里河风景区是皖北地区较高等级的旅游资源，往来游客对其评价褒贬不一。本文从游客体验的角度，调查评价游客的感知价值，总结景区发展中不足，提出相应的旅游开发与管理对策。研究发现，游客对旅游产品、设施、环境、管理和服务的评价均不高，介于一般和满意之间；自然风光、水项目、卫生设施、空气优良等方面的评分较高，景区文化内涵、特色纪念品、餐饮服务及价格得分较低；可以从丰富水域风光旅游项目、打造生态教育基地、发展休闲观光农业入手打造景区经营特色，通过升级现有产品档次、提升管理服务水平等改善游客的旅游体验，进一步拓宽客源市场。

关键词：对策；旅游管理；八里河风景区

八里河风景区位于旅游资源匮乏的皖北的颍上县，自古便是一片荒湖洼地，后为满足本县居民休闲的需求，当地农民修道路、清淤泥而建成的“南湖公园”，后经不断地优化升级，2013 年新晋为 5A 景区，成为皖北地区唯一一家 5A 景区，“农民景区，农民建造”是本景区的一大亮点。风景区为湖泊水域型风光，水域面积 1. 8 万亩，景区占地面积 3600 亩，生态环境良好，被誉为“皖北平原最后一片自然净土”，也是首批“全国农业旅游示范点”，良好的自然环境使其被联合国环境规划署授予环境保护“全球五百佳”的称号。近年来，随着景区知名度的提升，周边地区游客纷至沓来，2016 年“十一”黄金周期间接待游客 31. 52 万人。但普遍而言，游客游览预期与游后感知差别很大，最饱受争议的就是门票价格与旅游产品质量的不对等。本文从游客体验的角度，通过调查评价游客的感知价值，总结景区发展中的弱势和不足，提出相应的旅游开发与管理对策，希望能够为景区的管理、门票价格的制定、旅游市场的开发等提供了参考依据。

一、研究设计与数据收集

本研究采取问卷调查进行数据收集，问卷主要包括两个部分，第一部分是游

作者简介：吕丽，阜阳师范学院历史文化与旅游学院助教。

客感知价值评价，采用李克特 5 级量表进行测量，主要评价八里河风景区的旅游产品、旅游设施、旅游环境、旅游管理和旅游服务五个项目，分别通过多个指标进行测评，合计 32 项；第二部分是游客人口统计学特征评价，括性别、年龄、职业、学历、居住地和年平均收入等方面。

通过在景区内向游客发放问卷，采取偶遇抽样方式，调研时间为游客相对集中的 2015 年国庆节期间、2016 年端午节期间，发放问卷 230 份，此外，通过发放网络问卷的形式，补充了 100 份有效问卷，合计 330 份问卷，回收有效问卷 301 份，有效问卷率 91.21%。SPSS 可靠性检验显示，克朗巴哈指数 Alpha 为 0.865，表明本测评指标的可信度高。

二、八里河风景区游客感知价值评价

（一）旅游者人口统计学特征

八里河风景区的游客市场主要以省内皖北、皖中地区，河南南部地区为主，对江苏、杭州、湖北临近省份的辐射不足。具有高学历、中等收入的中青年政府工作人员、职员、专技人员和休闲时间充足的学生群体是主要的客源。旅游者人口统计学特征见表 1。

表 1　旅游者人口统计学特征

个体属性	细分类别	有效百分比（%）	个体属性	细分类别	有效百分比（%）
客源地	阜阳	55.48	职业	政府工作人员	10.00
	安徽	81.73		专业技术人员	18.97
	河南	11.62		职员	11.03
	其他	6.65		技工/工人	1.72
性别	男	58.11		商贸人员	1.72
	女	41.89		服务员/推销员	1.03
年龄	14 岁以下	1.35		退休人员	0.69
	15～24 岁	51.35		家庭妇女	2.07
	25～44 岁	40.88		学生	44.14
	45～64 岁	5.41		其他	8.62
	65 及岁以上	1.01	个人月平均收入	999 元以下	40.48
文化程度	初中及以下	9.59		1000～2499 元	13.15
	中专及高中	14.38		500～4999 元	27.68
	大专	11.99		5000～9999	12.80
	大学本科及以上	64.04		10000～14999 元	1.73
				15000 元以上	3.11

（二）八里河风景区游客感知价值评价分析

以八里河风景区旅游资源为基础，依据八里河风景区的特点及游客所关注的焦点，设置八里河风景区游客感知价值评价指标体系。全文对八里河风景区感知价值的测量主要包括旅游产品、旅游设施、旅游环境、旅游管理、旅游服务五个方面，以此来反映八里河风景的现状及问题。

总体而言，游客的感知价值的综合得分为3.49，所有项目的得分值都在3～4，介于一般和满意之间，游客对旅游产品、设施、环境、管理和服务的评价均不高，得分在3.5左右，表明游客对八里河风景区的感知价值程度较低，还有待进一步提升。

作为一个以水域风光为主体，以自然风光为核心的景区，八里河风景区的自然风光较为优美。景区对于水资源的利用也较为充分，湖泊旅游产品较为丰富。此外，八里河风景区近年来大力进行厕所革命，改建和新建了一批旅游厕所，为游客旅游体验的提升提供了保障基础。这些因素使得游客对于自然风光、水项目、卫生设施、空气优良等方面的评分较高（表2），但还需要进一步提升，以将自然风光这一核心吸引物打造成品牌吸引物。

游客评价分值较低的项目主要是景区文化内涵、特色纪念品、餐饮服务及价格等方面。风景区也经常在景区内举办花鼓灯演艺等文化活动，但是总体而言尚未形成规范化的演出，而且剧目的内容、时间、地点等都缺乏系统管理。在特色纪念品方面，主要经营的是一些普通小商品，地方特色、文化特色不足。而在餐饮服务及价格方面，游客的负面评价普遍较多，景区现有少量的商店，餐饮种类少，且尚无规范化的餐饮设施，此外在价格方面，游客也反映较为昂贵。

表2　八里河分景区游客感知价值评价表

因子	平均得分	项目	得分	方差
产品	3.47	自然风光美丽	3.89	0.6
		历史文化氛围浓厚	3.18	0.881
		动植物珍稀奇特	3.21	0.863
		景点比较集中	3.43	0.878
		景色美感强	3.58	0.693
		游览空间适宜	3.61	0.657
		地方特色的纪念品丰富	3.05	0.8
		依托于水的旅游项目丰富	3.78	6.218

（续表）

因子	平均得分	项目	得分	方差
设施	3.47	座椅、厕所等卫生设施整洁	3.75	0.871
		停车场等设施整洁	3.75	0.76
		消防设施健全、醒目	3.24	0.894
		医疗服务完善、醒目	3.12	0.896
环境	3.59	大气质量优良	3.82	0.755
		水体质量优良	3.38	1.057
		噪声影响较小	3.42	0.896
		植被覆盖率高、生物类型多样	3.82	0.899
		生态环境的人为干扰较少	3.44	0.93
		环境整洁、卫生	3.64	0.791
		人为建筑与自然环境相协调	3.61	0.819
管理	3.47	景区内有环境保护宣传语	3.76	0.729
		景区破坏环境受处罚的警示语醒目	3.51	0.902
		生活污水、垃圾及时清理	3.39	1.038
		限制游客人数，降低对环境的损害	3.36	0.899
		景区内较少或不使用一次性用品	3.3	1.115
		游客不文明行为较少	3.36	1.052
		工作人员友善、热情	3.56	1.039
		旅游氛围良好，没有欺客现象	3.49	0.914
服务	3.45	食品、用水供应方便	3.26	1.265
		价格水平合理	3.09	1.176
		景区手机信号、网络较好	3.57	0.963
		卫生间数量、位置合理	3.81	0.714
		景点文字、语音等导览解说完备	3.39	0.998
		景区引导指示牌、标识等清晰明了	3.6	0.981

三、八里河风景区旅游开发与管理对策分析

结合游客对风景区的感知价值评价结果，以及景区现有的资源，可以看出八里河风景区在旅游资源的利用与开发、景区内旅游管理等方面存在一定的不足。

景区内现有的旅游景观包括鸟语林、园林景观、国内外著名景观微缩及少量水上项目，资源特色不足，品质欠佳，不仅导致游客的体验感较差，而且难以在皖南、皖中高品质的山、水、文化旅游资源中脱颖而出，这使得客源市场局限在皖北和临近的河南南部地区。因此，本文认为可以从打造景区特色、升级现有旅游产品档次与品位、提升服务与管理水平等方面进一步改善景区品质，提升游客的旅游体验，拓展客源市场。

（一）丰富水域风光旅游项目

八里河风景区内的主要资源是广阔的水域，景区内现有项目主要是游船、滑索、吊桥等，对湖泊的利用设计稍显不足。景区可以开展丰富的水域风光旅游项目，如开拓部分区域开展水上游乐等项目；结合水体与植被，打造独特的绿道景观、水域观赏景观、鱼类观赏等。

（二）打造生态教育基地

八里河风景区生态环境优良，动植物资源丰富，在青少年修学旅游逐渐普及的背景下，景区可以通过结合现有的鸟语林、园林景观、湿地景观、农业景观等，增设生态教育的解说牌、宣传册、生态长廊、自然馆等，打造区域内青少年的生态教育基地。

（三）积极发展休闲观光农业

八里河风景区所在的颍上县是安徽省重要的农业大县，景区可以联合周边区域积极发现休闲观光农业，合理规划生态种植、特色养殖、休闲垂钓、休闲木屋、农家乐等项目，以此来开拓较远距离的安徽南部、江苏、湖北等地的客源市场。

（四）升级现有产品档次

景区内部的二次收费的景点及游乐设施较多、微缩景观很多出现破败、“花鼓灯”文化展演演出区域和排演场次随意等这些问题对游客的旅游体验产生了极大的负面影响。针对这些问题，管理部门首先有必要规范二次收费景点的经营，取缔游客口碑较差的景点，免费开放部分儿童游乐设施。其次，开辟单独“花鼓灯”展演舞台，并配备适量的座位，演出时间和地点能够在景区宣传栏或门票上予以展示。最后，现有的“世界之窗”“锦绣中华”“鸟语林”等景区内损坏的景观、设施等要能够及时修葺完善。

（五）提升管理服务水平

调研中发现景区管理中存在一些问题，如景区内的餐饮服务点少、食品种类少且价格水平过高、景区内部交通不够规范等问题。景区管理方有必要合理布局餐饮服务设施，完善景区内部电瓶车、自行车及其他休闲设施的等租赁业务。

四、结论与讨论

本文通过问卷调查法分析游客对八里河风景区旅游产品、旅游设施、旅游环境、旅游管理和旅游服务等方面的感知价值，在评价结果的基础上，提出改进和提升八里河风景区的对策。

首先，游客市场主要以省内皖北、皖中地区，河南南部地区为主，对江苏、杭州、湖北临近省份的辐射不足。具有高学历、中等收入的中青年政府工作人员、职员、专技人员和休闲时间充足的学生群体是主要的客源。

其次，游客的感知价值总体得分较低，游客对旅游产品、设施、环境、管理和服务的评价均不高，介于一般和满意之间。自然风光、水项目、卫生设施、空气优良等方面的评分较高，景区文化内涵、特色纪念品、餐饮服务及价格得分较低。

最后，文章认为可以从丰富水域风光旅游项目、打造生态教育基地、发展休闲观光农业入手打造景区经营特色，通过升级现有产品档次、提升管理服务水平等改善游客的旅游体验，从而进一步拓宽客源市场。

明清以来阜阳陆路交通的变迁

李 强

摘 要：阜阳自古为沟通南北的要地，交通区位优势明显。明清以来，阜阳陆路交通从传统的官路、铺路发展为公路、高速公路、铁路、高铁，运输工具由独轮车、马车发展为汽车、火车等。陆路交通的发展也使阜阳从皖北重镇成为安徽省乃至全国的综合交通枢纽城市。

关键词：阜阳；陆路交通；变迁

阜阳别名汝阴、顺昌、颍州，位于安徽省西北部，华北平原南端，淮北平原西部。阜阳西北部与河南周口市接壤，西南部与河南信阳市接壤，北部、东北部与亳州毗邻，东部与淮南相连，南部与六安隔河相望。阜阳自古为沟通南北的要地，交通区位优势明显。据明代李宜春修纂的正德《颍州志》记载，当时阜阳“襟带长淮，控扼陈蔡，东连三吴，南引荆汝。梁宋吴楚之冲，齐鲁汴洛之道。淮海内屏，东南枢辖”①，地理交通位置十分重要。明代以来，阜阳陆路交通从传统的官路、铺路发展为公路、高速公路、铁路、高铁，运输工具由独轮车、马车发展为汽车、火车等。陆路交通的发展也使阜阳从皖北重镇成为安徽省乃至全国的综合交通枢纽城市。

一、明清时期阜阳陆路交通概况

明清时期，陆路交通主要由驿、铺组成的“官路”和“民路”构成的。驿路亦称驿道，清代称官马大道，简称官路。各省府官修支路，以通省内各重要府镇和省际互通，称为大路或铺路。由民间士绅、商人或当地官员自行捐助筹款修筑的运道，称为“民路”或者“商路”。官路为干道，各省府的大路和铺路为支线，加上“民路”，从而形成全国的陆路交通网络。

作者简介：李强，男，安徽阜阳人，阜阳师范学院历史文化与旅游学院副教授、博士、硕士生导师，主要从事交通史、城镇史的研究。

基金项目：安徽优秀文化研究中心安徽高校智库项目2016年立项课题“近代皖北地区交通变迁研究”。

① 正德《颍州志》卷一《形胜》。

阜阳位于颍河、泉河交汇之处，一直是淮河流域重要的都会之一。颍州府属水道主要有淮河、颍河、涡河、洪河、谷河、泉河、茨河、西淝河等，水运条件较好。除了拥有便捷的水路交通外，陆路交通也十分发达。明朝初期，随着社会经济的恢复与发展，因地处平原，颍州驿路畅通，商路发达，"郡甲乎淮右，沃壤千里，东襟江淮，南接荆楚，西连襄邓，北通汴徐，为四冲八达之地"①。据明代黄汴的《一统路程图记》和程春宇的《士商类要》记载，以颍州为起点或途径颍州的陆路有10条（见表1），由此可见当时阜阳陆路交通之一斑。

表1 明代颍州陆路交通一览表

道路名称	资料出处	备注
巢县由汴城至临清州路	黄汴:《一统路程图记》卷六	途经颍州
瓜州至武当山路	黄汴:《一统路程图记》卷六	途经颍州
正阳至襄阳路	黄汴:《一统路程图记》卷六	途经颍州
颍州至陈州路	黄汴:《一统路程图记》卷六	起点
南京由汝宁府至武当山路	程春宇:《士商类要》卷一	途经颍州
瓜州由凤阳府至颍州陆路	程春宇:《士商类要》卷二	终点
正阳由颍州至北舞渡陆路	程春宇:《士商类要》卷二	途经颍州
颍州由归德府至临清陆路	程春宇:《士商类要》卷二	起点
徐州由蒙城至颍州陆路	程春宇:《士商类要》卷二	终点
汴梁由正阳至芜湖县陆路	程春宇:《士商类要》卷二	途经颍州

资料来源：黄汴:《一统路程图记》、程春宇:《士商类要》，杨正泰:《明代驿站考》上海古籍出版社，2006年版，附录二、三。

经过清朝初年的经济恢复，颍州"土壤饶沃，风雨和会，亦淮西一重镇也"②，经济地位显著提高，"北接睢陈，东通淮泗，为江淮间之都，固宜立郡统率，以壮藩维"③。鉴于此，雍正十三年安徽巡抚王纮上疏朝廷："上江之直隶颍州，界接豫省，地方辽阔。钱谷而外，刑名事件数倍他属。即本州地方之事，犹虞竭蹶不遑，何能再顾属邑。似应将颍州升为府治，设立知府一员，附郭添设知县一员，即以颍州原治地方为新县管辖。"④ 颍州升府、附郭设阜阳县很快得到清廷批准。这一政治举措进一步提升了颍州的政治地位，以政治推动经济发展的

① 嘉靖《颍州志》卷一《郡纪》。
② 王敛福：乾隆《颍州府志》卷一《舆地志·风俗》。
③ 王敛福：乾隆《颍州府志》卷一《舆地志》。
④ 道光《阜阳县志》卷一《舆地一·沿革》。

作用得以加强。颍州府与当时的京城（北京）、两江总督府（南京）、安徽布政使司治所（安庆）以及庐凤颍道治所（凤阳）均有驿道或铺路相通，加强了与不同级别政治中心的联系（表2）。

表2 清代颍州府陆路交通情况一览表

目的地	途经州、县	距离（里）
京城（北京）	北由亳州，取道归德府路达京；东北由蒙城取道徐州府路达京；北迤西，由太和取道开封府路达京	1800；2000；2200
两江总督府（南京）	东由颍上，取道寿州、凤台、定远、滁州、江浦	720
安徽布政使司治所（安庆）	东由颍上，取道霍邱、六安、舒城、桐城	720
庐凤颍道治所（凤阳）	东由颍上，取道寿州、凤台、怀远	420

资料来源：道光《阜阳县志》卷一《舆地一·道里》。

当时，过境阜阳的官道有两条，一是归信官道（商丘至信阳），北起商丘，经亳州、太和、阜阳、三河尖、潢川、罗山达信阳；二是归祁官道（商丘至祁门），北起商丘，经亳州、太和、阜阳、颍上、正阳关、霍邱、六安、舒城、桐城、休宁达祁门。铺路以阜城为中心，分东、南、西、北四路通往周边重要城镇。清嘉庆八年，根据各铺递送的具体情况，对铺兵进行合理调配，城内设有总铺房1间（原设有铺司1名，铺兵6名）。因西乡添设分防府，专门负责捕盗事务，公文紧要，需要快速递送，特增加铺兵5名。东路通往蒙城等地，设五铺。裁撤十五里铺、插花铺，尚有桃园铺、利现铺、小桥铺，均是有基无房，每铺设铺司1名，铺兵4名。南路通往颍上等地，设六铺。裁撤七里铺、三十里铺、五十路铺，尚存十八里铺、四十里铺、六十里铺，均是有基无房，每铺设铺司1名，铺兵6名。西路通往沈丘等地，设有三十里河铺、新村铺、驿口桥铺，每铺设铺司1名，铺兵2名。北路通往太和、亳州等地，设四铺。裁撤十里铺、石羊铺，尚存茨河铺、乾沟铺，有铺司1名，铺兵4名。另外，清代有名大路之一的“颍州大路”，自六安经正阳关、阜阳而达河南开封，是当时皖豫两省重要的陆上通道。[①]

① 周昌柏：《安徽公路史》安徽人民出版社1989年版，第14页。

二、近代公路交通的兴起

阜阳地处皖北地区，地势平坦，无大山阻隔，加上原有的官道和大路较为发达，只要对这些道路进行简单的修治，即可通车，为公路的发展奠定了基础。1922 年，华阳义赈会为救济灾民，以工代赈，筑成蚌埠怀远公路，后又修成宿灵泗五、怀蒙涡亳、蒙城阜阳、蒙城移村、亳州太和等公路。皖北地区陆续有汽车公司营业，这是安徽修筑公路的滥觞。当时，阜阳是多条公路的交会点，公路交通得到初步发展，在皖北地区较为典型，主要公路有归信（商丘至信阳）、归祁（商丘至祁门）、阜蚌（阜阳至蚌埠）、阜正（阜阳至正阳关）、阜亳（阜阳至亳州）、阜涡（阜阳至涡阳）等公路。这些公路宽 7 ~ 8 米，均为土质路面，高低不平，有一首民谣唱道："泥泞路，弯又弯，平地走路如上山，晴天推担不好过，雨天运输更为难。"

明清以来，阜阳陆路运输工具十分落后，运输以人力、畜力为主，工具有小红车、独轮车、太平车、畜力马车等。颍州府各县城设有车马行和脚行，车马行为商埠店号运输货物，脚行则负责运送旅客。其行主多为封建把头，运输所得首先由行主提成，剩余由工人平分。当时，推车的称"推脚"，赶驴的称"赶脚"，为旅客挑东西的称"掮夫"，他们地位低下，收入微薄，常遭人欺辱。

阜阳汽车运输开始于民国九年（1920）。是年，时任烈山煤矿经理的阜阳人倪腾辉购买 4 辆小汽车，经营蚌埠至阜阳一线。1922 年，皖北镇守使李传业之子购买一辆道奇汽车在蚌埠和阜阳之间进行客货运输。1923 年，阜阳三里湾河东私商集股开设三民汽车公司，也行驶于蚌埠与阜阳之间。1921 年，阜阳商民李占元从上海购回 4 部旧汽车，先后在茨河铺和泉河北开业售票，跑蚌埠至亳州一线。1924 年，太和士绅高希龄购进几部旧汽车，创办太和汽车公司，营运于皖豫交界处。当时，用于营运的汽车陈旧不堪，毛病百出，时人称："一去二三里，停车四五回，抛锚六七次，八九十人推。"再加上时局动荡，地方不靖，官夺匪掠时常发生，公路运输发展较为缓慢，并没有形成一定的运输规模。

新中国成立以后，阜阳公路交通发展很快。1950 年，为支援翌年开展的群众性治淮运动，建阜王（阜阳至王家坝）、六南（六十里铺至南照集）急用公路，总长 78 公里。1951 年，建蒙宿（蒙城至宿县）公路 31 公里，建颍凤（颍上至凤台）公路 27 公里。至此，全地区共有主干公路 583 公里。1953 年，根据中央关于"修建公路应因地制宜，就地取材"指示，利用砂礓在全国首创砂礓路面。这种路面比砖碴路面坚实耐磨，受到省交通厅关注，在全省 64 个县推广。1957 年，建砂礓铺面的凤利公路（凤台至利辛集）、蒙凤公路（蒙城至凤台），总长 152 公里。至此，全区砂礓路面的公路为 561 公里，占全区公路总长度 1707

公里的32.8%。阜阳专区实现县县之间晴雨通车。1957年1月14日的《人民日报》对此进行了报道，介绍了阜阳的砂礓公路。

阜阳公路建设走上“快车道”是在改革开放以后。截至20世纪90年代末，阜阳境内有2条国道、4条省道以及若干县道，已初步形成了以主干公路为基础，支线公路相连接的公路网。进入21的世纪，阜阳进入“高速”时代，2004年10月，宁洛高速阜阳段即界阜蚌高速公路建成通车。2008年6月，合淮阜高速全程通车，实现合肥、淮南、阜阳的高速连通。2010年6月，济广高速阜阳段建成通车。2013年11月阜新高速（阜阳至新蔡）建成通车，皖豫两省再添一条快速通道。目前，一个以阜阳城为中心，国道、省道为骨架，县乡道路为脉络，辐射全市城乡，沟通毗邻省市的公路交通网络已经形成。同时，阜阳还进入国家规划的公路运输枢纽城市的行列。

三、铁路的筹划与修筑

清末，列强在华竞相修筑铁路，以扩大利益范围。国内民间力量为收回权利也纷纷要求修筑铁路。这些铁路计划或是列强侵略势力扩展的需要而要求修筑的，或是当时皖籍官员、乡绅以及商会组织等出于家乡观念提出，他们奔走相告，筹款筑路，但受多种因素的掣肘，这些铁路尺寸未成。这一方面反映出政府筑路的关注点不在安徽，甚至本省铁路公司筑路也多集中于皖南地区，另一方面，也不难看出皖北经济贫弱，没有筑路的能力。因此，这一时期，皖北地区的铁路也只能“筹而未建”。

1905年，商办安徽铁路公司成立，对安徽铁路路线进行初步规划。阜阳因在传统交通模式中有重要地位，在规划或筹建铁路时，往往成为一些铁路线路的节点。民国初年，规划或筹建经过阜阳的铁路路线共有3条，具体见表3。当时，皖省商会组织积极行动，主张修筑安庆至正阳关的铁路，即安正铁路。后来，安正计划落空，他们对安正铁路计划进行修改，主张修筑安颍铁路，将安正铁路延长至颍州。此计划一方面考虑安庆的省城地位，另一方面也将皖北重镇阜阳纳入其中，凸显了阜阳的交通地位。但是，由于皖北地区经济相对落后，筹建铁路的动力不足，难以落实这些铁路规划，一直到1970年，濉阜铁路的建成通车，阜阳才结束没有铁路的历史。

表3　民国时期规划或筹建有关阜阳铁路路线情况一览表

路名	起点	终点	沿途路线	备注
合亳铁路	合肥	亳州	阜阳、正阳关	经阜阳
安颍铁路	安庆	颍州	桐城、舒城、六安、正阳关、颍上等	—

（续表）

路名	起点	终点	沿途路线	备注
汴正铁路	开封	正阳关	阜阳	经阜阳

资料来源：蒯光典：《复同乡京官论安徽全省铁路书》《金粟斋遗集》（卷5），文海出版社1969版；宓汝成：《中华民国铁路史资料（1912—1949）》，社会科学文献出版社2002年版，第70~72页；王金绂：《中国经济地理》（上），文化学社印行1929年版，第522页等。

1965年5月，中共安徽省委决定建设濉阜铁路（濉溪至阜阳），并上报国家计委和国家基本建设委员会。1969年11月，得到国家有关部门的批准，铁道部派技术人员给予支持。安徽省立即派专家勘察地形、规划路线，并成立濉阜铁路建设指挥部。同年12月13日，12万民工开始了建设路基大会战，继之进行铺轨。1970年10月1日，作为国庆献礼，濉阜铁路正式通车。它对于促进阜阳经济发展与两淮煤矿的开采起到重要作用。20世纪80年代以后，阜淮铁路（阜阳至淮南）、商阜铁路（商丘至阜阳）、漯阜铁路（漯河至阜阳）又相继建成。1996年，随着京九铁路建成通车，阜阳成为该线上的重要枢纽站，与相邻的徐州、郑州、合肥、武汉等枢纽构成辐射状，是全国六大路网枢纽之一。阜阳编组站并行排列244根铁轨，日编解能力达1.8万节，其自动化程度在当时为亚洲之冠。2009年8月，阜六铁路（阜阳至六安）开工建设，2013年12月通车运营，该线是国家规划建设阜阳—六安—安庆—景德镇铁路的重要组成部分，标志着鄂豫皖交界铁路网的初步建成，是阜阳对外联系的又一重要通道。

四、阜阳努力构建综合交通枢纽城市

为了适应阜阳快速发展需求，打造皖西北商贸物流中心，构建综合交通枢纽城市，阜阳市有关部门和省外专家共同编制、审定的《阜阳市综合交通枢纽规划（2013—2030）》于2013年7月正式对外公布。根据规划，阜城增设三条地铁线路、一条轻轨线路和两条BRT快速公交线路。其中，三条地铁线路分别为颍东开发区—西湖线路、阜阳工业园—汽贸物流园线路、循环经济园—南部新城线路，一条轻轨线路为西湖北—汽贸物流园线路，两条BRT快速公交线路分别为颍东区南—南部新城线路、阜阳工业园—颍南线路。未来十几年，阜阳市计划以“引领皖西北、联动豫东南，崛起大京九、呼应长三角，对接合肥、沟通淮蚌”的区域和城市发展战略为指导，积极构建“西联豫鄂、北接京冀鲁、东协江浙沪、南靠赣闽、呼应沿海大中城市、衔接长三角、联通珠三角”的综合交通网络，努力构建综合交通枢纽城市。

高铁是降低城市间的时间距离，扩大核心城市的辐射范围，提高综合交通可达性的有效途径。高铁加速了以人为核心的商务活动变化，对于城市间的产业重构、经济布局以及人、财、物的快速流动起到不可估量的作用；也是一个城市优化基础设施资源，打造宜居城市的重要推力。因此，有无高铁通过，是衡量一个城市发展动力和前景的重要标志。阜阳即将跨进拥有高铁城市的行列。商合杭高铁（商丘—合肥—杭州）全长796.9公里，速度目标值350公里/小时，估算投资961亿元。目前商合杭铁路在阜阳市境内线路走向和站点设置已确定，即经亳州市古城集南下，沿既有京九线东侧进入阜阳市境内，自太和县二郎集南跨京九铁路、跨茨河，向太和县城方向靠近，在关集南设太和东站（离太和县城约9公里），向南再跨漯阜铁路、颍河、泉河，在阜阳机场东侧、阜阳职业技术学院西侧设阜阳西站，出站后折向东南自阜合现代产业园区西侧，跨合淮阜高速、阜六铁路、G105国道、S102省道，在合淮阜高速公路南侧五里湖大沟西侧设颍上北站，向东跨越颍河、S224省道、S102省道后并行高速公路南侧前行至阜阳和淮南市界设计终点。

郑合高铁从2013年9月份就开始进行前期勘测与设计工作。当时的计划是，从郑州南站引出，紧邻京广高速铁路南行至许昌，折向东南，经周口沈丘北至阜阳，在阜阳接入商合杭高速铁路至合肥。其中，利用规划郑渝通道44公里，利用商合杭高铁213公里，只需新建郑州南站至阜阳段260公里。作为连接中原和华东地区的快速通道，郑合高铁建成后大大拉近了两地之间的时空距离，促进了沿线城市的交流和发展。项目建成后，从阜阳坐高铁一个多小时达郑州，四个多小时达西安。就当前规划来看，阜阳必将成为全国高铁网络中的重要交通枢纽城市，阜阳的“高铁时代”即将到来。

当前，阜阳市正在加强快速通道建设，打造与下辖县市半小时经济圈，加快“同城化”进程。快速通道是“阜阳城市经济圈”的先行工程，建成阜城到各县市的快速通道，纳入了阜阳市“十二五”规划。阜城至阜南快速通道，即202省道阜阳至阜南段改建工程，全长28.8公里，按双向六车道一级公路标准建设。该工程2012年3月开工，2013年11月建成通车。阜城至临泉快速通道，即102省道西湖至临泉段改建工程，路线全长43.4公里，建设标准为双向六车道一级公路，设计速度为每小时80公里，2014年年初建成通车。阜阳至颍上的快速通道即102省道改建工程，全线按设计车速80公里/小时的双向四车道一级公路标准建设，总投资近6.7亿元，2015年底建成通车。同时，依托将来开通的高铁，可以开通至县市的高铁，必然进一步加强“同城化”的趋势。最终，形成整合铁路紧密衔接对外交通，对铁路、航空枢纽客流高效疏散，同时有机衔接城市轨道、现代有轨电车、BRT线路、常规公共交通、出租车及私人交通等城市内部交通方式，实现旅客在客运站的“零距离换乘”，并与城市空间结构及功能分区相协调，布局合理、功能完善、运转高效、服务优质的阜阳市公路客运枢纽系统。按照阜阳市的整体规划，政府将强力推动以五县市为副中心的城市经济圈一体化发展，充分发挥综合交通枢纽、市场群落等优势，通过加快快速通道、商贸物流名城建设，加强同周边县市区在交通运输、医疗服务、旅游、商贸、工业发展、边界治安等方面的交流与合作，不断增强阜阳的集聚能力、辐射能力，吸引周边人流、物流集聚，加快建设立足阜阳、服务皖北、辐射中原的经济圈。

明至民国时期皖北饮食

张邦建　肖丽媛

摘　要： 由于地理环境、经济、风俗等因素的差异，明至民国时期，皖北地区的饮食显现出明显的特点。皖北地区主食以面食为主且品种较多；饮食贫富悬殊较大，贫困者生活艰难；节日饮食有特色，且有饮食禁忌；产酒且饮酒较盛行。

关键词： 明代；民国；皖北地区；饮食；特点

饮食活动是人类得以生存的活动之一，人类在生活中创造出丰富多彩的饮食文化。由于地理环境、经济、习俗等因子的差异，明至民国时期，皖北地区的饮食呈现出明显的特点。

一、主食以面食为主且品种较多

明至民国时期，皖北地区民众以面食为主。明人宋应星云：“四海之内，燕、秦、晋、豫、齐、鲁诸道，烝民粒食，小麦居半，而黍、稷、稻、粱仅居半。西极川、云，东至闽、浙，吴、楚腹焉，方长六千里中，种小麦者，二十分而一。”① 皖北小麦种植居半，饮食以面食为主。

饮食习俗，南北存在明显差异。每当冬季，夜长昼短，北方人每日两餐，习以成风。南方口味清淡，北方气味辛辣，“同一菜也，而口味各有不同。如北方人嗜浓厚，南方人嗜清淡。北方人以肴馔丰、点食多为美，南方人以肴馔洁、果品鲜为美”②。皖北经济落后，生存维艰，生活条件较差，对饮食不像江南那样讲究五味调和。衣食不足，饮食礼节亦简，没有江南烦琐。

作者简介： 张邦建，男，阜阳师范学院历史文化与旅游学院副教授。

基金项目： 本文为阜阳师范学院皖北文化研究中心招标项目“近代淮河文化的传承与变迁”(SK2014A071)、教育部人文社科项目“元明以降淮北地区社会变迁研究”(14YJA770008) 的阶段性成果。

① 宋应星：《天工开物》上卷《乃粒》，万卷出版公司，2008 年，第 11 页。

② 钱泳：《履园丛话》卷 12《治庖》，中华书局，1979 年，第 328 页。

皖北地区拥有广阔的平原，地势平坦，土壤较肥沃，气候较温暖。这一得天独厚的自然条件使得皖北地区的粮食作物较丰富，种植的植物谷类有小麦、大麦、荞麦、籼稻、晚稻、糯稻、谷、黍、秫、稷、甘薯、玉米、芝麻、黄豆、黑豆、青豆等，犹以小麦、高粱、玉米、甘薯等为主。明代，颍州已广泛种植大麦、小麦、火麦、荞麦、春麦。① 清代，亳州的小麦“秋种冬长，春秀夏实，具四时中和之气，故为五谷之贵”②。

皖北地区的民众以面食作为他们的主食，其中把麦面称为“好面”。民国时期，农民收成不好的时候吃不上麦面，他们大多以杂面（高粱、黄豆面等）为主。民国时期，阜阳城里的市民一般为一日两餐。遇到灾荒年份或庄稼收成不好时，穷苦人家就连最基本的杂粮都无法保证，民众就会以红芋作为解决温饱的食物。红芋也叫红薯、甘薯等，乾隆三十三年（1768 年），甘薯从上海郊区传入亳州。乾隆五十一年（1786 年），敕令广种红薯作为救荒粮食。因甘薯适应性强，土壤、气候等自然条件要求低，且耐旱耐涝，产量高，块根和茎叶皆可食，极大地解决了粮荒的问题，故甘薯在皖北得到大范围的种植，清中叶以后，甘薯成为皖北地区的主要旱粮作物。颍州的甘薯竟占“民食之半”。民国初期，蒙城种植甘薯面积 7 万亩。由此可见，红芋的推广种植使得皖北地区百姓在没有麦面的状况下也能生存下来。事实上即便是占有大量土地的地主、富农，一旦遇到灾荒年份也要依靠红芋。玉米也是皖北人的粮食，原产自美洲。《本草纲目》云：“玉蜀黍种出西土，种者亦罕。”③ 乾隆五年（1740 年），安徽巡抚陈大受（湖南祁阳人）了解到两江总督郝玉麟从福建带来的新品种“番粟”（玉米），性燥，适宜旱涝地区和高阜斜坡地。于是，派人购进数十石玉米种子，分给安徽各地区，并派人进行技术指导，玉米在安徽大规模推广，“化无用之田为有用”，取得了较好的效果。玉米颗粒饱满，味道香甜，清中叶以降，玉米逐步成为皖北地区的主要旱粮作物之一。

清至民国时期，皖北地区民众制作面食的种类较多，馍是皖北人的面食之一，它是由面粉发酵而成的，馍可以制作成大小不一的形状，馍在普通家庭中占有重要位置。面条也是皖北地区人们常吃的食物。除了馍和面条外，皖北人还热衷于食用包子。包子外面是由面粉发酵而成，内部一般会根据当地人的口味放进各式各样的馅儿，皖北地区的包子大体是分为肉包和菜包两种。

---

① 刘节编辑：正德《颍州志》卷 3《物产》，明正德六年刊本。

② 钟泰、宗能征纂修：光绪《亳州志》卷六《食货志》，第 157 页。

③ 李时珍：《本草纲目》卷 6《谷部》，万卷出版公司，2009 年，第 339 页。

二、饮食贫富悬殊较大，贫困者生活艰难

饮食作为人们得以生存下来的物质基础之一，除主食外，还有菜肴，它使饮食更加丰富。明至民国时期，皖北地区民众对于菜肴的要求不太高，这与皖北地区长期以来以面食为主的饮食习惯是有关联的。同时面食较米饭更容易消化，几乎不需要菜就可以吞咽下去。皖北人以面食为主，平时很少食肉，“吃米地方之蔬菜，较吃麦地方之蔬菜为丰富，乡人有时且啖鱼嚼肉。淮北人即不如此，饭时有一二碗素菜即为已足，吃肉次数极少，一年除新年、端午、中秋及收粮食时期外，是无肉可吃”①，但是对于达官显贵、富豪、地主而言，他们平时都是离不开肉类。

明末清初，颍上县“宴会，先年物力饶裕，庆吊之仪不过一二星席，设不过十数簋，而敬让有余。今时值雕敝，愈竞丰美，仪则动以两计，席则堆列水陆，互相斗盛。八簋折柬之制，虽经南海萧公、长寿廖公禁约于前，庠生卜世辈申刊于后，亦复旋遵旋废，仍宜复古惜福为正”②。至清末，宴会食物更为丰盛，颍上县“燕会，前志云多则九簋，少则六豆，食惟常品。温公所谓‘会数而礼勤，物薄而情厚’，犹有其遗意。今渐尚丰”③。

民国时期，阜阳城内有不少各式各样的菜馆，“民国年间，城内较大的菜馆有四牌楼、得月楼、太平春、洞天春、和合楼、联兴居、义兴楼、新式楼、会芳园、国民饭店、鼓楼餐厅、万华村、小有天等多家”④。富人们办宴席的时候大都会在菜馆里举行，铺张浪费十分严重。在菜馆里，菜肴主要分为冷盘菜和热菜两种，富有之人和贫苦百姓所食菜肴悬殊较大。

民国时期，皖北地区农民生活水平较低，“他们的下饭菜除了辣椒、大葱、大蒜、萝卜丝而外，平常是用不着菜的”⑤。一旦碰上灾荒年份，饭菜都会吃不上。尽管皖北地区下层百姓菜肴较为简单，但是他们也会自制家常小菜改善生活。香椿是太和县的特产，“明清时期太和县香椿芽曾列为贡品。中华民国十五年（公元1926）前后，境内产区年产香椿芽约五十万公斤，远销上海、汉口、天津、广州等地，并出口东南亚各国”⑥。这样就给贫穷百姓餐桌上添置了一道物美价廉的好菜。香椿可以炒着吃，也可以凉拌着吃，还可以腌制成佐菜。芹菜是阜阳人爱吃的蔬菜，在阜阳店集，芹菜种植的历史较为久远。阜阳的刘宏西蚕

① 王培棠：《江苏省乡土志》，民国刊本，第349页。
② 顺治《颍上县志》，丁世良、赵放主编：《中国地方志民俗资料汇编·华东卷（中）》，第989页。
③ 顺治《颍上县志》，丁世良、赵放主编：《中国地方志民俗资料汇编·华东卷（中）》，第987页。
④ 方兆本：《安徽文史资料全书·阜阳卷》，安徽人民出版社，2007年，第993页。
⑤ 苏冷：《睢宁的农民生活》，《农村经济》第2卷第8期，第88-89页。
⑥ 思良：《阜阳风情·太和卷》，中国文史出版社，2005年，第630页。

豆酱是刘宏西在1920年研制出来的一道下饭豆酱，该豆酱在皖北市场上几乎随处可见。“1941年，颍上‘福音堂’里两位美国女传教士要回国省亲，她们临行前特意订购一些刘宏西蚕豆酱带回美国去。”① 刘宏西蚕豆酱作为家常佐料，使得阜阳百姓的菜肴味道更有特色。

皖北民众食用的不过粗茶淡饭，消费品主要是粮食，其次为油、盐，再次为酒、肉类。贫穷人家多以“杂面”为主，兼食青菜、野草、树皮等，一日两餐或三餐，甚至食不果腹，尤其在大灾之年更为悲惨。如明代出现“吃人”的现象，正德四年（1509年），颍州“春大饥，人相食”。嘉靖三年（1524年）正月元旦，“夜地震，春大饥，人相食”②。蒙城县“民国四年，水，饥荒，人民食树皮、草根殆尽”③。歌谣《灾荒年》云：“大水淹得连年荒，东奔西逃饿断肠。日出东山把狗打，日落西山见阎王。人吃人，狗咬狗，老鼠饿得啃砖头!”④ 又民谣云：“咸丰二年街上看，穷人儿女排成线，三串皮钱摆摆手，五串皮钱争着愿。”民众因饥饿开始酝酿起义斗争，“咸丰年，大歉年，涡河两岸草吃完，地丁银粮逼着要，等死不如来起反”。“咸丰二年大荒旱，黎民百姓遭大难。两岁的孩童大街卖，换不来财主半瓢面。官府财主似虎狼，催租逼税到门前。穷人日子没法过，商量商量都在捻。”⑤

富贵人家（富商、地主等）以“好面”、肉食为主。欧阳修《送焦千之秀才》云：“清明风雨，穷坐一室。家人辈倒残壶得酒数杯……妻儿强我饮，饤饾果与瓜，浊酒倾残壶，枯鱼杂干虾。”⑥ 清末民国时，亳州城居民除商人外，习惯每日两餐，重午餐和晚餐，轻早餐；农村农闲时亦习惯两餐，重早餐和午餐。早餐喜甜，午餐喜咸，晚餐喜淡。

民国时期，蒙城大地主（人均土地百亩左右），丰衣足食，役使奴仆，聚财囤粮。中小地主，不忧衣食，每年午季至农历八月十五食用细粮（小麦），其余以粗粮为主，招待亲朋，逢年过节，婚丧嫁娶，才用酒肉。富裕农民，丰年粗茶淡饭，省吃俭用，稍有节余；荒年，一部分负债破产。贫雇农饥寒交迫，缺衣少食，每遇灾荒，告贷无门，饿死无数或大量逃亡。在稍为动荡的民国，只有富裕人家才能吃到新鲜的肉包，而广大的穷苦百姓只能靠杂面或者馍度日。从主食的差异可以看出，明至民国时期，皖北地区物质分配严重失衡，粮食集中在少数人

① 龚武：《颍上历史文化锦集》，黄山书社，2005年，第386页。
② 胡衮编纂：《颍州志》卷1《郡纪》，明嘉靖十五年刊本。
③ 黄与绥等纂：《蒙城县志》，民国四年刊本。
④ 慕占民：《淮北民间歌谣浅说》，政协蒙城县文史资料委员会编：《漆园古今》10辑，第244页。
⑤ 茆文斗：《浅谈蒙城近现代歌谣》，政协蒙城县文史资料委员会编：《漆园古今》10辑，第232页。
⑥ 刘节纂修：《颍州志》卷6《欧公诗文》，明正德六年刊本。

的手中，皖北地区的劳苦大众大多只能以杂面过日子。

政府及富有者对于贫困者也实行过社会救济或施以援手。明代，颍州“养济院在分司之后，周为室，中为亭，外为门”①，每遇灾害，地方官员“发仓粟赈之，捐俸煮粥，以活老弱”②。宣统二年（1910年）冬，发生大饥荒，蒙城县设筹赈公所，配总理2人，协理、坐办调查2人，办事员16人，官赈、华洋义赈银圆20万元，救济灾民30万人次。民国三年（1914年），蝗灾、水灾、旱灾交相发生，陕西督军蒙城人陆建章捐款1.8万元，赈济蒙城。民国六年（1917年），张泽甫、宁丹澄、杨继余等人捐地360亩，创办阜阳县民间慈善会，并在各大集镇设分会，先后施粮295石（每石200千克）、施粥32次、施棺木38具、多次修路修桥。③

阜阳出土的明成化十四年（1477年）《赠郎中郭公封太宜人李氏合葬墓志铭》记载，明景泰年间，颍州发生饥荒，颍川卫郭斌及夫人李氏煮粥救济，“景泰间，岁饥荒，公（指郭斌）首施粟于官，以助赈济，又煮糜以食饿者。太宜人躬任其事，备桶数十，贮糜门外，乞者蚁集。或恐其不能溥济，劝止之，太宜人心益坚，至脱簪珥，易粮继之，多所全活”。太宜人李氏不惜卖掉簪珥，买粮煮粥救济灾民。郭斌去世后，太宜人李氏“理家教子尤谨。凡岁给族中布帛果品，恒以坚美者与人。每听其子读书至夜分乃喜，晨必促其就师”。每年李氏都会给族人布帛果品，以改善贫苦人家的生活。涡阳丹城出土的明万历十三年（1585年）《明故廪生比吾张君墓志铭》记载，嘉靖四十三年（1564年），亳州饥荒，亳州丹城镇人张播设义仓救济贫困者，“甲子岁大祲，君谋立义仓，输粟赈贷，不责偿，戚里贫之者赖以举火”④。

三、节日饮食有特色，且有饮食禁忌

明至民国时期，皖北节日饮食较有特色。春节是汉族人的传统节日，也是皖北人特别重视的节日。清代，颍上县“除夜，备牲醴诣墓所祭告。换门神，易桃符，贴春联，挂色纸于门。焚苍术、辟瘟丹，放炮爆竹，火于庭前，谓之‘燎岁’。长幼欢庆，拜天地、祖先谓之‘辞旧’；次拜尊长，余以序拜。夜分不寝，谓之‘守岁’”⑤。晚上，祭拜先祖后，全家就围在一起吃团圆饭，然后进行

① 胡衮编纂：《颍州志》卷7《建置志》，明嘉靖十五年刊本。

② 王敛福纂辑：《颍州府志》卷9《艺文志》，第954页。

③ 阜阳县地方志编纂委员会：《阜阳县志》，第302页。

④ 韩自强主编：《阜阳亳州出土文物文字篇》，2004年印，第231–233页。

⑤ 顺治《颍上县志》卷1《风俗》，丁世良、赵放：《中国地方志民俗资料汇编·华东卷（中）》，书目文献出版社，1995年，第988页。

守岁。民国时，正月初一早上，人们会吃素饺，也有的吃蒸馍。正月初二，皖北人会带上准备好的馍、酒等走亲戚拜年。

元宵节民间有各式各样的活动，花样繁多。清代，颍上县“上元，张灯于庭，食米粉圆子，蒸面米如茧，谓之宜蚕”①。当时，颍上县还没有流行元宵节吃元宵，他们吃的是米粉做的圆子，并且蒸面食。“民国以来，上元节食糯米元宵”②，民国时候，阜阳县普遍食元宵了。

农历五月初五是端午节，宿州的百姓都会包粽子吃，并且亲朋好友之间也会相互馈赠，民间还会喝雄黄酒或菖蒲酒。清代，宿州“端午，包角黍，相馈赠，悬艾于门，饮雄黄、菖蒲酒”③。民国时期，阜阳县吃米粽和油糕，“端阳节包米粽、烹油糕”④。皖北地区一些地方还有龙舟竞赛。

农历八月十五是中秋节，清代，阜阳“中秋，各具果饼祭月，老幼团坐月下”⑤。当时一家人围坐在一起赏月，还会在院子里摆上水果和甜饼作为供品来祭月，祈祷美好的生活。到了民国时期，阜阳人自己“制月饼”⑥，人们边吃月饼边赏月，其乐融融。

农历九月初九是重阳节，清代，阜阳县“重阳，蒸枣糕馈送，饮菊酒登高”⑦。阜阳民众在这天蒸枣糕食用，还可以把它作为礼品相互赠送。除了吃枣糕，还喝菊花酒。民国时期，太和县“重阳，蒸枣糕，插菊，相馈赠”⑧。太和县插菊花，蒸枣糕相互馈赠。

迷信一般得不到科学的解释，故人们往往在迷信某些事物的时候，会较长时间一如既往地迷信下去，这样迷信就会作为既定习俗被固定下来。明至民国时期，皖北民众在自己的饮食习俗中也有迷信的地方，重视饮食禁忌。

皖北地区，人们要外出走远门的时候，是要吃“吉利饭”的。他们通常情况下会为即将远行的家人准备水饺，“俗以为水饺清清爽爽，利利落落，弯弯

---

① 乾隆《颍上县志》卷1《风俗》，丁世良、赵放：《中国地方志民俗资料汇编·华东卷（中）》，第984页。

② 吕荫南：民国《阜阳县志续编》，黄山书社，2008年，第97页。

③ 道光《宿州志》卷1《风俗》，丁世良、赵放：《中国地方志民俗资料汇编·华东卷（中）》，第993页。

④ 吕荫南：民国《阜阳县志续编》，黄山书社，2008年，第97页。

⑤ 王敛福纂辑：《颍州府志》卷1《舆地志》，第62页。

⑥ 吕荫南：民国《阜阳县志续编》，第97页。

⑦ 乾隆《阜阳县志》卷1《风俗》，丁世良、赵放：《中国地方志民俗资料汇编·华东卷（中）》，第984页。

⑧ 民国《太和县志》卷1《风俗》，丁世良、赵放：《中国地方志民俗资料汇编·华东卷（中）》，第991页。

顺，表示无论做什么事都很顺”①。皖北地区百姓在宴饮的时候，酒壶里若是没有了酒，不要随便说“光了”或者“完了”，要换种说法“满了”。民国时期，阜阳民众平时招待客人的时候，最好是摆放4或10道菜，忌讳摆放8道菜。太和县人在过年期间是不能吃萝卜的，因为在方言中说某件事情没办成，他们会说“萝卜了”，所以太和人在春节期间禁止食用萝卜。蚌埠民众办喜宴的时候，是要准备10道菜肴的。其中有一道必点之菜为“四喜丸子”，寓意四季如意。在办丧宴的时候只需用到9样菜即可，意味着家里走了一个人，在不同的场合下菜肴的样数是不能出差错。男方给女方家下彩礼的时候，礼品也是不能为单数，双数意味着好兆头。鱼作为礼品之一，通常鲤鱼为最好，忌用其他鱼种代替。

四、产酒且饮酒较盛行

明至民国时期，皖北地区产酒，民众重视饮酒，谈酒、喝酒是他们人生的一大乐事。皖北地区独特的自然环境，使得高粱、豌豆、麦类等农作物种植普遍，因而这里酿酒的原料较为丰富，酿酒业也慢慢发展起来。宋代，颍州已经酿酒，诗云：“田家种糯官酿酒，榷利秋毫升与斗。酒沽得钱糟弃物，大屋经年堆欲朽。酒醅瀺灂如沸汤，东风来吹酒瓮香……官沽味醲村酒薄，日饮官酒诚可乐。”② 醲指浓烈的酒，酒薄指乡村富裕的农户自酿的酒，其味淡薄。涡阳酿酒源于三国时期的曹魏。清代，涡阳的酿酒作坊主要在县城以及高炉、义门、曹市、张村等地，其中清末民初的“会海作坊”利用高炉优良的水质，以高粱为主要原料，采用传统的酿酒工艺，精心酿制大曲，利用水路运往京沪杭等地销售。民国初年，蒙城县城生产大曲酒的糟坊十余家，年销售量约6吨，其中较大的糟坊有“永昌源”“义顺公”“聚源公”“勇源公”等。

明代，亳州减店有酿酒作坊数十家，产品以烈度曲酒居多，称为“减酒”，其中以怀氏的“公兴槽坊”较为有名。清代康熙、乾隆时期，亳州酿酒业兴盛，亳州有酿酒作坊百余家，大都采用“老五甑”酿酒法，多数作坊生产高粱大曲酒，少数生产洺流酒和小药酒。怀氏“公兴槽坊”所产减酒远销河南、湖北、江苏等地，被誉为“怀家一枝花”，故名“怀花酒”。乾隆时期，亳州有状元红、琥珀光、洺流酒、双酘酒、烧酒、竹叶青、豆酒、白酒、老酒等品种。清光绪时期，亳州有“高粱酒，俗曰大曲酒，其高者曰乾酒。明流酒，又名希敖，相传陈希夷先生始造，故名。小药酒，用药曲蒸成，惟夏月饮之，可以祛暑。双酘酒，用黏粟米作成，甜糟，以明流酘之。福珍酒，其色红，其味甜。老酒，其香味仿佛绍兴酒。三

① 曹天生、朱光耀：《淮河文化导论》，合肥工业大学出版社，2011年，第298页。
② 刘节纂修：《颍州志》卷6《欧公诗文·食糟民》，明正德六年刊本。

白酒，色白味甜，糯米酿成。竹叶青、状元红、佛手露，皆高粱酒之染色者”[①]。如此兴盛的酿酒业，使得皖北人爱喝酒，逐渐形成“乡井村落犹有污樽抔饮之风”[②]。明崇祯五年（1632 年）《明故文学钱君菁华暨配孺人孟氏王氏合葬墓志铭》记载，颍州人钱镐父亲钱满开酒店，“有客挟数十金来饮，醉遗去，夜张灯于几案间，见遗金。质明，客号泣来，举还客，封识宛然”。其兄钱锐嗜酒，“一月三更衣，一饭三易馔，公（钱镐）辄供之”[③]。钱锐饮酒成瘾。

明至民国时期，皖北地区的城乡居民喝的大都为白酒。这种高粱酿制的白酒酒劲较大，人喝多了就会醉醺醺的。民国年间，喝酒流行走杯，这体现了皖北人饮酒时独到的一种趣味，也使得这一带百姓固有的直爽在酒场上释放出来。寿县在农历十一月十五日，有“喝当头酒”的习俗，此日半夜的月亮直射于人身而地面没有影子，故曰“当头”。这一天，人们在天黑后置酒院中，浅斟低酌，有些人凑钱到酒馆，一边喝酒、谈论古今，一边等待月上中天。

沿淮地区，饮酒也是较流行。蚌埠“在 20 世纪 20 年代前后，一般人家常饮 50 度以上的土制小药酒”[④]。富裕人家会饮用当地生产的名酒。在日常生活中，沿淮地区民众在不少场合都有饮酒的风俗。民国时期，沿淮地区民众饮酒时并没有当地的酒规，总体上在酒桌上都是主客较随意。沿淮地区民众中也有嗜酒成性的人，尤其是从事搬运等体力劳动的男性，或者是乡下的中老年劳动者，因为他们劳动强度大，生活负担重，经常每天两顿酒。民国时期，蚌埠“在街上小店常见人饮‘柜台酒’，因盛酒用小碗，又称‘抽小碗子’。码头工人逢知己相遇，以酒叙话，并划拳行令，酒后食馍、饼等面食”[⑤]。民国时期，蚌埠民众在正式举办婚礼的前三天，男方给女方下彩礼的物品中有鱼、肉、鸡等，其中必不可少的就是酒。一般人家都是 24 瓶酒或者是两坛酒。等到婚礼那天，宴席上也必定会有喜酒。民国时，蚌埠老人在 50 岁之后，子女们给老人们办寿自然是少不了喝寿酒，有钱的蚌埠人在给老人办寿时，礼仪较烦琐，普通人家则以简单为主。

参考文献：

[1] 张凤琦．“地域文化”概念及其研究路径探析 [J]．浙江社会科学，2009.

---

① 钟泰、宗能征纂修：《亳州志》卷六《食货志·物产》，第 162 页。

② 俞宗诚：光绪《五河县志》卷 3《风俗》，《中国方志丛书》华中地方第 223 号，成文出版社有限公司，1974 年，第 218 页。

③ 韩自强主编：《阜阳亳州出土文物文字篇》，第 234 页。

④ 蚌埠市地方志编纂委员会：《蚌埠市志》，方志出版社，1995 年，第 1175 页。

⑤ 同上。

[2] 林伟健. 国家凝聚力：从文化认同到政治认同［J］. 广东省社会主义学院学报（广州），2009.

[3] 汪俊祺. 儒家伦理对明清徽州武术的影响探析［J］. 黄山学院学报，2007（5）.

[4] 郑代义，汪俊祺. 地理环境影响下的古徽州武文化［J］. 黄山学院学报，2012（4）.

[5] 汪俊祺. 儒家伦理对明清徽州武术的影响探析［J］. 黄山学院学报，2007（5）.

[6] 汪俊祺. "尚文"风尚下的明清徽州武术状态［J］. 西安体育学院学报，2010（5）.

[7] 贺飞. 徽州农村教育与农村教育现代化——对皖南汪村教育的社会学分析［D］. 合肥：安徽大学，2004.

[8]（美）鲁思·本尼迪克特. 文化模式［M］. 王炜等译. 北京：生活·读书·新知三联书店，1988.

[9] 马俊亚. 被牺牲的"局部"：淮北社会生态变迁研究［M］. 台北：台湾大学出版中心，2010.

[10] 李艳洁. 汉魏时期淮河流域作家群的分布及其文化阐释［J］. 湖北经济学院学报，2012（3）.

[11] 刘良政. 近百年淮河流域尚武之风的演变［M］. 淮河文化与区域生态发展——第八届淮河文化研讨会论文汇编. 合肥：合肥工业大学出版社，2015.

[12] 卞利. 明代徽州的民事纠纷与民事诉讼［J］. 历史研究，2000（1）.

论周王朝对淮河流域族群融合的策略

金荣权

摘　要：史前时期，淮河流域是一个多族群杂居的地域，也是一个多文化并存且相互交流、影响、激荡的地区。在淮河流域的族群融合过程中，周代是一个极其重要的历史时期，从西周至战国时代，周王朝和一些主要诸侯国采用各种方式如肢解族群、分封怀柔、夷夏杂处、征伐兼并等，最终使原本泾渭分明的族群居住区变成了多部族共同生活的地区，使原本有着不同文化的族群在有意与无意之间融入了华夏文化圈之中。这一时期为中华民族和中华文化的形成奠定了坚定的基础。

关键词：周王朝；淮河流域；族群融合

中华民族的形成经历了一个漫长的历史过程，由民族到部落，再到部族，进而发展到族群与部族联盟，然后形成以中原地区为核心的华夏族和以分布于东南西北的“四夷”族，最后经过不断融合而最终形成了以汉族为核心的中华民族。在这一历史进程中，周代是一个极其重要的历史时期，从西周至战国时代，周王朝和一些主要诸侯国采用多种方式，如肢解族群、分封怀柔、夷夏杂处、征伐兼并等，最终使原本泾渭分明的族群居住区变成了多部族共同生活的地区，原本有着不同文化的族群在有意与无意之间融入了华夏文化圈之中。这一时期为中华民族和中华文化的形成奠定了坚定的基础。

而在广大的周王朝统治区，为了实现对其他族群的有效统治与融合，其所采取的政策又有所不同：在商王朝的王畿之地、西部和北部的戎狄地区，在武力镇压之后主要以同化和安抚为主；在中原腹地的其他地方以怀柔为主；对南方的楚人则以防御为主、军事进攻为辅；唯有对淮河流域采用了多种方式。这是因为，生活在淮河流域的淮夷与淮河下游的东夷族群与中原诸族群相抗衡久矣，夏商两朝都曾多次对其征讨，而西周初期更成为反叛周王室的主要力量；同时，江淮地

作者简介：金荣权，信阳师范学院淮河文明研究中心教授。

区是周王朝在南方的有效控制区与象征性控制区的分界线，为了巩固其南土并为下一步经营江南打下基础，周王朝更加注重对这一地区的控制。

经过从西周至战国约800年的融合，淮河流域的各个族群基本上都纳入了华夏大族群之中，除少数上层贵族之外，在大部分普通人心目中原始的部落与部族意识已逐渐淡化，至秦代编户齐民，基本上完成了这一区域的民族大融合。

一、通过肢解族群而淡化其集体记忆

从新石器时期到西周建立，我国经历了从传说中的伏羲、炎帝、黄帝、颛顼、帝喾、尧、舜、禹时代，从而进入夏、商王朝，诸多原始部族或族群先后崛起，文化各领风骚、递相替代，在部族长期的征战中，黄帝族战败炎帝族而入主中原，以黄帝族为主体，融入被征服的炎帝族的一部分和生活于中原地区的原住民从而形成了一个庞大的华夏族群。传说中的五帝是从春秋以来逐渐形成并在汉代最终定型的一个上古帝系，它的目的只不过是想证明以黄帝为核心的华夏系统的一脉相承和正宗地位，其真实性有待商榷，但有一点是事实：黄帝、颛顼、帝喾、尧、舜、禹虽来自不同的部族或族群，但经过数千年的融合，最终都纳入到了同一个大的文化圈之中，为后来华夏族群和华夏文化的形成奠定了坚实的基础。

然而，从新石器中后期至周代建立，最有影响的族群是中原族群与东夷族群，黄帝、颛顼、尧、禹和夏王朝都来自中原族群，而伏羲、帝喾、舜和商王朝则出自东夷族群，两族群既有纷争也有妥协，传说时期五代的更迭与夏、商、周三代的兴衰既是两大族群权力平衡的结果，也是两大族群力量此消彼长的表现。

尽管商族人在前商和建立商王朝之后主要活动中心在中原地区，但是由于其出自东夷族群，因此以黄帝后裔自居的周人仍将其作为异族来看待，在建立周王朝之初，周人为了巩固其统治，便不遗余力地消解商王朝的旧势力，同时也大力分化东夷族群和其他势力强大的族群，以期从族群的组合、文化的认同等各个方面实现对“非我族类”的改造。于是肢解旧族群而将其纳入华夏族群就成了周王朝实现族群融合的一个主要手段。

周人灭商之后，由于天下未定，商之遗民势力较大，周代首先采用安抚之法，将商王朝王畿之内的遗民交由商纣之子继续统治，武王死后，成王年少，由周公摄政，但由于管叔、蔡叔怀疑周公有篡政的企图，便联合武庚叛乱，东夷各族大举响应。这场叛乱对刚刚建立的西周王朝来说是一个巨大威胁，于是周公果断率兵平叛，经过三年的征伐，最终诛灭武庚，平息东夷，杀掉管叔，放逐蔡叔。管蔡之乱使周王室对商之遗民更加不放心，于是“分殷余民为二：其一封微子启于宋，以续殷祀；其一封康叔为卫君，是为卫康叔”。同时将当年叛乱时有影响力而又不听教训的大家族西迁至今之洛阳地区，以彻底瓦解商王朝遗民势力，据《史记·正义》载：“《尚书·洛诰》云：‘我卜瀍水东，亦惟洛食，以居邶、鄘、卫之众。’又《多士篇序》云：‘成周既成，迁殷顽民。’”今之《尚书·多士篇》云：“今尔惟时宅尔邑，继尔居，尔厥有千余年于兹洛，尔小子乃兴从尔迁。”正是对迁商遗民这一历史大事的记载。这样，商之王畿之内的商之遗民便分成三部分，一部分仍居于王畿旧地，由卫康叔统领；一部分迁至今商丘一带，建立宋国，由商之旧贵族中的贤者微子统领；一部分分迁至成周即今洛阳等地。经过数百年的融合、教化，这些商之遗民慢慢地融入华夏文化圈中，并以华夏族的一分子而自居。

对于淮河流域而言，东夷族群是参加管蔡之乱的主要力量，所以在平定叛乱之后，周成王和周公便采用分裂方式把一部分东夷族群分化出来，《左传·定公四年》记载：

昔武王克商，成王定之，选建明德，以蕃屏周。故周公相王室，以尹天下，于周为睦。分鲁公以大路，大旂，夏后氏之璜，封父之繁弱，殷民六族，条氏、徐氏、萧氏、索氏、长勺氏、尾勺氏。使帅其宗氏，辑其分族，将其类丑。

分给鲁国的殷民六族：条氏、徐氏、萧氏、索氏、长勺氏、尾勺氏等，则是原居于山东、安徽境内的东夷族群中的成员。王恩田《山东商代考古与商史诸问题》一文根据考古发现和文献记载，认为，殷氏六族的地理位置为：条氏，即为攸氏，古代条、攸一字，位于今天山东滕州的后黄庄一带；徐氏，商为徐国，位于今山东费县城北一带；萧氏，居于今安徽省萧县；索氏，居于兖州中李宫一带，这里曾出土过索族的青铜器；长勺氏与尾勺氏，位于周代鲁国的北部，介乎齐鲁之间。陈梦家《殷墟卜辞综述》认为：“《左传》定四分鲁公以殷民七族，其中条、徐、萧、索之徐、萧、索当在今徐州、萧县、宿县一带。条亦应近此三处。萧为子姓，则条亦是与殷同姓。”从当时鲁国管辖的国界来看，远在安徽省的萧县当不会属于鲁国所有，所以后来处于萧县的萧国应当不是西周初年分给鲁国的萧氏，当为居于鲁国的另一支萧氏之族。再者，周代的萧国乃宋人后来自己所分封的附庸之国，徐国也是在周初东征之后才南迁而来的，他们原本并不是商代就已建立在这一带的诸侯国。

根据《左传》记载来看，在周公之子伯禽即位为鲁君之后，除带去一部分军事力量及其家属和一些理政辅助人员之外，其所治下的大部分臣民当为原居住于东夷区的东夷族人，而将东夷六夷划归鲁人统治也是在平定管蔡与东夷之乱以后。通过周公东征，一部分东夷族的大方国及力量强大的部族被剿灭，如奄国等；一些则被迫迁徙，如徐国等；一些则接受了分封，如郯国、莱国等；还有一些力量较弱的氏族则在军事威慑和行政命令之下成了鲁国的臣民，如条氏、萧氏、索氏、长勺氏、尾勺氏等族。徐氏，原居于鲁曲阜附近，在伯禽就国之初，强大的徐国曾一度威胁到鲁国的安全，后来在周公和其子伯禽的反复打击之下，才南迁到淮河两岸，其留在原地而未迁徙的徐氏在后来分给了鲁国。这些被分给鲁国的东夷族人，在鲁人的礼制熏陶下，能够快速地融入中原文化圈中，从而逐渐淡化了原来的族群身份记忆。

周王朝的这一方式在春秋时期也为楚国进一步发展并在实践中运用。楚国为了同化和有效地统治被征服的淮河流域诸侯国的贵族和子民，采用了远迁区域之外和在区域之内迁徙的两种主要方式。楚人这种对诸侯国的迁徙，一方面肢解了各个诸侯国的整体力量，另一方面也达到了快速同化各个部族的目的。

二、采用怀柔之术而笼络“异族”人心

周朝初年，为了巩固其统治，大量分封诸国，除了分封同姓贵族和有功之臣以外，还大举分封前代圣贤之裔：“武王追思先圣王，乃褒封神农之后于焦，黄帝之后于祝，帝尧之后地蓟，帝舜之后于陈，大禹之后于杞。于是封功臣谋士，而师尚父为首封。封尚父于营丘，曰齐。封弟周公旦于曲阜，曰鲁。封召公奭于燕。封弟叔鲜于管，弟叔度于蔡。余各以次受封。”

周王朝所分封之诸侯国，姬姓之国的建立是为了以同姓诸侯来拱卫王室，异姓诸侯一部分是出于对有功之臣之奖赏，而更多的则是出于怀柔政策。其怀柔对象有两种：一种是前代圣王之裔，如神农、黄帝、尧、舜、禹之后；另一种则是商之遗民和周初参与叛乱的如东夷、淮夷之族，因为出于王朝安定考虑，周败东夷之族而亡其首恶者，迁其“强项”者，却不能将其族群全部迁出，所以对那些从属者采取怀柔之术，“择其优秀和平者，予以官爵以羁之，封之国土以容之，崇其明祀以縻之，化暴戾之气，使不思叛变”。而那一部分虽属于叛乱的族群却没有参与叛乱的氏族则以分封形式加以笼络，以定人心。

对于周王朝有多少诸侯，今天很难做出准确而详细的统计。《左传》说，武王分封兄弟之国十五，姬姓之国四十。《史记·陈杞世家》说周武王时侯伯有千余人。《汉书·地理志》则云周之诸侯国“盖千八百国”。班固《汉书》云：“而太昊、黄帝之后，唐、虞侯伯犹存，帝王图籍相踵而可知。周室即衰，礼乐征伐自诸侯出，转相吞灭，数百年间，列国耗尽，至春秋时，尚有数十国。”《路史》说：“周之初兴大封同姓五十有三国，而文武之胙又三十有二。”实际上，周王朝的分封有很多次，除周初的周武王、周成王、周康王时代之外，周宣王和其他的君王也曾大肆分封，且后来各诸侯国以建立附庸之国的方式分封其裔子、裔孙，后来这些附庸大多数都形成了独立的诸侯国。所以说，周代之诸侯国

有“千八百”之数并非虚言。

周代淮河流域的诸侯国数量是最多的，其分布的稠密程度也是其他地区所不可比的。这一地区既有如鲁、蔡、陈等这样的大国，也有息、蒋、许、薛、藤、郑、徐这样的中等国家，更多的则是如赖、蓼、应、沈、道、顿、茅、江、黄、养、钟离、郯、六、英、群舒、向、郐、偪阳、鄅、邾、小邾、番、邳、颛臾、弦、项、柏、房、鄫、萧这样的小国或附庸之国，且大多数为子爵诸侯国。

同时这一地区也汇集了上古众多的古老部族，如柏皇氏、伏羲氏、炎帝、黄帝、太昊、少昊、祝融、尧、舜等，古老部族的后裔们都在这里建立了诸侯国。

淮河流域嬴姓诸侯国有徐、奄、江、黄、养、钟离、郯等，远祖为少昊，近祖为伯益，本是东夷族群中最为古老的一支。这支的大部分生活在东夷地区，而另一些则在夏、商时期便已北迁、东移或南下，有些甚至在旧石器时期就已开始迁徙。当周成王东征时，作为力量最强大的嬴姓诸侯国奄被彻底消灭，而徐国也被赶到了苏北的淮河流域两岸。而在西周之前便已迁至淮河中游与上游的东夷人因为没有参与东夷族人的叛乱而得以生存。为了稳定这批东夷族人，周王朝便以分封的方式进行安抚以笼络人心，所以在淮河上游就有了养、江、黄等子爵诸侯国，而中游则有子爵的钟离国，在下游又分封了徐、郯等，虽然这些诸侯国都为等次较低的子爵诸侯国，却使未被剿灭的东夷嬴姓族人得以有寄生之地，除不“安分”的徐国后来多次反叛周王室以外，其他诸侯国也都较守本分，国家与封地得以延续。

淮河流域的偃姓诸侯国有英、六、群舒等，偃姓与嬴姓同祖，都出自少昊氏，其近祖为皋陶，也是东夷的一大支。经夏商两代的发展，这一支固守于祖先所开拓的疆土始终不曾再迁徙，并发展为很多支族，占据了安徽中部的江淮之间，成为最有势力的土著居民。周代初年，由于偃姓族人置身于东夷族叛乱之外，所以这一地区不仅没有被周人征讨，并且分封了英、六、巢、桐等诸侯国，而以舒国为宗国的舒鸠、舒龙、舒鲍、舒龚等也在后来各自形成相对独立的小诸侯国。由于周王朝对偃姓一支采取了怀柔政策，这一支东夷族人尽管在文化上依然保持其一定的独立性，从西周至春秋时期都归服于周王朝，没有叛乱的记载，这也使得淮河中游南部的江淮地区在楚人到来之前一直十分安宁。

炎帝族与黄帝族同时起源于西部，在炎黄两族旷日持久的争战中，最终以炎帝族失败而告终，炎帝族的主体分居于四方，所以在华夏文化核心区的东部、南部、西部与北部均有古老的炎帝族的后裔。周代，在淮河流域受封的炎帝之裔有姜姓的许国和向国，还有北方赤狄的弦国和胡国。周宣王时将远在北方的申、吕等国南迁至南阳地区，春秋时楚人又将申、吕迁至淮河上游。

周代淮河流域中所分封的及后天迁移和通过领土扩张而来的祝融后裔之国较

多，从史书记载来看，共有七个诸侯国：己姓的番国，妘姓的郐国、偪阳国、鄅国，曹姓的邾国、倪国（小邾国），芈姓的楚国。这些国家在早期多属于子姓诸侯国或作为附庸之国而存在，地位普遍不高。至春秋中期之后，楚人向北扩张，几乎占据了淮河流域的大部地区，成为这一地区的主导性大国。

除此之外，周所分封的还有舜之后裔妫姓的陈国；黄帝之裔姞姓的项国、任姓的薛国和邳国；帝尧之子丹朱之后裔分封的房国；远古时代柏皇氏的后裔柏国；伏羲之裔风姓的颛臾国；禹之后裔姒姓的鄫国等。

三、以夷夏杂处之法实现族群的渐融

西周王朝从西周初期到春秋各个朝代分封诸侯的行为，既是出于对王族、功臣、圣贤之后褒奖的需要，也是巩固其统治的需要，体现出周王朝的战略思想。就淮河流域诸侯国的分封及其分布情况来看，有两种主要现象：

（一）就地分封，以土著居民统治与管理现居住地

这些人群虽不属于中原族群，但在周人灭商战争中没有与周人对抗，周初叛乱中也没有加入叛乱队伍，所以得以保全领地并以周代的诸侯国形式而存在。如嬴姓的江、黄、养、钟离、郯，偃姓的六、英、群舒，还有其他异姓诸侯如郐、偪阳、鄅、邾、颛臾、弦、鄫、薛等。这些诸侯国都是以其氏族原有的统领为诸侯国君，并且仍居于原来的地方，管理着自己的族人，在接受周人统治甚至接受周人某些礼制的同时也在延续着自己族群的独特文化。比如薛国，本为任姓，属于黄帝之裔，早在夏以前这一支就东迁至淮河下游的东夷核心区的鲁南一带，至迟在夏代已立国，相传夏代薛国的始封之君奚仲曾经做过夏王朝的车正，在商时薛国也是商代东方的重要方国。至周代，薛人虽是商代的方国又处于东夷族群的居住区，却没有帮助商人也没有加入东夷叛乱集团，所以周王压仍使商代薛国在原居住地得以延续。

（二）采用封君殖民法，以中原族群的封君统治土著的旧族之民

封君殖民法是周人统治尤其是同化淮河流域各族群最有效的方式，如息、蒋、赖、蔡、道、应、郑、随、顿、沈、鲁、滕、茅等大大小小十多个诸侯国，还有较早融入华夏圈中的异姓诸侯国，如陈、房、许等。进入春秋时期楚人也延续着这一方法。这种方式逐渐改变了被统治的土著居民对族群的认同、对文化的接受，从而加快了淮河流域各不同族群的融合进程。

1. 以周王朝的同姓诸侯统治原住民

周人的封君殖民首先是以同姓诸侯来管理和统治原居住地的异族土著居民。由于淮河流域原土著居民分属于不同的族群，又各自有着专属的领地，所以周人在这里因地制宜建立了众多的诸侯国，由姬姓的王族来任诸侯国之君，如早期建

立的蔡、息、随、赖、道、应、顿、鲁、滕，以及后来又相继分封的蒋、沈、茅、郑等。其中息、蒋、赖、蔡、道、应、郑、随、顿在淮河上游，沈在淮河中游，而鲁、滕、茅则位于淮河下游地区。从姬姓诸侯的数量来看，淮河上游的居多，中下游则偏少，这是因为在周代尤其西周时期，淮河上游东夷、淮夷等土著力量较弱，所以便于建立新的诸侯国，而淮河中下游则是淮夷与东夷的核心统治区域和其他异族的杂处区，在这一带建立新的诸侯国空间较小。

2. 以较早融入华夏族群的异姓诸侯统治原住民

尽管周人相信自己的王族成员会与王室更贴近，也更加可靠，但他们的力量毕竟有限，为了调动更多的力量来巩固其统治，周人使用了一些早已融入华夏族群的异族后裔中的优秀者来为他们同化在淮河流域的其他族群，如陈、房、许等诸侯国。房为尧之后，尧是早期中原族群的杰出人物，其后裔当然也理所当然地以中原族群而自居；许的先人虽为炎帝，但炎帝的很多支族从夏商以来就融入了中原族群之中。

陈国的情况较为复杂，陈国的远祖为舜，关于舜的出身，《孟子·离娄下》说："舜生于诸冯，迁于负夏，卒于鸣条，东夷之人也。"《史记·五帝本纪》曰："舜，冀州之人也。……就时于负夏。"诸多记载表明，舜原本是东夷集团的一分子，后来这一支西迁到河北、山西等地，并在这里建立了古虞国。夏商时，舜的后裔又有一支南迁至河南东部建立方国，仍称虞国，河南东部的虞国故地也正是周代陈国之地，所以陈地有一部分居民当为舜之族人。而同时，在旧石器中晚期，东夷中的一支也由山东地区西迁至陈地，这一支便是太昊集团的后裔。于是陈地就成了舜之旧族与东夷少昊族两个部族的居住之地。陈建立之后，有效地利用中原礼制来加强统治，便于这一地区的族群完全融入中原族群之中。

正因为采用封君殖民方式，在漫长的历史进程中，在行政干预下，在中原礼制的熏染中，原土著居民逐渐忘记了自己的身份，从而有效地实现了族群的融合。

四、以武力征伐以实现兼并式融合

周王朝对原来生活于淮河流域的土著各族群除采用怀柔政策外，也加之以武力威慑，而武力的征伐一直贯穿于整个西周至春秋时代。

周武王灭商之后，为了加强王朝对天下的统治，以建立诸侯国的方式来拱卫政权，于是大肆分封诸侯，在淮河流域也建立起了诸多大大小小的诸侯国，而对于生活在这一地区的土著居民则采用包容的方式允许他们的存在。随后，由于以奄国为代表的东夷集团参与了管蔡之乱，周王朝就以此为借口对淮河流域特别是淮河下游的东夷族群及淮夷进行武力征讨，灭亡历史悠久的古奄国，并将实力强大的徐国从泰山脚下驱赶到了淮河岸边。经此次征伐，尽管基本上稳定了周王室在淮河流域的统治，但在此后的数百年里，东夷和淮夷集团从来没有停止过对抗周王室的活动，而周王室对淮河流域的征伐也从未间断过，这其中包括对淮河下游最强大的徐国的征讨。相关的史书和周代金文中多有记载。

《诗经》中的很多诗歌也都记载了周王朝对淮河流域所发动的战争，如《大雅·江汉》，按《毛诗序》所言："《江汉》，尹吉甫美宣王也。能兴衰拨乱，命召公平淮夷。"在周厉王之时，由于王室衰微，四方多叛，淮夷更是屡不服周之命，所以当周宣王时，便多次对东夷与淮夷进行征伐，其中最重要的一次便是召伯等人的征伐行动。从诗歌内容来看，召伯所征对象主要是处于淮河上游和中游这一地区的淮夷。周宣王时代的另一场对淮河流域的战争则在《大雅·常武》中得到表现，《毛序》曰："《常武》，召穆公美宣王也。有常德以立武事，因以为戒然。"这次战役的主要统帅是南仲和程伯休父，征伐的对象是处于淮河下游的长徐国，即诗中所称的"徐夷"。

又如《小雅·鼓钟》也是一首描述周王朝在淮河流域征伐之战的诗歌，当战争胜利之后，周王朝召开庆祝大会，并展乐舞，奏乐曲，其中"以雅以南"则表明当时演奏的乐曲中既有"雅"也有"南"。所谓"雅"应指周王朝的雅乐，而"南"则指流行于江汉和淮河流域的乐歌，其诗包括今本《诗经》中的《周南》和《召南》，具体来说，淮河流域的诗歌收入《周南》，江汉流域的诗歌收入《召南》，这里所说的便是指"二南"（《周南》和《召南》）。战争之后在这里演奏地方乐曲，一方面为了显示对这一地区征服的自豪感，同时也是为了安抚人心，赢得共鸣。

对淮河流域的武力征伐至春秋中后期则主要由楚、鲁、齐、晋、吴、越等诸侯国主导，并且由使之屈服为目的变成了灭亡其国家为结果，随着母国的灭亡，其族人也就失去了依托，也失去了族群的概念，最终渐渐融入了华夏大文化圈之中。

安徽江淮地区商周青铜工业初探

朱华东

摘　要： 安徽江淮地区自周代以来就存在一定规模的采冶铜矿和青铜铸造的迹象，通过对该区域考古发掘的采冶遗迹和遗物材料的收集和分析，可以更准确地了解该地区商周青铜工业水平和特点。

关键词： 商周时期；矿冶遗址；冶铸遗物

安徽沿江地区铜矿储量丰富，是长江中下游地区铜矿产区之一，至少在商周时期就有了采掘和冶炼的活动，并达到了一定的规模。江淮地区所获铜料，除可直接从长江南岸通过水运输入外，本地也有较丰富的铜矿资源可供直接开采。沿江北岸的庐江、枞阳等地与铜陵等长江南岸矿区同属一条铜矿带，经调查已发现古代的采矿遗址，其中发掘过的井边遗址可早至东周时期。现已发现的江淮地区商周青铜器数量，尤其是青铜容器，已远超皖南与淮河以北地区，而且商和西周早期青铜器数量占比也较大，如此集中的发现，当与此区域较为发达的冶铸工业有关，这在考古发掘中也得以证明。在江淮地区常见的商周墩台式遗址发掘中，坩埚、冶渣、陶范等与冶炼有关的遗物也频频出现。

皖南沿江一带的铜陵、繁昌、南陵一带存在较丰富的采矿、冶炼等遗迹，近年来铜陵师姑墩遗址的发掘，更有可能将这一地区青铜冶铸史追溯至二里头时期。和皖南一江之隔的江淮地区沿江地带，与皖南沿江区域地质构造接近，有着丰富的铜矿资源，近几十年来，相关古矿业遗址和冶炼遗迹被不断发现，为探讨江淮地区青铜铸造工艺的起源及发展提供了不可或缺的资料。

一、矿冶遗址

（一）枞庐铜矿带

据现代地质学调查发现，庐江—枞阳地区是长江中下游铁铜成矿带中重要的

作者简介： 朱华东，安徽大学历史系副教授。

成矿区之一，区内成矿地质条件优越，各类矿产资源丰富。已经查明的矿产有煤、铁、锰、铜、金、明矾石、重晶石、铅、锌、硫、石膏、萤石、石灰岩等 15 个矿种，铁铜矿为主要矿种，矿床点目前已发现 189 个，少数铜矿床已达到大中型铜矿储量标准。根据对枞阳拔茅山铜矿地质构造的分析，枞庐盆地矿体形态具有明显的垂向分布带。其上部为稀疏石英大脉状铜矿，一般矿体规模小，矿石品位较高。中部细脉浸染性铜矿，一般矿体规模大，矿石品位较低。下部为钟状斑岩铜矿。枞庐盆地西南—东南—东北则广泛分布着属于上部矿体的石英大脉状铜矿，矿石品位较高。与之相毗邻的滁州—巢湖一线，同属于郯庐断裂带，在这条延绵百余公里的断褶带上，也有较丰富的铜、金、铁矿。滁州的琅琊山地区是其中最重要区域，是现今皖东地区规模最大的铜及伴生金矿床。1949 年后在这片区域内的采矿作业中，常发现一些俗称“老窿”的古代矿井和冶炼点。

（二）古采矿、冶炼遗址

古采冶遗址在沿江一带的丘陵区分布较多，经过调查的采矿遗址有怀宁象山、铜牛井、金钩树、月形山，枞阳的铜山、安凤中学、牛头山、生鸡园、井边、柿树、大凹岗、大包山，庐江的分金炉、金鸡岩、凤台山、炼铜凹、东顾山、石门庵，无为的苏家凹，全椒的铜井山、滁州琅琊山等处。遗址基本位于丘陵地区的山坡或山坳中，一部分矿井年代上限可至先秦时期。其中规模较大的遗址有枞阳井边、怀宁月形山等地，这里既有采矿点又有冶炼点，属于规模较大的次中心铜矿遗址。

庐纵地区的铜矿采掘历史悠久，当地发现的古矿井数量较多，井边遗址就是其中经过调查的古采矿遗址，属于井边岩侵隆起深部，浅部由北向西含铜石英大脉，位于枞阳县将军乡井边村狮子山旁。在 1989 的调查后发现，其采掘历史始于东周时期。经过历代采掘，现存井边古矿井已深达 60 多米，为竖井式结构，结构分为竖井、横巷、斜巷几类，巷道内有木支护的痕迹。坑口为 1 米见方的方形，深 7 米和 13 米处各有一个横巷，巷口已被封死，巷口宽、高约 1 米。距井口 39 米处，有一处斜巷，长 20 米，高 1.5 米。巷内布满碎石、炭渣以及一些生产工具和陶片。采集的陶片为夹砂红陶，器类有鬲、罐两类，其特征属于东周时期。井边遗址是目前江北地区可以确认的为数不多的先秦采矿遗址，尽管发现遗物较少，但意义重大。

滁州琅琊山古矿区，面积较大，储量较丰富，至今仍在开采，并在山下就地冶炼。所发现的古矿井深度一般在 30 米左右，大都无木支护结构，根据发现的遗物分析，其上限至少可到汉代。

月形山遗址属于冶炼遗址，在目前的江淮地区少见，位于怀宁县月山镇学田村月形山一侧，这里炼渣分布面积达 5000 平方米。炼渣有三类，第一类呈细条形，厚5~15厘米，渣体厚重，结构致密。第二类呈“波浪状”，厚3~5厘米，厚重，内部有少量气孔。第三类为片状，厚2~3厘米，结构致密。采矿遗址位于其西南50米处。

皖南沿江一带古铜矿材料相对丰富，在铜陵狮子山、铜官山、凤凰山，南陵大工山等铜矿资源比较丰富的地区，存在若干规模较大的古代采冶中心。比较普遍的生产方式是采冶一地化，从采矿到冶炼基本是在同一小区域内完成的。另一类是小型分散采矿、集中冶炼的模式。就调查和发掘的几处先秦矿井而言，有露天开采和井巷开采两类。矿井深度一般不超过50米，多数深度10~20米，长方形竖井，截面不足1米宽，木支护或有或无，取决于矿井内的地质环境。井巷包括竖井、斜井、平巷、斜巷等。在冶炼遗址中，曾发现10余座炼铜竖炉，早期炼渣呈条状渣液凝固而成的倒菌形，汉代为层叠的片状，唐宋时期呈长条形，表面有流动的波纹。

从现有材料来看，沿江两岸先秦采冶规模存在一定差距，皖南地区采矿和冶炼遗址数量众多，且较为集中地分布于以铜陵、南陵、繁昌交界区域为中心的一片区域，而江北则呈带状分布，古铜矿点少且稀薄，中大型采矿点偏少，规模上难以达到皖南的程度，而且采矿遗址周边往往没有发现就近冶炼的地点。不过江北矿冶遗址在矿井结构、炼渣特征等方面，与皖南地区各阶段较相似，两地矿冶技术在同一时期似乎并没有明显的差距，尽管在地理上隔江相对，又或许存在政治区域上的割裂，但这或许并没有影响到当时采冶技术的互通与交流。

二、冶铸遗物

江淮地区现存大量的墩台式遗址，年代多属商周时期，其中少数经过发掘，发现了与冶炼有关的遗物，有坩埚、陶范、石范、炼渣、小件铜器、铜矿石等，这与遗址内青铜产业有密切联系。

所发现早期冶炼遗存的遗址以肥西大墩孜、枞阳汤家墩、潜山薛家岗、含山大城墩为代表。大墩孜遗址的地层中出土铜铃、铜斝等3件青铜器，在商文化层发现少量木炭屑和铜渣，以及破碎的石英石和红烧土块。这些遗存与当时冶炼青铜有密切关系，木炭作为融化铜矿石的燃料，被置于炼炉和坩埚中作内燃剂，铜渣是冶炼后的产物，石英石极有可能是制作坩埚的原料，将破碎的石英石加入陶土中制作坩埚，可以增强坩埚的强度和耐高温性。此处红烧土块极有可能为炼铜时高温所致的地面板结。在同属肥西上派镇境内的庙墩遗址也出土过一件商代大口尊式坩埚，内有炼铜痕迹。肥西农兴镇陡岗遗址商代地层出土少量粗厚的坩埚残片。

枞阳汤家墩遗址地层可分为两期，衔接紧密，系连续发展的两个阶段，属于商晚期。出土铜制品共6件，种类有凿、锥、镰、镞等，还有多块绿色铜矿石和陶范。遗址上也曾出土过一件外底悬铃的青铜方彝，被认为具有本地风格。陶范残片均为铸造铜容器的范模，有弦纹和云雷纹，属于商至西周早期中原地区流行式样。经与周边地区商周时期遗存比较，初步判断汤家墩遗址的年代相当于商代晚期，其上限约在殷墟文化一期，下限不晚于商代末期。潜山薛家岗遗址商代地层出土残坩埚，高0.4米、直径0.3米，壁厚50～60毫米。基体为黏土质陶制品，夹杂小石块，为石英和云母构成，可增强坩埚强度和耐高温性。

含山大城墩遗址商代地层出土残铜足、铜镞、铜削等铜制品多件以及2件坩埚，其中1件为小圆底，大鼓腹，胎厚5厘米，内壁抹一层厚4厘米的耐火材料，另一件为粗夹砂陶，口径43厘米、高42厘米，腹中部内收，小平底，口沿外饰附加堆纹，底部一侧饰圆形鼻钮。

江淮地区属于西周时期的遗址数以千计，发掘过的主要遗址有肥东吴大墩、潜山天宁寨遗址、怀宁孙家城、滁州琅琊区大山遗址、滁州何郢、六安堰墩、霍邱堰台、霍山戴家院等遗址，基本上都会发现一些小件铜制品，有镞、小刀（削）、锛、锥、凿、锸等，但更重要的是相关冶铸遗物的发现。

第一类为铸范，如肥东吴大墩第五期遗存发现箭镞陶范（T3④：5），残长11厘米，属于西周中期。霍山戴家院遗址春秋早期地层出土2件石范一套（TW2N1③：3），长17.5厘米，宽7厘米，厚约4厘米，器身呈半圆柱形，器表有捉手，内侧略凹，属于斧锛类范。六安偃墩出土陶范3件，其中一件（T706③：10）长16厘米，宽8厘米，厚4厘米，圆柱形，外壁有一对窝形捉手，似为斧锛类外范。霍邱堰台出土陶范12件，有斧形范、镞范等，陶范为夹细砂红褐陶，其中一件斧范（T0713③：3）一端残，长方形，侧面平整，残长12.8厘米，宽12厘米，厚2.6厘米。铜容器残片和附件的发现显得更为重要，容器片残长7.7厘米、厚0.2厘米，腹部饰一周折线纹，似乎为铜鼎的口沿。器物扁平状，中空，残长4厘米。另有一些遗址出土陶范无更详尽的数据，如何郢遗址出土陶范、石范等与铸铜相关遗物。

第二类为铜矿石和坩埚残片。滁州琅琊区大山遗址曾出土过3块，形状不规则，长约5厘米，宽约3厘米，其产地未经分析，结合何郢遗址已做过的分析，这些矿石极有可能产自滁州本地的铜矿。合肥大燕墩遗址西周晚期地层出土少量小块陶片，表面有层状铜锈，或为挂渣，可能属于冶铸使用的坩埚或炼炉的炉壁，另有一些疑似炉渣的块状物，其成分有待分析。

上述部分遗址出土的青铜器或冶炼遗物经过了科学分析。汤家墩遗址二期出土的炉壁挂渣，内含大量气泡，残留较大的铜颗粒，经过电镜扫描分析发现其基体含有大量铜铁相、红铜颗粒，并有铁橄榄石、硅酸盐矿物等存在，判断属于冶炼红铜的炉渣。汤家墩一期出土的铜矿石经岩相鉴定和扫描电镜能谱分析，发现辉铜矿、蓝铜矿、赤铜矿、重晶石和脉石等矿物，为品质较高的氧化铜和硫化铜的混合矿。同期发现的炼渣玻化程度较高，铜含量低，流动性好，铜渣分离程度高，应是冶炼过程中从炼炉排出来，并检测出基体内含有冰铜颗粒，应为冶炼的冰铜渣。汤家墩出土陶范有夹砂红陶和泥质灰褐陶两类，内壁光滑，有弦纹和云雷纹。范土成分约含72%二氧化硅和16%三氧化二铝，主要矿物有石英、云母、长石、辉石、方解石等，大部分样品夹杂炭化的植物茎秆和稻壳。汤家墩小件铜器合金成分则主要有铜锡铅、纯铜和铜锡铅砷合金三类。对何郢遗址出土青铜制品检测后发现，所含微量元素种类及含量较一致，矿料来源较一致，但与铜绿山和铜陵一带的铜器微量元素不太吻合，与滁州本地铜矿十分接近，说明铜料并不是来源于上述地区，而是出自本地的铜矿，从另一个方面也说明滁州本地的青铜采冶史或早至西周时期。

江淮地区目前已发现的商周青铜容器，尤其是商及春秋早中期器物数量，远超皖南地区，器型丰富，铸工精良，普遍反映出较高的冶铸水准，其中相当一部分具有本地融合性风格，当属在本区铸造。沿江北岸地区的采冶工业在先秦时期已具备一定规模，就实际发现情况而论，上述遗址所出土青铜制品多属于工具、农具和兵器等小件制品，至少说明江淮地区自商代以来，就存在青铜冶铸现象，但规模较小。西周时期青铜冶铸业已发展至一个新高度，简单合范技术的运用已十分普遍，淮河南岸和长江北岸地区已经掌握容器的范铸技术，但规模依然有限，还很难将这些地点与较持续、固定的铸造中心联系起来。

管仲：从淮河商人到政治家

——论管子的工商新政

周怀宇 凤 卓

摘 要：春秋时期，从淮河岸边走出一位商人，辅佐齐桓公治国理政，最终成为一名出色政治家，他就是管仲。管仲的工商阅历，成为他治国理政的宝贵财富，源于对工商的深刻认识，他制定了一系列工商新政，为促进齐国政治、经济的发展，作出了卓越贡献。管子的工商新政，很多内容前所未有：为工商之民“正名”，确立工商之民社会地位；建置稳定的工商业区；培育称为“聚”级的商业市场；构建满足工商交易的货币体系；加强诸侯国外交与商业贸易，举全国之力，派遣八千外交官员分赴各诸侯国，充当商贸使者，扩大诸侯国之间的商业贸易；制定工商奖励政策，鼓励各诸侯国商贾通商齐国等，这些都保存在《管子·轻重篇》中，是中国古代原创的工商经济学，不仅助推齐国繁荣兴盛，也深刻影响后世。

关键词：管子；工商；四民；聚市；石民

管子相齐，凡四十二年，十分重视发展工商业。管子对于工商业的认识、发展工商业的经验，有很多理论阐述，形成了精辟的经济学理论，名之为“轻重论”。

管子依据“轻重论”，顶层规划了两个方面，国内扶持工商，推行了一系列工商业新政，促进社会工商业崛起；加强与诸侯国交往，诸侯国相互贸易风生水起，开启了历史上工商经济前所未有的新局面。

《管子》轻重诸篇，阐述了“轻重学”（实际即经济学）理论，内容十分新鲜而又丰富，这些新鲜的理论，回答了当时社会实践出现的新问题，具有很强的实践性。诸如“钱币”“市场”“黄金”“轨数（统计学）”“侈靡论（消费说）”“官天财（自然开发）”“地员（土壤学）”“相地而衰征”“立壤列（分类型与

作者简介：周怀宇，安徽大学历史系教授；凤卓，芜湖职业技术学院人文旅游学院讲师。

区域赋税）”，凡此等等，对于春秋时期齐国的社会经济发展具有重要的指导意义，如何应用这些新颖的理论指导当时社会实践，引领社会经济发展，需要有新的制度、政策和方略贯彻推行。《管子》一书，提出了很多行之有效的新政与方略，可圈可点，擢其要者，简要述论之。

一、建置工商之民聚集区

《管子·小匡篇》提出：“定民之居，成民之事。”即按照居民的职业分类居住，有利于促进职场事业发展。士农工商四民，属于国家“石民”，率先实施建置“定民之居”分类居住的新方略。其中，工商之民，建置了工商业专区，聚集工商之民居住一起，形成工、商两个群体。其意义在于提升工商业的专业水平，扩大工商业发展规模，促进工商业繁荣兴盛。

据《管子·小匡篇》记载，国家建置工商之民集中居住方案，制定了原则性指导意见：凡工商之民，“不可使杂处，杂处则其言哤（máng，言杂），其事乱”。关于建置工商区，国家制定了一个原则性规划，全国“二十一乡：商工之乡六，士农之乡十五”，明确规划建置六个“商工之乡”。同时，又指出建置工商区的指导性原则，“处工必就官府，处商必就市井”，即工匠区划分靠近官府，商贾区划分靠近市场。

对于工商业之民来说，这个原则具有重要意义。一方面，有利于同行业交流经验。对于工匠来说，“今夫工群萃（萃，聚集）而州处”，工匠可以相互交流工艺，提高工艺水平。商贾聚集在一起，相互之间可以传递信息，“负任担荷，服牛辂马，以周四方；料多少，计贵贱，以其所有，易其所无，买贱鬻贵”，调剂各地物资的余缺，满足社会发展的各种需求。另一方面，对于国家来说，拥有相对稳定的工匠商贾队伍，有利于工商业持续兴盛与发展。

二、培育“市”场

《管子》围绕“市”的命题，阐述了很丰富的内容。

首先，对于“市”的功能，有明确定位：“市者，货之准也。”（《地政》）《说文》曰：“准，平也。”其本质意义是公平。视“市”为货物公平交易。

其次，建置专门市场，“无市则民乏”，百姓很多生活、生产的必需品依赖市场交换。没有市场，民用就会缺乏。按照当时社会生产力水平，提出建置“聚市”。《管子·乘马》阐明了“聚市”建置规模：“方六里命之曰‘暴’，五暴命之曰‘部’，五部命之曰‘聚’。聚者有市，无市则民乏。五聚命之曰某乡。”也就是说，一乡之内建置5个聚级市场。

最后，提出了一系列培育“市”的政策措施，其经典之处，在于以“市”为平台，促进各种工商经济活动，促进市场经济繁荣。

三、构建货币体系

培育市场，需要货币储备与流通。《管子·乘马篇》阐明了构建“黄金”货币为骨干的货币体系，“辨于黄金之理”，阐述了“黄金”货币的基本理论。在“货币储备”方面，增加了“货币品种”，确立了多种货币之间“货币比价”，为社会提供了较为充足的货币，激发“市”场商品交换繁荣兴盛，推动商品经济深化发展。其货币理论阐述，有三个核心问题，具有历史价值。

（一）建置黄金货币制度

《管子·乘马篇》曰：“黄金者，用之量也。”所谓“用之量”，即以黄金储量多少，测算社会经济水平，折算黄金的价值标准，并用黄金储备作为财政运转的计量标志。这一观点，定格了“黄金”调控社会经济的功能。《管子·乘马篇》进一步提出：“辨于黄金之理，则知侈俭。知侈俭，则百用节。”这是敏锐的金融思想，为建置先进的金融制度提供了理论基础。《管子·轻重甲》篇提出：“运金之重以衡万物。”直接把黄金轻重（即价值）与万物轻重（价值）相衡量。此前，早就有了黄金交易的历史，但是，理论上确认“黄金之重”与“万物”价值之间的权“衡”关系，从来没有这么明确和清晰。这里，我们看到了三个问题：黄金是一种特殊的商品；也是市场商品交易的等价物；它附加了价值尺度内涵，因而具有储备的意义。黄金的货币职能在国家机器的保护下，形成了黄金货币制度。

（二）增加货币品种

黄金货币制度诞生后，一个以黄金货币为核心的古代金融制度也随之诞生。《管子》顺应社会经济发展，构建了以黄金为骨干货币的货币体系。

春秋时期，社会生产发展，商品经济成分增长，市场经济越趋活跃，“货币”需求量越趋增大。投入市场用作货币的黄金，流通量远远不能够和市场商品交易量相匹配。《管子》关于轻重学的研究，提出了增加货币品种的新思路。选择了包含黄金在内的七种法定货币，建立新的货币储备系统，确立每一种货币的币值，然后投放市场，进入市场流通环节，缓解原来黄金储备不足的压力。《管子·山至数篇》记载了投放市场的七种新货币，受到市场广泛认同。这七种货币不仅扩大了市场货币流通的总量，也活跃和繁荣了商品经济。

（三）建置三大货币系列框架

商品经济是丰富多彩的，不断提出需要解决的新矛盾、新问题。管子法定了很多新品种货币，又结合市场实际，继续探讨货币制度所面临的复杂问题。《管子·国蓄篇》记载，首先构建了三大货币系列，即“上币”“中币”“下币”系列；再次构建这三大系列货币之间的比价关系。多品种货币之间有了比价关系，就形成了一个整体的货币池，凡是国家法定的货币，通过比价纳入货币池，参与市场交易，即完成了新增货币的市场交易职能。

《管子·轻重乙篇》提出了三大货币系列，即“以珠玉为上币，以黄金为中币，以刀布为下币”，如何调控这三大货币系列之间的比价，是保证货币广泛流通的关键。《管子·轻重乙篇》论述了这一关键，曰：“善高下中币，制下上之用，而天下足矣。”即以黄金价格作为杠杆，调控好其与下币刀布、上币珠玉之间的比率，就能够控制好三大系列货币的市场交易职能，让各种货币流通于市场，满足市场对于货币的需求。前文所述增加投放七种货币，全都有条件进入新建的货币市场，为促进国内外贸易提供了货币方面的保障。

《管子》货币制度的核心内容是控制黄金价格，这也是《管子》货币制度中的引擎。具有两个实践意义：其一，用黄金价格制约其他不同货币品种的价格；其二，用黄金价格衡量市场商品的价格，形成市场物价，保证市场物价相对合理与均衡。

在包含着丰富金融思想的管子“轻重学”中，对黄金与物价的关系，论述比较透彻。认为控制好黄金价格，就能够控制物价。物价的起落，取决两大因素，一方面是市场波动价格，另一方面是国家主导价格。国家控制足量黄金，采用市场的手段，维持金价在市场的合理价格，不让金价太“侈”或者太“贱”。《乘马篇》曰：“金贱则事不成，故伤事。”又曰，“金贵则货贱，故伤货。”《山权数篇》提出了当时市场黄金价格的参数：“黄金一斤，直食八石。”这一参数，成为当时市场各种物价乃至劳动力价格的轴线。其余各种商品价格，围绕这一轴线上下波动。《揆度篇》曰：阴山之马，“马之平贾万也，金之平贾万也”，也就是说，阴山之马，一匹金一斤；不同货币的价格，也有一个比价参数，一斤黄金，值铜钱一万钱。这样黄金成为货币之间、商品之间的等价物，形成了当时的汇率，成为当时货币政策的核心内容。国家牢牢控制好黄金储备，调节黄金价格，就能够调控市场交易，促进市场繁荣。

四、加强工商市场管理

工商市场，是促进工商业发展的终端平台。加强工商市场管理，是保护工商业健康发展的重要方略。《管子》关于工商市场管理的措施很多，其中比较独到的一种是关注市场物价，调控物价。市场商品万宗，商品价格十分复杂，《管子》紧密关注两种价格，即粮价和金价，以粮价为牛鼻子，控制万物价格，平抑市场物价，借以调节社会各阶层的关系。

《管子·轻重乙篇》记载，桓公、管仲采取措施“杀正商贾之利而益农夫之事”，即减少商贾的一部分利润，用来补偿农民和农业生产。他们采取两种市场手段，完成了这一调控任务。

首先，提高市场粮价。“重粟之贾（价）金三百”，即提高粮价：一釜粟，提价三百金。粮价提高了，稳定了农民收益，促进农业生产发展，“田野大辟，农事大劝”。其次，官府籴粮，而不是采取行政手段，剥夺商贾。《管子·轻重乙篇》记载，管仲让各级官府藏粮于自己的城邑之中。所谓“藏粮”，就是按照国家规定的粮价，收购市场粮食储藏于各级官仓，并且规定各级官府按照官秩高低，承担多少不等的藏粮任务：“卿、诸侯藏千钟，令大夫藏五百钟，列大夫藏百钟。”卿、诸侯、令大夫、列大夫等，都是国家官员，定量收购，此外，下令“富商蓄贾藏五十钟”。这样在全国范围，统一粮价收购，农民的粮食利益得到保障、社会局势得到控制，“内可以为国委，外可以益农夫之事”。国家粮食充裕，农民有条件持续生产和扩大再生产。“农夫辟其五谷，三倍其贾。则正商失其事，而农夫有百倍之利”，这就是《管子》调控粮价、平抑物价政策的具体实施，也就是前文所说的“国准”，即国家平准政策。

五、通商诸侯国

管仲是一位目光远大而又精通市场的政治家，除了发展齐国境内的商业贸易，又充分开拓诸侯国市场，不仅有利于齐国经济发展，也促进诸侯国经济发展，同时有利于促进诸侯国之间的友好交往，提升齐国政治地位。为此，管仲在对外贸易方面采取了很多有益的措施。

朝觐，是诸侯朝拜天子制度，管子利用这一制度，加强与周天子联系。

聘享，是诸侯互相访问的制度，管子利用这一制度加强诸侯国相互之间的访问，访问的主题很多，丧吊，诞辰，婚姻等（《左传·昭公三十年》），国君会盟，或派遣使节，这一制度有利于互相交流，互通有无，互惠互助。管子相齐，充分利用这一制度，促进诸侯国联盟，加强相互交流，加强工商业贸易。据《管子·小匡篇》记载，管子任用贤臣隰朋为“行人”，主管外交事务，积极通使各诸侯国。一次，派遣曹孙宿等6名重臣，通使6国，加强相互往来贸易。曹宿孙出使楚，商容通使宋，季友通使鲁，徐开封通使卫，匽尚通使燕，审友通使晋。又派出“游士八千人”，遍访各诸侯国，举凡齐国的使者出访，国家供给他们车马衣裘，多带物资粮食，多带财币，一方面加强友好交往，一方面通商贸易。

《管子·小匡篇》记载，齐国使节，使命有三：其一，“收求天下之贤士”，为齐国招聘贤才；其二，“鬻之诸侯”，加强友好往来与贸易，条件成熟，直接签约交易；其三，所到之国，需“观其上下之所贵好，择其沈乱者而先政之”，即考察各国国情，为齐国外交和贸易提供情报。

六、为境外商贾“立客舍”

这是管仲制定的一项优待各诸侯国商贾的商业新政。《管子·轻重乙篇》记载，管子在齐国境内，“令为诸侯之商贾立客舍”，即供给境外商贾入齐贸易的宾馆。境外商贾有了居住的客舍，其携带的货物可以在客舍直接交易，也可以进入齐国境内大大小小的“市”场。

在这项新政中，还有一个特殊的优待措施，即免费为进入齐国之商贾提供食品，货物多的商贾提供更多的优待，规定“一乘者有食，三乘者有刍菽，五乘者有伍养”。这一新政实施之后，产生了积极效应：“天下之商贾归齐若流水。”(《管子·轻重乙》) 齐国的商业进一步兴盛。当时，齐国的军事制造业方面“缺少皮、骨；筋、角、竹箭、羽毛、象牙和皮革”等原料，后通过各国商贾入齐交易，得到补充，满足了齐国军事制造的需要。

七、建置诸侯国货币兑换新政

吴越位于东南，发与朝鲜位于东北，禺氏、昆仑位于西北，齐国对于这些遥远的国家，建立货币兑换，促进商业交往。通过商业贸易，建立和平友好交往。诸侯国之间贸易，离不开货币。《管子》首先在诸侯国货币交换方面，建立了很多新政：确定珍珠为货币，“吴越可得而朝也”（朝，即两国之间交往）；又确立豹皮作为货币，“发、朝鲜可得而朝也”；又确立白璧为货币，“禺氏可得而朝也”；又确立璆琳、琅玕为货币，“昆仑之虚可得而朝也”。诸侯国之间贸易是诸侯国之间交往的媒介，没有贸易往来，就会相互隔绝，造成“物无主，事无接，远近无以相因，则四夷不得而朝矣”。建立各诸侯国之间合理的货币制度，是通商各个诸侯国的桥梁。

管仲建立了诸侯国之间货币政策，便于外币兑换，吸引各诸侯国商人通商齐国境内，齐国短缺物资通过诸侯国之间的贸易得到有效供给。

八、结语

管仲执政，构建国内外新式工商业业态，对内活跃了社会经济；对外推行各种新政，吸引各诸侯国商贾入境交易；同时，派遣外交官员广泛联络各诸侯国，促进各诸侯国关注齐国的社会经济发展状况，开启相互之间的和平往来，促进天下局势向和平的方面发展。

最积极的意义是，诸侯国之间互通信息，自然资源和社会资源的余缺在互相沟通与交往中，构建新的开发计划，推进社会发展。

齐国很多服务于军事方面的手工业制造的原料短缺，例如皮、骨、筋、角、竹箭、羽毛、象牙和皮革等，管仲通过“来天下之财”的外贸渠道，激励各国商贾通商齐国，在新的诸侯国货币政策汇兑制度、立客舍等外贸政策下，天下商贾辐辏于齐，齐国短缺的各种物资，通过商贾，源源流入，齐国的石璧也倾销天下。

粮食贸易方面，管仲利用平抑粮食价格，促进诸侯国之间粮食市场流通，滕、鲁粮食每釜一百钱，管仲提升齐国粮价，每釜一千钱，滕、鲁粮食流入齐国。

楚国出产野生“鹿”，管仲建“百里鹿苑”，购买楚国生鹿圈养，促进齐楚商业贸易，缓和了政治上的对抗和冲突。代国出产“狐白皮张”，管仲派“中大夫王师北到代谷收购这狐白皮张”，促进东西各地区的互通有无。

衡山国兵器制造精良，管仲收购衡山器，促进了衡山国的冶铸业发展。

管仲积极通商诸侯国，客观上减少了诸侯国之间的冲突和对抗，促进了诸侯国之间的政治文化交流和社会发展。管仲辅佐齐国四十年，史称“其为政也，善因祸而为福，转败而为功”（《史记·管晏列传》）。

管仲原创的“轻重学”工商业谋略，不仅有理论层面的学术价值，也有社会实践方面的历史意义。直到今天，其《轻重篇》为代表的经典著述，仍闪耀着理论光芒，留下了丰厚的商业文化遗产。

论曹魏集团的故土情结

赵立春

摘　要： 作为龙飞之地，曹魏集团对谯郡有浓厚的故土情结，故乡谯郡往往是曹魏集团的心灵栖息之地，他们有的或终老故土，或向往在故乡颐年，或在复杂的军事政治斗争之余常回故里暂时归栖。曹魏政权的发展过程尤其重视对谯郡人士的信任和重用，谯郡乡党对曹魏集团入为腹心，出当爪牙。在曹魏集团统治时期，谯郡的政治、军事、经济等地位得到推崇和优待，从行政上把谯郡作为五都之一，几次循涡入淮具有军事意义，颁令安抚谯郡等。在波谲云诡的动荡时代，故乡谯郡对曹魏集团来说从某种意义更是灵魂的家园，客观来说，对曹魏政治家而言，精神意义大于现实需求，然而这恰恰反映出他们割舍不断的故土情结。

关键词： 曹魏集团；谯郡；情结

涡水之畔的谯郡，是曹魏集团的故乡，曹魏集团对谯郡有着浓厚的故乡情结，谯郡作为曹操的发迹之地，在曹魏集团心中有着崇高的地位，正如曹魏后人曹冏在《六代论》中所论述的那样，“魏太祖武皇帝躬圣明之资，兼神武之略，耻王纲之废绝，愍汉室之倾覆。龙飞谯沛，凤翔兖豫，扫除凶逆，翦灭鲸鲵，迎帝西京，定都颖邑”。作为“龙飞”之地的谯沛，曹魏集团在复杂的军事、政治斗争之余，对其展现出一种割舍不断地故土情结，具体表现如下：

一、谯郡是曹魏集团的心灵栖息之地

中国人的故土情结自古有之，从高层刘邦的“吾虽都关中，万岁后，吾魂魄犹乐思沛”、关羽认为不能荣归故里如“衣锦夜行”到东汉《古诗十九首》“胡马依北风，越鸟巢南枝”等无不体现这一点，《三国志》中说“初，太祖父嵩，去官后还谯”，据《水经注》记载，曹嵩墓在亳州城南，位于曹操祖父曹腾

作者简介： 赵立春，亳州学院副教授。

墓西北处，这两座墓都在现在的亳州市谯城区内，另外谯城区曹操公园还有许多曹氏宗族墓群，从这可以看出曹魏集团许多人都把故乡作为人生的最终栖息之地。曹操起初的人生理想是在故乡悠优而乐、颐养天年，他的理想“故以四时归乡里，于谯东五十里筑精舍，欲秋夏读书，冬春射猎，求底下之地，欲以泥水自蔽，绝宾客往来之望”（《三国志》卷一），当政治、军事斗争遇挫的时候，曹操有时也从故乡积攒精神和政治力量，如“于是权臣专朝，贵戚横恣。太祖不能违道取容。数数干忤，恐为家祸，遂乞留宿卫。拜议郎，常托疾病，辄告归乡里；筑室城外，春夏习读书传，秋冬弋猎，以自娱乐”（《三国志》卷一）、“久之，征还为东郡太守；不就，称疾归乡里”（《三国志》卷一）、“太祖以卓终必覆败，遂不就拜，逃归乡里”（《三国志》卷一）、“冬十月，治兵，遂征孙权，十一月至谯”（《三国志》卷一）等。

建安十八年曹操进军濡须口，孙权亲率精兵七万抵抗曹操。两军相峙一个多月，曹操见不能速胜，就引军回到了谯郡休整。曹丕、曹植跟随父亲也到了老家谯郡，瞻览故土风土人情，如曹丕在《临涡赋》（并序）中记载：“上建安十八年至谯，余兄弟从上拜坟墓，遂乘马游观，经东园，遵涡水，相佯乎高树之下，驻马书鞭，为临涡之赋。”在该赋中作者赞美了故乡旖旎的风光如“荫高树兮临曲涡，微风起兮水增波，鱼颉颃兮鸟逶迤，雌雄鸣兮声相和，萍藻生兮散茎柯，春水繁兮发丹华”。曹丕“中平四年冬，生于谯”（《三国志》卷二），曹操主要忙于政治军事斗争，作为贵公子，曹丕对自己的出生地谯郡更是青睐有加，并认为谯郡是曹魏政权的祥瑞之地，如“初，汉熹平五年，黄龙见谯，光禄大夫桥玄问太史令单扬：‘此何祥也?’扬曰：‘其国后当有王者兴，不及五十年，亦当复见。天事恒象，此其应也’，内黄殷登默而记之。至四十五年，登尚在。三月，黄龙见谯，登闻之曰：‘单扬之言，其验兹乎!’”（《三国志》卷二）。

曹丕登基没有多久，就回到故乡，而且还热情地款待了父老乡亲，史书记载：“（延康元年七月）甲午，军次于谯，大飨六军及谯父老百姓于邑东”（《三国志》卷二），曹植在《大飨碑（序）》记载了这一盛况“大飨六军，爰及谯县父老男女。临飨之日，陈兵清涂，庆云垂覆，乃备亻毕御，整法驾，设天宫之列卫，乘金华之鸾路。达升龙于太常，张天狼之威孤。千乘风举，万骑龙骧。威灵之饰，震曜康衢。既登高坛，荫九增之华盖，处流苏之幄坐；陈旅酬之高会，行无算之酣饮。”曹丕也不止一次回到谯郡，如《魏志・王朗传》中记载曹丕在《车驾临江还诏三公》中说道“车驾当以今月中旬到谯。淮汉众军，亦各还反，不腊西归矣”，“六年春二月，遣使者循行许昌以东尽沛郡，问民所疾苦，贫者振贷之。三月，行幸召陵，通讨虏渠。乙巳，还许昌宫。并州刺史梁习讨鲜卑轲比能，大破之。辛未，帝为舟师东征。五月戊申，幸谯。壬戌，荧惑入太微”

(《三国志》卷二)。另外曹魏集团其他人在军事政治斗争之余,常回故乡,如“曹纯从征荆州,追刘备于长坂,获其二女辎重,收其散卒。进降江陵,从还谯”(《三国志》卷九)、“帝还洛阳,谓济曰:‘事不可不晓。吾前决谓分半烧船于山阳池中,卿於后致之,略与吾俱至谯’”(《三国志》卷十五)等。

二、曹魏集团重用和信任谯郡人士

曹魏政权在发展的过程中,谯沛人士起到了重要的作用,曹魏集团也对谯沛人士给予充分信任和重用,如“丁谧,字彦靖。父斐,字文侯。初,斐随太祖,太祖以斐乡里,特饶爱之”(《三国志》卷九),曹操在讨伐董卓荥阳大败的时候,若是没有曹洪舍身相助,恐丧身于敌手,如“太祖失马,贼追甚急,洪下,以马授太祖,太祖辞让,洪曰:‘天下可无洪,不可无君’,遂步从到汴水,水深不得渡,洪循水得船,与太祖俱济,还奔谯”(《三国志》卷九),后来曹洪先后被封为鹰扬校尉、扬武中郎将、谏议大夫、厉锋将军,封国明亭侯、骠骑将军、野王侯、都阳侯等官。曹操还任用曹氏宗亲带领最精锐部队“虎豹骑”,“魏书曰:纯所督虎豹骑,皆天下骁锐”(《三国志》卷九)、“曹真字子丹,太祖族子也。太祖起兵,真父邵募徒众,为州郡所杀,太祖哀真少孤,收养与诸子同,使与文帝共止。常猎,为虎所逐,顾射虎,应声而倒。太祖壮其鸷勇,使将虎豹骑”(《三国志》卷九),“曹仁字子孝,太祖从弟也,少好弓马弋猎。后豪杰并起,仁亦阴结少年,得千余人,周旋淮、泗之间,遂从太祖为别部司马,行厉锋校尉”(《三国志》卷九)。

在一些重大的事情,曹魏集团必让谯郡人士参与,如官渡之战,曹操自带兵马去烧袁绍军粮,后方“公乃留曹洪守,自将步骑五千人夜往”(《三国志》卷一),“文帝寝疾,真与陈群、司马宣王等受遗诏辅政。明帝即位,进封邵陵侯”(《三国志》卷九)、“爽字昭伯,少以宗室谨重,明帝在东宫,甚亲爱之。及即位,为散骑侍郎,累迁城门校尉,加散骑常侍,转武卫将军,宠待有殊。帝寝疾,乃引爽入卧内,拜大将军,假节钺,都督中外诸军事,录尚书事,与太尉司马宣王并受遗诏辅少主。明帝崩,齐王即位,加爽侍中,改封武安侯,邑万二千户,赐剑履上殿,入朝不趋,赞拜不名”(《三国志》卷九)、“壬午,以司空卫臻为司徒,司隶校尉崔林为司空。闰月,月犯心中央大星。十二月乙丑,帝寝疾不豫。辛巳,立皇后。赐天下男子爵人二级,□寡孤独谷。以燕王宇为大将军,甲申免,以武卫将军曹爽代之”(《三国志》卷九)等。

另外魏晋时期谯郡夏侯氏家族也是曹魏的重要辅佐力量,《三国志》称夏侯氏与曹氏“虽云异姓,其犹骨肉,是以入为腹心,出当爪牙”,其中最著名的要数夏侯渊、夏侯惇、夏侯玄等人,作为乡邻,夏侯氏家族是曹魏政治谋求的坚定拥护者，夏侯惇曾对曹操说：“天下咸知汉祚已尽，异代方起。自古已来，能除民害为百姓所归者，即民主也。今殿下即戎三十余年，功德着于黎庶，为天下所依归，应天顺民，复何疑哉！”（《三国志》卷一）、“太祖崩于洛阳，（夏侯）尚持节，奉梓宫还邺。并录前功，封平陵亭侯，拜散骑常侍，迁中领军。文帝践阼，更封平陵乡侯，迁征南将军，领荆州刺史，假节都督南方诸军事”（《三国志》卷九）、“侯惇字元让，沛国谯人，夏侯婴之后也。年十四，就师学，人有辱其师者，惇杀之，由是以烈气闻。太祖初起，惇常为裨将，从征伐。太祖行奋武将军，以惇为司马，别屯白马，迁折冲校尉，领东郡太守”（《三国志》卷九）、“夏侯渊字妙才，惇族弟也。太祖居家，曾有县官事，渊代引重罪，太祖营救之，得免。太祖起兵，以别部司马、骑都尉从，迁陈留、颍川太守。及与袁绍战于官渡，行督军校尉”（《三国志》卷九）、“庚戌，中书令李丰与皇后父光禄大夫张缉等谋废易大臣，以太常夏侯玄为大将军”（《三国志》卷四），曹丕甚至对夏侯尚予以生死大权，他“诏征南将军夏侯尚曰：‘卿腹心重将，特当任使。恩施足死，惠爱可怀。作威作福，杀人活人’”（《三国志》卷十五）。

曹氏还采取联姻来加强政治联系，如“渊妻，太祖内妹。长子衡，尚太祖弟海阳哀侯女，恩宠特隆”（《三国志》卷九）、“爽从弟文叔，妻谯郡夏侯文宁之女，名令女”（《三国志》卷九）、“惇弟廉及子楙素自封列侯。初，太祖以女妻楙，即清河公主也”（《三国志》卷九）等，可见曹魏集团对谯郡人士可谓是信任备至。

三、谯郡在曹魏集团统治时期军事、政治、经济地位得到推崇

汉末社会动荡，民不聊生，战乱对整个经济社会的破坏可想而知，曹魏集团在努力恢复经济社会秩序的同时，还对故乡谯郡的各方面予以重视，提高谯郡的军事地理位置，曹操、曹丕几次南下，都是在沿着故乡谯郡的涡河训练水军，如“四年春三月，军至谯，作轻舟，治水军……十二月，军还谯”（《三国志》卷一）、“往年在谯，新造舟船，取足自载，以至九江，贵欲观湖漅之形，定江滨之民耳”（《为曹公作书与孙权》）、曹丕《浮淮赋》记载“建安十四年，王师自谯东征，大兴水运，泛舟万艘”等，曹丕并说曹操有时打仗时，有时让他留守谯郡大本营，“上西征，余守谯，繁钦从”。曹丕几次“循涡入淮”经过谯郡，都具有军事目的，如“秋七月，立皇子鉴为东武阳王。八月，帝遂以舟师自谯循涡入淮”（《三国》卷二），这些都有意无意提高了谯郡的军事地位。

另外曹魏集团还提高故乡的政治地位，汉末建安年间，曹操将原属沛国的谯、郧、城父等地划出，另置谯郡。曹丕在禅让不久就把故乡谯郡作为“五都”之一，《魏略》记载：“改长安、谯、许昌、邺、洛阳为五都；立石表，西界宜

阳，北循太行，东北界阳平，南循鲁阳，东界郯，为中都之地。令天下听内徙，复五年，后又增其复”，魏明帝时期又扩大了谯郡的政治领域，“壬寅，分沛国萧、相、竹邑、符离、蕲、铚、龙亢、山桑、洨、虹十县为汝阴郡。宋县、陈郡苦县皆属谯郡”（《三国》卷三），曹操发现荀彧有异心，把他安置在最为放心的政治大后方就是谯郡，《三国志》记载“十七年，董昭等谓太祖宜进爵国公，九锡备物，以彰殊勋，密以咨彧。彧以为太祖本兴义兵以匡朝宁国，秉忠贞之诚，守退让之实；君子爱人以德，不宜如此。太祖由是心不能平。会征孙权，表请彧劳军于谯，因辄留彧”，并最终除掉这个政治隐患。

除了军事和政治上，曹魏还在其他方面对谯郡进行推崇和优待，如建安七年正月曹操回到故乡，颁布《军谯令》，其中说：“吾起义兵，为天下除暴乱。旧土人民，死丧略尽，国中终日行，不见所识，使吾凄怆伤怀。其举义兵已来，将士绝无后者，求其亲戚以后之。授土田，官给耕牛。置学师以教之。为存者立庙，使祀其先人。魂而有灵，吾百年之后何恨哉!”（《三国志》卷一）延康元年七月，曹丕大军屯谯，曹丕在《复谯租税令》提到谯郡时说：“先王皆乐其所生，礼不忘其本。谯，霸王之邦，真人本出，其复谯租税二年。”可以说，在曹魏集团统治时期，因为故里的原因，谯郡较以前在各方面的地位都有所提高。

在波谲云诡的三国时代，故乡谯郡对曹魏集团来说从某种意义更倾向于是精神的家园，使他们在复杂的政治军事斗争之余，因各种缘由当他们来到故乡面对这片水、这块土地、这里的父老乡亲时，更多的是一种安慰和象征意义，然而这恰恰反映出他们割舍不断的故土情结。

参考文献：

[1] 严可均. 全三国文 [M]. 北京：商务印书馆，1999.

[2] 陈寿. 三国志（二十四史简体字本）[M]. 裴松之，注. 北京：中华书局，2000.

《庄子》词汇中反映的先秦经济民俗考察

马启俊

摘　要：《庄子》内容包罗万象，文化底蕴十分丰厚，可以给不同学科提供丰富的营养和有益的启迪。我们利用民俗学的理论和方法，以《庄子》词汇为切入点，考察《庄子》词语所记录和反映的我国先秦时期的经济民俗，了解《庄子》尚未引起人们广泛关注的民俗视野的一部分，同时也从一个新的视点观察《庄子》词汇系统的一个侧面，从而对《庄子》的民俗学价值和语言学价值有新的认识和评价。

关键词：《庄子》；词汇；先秦；经济民俗；视野；价值

庄子（公元前369年—公元前286年）为安徽蒙城人，生活在战国末期，对当时的社会政治、民众生活有较全面和深刻的认识，承载其思想的《庄子》一书内容博大精深，包罗万象，具有多种文化底蕴，在许多学科领域里都具有很高的史料价值和研究价值。哲学、文学、史学、语言学、宗教学等传统庄学研究领域的价值已受到越来越多的专家学者的关注，这方面的研究成果已很丰富；当今也有不少学者从社会学、美学、逻辑学、伦理学、心理学、神话学、文化人类学甚至医学、气功学、养生学、生态学、管理学、营销学等更广泛的学术领域和更新的学术视角观察、研究、阐释庄子其人其书，更有人利用多学科的知识和手段进行综合、交叉的庄学研究。这一方面证明了《庄子》一书内容宏富博大，涵盖面广，因而可以给不同学科提供丰富的营养和有益的启迪，另一方面也说明当代《庄子》研究已经突破传统的学科领域和界限，出现了多学科和跨学科研究的发展趋势。

需要特别强调的是，“庄子作为皖北历史文化名人，代表其思想观点和杰出成就的《庄子》对皖北地域文化乃至淮河流域民俗文化形成和发展的影响是至

作者简介：马启俊，皖西学院文化与传媒学院院长，教授。

基金项目：安徽省教育厅2015年度高校人文社会科学研究重点项目“《庄子》的民俗学新论”（SK2015A555）。

深且远的，书中很多民俗词语所反映的民俗事象至今仍可从皖北文化和淮河文化中找到踪迹，如书中的‘熊经’‘鸟申’与现今亳州的五禽戏都属于模仿动物的行为以求健身养生，书中的‘吐故’‘纳新’等导引养生之术与宋初亳州人陈抟的胎息内养气功关系也极为密切，书中衣食住行、婚丧嫁娶的许多现象在现在淮河流域的民俗风情中依然有所传承。因此，考察《庄子》的民俗词语，对我们研究、保护和传承皖北文化以及淮河文化都有着独特的意义”[1]。受此影响，本文拟从民俗学的视角，利用民俗学的理论和方法，以《庄子》词汇为切入点，考察其所记录和反映的我国先秦时期的经济民俗内容，了解其尚未引起人们广泛关注和研究的民俗视野的一部分，重视其古代民俗文献的史料价值，同时从一个新的视点观察其词汇系统的一个侧面，认识其在上古汉语词汇系统里的新的研究价值。

一、关于民俗和《庄子》中的先秦经济民俗

所谓民俗，就是“民间社会生活中传承文化事象的总称。是一个国家或地区，一个民族世世代代传袭的基层文化，通过民众口头、行为和心理表现出来的事象。这些事物和现象，既蕴藏在人们的精神生活传统里，又表现于人们的物质生活传统中”[2]。也就是说，民俗存在于人们日常的物质生活和精神生活之中，是通过语言和行为、思想和心理表现出来的生活方式和习惯禁忌。所以民俗既属于人们的物质文化层、行为文化层，也属于精神文化层、心理文化层，其中的物质文化层是民俗形成的基础和条件，也是民俗的重要内容。“民俗学的发展使学者们越来越认识到物质的文化、技术同样是民众智慧的结晶，而且是十分重要的民俗学的内容。”[3]

我们知道，经济民俗是民俗中代表经济基础的部分，和人们的生产、生活紧密相连，和政治的稳定、社会的发展、文明的进步更是息息相关。经济方面的民俗既在民间物质文化和技术文化上创造和传承，也在历史文化中积淀，在历史文献中复现。《庄子》就为我们记录保存了很多先秦时期的经济民俗，对其进行考察研究，就可以部分地复现那一段历史，有助于我们认识那一时期的社会思想和更广泛的民俗生活。

我们对《庄子》中反映具体经济民俗事象的词汇进行了仔细辨识、全面搜集和分类整理，并主要依据著名民俗学家乌丙安先生的《中国民俗学》对民俗事象的分类，同时参照其他民俗学著作，分物质生产的民俗、交易和运输的民俗、消费生活的民俗三大部分对《庄子》涉及的经济民俗事象进行分类罗列和介绍，并作简单解释。所依据的《庄子》文本是清代郭庆藩撰、王孝鱼点校、中华书局1961年出版的《庄子集释》（全四册），为节约篇幅，引例的篇名和页

码略去。

二、《庄子》词汇所反映的先秦物质生产的民俗

物质生产是人类生存繁衍、社会发展进步、文化不断繁荣的前提。庄子所处的时代，生产力得到解放，生产水平不断提高，采集、狩猎、渔业、农业、手工业、养殖业、冶铸业等经济生产门类都出现了快速发展的局面，生产技术、生产工具不断革新，能工巧匠大量涌现。这种日新月异的物质生产活动必然促使当时与物质生产相关的社会生活、风俗习惯不断地在继承中出现变异，导致物质生产民俗不断丰富和发展。这些在《庄子》中都有生动的记载，其大量的相关词汇就是鲜明的体现。

（一）民间村寨经济民俗

乌丙安先生在《中国民俗学》中说道："一个民族、一个国家的民俗面貌首先要看它的民间经济特色如何，而民间经济的主体绝大多数是村寨经济（村落经济）。""从我国现有的民俗调查材料来看，我国民间村寨经济基本上是由四种类型的经济共同体及它们的复合体结构而成。"[4]这四种类型的经济共同体即山村经济、渔村经济、牧村经济和农村经济。《庄子》中反映的村寨经济还不具备这样结构完整和分工明确的体系，而是一种复合的、兼有的经济生产形式。《庄子》中主要反映了由个人、家庭、族群、乡里等共同构成的民间经济共同体即村寨的物质生产行为和相关民俗，即具体的经济生产形式和民俗。

1. 自然采集民俗

自然采集民俗是人类原始经济生产的民俗。《庄子》中的"苏者取而爨之"是取草做饭习俗的反映，"苏"为拾取杂草。著名的"佝偻承蜩"寓言中的"承蜩"为捉蝉习俗。"颜回择菜"中的"择菜"为采摘野菜。这些都属于自然采集习俗。

2. 渔猎民俗

渔猎民俗是自然采集进一步发展形成的民俗。《庄子》中多处言及古代的渔猎习俗。其词汇涉及捕捉鸟、兽、鱼的工具和设施的有：机、机括、辟、弓、弩、矰、嚆矢、矢、适（或作镝，箭）、毕、弋、钩、饵、罔、网、罟、罾、罝、罘、削、格、罗、落、大钩、巨缁、梁、笱、荃（通"筌"）、蹄。涉及渔猎方法和行为的有：田（即"畋"，打猎）、田猎、熏、凿、射、渔、钓、钓鱼。涉及渔猎者及其英雄的有：猎夫、渔父、渔人、羿、蓬蒙。

3. 驯养民俗

与狩猎有关的习俗便是驯养。中国在五千年前就已饲养马、牛、羊、鸡、

犬、豕“六畜”了，中国是世界上最早饲养猪、鸡、鸭、马的国家之一。《庄子》中多有与驯养禽畜有关的民俗事象。其词汇涉及驯养行为的有：养虎、食豕、牧羊、牧马、治马、饭牛、养鸟、养斗鸡。涉及驯养对象的有：马、大马、黄马、骐骥、骅骝、牛、犊、孤犊、骊牛、豚、豕、狶（同豨，猪）、㲋、狗、犬、羊、牂、鸡、鲁鸡、越鸡、时夜（即司夜，指鸡）、雁、狝猴。涉及驯养设施和用具的有：樊、笼、囊槛、牢筴、囿、衔、辔、羁、絷、皁、栈、鞭策、马捶、鞭。涉及驯养方法的有：系羁、烧、剔、刻、雒、连、编、穿、落（通络）、系。涉及饲料的有：糠糟、刍、叔。涉及驯养者及其能手的有：狙公、臧、谷、牧马童子、伯乐、百里奚。涉及屠宰习俗的有：解牛、屠羊。涉及相畜和相畜者的有：国马、相马、相狗、九方歅。

4. 农耕民俗

农耕是经济生产更为高级的阶段，也是在我国延续至今的主要生产方式。《庄子》中所记农耕民俗已经非常丰富，有些民俗保留至今。其词汇涉及栽培对象的有：五谷、大瓠、桑、栗、栗林、葱韭、禾、麦、粟。涉及耕种或灌溉工具和设施的有：耒、耨、铫、耜、槔、桔槔、隧、井、瓮、橐、灌渎。根据《辞海》等工具书的介绍，关于桔槔的可靠记载，最早就是见于《庄子》，这说明《庄子》在记录中国古代水利设施和灌溉技术方面有很高的史料价值。涉及耕种方式的有：树（种植）、芸、耰、灌、浸灌、修（指修农具）、耕、耕种。涉及耕种场地的有：畦（菜圃间划分的长行）、町畦、圃、田、田原、畔（田界）、亩、畎亩（田野）。涉及农业长势和收成的有：蘩（通繁，繁茂）、滋（滋荣）、实（穗实）、年谷、岁（年成）。涉及耕种或管理者的有：农夫、虞人（管理山林的人）。涉及粮食储存与加工的有：太仓、舂粮、秕糠、臼（舂米器）、鼓筴、播精、播糠、糟粕。

（二）民间手工业民俗

手工业是民间物质生产活动的重要补充。其从业者即工匠，是游动于各种经济结构之中的特殊生产队伍。《庄子》词汇涉及手工业从业者的有：大冶（精于铸金的工匠）、工匠、陶、匠、匠人、大匠、轮人、工人、百工。涉及杰出工匠的有：匠石，轮扁，梓庆，工倕，捶钩者。涉及手工业劳动工具、材料和设施的有：斧、斤、斤斧、釿（同“斤”，斧头）锯、绳、绳墨、漆、胶漆、文木（可用之木）、埴（黏土）、炉捶（通锤）、大炉、鉤（钩的古字）、规、凿、矩。涉及手工业劳动方式、工序的有：陶铸、铸、彫琢、雕琢、治埴、凿、斫、削、捶、锻。涉及手工业劳动技艺的有：奇巧、数、术、巧、工技、技。涉及手工劳动产品的有：柱、棺椁、舟、门户、器、镆铘、机、轮、五兵（弓、殳、矛、戈、戟）、剑、锯、镆干、钩、兵（兵器）、器械、干（楯）。

三、《庄子》词汇所反映的先秦交易和运输的民俗

经济生产的发达带来了产品的专业化，社会分工又带来了民众和工匠生产及其产品的专门化，从而使得生产、生活用品交换行为和相关运输习俗的产生成为可能。各类产品的交换从自然交换和实物交换阶段发展到买卖形式和交换媒介的产生，逐渐形成了一系列交易准则和交换习俗。

（一）商品交易民俗

《庄子》词汇中涉及商品交易行为的有：鬻、买、资、商、货、卖。涉及交易场地的有：市、肆（如唐肆、枯鱼之肆、屠羊之肆）、市井、浆（卖浆的店铺）。涉及交易所用货币和单位的有：金、黄金、布（钱币）、钱财、币。涉及计量工具和度量衡单位名称的有：石、斗、斛、衡、权、锱、铢、尺、寸、鋉、升、釜、钟。涉及交易者的有：富商、贾人、商贾、市人、监市、浆人（卖浆者）。涉及交易对象的有：章甫、方（不龟手之药方）、技（制药之技艺）、货财、马、枯鱼、狶、食羹、珠等。与交易相关的其他词语还有：监市（负责管理市场的官）、券（契据）、贷（赊欠、借贷）、赢（赢利，赚钱）、利（利润）、薄（利润低）、币（财货）、布（财货）。

（二）水陆交通民俗

商品贸易过程离不开交通运输的辅助作用，而征战、行旅也都离不开交通运输，所以自古以来交通运输习俗在衣食住行里占有重要地位。《庄子》中的零散材料也为我们大致勾勒了当时的交通运输习俗的概况。其词汇涉及交通工具及其部件的有：舟、大樽（腰舟）、船、方舟、轩、轩车、车、车马、驷、大马、舆马、驾、轮、衡、衡扼、羁、橛饰、辕、毂、绥、轼、拏（即桡，桨）。涉及交通设施及附属设施的有：涂（道路）、道、蹊隧、梁（桥）、舍（旅店）、蘧庐（传舍，犹今之旅馆）、逆旅、浆（卖浆家）。涉及与交通有关的人员的有：轮人、津人、逆旅小子、逆旅人、舟人（船主）、骖乘（在车右陪乘之人）、后车（随从）、御（驾车的人）、关尹。涉及使用交通工具或设施的动作的有：操舟、刺船（撑船）、驰、乘、御（驾车）、驭、载、前马（在马前做向导）、援绥、授绥、舍（住宿）、迎将（迎送）。交通工具的单位词有：乘（一车四马）。与使用交通工具有关的其他词语还有：车辙，车轨，车轶，行色，拏音（桨声）等。

四、《庄子》词汇所反映的先秦消费生活民俗

消费行为与物质生产、商品交换和贸易紧密相关，消费是物质生产的目的，又是推动物质生产的动力；消费需要通过商品交换和商业贸易这个中间环节来实

现。消费行为主要类型就是俗话说的“衣食住行”。考察《庄子》中的衣、食、住方面（“行”已如上文说明）的消费生活民俗，可以使我们更直接具体地了解先秦的社会生活、民俗文化和民众心理。

（一）服饰民俗

《庄子》一书涉及很多先秦时期的服饰民俗。其词汇涉及帽子及部件的有：章甫、皮弁、鹬冠、朱冠、圜冠、缨（帽带子）、华冠（用桦树皮做的帽子）、危冠（高帽子，戴之以显示勇武）、枝木之冠、华山之冠。涉及鞋子的有：履、句屦（方形鞋子）、屦（用麻、葛等制成的单底鞋）、跂（通“屐”，木制鞋子，底部有齿）、屩（草鞋）。涉及各类衣服及其组成部分的有：襟、钩（腰带钩）、搢笏、绅修、美服、带（腰带）、紫衣、裳（裙子）、裘褐（粗衣）、儒服、朝服、缊袍（用乱麻为絮的袍子）、中（里衣）、表（外衣）、褐、缝衣（宽大的衣服）、浅带（博带）、剑服、袂、缙绅（儒者的服装）。涉及衣服总称的有：衣（衣服）、服（衣服）、衣服、衣裳、衣冠、元端（衣服和帽子）。涉及做衣服的原材料的有：纩（絮衣服的新丝绵）、素（白色的生绢）、帛（丝织品）、大布（粗布）、葛绨（细葛布）、苴布（粗麻布）、丝麻、皮、皮毛、皮帛。涉及服饰颜色、花纹的有：黼黻（古代礼服上所绣的斧形花纹）、五色（青、黄、赤、白、黑）、文章、文绣、五采（同五色）。涉及佩饰的有：佩玦。与服饰相关的词语还有：冠（戴帽子）、正冠、垂冠、断发、髫（把真发与假发编在一起）、被发（披发）、蓬头、突鬓、文身、洴澼（漂洗）、挫针、织、衣（穿衣）、补、缓（用五色绳系着）、纳屦（穿鞋子）、织屦、布衣（代指百姓）。

（二）饮食民俗

民俗学所探讨的饮食习俗大致包括饮食调制习俗、炊具和餐具及其制作和使用习俗、饮食方式及餐制习俗、食物原料及结构习俗、饮食职业者从业习俗等。《庄子》书中多有饮食习俗方面的词汇，如涉及饮食内容的有：鱼、粮、水浆、鸮炙、粟（粮食的总称）、楂、梨、橘、柚、果蓏、粗（粗粮，糙米）、精（纯白的米）、荤（鱼肉一类食品）、酒、饭、食（食物）、饮食（食物）、蔬、生熟（生的与熟的食物）、谷（谷物、粮食）、稊米、膳（食品）、雁、杼栗（板栗）、醴（甜酒）、米、鸡痈（鸡头，芡）、芧栗（橡子）、酒肉（泛指美味）、葱韭、肉、枯鱼（鱼干）、腊（干肉）、饘粥（稠粥）、藜羹、橡栗、醪醴（美酒）、刍豢（泛指家畜）、人肝（显示出古代食人之遗风）、羹（菜汤）。涉及食品味道、气味的有：五味（甘、酸、苦、辛、咸）、五臭（羶、薰、香、腥、腐）、厚味。涉及饮食方式的有：餐（抟饭而食）、彀食（比喻生活简朴）、觞（敬酒或自饮）、行食（闲游而食）、飧（泛指熟食）、昼餔（白天吃东西）。涉及烹调行为和调制方式的有：炙、爨、火食、举火（开火，烧火做饭）、烹、炊、糁（在羹里放米粒）、脍（细切）。涉及饮食制作、烹调、就餐用具和燃料的有：刀、硎、磨石、鼎、缶、灶、杯、牺尊、爵（酒器）、薪、出薪（打柴）。涉及饮食烹调从业者的有：庖人、庖丁（厨师名）、良庖（好的厨师）、族庖（一般的厨师）、宰人（厨师）。涉及与烹调和饮食相关的行为和情绪的有：治庖（治理厨房的工作）、上食（进呈饭食）、食（吃）、食（供养）、糊口、茹、饮、饮食（吃喝）、餔（吃）、含哺、鼓腹、酲（病酒）、醉、（饮酒则）欢乐。

（三）居住民俗

人类的居住习俗早在原始时代就已开始了，从原始的逐水而居到构木为巢，再到穴居，然后到冬窟夏庐，最后到延续至今的四墙加顶盖及其各种变化样式的永久性固定住所时代，人类的居住习俗至少经过了四个发展阶段。居住民俗表现在房舍的建筑、格局、设施、功用和居住方式等多方面。《庄子》为我们展现了先秦时期的部分居住民俗。其词汇涉及建筑物名称的有：室、观、堂（公堂，朝堂）、城、坛、魏阙（高大的宫阙，象征朝廷）、房、宫、都、丽谯（高楼）、郭、殿。涉及建筑物各类组成部分名称的有：楹、栋梁、门、门户、柱、宅、户（亦可指人家）、路寝（正寝，古代帝王处理政事的宫室）、凿枘、门庭、堂、梁丽（栋梁）、郭门、奥（室内西南角）、极（屋脊）、阿门、蓬户、枢（门户的转轴）、瓮牖、殿下、殿门。涉及居住处附属设施的有：樊（篱笆）、井、柴栅、埳井、甃（井壁）、井干（井栏）、垣墙（围墙、院墙）、偃（厕所）。涉及居住方式的有：鹑居（比喻居无定所）、尸居（安居无为）、居（山穴之中）、巢居、（暮）栖（木上）。涉及建筑材料的有：瓦甓、生草、蓬（户）、桑（以为枢）、瓮（牖）、贞干（筑墙用的木条）。涉及建筑方式的有：筑、环堵（四面围着土墙）、茨（用芦苇、茅草盖屋顶）。

五、结语

通过以上分类列举可以看出，淮河流域的重要历史人物庄子在其古代道家文化经典著作《庄子》一书中涉及的先秦经济民俗内容极为丰富，对先秦时期由人民群众创造、享用和传承的不同类型的经济民俗文化有着比较全面的记录和反映。上举词汇虽是零散片段，但是毕竟涉及当时经济民俗生活的某些方面，为我们记录和保存了丰富的、多层面和多方位的先秦社会的经济民俗事象。如果结合《庄子》全书的语句篇章和同时期其他文献的同类记录，我们就可以对先秦时期的经济民俗史有更为全面的认识了。

庄子一生生活在民间，过着贫困而淡泊的生活，这使他有机会接触下层社会，了解、熟悉风俗民情。作为冷静睿智的思想家，他又特别关注社会，对现实、人生有着全面而又深刻的了解、清醒而又独特的思考。《史记·老子韩非列传》介绍庄子于“学无所不窥”[5]，又“善属书离辞，指事类情”[6]，因此庄子有条件、有能力在著作中记录下如此纷繁多样的先秦经济民俗事象，并运用这些民俗事象来说理、议论、抒情、咏怀。正如林云铭在《庄子因》中所说：“庄子似个绝不近情的人，任他贤圣帝王，矢口便骂，眼大如许；又似个最近情的人，世间里巷、家庭之常，工技屠宰之术，离合悲欢之态，笔笔写出，心细如许。”庄子以耳闻目见的民俗活动为记述对象，广泛地展现了当时的社会生活和精神面貌，反映出庄子的民俗视野极为宏大开阔。因此，与先秦其他诸子著作相比，《庄子》一书对先秦民俗史研究的文献参考价值和民俗资料价值都是很高的，难怪有人说《庄子》是“博物志”。

通观《庄子》全书，其对先秦经济民俗及其他类型的民俗的全面反映，以及其中所表现出的民俗观点完全可以纳入民俗学的研究视野。用民俗学的方法研究《庄子》，这既是《庄子》丰厚的民俗底蕴向我们发出的阐释与解读的呼唤，也是深化《庄子》研究、开拓道家哲学思想研究范围的新尝试。

词汇是语言大厦的建筑材料，也是反映社会生活的重要载体。词汇如同信息库，真实地记录和保存了不同时代的生活图景。以词汇为切入口来研究《庄子》的民俗内容，这种民俗学和语言学的交叉研究具有双重意义，在民俗史和上古汉语词汇史的研究方面都是很有价值的。笔者一直在努力尝试去做这种基础性和交叉性的研究，也希望能够引起更多的学者积极参与，并以此为基础，共同加强对《庄子》民俗学价值和语言学价值的进一步研究。

参考文献：

[1] 马启俊.《庄子》的民俗词语考察 [J]. 韶关学院学报，2014.

[2] 叶大兵，乌丙安. 中国风俗辞典 [M]. 上海：上海辞书出版社，1990.

[3] [4] 乌丙安. 中国民俗学 [M]. 辽宁：辽宁大学出版社，1985.

[5] [6] 司马迁. 史记·老子韩非列传 [M]. 北京：中华书局，1959.

晚清时期曾国藩“淮南子学”研究述论

高 旭

摘 要：作为晚清时期的一代儒臣，曾国藩对汉代道家论著《淮南子》兴趣浓厚，并且颇有研究心得。曾国藩对《淮南子》的研究，主要采取文献校理和思想感悟两种方式。前者包括对书中文辞的校勘、释义、溯源，以及对原注的修正补充，反映出清代乾嘉学风对曾氏的深刻影响；后者则表现为曾氏对该书的思想解读和精神体悟，展现其作为晚清重要的政治家对《淮南子》思想的独特的自我认知。总体来看，曾国藩对《淮南子》的研究尽管内容有限，缺乏一定的系统性，但在清代“淮南子学”史上仍不失其独特的学术价值和意义。

关键词：曾国藩；《淮南子》；淮南子学；淮南王；道家；儒家

在中国近代史上，曾国藩功业卓著，声名显赫，既被视为清王朝晚期的“中兴名臣”，又被看作服膺程朱、学识精深的理学宗师，不论在其生前，抑或身后，对中国政治家及知识分子都有着极为广泛的历史影响。在曾国藩一生的学问研究中，程朱理学始终占据中心地位，是其安身立命、从政治军的思想根本所在，但作为习惯于“儒主道辅，儒表道里，以道补儒”的封建士大夫中的一员，道家思想对曾国藩精神世界的实际作用也十分重要。曾国藩生平对道家学说有过深入研习，老、庄之书是其时常翻阅的基本典籍，尤其是后者，更为曾氏所喜读。曾国藩曾在日记中自云“以庄子之道自怡，以荀子之道自克”，认为如此可让自身“以不言者为体，以所言为用；以不言者存诸心，以所言者勉诸身”，真正成为“闻道之君子”。而且，晚年回顾生平时，其又云“吾曩者志事以老庄为体，禹墨为用”，更是将道家思想当作自己事业生涯中不可或缺的精神支柱。

从曾国藩接受道家思想的过程来看，老、庄之学自然是其中的主要内容，但除此而外，也不应忽视曾氏对其他道家典籍的重视，《淮南子》即是其一。《淮南子》“为西汉道家言之渊府，其书博大而有条贯，汉人著述中第一流也”，对

作者简介：高旭，男，陕西延安人，安徽理工大学楚淮文化研究中心副教授，《淮南子》与道家道教研究所所长，南开大学历史学博士，主要从事《淮南子》与中国道学、中国政治思想与文化研究。

这样一部重要的道家论著，曾国藩并没有轻忽，而是进行过认真研读，并对此书提出过一些自己的学术认识和思想阐释。在清代“淮南子学”史上，曾国藩对《淮南子》的研究虽然不是最重要的代表成果，但不可否认的是，曾氏的研究具有自身的价值及特点，对后人进一步探讨《淮南子》有一定的推动作用。因学界目前少有论及曾国藩与《淮南子》者，故拙文试图对此进行探讨，以期揭示出曾氏对清代“淮南子学”所作出的可贵贡献及实际影响。

一、曾国藩对《淮南子》的文献校理

曾国藩的《求阙斋读书录》（以下简称《读书录》）中，收入了曾氏对传统的经、史、子、集四部之学的研读心得，其中“淮南子”便归入卷五的“子部”中。曾国藩熟稔《淮南子》的思想文本，对书中的十三篇内容有着直接论及，这占到全书篇章的一多半。在《读书录》中，曾国藩主要对《淮南子》进行文献学路径的研究和探讨，具体而言，包括以下四方面的内容。

（一）文本校勘

关于文本校勘，主要有两则。曾国藩认为《本经训》中的“勾爪居牙”，在“庾信赋作‘钩爪锯牙’”，又认为《诠言训》中“通于道者，物莫不足滑其调”一句中的“莫字疑误”。这两则校勘，前者重在文本的比勘，以南朝时期著名文学家庾信赋中所引《淮南子》言，来校正其所读《淮南子》版本中的相应文字；后者则是从上下文义出发，对《淮南子》中的个别文字进行质疑，认为其具体使用可能存在疑问。曾国藩对《淮南子》的这两则文本校勘，因属于读书心得性质，故并非遵循严格意义上的学术程式，对使用《淮南子》版本，以及庾信赋的版本给予相应的交代，也未对“莫”字何以为误作出具体阐述，这是其校勘《淮南子》文本中的不足之处。但曾氏将《淮南子》文本中可能存在的问题初步揭示出来，这无疑也有益于后来学者的进一步研探。

（二）字义与文本的阐释

关于字义与文义的阐释，主要有九则，涉及《天文训》《览冥训》《主术训》《道应训》《兵略训》和《修务训》诸篇。

1. 对字义的解释

《天文训》：“右背德。”按：背即后也。孙子曰：“右背山陵，前左水泽。”亦以背与前为对。

《览冥训》：“使俗人不得其君形者。”君形，主宰乎形骸者也。

《主术训》：“凡此六反者，不可不察也。”六反者：小与大反，方与圆反，多与鲜反。

《道应训》：“柴箕子之门。”按：《后汉书·杨震传》：“闭门谢客。”《三国志》："以万兵柴道。"与此"柴"字义同，即塞也。

《兵略训》："而胜亡焉。"按："胜亡焉"犹云胜不系乎此也，全不系乎此也。

《泰族训》。按：族，聚也，群道众妙之所聚萃也。泰族者，聚而又聚者也。始之又始，曰泰始。一之又一，曰泰一。伯之前有伯，曰泰伯。极之上有极，曰泰极。以及泰山、泰庙、泰坛、泰折，皆尊之之辞。

对《淮南子》各篇中的"背德""君形""六反""柴""胜亡"与"泰族"等语，曾国藩进行具体的语义诠解，并在有的条目中引用古书中的语例，如《孙子兵法》《后汉书》《三国志》等，相互参照，力求准确揭示其思想内涵。

2. 对文义的阐发

《道应训》："四累之上也。"注："此上凡四事，皆累于世，而男女莫不欢然为上也。"按：累者，层累也。刺不入，击不中，一层也。弗敢刺，弗敢击，二层也；无其意，三层也。欢然爱利，四层也。故曰四累之上。高注失之。

《兵略训》："将者必有三隧四义五行十守"节。三隧、四义、五行、十守，三隐、八善皆不足贵，惟独见，独知，审量虚实为贵。

《修务训》："夫事有易成者名小，难成者功大，君子虽未有利，福将在后至。"言美成在久，后世当有知者，犹扬雄言后世有子云则知之矣。

在以上三则中，曾国藩注重对《淮南子》原文语句的意义阐述，而非仅仅着眼于个别词语，这在对《道应训》中"四累之上"的解释中，有着突出反映。曾国藩不但对"累"字的基本内涵进行注解，而且深入揭示"四累之上"的具体意义，并对东汉学者高诱的诠释提出批评和反对的意见，认为后者对《淮南子》文义未能准确诠释。对《兵略训》中有关"为将者"的军事素养的论述，曾国藩比较《淮南子》原文的前后观点，提出"三隧、四义、五行、十守，三隐、八善"的具体要求，并不如"独见，独知，审量虚实"来得重要，故此曾氏认为"为将者"应以后者为贵。在注解《修务训》中的相关语句时，曾国藩既说明具体文意，又举出西汉学者扬雄的相关言论为佐证。

从对《淮南子》字义与文义的诠解中，可以看出曾国藩对《淮南子》的阅读并非随意为之，而是较为细致深入，始终关注书中文词的准确含义，这在一定程度上也反映出曾国藩作为清代学者，受到乾嘉考据之风的深刻影响，对文字训诂始终有着自觉的治学习惯。曾国藩对这些字义与文义的阐释，尽管较为简约，却要言不烦，基本上都能准确把握《淮南子》原文词句的实际内涵，有助于后人对《淮南子》的研读和理解。

（三）对篇章特点及要旨的概括

对篇章特点及要旨的概括主要有两则。曾国藩指出，《缪称训》的文字表现出简练精要的特点，并无冗言琐语，这很值得称道，“《要略》云：‘断短为节，以应小具。’故此篇嘉言雨集，妙义如云皆短章零节，无长言繁称者也”。曾国藩认为，《道应训》是“杂征事实，而证之以老子道德之言。意以已验之事，皆与昔之言道者相应也。故题曰道应”，揭示该篇的题旨要义，并进而指出：“每节之末皆引《老子》语证之，凡引五十二处。”对《道应训》中引用老子之言的地方进行统计，以此具体说明该篇重在阐发老子言论的特点所在。曾国藩还概括《诠言训》的核心内涵，指出“此篇大指不以功名自章，不以贤智先人”，并认为这与《庄子》所言“无成无亏”之义，实际上相互吻合。此外，需指出的是，在前言所述曾国藩对“泰族”字义所作的解释，“族，聚也，群道众妙之所聚萃也。泰族者，聚而又聚者也”，其中也隐含着曾氏对该篇思想要旨的概括。曾国藩认为，《泰族训》是对《淮南子》中“群道众妙”的“聚萃”，因此在全书中具有总结性的作用。曾国藩对以上几篇特点及要旨的具体揭示，都很有针对性，可以看出，曾氏对《淮南子》的理解把握深透而切实。

（四）对《淮南子》中的文字出处进行溯源

对《淮南子》中的文字出处进行溯源主要包括十五则，这在《读书录》中所占篇幅最多，而其中又分为两种情形。

1. 比对《淮南子》与《庄子》，揭示前者对后者文字的袭用

《俶真训》：“夫大块载我以形，劳我以生，逸我以老，休我以死。善我生者，乃所以善我死也。”数句袭《庄子·大宗师》篇。

“太清问于无穷曰”节。此段袭《庄子·知北游》篇。

“啮缺问道于披衣”节。此段本《庄子·知北游》篇。“惷乎若新生之犊”，庄作瞳焉。瞳焉者，目灼灼不瞬之貌。此作惷，亦近之。

“太王亶父居邠”节。太王事本《庄子·让王》篇。

“中山公子牟谓詹子曰”节。公子牟事本《庄子·让王》篇。

“桓公读书于堂”节。轮扁事本《庄子·天道》篇。

“大司马捶钩者年八十矣”节。捶钩事本《庄子·知北游》篇。

跖之徒文跖曰：“盗亦有道乎？”本《庄子·胠箧》篇。

“光耀问于无有曰。”光耀事本《庄子·知北游》篇。

“故通性之情者，不务性之所无，以为通命之情者，不忧命之所无，奈何。”四句本《庄子·达生》篇。

“方船济乎江。”虚舟事本《庄子·山木》篇。

“食草之兽，不疾易薮。水居之虫，不疾易水。行小变而不失常。”数句本

《庄子·田子方》篇。

《人间训》："单豹倍世离俗"节。本《庄子·达生》篇。

2. 比对《淮南子》与儒家典籍，说明前者与后者之间的关联

"（《本经训》）凡人之性"节。此段杂袭儒家者言，与本篇大旨不合。

《说山训》："故玉在山而草木润，渊生珠而岸不枯。"二句本《荀子·劝学》篇。

由上可知，曾国藩对《淮南子》中文字的溯源，主要基于其对先秦道、儒两家典籍的精熟程度，二者又尤以《庄子》为要。曾国藩在《读书录》中，共找到十三则《淮南子》袭用《庄子》文字处，这在一定程度上已经深刻意识到《庄子》与《淮南子》之间非同寻常的思想关系，尽管曾氏在这里没有展开更为深入的研讨，没有具体阐明二者之间思想承续关系的形成原因，但这无疑对以后治"淮南子学"者有所启发，便于他们的进一步研究。对儒家典籍与《淮南子》之间的思想关联，曾国藩的溯源相对较少，只有两则，除《说山训》中所引文字，曾氏指明是《淮南子》袭用《荀子》外，另一则《本经训》中文字，却没有具体说明《淮南子》本于何书，而只是大概言之。相较两种溯源来看，很显然，曾国藩在研读《淮南子》的过程中，更加注重《淮南子》与《庄子》作为传统道家典籍所具有的相关性，故此在二者的内在关联上，也就有更多的发现和阐明。在清代学者中，能如此深入地认识到《淮南子》与《庄子》的密切关联性，并有所揭示，曾国藩可谓独具只眼。

概论之，曾国藩对《淮南子》下过一番认真研读的功夫，在文献校理上有所收获。但是也要指出，曾氏的"淮南子学"研究，主要以读书心得的形式来体现，因而较为缺少系统性，只是时有散金碎玉之见，无法提出更为独到深刻的思想宏论。

二、《淮南子》对曾国藩的思想影响

在《求阙斋读书录》中，曾国藩对《淮南子》主要进行文献校理式的研读，但曾氏对《淮南子》一书并非仅止于学术的探讨，而是在其生平的政治生涯中，对后者有着深切的精神体悟，并给予一定的思想解读。因此，在某种程度上，《淮南子》作为传统道家的重要论著，与老、庄一样，实际上成为曾国藩内心精神得以慰藉的重要载体，共同对其发挥出"以道补儒，儒道兼济"的思想影响。

从《曾国藩日记》着眼，对《淮南子》展开深入通读，曾国藩主要是在咸丰十年四月至十二月间进行，其中尤以十二月最为集中，不仅读完全书，而且对有的篇章如《俶真训》《精神训》《主术训》等，还多次反复阅读：

（咸丰十年四月廿一日）早，出城，巡视营墙。饭后清理文件。见客三次。

旋阅《后汉书·方术传》。小睡。阅《淮南子·俶真训》。

（咸丰十年九月初二日）中饭后批鲍震禀。见客六次，阅《淮南子·地形训》。

（咸丰十年十二月初九日）夜，倦甚，读书不能终卷。因读《淮南子·精神训》，至“大禹竭力以劳万民”句，若有所感。

（咸丰十年十二月初十日）中饭后核摺稿二件，至二更毕。……阅《淮南子·主术训》。睡至四更三点即醒。

（咸丰十年十二月十四日）旋阅《淮南子·氾论训》。夜，倦甚，看书不能入。阅诸子中，惟《老》《庄》《荀子》《孙子》自成一家之言，余皆不免于剿袭。

（咸丰十年十二月十六日）中饭后再清理文件，围棋一局，阅《淮南子》。夜，又阅《淮南子·精神训》，若有所会。

（咸丰十年十二月十七日）早饭后，清理文件，旋与尚斋围棋一局。阅《淮南子》，用朱笔画段。阅《览冥训》《时则训》《精神训》《本经训》，至傍夕始毕。

（咸丰十年十二月十八日）早，清理文件，饭后与尚斋围棋一局。旋阅《淮南子》《道应训》《氾论训》。中饭后，阅《诠言训》，至初更毕。

（咸丰十年十二月十九日）早饭后清理文件。旋阅《淮南子·兵略训》。午后阅《说山训》。……夜，阅《说林训》。

（咸丰十年十二月廿日）中饭后围棋一局，与树堂畅谈，阅《淮南子·人间训》，傍夕毕。夜阅《泰族训》，未毕。

（咸丰十年十二月廿一日）早饭后围棋一局。旋清理文件，阅《淮南子·泰族训》。中饭后写大字数纸，阅《修务训》。夜阅《要略》，二更毕。读《修务训》中“功可强成，名可强立”，若有所会。《淮南子》本道家者流，而此篇之旨，与《荀子》相近，大底理之足以见极者，百家未尝不相合也。

（咸丰十年十二月廿二日）早饭后围棋一局。旋清理文件，阅《淮南子·主术训》。……中饭后，又围棋一局。阅《主术训》，至夜始毕。

（咸丰十年十二月廿三日）申刻阅《淮南子·缪称训》。夜阅《齐俗训》，未毕。

（咸丰十年十二月廿四日）夜，文武贺春者纷纷。阅《淮南子·齐俗训》，至二更毕。岁除春至，营中有吹笛等乐，一概不进。

（咸丰十年十二月廿八日）早饭后围棋一局。旋清理文件，核该信稿十余件，阅《淮南子·原道训》。……夜阅《淮南·俶真训》，未毕。

（咸丰十年十二月廿九日）夜阅《淮南·俶真训》，言有道之士亦需遇时，为之增感。又阅《天文训》，未毕。

（咸丰十年十二月卅日）中饭后围棋一局，见客尤多，树堂来畅谈。阅《淮南子》《地形训》《天文训》，粗圈一过，至是日完毕。

通过上述的研读过程，曾国藩对《淮南子》的思想内容逐步熟悉和掌握，并结合自身当时的实际情势，有所思考和体悟。尤须指出的是，咸丰十年(1860年)，正是曾国藩与太平军进行激烈对抗和持久作战的时期，四月之时，清廷下谕言道："江浙安危，在于呼吸。"督促驻扎在安庆的曾国藩，加紧"分剿"安徽境内的太平军。五月，曾国藩进驻祁门，而此后不久，太平军开始第二次西征，以驰援安庆，与清军展开激战。与此同时，八国联军又进逼北京城，咸丰帝出逃，清廷形势内外危急。十月至十二月，曾国藩与太平军在祁门展开艰苦作战，一度形势不利，曾氏甚至都写下遗嘱，在给家人的书信中，其曾言："自十一月来，奇险万状，风波迭起，文报不通者五日，饷道不通者二十余日……此一月之惊恐危急，实较之八月徽、宁失守时，险难数倍。"。咸丰十一年八月二十七日，曾国藩在写给友人吴竹如的信中回忆道："弟自移驻祁门，无日不在惊涛骇浪之中。"而曾国藩对《淮南子》的研读，也恰好是在其一生之中最为危险紧张的时期进行。由此，《淮南子》对这一期间的曾国藩而言，实际有着不同一般的思想意义。

曾国藩在日记中，不仅详细记载自己通读《淮南子》的过程，而且还留下一些具有其个性色彩的体悟之言，具体如下。

1. 有所感于大禹之圣劳万民

咸丰十年十二月初九日的夜晚，曾氏读《淮南子·精神训》时，对其中所言"大禹竭力以劳万民""若有所感"。实际上，《精神训》云："禹南省，方济于江，黄龙负舟，舟中之人，五色无主；禹乃熙笑而称曰：'我受命于天，竭力而劳万民，生寄也，死归也，何足以滑和！'视龙犹蝘蜓，颜色不变，龙乃弭耳掉尾而逃。禹之视物亦细矣。"其本意在于强调为人君者能以"治身"为要，重在精神修养，而非迷恋世俗权势，以此追求理想的生命境界。可见，《淮南子》原是体现出"无以为也""轻天下之具"的道家生命哲学。曾国藩并没有着眼于此，而是借用"禹"之所言"竭力而劳万民"，抒发自己长期辛劳于军政之间的感慨。但是，也须看到，《精神训》所反映出道家的"重精神、贵超脱"的生命理念，对曾国藩还是有着内在影响，能在一定程度上疏解其郁结低沉的政治苦闷，这也是曾氏在咸丰十年十二月十六日，咸丰十年十二月十七日，接连再次翻阅《精神训》的根本原因，而且其自言"若有所会"，此一"会"字，意味无穷。

2. 有所思于诸子之作多剽袭

咸丰十年十二月十四日，曾国藩读《淮南子·汜论训》后，夜有所思，其云："阅诸子中，惟《老》《庄》《荀子》《孙子》自成一家之言，馀皆不免于剽袭。"言外之意，《淮南子》作为汉代"子学"的重要论著之一，若论思想的原创性，也无法与前举四书相比，同属"剽袭"的范畴。曾国藩此语，是出于对《汜论训》中所论"百家"的思想反应，后者提出"百川异源而皆归于海，百家殊业而皆务于治"，极力主张"苟利于民，不必法古；苟周于事，不必循旧"，"因时变而制宜适也"，对先秦"百家"之学表现出不拘一格、务实变通的政治态度。曾国藩由"百家"而思及诸子之学的内容构成，认为其中能完全思想原创、"自成一家之言"者少，多数者都有对前人思想的深入承袭。曾国藩这种看法，事实上合乎于《淮南子》对"汉以前的古代文化"进行"最大规模的汇集和综合"的思想实际。曾国藩所说的"剽袭"，此处与其说是有意贬低其他诸子，毋宁说只是想着重指出先秦诸子中普遍存在着相互影响和渗透的思想现象，因为《论语》《孟子》《墨子》《韩非子》等先秦"子学"要籍均在其内。

3. 有所触于有道之士需遇时

咸丰十年十二月廿九日，曾国藩再次翻阅《淮南·俶真训》，这次与前次不同，曾氏在日记中写道："言有道之士亦需遇时，为之增感。"《俶真训》云：

> 古者，至德之世，贾便其肆，农乐其业，大夫安其职，而处士修其道。当此之时，风雨不毁折，草木不夭，九鼎重味，珠玉润泽，洛出丹书，河出绿图，故许由、方回、善卷披衣得达其道。何则？世之主有欲天下之心，是以人得自乐其间。四子之才，非能尽善盖今之世也。然莫能与之同光者，遇唐、虞之时。逮至夏桀、殷纣，燔生人，辜谏者，为炮烙，铸金柱，剖贤人之心，析才士之胫，醢鬼侯之女，菹梅伯之骸。当此之时，峣山崩，三川涸，飞鸟铩翼，走兽挤脚。当此之时，岂独无圣人哉？然而不能通其道者，不遇其世。夫鸟飞千仞之上，兽走丛薄之中，祸犹及之，又况编户齐民乎？由此观之，体道者，不专在于我，亦有系于世矣。

《淮南子》对"至德治世"与"夏桀、殷纣治世"的这种比较，很显然，使曾国藩联想到同咸以来太平军兴，天下大乱的社会现实。曾氏自己身处动荡多变的时代，为除时患而倍遭艰辛，军政间亦常见生民涂炭之事，故此对《淮南子》所言"体道者，不专在于我，亦有系于世矣"，不免产生痛切的"憎感"。

4. 有所激于功名之立可强成

世事虽然难为，但曾国藩并没有悲观气馁，而是从《淮南子》中找到思想支撑，激励自己力求有所作为。咸丰十年十二月廿一日，曾国藩夜读《修务训》，看到文中有“功可强成，名可强立”之语，感到“若有所会”，产生精神共鸣。“南荣畴耻圣道之独亡于己，身淬霜露，敕蹻趹，跋涉山川，冒蒙荆棘，百舍重趼，不敢休息，南见老聃”，而申包胥“赢粮跣走，跋涉谷行，上峭山，赴深溪，游川水，犯津关，躐蒙笼，蹶沙石，跖达膝，曾茧重胝，七日七夜，至于秦庭。鹤跱而不食，昼吟宵哭，面若死灰，颜色霉墨，涕液交集，以见秦王”，最终这二者都通过“苦身劳形，焦心怖肝，不避烦难，不违危殆”，达到各自的目的：前者成为得道之士，后者则挽救危亡中的楚国。从“南荣畴”与“申包胥”身上，曾国藩找到与太平军持久作战的精神动力，勉己努力有为，不言放弃，以求成就功名。

要之，《淮南子》对曾国藩一生产生重要影响，尤其是在咸丰十年前后。曾国藩督军安徽，与太平军长期激战，戎马倥偬之际，曾氏或因身处皖地，而欲读古皖名籍《淮南子》，故在咸丰十年四月至九月间，陆续通读此书，并将此过程详细记载于日记中。曾国藩对《淮南子》的研读，并非以单纯的学者方式来进行，而是具有极强的现实的精神需求，与其当时所处的军政形势密切相关。因此，曾国藩对《淮南子》的思想解读和精神体悟，始终充满强烈的个性色彩，凸显出其作为晚晴政治家的历史内涵。

三、曾国藩对淮南王刘安的认识及评价

曾国藩不仅对《淮南子》其书有着深入的研读和体悟，而且对淮南王刘安也有着深刻认识。曾国藩作为传统的儒家士大夫，一生始终以经、史为读书之要，而其中《史记》《汉书》是其生平不同时期和阶段都反复阅读和温习的基本典籍，因此二书中关于淮南王刘安的内容曾氏自然不会陌生。从曾国藩日记的记载来看，《淮南王安传》有四次为其所直接提及：

第一次是在道光二十一年五月十二日，曾国藩正值三十一岁，自道光十八年中进士，入翰林后，开始其在北京的官宦生涯。五月中，曾国藩对《汉书》展开温习，先后阅读了书中的各部分传记，到十二日时，除《淮南济北衡山王传》外，还先后圈阅《樊郦滕灌》《傅靳周传》《张周赵任申屠嘉传》《三郦陆朱刘叔孙传》《蒯伍江息夫传》和《万石卫直周张传》等，共包括《汉书》中的六卷内容，从卷四十一到卷四十六。

第二次是在咸丰九年三月二十九日，曾国藩此时四十九岁，在江西抚州大营，忙于对太平军的战事。在三月中，曾国藩对《史记》进行温习。二十九日“中饭后习字二纸，温《淮南衡山传》”，夜晚“灯后，温《货殖传》数页”。

第三次是在同治八年六月二十八日，曾国藩已有五十九岁，正处于直隶总督任上。曾国藩在六月内又对《汉书》进行温习，逐步翻阅书中的传记。在六月

二十七日时，曾国藩重读《淮南厉王传》，随后在二十八日，又阅《淮南王安传》，其后还翻看《衡山王济北贞王传》。

第四次是在同治十年六月二十一日，曾国藩在六十一岁之际，对《资治通鉴》《史记》和《日知录》等书进行温习，前一年是曾氏处理天津教案时期，后一年曾氏即逝去。二十一日早饭后，曾国藩翻阅《通鉴》，“夜温《史记》《淮南衡山王传》毕，温《循吏传》《汲郑传》。三更睡”。

以上四次对《史记》《汉书》中《淮南王安传》的温读，贯穿曾国藩的青年、中年和晚年时期，道光年间一次，咸丰年间一次，而同治年间则有两次。实际上，曾国藩一生视《史记》《汉书》为必读的史书要籍，对二书有着多次研读，只是在其日记中明确提及《淮南王安传》处仅有四次。这种对《淮南王安传》的反复翻阅，使曾国藩熟知淮南王刘安的史事原委，进而影响到其对淮南王刘安及《淮南子》的认识和评价。

曾国藩在选编《经史百家杂钞》和《鸣原堂论文》时，都将淮南王刘安所写《谏伐闽越书》收入其内，看作是汉代“奏议”的文学代表之一，兼重其思想性和文学性。尤其在《鸣原堂论文》中，曾国藩指出：

> 淮南王安收养文士，著《淮南子》，亦犹吕不韦好客养士，著《吕览》一书也。此篇盖亦八公辈所为，陈义甚高，擒辞居要，无《淮南子》冗蔓之弊，而精警之处相似。班史以载入《严助传》中，与主父偃、徐乐、严安、贾捐之诸篇并列，以见务广穷兵之害，均为有国者所当深鉴。后世如苏子瞻《张代方平谏用兵书》亦可与此篇放轨并驾。

曾国藩在这里由《谏伐闽越书》而论及淮南王刘安与《淮南子》，其中所言之意主要有三。一则关系淮南王刘安史事，强调其人与战国后期秦相吕不韦相似，都具有浓厚的“好客养士”之风，而其所撰论著，也均是门下宾客的群体著述结果。曾国藩还认为，《谏伐闽越书》是淮南王刘安对汉武帝“务广穷兵”的进谏之言，“陈义甚高，擒辞居要”，不论思想，抑或文辞，优长都很突出，在政治上富有借鉴意义。二则关系《谏伐闽越书》的作者及影响，曾国藩这里认为是“八公辈所为”，换言之，是淮南王刘安借助于门下宾客之手而作，对文章起到核心作用的并非淮南王自身。而且，曾国藩对该文的历史影响也作出积极评价，将其与北宋时期苏东坡的《张代方平谏用兵书》，相提并论。三则关系对《淮南子》的评价，曾国藩少见地直接论议《淮南子》一书，认为后者在著述上利弊俱存，优点是思想文字有“精警之处”，不足是有“冗蔓之弊”。曾国藩作为晚晴时期著名的古文家，精于为文之道，其对《淮南子》文辞的这种批评，有其一定的道理，值得重视。

总的来看，虽然曾国藩生平并未过多直接论及淮南王刘安，但对后者毫不陌生，而是有着深入的历史认识。曾氏也没有过多置喙刘安在汉代的政治起伏，只是着重关注后者及其宾客的思想著述，并对《谏伐闽越书》与《淮南子》持积极的态度，从文学与思想上，都有所肯定。

四、曾国藩“淮南子学”研究的特点及影响

作为晚清时期的一代儒臣，曾国藩一方面坚持孔孟之道，程朱理学，另一方面对诸子百家之学也广为博览择取，并没有在学术思想上狭隘地固守门户之见。在其看来：“周末诸子各有极至之诣，其所以不及孔子者，此有所偏至，即彼有所独缺，亦犹夷、惠之不及孔子耳。若游心能入老、庄之虚静，治身能入墨翟之勤俭，齐民能入管、商之严整，而有持之以不自是之心，偏者裁之，缺者补之，则诸子皆可师，不可弃也。”

曾国藩这种开放通达的态度，使其能理性认识和对待诸子百家之学，尤其是《淮南子》在内的道家思想学说。对淮南王刘安及《淮南子》，曾国藩都有着自身的独到思考，并能提出一些具有启发价值的学术见解。“淮南子学”虽然并非曾氏的主要的学术对象，只在其著述中占据极少的部分，但是这在清代“淮南子学”史上却不容忽视，因为曾国藩在此领域的研究中，不仅取得一些具体成绩，而且突显出自身独特的研究特点，这在一定程度上，是对清代“淮南子学”的历史内涵的丰富充实。

首先，曾国藩对“淮南子学”的研究，较为充分地表现出清代乾嘉朴学的时代特色，坚持重实证、贵考据的文献校理的研究方式。在《求阙斋读书录》中，曾国藩对《淮南子》的研究主要以读书心得的形式来表现，其内容不论是对《淮南子》文字的校勘、释义和溯源，还是书中注文的修改完善，实际上都属于文献校理的学术范畴。这种研究方式，虽然看起来零碎分散，缺乏系统性，却为清代朴学家们所惯常使用。有清一代，许多重要的学术著作，都是以读书心得的不断积累为基础，不断进行补充完善，最终成为研究专著，如朴学先驱顾炎武的《日知录》，以及乾嘉时期王鸣盛的《十七史商榷》，钱大昕的《廿二史考异》和赵翼的《廿二史札记》等。因此，深受这种乾嘉朴学之风的影响，曾国藩对《淮南子》的研究也采用读书心得的基本形式，通过逐条札记积累起自己的学术见解。但由于曾国藩并非专治《淮南子》的学者，而主要是出于思想兴趣来翻阅，故而只是留下一些研读《淮南子》的学术心得，而没有进一步系统探讨，没有形成更为丰富系统的专门著作。

其次，因曾国藩是晚清时期著名的古文家，深受桐城学派影响，故此其对《淮南子》的研究也带有一定的文学色彩。曾国藩在《鸣原堂论文》中，批评

《淮南子》的文辞过于“冗蔓”，这与其讲究古文笔法、推崇文辞简洁密切相关。曾国藩认为，文章有“阳刚之美”和“阴柔之美”的区分，而后者之中就包括简“洁”在内，即：“冗意陈言，类字尽芟”。可见，曾国藩在古文写作上是以“洁”为美，这成为其审视《淮南子》文辞的重要标准。淮南王刘安“辩博善为文辞”，与其宾客大都是善“赋”之人，《汉书·艺文志》曾载：“淮南王赋八十二篇。淮南王群臣赋四十四篇。淮南歌诗四篇。”故此《淮南子》一书也呈现出浓厚的“辞赋化倾向”，其文字讲求韵律文采，行文汪洋恣肆。但《淮南子》这种“铺才逦文”的汉赋文风，在曾国藩看来，不免过于“冗蔓”不“洁”。

最后，作为传统的儒家士大夫，曾国藩身兼学者与政治家的双重身份，因而其对《淮南子》的研究也体现出儒家化、政治化的历史特点。咸丰十年时，曾国藩对《淮南子》的研读和评议对此就有着充分反映。对《淮南子·精神训》所言“大禹竭力以劳万民”，曾氏之所以“若有所感”，并非同《淮南子》原文的道家意旨相符，而是对其儒家式的“经世”精神的思想折射。因曾氏在祁门期间，处于政治军事的严重逆境之中，故而对大禹之“竭劳”深有共鸣，借此激发自身的历史使命感，支撑其与太平军作战的精神信念。而对《修务训》中“功可强成，名可强立”的“若有所会”，更是如此。曾氏一生以“挺”为贵，不惧逆境，这基于其对儒家的自强刚健精神的坚持，也正因此，《淮南子》中“南荣畴”和“申包胥”所体现出的“强”韧精神，曾氏甚为钦仰，力求有所效法。从中可见，曾国藩对《淮南子》的研究，具有不同于一般学者的地方。在某种程度上，《淮南子》实际成为咸丰十年时曾国藩重要的精神资源，而曾氏对《淮南子》的思想解读也表现出偏离原著的儒家化倾向，与其现实中的政治心态紧密难分，这使得曾氏的《淮南子》研究，不仅具有学术的内涵，也更多地内含一种高度政治化的个人体悟。

曾国藩的“淮南子学”研究，对后世有着一定的影响，如其对“泰族”的诠解，便为刘文典、何宁、张双棣、陈广忠等《淮南子》的文献研究者所普遍接受，而其对“功可强成，名可强立”的精神重视，也随着曾氏历史影响的日益扩大，而广为人知。因此，曾国藩不论在文献校理上，还是思想精神上，都对清代“淮南子学”有着自己的贡献。当然，客观而言，曾国藩对“淮南子学”的研究，其学术的广度、深度还都比较有限，系统性也很不足，我们既不能苛求于他，也不能过度拔高式地评价。

综括上言，道家思想对曾国藩一生具有重要影响，但其中不仅只是老、庄，还有汉代道家的代表之作《淮南子》。曾国藩在咸丰十年时曾受到《淮南子》的特殊影响，这使其不仅对后者有着独特的精神体悟，而且产生内在的重视之意，认为后者也是“古今书籍”中的“本根之书”，“犹山之干龙也”，因此毫不夸张地说，《淮南子》是对曾国藩一生发挥过真正影响的道家要籍之一，也是其“以道补儒，儒道兼济”的思想发展中的重要因素。在清代“淮南子学”史上，曾国藩的《淮南子》研究独具特点，无论其实际内容，还是思想精神，都值得后世学者措意一二，从中获得启发和借鉴。

"二重证据法"正使"禹会"的记载成为史实

常启武　沈叶鸣

摘　要：本文从介绍"疑古学派"观点和"二重证据法"入手，指出近代著名学者王国维教授提出的"二重证据法"，就是将地上材料与地下材料相互印证的方法。这种方法对于"疑古学派"观点是有力的回应，对远古史的研究是有力的促进。本文在运用"二重证据法"研究"禹会"的过程中，首先对于古籍有关的记载作系统的梳理；然后从"禹会"的主题与内容、"禹会"的规模与规格、"禹会"的年代与地域这三个方面，将地上、地下材料进行比对和印证。最后确认："禹会诸侯"确有其事，大禹确有其人。

关键词：二重证据法；禹会；地上材料；地下材料

2001年，由先秦史学会领衔在蚌埠市召开的"涂山·淮河流域历史文明研讨会"曾集体建议：将涂山地区古文化遗址纳入早期文明探源工程，积极开展考古探查和发掘工作，进一步印证地上材料。五年以后的2006年，在中国社会科学院考古研究所主持下，作为中华文明探源工程一个重要项目，位于涂山脚下的禹会遗址考古工作启动，经过由2007年到2012年的规模性发掘，已经取得丰富的地下材料。

比对和印证这些地上材料、地下材料，能否使我们对"禹会"的历史获得新的认识？如果能，又能使我们获得哪些新的认识？本文拟就此课题作一番探讨。

一、"二重证据法"是对远古史研究的有力促进

禹会村从来被认为是大禹会诸侯的地方。而要研究这段历史，首先遇到的一个问题是："大禹是否实有其人？"20世纪二三十年代，我国史学界曾经有一个"疑古学派"。该学派以学者顾颉刚先生为代表，他认为：尧、舜、禹等人和他

作者简介：常启武，1948年2月生，蚌埠市政协原副主席、蚌埠市委统战部原部长、蚌埠市涂山大禹文化研究会会长；沈叶鸣，1929年12月生，蚌埠市政协第八届原主席、蚌埠市涂山大禹文化研究会首届原会长，主任记者。

们的历史本来是没有的，禹“大约是蜥蜴之类”的一条爬虫。“东周以上只好说无史”。这个学派的观点比较集中地反映在书刊《古史辨》中，故而又称“古史辨派”。正如蚌埠市涂山大禹文化研究会唐元海副会长在《夏禹文化与淮河流域关系史述略》一文中所指出的：“由于夏禹治水带有几分神话色彩，到了20世纪二三十年代，史学界出现了以顾颉刚为代表的‘古史辨派’学者，他们‘疑禹为神、为虫’等言论，受到了当时学者的订正和批驳。”鲁迅在《故事新编·理水》中以生动的文笔塑造了大禹的崇高形象；同时也以犀利的文笔对“疑禹为虫”的错误观点予以否定。但即使这样，“疑古学派”的历史观点仍有广泛而深远的影响。到了20世纪后期，它还有相当的市场。直至我国“夏商周断代工程”取得丰硕成果以后，这种情况才有所改变。

实践证明，回应“疑古学派”观点的最好办法，就是要拿出有力的证据来。1935年，顾颉刚在断言夏史只是传说的时候，曾挖苦考古学者不可能找出真实的证据，他在《夏史三论》中写道：“好在夏代都邑在传说中不在少数，奉劝诸君还是到这些遗址中做发掘的工作，检出真实的证据，给我们瞧罢!”面对“疑古学派”，近代著名学者王国维教授早在1926年就曾在《古史新证》的总论上开宗明义地指出：“吾辈生于今日，幸于纸上之材料外更得地下之新材料。……此二重证据法惟在今日始得为之。”并进一步指出：“古书之未得证明者不能加以否定，而其已得的证明者不能不加以肯定，可断言也。”这就告诉我们：对于传说时代的记载，在暂时没有获得证明之前不能随意地加以否定（如果要否定，则应遵守“谁立论谁举证”的原则）。而这些记载一旦获得了证明，就应加以肯定，以“断言”其为信史。这就是我们正在实际中运用的，地上材料、地下材料相互印证的“二重证据法”。“二重证据法”是对“疑古学派”历史观的有力回应，也是对远古史研究的有力促进。

使用“二重证据法”来研究“禹会”的历史，需要从两方面进行工作：一方面要对古籍上的有关记载进行梳理，通过“去粗取精、去伪存真、由此及彼、由表及里”，使之系统化；另一方面要将地下材料与地上材料互相比对，用地下材料来证明、补充和修订地上材料，并进而以地上材料来解释地下材料，通过互相的印证，将记载转化为史实。这正是蚌埠市涂山大禹文化研究者所面临的迫切课题。

二、认真梳理古籍对“禹会”的记载

关于“禹会”，古籍多有记载，我们曾加以连贯性的思考，系统地梳理如下：

在涂山脚下，有一个村庄名叫禹会村，意即大禹会诸侯之地。在战国末期成书的《吕氏春秋》中，禹会村被称为“禹墟”，可见至迟在东周，人们即认定此地有禹迹。《太康地志》载：涂山“西南又有禹会村，盖禹诸侯之地”。《太康地志》成出于晋代开国皇帝晋武帝司马炎的太康年间，说明至迟在汉代这里就被称为“禹会村”了。禹会村今属安徽省蚌埠市禹会区，它西临淮河，北望涂山，地势平坦，交通便利，是一个开大会的适当场所。这里曾有禹庙，称“禹帝行祠”，《康熙凤阳府志》载：“唐彭晁作庙记略云：禹会诸侯于此，故村名禹会。”（见《弘扬大禹精神》第42页）

我国古代的史学名著《左传》记载道：“禹合诸侯于涂山。”“合”即“会集”，“诸侯”指各地部落首领，这句的意思是“禹在涂山地区召开了天下各地的部落首领会议”。《左传》还记载了大禹召开诸侯会议的规模与规格：“执玉帛者万国。”这里的“万”，应是约数，有“上万”或“为数极多”的意思。“万国”指前来参加会议的“为数极多的部落首领”，可见会议规模之大。“玉帛”即玉器和丝绸，都是贵重物品，当时常作为部落首领觐见帝王所持的礼物，“执玉帛”的意思就是“手持贵重礼物朝拜禹帝”，可见会议规格之高。

这次诸侯大会是在什么情况下召开的？其内容又是什么？古书虽然没有直接的详细记载，但就已有的材料分析，我们仍然可以从中获得一定的信息。《史记》载“禹为人敏给克勤，其德不违”“薄衣食”“卑宫室”，是一个勤俭节约，行为谨慎的人。不经过深思熟虑，没有足够的条件和充分的理由，他是不会轻易举行这样大规模、高规格会议的。

先从天下形势看，在洪水滔天，大禹东奔西走忙于率领民众与洪水作斗争的情况下，不可能召开这样的会议，只有在洪水被制服，“众民乃定，万国为治”的情况下，才有可能召开这样的会议。再从承办地区的状况看，大禹能在涂山氏侯国召开这样大规模、高规格的会议，说明在淮河得到治理之后，这里的民众归心、政治稳定、经济发展，人力、物力充沛，有条件承办这样的盛会。如果淮水仍然处在泛滥的情况下，涂山氏侯国也是无力承办这个盛会的。最后从大禹当时情况看，大禹在治理洪水时，只是一名掌管工程的官员：司空，即使在制服了洪水、立了大功的时候，大禹也只是舜帝御前的一名大臣，以这类身份，是无权主持召开天下诸侯大会的。只有在大禹继承了舜的位子，成为部落联盟最高领袖的时候，他才有权召开这样的盛会。正如我国著名历史地理学家谭其骧教授所指出的：大禹“在涂山大会天下诸侯”时，已经成了“部落联盟的头头”，“有了‘天子之位’”。故而《竹书纪年》有“帝禹……五年，巡狩（禹帝即位第五年视察所属地区）会诸侯于涂山”的记载。

至于这次诸侯大会的主题和内容，则应与当时大禹所面临的中心任务相关。据《史记》载大禹治水成功之后，虽然从全局看是“天下太平治”了，但从局部看，仍有“苗顽不即功”之类的问题存在。怎样进一步团结广大部落，实现政令的统一，以巩固和发展部落联盟？这就是摆在初掌大权的大禹面前的中心课题，这也正是“涂山之会”的主题所在。大禹选择地处淮河中游的涂山氏国作会址，显然有着团结东部地区各部落的用意，而在会议期，大禹对防风氏侯国首领的严厉制裁，也是为了中央政权的政令畅通而采取的坚决措施。

有一种看法：“大禹会诸侯是共商治水大计。”这是需要商榷的。持这种看法的理由是：既然大禹是治水英雄，那么他召开诸侯大会就肯定是为了治水。但这种看法忽视了大禹召开诸侯大会的时间，是在治水成功的若干年后，据古籍的记载：舜帝在大禹治水“告成功于天下”后，“荐禹于天，为嗣”。十七年后，“帝舜崩”，“三年丧毕，禹辞辟舜之子商均于阳城。天下诸侯皆去商均而朝禹，禹遂即天子位”（以上摘自《史记》）。禹即天子位第五年，才召开了诸侯大会（据《竹书纪年》）。在此期间，先后至少经历了25年。可以肯定，在治水成功25年之后，大禹和诸侯们是不会再回头去“共商治水大计”的。因此说，他们共商的并不是“治水”的大计，而是“治天下”的大计。

三、“禹会”地上、地下材料的相互印证

中国社科院考古研究所王吉怀研究员所撰《穿越时空走近大禹》的论文，在报告了禹会村考古发掘的丰硕成果后指出：“根据禹会村的考古资料，我们可以说对考证‘禹会诸侯’事件具有五大优势：一是遗址地名的由来，来源于与传说事件有关的文献记载。二是遗址的时代（龙山文化晚期）与传说事件中的大禹治水时代吻合。三是遗址中发现的各种遗迹现象如大型祭祀台基、祭祀沟、灰坑、简易性工棚式建筑等，与传说事件中的‘禹会诸侯’事件吻合。四是出土的各类以祭祀为主的器具与‘禹会诸侯’事件大型祭祀活动相吻合。五是专家团的现场考察，并结论为‘大型礼仪性建筑基址’，对论证‘禹会诸侯’事件具有重要意义。”这是在“禹会”研究中，将地上、地下材料相互印证以评价考古成果的典型范例。在学习了这批有关禹会村考古的论文以后，我们获得以下心得体会：

（一）关于“禹会”的主题与内容

“禹会”的主题是什么？我们通过对文字记载的梳理，曾获得如下答案：“进一步团结海内广大部落，实现政令的统一，以巩固和发展部落联盟，这就是‘涂山之会’的主题所在。”现在，禹会遗址的考古成果已对此提供了有力的证明。作为“大型的礼仪性建筑基址”，禹会现场发掘出大量的有关祭祀活动的实物，说明祭祀活动是“涂山之会”的一项重要内容。特别是祭祀台基及其相关设施向我们传递了丰富的信息。例如，王吉怀研究员在《解读禹会村》一文中指出：在大型祭祀台基上“有一处用作‘燎祭’的火烧面。所谓‘燎祭’，就是将薪柴积聚在一起，将动物、玉、帛等物置于其上，以烧燎之。这样牲体气味可

上达于天，天神可享之”。这种祭祀台基，在古籍上是有记载的，它在古代被称为“坛”。据《辞海·坛》：“坛”是“土筑的高台。古时用于祭祀及朝会、誓盟等大事”。《礼记·祭法》：“燔柴于泰坛，祭天也。”“燔柴”是“古代祭祀仪式之一，把玉帛、牺牲同置于积柴之上，焚之以祭天”。“泰”释义为“平”，“泰坛”即“祭祀用的平面土台”。为什么要在诸侯大会上举行如此隆重的祭天大典呢？这正是当时的政治需要，是为了加强天下各部落的团结，以强化部落联盟的中央集权。当时的部落联盟最高领袖被尊称为帝，又被尊称为“天子”，即“上天的儿子”。这种“帝权天授”的观念，是在远古时代科学不发达的情况下必然产生的。当时的这种观念，对于提高部落联盟最高领袖的权威，增强中央政权机构的凝聚力和各地部落的向心力，促进天下部落之间的大团结，具有积极的意义。因此说，祭天活动正是这次诸侯大会的一项重要议程，也正是大会主题所要求的。古籍所记载的防风氏侯国首领被杀事件的原因，也可以从大会的主题中找到答案。因为要强化中央权力，所以要祭天；因为要祭天，所以防风氏首领的“后至”就不是一般的“迟到”，而是对天的藐视，对天子的大不敬。大禹以天的名义诛杀了一贯桀骜不驯的防风氏首领，在当时人们眼里，正是“替天行道”。这也说明了“祭天”已经使中央机构的权力大为增强，一个强有力的华夏古国正在形成之中。

（二）关于“禹会”的规模与规格

古籍的记载告诉我们：这次诸侯大会的规模很大，规格甚高。对此，禹会遗址也以丰富的考古成果提供了证据。

禹会遗址的面积很大，有50万平方米。而且所发掘的各项设施形制大，器物数量多。其中的大型简易性工棚式建筑也具有同样的特色：目前发现的工棚式建筑有三处，面积由80平方米以上到数百平方米不等（见《大禹文化资料荟萃》第263页）。在偌大的居住空间里，曾容纳众多的人员在此作息。这样大型的会址和设施，是与这次集会的宏大规模相适应的。古籍所载的“万国”虽是约数，却反映了“为数极多”的实际情况，应是当时几乎所有的部落首领，都在同一个时间段里，风尘仆仆地赶来参加这次盛会，而且带来相当数量的随从与工匠。因此，必须有如此大型的会址和相关设施，来容纳如此众多参会者。据2010年1月6日“中安在线—新安晚报”报道，禹会遗址的考古人员在祭祀沟内“发现了很多五颜六色的石头”。“蚌埠博物馆工作人员告诉记者，这些石头经过清理就能明显看出颜色的差异，有绿色、红色、黄色和白色等，可以证实这些都不是本地的石头；而其中绿色的石头偏多，根据鉴别，这种石头产自河南，是典型的‘卢山绿’。根据远古时期‘玉石就是石头’来判断，这些美丽的石头，恰恰与《左传》记载的‘禹会诸侯于涂山，执玉帛者万国’不谋而合。”又据2011年5月20日《新安晚报》报道：“第五次考古发掘过程中出土了数量庞大的磨石。”“这批石质的磨石虽然粗糙，但数量之多令人惊叹，形状也各异。”说明“这里曾集结了很多人，他们为了应付一场大（型）祭祀活动，而磨制大量祭器”。在禹会遗址里，既出土许多“美丽的石头”，又出土了大量用于加工祭器（包括玉器）的磨石。正如《诗经·小雅·鹤鸣》所说的：“他山之石，可以攻玉。”“攻”就是加工之意。这说明：会上所使用的“玉”，有许多是参会的部落首领从出发地带来玉石料和工匠，在集会现场加工而成的。玉石料的发现证实了集会的高规格。在古代，玉和帛常常是并提的，据《辞海·玉帛》的介绍：玉又称瑞玉，帛又称束帛。古代典礼，最重玉帛，是古代诸侯参加会盟与朝聘时所持的礼物。“会盟”指古代诸侯的聚会与订盟，而“朝聘”则是古代诸侯对天子的觐见。至今，在经历了四千余年的禹会地下遗址里，“帛”虽已无存，而“玉”则留下了踪迹，这成为对于古籍记载的有力物证。

（三）关于“禹会”的年代与地域

据报道，由先秦史学会领衔召开的大禹4133年诞辰纪念会，曾于2006年在北川举行。按此推算，大禹生活的年代应在距今4150年至4050年这个时间段之内。而根据“碳14”的测算，禹会村遗址的年代，也在距今4100年前后。应该说，来自地上和地下的两种数据已相当契合，可相互比对和印证。因此，钱仁发、王吉怀在合撰的《从禹会遗址的考古资料看淮河中游地区文明化进程》一文中指出：“这个时期，正是龙山文化晚期，也是在淮河流域最昌盛的时期，而龙山文化时期与大禹的时期刚好相符。”

王吉怀研究员所撰《解读禹会村》一文，在介绍了禹会遗址中有关祭祀台基的情况后，提出了一系列问题：“当年人们为何动用巨大的人力进行挖槽、堆筑，形成具有神秘色彩的台基？……在如此大的范围内进行活动到底有多少人参加？谁具有如此大的号召力担当组织者？为何举行如此规模的活动？”这些从考古领域提出的问题，可从史学领域里找到答案。在距今4100年前后，具有如此巨大号召力，能够担当如此大规模集会的组织者的，只能是当时被尊称为“天子”、掌握着天下最高权力的“帝”——部落联盟最高领袖。他，正是大禹。因此，大禹举行集会的地方，就理所当然地被命名为“禹会”。而且这个地方又处于涂山脚下，属于涂山地区，在涂山氏侯国的直接管辖范围内，于是就有了“禹会诸侯于涂山”的记载。正如《从禹会遗址的考古资料看淮河中游地区文明化进程》一文所指出的：“确定涂山是‘禹会诸侯’地的最直接的证据就是涂山脚下的禹迹。”

在对禹会遗址出土器物作了研究以后，《从禹遗址的考古资料看淮河中游地区文明化进程》一文指出：这些器物“具有明显地域特性”，“中原地区河南龙山文化的王油坊类型，在禹会遗址中占据了相当大的比例，黄河下游的山东龙山文化也在禹会遗址中占有一定的比例，同时，禹会遗址中最具典型的足尖施按痕的鼎、大袋足陶鬶（盉），在苏北的滁河流域、上海松江的环太湖地区、江汉平原地区的石家河文化以及长江流域中下游的良渚文化中都有展现。应该说，禹会遗址有其‘汇聚’因素，也不排除‘辐射’的可能”。

以上考古成果对于古籍的有关记载也起了相互印证的作用。大禹之所以选择淮河岸边的涂山脚下作为诸侯大会的会址，除了涂山氏侯国是大禹的第二故乡，当时该侯国政治稳定、经济发展、人力物力充沛、有条件承办诸侯大会等原因外，还有一个重要原因就是，这里有良好的地域条件：它处于淮河中游，在黄河流域和长江流域之间，便于各地诸侯汇集；它又是中原华夏族团与东夷族团之间的水路要道口，也便于他们互相沟通。“地域条件”决定了禹会遗址出土器物的“地域特性”：参会诸侯来自各个地域，所带工匠也来自各地，其所制作的器物当然带有各地特色，故而具有“汇聚”的因素。在诸侯大会期间，各地工匠互相交流学习，会后又把所学的技能带回各地，故而也不排除“辐射”的可能。

综上所述，通过地上、地下材料的相互比对和相互印证，我们对禹会遗址有了进一步的认识。现在可以识定：“禹会诸侯于涂山”确有其事，而大禹也确有其人。

通过实践，我们认识到：“二重证据法”的确是回应“疑古学派”观点、促进远古史研究的有力武器。我们要认真运用“二重证据法”，进一步研究“禹会”的历史和我国的远古史；并进一步了解蚌埠的昨天，以便更好地弘扬大禹精神，来建设蚌埠的今天，开拓蚌埠的明天。

参考资料：

[1] 谭其骧：《关于涂山的谈话》，载《弘扬大禹精神》第 1 页，蚌埠市涂山大禹文化研究会编，2012 年。

[2] 朱渊清：《古史的证据及其证明力》，载《大禹文化资料荟萃》第 130 页，蚌埠市涂山大禹文化研究会、蚌埠市博物馆编印，2012 年。

[3] 唐元海：《夏禹文化与淮河流域关系史略》，载《第六届淮河文化研讨会论文集》第 163 页，2011 年。

[4] 王吉怀：《穿越时空走近大禹》，载《大禹文化资料荟萃》第 241 页。

[5] 王吉怀：《解读禹会村》，载《大禹文化资料荟萃》，2010 年。

[6] 钱仁发、王吉怀：《从禹会遗址的考古资料看淮河中游地区文明化进程》，载《大禹文化资料荟萃》第 257 页。

《淮南子》仁义礼乐思想及其当下启示

张良宝

摘　要：《淮南子》是汉代初期淮南王刘安主持编撰的一部百科全书式的著作，天文地理，无所不包，其中论述仁、义、礼、乐文化的文字颇多，从社会伦理与治国理政等方面深刻阐述了仁义礼乐的功能与运用，因此值得研究。本文主要从仁义礼乐的产生、作用以及仁义与道德的关系等几个方面集中论述了《淮南子》中的仁义礼乐文化，并对《淮南子》中仁义礼乐思想的当下意义予以阐释。

关键词：《淮南子》；仁义礼乐；道德

《淮南子》又名《淮南鸿烈》，系淮南王刘安（前179—前122年）招集宾客集体创作。《淮南子》全书共有二十余篇，体系庞大，内容丰赡，涉及天地万物、事态风情以及人类社会的各个方面，在《淮南子》博奥深宏的论说中，对于仁义礼乐文化的论述有很大的篇幅，尽管这些论说散见于不同的篇章，但论述深刻而精辟。本文意在整理散见于《淮南子》中的仁义礼乐文化方面的论述，并主要从仁义礼乐的产生及其社会功能等几个方面分析研究《淮南子》中的仁义礼乐思想，并试图阐释其当下意义。

一、《淮南子》论"仁义礼乐"的产生

探究仁义之本，需溯礼乐之源。仁义礼乐是中国文化重要的构成要素，关于仁义礼乐的产生，《本经训》说："逮至衰世，人众而财寡，事力劳而养不足，于是忿争生，是以贵仁。仁鄙不齐，比周朋党，设诈谞，怀机械巧故之心，而性失矣，是以贵义。阴阳之情，莫不有血气之感，男女群居杂处而无别，是以贵礼。姓名之情，淫而相协，以不得已，则不和，是以贵乐。是故仁义礼乐者，可以救败，而非通治之至也。"《淮南子》认为：仁义礼乐产生于"衰世"，古代圣

作者简介：张良宝，男，淮南师范学院音乐与舞蹈学院副教授。

人因与天地同气，因此不需要仁、义、礼、乐，只有在衰败之世，才会因纷争而产生对仁爱的期盼；因纯真本性的丧失而产生对道义的追求；因人有阴阳二气交汇充满了血气的冲动，便提倡尊重礼节；因人性中情欲失调，便提倡乐教。

作为中国传统文化的有机组成部分，礼乐是“中国传统文化中与礼制或礼俗仪式相须固化为用的乐舞形态”①。礼乐文化产生于远古时期的祭祀活动及其相应的礼俗仪式与礼乐活动，西周时期，宗教性礼乐让位于政治性礼乐，礼乐从此由神坛进入人间，礼乐之道成为治国之道。《淮南子》以道家思想为主旨，提出了对《老子》《庄子》中的“道”论及“无为”论的个性化解释，明确提出“无为”并非无所事事、无所作为，更不是违背自然之理的主观妄为，而是应该“循理而举事”，即顺应自然和人类自身及社会规律行事，强调天地“合和”的思想主旨。《淮南子》在论及礼乐的产生与社会功能时，是将其与仁义、道德等文化现象结合在一起来综合阐发的。

二、《淮南子》论“仁义礼乐”的作用

关于仁义礼乐的用法，《淮南子》有时将四者合称，有时各自独立使用，还有时将仁义或礼乐连用，而且对仁义礼乐所秉持的态度也有所不同，有时正面赞许，有时又负面讥讽或严厉批评。《本经训》说：“立仁义，脩礼乐，则德迁而为伪矣。及伪之生也，饰智以惊愚，设诈以巧上。天下有能持之者，有能治之者也。”对于鼓吹仁义礼乐造成的饰智求诈、伪匿不实的风气，提出严厉批评，认为仁义礼乐蒙蔽了人的恬淡清净的本性，并强调缘饰礼乐会导致劳民伤财的后果。《齐俗训》说：“性失然后贵仁，道失然后贵义。是故仁义立而道德迁矣，礼乐饰则纯朴散矣，是非形则百姓眩矣，珠玉尊则天下争矣。凡此四者，衰世之造业，末世之用也。”《淮南子》认为，仁义礼乐是衰落之世的必然产物，随着社会的发展，纯朴消失，人们争斗不休，道德沦丧，失去了人性的根本，提醒为治者要正视这一事实，并尽力纠偏救弊。

《淮南子》还认为：对仁义礼乐的提倡与规定，只能补救暂时的混乱，而不能解决天下的根本问题。《淮南子》肯定仁义礼乐是政治体系中的重要组成部分，在世道衰落之时可以“救败”。《本经训》认为：“夫仁者，所以救争也；义者，所以救失也；礼者，所以救淫也；乐者，所以救忧也。”《淮南子》指出了仁义礼乐的社会作用：仁爱可以用来制止互相争斗；大义可以用来解救本性的丧失；礼节可以用来制服相互淫乱；乐教可以用来解救忧愁。由此可

① 项阳：《“礼乐文明”的困惑》，《中国音乐学》，2015 年第 1 期，第 6 页。

见，《淮南子》对于与“道”的内涵相同或密切相连地蕴含了仁义礼乐是予以赞同的，而对于脱离了“道”的实质与根本、作为“文饰”的仁义礼乐是持否定态度的。如果说衰世会产生仁义礼乐，并且虽然“可以救败，而非通治之至”，那么只有重返“同气于天地”的“大道”世界，才能从根本上解决治理天下的问题，因此，《本经训》说：“神明定于天下，而心返其初；心返其初，而民性善；民性善而天地阴阳从而包之，则财足；财足而人赡矣，贪鄙忿争不得生焉。由此观之，则仁义不用矣。道德定于天下而民纯朴，则目不营于色，耳不淫于声，坐俳而歌谣，被发而浮游，虽有毛嫱、西施之色，不知悦也；《掉羽》《武象》，不知乐也；淫泆无别，不得生焉。由此观之，礼乐不用也。”

《淮南子》强调：“今背其本而求于末，释其要而索之于详，未可与言至也。”站在时代发展的高度，既指出了社会发展中“舍本求末”的问题，认为仁义礼乐是衰落之世的必然产物，提醒为治者要正视这一事实，并尽力纠偏救弊，同时表达了“不先物为”“不易自然”“循理而举事”的治国主张。《原道训》说：“是故不得于心，而有经天下之气，是犹无耳而欲调钟鼓、无目而欲喜文章也，亦必不胜其任矣。”这里是说，治理天下，心中必须有大道的主宰，否则就如同无耳之人为钟鼓调音，亦如同无目之人喜欢文采。

三、《淮南子》论“仁义”与“道德”

“道德”与“仁义”是《淮南子》一书中的核心范畴，关于道德，《淮南子》说“率性而行谓之道，得其天性谓之德”，认为“道”就是要依循本性而行事，“德”就是要得到天然的本质或属性。《淮南子》在广泛运用“道德”范畴的同时，常将“道德”适配“仁义”。《淮南子》主张以“道德”来统领仁义礼乐的施用过程。《淮南子》认为，只有“神明、道德定于天下”才是解决治理国家问题、实现盛世的根本，并强调“神明”的缺失会导致德衰、行沮、和失、礼淫。“是故德衰然后仁生，行沮然后义立，和失然后声调，礼淫然后容饰。是故知神明，然后知道德之不足为也；知道德，然后知仁义之不足行也；知仁义，然后知礼乐之不足脩也”，意思是说：“仁”生于“德衰”，“义”立于“行沮”，“乐”生于“和失”，“礼”生于“淫乱”。《淮南子》在要求人们恪守道德的同时，强调了“仁义礼乐”对于“德衰”“行沮”“和失”“淫乱”具有规范与制约的作用。

《本经训》说：“天地之合和，阴、阳之陶化万物，皆乘人气者也。”指出天地之间的气体相互融合，阴阳之气和化为万物，一切都顺应天地的合和之气，因此“古之人同气于天地，与一世而优游。当此之时，无庆贺之利、刑罚之威，礼义廉耻不设，诽誉仁鄙不立，而万民莫相侵欺暴虐，犹在于混冥之中”。正是由于古代圣人与天地同气，故能在世间悠闲遨游，如同生活于大冥之中，无利益纷争、无刑罚之威、无礼义廉耻，也无诽谤赞誉和仁慈卑鄙之念，这是以道家“天道”的观念解读世界，反映了《淮南子》崇尚合和的理想境界，体现出自然论、本体论和认识论的哲学特点。

四、《淮南子》仁义礼乐思想的当下启示

“礼仪之邦”是中国古代礼治文明的产物，享誉中国数千年，为全体中华儿女所自豪。“仁义礼乐”渗透于中国社会的方方面面，在数千年的发展中，代代相传，持续不断。《礼记·冠义》曰：“人之所以为人者，礼义也。”强调礼义在人类社会发展中的地位。诞生于汉代中原大地、淮河流域的文化巨著《淮南子》是一部思想文化的宝库，其中的“仁义礼乐”思想总结了三代以来中国社会伦理的全部要义，譬如要求人们知晓礼义廉耻，提倡仁义礼乐，维护社会稳定，促进人们和谐共荣。这些思想对今天国家的政治建设、文化建设、法制建设依然具有十分重要的现实意义。《淮南子》认为：“民无廉耻，不可治也。非修礼义，廉耻不立。民不知礼义，法弗能正也。非崇善废丑，不向礼义。无法不可以为治也，不知礼义不可以行法。法能杀不孝者，而不能使人为孔、曾之行；法能刑窃者，而不能使人为伯夷之廉。孔子弟子七十，养徒三千人，皆入孝出悌，言为文章，行为仪表，教之所成也。墨子服役者百八十人，皆可使赴火蹈刃，死不还踵，化之所致也。”这是从礼义与法的视角看待人与社会。法的发展规律告诉我们，法的发展和发挥如果失去了传统文化的动力就会成为无源之水、无本之木，唯有尊重法的规律，接续传承历史悠久的传统，中国现实社会的运行才能在这个价值多元、文化多彩的世界中，找到自己的立足点，才能创造出与世界其他文明比肩而立的现代中华文明。

《淮南子》仁义礼乐思想至今仍在影响着中国人的日常生活与国家发展战略。中共中央办公厅、国务院办公厅印发了《关于实施中华优秀传统文化传承发展工程的意见》，其中明确指出“文化是民族的血脉，是人民的精神家园。文化自信是更基本、更深层次、更持久的力量。中华文化独一无二的理念、智慧、气度、神韵，增添了中国人民和中华民族内心深处的自信和自豪”，要“把中华传统优秀文化全方位融入思想道德教育、文化知识教育、艺术体育教育、社会实践教育各环节，贯穿于启蒙教育、基础教育、职业教育、高等教育、继续教育各领域”。中华传统优秀文化不仅铸就了历史的辉煌，而且在今天依然闪耀着思想的光辉、充满智慧的力量，继承包括《淮南子》在内的优秀传统文化要注重与时代发展相适应，充分吸收仁义礼乐思想，实现人民亲亲，国家亲民，世界大同

的美好梦想。

参考文献：

［1］刘安．淮南子［M］．陈广忠，译注．北京：中华书局，2012.

［2］张自慧．礼文化与致和之道［M］．上海：上海人民出版社，2012.

［3］安徽省《淮南子》研究会．《淮南子》研究［M］．合肥：黄山书社，2011.

［4］刘康德．淮南子鉴赏辞典［M］．上海：上海辞书出版社，2012.

［5］马小红．从“礼仪之邦”到“依法治国”［N］．光明日报，2017-05-01.

五禽戏之文献传存与功法流变新考

魏燕利　赵克军

摘　要：中国古代著名的导引养生操五禽戏，不仅有东汉末年出现的“华佗五禽戏”（或称作“古本五禽戏”），明代中后期还出现了一种“新五禽戏”（或称作“明本五禽戏”）。华佗五禽戏最先由东晋张湛等人编撰的《养生要集》收载，后来南朝的陶弘景将《养生要集》摘编为《养性延命录》，华佗五禽戏也随之传存其中。由于《养生要集》亡佚，《养性延命录》本的五禽戏便成为迄今所见华佗五禽戏的最早版本。隋唐时期，华佗五禽戏还曾一度被道书《太上老君养生诀》载录并神化过。明代的新五禽戏最早见于《卫生真诀》，而非《万寿仙书》，其后又演化出《赤凤髓》和《内外功图说辑要》等版本。华佗五禽戏与新五禽戏在功法等方面都有所差异。

关键词：华佗五禽戏；新五禽戏；导引

引　言

在中国传统体育文化中，五禽戏、八段锦和易筋经一起构成了中国古代最著名的三大导引养生系统。而此三者中，又以模仿五种动物动作神态的五禽戏创始最古，传承最久。

谈及五禽戏，自然会想到华佗，而中国古代所谓“禽戏”之类的导引术又不只有华佗所传授的那一种版本。据传世文献及近世考古资料证实，在华佗之前之后，还有一些“禽戏”的记载或图文。譬如，《庄子·刻意》中提到的“熊经鸟伸”，《淮南子·精神训》中的“熊经鸟伸，凫浴蝯蠼，鸱视虎顾”等记载即透露出早在华佗之前的战国及西汉，“禽戏”之类导引术已经存在。不过，更难得的是，20 世纪七八十年代，长沙马王堆一号汉墓出土的帛画《导引图》和湖北张家山汉墓出土的竹简《引书》中也都包含某些“禽戏”的具体内容。前者

作者简介：魏燕利，淮北师范大学政法学院副教授；赵克军，淮北师范大学政法学院副教授。

中有“熊经”“鹤□”“鹞弘（肱）”等图式及题名，后者中则用隶书誊写了“虎雇（顾）”“凫沃（浴）”“熊经”等十几种仿生“禽戏”。这两种考古文献都出自西汉前期的墓葬，要比华佗于东汉末年传授五禽戏的故事早约三百五十多年。然而，抑或正是从华佗开始，才把这种古已有之的“禽戏”浓缩成便于后人传承与仿效的五禽戏。或许因为如此，在华佗没世十几个世纪之后的明代中后期才出现了一种假托华佗之名的新五禽戏。当今学界一般把华佗传授的五禽戏称为“古本五禽戏”或“华佗五禽戏”，而把假托版的五禽戏称为“明本五禽戏”或“新五禽戏”。迄今，学界对这两种五禽戏的研究多偏重于前者，已取得的成果中有的着眼于对其历史渊源、文化机理以及价值方面的探讨，有的着眼于对其进行实践开发。而吴志超的《导引健身法解说》一书则主要从文献角度分别对这两种五禽戏作了考查。不过，笔者近来在查阅古代五禽戏的相关资料后发现，吴先生对这两种五禽戏的相关论述还有值得商榷与完善之处。鉴于此，有必要对这两种版本的五禽戏做进一步梳理。

一、华佗五禽戏的文献传存

（一）从《养生要集》到《养性延命录》

据现存文献，最早记载华佗传授五禽戏的是西晋史学家陈寿撰写的《三国志》，后来南朝史学家范晔的《后汉书》中也有类似的记载。不过，这两部史书都只记载了华佗向弟子传授五禽戏一事的梗概，而对五禽戏功法本身却只言其名，未见其详。有幸，东晋张湛、道林等人编撰《养生要集》时把五禽戏功法作了具体的记载。不过，学界却常常把这一功劳赋予陶弘景的《养性延命录》。其实也难怪，因为如今我们见到的五禽戏的最早版本就是《养性延命录》本，《养生要集》本虽早，却早已亡佚了。若是细究起来，五禽戏的《养性延命录》本不过是《养生要集》本的摘抄而已。对此，陶弘景在其《养性延命录》序言中讲，《养性延命录》是据《养生要集》“略取要法，删弃繁芜，类聚篇题”而成。可见，五禽戏在汉末出现后，到东晋时才被张湛、道林等人搜集整理编入《养生要集》，后来又被南朝的陶弘景摘编到《养性延命录》中。后来，由于《养生要集》亡佚，所以《养性延命录》本自然就成了现存五禽戏的最早版本。虽然《养性延命录》只不过是《养生要集》的摘编，但若无此次文献传存之接力，恐怕我们对华佗五禽戏就只能闻其名，而难见其详了。

（二）曾被神化了的华佗五禽戏

除《养性延命录》外，华佗五禽戏还有一个现存较早的版本，即《太上老君养生诀》本。《太上老君养生诀》之内容共有三大部分，五禽戏位列篇首。《太上老君养生诀》与《养性延命录》一样都属于明代《正统道藏》中的道教养生篇目。虽然二者所载五禽戏都是华佗五禽戏，但在五禽功法排列次序、语言表述、功法效果等方面有一些差异。譬如，《养性延命录》中五戏功法的顺序是虎、鹿、熊、猿、鸟，而《太上老君养生诀》中则是虎、熊、鹿、猿、鸟。再者，在功法的施行效果方面，《养性延命录》中只是说："吴普行之，年九十余岁，耳目聪明，牙齿坚完，吃食如少壮也。"① 这样，还比较符合生活实际。不过，《太上老君养生诀》中却说："普施行之，年九百余岁，耳目聪明，牙齿完坚……佗行之，年过万岁……"这实际上是按照道教长生成仙的宗教信仰把五禽戏神化了。

《太上老君养生诀》以"老君"的口吻说事，显然是一种假托，其编撰年代可通过分析其内容来源而了解个大概。

首先，该道书中的第三部分"养生真诀"中的部分内容与另一道书《抱朴子养生论》的内容非常接近。虽然《抱朴子养生论》冠以"抱朴子"之名，但在《道藏》中独成一篇，并不在传世的《抱朴子内篇》之列。据现存文献，《抱朴子养生论》最早由《宋史・艺文志》著录，而内容则与《抱朴子内篇・地真》和《备急千金要方・道林养性》有相同之处。可见，《抱朴子养生论》不一定是葛洪所撰，或许是唐代人作品，而托以抱朴子之名。若再将《太上老君养生诀・养生真诀》与《抱朴子养生论》中的相应内容进行比较后会发现，应该是《太上老君养生诀》摘编了《抱朴子养生论》的内容。因而，《太上老君养生诀》应该是晚于《抱朴子养生论》的唐代人的作品。

其次，《太上老君养生诀》之"服气诀"部分中有关于心、肺、肝、脾、肾五脏病的症候及相应的气法治疗。若把这些内容与隋代巢元方《诸病源候论》中相应的五脏六腑病内容相比较后会发现，对同一脏器之病而言，二者所述病症与治疗方法是大体相同的。只是《太上老君养生诀》要比《诸病源候论》多出"相法"一项。譬如，对心脏病的症状二者都说："心病者，体有冷热。"治法都主张用"呼""吹"两气法。但《太上老君养生诀》中多出"相法：心色赤，梦中见人著赤衣持刀杖及火来怖人"② 的内容。由此可以推断，《太上老君养生诀》应创编于《诸病源候论》之后。再者，若把《太上老君养生诀》中治疗五脏病的气法内容与胡愔的《黄庭内景五脏六腑补泻图》中的相比较，前者又显得比后者较为原始朴素了。可见，《太上老君养生诀》可能成书于《黄庭内景五脏六腑补泻图》之前。

综上，《太上老君养生诀》应编撰于隋代巢元方的《诸病源候论》或初唐孙

---

① 《太清导引养生经养性延命录》第102页。

② 《道藏》第18册第413页。

思邈的《备急千金要方》之后，而又在晚唐胡愔的《黄庭内景五脏六腑补泻图》之前。隋唐时期，尤其是唐代统治者尊崇道教，并奉老子为先祖。抑或在此背景下，《太上老君养生诀》的作者才把包括五禽戏在内的一些养生方术纂辑起来，并赋予了“太上老君”的神化色彩。

二、明代出现的新五禽戏

（一）新五禽戏的几种版本及渊源关系

明代中后期开始出现的新五禽戏仍以“虎、鹿、熊、猿、鸟”为动作之纲纪，且亦自称源自汉神医华佗。质而言之，这种五禽戏的具体动作与古本五禽戏差别很大，应是借华佗与五禽之名而新创的一种五禽戏。研究中国古代导引术的有名学者吴志超认为，这种新五禽戏“首见于明代罗洪先所撰《万寿仙书》”。而近年来，有学者发现《万寿仙书》是节取《万育仙书》的明天爵堂本之下卷后分成两卷，并利用改书名及编著、出版者的名字等手段作伪而成。既然如此，吴先生之说应改为新五禽戏首见于《万育仙书》。不过，事情并不如此简单。其实，新五禽戏还有一个更早的《卫生真诀》本，其传刻者是罗洪先。罗洪先，字达夫，号太玄散人，江西吉水人，明代大儒。《卫生真诀》一书是他在嘉靖辛酉年（1561）游历访道，于洛阳梨春院邂逅道人“朱神仙”所得，后于嘉靖乙丑年（1565）初春时作序并私藏此书至去世。后来，此书稿又为辛丰居士所得并于明万历丁酉年（1597）付梓出版，书名为《新镌卫生真诀》①。该书虽部头不大，却内容庞杂，占篇幅最多的是“仙传四十九方”，新五禽戏则冠以“五禽图”的名号刊于其中。此“五禽图”才是如今见到的新五禽戏的最早版本。

新五禽戏随《卫生真诀》正式出版后，在明末先由曹无极编入《万育仙书》，其后又有书商节取《万育仙书》而编成《万寿仙书》。新五禽戏即随《万寿仙书》而传播更广了。如此，我们今天所见新五禽戏的《卫生真诀》《万育仙书》和《万寿仙书》三种本子，实际上同属于一种版本，并以《卫生真诀》本为最早。

新五禽戏还有一个明代版本，即《赤凤髓》本。《赤凤髓》是明代医家周履靖编撰的一部养生书籍，其出版时间也在明万历丁酉年（1597）。新五禽戏即以“五禽书”之名目收在其第一卷中。此版本的新五禽戏不仅要比《卫生真诀》本的晚30多年，而且功法表述也有较大不同，应该是据《卫生真诀》本改编后的

① 《〈万育仙书〉与〈万寿仙书〉考》第8页。

结果。

另外，新五禽戏还有一个刊于民国初年的《内外功图说辑要》本。此版本的新五禽戏不仅远在《卫生真诀》本和《赤凤髓》本刊行之后，而且据其功法表述推断，应该是据二者改编而成。譬如，《内外功图说辑要》本虎戏中的“两手如提千斤铁重”与《卫生真诀》本虎戏中的“两手如提千斤”差别较大，而《赤凤髓》本虎戏中作“两手如提千斤铁”，与之更为接近。《内外功图说辑要》本鹿戏中的“逢下床时演一次更妙”①，《赤凤髓》本中的此句作“可不时作一次更妙也”②，《卫生真诀》本的此句则作“如下床做作一次更妙”③。此处《内外功图说辑要》本和《卫生真诀》本则更为近似。可见，新五禽戏的《内外功图说辑要》本与《卫生真诀》本和《赤凤髓》本都有一些渊源关系。

（二）新五禽戏不同版本的各自特点

根据上文的分析，明代出现的新五禽戏虽然由《卫生真诀》《万育仙书》《万寿仙书》《赤凤髓》和《内外功图说辑要》等多种书籍刊载过，但本质上其版本却只有三种，即《卫生真诀》本、《赤凤髓》本和《内外功图说辑要》本。这三种版本的新五禽戏不仅在出现时间上有先后之别，而且在内涵和形式上也各有一定特点。

首先，与后两种版本的新五禽戏相比，《卫生真诀》本的新五禽戏显得非常简约。一是整个功法图文之前没有像《内外功图说辑要》本那样有一大段说明文字，只是在最后用寥寥数语点出了功法的来源及功效。再者，每一势的名号仅以“虎形”“熊形”之类称之，而未像《赤凤髓》本那样皆冠以方士、神仙之名。这种朴素简约的风格恰好是其初创时原始形态的一种印证。

其次，《赤凤髓》本的新五禽戏的主要特点是它的每一势的名称都冠以传说中的人物或神仙之名，而且他们的事迹大多发生在秦汉之前，其中最晚的费长房虽为后汉方士，也应早于华佗。可见，此新五禽戏的造作是以汉末华佗传授五禽戏之事为时间参照的。盐官王文禄在所撰《赤凤髓叙》中讲：“又有笑之若元霞子者，曰：‘夫而道也，而凡乎哉？吾闻之，君子之于人也，习其俦而恶非其名。’乃悉按之于古仙之行，若弋若渔、若瑟若琴，为庚桑、为羡门，盖炳然仙群也。”④ 由此可知，《赤凤髓》本新五禽戏每一势的命名是周履靖接受了元霞子

① 《内外功图说辑要》第191页。

② 《赤凤髓》第43页。

③ 《卫生真诀》第62页。

④ 《赤凤髓》第4–5页。

建议后改编的结果。

最后，《内外功图说辑要》本的新五禽戏的主要特点是将新五禽戏与龙虎丹法联系起来，而且主要成为女子入室静炼前之修持功法，即所谓“世之室女，初真之习，先须要静，令熟积气，气积运行，周流百脉，方得气盈。用此五禽势法，其动使却病，生育消长之理，有逐令行之机，然后方得入室静炼，行功再得炼药际遇，诚为易哉”①。与这一转变相适应，不仅《内外功图说辑要》本的新五禽戏名称改成了“五禽舞功法”，而且每一势所绘图像也改作女子形态。综合《内外功图说辑要》诸序可知，对新五禽戏作如此改造的可能正是《内外功图说辑要》的编著者席裕康。

三、华佗五禽戏与新五禽戏之比较

在具体的导引功法方面，不仅华佗五禽戏与新五禽戏之间差别较大，而且后者的三种版本对同一功法的表述也不尽相同。为了对这两种古代五禽戏有一个更清晰的把握，现将它们所包括的导引功法对照见表1：

表1 两种古代五禽戏所包括的导引功法对照

华佗五禽戏	新五禽戏		
	《卫生真诀》	《赤凤髓》	《内外功图说辑要》
第一式：虎戏者，四肢距地，前三踯，却三踯，长引腰，乍前乍却，仰天即返，伏距地行，前却各七过也。	第一虎形：闭气低头，撚拳战，如虎发威势，两手如提千金，轻轻起来莫放气，平身吞气入腹，使神气上而复下，觉腹内如雷鸣，或七次；如此运动，一身气脉调和，百病不生。	羡门虎势戏：闭气低头，拳战，如虎发威势，两手如提千斤铁，轻起来，莫放气，平身吞气入腹，使神气之上，而复觉得腹内如雷鸣，或五七次；如此行之，一身气脉调，精神爽，百病除。	一曰虎，诀曰：如虎形，须闭气低头，捏拳战，如虎发威势，两手如提千斤铁重，起来莫放气，平身吞气入腹，使神气自上而下，复觉得腹内如雷鸣，或五七次；以上如此行持，一身则气脉调和，精神爽快，驱除万病矣。

① 《内外功图说辑要》第191页。

（续表）

华佗五禽戏	新五禽戏		
	《卫生真诀》	《赤凤髓》	《内外功图说辑要》
第二式：鹿戏者，四肢距地，引项反顾，左三右三，左申右脚，右申左脚，左右伸缩亦三止。	第二熊形：如熊身侧起，左右摆脚要后，立定使气，两旁胁骨节皆响，亦能动腰力除肿；或三五次止，能舒肋骨而安，此乃养血之术也。	庚桑熊势戏：闭气撚拳，如熊身侧起，左右摆脚安前投，立定使气，两胁旁骨节皆响，能安腰力，能除肿胀；或三五次止，亦能舒筋骨而安神养血也。	二曰熊，诀曰：如熊形，闭气捏拳，如熊身侧起，左右摆脚要前后，立定，使气归于两旁，夹胁骨节皆响，亦能动腰力，除膨胀，或三五次止，亦能舒筋骨，而安神养血也。
第三式：熊戏者，正仰，以两手抱膝下，举头，左擗地七，右亦七；蹲地，以手左右托地各七。	第三鹿形：闭气低头撚拳，如鹿转头顾尾，平身缩肩，立脚尖跳，跌跟连天柱，通身皆振动；或三次，每日一次也可，如下床做一次更妙。	士成绮鹿势戏：闭气低头，撚拳，如鹿转头顾尾间，平身缩肩立，脚尖跳跌，脚跟连天柱动，身皆振动；或二三次，可不时作一次更妙也。	三曰鹿，诀曰：如鹿形，须闭气低头，捏拳，如鹿转头顾尾，平身端，缩背立，脚尖着地，脚跟连，天柱通，身皆振动；或三两次，每日一次亦可，逢下床时演一次更妙。
第四式：猿戏者，攀物自悬，伸缩身体，上下一七；以脚拘物倒悬，左右七；坐，左右手钩脚五，按头各七。	第四猿形：闭气，如猿爬树，一只手如撚果，一只脚如抬起，一只脚跟，转身更，运神气吞入腹内，觉有汗出方可罢。	费长房猿势戏：闭气，如猿手抱树一枝，一只手如撚果，一只脚虚空握起，一只脚跟，转身更换，神气连吞入腹，觉汗出乃已。	四曰猿，诀曰：如猿形，闭气，如撚拳，一手扑树，一手捏果，一脚虚抬，起脚跟，转身后，握固，神气连吞入腹，觉得汗出，住功。
第五式：鸟戏者，双立手，翘一足，伸两臂，扬扇鼓力，各二七；坐，伸脚起，手挽足趾各七，缩伸二臂各七也。	第五鸟形：闭气，如鸟飞头起，吸尾闾气朝顶，虚双手躬前，头要仰起，迎神破顶。	亢仓子鸟势戏：闭气，如鸟飞欲起，尾闾气朝顶，双手躬前，头腰仰起，迎舞顶。	五曰鸟，诀曰：如鸟飞形，闭气欲起，吸尾闾气朝顶上，虚双手，躬身向前，头要仰起，迎神破顶，又疑入礼拜；此乃五气朝元，六府调和，元气无损，从此百病不生。

通过上表的比较可知，新五禽戏的三种版本的同一式之间其功法实质是相同的，差别主要在文字的表述上。而华佗五禽戏与新五禽戏之间的差别就多了。其一，两种五禽戏之间“五禽”的排序不同。华佗五禽戏的“五禽”排序是：虎、鹿、熊、猿、鸟；新五禽戏则是：虎、熊、鹿、猿、鸟。其二，华佗五禽戏每一式的动作原始朴素，仿生性很强，而新五禽戏仿生性减弱，但新增了行气方面的要求。就以“虎戏”而言，华佗五禽戏的虎戏是单纯地模仿老虎前后跳跃、伸腰等动作，而新五禽戏的虎戏则不仅模仿老虎发威的样子，而且有“轻轻起来莫放气，平身吞气入腹，使神气上而复下，觉腹内如雷鸣”等明确的气法要求。总的来看，华佗五禽戏中无一“戏”谈“气”，而新五禽戏则无一“戏”不谈“气”，有的已不只是简单的要求闭外气，还要行内气。这显然是受唐宋以来道教内丹术影响的结果。其三，就单纯的仿生功法而言，两种五禽戏之间虽有类似，却不相同。譬如，华佗五禽戏的猿戏是模仿猿猴正悬或倒悬于树上的动作，而新五禽戏的猿戏模仿的则是猿爬树摘果，动作难度有所降低。华佗五禽戏与新五禽戏间表现出的后两点差别，恰好说明中国古代五禽戏的演化也没有逃脱唐宋以来道教内丹学的影响。

结语

作为中国传统导引养生操之一的五禽戏自东汉末年面世以来，至今已有约一千八百年的历史。在长期的传存与演变的过程中，医家、儒家、道家和道教等多方人士曾为之付出过努力。特别是道教人士出力尤多，像张湛、道林和陶弘景，或为好道之人，或为道士出身。若没有他们，华佗五禽戏或许已经失传了。罗洪先、周履靖和席裕康等虽出身儒士或商贾，却与“朱神仙”之类道士过往甚密，所以才有新五禽戏的出现与传播。不过，道教对古代五禽戏赋予的神秘化倾向也不容忽视。

双墩刻画符号中的数码

朱勇鸿

双墩遗址发现数字形刻画符号很多，符号均刻画在碗的外底部，为刻画和压画阴文。符号多为单一的形式，少数为组合形。由于中国古代天文学、数学不分，所以多与天文有关。

（1）数码一。一字形刻画符号标本 92T0723（18）：61，一件修复的碗，口微内敛，斜腹内收，圈足形底。其底部有阴刻一字形符号，刻道较清楚，似在未干坯胎上刻画。口径 22.4 厘米、高 7.6 厘米、底径 8.5 厘米。

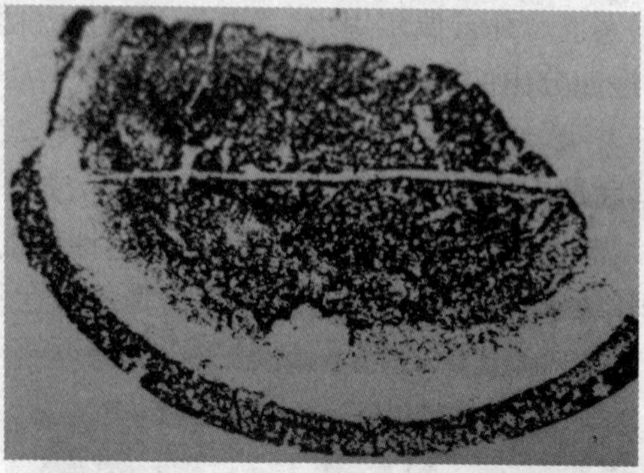

标本 92T0723（18）：61

一，甲骨文作━，是特殊指事字，抽象符号“一”既代表最为简单的起源，也代表最为丰富的浑沌整体。造字本义：最小原始单位，最小的正整数。《说文解字注》：“一，惟初太始，道立于一，造分天地，化成万物。汉书曰。元元本本。数始于一。凡一之属皆从一。一之形。于六书为指事。”

（2）数码二。二字形刻画符号标本 92T0523（11）：28，为一件黑陶碗的残底片，饼形底。其底部有阴刻二字形刻画符号，刻道较清楚，似在未干坯胎上刻画。底径 7.2 厘米。

作者简介：朱勇鸿，男，苏州大学艺术硕士，蚌埠市涂山大禹文化研究会办公室副主任。

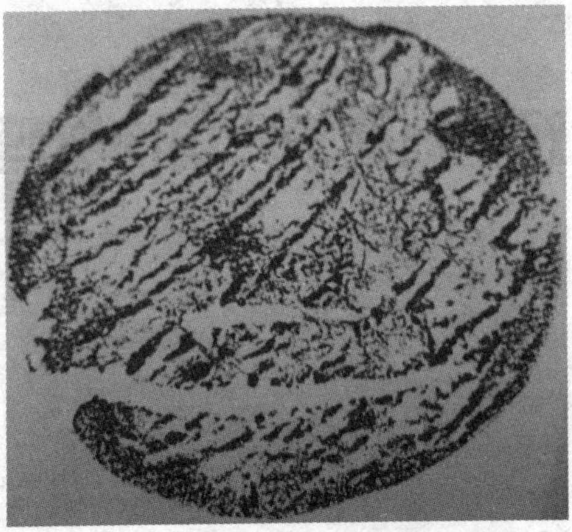

标本 92T0523（11）：28

《说文解字注》："二，地之数也。易曰。天一地二。惟初大始。道立于一。有一而后有二。元气初分。轻清阳为天。重浊音为地。从耦一。耦各本作偶。误。今正。偶者、桐人也。凡云偶尔用之。耦者、二人并耕之称。故凡奇耦字用之。"造字本义：由混沌分出的天、地两极。

（3）数码三。三字形刻画符号标本 91T0620（13）：27，为一件碗的残底片，饼形底内凹。其底部有阴刻三字形符号，刻道较清楚，似在未干坯胎上刻画。底径 10.4 厘米。标本 91T0621（11）：94，为一件碗的残底片，饼形底内凹。其外底部有阴刻三字形刻画符号，压划道较清楚，似在干坯胎上刻画。底径 10.4 厘米。

标本 91T0620（13）：27

标本 91T0621（11）：94

《说文解字注》："三，数名。天地人之道也。陈焕曰。数者、易数也。三兼阴阳之数言。一下曰道立于一。二下曰地之数。王下曰三者、天地人也。老子曰。一生二。二生三。三生万物。此释三之义。下释三之形。故以于文二字别言之。于文一耦二为三。成数也。”

（4）数码四。四字形刻画符号 3 件。标本 92T0622（3）：190，为碗的假圈足饼底底片，外红内黑色陶，底部有一道直线与上下两道斜线组成组合符号，刻道清楚，似在未干坯胎上刻画。底径 8 厘米。标本 92T0622（1）：108，为一件碗的残底片，饼形底内凹。其外底部有阴刻四横一竖数字组合符号，刻道较清楚，似在干坯胎上刻画。底径 8.8 厘米。标本 91T0819（19）：114，为一件碗的残底片，圈足形底。其外底部有阴刻四横线数字组合符号，刻道不清楚，似在干坯胎上刻画。底径 8.8 厘米。

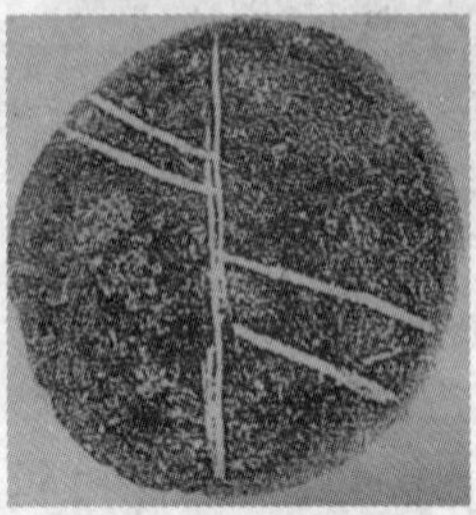
标本 92T0622（3）：190

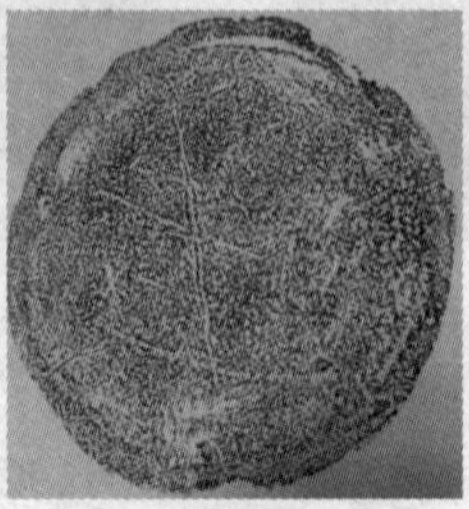
标本 92T0622（1）：108

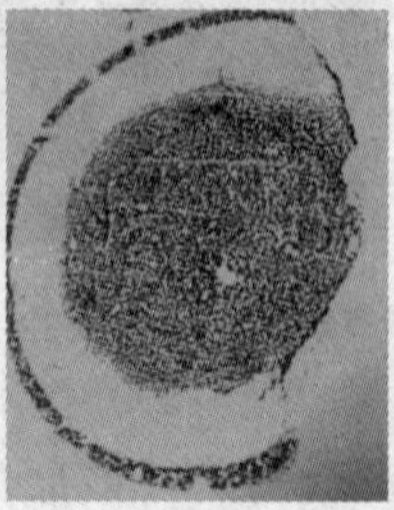
标本 91T0819（19）：114

《说文解字》：“四，阴也。象四分之形。凡四之属皆从四。”

（5）数码五。五字形刻画符号 6 件。标本 92T0722（29）：51，为一件碗的底片，圈足形底。其底部有阴刻两条直线形残符号，刻道清楚，似在未干坯胎上刻画。底径 6.8 厘米。标本 91 采集：4，为碗底残片，饼形底内凹。其外底部有阴刻两条直线形残符号，刻道清楚，似在未干坯胎上刻画。底径 8.2 厘米。

标本 92T0722（29）：51

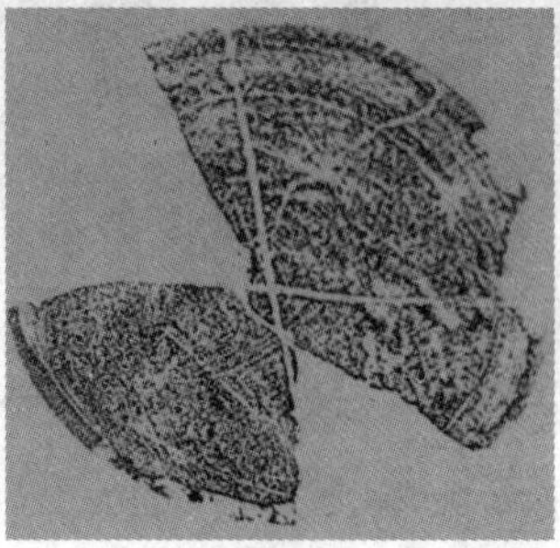
标本 91 采集：4

数码五，简化作“乂”，是新石器时代的常见符号，汉字中的午、巫、舞、无、互，均可视为数码五的同音通借字，《说文》：“巫，祝也，女能事无形，以舞降神者也。”“无形”是指天神、地祇，一切鬼神，本意出“五”，五字是由晷影的连线组成，本是无形之线，故“晷影”即“鬼影”。祭祀天地用“互物”。阴阳交午。“㐅”为爻字的造字依据。

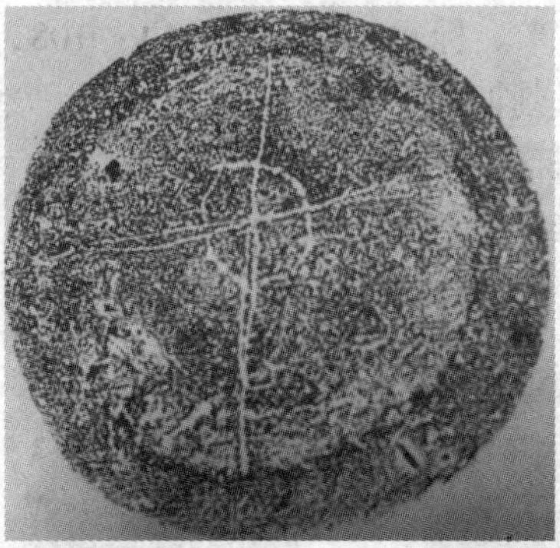

标本 92T0622（17）：107

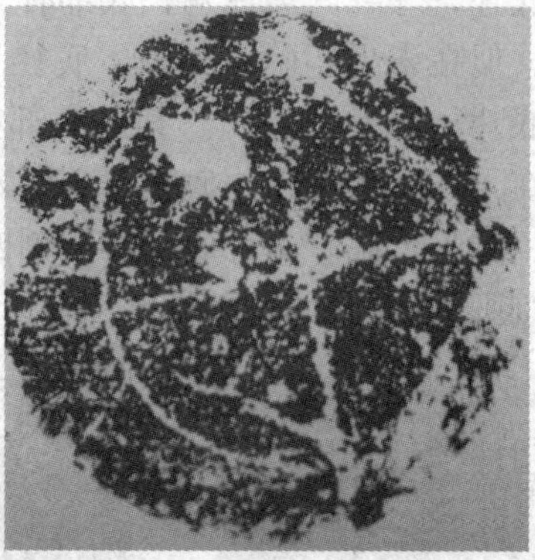

标本 91T0819（19）：171

（6）数码六，最原始、最简化的作“∧”形，标本 92T0622（17）：110，是“角”形符号，具有“方位”与“角分”的意思。作方位讲，被解释为“六合”。彭曦氏说：“‘六合’这一宇宙空间概念，当是由这种房屋的三维六向空间概念发展而来。”这是本于甲骨文六字作“介”以房屋的剖面形立论，比如标本 92T0723（30）：49，是正确的。

标本 92T0622（17）：110

标本 92T0723（30）：49

《说文》：“《易》之数，阴变于六，正于八。从入从八。”此从入从八，也本于甲骨文六字作“介”的字形分析，但“阴变于六”，是与天象气象有关，可视为立杆测影用的符号。《周髀算经》说：“日益表南，晷日益长。候勾六尺，即取竹空径一寸，长八尺，捕影而视之，空正掩日，而日应空之孔。”注：“候其影使长六尺，欲令勾股相应；勾三、股四、弦五；勾六、股八、弦十。”

至此，数码六作“∧”的本义已清楚，是为“勾角”之意。说得明白一些：数码“∧”取形三角形的“角”。推而广之，凡“角”均可以名“六”，字通“陆”，寓意所有“角落”合成“大陆”。再演进一步，成为“六合”，包括了宇宙空间的所有角落，其本源出于“勾股”。古人把勾股术看得非常神秘，《周髀算经》说：“禹之所以治天下者，此数之所生也。”数码六被视为囊括天地宇宙之数。即大禹六月六日诞辰的出典。

（7）数码七。原始刻画符号作“十”，甲骨文中数码七也用“十”字符号表示。

双墩遗址发现“十”字形刻画符号22件，如标本92T0521（18）：24和标本92T0523（10）：26。为阴线刻画和减地剔刻的横竖直线交叉符号，有单线、重线和组合形。大多在碗底外部，也有在喇叭形圈足内壁刻画。其中单线6件、重线9件和组合形7件。

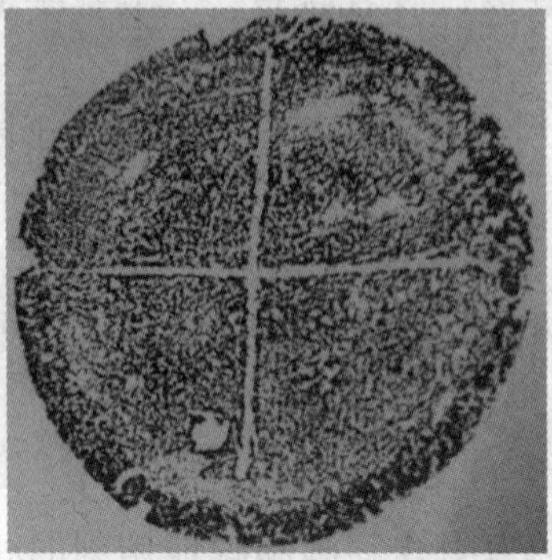

标本92T0521（18）：24

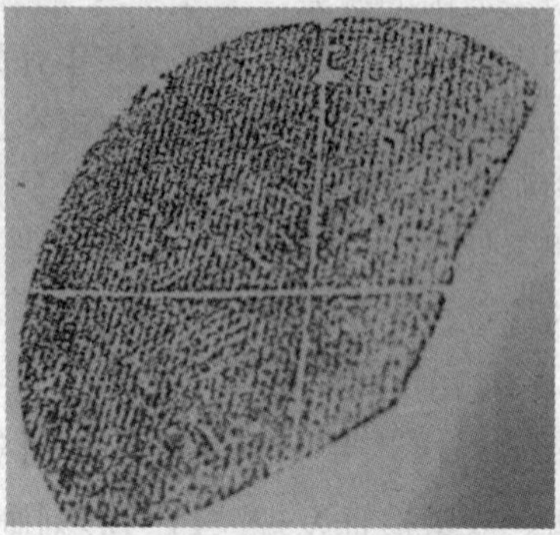

标本92T0523（10）：26

《说文》曰：“七，阳之正也，从一微阴从中衺出也。”又曰：“衺，南北曰衺。”所谓“阳之正”，指七数之内曰阳，又说“微阴从中衺出”，即过了数七，阴气开始冒出，指的是立杆测影中晷影由南向北去，故“南北曰衺”，即阳气到了尽头，阴气开始出现，是夏半年过去，冬半年开始，其晷影长度是七，作为一年分两岁的分界，在此截断或切断。

数码七有截断之意，由此衍生出“七绝”神话，《诗经·小雅·大东》说：“维天有汉，监亦有光。跂彼织女，终日七襄。虽则七襄，不成报章。睆彼牵牛，不以服箱。”

这是一则天象神话，时当七月初七，秋高气爽，夜观天象，银河最为明亮，河北有织女星，河南有牛郎星，牛郎织女七夕相会，过一个快乐的夜晚，反映的是先民们的“秋社”或“秋尝”祭祀。为了优生优育，之后男女要分开一段时间即截断来往。屈原《楚辞·天问》：“禹之力献功，降省下土四方。焉得彼涂山女？而通之于台桑？”即是大禹参加涂山氏国的“秋社”或“秋尝”祭祀，还可能是“春社”或“春尝”祭祀，大禹和涂山氏女得以合欢，婚后四日出门治水。《孟子·滕文公》说：“禹八年于外，三过其门而不入。”儒家解读为大禹治水公而忘私，从优生学角度来看，禹之所以“三过其门而不入”，是因为害怕妻子怀孕后，过夫妻生活会影响孩子的发育，不得不离家外出工作。此是“七绝”本义，后世“烧七”，凶神“七煞”，均得数码七的古义。

又“十”字形标志是最古老的，可能具有大量神秘意义。“十”字形是远古就存在的普遍符号，代表了太阳。巴比伦太阳神，作为太阳神的最重要的标志；通常与外接圆组成太阳轮。另外“十”字形也象征了生命之树，是一种生殖符号，竖条代表男性，横条代表女性。横的代表阴，竖的代表阳，也是一种淫乱的标志。“十”字形出现在墨西哥、秘鲁，最为重要的是出现在中美洲，暗指四种风，它们是造雨的源泉。“十”字形和基督被钉有着联系，“十”字形于公元431年被引入基督教会，公元586年开始被立在教堂顶端。

1949年3月18日美国和西欧国家公开组建北大西洋公约组织，于同年4月4日在美国华盛顿签署《北大西洋公约》后正式成立，其标志就是“十”字形。

在萨满教看来，“十”字形是萨满祈求沟通天地与人世的一种灵物，向下传达神灵的旨意、向上表达人们的愿望，是萨满作法术时“通天地、近鬼神”的法物。

（8）数码八。半坡彩陶符号作“)(”，甲骨文、金文中还如此作，是相背的两个圆弧。双墩遗址发现“)(”形刻画符号为阴线刻画和减地剔刻的相背的两个圆弧，如标本86T0720（3）：52，标本86T0720（3）：85，标本86T0720（3）：49。多在碗底。

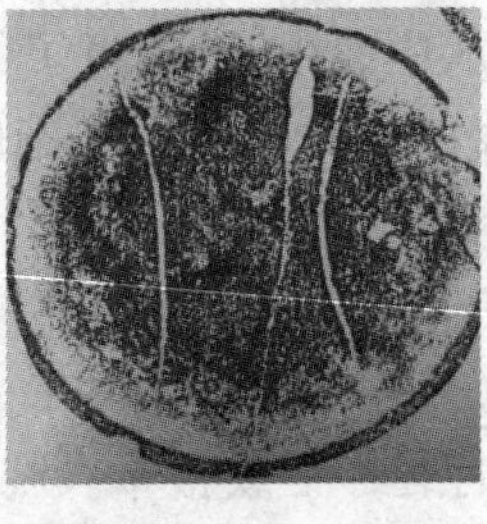

标本86T0720（3）：52

标本86T0720（3）：85

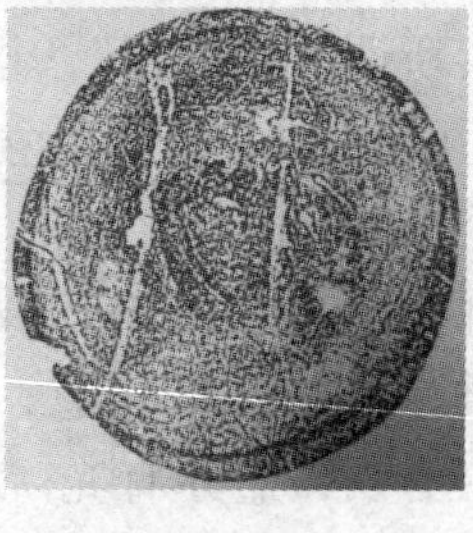

标本86T0720（3）：49

《说文》："八，别也，像分别相背之形。"构义与四方位中的"北"字近似，《说文》："北也。从二人相背。"两字均有相背分别义。那么数码八是表示的是立杆测影中晷影已经到了北方，此时晷影在"四段八节"之上，所谓"别也"，是告别了夏半年，已进入冬半年；取两圆相背之形，以示赤道圈外的晷影，与赤道圈内的晷影相背。《周髀》说：

冬至之后日右行，夏至之后日左行；左者往，右者来。注："冬至日出，从辰来北，故曰右行；夏至日出，从寅往南，故曰左行。"

即冬至之后，太阳上中天时的晷影从北向南走，夏至之后，晷影从南向北走。一南一北，晷影在四段八节上的时候形成相背之形，故以两个相背的圆弧用为数码八。据此，数码八，实指春分与秋分时的晷影，应是分别之"分"，甲骨文，从八从刀的造字依据。

(9) 数码九。《说文解字》："九，阳之变也。象其屈曲究尽之形。凡九之属皆从九。"金文九字作，正是蛇蜥之形。

位于蚌埠市禹会区的禹会村遗址是淮河岸边的新石器时期龙山文化晚期的一处较大的古人类聚落遗址。根据 C－14 测定，距今约 4100 年，与传说中的大禹时代基本相符。遗址中出土了一件陶蜥蜴。《说文》："易，蜥易，蝘蜓，守宫也，象形。"禹作夏易连山。

所谓"屈曲究尽"，是已经追究到了根底，再深究没有了；所谓"阳之变也"，在立杆测影上便是冬至日出日落，夏至日出日落的晷影。《周髀》说：

冬至昼极短，日出辰而入申。阳照三，不覆九。东西相当正南方。夏至昼极长，日出寅而入戌。阳照九，不覆三。东西相当正北方。

此即"屈曲究尽"的"九"字的造字依据，图像应是以立杆为中心，在地平日晷上画通向四隅的蛇迹兽蹄之形。

(10) 数码十。纵线"丨"用为数码十，是最常见的符号，甲骨文数码十也如此作。双墩刻画符号中与数码一重复。《说文》："丨，上下通也。引而上行读若囟，引而下行读若退。凡丨之属皆从丨。"所谓"上下通"，上通天，下通地，则"丨"为贯通天地四方的巫术符号，应取象于神棍。又与"丨"同部有"中"字，《说文》："中，内也，从口；丨，上下通。"字形穿过平面的中垂线，即上下通。甲骨文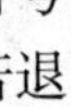，是地面中央立的旗帜，肖良琼氏以为取象于立杆测影，表示太阳在上中天时的晷影与立杆垂直。周代以后用十字符号为数码十，《说文解字注》："十，数之具也。汉志。协于十。一为东西。丨为南北。则四方中央备矣。"四方中央本于立杆测影的太阳方位，说明数码十取音于太阳名"日"，《说文》："日，实也，太阳之精不亏。"十乌因"五段十节"的无形即乌有之线得名，而其本源出于立杆测影的立杆为"实体之物"，故数码十取象于立杆测影的立杆或立柱。由此衍生出"日之数十，故有十时，亦当十位"，或"数十日，数十也"。

古人用数码一、二、三、四（亖），是积划为数，称筹，或称策。数码五以上，出于立杆测影，并与历法结合。《洪范》说："五行：一曰水，二曰火，三曰木，四曰金，五曰土。"一至五为天五行，即生数五行，实即一岁中的前半岁。顺此类推，"六曰水，七曰火，八曰木，九曰金，十（五）曰土。"这便是地数五行，或称成数五行，实即一岁中的下半岁。

参考文献：

[1] 阚绪杭，黄群，徐大立．蚌埠双墩：新石器时代遗址发掘报告［M］．北京：科学出版社，2008.

[2] 陆思贤．神话考古［M］．北京：文物出版社，1995.

[3] 冯时．中国天文考古学［M］．北京：中国社会科学出版社，2010.

安徽淮河流域地区对“孝”的诠释

——以光绪《凤阳府志》为考察中心

蒲　霞

摘　要： 通过地方志《人物传·孝友》《列女传》下的“孝女”和“孝妇”所收录的众多行孝者的事迹，我们可以从不同层面上了解安徽淮河流域人们孝行的具体表现，以及他们对于“孝”的诠释。行孝者人数众多，扩大“孝”的基础；行孝对象类型多样，扩大“孝”的范围；孝行形式各异，拓展“孝”的途径；旌表方式多样，树立“孝”的榜样；忠孝仁义皆备，申发“孝”的内涵。“孝”通过不同人群、不同行为的演绎，其内涵日渐丰富，孝文化的内容也在不断地丰富和完善之中。

关键词： 安徽淮河流域地区；光绪《凤阳府志》；孝；内涵；诠释

“孝”是儒家思想的核心，是一切人际关系与社会关系得以形成和确立的精神基础，是维系社会秩序、国家管理的最根本的准则之一。“孝，天之经也，地之义也，民之行也。”“孝”在历史上发挥了多方面的作用，诸如修身养性、融合家庭、报国敬业、凝聚社会、塑造文化等。人们用不同的行为和表现诠释“孝”的内涵，“孝”的含义也得到演绎和丰富，并逐渐成为一种文化现象——孝文化，诠释孝道、遵循孝道、传承孝道是其重要内容。

通过阐释地方志保存的资料，可以总结出安徽淮河流域地区“孝文化”的具体内容。人们用自己的言行演绎“孝”，进一步丰富了“孝”的内涵。

一、行孝者人数众多，扩大“孝”的基础

地方志只记载善人善事，对于行孝者往往非常重视。从地方志记载的情况看，安徽淮河流域行孝者包括不同年龄、不同性别、不同身份的人，既有男子，亦有女子，既有成年人，亦有未成年人。

作者简介： 蒲霞，女，安徽大学历史系副教授。

地方志一般在“人物传”下专设“孝友”一目收录孝子的事迹，孝子在行孝者中所占比重最大。明朝宿州人赵铭，“父畿官金华府推官，母病于官署，刲股和药以进得愈”，“同州人张应登母病刲股和药亦愈”。庠生王德教，“父病十年不起，衣不解带。父殁，德教亦毁卒”。孝子是行孝者的主体。

地方志在《列女传》下收录“孝妇”“孝女”，对女子的孝行也进行了专门的记载。但囿于当时的观念，地方志中收录的“孝女”“孝妇”的人数远远少于孝子。虽然古代女子没有太高的社会地位和家庭地位，但女子在行孝尽孝方面一点也不逊色于男子。“潘麟妻高、生员岳生璧妻俞、田民恰妻连、张棠妻史、尹端母陈、徐氏，以上皆刲股疗姑疾。”“吴翠亭妻陈，夫卒孝事翁姑，姑卧病七年，侍奉不倦以贤孝称，寿百岁以上。”女子对于家中长辈皆以孝相待，即使丈夫去世，她们也仍不改孝心。

成年人行孝尽孝是社会的普通现象，而未成年人对长辈也十分孝顺，极尽孝心。地方志中对这些情况也有所记载。“王延龄年十二父病十年不起，刲股以进，亦得愈。”“陈元绶，凤阳人，年十七母病，刲股不效，哀毁成疾而卒。”“许士俊，怀远人，年十七随父渡淮，父坠水，士俊急入水救之，父子俱死，逾三日抱父尸出，万历间旌。”“李绂，字玉书，凤台诸生。父客闽病殁，绂年十五步行数千里负遗骸归。”未成年男子的孝行令人敬佩，而未成年女子也对长辈孝养有加。“陆氏女，年十四刲股愈父疾。”“倪汝舟次女卯姑，生有至性。年十四母病，愿天请代，母殁哭泣尽哀，仰药死。”小小年纪有如此孝心，令人赞叹不已。

安徽淮河流域行孝的情况非常普遍，除了一人尽孝，还存在一家多人行孝的情况。父子皆孝，“赵直，字介夫，灵璧人。嘉庆辛未，钦赐国子监学正。直少孤事母孝，母患目疾，晨夕以舌舐之，三年得复明。母疾笃祷天求代得愈。……子发斋，庠生，事直能孝，直卒庐墓三年”。夫妻皆孝，“顾大伦，定远庠生。父老病刲股和药，妻黄氏亦刲股和羹以疗姑病”。“庠生刘凤举父殁哀毁骨立，母疾祷天愿以身代，妻谢氏复割股以进得愈”。母女皆孝，“崔翰章妻王，瓦□集王月玲之女。其母黄氏贤淑，曾刲股救父，女秉其训，未嫁时祖母病剧，女割股煎药以进，祖母立瘳。翰章早殁，氏节孝两全”。全家皆孝，“方大福，寿州人。母病刲股以进，妻罗氏亦如之。后罗氏病，子正华亦割股进，妻孔氏亦如之。正华生母病，孔氏复割股进。人谓一门世孝”。

光绪《凤阳府志》还收录了义婢之事。“守备陆仲魁女明贞姑，母病衣不解带者数年，父病吁天请代，刲股愈之。后女病殁，婢海棠感女义，不食死”，女婢为女主人孝行所感，在女主人去世后绝食而死。

个人行孝，群体尽孝，形成了庞大的行孝者队伍，安徽淮河流域的“孝”

有了坚实的基础。

二、行孝对象类型多样，扩大“孝”的范围

综观地方志的记载，安徽淮河流域行孝的对象除了亲生父母外，还包括有着血缘关系的家族长辈，以及没有血缘关系的长辈。

对于亲生父母行孝尽孝是“孝”最基本的内涵，是人最基本的准则。地方志收录的孝行大多是这一类型。“薛相，怀远岁贡，临城县教谕。颇能以文学教士，事孀母徐氏尽孝。”“刘三益，宿州诸生。性豪迈，不畏强御。弱冠时拯父于危州。”

安徽淮河流域的人们秉承传统“孝道”，在对亲生父母尽孝的同时，还扩大了行孝的对象，对有血缘关系的家族长辈也侍奉孝养。“丁鸿磬，宿州人。初失怙恃，事祖母至孝。祖母病，欲食鱼，适严冬，鸿磬破冰得之，疾寻愈。祖母年九十六而终，鸿磬年逾八十。”“谢宝树，寿州贡生。父官于蜀，宝树事祖父母以孝闻。”“蒋兰生，凤阳庠生。六岁失怙，恃祖母抚之成人，以孝闻善。居丧不用鼓乐，僧道哀痛弥至。”

行者对象还包括毫无血缘关系的继母、养母、庶母、婆婆、公公等。“周建古，怀远人。父希赐卒于官，建古数千里扶柩归葬。事继母尤孝，葬后庐墓二十余年，未尝暂离。”“龚咸，寿州贡生。母病刲股以进得愈。又尽以田产让于寡嫂以养庶母，人推其义。”“彭商献，字又彭，凤阳诸生，乾隆戊午举人。事继母三十余年，孝敬不衰。家贫课徒修脯之入，悉以奉母。”“员外郎李志学妻孙、生员华宇妻刘、宋溥媳张、王大信媳郑、生员刘季兴妻盛皆刲股愈姑疾。”“张四达妻李，翁姑病，刲股几三次辄愈。论者以为诚孝所感。”

综上所述，安徽淮河流域的行孝对象已经包括几乎所有的长辈，“孝”从“小家”扩展到“大家”，“孝”的范围逐渐扩展到全社会。

三、孝行形式各异，拓展“孝”的途径

安徽淮河流域地区行孝的方式多种多样，拓展了“孝”的途径。

(1) 刲股疗病。此类最多，且不分年龄、性别。“金为声，临淮人，刲股疗父疾，同邑秦大本、王登、周楠、张光瀛、李典学、戴瑾皆以割股疗父闻。又黄行素、张檀、胡仲举、梅文遵、吴永曜皆以刲股疗父闻。又李义方割股疗祖母疾，詹台锦割股疗继母疾，又张檀之子天印亦割股疗檀疾。”“生员裴象乾妻黄、王成继妻刘、张鸿教妻桂、李至衡妻钱、张有受妻沈、增生朱大成妻陆，以上皆刲股疗姑病。”成年男子和女子对其长辈往往以刲股疗病为其尽孝的最基本形式，未成年人也会采用这种形式尽孝。“陈元绶，凤阳人，年十七母病，刲股不

效，哀毁成疾而卒。同邑罗子明、沈律、陈汝联、连思恭皆以亲疾割股闻。”“王延龄年十二父病十年不起，刲股以进，亦得愈。”

(2) 庐墓。此类亦多，一般为庐墓三年，亦有庐墓多年者。“王纲，定远人，少孤。善事母，母殁，庐墓三年。宣德间旌。”“李忠，凤阳人，亲殁庐墓三年，不食荤饮酒，每恸群鸦悲鸣以助其哀。景泰时旌。”“张贤，怀远人，父母殁前后庐墓凡九年。”

(3) 外出寻找父母孝养终身。“宋步游张，张姓失其名，少失母，徒步寻访，因称步游。张访至宿州，见病妪究问，乃其母也。相持大哭，遂就养，因家于宿。”“徐自鉴，寿州人。父早卒，母为姑所遣，自鉴徒步往寻，遇于南昌迎归以养。”

(4) 辞官不赴，孝养父母。“许纲，怀远庠生，授祥符知县，以母疾乞养不赴。”“马御远，字顾阳，凤台人。事亲至孝，躬耕力学，马士英闻其名召之不赴。”

(5) 孝养族中无后长辈。“张铨，凤阳卫人。事母至孝，母卒哀毁泣血。叔祖、伯叔祖母家贫无嗣，请同居，生养死葬皆任之。弘治间旌。”

(6) 寻父尸骨，回归故里。“郭藩，字守之，定远庠生。父寿卒于京，藩徒步数千里扶榇归。葬结庐墓旁，日夜哭奠。有剽掠者过其庐戒曰：‘此孝子也，勿惊之。’墓常出金色蛇，人以为异。”

(7) 勤苦养家，孝奉父母。“张海沧，宿州人，家贫卖浆，能竭力事孀母。先意承志，得其欢心。族邻敬服，州牧闻而奖之。”“梁德平，宿州人，少孤。母病，衣不解带者六年。家贫佣工以养，每上食必先屏其子女，乡人称之。”

(8) 因父母去世悲伤过度而死。“曹培，灵璧诸生。父卒筑台墓侧，寝处其中。朝夕哭泣，未及归而卒。人称孝子台。”

(9) 为救父母而自己身亡。“马仍，灵璧人。崇祯十年流寇至，执其父将杀之，仍奔救父得脱而仍被害。”“张明棐，宿州人。顺治初，贼五十骑入其乡，家人俱登楼。母刘年七旬，不及避为贼所劫，明棐奔救，贼执之支解而死。十七年旌表建坊。”“王女，镇江营人。母病瘘侍奉不离左右，夜不戒于火，女仓皇出呼救，复冒火入负母，未及门，火至俱焚死。”

(10) 因孝养父母而终身不嫁。“生员陈大润女，依病母二十余年，侍养尽孝，终身不字。”“监生龙建中长女，矢志养亲，终身不字。”

(11) 因父母去世而自经。“宫绮岫女兰芳桂萼，性真静，侍母疾数年不懈，刺血与经刲股和药禳护无弗。至母卒二女自缢，遗兄书曰：‘妨生送死是为至愚，天性所发不能自已，从母地下，是所愿也。努力承家，勿以妹为念。’”

(12) 劝导父亲再婚。“许星，怀远人，明许孝子，本忠十世孙。幼颖慧能诗文，十二岁丧母哀毁骨立，父所望丧妻不再娶，及闺怨为星授室，星辍啜泣劝谕，久之始成婚，三年中生二子。”

（13）悉心尽力照顾生病父母。“陶渠成，寿州庠生。父病二年，母病五年，渠成侍汤药、浣厕牏不假妻孥。”“程节业，寿州人。针工事瞽母，衣带亲解，饮食亲奉。冬月卧母床温被。柏成林，凤台人，佣力养亲。父卧病常负之上下，躬涤污秽终其身。”“葛凤朝妻杨，封股疗姑病。夫亡甘贫守节，公病头疡，杨朝夕盥洗为毒染，十指皆毁。”

（14）恭顺父母之命。“徐长庚，凤阳人。继母杨氏病，侍汤药衣不解带六十余日。继母稍有怒意，即长跽以请，婉言愉色，以宽母心。母殁丧葬后三年闭门不出，乡里称其孝。”

（15）父母丧，茹素多年。“胡业朱，凤阳诸生。髫年入泮潜心理学，不事时艺。遭母丧，悲泣茹素三年。”

（16）极尽所能，孝养有加。“常永贵妻潘，潘永年女，幼婉淑，言笑不苟，能得父母欢。适常未几夫以李某事坐戍。是时差役需索监狱靡费、遣戍资斧，妇百计经营不贻。姑忧夫戍，后姑病益□，妇出则负之，睡则拥之，寒夜篝灯燃糠于盆，尉煖衾褥。夏则设软扇暑气，身卧帐外。伺姑睡作针黹，恒终夜不寝。姑便液有时污妇衣，姑若自咎，妇辄匿之。既夫死于戍，背泣不告姑。以故姑卧病十三年未尝有拂意事。姑殁时年八十六。子学恒已殁，孙三人，长立功能以孝友勖诸弟，日以寖盛。咸谓孝妇有后。”

从上述列举的孝行看，安徽淮河流域的人们处处、事事、时时都会对长辈行孝尽孝，他们已经将孝行发展到了极致。

四、旌表方式多样，树立“孝”的榜样

在长期以来形成的社会氛围中，安徽淮河流域地区对“孝”非常重视，遵循“孝道”，以“孝”来约束自己的行为。政府和社会对行孝者也进行了各种形式的旌表，以此来树立榜样，弘扬孝道。

（1）旌表门闾。“高泽、王德新、石思让皆安丰人，亲丧庐墓，诏表其门闾，复其家。”

（2）立坊旌表。“张燧，下蔡人，至元中任太平路总管府治中，因家当涂。母殁庐墓有红莲变白之异，郡为立孝莲坊。大德二年旌表。”“张四宣，定远庠生。乾隆六年，以孝行旌表建坊。”

（3）授以官职。“明张伦，凤阳人，卫百户。洪武四年，自陈父母年皆八十余，家贫不能迎养，乞解职归。上嘉之，命为濠州卫百户。”

（4）举为乡饮宾。“李维仁，凤台诸生，性孝友，言行不苟，举乡饮大宾。”

(5) 院司旌奖。“郑渭、鲁光祖并凤阳人，以居丧泣血为院司旌奖。”

(6) 入祠旌表。“冯缵圣，字述歧，定远人，善医术。事亲至孝，仆窃其父金，恐父知之，不择私以病家所馈□置原箧纵仆去，朝夕不离亲闱。雍正间，以孝行旌表入祠。”“凌霱，字裕如，定远人。年七十犹于母前作稚子戏。母病背痈，以口吮血，割股和糜以进得愈。道光六年，旌表祀孝子祠。”

(7) 额其门闾。“应于知，寿州人，治竹器为生。事父母曲尽孝道，父老畏寒，于知尝抱以眠。官旌其门曰‘孝能竭力’。”

(8) 赠额以旌。“姚应璧，字聚东，父锐，乡饮大宾，以孝称，应璧亦著孝行。天启四年，邑令张镜心赠世孝真儒额，跋云：‘秉经学之长，袭世德之美，髫龄修文而入泮，弱冠割股而愈亲。’古所称经明行修者，崇祯三年举孝廉方正。”

(9) 铭墓旌表。“王世从长女二良，幼通孝经，好茹素。年十五兄嫂俱逝，□襁褓子女，事二亲抚孤侄终身不字。亲殁丧葬尽礼，孤侄成立，殁年七十。族里铭其墓：‘日事两亲兮尽孝行，抚孤侄兮扬兹名。茹素不变兮洁而清，终身不字兮至而贞。’”

政府、乡人和族人的旌表对行孝者是一种鼓励，孝者更孝，不孝者也渐渐行孝。“孝”的观念更加普及并深入人心。

五、忠孝仁义皆备，申发“孝”的内涵

对于“孝”的内涵，光绪《凤阳府志》在《人物传·孝友》开篇小序里就说得非常清楚：“孔子曰：‘吾志在《春秋》，行在《孝经》。’又曰：‘惟孝友于兄弟施于有政。’故移孝可以作忠，孝弟为人之本。”孝是忠的基础，能行孝于长辈之人才能尽忠于君主和国家；孝悌是相辅相成的，是做人的根本。安徽淮河流域地区的人们用自己的实际行动，将忠、孝、仁、义相结合，完美地演绎了“孝”的内涵所在。

对家中长辈行孝尽孝是“孝”的最基本表现，而帮助父母长辈抚养家中、族中幼弱子弟则是孝行的延续。“陆恒，宿州人，少孤极贫。祖父老病，孝养能如其意。抚弱弟云辛勤备至，未几恒卒遗孤方在襁褓，云复艰辛鞠育之，人谓之两难。”怀远人陆钦，“事继母孝，父殁庐墓。弟早卒抚侄如子”。“杨悫，字敬斋，凤台廪生。父病疽，衣不解带者三年，侍母侧承欢如婴儿。弟无子，为之置妾。族子孤寒者抚而教之，乡邻戚党丧葬无资者助之。”孝养父母，抚育族中孤寒幼弱，帮助乡里贫困之人，“孝”的内涵进一步拓展。

行孝之人往往是孝悌皆备，对家中兄弟姐妹、侄子侄女等都爱护备至。“张联达，怀远人，崇祯时流寇至县，达负兄逃为贼所得，贼释达将杀其兄，达泣求

曰：‘家有余资，愿以赎兄死。’遂带回家罄所蓄与之，兄得免。”“周国馨，宿州岁贡，事继母孝，父殁丧葬尽礼尽哀。释服后尽让田产于继母所生弟，人以为难。”“杨嶷生，寿州人，少聪颖，敏于为文，以五艺入学。孝事继母，笃爱异母弟。”“赵正继，宿州贡生。八岁丧父，事母以孝闻。稍长经理家业，勖弟力学，且延师教姻党子弟，族邻有缓急周之，惟恐不及。年至八旬长吏旌之。”“陈诏禄，定远监生。事嗣母与本生父母以孝闻，诸叔贫恒周之，营葬祖父母独任其事。母弟多逋负，代偿不已，为置厚产，期功子侄均为经营生计。”

行孝之人往往生性好施，凡是善举皆乐意为之。怀远人陆钦父母去世后庐墓九年，还不忘做善事，“修桥梁，赈岁饥，人咸义之”。怀远人王殿孝养父母极尽心力，“隆庆时饥捐八百金助赈，后举孝廉”。寿州人邓让孝养父母，父母去世后哀毁骨立，“万历末岁饥竭力助赈，全活甚多，卒祀乡贤”。“陈绍嗣，宿州人，父早逝，教二弟成立以遗产尽让之。事母至孝，母殁庐墓四载。生平好施，置义冢助亲邻婚葬，卒年九十一。”“孙士谦，字怀六，寿州诸生。与弟蟠相友爱，白首同居。其承父志乾隆已亥以钱五千缗置义田、建宗祠，又设义学赠应试者路费、卷费，助丧葬，施棺木，义行卓然。同治八年，旌表孝子。”

讲究孝道、奉行孝道的人往往也是友弟仁义之人，他们将传统美德汇聚于一身，拓展了“孝”的范围，完美地演绎了“孝”的内涵。

地方志收录的行孝者，只是众多的孝子、孝女、孝妇中的代表，他们用自己的言行诠释和拓展了“孝”的内涵。地方志保存了这些行孝者的事迹，并让其流芳百世。行孝者的孝行感染了一代又一代人，“孝”得以不断延续。

论《西游记》中体现出来的淮河流域的地望问题

朱家席　李　云

摘　要： 以《西游记》对四大海洋的描写为视角，以海洋为分割线引入了四大部洲的观念，是在当代地理观念的基础上进行的推理，论文佐以典籍记载，提出了小说中的四大海洋都是以东海为蓝本进行虚构的观点，并对小说中出现的部分淮河流域地名进行简单考证，试图为淮河文化研究及其与《西游记》的关系研究提供参考。

关键词： 淮河流域；四大海洋；东海；地望

《西游记》小说的开篇就以海洋为分割线引入了四大部洲的观念，"这部书单表东胜神州。海外有一国土，名曰傲来国。国近大海，海中有一名山唤为花果山"，进而引出了孙悟空的横空出世。众所周知，猿猴通常生活于丛林之中，惯于在树上攀缘，以东海作为孙悟空的出生之地，体现出作者的匠心独运，似乎唯有如此，齐天大圣独一无二的灵性、无拘无束的性格才会具有广阔的生成背景。

一、东海概念在《西游记》的外延

小说中牵涉海洋的文字很多，许多故事都与大海有着关联，尤其是东海。孙悟空诞生于东海之中，其成长的经历紧密依存于大海。在孙悟空求学过程中，《西游记》第一回："也是他运至时来，自登木筏之后，连日东南风紧，将他送到西北岸前，乃是南赡部洲地界"，"独自个依前做筏，又飘过西海，直至西牛贺洲地界。"学成归来，为了找一件兵器，"好猴头，跳至桥头，使一个闭水法，捻着诀，扑的钻入波中，分开水路，径入东洋海底"，得了如意金箍棒；又招致西海、南海、北海龙王凑齐了披挂。取经途中，《西游记》第四十三回《黑河妖孽擒僧去　西洋龙子捉龟回》中，从黑水河河神口中得知妖怪为西海龙王的外甥，"行者即驾云，径至西洋大海"，请西海龙王敖顺帮忙捉妖；第七十七回

作者简介： 朱家席，安徽灵璧人，蚌埠学院学报编辑部副编审，文学硕士；李云，蚌埠学院学报编辑部编辑。

《群魔欺本性 一体拜真如》中，狮驼岭三个魔王拿住唐僧四人，要把师徒四人蒸着吃。“好行者，在空中捻着诀，念一声‘唵蓝净法界，乾元亨利贞’的咒语，拘唤得北海龙王早至”，“龙王随即将身变作一阵冷风，吹入锅下，盘旋围护，更没火气烧锅，他三人方不损命。”就连孙悟空在与唐僧闹了矛盾，返回花果山途中，还不忘到东海龙王那里吃茶歇脚，最后在龙王的劝说下，坚定了取经的信念。而居于南海的观世音菩萨，更是孙大圣的发现者、解救者，取经途中无数次帮助唐僧师徒脱灾解难，观世音菩萨修行所在的南海在小说中更是被描绘得如同仙境、幻境，让人无限向往：

南海普陀山胜境，只见那汪洋海远，水势连天。祥光笼宇宙，瑞气照山川。千层雪浪吼青霄，万迭烟波滔白昼。水飞四野，浪滚周遭。水飞四野振轰雷，浪滚周遭鸣霹雳。只见四周山峰高耸，顶透虚空。有千样奇花，百般瑞草。风摇宝树，日映金莲。

大海深不可测、难以企及，充满着无限的神秘未知元素，人们向来对此寄以诸多瑰丽的想象。现存的我国早期一些资料描述了海中的仙山如昆仑山，蓬莱三神山包括蓬莱、方丈、瀛海三岛，大小方诸山等，多见于《列子》《山海经》《史记·封禅书》《十洲记》《拾遗记》中的记载；唐代诗人白居易《长恨歌》，“忽闻海上有仙山，山在虚无缥缈间。楼阁玲珑五云起，其中绰约多仙子”，更描绘了令人神往的美丽画卷。可以说，以儒家文化为代表的中华文明发源于中国广袤平原的黄土文化，与西方文化的海洋文化特征相对应，中华文化是稻作农耕的黄土文化。随着明代航海事业的发达、海上交通的繁荣，人们的海域观念得到拓展，郑和下西洋，开放海禁，我国与海洋的关系也随之密切起来。孙悟空神通广大，大闹龙宫，取定海神针，颐指气使地指派四海龙王，恰恰体现出人们战胜海洋、不再视海洋为畏途的自信心。中西文明交汇之下，海洋文化已经逐渐成为一种具备共识的、先进的生活理念和方式，代表着勇往直前的开拓创新精神，鼓励人们关注更远的世界，探索海的远处和深处。

吴承恩是一位有着丰富想象力的作家，他对海洋的探索虽不能付诸行动，却在《西游记》中通过神话的方式尽情展示。海上仙山的虚无缥缈，仙宫神物的变幻多姿，海洋女神的救苦救难，一种对海洋魅力的心驰神往，对海外世界幻想探究的心理追求幻化于字里行间，小说中的海上仙人活动轨迹带有人间的生活气息，他们闲来做的最多的是对弈品茶。可以说，海上仙山幻境即是人世间生活场景的延伸。

其次，《西游记》中有大量涉及海洋描写的情节，与作者吴承恩从小生长在淮河流域，对淮河流入的东部海域非常熟悉的事实有关。淮河古代直通东海，与海上交通便利，而《西游记》之花果山水帘洞就在吴承恩的家乡淮安府海州境内。吴承恩在《射阳先生存稿》卷一有《赠子价》诗："投君海上三山赋，赠我花间五色袍"；卷四十八《杨柳青》："春深水涨嘉鱼味，海近风多健鹤翎"；在《长兴作》诗中有"会结吾庐沧海上，钓竿轻掣紫金鳌"句，清楚地表达了自己辞官回家，向往海边生活的意向。正是基于这种对淮河流域、东部沿海地理环境的熟悉，吴承恩在小说里面屡屡以海为故事发生的空间背景展开描写，寄托自己对海的情思情结，将神秘莫测的海洋世界幻化为活脱脱的人间生活场景，增强了艺术与生活之间的关联。

二、以东海为宏观的海域中心观念

冯天瑜等认为："养育中华古代文化的是一种区别于开放性的海洋环境的半封闭的大陆-海岸型地理环境；是一种不同于工商业经济的家庭手工业与小农业相结合的自然经济并辅之以周边的游牧经济；……地理环境的、物质生产方式的、社会组织的综合格局，决定了中华民族社会心理诸特征。"人们看见苍天笼罩着大地，产生了瑰丽的想象，自然而然地产生了天圆地方的观念。曾参曾提出疑问："天圆而地方，则是四角之不掩也。"后来盖天说又认为天不与地相接，就像由八根柱子支撑着的圆顶凉亭一样，天地由四根柱子连接起来而不至于完全分离。诗人屈原曾问道："斡维焉系，天极焉加，八柱何当，东南何亏。"《礼记·祭义》："夫孝置之而塞乎天地，溥之横四海。推而放诸东海而准，推而放诸西海而准，推而放诸南海而准，推而放诸北海而准。"进而形成了朴素的地理疆域观念，认为中国四面环海，即东海、西海、南海和北海。这种观念的惯性十分强大而持久，在《西游记》小说里面也表现得十分明显，作者甚至还给四个海各安排了一个龙王，并煞有介事地给每一位龙王命名。

据前述，《西游记》虽然存在着浓郁的海洋情结，但海洋观念是十分模糊、散漫的，甚至出现了许多地理位置和概念上的错误。综观吴承恩对海洋描写的空间布局，小说中集中体现出以东海为宏观的海域中心观念，进而进行四大洋的空间建构。概言之，名为写四大海洋，其实则一，其他三大海洋都以东海作为模板想象设计的。

《西游记》第一回"这部书单表东胜神州。海外有一国土，名曰傲来国。国近大海，海中有一名山唤为花果山"，既然是"海外"，依照作者的角度应该是东方，"也是他运至时来，自登木筏之后，连日东南风紧，将他送到西北岸前，乃是南赡部洲地界"，恰恰也证实了这一点。在南赡部洲地界，孙悟空"参访仙道，无缘得遇"，"忽行至西洋大海"，考虑到海外必有神仙，"独自个依前做筏，又飘过西海，直至西牛贺洲地界"。这样看来，孙悟空的游学活动是一路向西的，而南赡部洲应该是在西牛贺洲的东面，中间隔着一个西洋大海，正如菩提祖师所说“隔两重大海，一座南赡部洲”。按照现代地理观，这显然是错误的。即使根据小说的开始部分对天下四大部洲的划分：佛典中四大部洲围绕须弥山，之间不相连接。而《西游记》的作者却加以改造，东胜神洲与南赡部洲之间隔着大海；从字面上看南赡部洲的“南”字也应该是指示方位的，它不应当是与西牛贺洲东西相对的，“乃是南赡部洲地界”换作“将他送到西南岸前”才勉强能够说得过去。而从后面师徒四人一路向西取经的过程来看，他们跋山涉水，从南赡部洲走至西牛贺洲，两洲之间并没有明确的大海作为界线。这又如何理解呢？在第二十四回《三藏不忘本 四圣试禅心》中借黎山老母指示“此间乃西牛贺洲之地”，他们已从南赡部洲来到了西牛贺洲，而两洲之间只有陆地对接，再无水路相连。

按照现代地理观念，西海似乎应为大西洋，那么，孙悟空横跨两座大洋到达西牛贺洲地界，理应为美洲地界了，这与小说的核心——西天（天竺）取经故事更是风马牛不相及了。由此可见，西海多出于吴承恩的主观臆造，在现实中根本就不存在。同理，现代地理意义上的北海——北冰洋，更加不可能出现在吴承恩的视野中。由此得出，《西游记》中所谓的西海、北海是不存在的，它出自中国古人对于“天下”的设想，是臆造出来的东西，其实为以东海为蓝本的复制品。

据《新野县志》记载，明代吴承恩曾在桐柏邻县新野做过县令。刘怀玉《吴承恩年表》：“嘉靖十三年甲午（1534），承恩此时滞于江南（或即应乡试），游镇江金山寺。”“嘉靖二十八年己酉（1549），吴承恩以岁贡入都。”“隆庆元年丁卯（1567），春，承恩在长兴县丞任上。”“隆庆三年己巳（1569），承恩补荆府纪善约为本年事。”这些资料基本勾勒出吴承恩的大致活动范围，换言之，没有具体的资料能够证明吴承恩亲自去过南海。而考其关于观世音菩萨居住的南海圣境风景，“汪洋海远，水势连天。祥光笼宇宙，瑞气照山川”，所在皆是，岂独南海有之？大胆揣测一下：此处景致描写若非吴承恩从其他文献移植，当是以他所熟悉的东海海景为底本而进行的虚构。

类似的例子小说中还有很多，由此可见，吴承恩对海洋的地理观念是模糊的，甚至与中国古代以域内有四海夹峙的观念相左。一方面，他应该是受到了玄奘取经路线的历史事实所限，同时，这与郑和下西洋活动的影响不无关系。明永乐帝朱棣试图通过“宣威海外”以提高自己的声誉，“当成祖时锐意通四夷，奉使多用中贵”，派遣郑和出使西洋，所谓“振纲常以布中外，敷文德以及四方”，倡导使者远游西洋，将中国人对于海洋文明探索航行的轨迹延伸到了大半个地球，由此也产生了中国历史上伟大的海上丝绸之路。从今天的地理方位可知，从中国出发由太平洋（可视作东海）至印度洋（可视作南海）唯有马六甲海峡可通，间隔着中南半岛和马来半岛（从古人的角度看这似乎是与两大“部洲”相连的）；而印度洋则与大西洋（可视作西海）直接沟通，乘海船可直通无阻。假定吴承恩时代已经熟知郑和下西洋过程中所获得的海洋知识，那么《西游记》中的这些情节设置就能够勉强为人所理解了——孙悟空漂过的大西洋应为今天的南海，到达西牛贺洲（即今天的印度次大陆一带）。总体来说，小说中人物活动的范围主要是以东海为中心展开的。

据清康熙五十一年《新野县志》，明嘉靖年间吴承恩在桐柏临近的新野县当过县令，足迹达于今湖北、河南等地；清赵定邦等纂修《长兴县志》（同治）载，嘉靖四十五年，吴承恩出任浙江长兴县丞；大约在明隆庆四年（1570 年），吴承恩回到家乡淮安，从此以后几乎就没有离开过家乡。从有限的资料记载可知，吴承恩终其一生足迹所履不过江浙鄂豫等地，《西游记》中的地理知识大多出自文献典籍，采用了《大唐西域记》中的部分见闻，并以此为基础进行了大胆想象。那么，小说中四大海域的建构很可能是以东海为模板和中心进行虚构的。今天的江苏连云港有花果山，其上奇峰异石遍布，飞瀑流泉，花果飘香，七十二洞天，如海天洞、伏龙洞、二仙洞、华严洞、悟天洞、朝阳洞等，与《西游记》之孙悟空降生地的灵石所在地、栖身之所水帘洞，小说中的花果山，“傲来国”之“三岛”描写高度吻合。此外，相关典籍中的连云港市历史沿革旧称“瀛洲”“海州”“东胜神州”等记载，也与《西游记》中的地望相符。就连海外仙山异岛的旖旎风光，在今天的东南沿海附近皆有对应之处。所以，《西游记》关于四大洋的描绘，基本上是由以东海为宏观的海域中心观念所致，鸿篇巨制产生于作者极富浪漫想象的文化土壤，其海景风物的蓝本根本就未曾超出过整个淮河流域。

三、小说中有关淮河流域的地名

小说《西游记》中随处可见与淮河流域地望相关的描写，最为著名的有：古海州（江苏东海县）、花果山（江苏连云港市）、二郎神所居之灌江口及梅山（江苏响水县）、古泗州城及盱眙（江苏淮安市）、平顶山（江苏连云港市）等，这些地方无一不在淮河流域之内。

花果山：《西游记》一开篇就说：“这部书单表东胜神洲。海外有一国土，名曰傲来国。国近大海，海中有一名山，唤作花果山。”花果山的地望所在争讼纷纭，但越来越多的学者逐渐倾向于江苏连云港市的云台山，比较权威的《中国名胜大辞典》《中国名人名胜录》等书也采用“连云港花果山”一说。可以类推出：花果山所在的东胜神州也应该在连云港。

古海州：海州是古代连云港自南北朝至公元1911年的称呼。小说第九十三回唐僧对天竺国王说："贫僧乃南赡部洲大唐御弟。"在十四回中又说："我俗家也姓陈，海州弘农郡聚贤庄人氏。"花果山下千年古塔阿育王塔中有宋代石刻"……南赡部洲大宋国海州东海县……"为此，朱鼎臣本《鼎锲全相唐三藏西游传》第九回《陈光蕊赴任逢灾 江流僧复仇报本》，陈述、陈光蕊夫妇由海州出发赴任江州（今江西九江市），沿途发生的故事就能够合理解释了。

灌江口：一说为今四川灌县（都江堰市）之灌口，二郎神疑为以李冰的次子为原型；另一说则为今江苏响水县陈家港东北的灌河口。然而，从地理位置上看，以江苏的灌河口更为妥帖，其西接南北六塘河，东通大海，为天然入海河道。吴承恩为淮安人，响水与淮安毗邻，乘舟顺淮河而下即可通江达海，灌江口地理位置所在以今江苏响水县陈家港东北的灌河口似为更妥。

盱眙（泗州城）：《西游记》第六十六回《诸神遭毒手 弥勒缚妖魔》中，大圣在值日功曹的指引下，前往泗州城搬去援兵："适才大圣至武当，是南赡部洲之地。这枝兵也在南赡部洲盱眙山蠙城，即今泗洲是也。"并从孙悟空眼中，领略了盱眙的美景：

> 南近江津，北临淮水。东通海峤，西接封浮。山顶上有楼观峥嵘，山凹里有涧泉浩涌。嵯峨怪石，槃秀乔松。百般果品应时新，千样花枝迎日放。人如蚁阵往来多，船似雁行归去广。上边有瑞岩观、东岳宫、五显祠、龟山寺，钟韵香烟冲碧汉；又有玻璃泉、五塔峪、八仙台、杏花园，山光树色映蠙城。白云横不度，幽鸟倦还鸣。说甚泰嵩衡华秀，此间仙景若蓬瀛。

可以说，小说中言及的盱眙（古名蠙城）景观至今还有遗存，如东岳宫、龟山寺、玻璃泉、八仙台、杏花园等，若非作者熟知盱眙的这些地方，凭空编造不至于会有如此多的巧合。

四、结论

小说中出现如此多的淮河流域的地名绝非偶然，结合《西游记》中对花果山等地方的诸多文字描述，再次从一个方面印证了淮河流域（明代江苏连云港市为淮安府辖，吴承恩出生、长期生活之所在）的花果山（250年前仍在海中）是西游记神话故事的发祥地，淮河文化对小说成书影响深刻。

《大地》三部曲中皖北地方景观美学的体现

周 勇 蒋宗霞

摘 要：凭借数年栖居于宿州的经验，赛珍珠片段地将宿州地理编织进了《大地》小说，体现出对地方形势、山川的熟悉；对于庭院和大地意象，吻合于并淋漓地表现出了地域传统赋予其的内涵，把握了庭院静美祥和的美学韵味，以及生生不息的大地美学；适当地再现了地域中山地的桃源意韵，及小山之于地域的康宁吉祥的意义。被大地召唤了的赛珍珠与她所建构了的大地世界，互相成就和不朽。

关键词：《大地》三部曲；宿州；景观美学

赛珍珠熟悉宿州的地理情势，地域传统中经典的庭院、大地和小山意象，都和传统审美价值取向是一致的，因而是正向的、充分的或适当的运用。

一、大致的地理形势

尽管根据赛珍珠作品以及传记等文献，早已明确《大地》的背景是在皖北，以宿州为原型，但关于此点，因有基于地方志及地方形势的观察，还是有必要补充一二。

赛珍珠在《大地》三部曲第二部《儿子们》中，描写王虎去夺取家乡附近土匪的地盘时，提到其方位和景观："他只想把队伍带到他老家那一带去。他老家的西北方向有一片山。""他脚下的这片地真好，只有一些很矮的小山头，大片的河谷地带全是新种的冬小麦，已经长出嫩绿的麦苗了。西北角的小山突然拔地而起，形成参差不齐的大山。"这和宿州地区所拥有的不多的山地不但方位相同，而且形势也类似。在宿州的西北方向，比较集中地有一些不算高的小山，宿州境内山地的最高峰龙脊山，也正位于这里，和小说中"大山"的名称"双龙山"，有一字相同。这座双龙山两个山峰之间有一块山谷，是"强盗的老窝"，

作者简介：周勇，男，宿州学院文学与传媒学院副教授；蒋宗霞，女，宿州学院文学与传媒学院院长，教授。

而龙脊山东南山谷中的芳岩寺（今名大方寺），在新中国成立前也正是土匪盘踞之处。因此，可以设想，赛珍珠在跟随布克充当翻译、进行农业推广工作的过程中，或许到过宿州西北这片区域，而这里已在距城直线距离三十余公里外，由此可以进一步推想赛珍珠在宿州一带的活动范围。小说中此时的季节背景是秋天，因为“新种的冬小麦，已经长出嫩绿的麦苗”，确切地说，应该是在十月下旬。“第二天，天刚亮，王虎便起身走出庙门。山里雾蒙蒙的，王虎已看不到其他的山头，一切都被大雾笼盖住了，王虎独自一人，有一种躲到世外桃源的感觉。”笔者也曾经在这个季节的早晨一个人爬上那一带的天门山顶，也正是对面不见山头，只有雾气中隐现的青黑的松塔。这种对地方风物精确的描写，仍然说明赛珍珠游踪之所及的可能性。这正如她在自传中回忆“南徐州”的生活时所说的：“那些年我走遍了穷乡僻壤。”

二、独特的大地美学

大地的美和生产有关。海德格尔认识到了这一点，说道：“通过建立一个世界并展示大地，艺术作品实现了二者之间的抗争。作品的存在处于世界与大地的冲突之间。由于冲突在亲密的统一中达到顶峰，作品的统一性便出现了。冲突是作品动荡不已并不断加剧的聚集。如此显现的作品的宁静在这种冲突的亲密中出场。”因为这一结论的推导是借助于分析凡·高的一幅画《农鞋》来达至的：“它浸透了农人渴求温饱、无怨无艾的惆怅和战胜困境苦难的无言的内心喜悦，也隐含着分娩阵痛时的颤抖，以及死亡威胁中的恐惧。这器具归属于大地……”因此，其所言的冲突，包孕着的主要应是人与大地间生生不息的关系。

大地的美即在于此，赛珍珠也正是如此表现的，即这一点完全体现在了她对大地及农人与大地关系的描写中。在她的作品中，农人攥住土地像攥住性命，思恋而休戚与共。因为大地供给一家人的吃与喝，和生命与劳作有关，于是，在审美状态上，也是动静有度的诗。或雨或晴，在新苗旧草的消长中，大地的黎明与黄昏皆抒情，并包含一种永恒的召唤，“夏季结束的一天来到了，早晨的天空像洗过一样，又蓝，又爽朗，宛如无边的海水。一阵清新的秋风从田野吹过，……一个比爱情更深沉的声音，在他心中为土地发出了呼唤。”又在所有的动作和时间里体现出宁静，“他们干着活，一起沿田垄移动，一起让田地结出果实，谁也不跟谁讲话”，在劳作里收获宁静。

春天到了，暮色里，桃花灼灼，竹影摇曳，薄雾绕柳，这成为大地上赛珍珠最欣赏和常写的景物，这是生命和乡土毫不掩藏而迎向春天的风景。当赛珍珠说绿野上粉红的桃花如雾的时候，她应该是真的看见并感动于那轻轻漂浮在春天傍晚的樱花和桃花。同样的春天，年年按时吐蕊、吐翠的桃柳，她从不同的时段、角度反复加以了摹写。

直到今日，远未患大城市化病的宿州，依然让人感觉云天不远，宁静不远，民歌不远，过去不远，小城承接天空与大地，依然有神性的尊严。

赛珍珠在现代中国最宁静的岁月巧遇置身于彼时最宁静的乡土，以她的才华和情感，组织起一片原乡的风景，展示出大地淳厚的面貌，令其处在存在论诗学所言的“让……是”的“自由”关系中，赋予表征上貌似空漠的大地以意义，建立和充盈了一个东方农业民族的世界，让一代代读者能重温一个回不去的田园。

三、庭院的审美意蕴

庭院景观是对宿州地方苍莽平阔的大地景观的补偿，是休息状态下的审美。不同于大地上的生生不息和生生死死，庭院和悠长的岁月有关，是静态的诗。

或许因此，当王龙第二次踏进黄家大院，再一次穿过幽静的院子、大红漆柱子撑着的长长走廊，走进那间大厅，“他的思想立刻就回到了从前的岁月”。当军阀王虎在这个深深的庭院中无所事事时，“他看到一个苗条的女仆背对着他正在做什么事情，心里竟突然会泛起奇异而甜蜜的感情”——他想起了他年轻时，就是在这个院子里，梨花也是这样子做着事情。这和《红楼梦》中对往昔的庭园与美好人事的惆怅追怀，是有着同样原理的诗性的。

在这方宁静的空间中，个体较容易进入一种海德格尔所言的“诗性聆听”的状态，意识到栖居的诗意，以及诗意地栖居的可能，相较大地上的劳作境遇，其不同的美学原理在于，人“并不仅仅靠劳作和建筑而居留，他还需要宁静、和谐、光明、温暖”。

在借助王龙视角对黄家大院进行初次描写时，赛珍珠似乎也迷失在它幽深的美中，显然是用了一个类似日后加西亚·马尔克斯式的魔幻现实主义风格的夸张描写：“他想着他走过的上百个院子……”这都表明赛珍珠自觉的生态、景观及相关的美学意识与感受力，远超常人。后来她回到美国，在选择后半生的居所“青山农场”时，对其建材质地、建筑风格、历史以及周围环境的考虑也鲜明地体现出了这一点。

宿州地方的庄园景观，曾得到过苏轼、欧阳修、曾巩等诸多文化名人的品游与赞赏，景观文化的美学传统在《大地》中似乎也自然地习得一套范式。王龙的大儿子，这个乡下农民暴发户的儿子，住进了过去的黄家大院，也立刻被这种环境所虏获，“便尽快从苏州买来了雕花的桌椅，还买来红色的丝绸门帘，悬挂在门上。他买来大大小小的花瓶，还买了画轴挂在墙上。他还弄来许多奇形怪状的石头，按照他在南方见过的式样，在院子里造了假山。就这样，他忙忙碌碌了许多日子。……他建了水池，投放了金鱼，竣工之后，他又根据他的审美观在水池里栽了荷花和百合花”。这些搬运与安放进来的器物，无一不与人文或自然的美相关，人的心境也被这些美学元素、符号所缓缓灌注，充盈了这座大地之上、天空之下的、宁静、安详与深沉的小城。

而且，除了在王龙一家逃荒所至的一个南方城市的一处大户人家的庭院里她只是安排了“假山石”外，赛珍珠在宿州一带几乎每一处住宅的庭院中，都不忘满怀诗意地布置一个“水池”——在乡间落成的小院里，王龙挖了一个三尺见方的荷花池；黄家大院中一个不用的小院，院子里长满杂草，有干了的水池；北边不远的外县县太爷的官邸院中，也有随意可望见的荷花池。这种山水的微观象征，使得宁静中有了遐思。

我认为，庭院的这种诗意和美是客观存在的，其在作品中的特征和触发动机是宿州大地赋予的。

但农民王龙在诗意的“雕花大床的暗影”中醒来，感觉不如过去的“小土屋”自在；军阀王虎在温暖的轩窗内独对飘雪的庭院则了无意趣，这是被空虚所填满的时间，而传统的士大夫在这种日子与语境下，则往往煮雪、温酒、赏梅、吟诗，士大夫阶层形象在《大地》中的缺席，虽使得“大地”这个词获得了更接近乡土的内涵，却使“庭院”缺少雅化的条件。从阐释学的视野进行解释，就是时间在此刻是作为了必须“被排遣掉的”或已经被打发掉的东西而被经历着的。

但这仍然抹煞不了传统所赋予庭院的意蕴，在州志中最温馨的部分——节日及其仪式来临的时刻，“当天晚上，天气温暖，当空一轮皓月，清朗皎洁，大家都聚集在荷花的院内”。一家人自动消弭了平日的猜忌，在传统设定好的祥和气氛中，庭院的内涵达到了它的美好的高潮。“荷花的院子宽敞美丽，院子一角种了几株南方移植过来的石榴树，中央有一个三角形的水池，一轮春月正倒映在池中。一家老老小小围坐在一起把酒畅饮，桌上摆满了精美的糕点。孩子们趁大人们叙谈之际，四处奔跑，在树丛中窜进窜出，一会儿到桌边顺手抓一块糕，一会儿又啜一口酒，玩得心花怒放。”当然还是有些瑕疵的：一是石榴树（在原著中用的是 pomegranate trees）是宿州本地土生果木，这在光绪《宿州志卷七·食货志二·土产》中有记载，赛珍珠在美的幻游中想当然地将其原产地放在了江南；二是全家在庭中团坐，一般发生在七夕或中秋，而不是清明，即“孟秋七夕，陈瓜果于庭，以娱儿女……中秋望日，祀月，圆坐饮食望月，以夜月之显晦，卜上元之阴晴”。这固然或许暴露了赛珍珠对江南故土的情结，以及对宿州土俗在一些细节上的模糊认识，但在大的审美原则上，她的感性的直观无疑依然是敏锐而正确的。此刻的描写，从阐释学的角度辅证，则又如迦达默尔所言，节日的时间性质是“被巡视的”，而不是彼此脱节的时间的瞬间连续，是“实现了的时间”。

四、山之于地域的意义

赛珍珠在小说中触及了山意象所蕴含的各个层面的意义，与大地意象不同，山之于地域是个康宁又相对遥远的象征，因此在小说中也被表现得温和而淡远，但也唯其宁淡，因而正确，因为其在地域文化传统中的地位本来即是如此。

一方面，赛珍珠将和缓起伏的山地，写得具有了桃花源式的田园牧歌格调。比如前文第一部分曾提到的宿州西北的小山，即便在今天，其景观也极具农业时代的氛围。闻听没有皇上了，当地店老板悄声问王虎：“没听说呀！几时驾崩的？还是叫人夺了位，要真那样，那现在的新皇上是谁呢？”这自然让人联想起《桃花源记》中桃花源人的“不知有汉，无论魏晋”；似乎是巧合，这和白居易将这一带的山村在长诗《朱陈村》中，描写成“家家守村业，头白不出门”的世外桃源略类。虽然这山谷中的田园属于古典诗歌最擅长的表现领域，但赛珍珠尽其全力：“老百姓的房子星星点点，聚成了一个个村落，……他可以看清楚村里人家院中的干草垛，听到母鸡咯咯的叫声。一阵阵秋风把农民唱的山歌声断断续续地吹到他耳边。王虎看着这片美丽的土地，想知道它到底有多好。”还是让我们感到了她极力进行一种美好的言说的愿望。

另一方面，她还突出了小山在水灾中的呈祥作用。在《大地》中，于宿州无山的城外，赛珍珠设置了一座小山，王龙在“小山上一棵枣树下的庄稼地里挑了一块好地方做墓地”；这同时也作为王龙新屋坐落的方位，躲过那些水灾：“他的房子建在一座小山上，洪水离他家还很远。但他看着洪水淹没了他的田地。他望着，担心洪水会冲垮那两座新墓。但是没有，那些泛着泥浆的洪水只是贪婪地舐着新坟罢了。”这实际上也是地域的山脉自北宋末以来形成的传统意义，与对农业的护佑相关，“庇贶一方，兴云致雨，祈应若响”（《宋徽宗封相山敕》），以及差不多的说法，“能兴云雨，利及一方”（《金封显济王文》）。

简言之，没有宿州大地景观和人文传统的召唤，赛珍珠则无由能以文学自由地描绘和表达。反过来，赛珍珠以其个人才能，也使得大地世界能借作家而得以显示自身，不再“停滞在永恒的默默无闻的状态之中”（萨特语），从而彼此都变得不朽。对于现代读者而言，置身于后工业时代喧嚣又单向度的时光废墟中，赛珍珠在大地世界中实现了“去蔽”，引导着众人艰难地还乡，乡土之美重新显现，从而为达到本真的生存探索了一条诗性的道路。

参考文献：

[1] 赛珍珠．大地三部曲［M］．王逢振，等译．桂林：漓江出版社，1998.

[2] 赛珍珠．我的中国世界［M］．尚营林，等译．长沙：湖南文艺出版社，1991.

[3] 海德格尔．艺术作品的本源［A］．陆扬，译．20世纪西方美学经典文本（第2卷）：回归存在之源［C］．上海：复旦大学出版社，2000.

[4] 海德格尔．论真理的本质［A］．孙周兴，译．路标［C］．北京：商务印书馆，2000.

[5] 郭宏安，等．二十世纪西方文论研究［M］．北京：中国社会科学出版社，1997.

[6] 伽达默尔．美的现实性——作为游戏、象征、节日的艺术［M］．张志扬，等译．北京：生活·读书·新知三联书店，1991.

[7] 何庆钊主修，丁逊之等纂．光绪宿州志：卷四“舆地志三·风俗”［M］．周勇等校注．沈阳：白山出版社，2015.

论民间艺术表演场域的要素与特征

——以孔尚任《平阳竹枝词》为分析文本

陈德琥

摘 要：地域要素与特征分析是科学定性民间艺术表演风格、文化特质进而对其合理归类的重要依据。孔尚任《平阳竹枝词》（凤阳少女踏春阳）表演场域即以建构主体的自主性、空间形构的开放性、精神指向的共荣性、艺术风格的飘逸性等有别于黄河流域歌舞的沉着庄重之美，又与淮河流域“娱他”型的“凤阳花鼓”大相径庭，而莹然可鉴的是汉民族民间广场歌舞“花鼓灯”的表演场域特征。因此，“凤阳少女”展演的既不是“平阳府”及其周边民间艺术，也不是“凤阳花鼓”，而是“花鼓灯”艺术。民间艺术表演场域研究是对当代空间研究热点论域的积极呼应，有利于民间艺术空间研究维度的系统性建构。

关键词：表演场域；要素；特征；《平阳竹枝词》

时值空间崛起时代[1]，空间研究已渐成当代学界热点论域。然而，受传统的二元对立视角的影响，人文社会学科研究从实践探索到理论研究都缺失一种时间与空间相互融通的致思理路。其中，注重时间而忽视空间、立足局部而不及整体等问题比较突出。这一点在民间艺术研究上表现得尤为明显。一方面，高端的空间理论研究对草根性很强的民间艺术本来就鲜有关注（目前仅见 Bun janpech, Porntep; Somtrakool, Kla; Kaewset, Prarop 等人研究泰国穆斯林民间艺术“Mak yong”[2]，实属凤毛麟角）。另一方面，民间艺术空间研究维度的系统性建构难度较大：从理论上讲，国内尚无人文社会科学成熟的空间研究理论可资借鉴，而西学中用的本土化建构进而推演到民间艺术显然需要一个相当长的过程；从实践层面看，民间艺术空间研究也面临许多复杂问题——既要考察民间艺术的在场空间（文化播布区），还需审思民众（包括表演主体的“艺人”和欣赏群体的“观众”）的思维空间（思维传承场），更应当考量其动态的出场空间（表演场

作者简介：陈德琥，蚌埠学院淮河文化研究中心主任，教授，主要研究领域：艺术人类学。

域）。因此，民间艺术空间研究问题有相当大的难度。当然，在空间研究已成热点题域的当代学术语境下，民间艺术空间研究维度的建构已箭在弦上不得不发。为了“执一而应万，握要而治详”（《淮南子·人间训》），冗繁的问题更要删繁就简、抓其关键。考虑到“社会科学的真正对象并非个体，场域才是基本性的，必须作为研究操作的焦点”[3]，笔者认为，解决理论问题须从决定空间研究学科知识边界与理论架构的基本要素入手；而把握实践问题的关键显然在表演场域——既密切联系民众思维传承场的历史记忆，又直接影响文化播布区的空间演替。为此，锚定表演场域的要素与特征开展研究是艺术空间研究维度系统性建构首选也是最基本的切入点。当然，民间艺术有其活态传承性，表演场域的要素分析又必须借助某一“凝固的瞬间”——艺术文本才能将研究引向深入。下面即以场域理论为指导，以孔尚任《平阳竹枝词》为具体文本，对民间艺术表演场域的基本要素与特征等问题作些探索。

一、民间艺术表演场域的要素与特征

皮埃尔·布迪厄曾对“场域”概念作这样的界定：“我将一个场域定义为位置间客观关系的一网络或一个形构，这些位置是经过客观限定的。”[4]的确，民间艺术的出场与在场空间“经过客观限定”后都以一定的“形构”呈现于众。在场空间称为文化播布区，指的是某种民间艺术物理性的分布空间，通常可以用图示和数据方式表明，其“形构”相对固定，也较易把握，比如花鼓灯（《中国非物质文化遗产名录数据库系统》）；而出场空间即为表演场域，是民间艺人思维传承场关于民间艺术的历史记忆外化于行的空间，它以感性的动态的方式呈现于众，但表演模式受民间艺人集体记忆和历史记忆的制约，在特定的历史时期仍有其稳定的空间“形构”。从这个角度讲，“场域”被释读为“历史造就的方位，更是带有立场与价值向度的‘哲学视阈’”[5]，是切中肯綮的。借此，民间艺术表演场域的要素则主要包括了“位置间关系”“形构”与“历史”“造就”“方位”“立场”“价值”“哲学视阈”等。其中，场域主体（限定者或造就者，即艺人和观众）、空间形构（方位、位置间关系）、文化积淀（历史造就）、精神指向（价值向度）等为最基本的要素。

（一）场域主体

不同民间艺术表演场域中主体的自主程度不同。一方面，艺人的自主能力有很大差别。比如，民间广场艺术与民间舞台艺术艺人的自主能力就多有不同，前者的表演场域较为自由，艺人往往在自得其乐的氛围中出场，进而与“他者”互动达成“自娱”到“娱他”，艺人具有建构表演场域的自主性特征。而民间舞台艺术表演却有许多规定性——受程式化、虚拟性等舞台表演特征的制约，艺人自主建构表演场域的自由度不大、灵活性不强，比民间广场艺术表演主体的自主地位要低得多。另一方面，观众的直接参与度也不尽相同。仍以民间广场艺术与民间舞台艺术作比较，民间广场艺术因观众的文化认同度更高而参与度更广，有时能达到艺人与观众不分——兼具观众/表演者的双重身份[6]——的程度。这对民间舞台艺术是不可想象的。因此，与民间舞台艺术不同，民间广场艺术的表演场域主体的自主性特征鲜明。

（二）空间形构

不同民间艺术表演场域的“位置间关系”有别。具体地说，民间广场艺术表演场域空间“形构”是开放性的——广场民间舞的空间，是一个观众与演员共有的空间、共享的空间，是一个表演与观赏在心理上融合无间、在成分上相互随时转化（如观众即兴而舞、演员退而观赏）的空间。[7]民间广场艺术出场空间不仅有内在表演机制上的灵活性，在对外“位置间关系”上又突破了观众参与其间的空间阻隔，表现出更强的开放性。而民间舞台艺术的表演场域则大不相同。舞台表演的虚拟化等导致其出场空间“形构”明显地存在着“第四堵墙”[8]——在大多数情况下，观众只能隔“墙”而观，与艺人活动的彼此空间相对独立，场域空间“形构”的封闭性特征十分鲜明。所以，就空间形构而言，民间广场艺术表演场域的开放性迥异于民间舞台艺术的封闭性。

（三）精神指向

不同民间艺术表演场域的“价值向度”相左。从“哲学视阈”看，不同民间艺术表演场域的文化诉求也不尽相同。自主而开放的民间广场艺术往往是文化认同度较高、民众参与更为广泛的精神文化产品，其“族群乃至民族的自我认同并集合群体的作用”[9]十分显著，建构的表演场域也以播布区广大民众的“集体狂欢”为旨归；而表演场域带有被动性、封闭性特征的民间舞台艺术，则难以凸显民间广场艺术那种全方位传播的“亲社会行为模式”[10]。因此，民间广场艺术“自娱—娱他—共享—共荣”而达成“集体狂欢”是民间舞台艺术不具备的。从精神文化指向上讲，民间舞台艺术有两种类型最为常见：一是“娱他”型，以换取某种“物质”所需为目的，“凤阳花鼓”为代表；二是“娱神”型，以祭祀敬神为目的，福建“酬神戏”是典型。“自娱”又“娱他”最终形成“集体狂欢”的民间舞台艺术则绝无仅有。因此，民间广场艺术表演场域的精神文化指向与民间舞台艺术相比可谓大相径庭。

（四）文化积淀

不同民间艺术表演场域的“历史”文化成因存异。从“共时性”和“历时性”角度审思其表演场域，有助于定性不同民间艺术的文化特质。“历时性”考察有两个视角：首先，从起源看，重点考察民间艺术的“原—生态”，即从其原始出场形态、文化原点来解读其所从由来；其次，从流变上讲，主要审视民间艺术的“原生—态”，注重其艺术形态的演替与文化演进，探究不同时代民间艺术表演场域的发展变化。[11] “历时性”考察视角的侧重点放在文化濡化与代际传承上，而“共时性”多以某一特定时间段民间艺术受到异质文化的影响为切入点，重点分析其采借、吸纳、融合异文化等文化涵化现象。[12] 当然，民间艺术的表演场域与民间艺术文本的表演场域多有不同，前者是活态的，后者却是这种活态形态的物态化形式。因此，文本是一个“凝固的瞬间”，为文化成因“共时性”和“历时性”分析提供了具体参照。

二、民间艺术表演场域的文本分析

据上可知，从场域主体、空间形构、精神指向和文化成因等要素入手有利于深入考察、严格区别不同民间艺术的场域特征、审美风格和文化特质，为科学归类民间艺术提供充分依据。比如，以孔尚任《平阳竹枝词》（凤阳少女踏春阳）（系《平阳竹枝词》五十首中的《踏歌词·其一》，下文简称“《平阳竹枝词·凤阳少女》”；“平阳”，今山西省临汾市）为文本而展开场域特征分析，即可发现“凤阳少女”已经突破“凤阳花鼓”艺人那种“丐者”的刻板印象[13]，进而认定此处表演的是“花鼓灯”而不是“凤阳花鼓”。《平阳竹枝词·凤阳少女》全诗如下：

凤阳少女踏春阳，踏到平阳胜故乡。
舞袖弓腰都未忘，街西勾断路人肠。[14]

“舞袖弓腰都未忘”的典源是著名唐传奇作家段成式的作品《酉阳杂俎·诺皋记》。小说描绘了“古屏上妇人”从画屏中翩然而下在“士人”床前踏歌，又表演“弓腰”舞技的生动情节，其歌云：“长安女儿踏春阳，无处春阳不断肠。舞袖弓腰浑忘却，蛾眉空带九秋霜。”在孔尚任看来，“凤阳少女”的精彩表演绝不亚于“古屏上妇人”“舞袖弓腰”“腰势如规”等高超演技，而精神状态却有别于“蛾眉空带九秋霜”，表现出更多的自主、自信和自得其乐。这种乐在其中的情状为“花鼓灯”表演场域的常态而非“凤阳花鼓”之所长。对比孔尚任《燕九竹枝词》（秧歌忽被金吾革）（以下简称《燕九竹枝词·凤阳乞婆》）中“凤阳花鼓”表演当更加明了。

秧歌忽被金吾革，袖手游春真可惜。
留得凤阳旧乞婆，漫锣紧鼓拦游客。[15]

“留得凤阳旧乞婆，漫锣紧鼓拦游客”是孔尚任对北京“燕九”节上“凤阳花鼓”表演的文人记忆，“锣”之“漫”、“鼓”之“紧”以及“拦”游客的动作描写，活化出“凤阳乞婆”献技乞讨的具体情境。显然，与《平阳竹枝词·凤阳少女》比较，“凤阳乞婆”缺失“凤阳少女”那种乐在其中、乐此不疲的自主与自信。实际上，《平阳竹枝词·凤阳少女》在表演主体自主性、场域形构开放性和精神指向共荣性等方面都与《燕九竹枝词·凤阳乞婆》存在一定的差异。

（一）《平阳竹枝词·凤阳少女》表演主体的自主性

从表演主体上看，《平阳竹枝词·凤阳少女》场域建构的自主能力很强、自信程度很高，“凤阳少女”表演得更像是“花鼓灯”。传统的“凤阳花鼓”为姑嫂二人击鼓敲锣的“卖唱”方式；而原生态“花鼓灯”则是“歌”（灯歌）、“舞”（舞蹈）、“乐”（锣鼓）、“戏”（后场小戏）兼备而舞蹈表演颇具特色的民间广场艺术。因此，“花鼓灯”进入非物质文化遗产目录不像“凤阳花鼓”那样属于“曲艺艺术”而归类于“民间舞蹈”。仔细揣味《平阳竹枝词·凤阳少女》，虽然名为“踏歌”，实际上展示的重点却是舞技（间或有歌有舞）。孔尚任正是惊叹“凤阳少女”舞艺精湛才以“古屏上妇人”“舞袖弓腰”之美来作为衬托的！从这个角度看，认为《平阳竹枝词·凤阳少女》描写的是“花鼓灯”表演有一定的可信性。当然，更为关键的还是“凤阳少女”具备了有别于“凤阳乞婆”表演的自主性、自信性特征。这是归类《平阳竹枝词·凤阳少女》叙写了“花鼓灯”而不是“凤阳花鼓”的重要标尺。

必须承认，“凤阳少女”到“平阳府”也不排除是“卖艺”行为，但即便如此（“花鼓灯”通常只以“走灯”称之却从不言“卖艺”），也与“凤阳乞婆”的演出有很大差别。一般而言，“花鼓灯”“走灯”都须灯头与所到地方的乡绅接洽，还要带领灯班去当地庙里敬神、焚香，了解当地风俗民情，然后即景、即人、即事、即兴表演，最后由灯头交涉、获取一定的物质资助，即灯班是以独立的文化表演主体出现在异地他乡的。艺人们自由、自主地表演绝不会轻易改变。而传统的“凤阳花鼓”则以“唱门子”“拦游客”等为“行乞”方法，大多数情况下是“低首人前唱悲歌”。显然，“凤阳乞婆”符合“凤阳花鼓”艺人的“卖唱”惯例，而“凤阳少女”更像花鼓灯艺人“走灯”的表演常态。尽管《平阳竹枝词·凤阳少女》并未叙及花鼓灯灯班“走灯”“平阳府”的接洽事宜、敬神行为等，但是，“凤阳少女”不在故乡胜似故乡（踏到平阳胜故乡）的自主、自信是“凤阳乞婆”不具备的，将之等同于“凤阳花鼓”艺人“丐者”刻板印象是不可取的。

（二）《平阳竹枝词·凤阳少女》场域形构的开放性

从空间形构上讲，《平阳竹枝词·凤阳少女》表演场域具有开放性特征，归类为“花鼓灯”表演理所当然。与“凤阳花鼓”不同，“花鼓灯”是汉民族民间广场艺术的典范。艺人们不仅在自愿、自主、自信的背景下参与表演，而且能够即兴而舞（歌）、也可退而观赏，这样，表演场域就建构了“观众—演员”的互为开放、角色互换和空间共享的表演机制，无论在乡间表演还是到集市展示（即“花鼓灯”的“踩街”）都突破了舞台式民间艺术表演“第四堵墙”存在的空间形构，灵活性、开放性特征得以充分凸显。而“凤阳花鼓”的表演场域则不同，“卖唱者”与“观赏者”角色不可能互换，“观众—演员”只能隔“墙”（第四堵墙）互动。因此，传统的“凤阳花鼓”表演场域的空间形构具有封闭性特点。对比《平阳竹枝词·凤阳少女》与《燕九竹枝词·凤阳乞婆》的表演场域可以看出，“凤阳少女”在“平阳府”表演颇具“花鼓灯”艺人“踩街”的风范，与“街西路人”直接互动的程度（街西勾断路人肠）也比“凤阳乞婆”居然“拦游客”（漫锣紧鼓拦游客）要高许多。尽管“凤阳少女”与“街西路人”的互动程度与“花鼓灯”文化播布区“观众—演员”的角色互换等互动方式不可同日而语（在“平阳”这个不是“花鼓灯”文化播布区的地方，人们接受它有个过程，参与其间直接表演当然要有更长时间——笔者注），但这并不能完全遮蔽《平阳竹枝词·凤阳少女》表演场域在空间形构上的灵活与开放，这是“凤阳少女”表演了民间广场艺术“花鼓灯”的极好证明。

（三）《平阳竹枝词·凤阳少女》精神指向的共荣性

从精神指向上说，《平阳竹枝词·凤阳少女》表演场域的共荣性特征成为进一步界定“凤阳少女”展演了“花鼓灯”的重要依据。对比“凤阳花鼓”与“花鼓灯”，前者的精神文化指向于“娱他”而后者却指向“共荣”。汉民族民间广场艺术“花鼓灯”是“玩”的艺术。表面看，它的表演似乎是为了“自娱”，实际结果却以和谐、共荣为旨归。艺人们往往从“自娱自乐”的审美态度出发，在开放的表演场域中充分互动而转向“娱他”，表演过程即成了淮畔民众的“集体狂欢”。因此，从审美效应上看，“花鼓灯”表演场域的精神指向具有十分突出的共荣性特征。然而，处于同一文化播布区的“凤阳花鼓”就不同了。在绝大多数情况下，其表演过程只有得到“观赏者”认可才能获得物质资助，是“娱他”型的民间艺术。所以，“花鼓灯”艺人向来以满足“自娱”、达成共荣为基本的精神文化指向，即使是“走灯”表演，获取资助是灯头的事，“花鼓灯”艺人们仍专注于乐在其中、乐此不疲的狂欢展演之中。以此审视《平阳竹枝词·凤阳少女》，其表演场域明显带有“花鼓灯”共荣性特征，这主要体现在两个方面：其一，“踏到平阳”的“凤阳少女”置身于融融春日，情绪上愉快、精神上振奋。远离家乡千里之遥却“不是故乡胜似故乡”，完全融入了“平阳府”热闹的市井生活，那种自主、自足与自信既为“峨眉空带九秋霜”的“古屏上妇人”望尘莫及，更为“漫锣紧鼓拦游客”的“凤阳旧乞婆”瞠乎其后。

《平阳竹枝词·凤阳少女》表演场域“勾”（街西勾断路人肠）的效果大不同于《燕九竹枝词·凤阳乞婆》“拦”（漫锣紧鼓拦游客）的情状。“凤阳少女”专注于表演（舞袖弓腰都未忘)、乐在其中，而且演出效果到达了“勾”魂的程度，引发了“街西路人”的互动与共鸣。这与“凤阳乞婆”“拦游客”那种勉为其难的举动形成鲜明对比。因此，“凤阳少女”大不同于“凤阳花鼓”艺人的“丐者”刻板印象，其表演场域也明显带有“花鼓灯”艺术和谐性、共荣性的特征，认定“凤阳少女”表演了“花鼓灯”而不是“凤阳花鼓”是大体可信的。

三、民间艺术表演场域的文化特质

当然，对表演场域特征的考察，还有一个不可或缺的要素——文化成因分析，即“历史”研究维度。事实上，社会空间理论在超越时间与空间二元对立传统哲学观念的同时，对时间研究及其成果从未采取视而不见的态度。从上文可见，场域学说也是如此，它能够“历史”地看待问题，以“共时性”“历时性”为基本的研究视角，从而建构了“空间—社会—历史”的研究范式[16]，对认清不同民间艺术文化成因大有裨益。正如新历史主义学者朱丽娅·克里斯蒂娃所言，不同的文本可以作为对方的镜子，相互嵌入和相互映照，彼此相互吸收、相互转化，从而形成一个从历时态和共时态两个维度向文本不断生成的开放网络。[17]虽然，朱丽娅·克里斯蒂娃仅从文本分析角度来看问题，但立足于“相互嵌入和相互映照，彼此相互吸收、相互转化”的“历时态和共时态”研究视角还是便于将问题引向深入。对于《平阳竹枝词·凤阳少女》表演场域的文化特质研究更是如此。

（一）共时性

“共时性”研究既要考察特定文化语境中背景信息对文本创作的影响；要审思同时代有关的民间艺术文本间相互“嵌入”“映照”与“转化”的关系。对于前者，《平阳竹枝词》（五十首）本来就是康熙年间“平阳府”春日社火、市井生活等时代风貌的感性呈现——康熙四十六年（1707 年）秋，孔尚任应知府刘棨“为制乐器，教以雅奏”并“葺《府志》”之约，千里迢迢从山东来到“平阳”，于次年二月底返回曲阜。《平阳竹枝词》（五十首）就是他逗留“平阳”（为时三个多月）期间制器、修《志》事余的睹物览胜之作。因此，作品彰显出创作背景中诸多文化信息，见证了康熙时期“平阳府”社会经济文化的兴盛以及“凤阳少女”表演的是“花鼓灯”的史实，进而凸显了非物质文化遗产的“证史功能”[18]。至于后者，同时代艺术文本之间的互相“嵌入”“映照”关系对表演场域文化沉淀的分析也有非常重要的价值。比如，将《平阳竹枝词·凤阳少女》对举《平阳竹枝词》（五十首）中《舞肩词》（其三）（以下简称

《平阳竹枝词·一双红袖》）进行“嵌入”式的互文比析，便不难发现康熙年间“凤阳少女”等“淮河人”对“平阳府”民间文艺活动作出不小的贡献，而且表演了高难度的“花鼓灯”舞技。《平阳竹枝词·一双红袖》全文如下：

一双红袖舞纷纷，软似花枝乱似云。

自是擎身无妙手，肩头掌上有何分。[14]

“肩头掌上有何分”是借古代舞人“张净琬”的高妙舞技以反衬“平阳府”中“舞肩”表演的高超水平（《南史·羊侃传》载：“舞人张净琬，腰围一尺六寸，时人咸推能掌上舞。”）。当然，这里的“舞肩”技巧是不是“凤阳少女”在表演还有待深入探索。但结合《平阳竹枝词·凤阳少女》作“嵌入”式互文释读却很值得揣味：“凤阳少女”似乎在“平阳”不仅尽兴地“踏歌”（花鼓灯灯歌）过，而且又表演了独具魅力的“花鼓灯”舞蹈！

的确，《平阳竹枝词·一双红袖》表演的不是“平阳府”及其周边地区的艺术种类。康熙年间，“平阳府”“肩舞”技巧实为罕见。目前史料仅见的“平阳”“肩舞”是“节节高”，为大人顶起小孩的一种舞蹈表演。然而，这个舞种追求的是“高”而不是“软”和“乱”，绝无孔尚任笔下的“软似花枝乱似云”的轻捷飘逸风格。山西本土研究人士郭士星等解释“自是擎身无妙手”时，竟然认为是“男青年用身体扛着长杆，并不是用奇妙的手去托”[14]，这显然是拘泥于“节节高”等当地舞种的错误释读，实难契合“乱似云”“舞纷纷”等轻盈灵动之美！因此，视《平阳竹枝词·一双红袖》为康熙“平阳府”的民间艺术表演是不太恰当的。那么，《平阳竹枝词·一双红袖》会不会是“平阳府”周边地区的民间舞蹈表演呢？答案也是否定的。事实上，不仅康熙年间“平阳府”及其周边尚无“软似花枝乱似云”的舞蹈表演，到目前为止仍是难得一见。关于后者将在“历时性”研究中作进一步讨论。

（二）历时性

“历时性”文本比较可以通过“嵌入”“映照”而提供不同时代的文化信息，对文化沉淀研究同样十分重要。尽管“共时性”研究还有一个与其他地区民间艺术包括“花鼓灯”文本“映照”与“转化”问题，但是，由于民间艺术的活态传承性，实难找到、找准康熙年间淮畔民众自娱自乐的“花鼓灯”艺术文本与《平阳竹枝词·一双红袖》作对比分析。然而，从“历时性”角度“嵌入”“花鼓灯”相关文本与之比较研究就容易很多。实际上，“花鼓灯”是特别注重诸如“上盘鼓”“中盘鼓”“地盘鼓”等舞蹈技巧的汉民族民间广场艺术，比如“上盘鼓”（女角“兰花”在男角“鼓架子”肩上或腰部搭摆成各种姿态的舞技表演）就是集武术、杂技于一体的“花鼓灯”“站肩”和“站腰”舞蹈技巧，其动作难度大、观赏性强，至今仍是“玩灯”揽众的重要技巧之一！“花鼓灯”灯歌唱得好：

一要高来二伸腰，三要平来四要飘，

五要大家齐出力，六要头尾领得巧。[19]

这是对“花鼓灯”“上盘鼓”表演特点的高度概括。显然，将之“嵌入”“映照”《平阳竹枝词·一双红袖》赏析即可发现，风格轻捷飘逸的《平阳竹枝词·一双红袖》与“上盘鼓”表演方式有惊人相似之处。的确，《平阳竹枝词·一双红袖》与《平阳竹枝词·凤阳少女》彼此就是“对方的镜子”，两相对举作“嵌入”“映照”式的互文释读，可以看出“凤阳少女”既然到了“平阳府”“街西”作“花鼓灯”表演，那么表演“上盘鼓”的高超舞蹈技巧是完全可能的！进而言之，“历时性”看山西与其周边地区的舞蹈表演，则向来以沉着庄重为美而不擅长“肩舞”技巧。山西舞蹈一贯注重“俯首、含胸、弯腰、屈膝”自不待言，周边地区如陕西舞蹈在“扭、摆、走、跳”动作中也以重心下移见长。[20]这些风格与“软似花枝乱似云”的灵动飘逸之美都大相径庭，因此，《平阳竹枝词·一双红袖》也不可能是山西及其周边地区的“舞肩”表演。所以，基于“历时性”和“共时性”视角的文本分析，特别是《平阳竹枝词·凤阳少女》与《平阳竹枝词·一双红袖》对举分析、互文释读，可进一步认定孔尚任有感而发的不仅包括了“凤阳少女”的“花鼓灯灯歌”艺术展示，还有“上盘鼓”的高超舞技。这对大多数人错误地认为此处是“凤阳花鼓”表演[21]作了拨正，从而凸显了《平阳竹枝词》（五十首）作为非物质文化遗产具有“纠正历史偏谬过程中所呈现出来的某种独特价值”即“正史作用”[21]。

参考文献：

[1] 夏铸九．空间的文化形式与社会理论读本［M］．台北：台湾明文书局，1988：225.

[2] Bun janpech Porntep，Somtrakool Kla，Kaewset Prarop. The Development of Costumes for Thai-Muslim Folk Performance Arts in Three Southern Border Provinces of Thailand［J］. Asian Social Science，2013.

[3]（法）皮埃尔·布迪厄，（美）华康德．实践与反思——反思社会学导引［M］．李猛，李康，译．北京：中央编译出版社，2004.

[4] L. D. Wacquant. Towards a Reflexive Sociology：A Workshop with Pierre Bourdieu［M］. Sociological Theory，1989.

[5] 孙琳．场域概述——浅议走向出场学的哲学视阈［J］．学理论，2011.

天长天官画的常规主题与民俗文化意蕴

程波涛

摘　要：天官作为国人信仰中的神祇人物，实际上是被理想化了的善神、福神形象。天官画是天官信仰的衍生物，亦是集神话、宗教与美术为一体的传统民间画种。天官画在安徽天长地区长期盛行。在传承和应用中，天官画谱系中的神祇人物群体逐渐递增，俗信主题日趋多义化、民俗功能日渐被泛化，即由原初的祈求天官赐福，逐渐拓展到更具体的诸如：驱邪禳灾、求子祈寿、求财致富、镇宅、防病、保平安等俗信主题。对于普通的天官信众来说，天官画则被视作“延神”赐福的凭依，并发挥着祥物与镇物的宗教心理功用。

关键词：天长；天官画；延神；接福迎祥；民俗主题；文化意蕴

天官画在安徽天长一带已经流传了近400年之久，这种极具民俗文化色彩的民间画种曾与凤阳凤画、灵璧钟馗画一起，被合称为“皖北三绝”。从艺术发生学的角度来看，天官画的生成应追溯到魏晋南北朝时期天官崇拜与信仰习俗。明末清初的徐道在《历代神仙通鉴》中写道：“天官，尧也；地官，舜也；水官，禹也。尧定天时，以齐七政，故为天官；舜画十三州，以安百姓，故为地官；禹治洪水，以奠区民，故为水官。”人们称他们为“三官大帝”，魏晋时期的道教三官信仰习俗在社会上流传甚广，南北朝时三官神和上、中、下元神开始合二为一，在逐渐演化的过程中，帝尧成为天官画中的典型性人物。作为古代神话传说和道教中的神祇人物类属，由早期的帝尧像到后面的天官像，再到后面的诸天官和堂神。长期以来，天官一直被国人视为民间宗教里的俗神与善神形象，为信众们普遍地认同、接受和亲近，并经常以不同的文化形态出现在文学、艺术和民间宗教信仰中。过去国内很多地方都有天官画，尤其在道教绘画中，然而，相比较

作者简介：程波涛，男，汉族，安徽利辛人，博士，安徽大学艺术学院副教授，硕士生导师；安徽大学艺术学院民俗艺术研究中心主任、艺术研究所所长，安徽省美术家协会理论委员会副主任，安徽省民俗学会学术委员会副主任。研究方向为民俗艺术学、美术史论。

而言，天长天官画则具有典型性和标本性。本文所探讨的天长天官画，实际上是指那些当地民间艺人以祖传画谱为范本所绘制，并带有俗信内涵的民间绘画样式。在绘制与应用方面，天官画有约定俗成的程式性和规定性，例如，艺人们绘制时，首先会考虑到户主们的求吉意愿，并据此确定所奉祀天官画的主题、内容和制式，以便充分体现天官画的信仰功能。这种生成于农耕文化沃壤之中的民俗绘画样式，承载和保留着民众多重的生存意愿。

正是出于对天官赐福、求吉的祈愿心理，在天长天官画传承过程中，艺人们根据信众的心理诉求，进一步虚构出该画中浩荡的神祇人物谱系。就整体而言，天官并非实指某一位神灵，而是泛指职能各异的多位神灵，而这也恰恰符合民间宗教中多神信仰的特点。传统天官画主要绘制于素净的绫缎、白棉布之上，如今又拓印到熟宣纸、木板和玻璃等多种材质之上。就技法来看，天官画的绘制以工笔为主，或设色艳丽，或为素色刻画，当然也被分为大色画、小色画和墨色画三类。天官画里除了神祇人物形象之外，往往还会有与表现主题紧密关联的意象作为辅材，如动物、植物、法器、道具等。事实上，天官画的俗信主题皆围绕着人们的生存诉求而展开。尽管天官画在天长已经长期存在，但是，到目前为止，这种极具地方特色的民间画种还极少为外界所知晓，这不能不说是一件让人遗憾的事。本文在实地调研的基础上，以天长天官画中常见的俗信主题为切入点，尝试对它的俗信主题、文化功能、民俗应用，以及其隐含于其中的世俗心理等进行剖析与阐释。

一、赐福迎祥的俗信主题

“赐福”“迎祥”是天长天官画的原初主题，亦是其生成的本原动机。东汉末年“五斗米”教曾将天官的神职功能定位为“赐福”，从此，天官司掌福运的观念便在国人心中深深扎根并日趋“固化”。经过长期的发展，“福”字本身已经积淀了较为深沉的社会意识，其内涵也变得丰富而繁复，如“五福”“百福”等，既有具体的观念性意旨，又有外延的吉祥文化内涵，例如，对于渴望平安的人来说，“平安是福”；对于渴望长寿的人来说，“五福寿为先”，即长寿是幸福观的一条重要保障；对渴望子嗣兴旺的家庭或家族来说，“多子”即是“多福”的重要内容之一；对于渴望荣华富贵的人来说，他们所企望的“福”主要包括“富贵平安”“贵寿无极”“荣华富贵万万年”等内涵，凡此等等，皆为国人趋吉心理的真切体现。事实上，在不同的历史时期、社会情境和精神诉求下，人们对“福”的理解和追求亦是因人而异的，而且，就深层意义上来说，“福”经常是国人多重吉祥愿望交融与统合的结果。正如东汉许慎在《说文解字》中所说：“福，备也。备者，百顺之名也，无所不顺者谓之备。”对于生活在传统社会中的国人来说，天官所赐之“福”，大致被赋予了家庭安乐、生活富足、风调雨顺、仕途得意、生意兴隆、出行平安乃至天下太平、国富民安等含义。天官所赐之福可谓多矣，似乎有“百福骈臻”之势，在天长的天官画中，天官所赐之“福”实际上亦有丰富的吉祥喻指。就民俗应用来看，艺人们绘制天官画时，一般会根据购画者的意愿，以确定绘制“赐福”的主题和内容。和其他主题的天官画相比，长期以来，“赐福”一直是最受世人钟爱的题材。天长的民间艺人以祖传天官画谱为蓝本，绘制赐福天官的形象，并配以童子或饰以蝙蝠等意象组合而成。“赐福”主题的天官画有《赐福天官》《太平天官》等。从当地的天官信仰习俗来看，这些天官画皆为岁首迎新等场合下用以“延神”的象征物，这种祈求神灵保佑的趋吉心理，难免会带有迷信、愚昧和虚妄的成分，但它寄托着信众的生活愿景，并进一步转化为民俗文化中能够温暖世道，且赋予了世俗生活以别样的文化情趣。

《梁元帝旨要》曰：“上元为天官赐福之辰。”相传正月十五是天官（三官大帝唐尧）的生日，每逢这一天，天长的天官信众就会设斋诵经，场面庄严隆重而又不乏宗教气息。就时间特点来看，祭拜天官已经成为天长一带的节俗活动，而迎奉天官画多集中在每年的春节、上元节和清明节。当然，尚需补充说明的是，请艺人绘制天官画的时间并非是统一固定的时间，亦可以根据户主的需要而自择佳日。当地的天官信众通常会根据各自祈福的意愿，请艺人绘制天官或堂神，画作绘成之后，户主会郑重地去“请”回家中。在请天官画时，艺人们会为天官画开光和念咒语，然后户主燃放鞭炮将天官画从艺人绘画作坊中“请”走，及至家门时，再次燃放鞭炮，这样就算是将“天官”正式地迎至自己的家室了。其后，户主便会虔诚地焚香、悬挂，并殷勤奉祀，冀求通过信奉的“天官”来保佑全家人福乐康宁、诸事吉顺。笔者在调研天长天官画时发现，其实，人们对于天官所赐之“福”的诉求，基本上亦是因人、因时和因事而异的，例如，在较长的历史时期中，由于人们对医学认识的不足，以及受到民间信仰等因素的影响，出于渴望夫妻和睦与祈子的心理驱使，有些新婚夫妇或久婚不孕的夫妇，往往会到民间艺人家里请求绘制《和合二仙》《送子观音》《麒麟送子》等天官画，旨在祈求天官保佑夫妇珍惜良缘、永结同心、和睦相处；或表达求孕、祈子、助育的生殖心愿；或是传导出祝愿老人多寿、子女平安的民俗心理。以延请求孕、乞子的天官画为例，如果祈子应验，就意味着所“请”的“送子天官”已成为“灵验”的凭物，接下来便会有其他渴望得子添丁的人前来“盗取”这幅画，其后，“盗”得天官画的新户主便会将这幅曾应验过“神力”的天官画庄重地悬挂于自家厅堂，愈发虔诚地焚香祈拜、奉祀，祈望同样“灵异”的“求子”奇迹现象能够在自家重新“发生”，而这其实是乞子占验风俗的一种文化应用。宋代文豪苏东坡有言："有子万事足。"而这类祈子、祝生题材的天官画，突出的正是人们对于敬神、助殖和祝旺子孙的俗用，实质上是旨在满足俗民们渴望延续香火、传宗接代的生殖愿望。

在我国传统的幸福观中，福寿作为一种双重的吉祥意愿，二者经常是统合不分的。《尚书·洪范》云："五福，一曰寿，二曰富，三曰康宁，四曰攸好德，五曰考终命。"这种"寿为福先"的观念，足以看出健康长寿在国人心目中的地位和重要性。自古以来，国人没有停止过对长寿的热切企盼和苦苦追求。俗话说"老人是个宝"，在注重经验理性传承的传统社会中，家（族）中有长寿老人本身就是一种福气。为老人祝寿本身是孝敬的表现，同时也是晚辈感恩意识的一种真切表达。在以祝寿为主题的天官画中，很多意象符号是与长寿有关的，诸如，除了寿星等长寿仙人之外，还有仙桃、仙鹤、灵芝等，这些被赋予长寿象征寓意的意象符号，传导出人们渴望"增福延寿"的生命意愿。

在天长一带，每逢老人寿诞，总会有一些孝敬的子孙会请回祝寿题材的天官画，郑重地悬挂于寿堂之中，以祝愿寿主能福寿双至、长命百岁。而且，在同样是长寿主题的天官画中，其绘制方面也有讲究：男性寿主多是奉祀《南极仙翁》；女性寿主则奉祀《麻姑献寿》。另外，也有的天官画中以历史人物郭子仪为祝寿题材。郭子仪是唐代平定"安史之乱"的中兴重臣，可谓劳苦功高，德高望重。他的七子、八婿皆同朝为官（又有"满堂笏"之称），儿子郭瑷还做了唐肃宗的驸马。相传在功高德劭的郭子仪七十大寿时，唐肃宗李亨携满朝文武亲自登门贺寿，这种来自君主的嘉许和恩荣，一般大臣是难以想象的。这类天官画有真实的历史依据，亦有现实基础上的杜撰成分，但是，它在文化应用上明显寓涵寿主全福全寿、贵寿无边之意，洋溢着欢乐、喜庆、祥和而健康的文化意趣。而对于家有正在读书子女的家庭，户主便会请艺人们绘制《魁星点斗》《独占鳌头》《文曲星》《状元郎》之类的天官画，期望天官保佑子女文运昌旺。除此之外，年节时，如《牛栏菩萨》《圈神菩萨》等天官画，寄托民众对丰收太平、六畜兴旺的渴望，承载着人们纳吉迎新、祝丰祈稔的心愿，这些都体现出人们对于富裕生活的殷切企盼。

二、辟邪禳灾的俗信主题

任何民俗艺术事象，皆有其生成的社会文化情境，而且有明显的功能性特征。民俗艺术的一个基本特征就是它能够反映民众的生存意愿和信仰，而天官画中的赐福主题多缘此而一一展开。这些源自现实的诉求与承载民众生存意愿的民俗艺术，反过来又直接作用于现实生活。在天长一带，人们信仰"天官"和奉祀天官画，已经演化为天长一种极富地方特色的民间风俗，天官画也承载着当地人祈盼“赐福”和“禳灾”等多样的生存诉求。研究灾荒史的学者邓云特指出：“我国灾荒之多，世界罕有，就文献可考的记载来看，从公元前十八世纪，直到公元二十世纪的今日，将近四千年间，几于无年无灾，也几乎无年不荒；西欧学者甚至称我国为‘饥荒的国度’。”由此我们不难想象在靠天吃饭的自然经济下民众生存的艰难。

以天长地区为例，在生产力水平低下的农耕社会，农事收成缺乏保障，自然灾害频发，加之天长地处洪泽湖沿岸，地势低洼，每年夏季洪汛期间，淮河等多条支流在汇合涌注于洪泽湖之时，往往会导致下游泄洪不畅，因此临湖沿岸包括天长一带经常有严重水患。在科技不发达时期，由于人们对自然现象缺乏科学的认知，人们便臆想这些灾难实乃妖孽邪魔所为。因此，每当面对水患、龙卷风以及种种危及生命财产安全而又靠人力所难以抗拒的“外力”时，当地的人们只能希望天官禳除水患邪魔，护佑黎民苍生。于是，便有人请天官画艺人绘制《消灾天官》《水上天官》《钟馗》等，这类天官画慢慢演变成祈求神灵驱恶避害、福佑民众的俗信之物。

天长天官画中的神灵谱系，基本涵盖了仙道人物、佛释人物、历史人物，甚至是曾为天长做出过特殊贡献的官员，反映了人们对于那些贤良地方官们深切的敬爱、追思和缅怀之情。例如天长天官画中就有以为治理运河水患而殉职的清代大臣王永节为主题的，人们为了纪念这位为地方做出贡献的贤良之臣，除了让他葬在天长外，还把他奉为“王天官”，并由此演化为半现实、半虚幻的地方性神灵信仰习俗。而就天长天官画的神祇谱系的整体来看，艺人们也会根据当地民众的需要，而灵活地调整这种民间绘画的主题与内容，其文化内涵由此变得日趋丰富多彩，从而点画出这一民俗绘画的功利所在。笔者在访谈天长天官画传承人时了解到，购画者们出于辟邪、禳灾等不同的俗信心理，自然也会对天官画制式和内容有具体的要求。例如，生活在水上和陆地的人家，所定制的天官画在内容上亦有一定差别，常年在水上以航运或捕鱼为生的人家，通常奉祀《妈祖》《托塔天王》《龙王》《水路财神》《水上天官》等天官画，这类绘画带有镇辟功能的心理暗示，意在祈求天官禳除水患，保佑航行平安或渔业丰收。在陆地上生产、生活的人们较多定制《药王》，意在消除病灾；而请《太平天官》，则是祈求平安康宁。民间常用的春联中就有：“富贵三春景，平安两字金。”在春节时请天官赐福，还有祈求新年平安的主题。另外，年节迎新时，在交通工具上张贴小型的天官画，体现天长民众祈求出行平安的习俗。由此可见，天长天官画中的天官形象，由早期的赐福天官逐渐转化为各具神通的多位神灵，由此便构成意象丰富的神仙谱系，如送子天官、妈祖、钟馗、药王和关公等，从而使得仙凡兼具的“天官”队伍变得日趋浩荡，而且不同的天官法力各

[6] Nicholas Abercrombie, Brian Longhurst. Audiences: A Sociological Theory of Performance and Imagination [M]. London: Sage, 1998.

[7] 冯双白. 中国现当代舞蹈史纲 [M]. 北京: 文化艺术出版社, 1999.

[8] 耘耕. "第四堵墙"索解偶记 [J]. 艺术百家, 1995.

[9] [美] 威廉·A. 哈维兰. 文化人类学 [M]. 瞿铁鹏, 张钰, 译. 上海: 上海社会科学院出版社, 2006.

[10] [美] 加里·D. 鲍里奇. 有效教学方法 [M]. 易东平, 译. 南京: 江苏教育出版社, 2004.

[11] 陈德琥. 花鼓灯艺术的当代出场路向 [J]. 江淮论坛, 2013.

[12] 蒋立松. 文化人类学 [M]. 重庆: 西南大学出版社, 2008.

[13] 赵树冈. 想象的他者与次族群刻板印象: 清代"凤阳丐者"意象的文本分析 [J]. 中南民族大学学报 (人文社会科学版), 2015.

[14] 郭士星, 李青, 孙远惠. 孔尚任《平阳竹枝词》浅释 [J]. 内部资料, 1982.

[15] 孔尚任. 燕九竹枝词 [C]. 孙景琛, 刘恩伯. 北京传统节令风俗与歌舞 [A]. 北京: 文化艺术出版社, 1986.

[16] 王胜利, 伍玥. 皮埃尔·布迪厄的制度分析范式 [J]. 社科纵横, 2012.

[17] 那晓波. 动态·多元·互文——克里斯蒂娃的文本理论 [J]. 经济研究导刊, 2014.

[18] 苑利, 顾军. 非物质文化遗产学 [M]. 北京: 高等教育出版社, 2009.

[19] 谢克林. 中国花鼓灯艺术 [M]. 合肥: 安徽人民出版社, 2006.

[20] 金秋. 中国民族舞蹈艺术创作 [M]. 北京: 北京师范大学出版社, 2011.

[21] 丘良任. 竹枝纪事诗 [M]. 广州: 暨南大学出版社, 1994.

异。于是，天长天官画中的“天官”便具有了泛指意义，以满足民众不同的生活意愿与心理诉求。

三、招财求富的俗信主题

“货而好利”和“祈利求财”是经商者的基本动机与目的。正是因为求富心理，或者是为了生计，一些天长人选择了外出经商。出于求财和求平安的心理诉求，经商者也经常会请民间艺人绘制《招财天官》等天官画，祈求天官保佑户主生意兴隆、财源广进。在天长天官画中，招财的天官财神大致有“进宝天官”“聚宝财神”“三路财神”“九路财神”“水路财神”“招财使者”“招宝天尊”“利市仙官”“镇宅财神”“监察财神”“金鞭财神”等，它们分别承载着行商与坐商祈富、求福的意愿。而在虚构各类财神题材的天官画中，还有文、武财神兼天官之分，其中赵公明和关公尤受当地民众的欢迎。赵公明作为天官画中所供奉的财神形象，其象征意义在民间信仰中得以体现，他被视为主管财源与财运的专职神灵。在道教中，手执三十六节铁鞭的赵公明，实为龙虎玄坛赵公元帅，亦被封为天官上神。在天长天官画的“五路”财神中，武财神赵公明为中路，其属下有四位神仙，即东路财神招宝天尊萧升、西路财神纳珍天尊曹宝、南路财神招财使者陈九公、北路财神利市仙官姚少司。而正是这种来自传统宗教信仰的“身份认同”，更强化神仙谱系中赵公明作为财神的神圣地位，因此，天官画中的赵公明更能迎合商人渴望获利致富的功利性心理。而另一位以忠义著称的武财神关公，在天长天官画中则具有多重的象征意义。在民间观念中，关公能辨别邪正，辟除邪恶，尤其是他具有勇武忠烈、义薄云天的侠义品质和人格魅力，所以关公逐渐被演化为商人的守护神。在天长天官画中，关公的形象除了传导出经商者希求广开财路的意愿，还有祈求关公保佑商场平安之意。值得一提的是，天官画中把关公等具有现实色彩的人物作为财神天官，本身也反映了民间信仰的功利性、灵活性，也折射出民俗艺术创作中融合世俗的包容性特征。

天官画主要由天长市及周边地区的民间艺人绘制，随着天长人口的外流，以及经商等原因，天官画会随着商旅者的脚步传播和转移外地，因此，在调研中得知，其实不仅是天长一带，在上海、江苏、浙江、广州、福建等地，都也时能见到天长天官画的踪迹，而且信奉者也多是一些外出经商或跑运输的天长人。以招财求富为主题的天官画，实际上是民间信仰观念的产物，也是世俗性心态的一种惯常表达模式。葛兆光先生说：“‘落入俗套’在艺术上不好，可是‘俗套’恰恰说明这是大家的日常生活观念和习惯，当一种图像成为一种惯用的套数，像贺寿、喜庆、辟邪、冲喜等场合用的图像，很多人都不自觉地这样画和安排的时候，背后就有一种普遍的习惯的观念。”在天长经商者的信仰观念中，正是因为天官被赋予了主商旅、开财运、保平安等方面的神奇“法力”，因此，无论对于行商或坐商而言，每当门市开张或年节开市，都会习惯于延请保佑发财致富主题的天官画，这既是商家开业时仪式性的喜庆之举，也是为了在心理上图个祥和、吉利。每逢新年正月初五，据说这天是路头财神的生日，商家们自然不会忘记在新的一年里企盼财源滚滚、鸿运当头。对于那些身处异乡的天长籍经商者来说，供奉财神“天官”画，尤其是赵公明、关公等，直接反映出他们企盼纳福、求财和保平安的心理诉求。其实渴望天官“赐”以财运与富足的，何止是普通经商者，这又何尝不是广大民众带有功利性心理和目的性愿望的真切传达呢？

四、镇宅、保平安的俗信主题

还有一类以镇宅、保平安为主题的天官和堂神画，它们所点画出的正是人们渴望乞宁、获佑、免患、得福的民俗心态。在传承和应用过程中，天官画的原始象征和功能指向也会有所变异，这样就使得其中的一部分天官画被赋予了诸如门神、石敢当等镇物所等量齐观的镇辟功能。因此，从这一意义上说，在普通信众看来，像镇宅、保平安主题的天官与堂神，近似于宅神，它们似乎既可护佑家宅的安稳，又有守护家业兴旺和庇佑户主出行平安的功能，这类天官画长期被人们应用于安居和出行的风俗活动中。众所周知，传统堪舆意识对我国的建筑文化影响深远，在天长，每逢建筑选址到新居落成时，时常有当地天官信奉者去奉祀这类据说能够安宅、保平安的天官画（如《钟馗》《土地神》等），他们希求借助天官的“神力”来祛灾免厄，护佑家宅。很显然，这类天官画带有一定的牵强和迷信成分，其实是将民间信仰转化为一种可视镇物形象，并赋予了特定民俗功能与象征意义，我们从中不难看出内隐其里的求吉、驱灾等文化信息。

作为镇物的天官画，除了装饰房屋、美化生活外，更重要的是人们渴望“天官”与堂神们能够发挥震慑鬼祟、禳除灾邪的神职功用。诸如镇宅和保出行平安主题的天官画，实际上是通过俗信观念和巫风手段相结合方式，来表达人们渴望护宅安居、平安无祸的求吉心理。事实上，天官画信仰习俗中的酬神、开光和咒语等仪式，甚至有时会融入些许民间秘术元素，更为这种民间绘画罩染上一层神秘的宗教文化色彩。镇宅主题的天官画除了《钟馗》外，还有《镇宅天官》《灶神》等。另外，天官保平安的俗信内容，主要包含保佑家人无病无灾、出行平安等。例如，对于家中有婴幼儿和老人来说，户主供奉天官画则更为虔诚，以期家人得到天官更为全面而周详的“护佑”。而就其文化功能来看，这类天官画也是护幼免夭和尊老祈寿心态的真切表达，颇具人伦情感意涵。当然，作为一种传承有序的传统文化事象，天长天官画的“赐福”

“镇辟”主题与内蕴是丰厚的，而且其中还不乏扬善、戒恶、因果等方面的教育意涵，《易》云：“积善之家，必有余庆。”国人普遍相信善良能够引来福气，这种因善致福的民俗心理，实则具有隐秘的文化内涵与助益人生的文化理念，从积极意义上来看，除去它是俗信功能之外，天官信仰中亦有劝勉人们保存一份温厚的善念与嘉意。

综上，在天长，除了求吉纳祥、辟邪禳灾、求财致富、镇宅、保平安等俗信主题的天宫画外，还有一些其他寓意的天官画，但基本上不占主流地位。时过境迁，如今，在传统天官画的基础之上，又旁逸斜出了一些所谓“新潮”“另类”的天官画，内容变得泛化与多意，民俗功能渐趋模糊，信仰或宗教的意义被有意淡化与稀释，基本上已经脱离了民间宗教崇拜中表意符号的意义，这本身也是文化转型时期民俗文化变异与重构中的常见现象。应用于传统文化情境中的天长天官画，其神仙谱系复杂，而且天官和堂神分工明确，这些具有不同法力和民俗功能的天官“塑造”，反映出民间信仰中“神为我用”的功利性心理，也是人们生存意愿和精神需求丰富性的综合体现。在长期的传承、传播和应用中，天长天官画已经衍变为集民间信仰、伦理教化、吉祥文化为一体的民俗艺术样式，它以敬神的方式，来表达益人的诉求，它除了有一定的文化寓意和民俗功能之外，还具有浓郁的宗教和乡土气息。

结　语

天官画本是一种融入了神话信仰和民间传说的民俗文化事象，在这类民俗美术创作中，人们试图借助天官信仰与巫术的某些方式，它在民俗应用中承载着祈福、避祸、求财、保平安等精神诉求，体现民俗艺术适俗性和功利性的一面。尽管天长天官画在民俗应用方面，未必具有明显的实效性和可证验性，但是，它作为信仰习俗的衍生物，的确已经存在较长的时间，并作为一种区域性特色鲜明、民俗内蕴丰富的文化“标本”，依旧将在俗世生活中继续延传下去。因此，从综合文化视角来看，剖析天官画的俗信主题，梳理与阐释其民俗文化功能，对于研究天长民俗艺术的发展、社会信仰习俗，以及挖掘、整理、传承和保护我国丰厚的历史文化遗产等，不无积极意义。

附：天官画中的太上老君图

老君堂
天官画

农耕文化视阈下的阜阳剪纸艺术

胡　飞

摘　要：阜阳是我国著名的“剪纸之乡”，阜阳民间剪纸艺术不同于我国其他地区的剪纸艺术，独特的地理位置造就了其兼容并蓄的艺术特征；其表现形式追求圆满、美善、喜庆、含蓄，蕴含着丰富的农耕文化内涵。

关键词：阜阳剪纸；农耕文化；原始信仰；儒道思想

安徽阜阳地区是我国著名的“剪纸之乡”，剪纸是当地比较流行的一种民间艺术，每逢年节庆典、婚丧嫁娶、婴儿满月、老人寿庆等活动，人们都喜欢悬挂张贴剪纸作品来烘托气氛。阜阳民间剪纸题材丰富，形式多样，风格淳朴古拙而不失精巧，热烈而不失典雅，蕴含着丰富而独特的农耕文化内涵。这种丰富而独特的农耕文化的形成主要来自三个方面：其一，阜阳地区地处淮河中游，有着悠久的农耕历史，考古发现 8000 多年前淮河流域先民就已开始种植稻米等作物，因此很早就形成了基于农业的“天人合一，物我合一”的原始自然观；其二，阜阳地区历史上曾是儒、道、墨、法、农本等思想汇集地区，以道德伦理规范为核心的儒家思想、以阴阳五行为核心的道家思想以及管仲的农本思想等都极大丰富了农耕文化内容；其三，阜阳地区历史上是一个政权更迭频繁，中原文化、吴文化、楚文化不断渗透、融合的地区，长期的渗透、融合使本已底蕴深厚、内涵丰富的农耕文化更具兼容并蓄的特征，因此阜阳民间剪纸艺术呈现出郭沫若先生所说的“其味天真而浑厚”与“玲珑剔透得未有”的南北风格融合的面貌。

一、阜阳剪纸艺术的农耕文化背景

（一）以天、地为本的自然观

《黄帝四经》曰：“人之本在地。”《管子·乘马》曰：“地者，政之本也。”

作者简介：胡飞，男，蚌埠学院艺术设计学院院长，教授。

固守土地、崇拜自然是阜阳乃至整个中原地区农耕文化的核心思想，日月星辰的运行，四季的更替，植物的枯荣，土地的肥沃与贫瘠等，不仅会影响到人们的生活，也会影响到人们的思想情感。庄子说："天地有大美而不言"。[①] 天地自然不仅是"本"，而且还拥有"大美"，故民间艺术自从产生之日起便表现出强烈的亲土地亲自然的特性。余达忠先生认为："自然作为一种背景性存在，影响和决定着人们的生活与思想，对于自然的崇拜是自然而然的，尤其在农耕社会的早期，自然崇拜是一种普遍的思想观念，社会的神话、信仰、习俗、仪式、歌谣等就在这种自然崇拜中形成和奠定下来。"[②] 刘继成先生也认为："人对自然的高度依附性，决定了观念领域对自然价值的全面肯定。正是因此，在中国古代思想中，天道自然，不管是对儒道还是墨名法，都是哲学认知的起点，'天人合一'则是共同的价值选择。"通过对甲骨文中"艺""乐"和"美"字的分析，他认为这些能够反映精神特征的文字均与自然、农业有关，"后世'艺'由农业种植发展为雅化的技能，即'六艺'，进而发展成精神性的'艺术'；'乐'由对谷物丰收的礼赞发展为普遍性的快乐，进而发展为表达快乐的艺术形式'音乐'；'美'则由视觉的胖大和味觉上的鲜，发展为一般性的审美。这种词义的演进，一方面体现出人类从物质向精神、从实用向审美、从快感向美感进化的趋势，另一方面也说明了农耕文明对于中国美学和艺术的奠基性。"[③]

从对土地的关注到对田间劳动力的需求，生殖繁衍便成了农耕文化中一个重要的命题，有趣的是，原本是人类生殖繁衍的问题，在中国的文化传统中却与创造天地万物的阴阳观念紧紧缚在一起。在阴阳家看来世间万物皆归阴阳，即所谓"阴阳和而万物得"[④]。阴阳观念关于事物发生、发展及相互关系的解释对古代农耕社会人们认识自然、安排农事具有重要意义，它深刻影响到民间习俗、信仰、文化、艺术的形成发展。尤其是"抓髻娃娃""生命树""葫芦娃娃""蛇盘兔"等这类关于生命主题的剪纸，刻意使用了许多象征阴阳两性的图像符号来表达阴阳相合孕育万物的观念，所以作品内容的释义性往往超过了审美性。对于农民来说，通过直观欣赏剪纸图像理解一种文化观念远比阅读文字来得容易，从这一方面讲，阜阳民间剪纸艺术也反过来促进了阴阳观念在民间的传播。

---

① ［清］郭庆藩撰，王孝鱼点校：《庄子集解·知北游第二十二》，北京：中华书局，1985 年版，第 735 页。

② 余达忠：《农耕社会与原生态文化的特征》，《农业考古》，2010，04：2。

③ 刘成纪：《中国美学与农耕文明》，《郑州大学学报》（哲学社会科学版），2010，05：8。

④ ［清］孙希旦撰，沈啸寰、王星贤点校：《礼记集解·郊特牲第十一》，北京：中华书局，1989 年版，第 674 页。

（二）忠义、孝悌，安土重迁的儒、道思想

阜阳地区民风朴厚，安土重迁，生活追求平淡、节俭、安稳。显然，这是与老子所倡导的“使民重死而不远徙。虽有舟舆，无所乘之，虽有甲兵，无所陈之。使民复结绳而用之。甘其食，美其服，安其居，乐其俗。邻国相望，鸡犬之声相闻，民至老死，不相往来”的理想社会是分不开的。[①] 封闭的社会生活造就了本分、知足、勤俭、朴实的农民性格，影响到民间剪纸艺术上则呈现出朴素、内敛、稳定、简约的风格。

儒家所倡导的建立在家庭血缘关系基础之上的道德伦理观念是阜阳地区农耕文化的又一核心要素。受其影响，阜阳民间剪纸艺术在以视觉形式播布审美文化的同时，还承担着宣传道德伦理规范的任务。唐家路先生在详细分析了传统道德伦理规范对民间艺术的题材选择、创作观念、艺术样式等方面产生的影响后，认为：“是民众普遍的道德伦理及情感要求，创造、选择了这些形象化的题材和内容，使其成为道德教化的工具和伦理情感的符号。与此相应，民间艺术健康、质朴、圆满、完美的艺术风格也常常遵循和追求美与善的统一，体现了民众广泛深沉的情感观念和道德伦理要求。”[②]

（三）兼容并蓄的多元文化

除上述农耕文化的本原哲学观念以及儒、道诸家思想以外，南北自然地理的分界、南北文化的交汇也是阜阳农耕文化保持鲜明特征的原因之一。作物上稻麦同植，交通上舟车同行，甚至在民风上“北方人的强悍和南方人的柔和也交融在淮河流域人民的习性之中”[③]。从文化地理分布看，阜阳地区地处中原文化圈的东南部边缘，东北是齐鲁文化，西南是荆楚文化，东南是吴越文化。历史上由于战争、人口迁徙、商贸往来等，各种文化在此不断渗透、融合，形成兼容南北、承接东西的多元文化特征，反映在民间剪纸艺术上则呈现出“既有北方的简练和粗壮有力，又有南方的精巧和秀丽多姿、粗细相间、刚媚兼备、节奏协调”[④] 的独特风格。

二、阜阳剪纸的题材与内容

吕胜中先生说：“（民间剪纸是）劳动人民为满足自身精神生活的需要而创

---

① 朱谦之：《老子校释·八十章》，北京：中华书局，2000 年版，第 309 页。

② 唐家路：《民间造物艺术的伦理观念》，《山东社会科学》，2006，12：132。

③ 水利部淮河水利委员会、淮河志编纂委员会编：《淮河第七卷：人文志》，北京：科学出版社，2007 年版，第 153 页，第 199 页。

④ 水利部淮河水利委员会、淮河志编纂委员会编：《淮河第七卷：人文志》，北京：科学出版社，2007 年版，第 153 页，第 199 页。

造，并在他们自己当中应用和流传的一种艺术样式。”① 以农耕为主的农村社会生活是阜阳民间剪纸艺术的创作源泉，农事以及与农事相关的民俗现象是民间剪纸艺术最常表现的题材。《管子·牧民第一》说：“仓廪食而则知礼节，衣食足则知荣辱。”②《汉书·郦食其传》云：“王者以民为天，而民以食为天。”③ 面朝黄土背朝天的农民一生辛勤劳作，期盼的就是天下太平、仓有余粮、衣食无忧、少病少灾，因此，土地、自然对他们来说具有特殊的感情，用朴实的艺术语言将田间劳作、养鸭放牧、扬场晒粮、家禽家畜、花草鱼虫等这些生活中最熟悉的形象再现出来，是表达他们思想情感的一种理想方式。利用谐音将自然界不同事物结合起来体现喜庆吉祥寓意是广大农民对土地、自然及农耕生活情感的升华和提炼，民间艺术的创作主体及欣赏主体均为土生土长的农民，共同的生活理想和审美追求使得利用谐音表达喜庆吉祥寓意题材成为民间艺术最流行、最通俗的题材。这类题材主要有连（莲）年有余（鱼）、大吉（鸡）大利、福（蝠）禄（鹿）寿喜（鹊）等。一些具有喜庆、富贵、吉祥寓意的喜字、福字、牡丹、荷花、桃、鹤、狮子、麒麟等也是剪纸常表现的题材。

阜阳地区农耕文化的形成发展受儒家的道德伦理思想影响较深，几千年来，以仁、义、礼、智、信、恕、忠、孝、悌为核心的儒家道德伦理规范已深深植入农耕文化的土壤之中，成为人们社会生活的行为准则。从艺术方面讲，表现忠孝、正义、善良等内容的艺术题材反映了人们的道德伦理和情感需求，实现了艺术审美功能与教化功能的完美统一，这类题材通常来源于民间故事、神话传说。阜阳民间剪纸中最常见的题材有三娘教子、岳母刺字、钟馗捉鬼、嫦娥奔月、牛郎织女、白蛇传、木兰从军、夸父追日、关公、梁山伯与祝英台等。

淮河流域是华夏民族的发祥地之一，所以古老的生命信仰对阜阳地区的农耕文化传承具有深远影响，这类剪纸题材最具神秘感，蕴含着丰富的民俗文化内涵，涉及婚丧嫁娶、祭祖崇拜、求子纳福、驱邪避祸等诸多方面，常见的有关生命信仰内容的题材主要有抓髻娃娃、疗疳娃娃、生命树、扫天婆、牵马小、奈何桥、瓜瓞连绵、老鼠吃南瓜、葫芦、石榴、鱼钻莲花、双鱼、对猴、对马、五毒等。

一般来说，剪纸的功能是与题材相一致的，各个时代在剪纸功能的追求上不尽相同，所表现的题材也会有所不同，如剪纸起源时期的原始社会，先民们出于生殖崇拜的需要以雕、镂、剔、刻之法在石壁、树叶、皮革等材料上留下影像。

---

① 吕胜中：《中国民间剪纸》，长沙：湖南美术出版社，1994 年版，第 6 页。
② 黎翔凤撰，梁运华整理：《管子校注》，北京：中华书局，2004 年版，第 2 页。
③ ［汉］班固：《汉书·郦陆朱刘叔孙传第十三》，北京：中华书局，1999 年版，第 1627 页。

由于剪刻的影像与原物酷似，以至于在古人看来剪纸能够摄取人或物的灵魂，所以剪纸才会有“招魂”功能，这一点可以从一些历史文献中得到证实，如《汉书·外戚传》《搜神记》《论衡·自然篇》《汉书·郊祀志》等均记载着汉武帝因思念亡故的李夫人，命方士齐人李少翁以剪刻李夫人影像为其招魂之事。唐代诗人杜甫的《彭衙行》中也有“暖汤濯我足，翦纸招我魂”之句。

由招魂发展到祈福纳祥，是剪纸功能的一大进步，也使得剪纸的题材得以大大拓展。唐代的剪纸在沿袭古人剪纸招魂习俗的同时，开始走入普通百姓的生活，成为节庆习俗的装饰品，如当时流行的“人日戴胜”“镂金作胜”“剪纸宜春”等习俗，《酉阳杂俎》记述有：“立春日，士大夫之家，剪纸为小幡，或悬于佳人之首，或缀于花下，又剪为春蝶，春胜以戏之。”① 李商隐的《人日即事》中有：“镂金作胜传荆俗，翦彩为人起晋风。”崔道融的《春闺二首》中有：“欲剪宜春字，春寒入剪刀。”唐代李远《剪彩》中有：“剪彩赠相亲，银钗缀凤真，双双衔绶鸟，两两度桥人，叶逐金刀出，花随玉指新，愿君千万岁，无岁不逢春。”可以看出，唐代的剪纸功能已由传统的招魂祭祀扩大到生活装饰，并且这种功能变化在经过宋、元、明、清等时期逐步呈现出多样化发展趋势，与此相适应，民间剪纸的题材也得到极大丰富和发展。“民间剪纸不仅体现民间艺人的审美理想与动机，是作者和欣赏者内心情感的宣泄与寄托，更重要的是在现实生活中有着功能上的实用性。”②

今天，由于社会经济的发展，科技的进步，人们的生活质量有了极大提高，已无须再借助剪纸等形式从事驱邪避凶、衍生护生、招魂祭祀等活动，所以美化生活、祈福纳祥成为现代民间剪纸的主要功能，传统的驱邪避凶、衍生护生、招魂祭祀等仅作为一种民俗文化现象成为剪纸艺术表现的题材之一。

三、阜阳剪纸的艺术特征与文化内涵

（一）阜阳剪纸的艺术特征

“农耕文明是深植于泥土的文明。土地不仅决定着中国的经济、政治和国家形态，而且很大程度上决定着美和艺术的属性。”③ 阜阳民间剪纸所追求的朴实率真、火热喜庆的艺术风格以及驱邪避祸、祈子纳福的永恒主题，是当地劳动人民追求美好生活的强烈愿望的具体体现，是农耕文明催生的审美情感的具体体

① 《唐五代笔记小说大观》，上海：上海古籍出版社，2000 年版，第 549 页。

② 徐贤如、凌继尧：《中国民俗剪纸艺术文化功能内涵变迁》，《西北民族大学学报》（哲学社会科学版），2009，06：82。

③ 刘成纪：《中国美学与农耕文明》，《郑州大学学报》（哲学社会科学版），2010，05：8。

现。因此在表现形式上呈现出繁复与简约、喜庆与肃穆、张扬与抒情并存的特征，是与剪纸的内容以及思想情感要求相一致的。

民间剪纸艺术是群体性艺术，创作和欣赏的主体均是民间百姓，共同的价值观、审美观造就了其特有的艺术形式。求大、求全、求满、求美是淮河两岸人民在长期生产劳动中形成的朴素的审美观，是美与善的统一。所谓“圆圆满满”“和和美美”“大大方方”“实实在在”，不仅是艺术审美的标准，更是生活的标准、做人做事的标准，而建立这些标准的基础就是融儒、道、墨、法等思想于一体的农耕文化。受其影响，阜阳民间剪纸形式多样而活泼，构图追求饱满而完整，造型粗犷而朴实，达到了内容与形式的和谐统一。例如，取材于现实生活的剪纸，其剪刻的刀功较为轻快洒脱，画面布局自由灵活，人或物的造型姿态悠闲，体现出农村地区恬淡宁静、幸福祥和的生活面貌；取材于喜庆吉祥寓意的题材则多采用满幅式构图，如使用牡丹、仙鹤、喜鹊、鹿、仙桃、鲤鱼、麒麟等农耕文化中的祥瑞动植物，画面物象造型活泼、喜庆，线条柔和多变，充满动感；而信仰类题材的剪纸，由于其特殊的表现对象和使用功能，多使用严谨的对称性构图，人物、动物的神态或威严或凝重，姿势动作夸张，具有强烈的仪式感，符号性特征明显。剪刻技法上也多使用简约的刀法，注重物象的外部轮廓特征，不做局部的精细刻画。当然，对于诸如花、蝶、仕女等一些柔美的题材也不失细腻精巧的表现，但在人物动态处理、线条粗细变化、画面主次经营上仍不做过多修饰，以体现朴素大方。

（二）阜阳剪纸艺术的农耕文化内涵

黄淮地区是中华民族文化思想的发祥地，历史上儒、道、法、释交汇融合，形成了以农耕为基础的多元文化特征，这种多元文化作用下产生的道德观念、价值观念、审美习惯、思想情感、行为方式等也直接影响到民间艺术的创作活动，从而使得“这种道德伦理及情感观念与民间艺术的审美观念一起，对民众的精神意识产生重要的影响，体现了民间艺术丰富深刻的文化内涵”[①]。特别是一些表现忠孝、仁义、先贤、烈女的题材能够为广大民众所传诵，说明渗透了儒、道等精神的农耕文化所建立起来的道德观念、审美观念不仅成为人们待人处事的行为标准，也成为人们表达思想情感，追求理想生活的文化基础，艺术形式的圆满、大度、完美正是这种文化基础的具体体现。从文化传承的本原看，阜阳民间剪纸追求喜庆、吉祥、圆满，除了受儒、道诸家的道德观念、审美观念影响外，实质上也是驱邪避祸、求子纳福、祭祀崇拜等实用功能的延续，是对远古先民生

① 唐家路：《民间造物艺术的伦理观念》，《山东社会科学》，2006，12：132。

命崇拜的继承和发展。

孟子说："不孝有三，无后为大。"① 对于面朝黄土背朝天的农民来说，多子不仅意味着"延续香火""孝敬祖先"，也意味着能够保持足够的家庭劳动力。从上古时代女娲造人神话到今天的遍布淮河两岸的生殖泥偶崇拜，生殖繁衍历来是民间文化传承的主题。民间剪纸中常出现的"生命树""喜娃娃""荷花仙子""抓髻娃娃"等题材，人物造型往往是呈正面，双手上举做蛙状，使人很容易想起远古时期的岩画和陶器中的人物形象。蛙纹造型在图像学中被认为是生殖崇拜的主要命题，反映了远古先民祈求子孙繁衍的强烈愿望。赵国华先生认为："女娲本为蛙，蛙原是女性生殖器的象征，又发展为女性的象征，尔后再演为生殖女神。"② 可见，民间剪纸中出现的蛙人形象是延续了远古时期的生殖崇拜。这类作品的人物造型很多都是以对称的形式出现，这种对称的形式不仅呈现出一种外在的形式美，更重要的是对称的造型形式反映了民间的一种偶数观念，一阴一阳，一正一幅，成双成对，所谓"一阴一阳之谓道"③。左汉中先生说："中国人的'偶'数观念中，反映着很强的生殖崇拜、生命繁衍意识。民间美术的造型体系中，形成了一系列的具有对应关系，潜藏着生命、生殖意识的造型规则。"④ 这种以偶数的观念来反映几千年来生生不息的生殖崇拜命题，一方面是中国道家阴阳哲学思想的具体体现；另一方面也反映了根植于广大农村的关于生殖繁衍的朴素认知。

对称手法并非只用于生殖崇拜命题的作品中，一些与生殖崇拜无关的日常生活情趣的题材中，往往也会出现左右或上下对称的人或物的造型。我们虽然不能将所有对称的造型形式都判定为阴阳交合化生万物思想的暗示，但仍然可以认为这是中国民间习俗中所谓"好事成双"的偶数观念的体现，这种偶数观念同样与远古先民生殖崇拜观念有着千丝万缕的联系。人们从化生万物的阴阳偶数对称形式中发现了美的规律，一旦这种美的规律被掌握，人们自然会把它运用到日常生活的方方面面。

阜阳民间剪纸中还有一些将动物拟人化的题材，如《猴子抽烟》《老鼠娶亲》《猴子拉车》《老鼠点灯》《蛇盘兔》《大鸡送子》等。这类题材的出现，一方面是由于这些动物形象较为常见，与人们的日常生活有着直接或间接的联系，

① ［汉］赵岐注，［宋］孙奭疏：《孟子注疏·离娄章句上》，北京：北京大学出版社，1999 年版，第 206 页。

② 赵国华：《生殖崇拜文化论》，北京：中国社会科学出版社，1990 年版，第 371 页。

③ ［魏］王弼、［晋］韩康伯注，［唐］孔颖达疏：《周易正义·系辞上卷七》，北京：北京大学出版社，1999 年版，第 232 页。

④ 左汉中：《中国民间美术造型》，长沙：湖南美术出版社，1992 年版，第 154 页。

另一方面可能要与远古人类的图腾崇拜以及神话意识有关。从考古出土的原始陶器上的人面鱼纹、鲵鱼纹、蛙纹等大量拟人化的造型可以看出，远古时期的先民认同了动物与人类具有某种共同的灵性，或者说远古先民之所以将人类自身与一些动物建立联系，是看重了它们的某种超常的能力，从而加以崇拜。从民俗学上讲，阜阳地区动物拟人化剪纸题材的出现是远古先民的生命崇拜意识以及万物有灵观念不断演化发展的结果。

四、结语

综上所述，阜阳民间剪纸蕴含着丰富的农耕文化内涵，圆满、美善、大全、喜庆、实在的审美追求是阜阳地区农耕文化精神传承的结果。象征性符号应用及程式化的艺术造型不仅满足了文化精神表达的需要，也是农耕文化长期积淀的结果。今天的广大农村地区，生活富裕，精神面貌有了很大改变，农耕文化的传统意义已发生较大变化，驱邪避祸、求子纳福、祭祀崇拜等观念仅作为一种传统民俗文化现象为人们所认识、研究，民间剪纸的审美功能取代了传统驱邪避祸、求子纳福、祭祀崇拜功能，民间剪纸艺术已成为人们表达节庆祝福、烘托喜庆气氛、美化生活环境的大众艺术品。

淮北柳孜文物与宋代儿童蹴鞠运动

秦立凯

摘　要：2012 年淮北柳孜出土 3 件珍贵的蹴鞠儿童文物，造型精美，形态生动，文化品位高，观赏价值大。不仅表明柳孜儿童蹴鞠运动起源早，普及发展水平高，也进一步佐证宋代是我国蹴鞠运动发展的鼎盛时期，而这是以儿童蹴鞠发展为基础的。宋代发达成熟的儿童蹴鞠运动和当时发达的社会经济、完善的福利儿童保健体系、宋人对足球健身价值和德育价值的认识、宗教因素的助推等因素不无关系。宋代儿童蹴鞠发展为我们发展青少年足球运动提供了有益启示。

关键词：淮北柳孜；文物；宋代；儿童；蹴鞠运动

2012 年，被誉为 1999 年十大考古发现之一的淮北柳孜遗址进行了第二次发掘，出土 7000 余件文物。这次考古发掘出土了珍贵的宋代体育文物，包括 3 件影青蹴鞠孩童瓷塑，若干瓷质围棋、象棋、骨牌、骰子，1 把木剑等。单次发掘 3 件蹴鞠孩童瓷塑，这在国内尚属首次，文物造型精美，特色鲜明，具有较高的文化品位和鉴赏价值，和国内其他为数不多的儿童蹴鞠文物相比较，无论是艺术价值和史料价值，都毫不逊色。蹴鞠文物尚未引起学界关注，拙文试做初步探讨，以就教于方家学者。

一、淮北柳孜宋代儿童蹴鞠文物

淮北柳孜宋代影青蹴鞠儿童瓷塑产于传统制瓷名都景德镇，形制不大，显然是作为玩具和工艺品而制作的。图 1 儿童体态较胖，面目清秀，盘坐，左手在上，右手在下环抱蹴鞠于右膝之上，抬头遥望右上方，若有所期，欣然之情流露于形；图 2 儿童上身较瘦长，两腿较短，盘坐，左手扶球于左腿之上，右手抚按右膝上，抬头远眺右上方，似球技高超，欲与同伴比高低，一副洋洋自得之状；图 3 瓷塑只有上半身，一孩童双目圆瞪，双臂紧抱蹴鞠于颌下，似乎怕别人把蹴

作者简介：秦立凯，淮北师范大学副教授、博士。

鞠从他身旁抢走，对蹴鞠的热爱状、调皮样令人忍俊不禁。

作品中孩童皆怀抱瓣状花纹组成的蹴鞠，纹瓣清晰，正如《蹴鞠谱》所说："十二香皮，裁成圆锦。熟硝黄革，实料轻裁，密砌缝成侵不露线角，嵌缝深窝。"[1]孩童盘坐状，体态可掬，健康欣然，丰采圆润，影青瓷塑和儿童天真活泼融为一体，宋代儿童对蹴鞠的喜爱之状一览无余，富有浓厚的现实生活气息，给人以清新健康，心情愉悦之感，仿佛让人的思绪回到遥远的大宋时代，市井儿童三五成群嬉戏蹴鞠于运河两岸烟柳之下，繁华闹市之中，或者田园旷野之上，正如宋代诗人陆游在《残春》所描述情状："乡村年少那知此，处处喧呼蹴鞠场。"[2]

图1　宋代影青"蹴鞠孩童"瓷塑（1）

图2　宋代影青"蹴鞠孩童"瓷塑（2）

图3　宋代影青"蹴鞠孩童"瓷塑（3）

淮北出土如此珍贵的蹴鞠文物，绝不是偶然的。以淮北柳孜为中心的淮海区域，历史以来球类活动具有较好的基础。淮北柳孜出土文物中还有胶胎球和石球(图4)，说明在蹴鞠流行的同时，石球和胶胎球也在同时流行。柳孜出土的石球有用于狩猎的可能，因为汉唐时期，江淮地区生态比较良好，小型动物资源比较丰富，最常见的可能是鹿、野猪等。但石球最主要的功能可能是儿童游戏娱乐，据载，直到清朝北方各族儿童喜欢踢石球，"年当幼少，皆踢石球以为戏"，以

图4　淮北市隋唐大运河博物馆宋代石球

致顺治帝下令禁止。根据有关学者的研究，胶胎球还可能是捶丸运动用的，据此推断，宋代淮北地区还一度流行古代高尔夫球类运动。[3] 蹴鞠活动自宋代以后，依然流行于以淮北为核心的淮海区域，如清朝顺治时期，“立春前一日，迎春教场，蹴鞠走马，士民竞往观之”[4]，蹴鞠活动经常开展。

宋代淮北柳孜位于京畿之地，是隋唐大运河沿岸重要军镇，西连长安、洛阳、开封等京畿之地，东接临安等重要城市，和开封、临安等古都同处在运河经济文化带上，在历史时期发挥重要的作用，可谓经济政治文化发达，地位非同一般。柳孜遗址及其文物为人们展示了“风帆接南北，烟波阅古今”的曾经繁华景象，和“北通涿郡之渔商，南运江都之转输，其为利也博哉”的战略地位。从史料中开封、临安城发达成熟的蹴鞠水平推断，当时淮北柳孜地区蹴鞠发展普及程度可能相当高。

二、宋代青少年足球运动

蹴鞠发源于我国，其前身是原始社会的石球游戏，相传蹴鞠最早是作为军事训练手段出现的，刘向在《别录》中说：“蹴鞠，兵势也。所以链武士知有材也，皆因嬉戏而讲习之。”《战国策·齐策》记载：“临淄之中七万户……甚富而实，其民无不吹竽、鼓瑟、击筑、弹琴、斗鸡、走犬、六博、蹋鞠者。”[5] 汉唐时期，蹴鞠继续发展。汉代画像石砖多有蹴鞠画面出现，诗人杜甫对唐代蹴鞠盛行的状况也有描述：“十年蹴鞠将雏远，万里秋千习俗同。”

宋代是我国蹴鞠运动发展的最兴盛时期，世人以蹴鞠为尚，“世上子弟千般艺，只此风流最夺魁”。当时，上至皇帝国戚，下至平民百姓，都热衷于蹴鞠运动，《宋史·太宗本纪》记载：“太平兴国五年三月戊子，会亲王、宰相、淮海国王及从臣蹴鞠大明殿。”[6] 宋徽宗的《宫词》中，亦有“近密被宣争蹴鞠，两朋庭际争输赢”的描述，陆游的《春晚感事》即言：“寒食梁州十万家，秋千蹴鞠尚豪华。”

宋代蹴鞠制作水平提高，出现充气性能更好的蹴鞠，球壳由 8 片增至 12 片或 16 片不等，踢法繁盛，球技日趋精湛，宋代蹴鞠的组织化程度进一步提高，出现齐云社、白打社、球门社等组织。[7]

宋代蹴鞠兴盛是以青少年蹴鞠运动的普及发展为基础的，相关文献表明宋代青少年足球运动一度流行，深受青少年儿童的喜爱。除了陆游的“乡村年少那知此，处处喧呼蹴鞠场”，还有几则文献说明了宋代青少年足球运动的盛况。

宋朝太宗、真宗、仁宗三朝元老——丁谓少年时喜爱蹴鞠，终生乐此不疲，曾以诗句表达对蹴鞠的钟爱之情：“丁相谓善为诗，在珠崖犹有诗近百篇，号《知命集》，其警句有：‘草解忘忧忧底事，花能含笑笑何人。’少时好蹦鞠，长韵其二联云：‘鹰鹘腾双眼，龙蛇绕四肢。踢来行数步，跷后立多时’。”[8]

江淮名医庞安常少时喜爱蹴鞠，“庞安常，自少时善医方，为人治病处其生死多验，名倾江淮诸医。然为气任侠，斗鸡、走狗、蹴鞠、击球，少年豪纵事无所不为”[9]。

南宋绍兴年间进士唐文若少年时痴迷蹴鞠，文献亦有记载：“唐文若，子西先生之子，丧父后年十三不学，一日与群儿蹴鞠于市。院子见之而泣云：小官人今不读书，后将如何？文若感悟，归谋于母曰：院子为吾言如此，今欲读书，将自读耶？将从学耶？母遣从师。遂笃志向学，弱冠登科，后仕至中书舍人。”[10]

除了文献记载外，蹴鞠文物是我们认识宋代青少年足球运动的珍贵资料，更能反映宋代青少年喜爱蹴鞠运动的盛况，国内比较典型的文物有以下几例。

成都体育博物馆宋代彩绘抱鞠童子俑（图5），表现了宋代小孩在蹴鞠时发现内胆破了，于是坐地双手抱鞠，将已漏气的“香胞”扯出，准备将右腿上的新胆换上的情形。[11]其他儿童蹴鞠文物还有故宫博物院藏《宋长春百子图——蹴鞠》（图6），故宫博物馆藏磁州蹴鞠瓷枕（图7），故宫博物馆藏磁州蹴鞠瓷枕（图7）。

河南博物院藏宋白釉黑彩蹴鞠图瓷枕（图8），宋耀州窑童子蹴鞠瓷片（图9），成都体育学院藏宋儿童蹴鞠瓷枕（图10），宋代古钱上的儿童蹴鞠（图11）。

图5　宋代彩绘抱球童子俑
（成都体育学院博物馆藏）

图6　宋长春百子图——蹴鞠
（故宫博物院藏）

图7　磁州蹴鞠瓷枕
（故宫博物院藏）

图8　金磁州窑蹴鞠陶枕
（河南博物院藏）

图9　童子蹴鞠瓷片
（宋耀州窑）

图10　宋蹴鞠瓷枕
（成都体育学院藏）

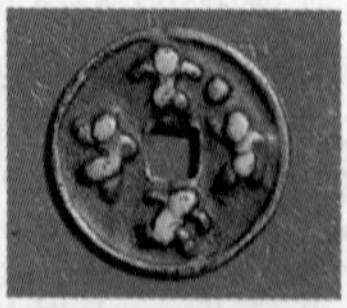

图11　宋蹴鞠钱币
（民间收藏）

淮北柳孜蹴鞠文物的出土进一步丰富了宋代蹴鞠文物宝库，也佐证了宋代成熟发达的儿童足球，而宋代儿童蹴鞠鼎盛一时，是有深刻的历史文化原因的。

其一，宋代经济社会发达。宋代并非人们想象的积贫积弱，其实宋代经济社会发展达到新的历史高度，只是其军事力量较为薄弱而已。宋代手工业和商业发达，人口激增，北宋首都汴梁和南宋临安人口均超过百万，成为闻名遐迩的大都市。宋代的商品经济尤其发达，社会福利措施也相对完善，文化艺术发展较为成熟，史学大师陈寅恪曾指出："华夏民族之文化，历数千年之演进，造极于赵宋之世。"宋代商品经济的发展直接促进蹴鞠运动的开展，蹴鞠运动也促进了商品经济的发展，蹴鞠活动甚至被运用于商业招徕活动，"且立标竿、射垜及秋千、梭门、斗鸡、蹦鞠诸戏事，以娱游客"[12]。

其二，宋政府重视儿童保健和认识到足球独特的保健作用。宋代已建立儿科保健理论系统，宋代医学积极研究小儿生长发育规律及其影响因素，在小儿的生长发育、喂养保健、食品卫生诸方面，形成了自己独特的体系。如《太平圣惠方·小儿寿命长短法》在儿童保健方面，专列小儿寿命长短法、小儿断脐法、初生浴儿法、小儿常须慎护风池、不可暖衣、宜时见风日。在合理喂养方面，提出了小儿始哺法、乳母忌慎法、乳小儿法等。宋代还设置儿科专业，发展儿科医学教育，建立儿科疾病防治体系。这些措施为发展儿童蹴鞠运动提供了基础保障。[13]

更为重要的是蹴鞠良好的保健作用受到宋朝的重视。《蹴鞠谱》有《齐云理赋》："夫气球者，儒名蹴鞠，社曰齐云。乃昔世壮士习运之能，王朝英杰游戏之学。士夫所喜，子弟偏宜。能令血气调和，顿使身心软美。虽费衣而达食，最灭强而欺村。体虽肥胖敬此而举履如飞，年乃隆高频踢则身轻体健。"又如《西江月》："健体安身可美，喜笑化食堪夸，更言一事实为佳，肥风瘦痨都罢。"《须知》："古之齐云，义礼无忘于圣贤之所置也。原神人用于军垒操集武士……运动肢节，善使血脉调和，有轻身健体之功，胜华佗五脏之戏。"[14]

其三，宋代重视儿童教育和足球运动的品德培养功能。宋政府重视儿童教育，《宋史》：“崇宁初，……孤贫小儿可教者，令入小学听读，其衣于常平头于钱内给造，仍免入斋之用。遗弃小儿，雇人乳养，仍听宫观、寺院为童行。”[15] 我国历来重视道德教育，宋朝也不例外，宋朝重视蹴鞠运动的品德教育功能，《蹴鞠谱》有《十紧要》：“要和气，要信实，要志诚，要行止，要温良，要朋友，要尊重，要谦让，要礼法，要精神。”《十禁戒》：“戒多言，戒赌博，戒争斗，戒是非，戒傲慢，戒诡诈，戒猖狂，戒词讼，戒轻薄，戒酒色。”[16]

其四，宋朝完善的儿童社会福利事业。在宋代，婴儿的夭折率相当高。据统计，宋代皇帝除度宗二子死于战乱外，共有子女 182 人，其中夭亡者 82 人，约占一半。皇室尚且如此，民间情形可想而知。[17] 宋代“坏胎”“不举子”现象颇为严重，如江西“南城有妇，淳熙十四年，因产女，患其已多，贫无以赡给，及溃诸水盆内”[18]。故对生命的重视，对儿童的保护和救济，成为上至政府宫廷，下至百姓民生所关注的社会问题。绍兴十一年诏：“乡村之人，无问贫富，凡孕妇五月，即经保申县，专委县丞注籍，其夫免杂色徭役一年，候生子日，无问男女，第三等以下给义仓米一斛，县丞月给钱十千，专掌附籍。”[19]

宋朝还对孕妇犯人产后拷决，违者视情节给予处罚；立养子法，允许没有子嗣的民户领养孤儿为嗣；预防、杜绝弃婴、杀婴行为。淳祐七年，宋理宗下旨创建慈幼局，“令临安府置慈幼局，支给钱米，收养遗弃小儿，仍雇请贫妇乳养……于府治侧建屋。而凡存养之具纤悉毕备，其有民间愿抱养为子女者，官月给钱米，至三岁住支。所存活不可胜数”。慈幼局创立后，宝祐四年宋廷又命“天下诸州建慈幼局”，次年又颁诏谕：“朕轸念军民，无异一体，尝令天下诸州置慈幼局……必使道路无啼饥之童。”[20] 如苏州、汀州（福建长汀）、江阴军（江苏江阴）等地都相继建立慈幼局，最多的时候每年各地政府收养的弃婴与孤儿多达两万人，并以此作为考核各地官员的标准之一。

其五，宋代宗教对儿童蹴鞠运动的影响。两宋时期，民间流行的“摩喉罗”，摩喉罗又称摩喝乐、摩合罗，本来源于佛教，是佛教中的童佛，六岁出家成佛，天生聪颖，密行第一。其造型为婴孩，或裸体，或手执荷叶，或者荷叶半臂，形态天真活泼，常见瓷质、玉质、木质、泥质等各种材质的磨喝乐，尤以泥塑为多。淮北柳孜和成都体育学院博物馆的蹴鞠文物似乎有摩喉罗的影子，具有浓厚的宗教色彩。宋代沿袭唐代传统，儒、佛、道并尊共荣，并向世俗化和平民化发展。两宋王朝推崇道教，道教进入蓬勃发展的时期。“婴儿”本身就蕴含着道家“师法自然”“返朴归真”等思想。老子的《道德经》里有不少赞美婴儿的地方，如第十章“专气致柔，能如婴儿乎”，二十八章“知其雄，守其雌，为天下溪。为天下溪，常德不离，复归于婴儿”，情智未开的婴儿在道家看来是大智慧的象征，是天人合一、物我交融的代表。而佛教有极乐化生之说，即虔诚的信徒功德圆满，死后可往生极乐净土，化生于莲花中而为童子，即所谓的“化生童子”。宋代，民间的生活情趣和生命力让莲花童子的宗教意味转向民俗意味。[21] 儿童蹴鞠文物固然充满了观者多子多福、人寿年丰的心理，但也反映了宗教对蹴鞠运动具有一定的推动作用。

三、宋代青少年足球运动的当代启示

我国是足球运动的发源地，曾经有过辉煌的历史，但当代足球发展水平不尽人意，青少年足球更为堪忧。2011 年 10 月下旬，一支原本来京旅游的俄罗斯伊尔库茨克州迪纳摩队的少年足球队，先以 11∶0 横扫地坛小学队，再以 7∶3 击败东园小学越野队，又以 2∶1 战胜八喜俱乐部的小学梯队。2016 年国庆期间举办的“广州亿达金秋杯”U11 组令人瞠目结舌的 25∶2“假球事件”给金秋国庆蒙上一层阴影，大家对中国足球的未来充满忧虑。有记者甚至说中国足球已输在了起跑线上，连续 6 届无缘世少赛，连续 5 届无缘世青赛。

小小足球牵动国家领导人的心，因为它关系到青少年身体素质，关系到团队精神的培养，关系到体育产业的发展。振兴足球是建设体育强国的必然要求，是全国人民的热切期盼，是实现中华民族伟大复兴的中国梦的必然选择。习近平总书记特别关注中国青少年足球运动，2014 年 3 月，习近平在柏林亲切看望在德国训练的中国少年足球运动员。2015 年 2 月 27 日，中央全面深化改革领导小组第十次会议审议通过了《中国足球改革发展总体方案》，提出到 2025 年建 5 万所足球特色学校，青少年足球人口大幅增加，逐步建立健全青少年联赛体系，发挥足球育人功能，深化学校体育改革，培养全面发展人才，把校园足球作为扩大足球人口规模、夯实足球人才根基、提高学生综合素质、促进青少年健康成长的基础性工程。2015 年，由教育部主导的校园足球开展得如火如荼，在全国确定了 8627 所足球特色学校，普通学校也纷纷开设足球课程，校园联赛体系开始搭建，足球教师培训风生水起。

更为重要的是 2017 年春节伊始，中共中央办公厅、国务院办公厅印发《关于实施中华优秀传统文化传承发展工程的意见》，再次强调祖国传统优秀文化的价值，而挖掘蹴鞠运动的独特价值，无疑具有深刻的现实意义。

淮北柳孜蹴鞠文物丰富了宋代儿童蹴鞠文物的宝库，是我们认识宋代儿童足球的珍贵资料。蹴鞠文物表明宋代儿童足球的普及繁荣，也为我们今天发展青少年足球运动提供诸多有益启示。

其一，我们要把青少年足球当作一项系统工程来抓，宋代完善的儿童福利保障和保健体系是蹴鞠运动发展的基础，我们抓青少年足球也要重视他们身心素质的提高，改革高考制度，减轻学生的应试压力，培养青少年的足球兴趣，发展足球技能，发展社区足球等。

其二，足球对青少年身体素质和道德品质的作用在宋代已为人们重视，这也是我们今天抓青少年足球运动的根本出发点，它关系到体育强国，关系到强军富国，关系到小康社会的建设等。

其三，宋代儿童蹴鞠文物流行，不仅是蹴鞠发展的表现，也从一个侧面反映通过艺术品培塑浓厚的足球氛围是发展足球的重要环节。我们要通过多种形式大力宣传足球，营造发展青少年足球的氛围，让全社会都来关注发展青少年足球。

其四，宋代是军事力量薄弱的朝代，但并不能以此否认当时高度发达的商业经济，蹴鞠与商业经济互相促进发展，儿童蹴鞠和商业经济发展也不无关系，如柳孜蹴鞠文物本身就很可能是通过隋唐大运河，再经过扬州海上丝绸之路转运到日本等国，这不仅具有“一带一路”的符号意义，更重要的是揭示了蹴鞠艺术品是一种商品。我们当代要顺应体育产业发展的规律，大力发展足球产业，围绕足球运动开发系列产品，包括足球艺术品，因为足球等运动项目要真正发展，必须实现足球文化内涵的提升，即发展体育产业的根本出路在于培育发达的体育文化项目。

其五，宋代蹴鞠运动相当普及，淮北柳孜蹴鞠文物表明当时柳孜重镇极有可能存在发达的蹴鞠，而柳孜发达的蹴鞠运动是通过交通大动脉隋唐大运河实现的。我们一是要重视足球运动的合理布局，重视偏远地区足球运动的发展；另一方面，要重视高铁等基础设施建设，通过交通大动脉支撑城市群战略实施，进而为青少年足球发展提供坚实的基础条件。

参考文献：

[1] 编纂委员会．续修四库全书（1106·子部·艺术类）［M］．上海：上海古籍出版社，2002.

[2] 刘秉果，赵明奇．中国古代足球［M］．济南：齐鲁书社，2008.

[3] 崔乐泉．从《丸经》记载看中国古代捶丸运动的基本特征［J］．武汉体育学院学报，2016.

[4] 丁世良，赵放．中国地方志民俗资料汇编［M］．北京：书目文献出版社，1995.

[5]［汉］司马迁．史记·苏秦列传［M］．北京：中华书局，1959.

[6]［元］脱脱．宋史·太宗本纪［M］．北京：中华书局，1977.

[7] 刘鹏．宋代瞰鞠运动研究［D］．保定：河北大学，2010.

[8]［宋］司马光．温公续诗话［M］．北京：中华书局，1981.

[9]［宋］黄庭坚．山谷集·卷16［M］．文渊阁四库全书本．

[10]［宋］谢采伯．密斋笔记·卷4［M］．文渊阁四库全书本．

[11]郝勤，高潇．宋代彩绘童子抱鞠俑考释［J］．成都体育学院学报，2016.

[12]［宋］周密．武林旧事·放春［M］．台北：台湾文海出版社，1981.

[13]王琳．从宋代婴戏画看政府社会对儿童健康的重视［J］．南京中医药大学学报（社会科学版），2012.

[14]郑振铎．玄览堂丛书叁（第三集）［M］．扬州：广陵书社，2010.

[15]［元］脱脱．宋史［M］．北京：中华书局，1977.

[16]郑振铎．玄览堂丛书叁（第三集）［M］．扬州：广陵书社，2010.

[17]刘黎明．宋代民间巫术研究［M］．成都：四川出版社，2004.

[18]［宋］洪迈．夷坚志（文白对照全译本）［M］．北京：北京燕山出版社，1997.

[19]［元］脱脱．宋史［M］．北京：中华书局，1977.

[20]吴业国．宋代官办慈善事业论述［J］．南都学坛（人文社会科学学报），2005.

[21]宋丙玲．宋代婴戏图盛行的原因探析［J］．兰台世界，2010.

淮北原生态民间剪纸艺术特色评析

——以丁兰云为例

陈国栋

摘　要：淮北地区原生态剪纸造型朴实、题材丰富、形式多样、内涵深厚，与陕北、山东等剪纸风格迥异，是淮河流域农耕文化的产物，亦为安徽民间艺术的一朵奇葩。随着当下人们审美习惯的变化，现代剪纸逐渐替代了民间原生态剪纸的地位成为安徽剪纸的主流。现代社会文明在民俗生活方面的巨大改变，也使原生态剪纸作为民间流传的图样失去了生存的土壤。仅存的一些民间剪纸艺人面临艺绝人亡的窘境。对淮北地区原生态剪纸的挖掘整理刻不容缓。

关键词：淮北剪纸；原生态；审美习惯；画像石

淮北地区深厚悠久的古老农耕文化、汉文化，数千年川流不息的淮河文明为这里孕育出优秀民间原生态剪纸提供了世代传承不息的土壤，为淮北原生态剪纸的多样性、神秘性、实用性奠定了基础。其中以程建礼为代表的阜阳民间艺术家的剪纸最为著名。笔者在资料整理、田野走访调查的过程中发现，淮北市文化底蕴深厚，民俗资源丰富，民间剪纸古朴厚重，其风格在整个淮河流域独树一帜，是安徽民间剪纸文化的重要组成部分。

一、淮北剪纸的历史渊源及发展特色

（一）淮北原生态剪纸与淮北出土汉画像石有跨越千年的延续

汉代在艺术方面的遗存当以汉代墓室的石刻画为主，今称画像石艺术。常见的刻画内容有天吴三身、车马出行、龙虎异兽、伏羲女娲等题材，以刀代笔，用最为质朴的点、线、面表现出远古时代的浑厚大气。淮北地下存在不少汉代的古墓，出土大量汉代画像石，淮北地区的画像石艺术以一种惊心动魄的形式散发出雄强质朴、充满神性的气质。我们发现淮北本地的原生态民间剪纸和画像石的造

作者简介：陈国栋，安徽财经大学艺术学院助教。

型、内容、题材、形式都有很多相似之处。首先他们两者都是以线和团块式的结构为主，汉代视死如生的丧葬风气表现在墓室画像石的题材上，如耕作收获、车马仪仗、歌舞杂技、王母神女、伏羲女娲这些千年不变的农耕文明主题，围绕着这些形象是各种连续式的装饰图案；而民间剪纸的造型方法多采用平面化、剪影式的方式，表现题材也是老百姓所关心、向往、崇拜的理想生活，这种心理愿望的表达在漫长的农耕文明中是永恒的，也可以说是剪纸在民间心手相传的过程中留下的宝贵足迹。这种和古代汉文化、农耕文化、地方文化在文化上的传承也是人类智慧、信仰、思维、审美跨越千年的延续。

吕胜中在其《民间剪纸概说》的叙述中也做了如下推断："远古时代，人类就已经发现和运用了以剪影作为形象标记的艺术手法，并继而创造了在各种材料上镂刻、透空的艺术语言。诸多的原始社会彩陶、岩画、商周青铜器、汉画像石艺术中，都体现了远古艺匠运用这一艺术手法的完善。今天的民间剪纸在造型方式和外部特征上与之极其明显地一致，充分说明他们之间的传承和延续关系。"① 淮北原生态剪纸艺术正是具有这种特质，充满对人类启蒙时期朦胧的记忆，对自然万物充满真情的热爱，对宇宙间奥妙的探索，是人类从古至今最朴实的情感记忆。

（二）淮北原生态剪纸承载着淮河流域千年的民俗习惯

任何一种民俗形式都与地方特有的生活、信仰、地域特质有关。古代淮北地区的剪纸名声不显，且限于材质不易保存，士林和收藏界对其关注度较低，除民间心口相传的图样以外，未见古代剪纸实物传世，对于传统原生态剪纸的研究很难与影响力较大的陕北、山东地区相比。但淮北地处淮河流域，比邻长江，古代又为黄河故道，属于农耕文化的典型地域，作为农耕文化的中土平原，农民靠天吃饭，而淮河流域虽然土地肥沃物产丰富，但经常出现洪水、干旱。人们出于对吉祥、幸福的渴望，对生殖、生命的信仰，对中华文明特有的尊天敬地拜祖宗的习惯尤为重视，同时又信佛道鬼神、民间巫术，部分原生态剪纸艺人通常自认为具有某种近于通灵的特质，创作中带有神秘性，并且带有巫术性质，剪纸也常作为巫术执行时的消灾祛病、纳祥祈福的媒介，最为显著的是东北地区的萨满剪纸，神秘性更强，为剪纸文化的出现与发展提供了土壤，至今传承不息。

作为以农业为主的淮河流域，古代生活富足，只要有婚葬嫁娶、节日庆典就必有剪纸的使用，儿童鞋帽服装、家庭被褥枕套的图样也靠剪纸相传。

（三）民俗底蕴丰富，剪纸是节日和日常生活的必需品

淮北地区的剪纸应用广泛，如祝贺新婚时，多是剪窗花、盆花，内容多为双

① 吕胜中．中国民间剪纸（上、下卷）［M］．长沙：湖南美术出版社，1995：8.

喜、鸳鸯、荷花这类隐喻生殖崇拜的题材；祝寿时，多是剪个中堂的大寿字，寿字常采用具有吉祥寓意的图案组合而成，也有剪小猫扑蝴蝶（取耄耋的谐音）或老寿星的；端午节剪五毒。另外，正月十五元宵节、二月二龙抬头、七夕牛郎会织女，这样的传统节日多剪王母娘娘、仙女、灶王爷等封建神话题材。过大年时，老人们还会剪些十二生肖、吉祥图案放到糕点、年货等食物上以示吉利。常见的装饰纹案多作为生活中服装、被褥、儿童鞋帽、鞋垫、枕头、荷包等绣活的图样存在。20世纪工业文明没有席卷乡镇之前，淮北地区仍有一些花匠艺人以卖剪纸、花样为生，阜阳已故的剪纸大师程建礼老人在世时就是挑着担子行走于街肆乡间的剪花手艺人。

二、民间剪纸发展现状

（一）群众生活需要和审美习惯的改变使原生态剪纸失去生存的土壤

淮北及其周边地区有崇尚艺术之风，任何文化层次的普通百姓或有一定消费能力的企业家都有对艺术欣赏的需要。近几年在地方文化部门的关怀下，多位剪纸艺人成为国家级或省级工艺美术大师，并成立淮北市剪纸协会、阜阳市剪纸协会等，淮北师范大学、安徽财经大学等多所高校开设民间艺术课程，越来越多的艺术家参与到剪纸艺术中，许多爱好者逐步发展成了从业者，文化部门、地方高校的研究参与和理论支持使人们对淮北剪纸的关注度逐年提高。

然而，淮北剪纸作为安徽剪纸的组成部分一直被认为过早地带有商业化性质，吕胜中在其著作中提道："安徽剪纸较早地形成了行业性的艺人队伍，以其艺术商业的雏形状态替代了民众普遍性的审美创造。"① 淮北剪纸在大时代的冲击下，快速地转变适应，服务人群从原来的普通农民向工人阶级和知识阶层转化，表现内容逐渐和文人士大夫所喜爱的梅兰竹菊、山水田园相一致，从业者在市场和受众人群审美方式转变的影响下把目光投向了创新，传统的原生态剪纸的地位式微。随着城镇化建设的发展，城市人民的生活节奏日益加快，各种新的网络科技娱乐形式不断出现，原生态艺术逐渐失去了生存土壤，可能很快就会被封存在民间艺术研究者的记忆里。

（二）原生态民间剪纸逐渐被现代剪纸取代

早期淮北地区的剪纸多采用普通的大红纸，近年来随着人们物质生活的丰富，对剪纸这种非遗文化有了一定的新认知，剪纸作为民俗的一种代表也进入市场成为人们收藏、装饰、欣赏的重要形式。同时收藏家对剪纸材料的保存提出了

① 吕胜中．中国民间剪纸（上、下卷）[M]．长沙：湖南美术出版社，1995：237.

更高的要求。艺人鉴于普通红纸容易发脆、遇水掉色、不易保存、不便装裱的缺点，后多采用安徽省本地盛产的红色宣纸替代。安徽盛产宣纸，且宣纸又具有寿命长、不掉色、种类多样、可以装裱、适于悬挂收藏等特点，这给淮北地区的艺人在纸张的选择上提供了空间，除常见的万年红，艺人们还喜欢用黑色、墨蓝色、金色、黄色，甚至把用于装裱的带有各种暗花底纹的彩色绫子布托裱之后进行裁剪，这也成为剪纸艺术发展的一种新型材料。工业文明的繁荣和时代发展的趋势，使得勇于创新变革的思维方式成了剪纸艺人趋之若鹜的新方向。

冯骥才在其《活着的遗产——关于民间文化传承人的调查与认证》一文中说道："人类的非物质文化遗产基本上是农耕时代的产物。可是当前人类的文明正由农耕文明向现代的工业和商业文明转型。工业和商业文明要根本性改变人们的生活内容和生产方式，民间文化是一种生活文化，它必然首当其冲受到冲击和排斥，一部分被工业文明淘汰掉，一部分被商业文明转化为商品。"①

自20世纪八九十年代国门打开，各种工艺缤纷出场，各种可供装饰的艺术形式大量出现，接受西式教育的当代年轻人又多不接受宗教、神话、封建迷信、传统习惯，不喜欢盆花、双喜这种传统的民间形式，老艺人失去了展示的平台，逐渐放弃了剪纸这种艺术形式，淮北地区的剪纸在这一阶段销声匿迹了。九十年代开始民间美术被重新点燃，很多有一定专业基础的美术家重新参与到剪纸艺术中，并很快有了一批从事剪纸艺术的队伍，淮北剪纸的传统风格快速地被新兴的审美潮流所取代了。

（三）淮北民间原生态剪纸基本特征

淮北原生态剪纸是这一地区农耕文明劳动人民集体意识的体现，依附于民间文化的风土民情、乡医巫术、生产生活而存在，其精神内涵继承了中原大地汉文化内容，甚至与汉代画像石的造型具有相似性，形式多表现神话题材。吕胜中认为："民间艺术家在创造形象时较少具有理性色彩，他们的创造方法倾注着浓厚的意念成分。人们习惯将这种造型方式称为意象造型。"② 淮北原生态剪纸形象洗练、古朴、粗犷，就是带有这种抽象、写意的意象造型性质。除此之外，淮北原生态剪纸中的物象常具有剪影式的造型特点，通常只表现正面或侧面，与陕西地区物中有物的造型特点大为不同，表现手法更为直白。剪纸艺人常把日常生活和宗教神话、信仰愿望以及自然的草木山林、花鸟鱼虫融为一体，充满宇宙的神秘感。其中以阜阳程建礼、刘子秀、程兴红，亳州吕凤毛、谚语和淮北张秀珍、丁兰云等民间艺人的原生态剪纸最具特色。其中已故大师程建礼的剪纸作品以生

① 王光．医巫闾山满族剪纸传人汪秀霞［M］．北京：民族出版社，2011：2.

② 吕胜中．中国民间剪纸（上、下卷）［M］．长沙：湖南美术出版社，1995：237.

动夸张、充满活力著称，国内影响力最大，代表作品有《牛郎织女》《张果老倒骑驴》《虎镇五毒》《牛郎织女》《毛猴逗狮子》等。左汉中先生评其作品："安徽阜阳的剪纸高手程建礼，生就一套夸张的本领，他的人物不仅动态夸张，同时夸大头部，着意刻画面部神情。常常巧用黑白，如有时整个人物不镂空，留下大片的黑，唯有面部掏出一块空白，使人物面部格外瞩目，各种神态活脱而出。"①他作品中的人物或动物有时把正面、侧面同时表现出来，甚至具有西方毕加索立体派的抽象特质，剪纸手法艺术性强，作品耐人寻味。刘子秀、吕凤毛等人去世较早，作品流传较少，他们的作品常常依据心意随意剪出，不做惊世之举却妙趣横生，吕胜中在其著作《中国民间剪纸》中对安徽剪纸做了如下评述："已不需要冥思苦想地经营构图，达到胸有成竹才开始动手。任何形状的纸片之中都已蕴藏着形象，只需要用手中的剪刀轻叩它的灵性之门。"②

三、淮北原生态剪纸艺人丁兰云的艺术特色

（一）多舛人生造就其精彩的艺术世界

大凡有成就的艺术家常常都有非同一般的经历，或承受艰难困苦的人生，在巨大的压力下把困难转化为艺术语言创造出一个不寻常的精神世界，民间剪纸艺人丁兰云正是这样。

丁兰云家住淮北市一个名不见经传的普通乡村，家里几辈子都是靠双手干着农民的营生，出身寒微，生活困顿却极为坚强，从不向生活低头。儿子媳妇因祸离世，老伴瘫痪在床，还要承担孙子上学，丁兰云靠着剪纸纳鞋做儿童衣服维持生活。笔者在采访过程中问及她是否向地方政府或社区反映困难申请低保补助等情况。丁兰云如是说："我这个人不贪，咱也张不开这个嘴，就不想占国家啥便宜，我觉得靠自己想办法勤快点干还能坚持。"正是这样一个默默无闻、朴实的淮北地区的剪纸大娘，靠着不屈的意志、勤劳的双手剪出了许多令人震撼的具有地方特色的作品。

丁兰云自幼跟随太祖母学习剪纸、布艺，1966 年开始以手工制作嫁妆寿衣、儿童鞋帽、婚庆剪纸、丧葬纸人为生，其剪纸作品极具地方特色，是地方历史文化、民俗发展的一个的活化石。现已受到地方文化部门与高校的重视。她没受过什么现代的教育，成长生活在农村，接触的都是中国最底层的劳动人民，掌握的知识都是老百姓千百年来在生产生活中心口相传的生活经验。生活中总不停歇的灾难一次次袭击她，从老伴瘫痪到子媳双双去世，她不仅承担着两个孙子上学重

---

① 左汉中．中国民间美术造型［M］．长沙：湖南美术出版社，2008：230.

② 吕胜中．中国民间剪纸（上、下卷）［M］．长沙：湖南美术出版社，1995：132.

担，还有四位八十多岁的爹娘和无儿无女的干爹干娘要照应。坚强的丁兰云没有选择终日以泪洗面，而是坚强地面对生活，无人时拿起剪刀用红纸诉说自己的苦楚，所以她的剪纸是淮北地区原始乡土剪纸的延续，是真正没有受到大时代浸染、纯正浓郁的民间艺术。

（二）丁兰云剪纸有天人合一的道家理想境界

纵观丁兰云的剪纸，除作为一般民俗布艺的纹样使用外，不难发现她大量的作品中包含着道家思想的神话题材，如《七仙女》《八仙过海》《西王母》《龙凤双喜》《女娲娘娘》《抓髻娃娃》等。作品把生活所思所见和对神灵的崇敬幻想相结合并能熔为一炉，创作手法简洁明快、造型鲜明、毫无赘语，以简洁的图像揭示人与自然宇宙之间的既和谐又矛盾的辩证关系，从内容到精神都令人耳目一新。

丁兰云剪纸中经常出现奇异的龙虎凤鸟作为衬托装饰，和汉画像石中常出现的四灵相似，“在汉代的观念里，青龙白虎保平安，朱雀玄武降吉祥”①。可见对吉祥幸福的渴望是人类所有艺术门类永恒的主题。她的作品构图奇特，多为对称性分层次格状竖式，与汉代画像石构图中表现的天、地、人三界的秩序思想无异。作品边框多装饰以锯齿纹、菱形、三角形等几何图案，或长或方、中正大方。她善于把天上、人间、自然界、冥界从上到下安排到一层层的界格里，这些人物、鸟兽动态各异，或坐或走或骑或卧，井然有序。大大小小的人物皆是寥寥数剪不加装饰，天女、神人无翼而飞飘逸逍遥。天马行空、不受约束的思维有序地置于这些界格里。她的作品风格朴实无华，不做鸿篇巨制，给人一种大朴不雕、造化神奇之感。具有淮河流域农耕文化朴素的价值观，代表着劳动人民对生活、生命最直观的感受。从表现内容到表现手法，无不透露着古代道家文化中天人合一的理想境界。

（三）丁兰云剪纸作品分类

丁兰云的剪纸作品按其表现内容的不同特点大致可分为四类：

一是表现淮北地区画像石风格的题材，如：《耕作宴乐图》（图1）、《宴饮》、《舞乐》、《杂技》、《狩猎舞乐图》（图2）、《比武》、《纺织》等，这类作品是受到地方美术家的鼓励，吸收了画像石的风格形式集中创作而成，画面气势宏大，风格独特，一律采用四尺整张的红纸剪出，具有中心对称性、中堂形式、分层处理的特点。情景组合巧妙地用框栏、界格分开，界格大小、长短比例不一，人物有大有小、动态繁简有致。造型有坐有卧、有屈膝、有持物，或呼应舞

① 王光．医巫闾山满族剪纸传人汪秀霞［M］．北京：民族出版社，2011：10.

蹈或独立中央，或有着神人正襟危坐、或有飘飘然化羽飞天的仙人。动物造型简洁明了、栩栩如生，作品中经常出现金蟾蜍、牛、驴、龙凤、喜鹊、鸡等神话或日常所见的动物，在人物当中穿插应用，亦真亦幻，既可以填补空白充实画面，又能起到活泼画面、生动有趣的效果。大胆吸收了画像石的处理形式，对生活场景进行了巧妙的处理，主次分明。

图1 耕作宴乐图

（丁兰云剪纸）

图2 狩猎舞乐图

（丁兰云剪纸）

二是表现婚丧嫁娶、神仙祈福的题材，如：《双人架喜》（图3）、《女娲娘娘》《西王母》《抓髻娃娃》《仙女下凡》《龙凤双喜》《蝴蝶双喜》《四季平安》《十二生肖》《婚嫁图》等，多采用正方形中心对称式构图和正方形满构图，人物形象和鸟兽植物配合而成，辅以粗边界格和三角形、半圆形、括号形、锯齿形、月牙形等几何纹图样，寓意深刻，惟妙惟肖，是艺人对生活的理解以及对事物内在的理解和情感的表现。剪纸艺术因限于材料的制约，只能采用平面化、图案化的创作形式，人物、动物形象朴拙大胆，多采用剪影式的一个大轮廓，为避免画面单调，人物或动物的内部往往只有几根线条或一些装饰性的几何纹，在周围辅以生活中常见的花鸟鱼虫，使画面构图饱满、主次分明，具有生活气息，和西北地区剪纸常用的“物中有物、人中有人”的造型特点迥异，这种方式把简洁生动作为美的标准，力在追求传神的精神层次，独具特色。丁兰云并不识字，剪的双喜样式却很多，她常在喜字的头上配以喜鹊或凤凰等瑞鸟，在喜字的几个口中填以人物，四周围绕花鸟人物，包含着各种吉祥的寓意，深受老百姓的喜爱。

三是表现风俗生活题材，如：《捉蛤蟆》《求爷爷》《两口子》《老汉抽烟》《老哥俩》《教子图》《九品芝麻官》《县令判案》（图4）、《县令骑鹿》等。这类作品多为身边寻到的小纸头信手剪出，随意性大，且朴拙生动。

图3 双人架喜（丁兰云剪纸）

图4 县令判案（丁兰云剪纸）

四是表现经典故事的题材，如：《穆桂英挂帅》《遵义会议》《陕北会师》《敖包相会》《闯关东》《二十四孝》《战争年代》《汶川地震》《八仙过海》（图5）等。这类作品是根据日常所闻所见或人们口头相传的神话故事自由创作。作品造型构图仍带有汉画像石的构图形式和造型特点，正如丁兰云自己所说："我又不识字，心里头想个啥就剪出来，有时候听说个啥事，像前几年电视里头都是放汶川地震，我看了难受就成夜地睡不着觉，脑子里都是那些场景，连夜都得给剪出来。""市里的专家来我这给我拿了一些咱淮北画像石的小照片让我看，我就放大了剪，有时候人家有个马我就加个树再加俩人就成了。"人们常说"师古人之心而不师古人之迹"，从未有人教过丁老师这些道理，她却能和古人的理论暗合，和画像石进行跨越千载的交流。每逢喜爱她剪纸的人来拜访，她总是看人家喜欢就慷慨相赠，她说："这些东西放你们那比放我这有用，你们拿去还有人看，我也不图能挣啥钱，就想这个手艺能传下去，别在我手里断喽。"她虽不识字也没受过多少正规教育，不懂什么现代科技，说不出什么艺术派别，也不认识什么齐白石、毕加索；但一生行善，热爱生活，日夜创作不息的精神品格和境界很难说是一个普通农民所能有的。

结 语

淮北原生态剪纸的图式特点是淮北平原这块大地上淳朴民风的艺术再现，是千百年前先民生活和精神世界的遗风，作品给人以美的享受，不仅可以满足民间

图5　八仙过海（丁兰云剪纸）

人们物质生活的需要，还丰富了地方特色文化。其对称性的特点与中原民间文化的一种偶数观念暗合，是道家文化成双成对阴阳观的哲学思想的体现，是老百姓对生殖崇拜、农耕文化的一种朴素认知。正如王光女士在其著述中提道："一个地区真正的民间艺术，是一个独立的文化体系，是与千百年来养成它的文化生态和本源的文化意识、本源的哲学观念血肉相连、息息相关。"① 淮北地区的原生态剪纸就是这种本源意识的民间艺术，隐含着中原汉文化的血液，有着独特的思维方式，是安徽民间美术的重要组成，终将成为一颗璀璨的明珠传递给后世。

参考文献：

[1]［日］大村西崖．中国美术史［M］．陈彬龢，译．杭州：浙江人民美术出版社，2014.

[2] 李国新，杨絮飞．中国民间画像砖品鉴［M］．郑州：大象出版社，2015.

① 王光．医巫闾山满族剪纸传人汪秀霞［M］．北京：民族出版社，2011：194.

论蚌埠余家皮影戏的保护对策

陈　蕾　唐裕彤

摘　要： 蚌埠“余家皮影戏”以浓郁的乡土气息、高超的表演技艺、独特的艺术风格受到播布区广大民众的喜爱，是淮河流域皮影历史、民间音乐的重要载体和民俗文化的重要表征。厘清“余家皮影戏”的历史源流、发展现状，探索一条政府主导、社会参与、传承人充分发挥主观能动性的创新发展之路是当务之急。对保护蚌埠“余家皮影戏”非物质文化遗产，打造蚌埠地方文化品牌意义重大。

关键词： “余家皮影戏”；保护；对策

蚌埠“余家皮影”源自宿州余氏，是地域性很强的皮影戏种类，与其他地区皮影一样，以艺人操纵影人，投映影像到幕窗上，并配以音乐和唱念来表演剧情。余家皮影历史悠久，传承有序，特色鲜明。较为典型的是，艺人一人敲，一人唱，故称“二人戏”。与其他皮影多人操演大不相同，余家皮影艺人可以一人操控数个影人，辗转腾挪，腾云驾雾。影人经由制皮、描样、雕镂、着色、熨平、上油等工序制作而成，活灵活现、色彩明丽，最大80厘米，最小60厘米。唱腔上，与蚌埠地方戏曲，如拉魂腔、泗州戏融合，独创了一套“皮影梆子调”，常用和声接腔、帮腔和鼻哼余韵的唱法，拖腔委婉悠扬。演出形式上，舞台前幕后帷，配备灯箱、烟、火、水等特技道具，设备轻便，适合流动演出，不论室内外，搭架可演。总体而言，余家皮影融绘画、雕刻、音乐、表演、唱白为一体，是研究皖北地区及淮河流域皮影历史、民间音乐、民俗文化的重要载体。

一、历史溯源

追溯皮影的源起，余家皮影传承人立即说起汉代有名的历史故事。《汉书·李夫人传》载李夫人早逝，武帝思之，齐人方士“乃夜张灯烛，设帷帐，陈酒

作者简介： 陈蕾，女，蚌埠学院淮河文化研究中心讲师；唐裕彤，男，蚌埠市禹会区文化馆馆员。

肉，而令上居他帐，遥望见好女如李夫人之貌，还幄坐而步”[1]。虽然从学术角度而言不足以引为实证，而民间皮影戏传人多认其为始祖。

清代是影戏的大发展时期，清朝权贵喜欢影戏，官府常设有影戏班。[2]据传承人所言，宿州余家先祖余井和就是在康乾年间拜师山东人赖武夫学习皮影。至民国时期，余家皮影戏逐渐成熟。

1947 年，余氏一门从宿州来到蚌埠落户。余井和的三子——余运身、余运兰、余运太跟随父亲学习表演皮影。在“老西游场”演出“东、西、南、北四大游记”《封神榜》《白蛇传》等。凭借精湛的技艺，委婉动听的唱腔，浓郁的乡土气息，受到蚌埠市民的热捧。据余家坤回忆，当时演出盛况空前，一个剧目要连演好几个月。

1949 年后，余家皮影受到人民政府的重视，余家皮影传人余家坤、余其华跟随父辈学习皮影。1952 年，在政府文化职能部门的支持下组建了蚌埠市群众皮影戏剧团。1955 年加入蚌埠市曲艺协会。1962 蚌埠市曲艺团成立，余家皮影并入曲艺团。其间，余家皮影代表蚌埠市多次参加安徽省皮影戏会演。其中，1958 年以现代剧《两面红旗》荣获安徽省民间艺术表演一等奖，受到省委领导的接见与高度赞扬。演出剧目也由历史演义戏过渡到根据现代文学作品创编的现代戏，如《平原枪声》《烈火金刚》等。

1969 年曲艺团被迫解散，直至 1975 年，在文化部门的关心和帮助下，余氏三兄弟重操旧艺，积极恢复传统剧目。八十年代中期，余运身、余运兰、余运太三位老人先后辞世，加之市场经济大潮汹涌，社会文化变革迅猛，作为传统艺术的余家皮影辉煌不再。表 1 为余家皮影传承谱系。

表 1　余家皮影传承谱系

年代	传承人	传承方式	机构
1893 年	余井和	师徒传承	府苑皮影
1952 年	余运身、余运兰、余运太	家族传承	群众皮影
1955 年	余运身、余运兰、余运太	家族传承	曲艺团皮影组
1976 年至今	余家坤、余玉华、余其华	家族传承	皮影艺术团

随着“建立非物质文化遗产名录体系，绘制国家非物质文化遗产资源分布图，确立非物质文化遗产传承人谱系，制定传承人资助办法”[3]的出台，余家皮影戏所在蚌埠市禹会区于 2004 年成立了非遗保护工作领导小组，开展对辖区非物质文化遗产项目的搜集、整理、保护工作。2008 年，“余家皮影戏”成功申报省级非物质文化遗产项目。2011 年，余家坤获批省级代表性传承人。2013 年，

文化馆协助整理的剧目《金兜山》获评文化部扶持的"全国曲艺、木偶戏及皮影戏优秀剧目"。2014 年，余家皮影参加安徽省非遗保护中心和省图书馆主办的"皖北阜阳、蚌埠、淮南、淮北四市非遗巧艺珍品联展"。同年，余家坤其子余长江获批市级代表性传承人。2015 年，剧本《金兜山》出版。截至目前，余家皮影戏进学校、社区、农村、广场演出百余场；接受电台、报社等省内外媒体采访和报道十余次；在蚌埠市张公山三小、朝阳一小、朝阳三小、前进二小、张公山一幼等学校展演 50 余场，1000 余名学生观看了演出。

余家皮影在沉寂几十年后，再次为蚌埠市民所知晓，也引起了许多商家的关注。蚌埠市百货大楼、万达商场、绿地集团等商场、房企多次邀请余家坤老人演出。

二、面临的困境

然而，随着传统艺术演艺市场的萎缩，传承人年事渐高后继乏人，公益演出或无收入或非常少，无法支持皮影事业的后续发展。商场或售楼处演出环境不佳，商家为了造势，观众看个热闹，也达不到培养稳定受众的目的，对艺人其实是一种耗损，亦无益于皮影艺术的传承。余家皮影面临的现实困境很多。

（一）缺乏有序的传承体系

余家皮影与其他许多民间传统技艺一样，采取师徒相传、口传心授的传承方式。旧时皮影技艺是艺人用来养家傍身的，不随便示人更不随便外传。据余家坤回忆，以前演出台子四面都围起来，不准外人进去，自己的技艺就是儿时在幕布后面边听边看不知不觉习得的，加上父辈的点拨，说会演就会演了。新中国成立后组织群众艺术团，组织上安排年轻人学习，也只是让挑选的几个年轻人站在边上看。现在为了吸引更多的人观看皮影，也为了吸引愿意学习皮影的年轻人，余家坤在商场或学校演出，经常是敞开后台，让观众自由出入。摆弄影人，拍照，提问，有求必应。面对新闻媒体，余老师也多次表示愿意免费收徒，即使这样，迄今也没收到一个愿意长期学习这门绝活的徒弟。余家坤的大儿子余长江，自小跟随父亲学习皮影制作和演出，能够雕刻影人，演出经典剧目，但也未能全身心投入到家族技艺的传承发展中去。年轻一代面临现实生存压力，依靠传统技艺难以致富，用其父亲的话说："孙子上学要花钱。"

余家坤需要演出时，唱河南坠子的老伴和女儿女婿就是他的团队，老伴敲锣，女儿女婿帮忙搭台子。对于一个年近 70 岁的老人来说，演一台 40 分钟的戏已十分吃力。如果长期缺乏有资质有潜力的传承人，不能建立起健康有序的传承体系，余家皮影的未来堪忧。

（二）缺乏优质剧本资源

余家皮影的老影箱几乎破坏殆尽，影人、道具有限直接导致演出剧目受限，只能演出《南游记》《西游记》数个选段，如《华光救母》《金兜山》等。若想恢复全部经典剧目需要耗费大量人力物力做长期工作。就影人制作而言，制皮工序烦琐，耗时耗力，影人雕刻需要数千刀的功夫，仅靠传承人短期内很难产生效益。

再者，不像唐山皮影有“影卷”，艺人无须记诵戏文，演出时“照本宣科”即可[4]，余家皮影无剧本，全凭艺人记忆的“戏路子”，再临场调整发挥。头脑里装着余家最多剧本资源的余家坤，除了演出又不愿以口述的形式被记录。在商演经济利益的驱动下，传承人频频演出，无心老剧本整理、新剧本创作，演出形式也师古僵化。

剧本陈旧、唱腔老化、念白难懂、演出形式单一等一系列问题让古老的皮影在现代化语境下难以留住青年观众。当下关于中国戏剧前途有三种悲观评判：“死于庙堂说”“电影电视冲击说”和“夕阳艺术消亡说”[5]。说到底，还是观众流失的问题，失去观众会动摇任何艺术形式的根基。同样，没有观众，就没有皮影的未来。

（三）缺乏有力传播渠道

随着2006年申遗成功，余家皮影在蚌埠市及安徽省内有了些知名度，但跟其他地区皮影戏相比，如泰安皮影、唐山皮影等，余家皮影还是影响力不够；相较于同属于蚌埠禹会区的国家级非物质文化遗产“花鼓灯”，依然相形见绌。余家皮影只有成为地方文化的强势品牌，才有可能获得更多的演出机会与经费支持。整合政府、媒体多方资源，拓展传播渠道，打造余家皮影品牌是传统皮影延续发展的必由路径。

2002年以来，《蚌埠日报》《安徽日报》，蚌埠电台、电视台等传统媒体先后对余家皮影有专门报道。但时效性强，传播影响力不够，受众严重萎缩已成现实，剧本本身又创新不足，余家皮影的发展后继乏力。目前，禹会区文化馆正积极筹措将余家皮影申报为“国家级非物质文化遗产”，除常规的申报渠道外，更加需要多方力量的广泛支持与强劲造势。

三、余家皮影的发展对策与建议

由上观之，余家皮影的产生、发展，无不受到社会政治环境与人文环境变迁的影响，虽盛衰有时，但传承从未中断。在如今的时代大潮中求生存、求发展，余家皮影必须克服自身困境，探索一条遵从艺术传统又与时俱进的发展道路。

（一）改变传承方式，探索多元传承路径

传承人问题是非物质文化保护与发展的关键性问题。皮影传承人是使皮影艺术能够沿袭的个人，是皮影艺术最重要的活态载体。[6]皮影戏表演也具有相当高的难度，皮影戏艺人和昆曲、京剧等戏曲演员一样，需要掌握唱、念、做、打四功。[7]也正是因为学之不易，用之甚少，皮影戏盛名之下难以为继。

严峻的传承现状，让余家坤早就摒弃了“传男不传女，传内不穿外”的老观念。笔者认为，余家皮影应当多措并举，探索社会化、多元化的传承路径。比如成立余家皮影培训学校，余家皮影进中小学课堂，等等。

当然，在自建传习机构条件受限的前提下，余家皮影也可以通过政府搭桥，与蚌埠市高校或职业教育机构建立联系，搭建皮影传习平台，培养在校生，探索学校传承的路子。比如，与蚌埠市地方高校对接，一方面，可以在大学课堂以公选课方式传习余家皮影；另一方面，在条件成熟的背景下，可以考虑根据蚌埠市发展余家皮影的需要对口招生，建立培养传承人的长效机制。

（二）整理创作剧本，培养余家皮影受众

“影戏的剧本是时代的落伍者，腔调也是时代的落伍者。说救济影戏，说复兴影戏，或者更说什么影戏作为农村娱乐的问题，唯有制作新的剧本，编造新的腔调。”[8]创新剧本和演出形式，吸引年轻观众，是目前余家皮影发展的当务之急。

余家皮影可以借他山之石，比如学习泰安皮影和唐山皮影的做法。泰安皮影传承人范正安依托泰山历史文化资源，创作《泰山石敢当》，改编《江南 style》，在演出中加入电视剧片段，采用声光电特效；通过与旅行社和泰安青年公益组织的合作，保持着每年数百场的演出量。[9]唐山皮影运用现代声光设备演出《三打白骨精》《龟与鹤》等传统剧目，还创作了《飞天》《观世音传奇》等荧光皮影戏。[10]

为此，余家皮影也可以尝试“多条腿”走路，一方面，着力整理传统剧本，对传统剧目进行系统化整理，保持演出原汁原味的余家皮影戏；另一方面，结合地方文化资源创作新剧本，如《河蚌姑娘》《大禹的故事》等。再一方面，在演出形式上，利用投影，加入声光电元素，吸引孩子和年轻观众。

（三）整合传播渠道，打造余家皮影品牌

随着社会娱乐方式的多元化，传统搭台演戏的皮影戏演出市场萎缩是必然，进校园、进社区活动，或者商家为满足顾客好奇心安排的数场演出，远不能支持皮影艺术的传承与发展。传承人要树立品牌意识，借助政府、媒介、自身等多方力量形成合力，打造“余家皮影”品牌。

首先，以政府为主导“走出去”。泰安皮影就多次随文化部、山东省考察团

等单位赴中国港澳台、韩国、法国等地演出，成为山东省、泰安市招商引资的文化名片。知名度的提高也为其带来更多演出机会。余家皮影传承人之一余其华独创皮影变脸特技，曾数次随所在单位赴国外演出。但因其常年在外，地方政府没有运用好这一重要的文化资源。政府应想方设法“留住”传承人，留住地方文化根脉，在招商、文化交流等活动中，“输出”本地特有的皮影艺术。打造地方文化品牌，就是塑造城市文化形象。

其次，传承人发挥自身能动性“请进来”，即以搭建皮影戏台的方式吸引国内外游客来本地欣赏余家皮影，形成收益。泰安皮影在泰安县建有皮影大舞台，与旅行团和地方公益组织合作，每天演出数场，并售卖皮影纪念礼品。本地文化或旅游部门若能帮助余家皮影搭建一个稳定的演出平台，投入研发相关城市旅游纪念品，如明信片、汽车挂件、婚庆礼品等，既能让古老的皮影戏在当代焕发生机，也能为地方旅游文化事业带来新的商机。

最后，媒体也要充分发挥传播效能，在提高余家皮影社会影响力上做文章。在传统媒体的基础上，充分发挥网络、微信公众号等新媒介资源，营造全民关注、全面保护的社会氛围。“新媒体的交互性、超时空性、个性化信息及虚拟信息传播特征，克服了非物质文化遗产零散化边缘化的缺陷。”[11]力求在高度开放、自由、相互性强的新媒体环境下，最大限度地提升余家皮影知名度，打造“余家皮影”品牌。

四、结语

作为皖北地区极具代表性的民间传统艺术，余家皮影正处于生死存亡的重要关口。记录、抢救、保护、传承余家皮影，对传承地方文化，打造地方文化品牌，提升城市文化软实力意义重大。尽管，余家皮影的保护传承有多种途径与办法，但在当前城市化语境下，探索一条政府主导、学界参与、传承人充分发挥主观能动性的创新发展之路是当务之急；而改变传承方式、整理创作剧本、整合传播渠道无疑是其中较为重要的举措。

参考文献：

[1] 班固．汉书［M］．北京：中华书局，1999.

[2] 顾颉刚．中国影戏略史及其现状［J］．文史，1983：116.

[3] 新华网［EB/OL］．http：//news. xinhuanet. com.

[4] 刘玉莲．唐山皮影的传承与发展研究［D］．上海：华东师范大学，2014：36.

[5] 吴戈．戏剧观众·戏剧市场·戏剧前途［J］．民族艺术研究，2004

(3)：54.

［6］王文章．非物质文化遗产学概论［M］．北京：教育科学出版社，2008：228.

［7］康保成．中国皮影戏的历史与现状：中国影戏的演出形态［M］．上海：大象出版社，2010：225.

［8］佟晶心．中国影戏考［J］，剧学月刊，1934（11）.

［9］王蕾．山东皮影戏传承人的生存状态研究［D］．青岛：山东大学，2014：22-29.

［10］刘玉莲．唐山皮影的传承与发展研究［D］．上海：华东师范大学，2014：47.

［11］陈和玮．非物质文化遗产传播［J］．新闻界，2010（4）：17.

论安徽凤阳凤画的装饰符号特点

马　彦　万惠玲

摘　要： 安徽凤阳的凤画是淮河流域独特的一种民间美术形式，它的产生和发展与这里的自然环境、风土人情、文化传承有密切联系，反映当地人民的精神诉求。凤画具有较强的装饰符号特征，它具有装饰的实用性和审美性特征；具有装饰的夸张性、概括性和程式化特征；还具有装饰的工艺性和象征性特征。

关键词： 民间美术；凤画；装饰符号

凤画也称龙凤画，是安徽凤阳本地特有的一种民间绘画形式，是当地历代相传的独特画种，主要以传说中的凤凰作为描绘的主题对象来抒发对美好生活的向往。据县志记载，凤画源于明初，距今已有六百多年历史了。凤画作为民间艺术，是人类本能的艺术创造欲望、创造思维在民间的体现和升华，体现了淮河流域地区民间美术的装饰特征。

一、凤画作为凤阳特有的民间美术形式形成的原因

不同的自然环境、风土习俗，不同的喜好和审美意识造就了形态各异、趣味无穷的民间艺术形式。“用民间艺术的生存环境来解释自身的创造、发展和传承是一种更宽泛的研究视角。”堪称宝地的凤阳，之所以盛行和流传凤画艺术与这里的地理环境、风土人情和历史文化传承有着密切的关系。首先，淮河流经安徽的北部，是皖北地区的母亲河。淮河水堆积给这里的人民带来了肥沃的泥土，所谓“走千走万不如淮河两岸”；但一遇水涝年成，颗粒无收，一片汪洋，甚至到嘴的庄稼也会付诸东流。凤阳地处淮河南岸，位于中国南北交界处，由于地理位置重要，自古是兵家必争之地，战争频繁再加上淮河经常泛滥，常年的天灾人祸使得这里的民间艺术以绘画、剪纸等易于携带的艺术品种为主，而房屋建筑、木雕石刻等不易搬移的艺术种类则不被重视。另外，凤阳历史悠久，文化底蕴深

作者简介： 马彦，女，蚌埠学院艺术设计学院副教授。

厚。凤阳远古时代是在东部鸟夷部落的势力影响范围之内，认为部落的祖先是鸟，以鸟为图腾。春秋时此地建钟离国，西周以后，崛起于江汉平原的楚国向东推进，最终占领了安徽全境。周景王七年（前538年）楚国占领了钟离国。随着楚人的东进，楚文化也从汉水传播到淮水，并成为这里的文化主基调。楚人喜凤，自认为是凤凰的后代，与凤有着神秘之缘，所以鸟图腾和凤文化自古就在这里有了深厚的历史渊源。抽象的造型程式，仿佛先天存在一种文化心理上的结构吻合和"形式"对应，如果恰好对应双方在艺术构思的联想之下不期而遇，便扭结为和谐稳固的象征联系，这种和谐关系的溶液将观念与造型融合，凝为一个完美自足的形象。由于凤凰具有吉祥如意的美好含义，更易于引起经常生活在颠沛流离环境中的凤阳人民的共鸣和向往。当地流传着许多与凤凰有关的民间传说，凤凰在当地人的精神世界中有着重要地位。明朝初年，朱元璋在家乡建中都，并于洪武七年取凤画《丹凤朝阳》之意，把中都府改名凤阳，此后，凤画逐渐成为凤阳一种独特的传统民间艺术，流传至今。

二、凤画的装饰符号特点及表现

（一）凤画具有装饰的实用性和审美性特征

装饰艺术是实用性和审美性相结合的艺术，"装饰艺术的本质特征是实用基础上的美化和形式化"，装饰艺术与人的日常生活联系广泛，结合紧密，使被装饰的主体得到合乎其功利要求的美化。一方面它必须从属于主体，即装饰是从美感的角度来表明主体的特征、性质、功用以及价值。另一方面装饰艺术亦可从主体当中独立而出，显示出自己的审美价值，具备了纯欣赏性的特征。

凤画作为一种民间美术与民俗活动关系极为密切，如民间的节日庆典、婚丧嫁娶、生子祝寿、迎神赛会等活动中都会用到凤画，具有实用价值与审美价值统一的特点。凤画艺术贯穿于凤阳人民生活和精神世界的各个领域，直接反映当地人民的思想感情和审美趣味，显示出他们的聪明智慧和艺术才能。凤画颜色丰富多彩，制作技巧高超、构思巧妙，擅长大胆想象、夸张，想象的空间很大，富有浪漫主义色彩。凤画不同于西方艺术和中国文人画艺术强调的作者个人的创造，而是群体的一种创造，是在沿袭古人的同时表露出作者对生活的体验和艺术审美，其生动的个人造型表现又不断丰富着这种传统，使这门艺术生生不息地被人们所继承、所喜爱。纯真质朴，富有诗意和教益，它释放着一种力量，可以净化人的心灵。凤画的审美性是直接的，用简单的形式表现出古老的民族风俗，演绎了古老的民间传说，是"原生态"的艺术，表述人们最美好的愿望。

（二）凤画具有装饰的夸张性、概括性和程式化特征

装饰的夸张性、概括性和程式化特征非常明显，是装饰常用的手段。夸张，

是将自然物象中有代表性的典型部分进行强化处理，使其特征更加突出，更具装饰性和趣味性，更具艺术感染力。夸张和概括是同步进行的，它们之间是相辅相成、互为补充的。装饰的程式化表现方法和原则，也就是图案化的法则，这种规律性与形式美是人类千百年来通过观察自然界客观存在的美的形象，总结归纳提炼而成的。

民间美术反映了普通人民的一种审美需求和生活愿望。作者通过娴熟的手工艺技术，用简单的材料、日常用的工具把所感知的造型和想象表现出来，艺人的学习方式多是自学或师传，或是从前人那里模仿而来。民间美术概括性表现在程式化造型。从艺术表现上看，乡土民间艺术造型简洁、夸张、概括、平面化，表现内容常常跨越时空，将不同属性的事物巧妙地结合在一起，具有较强的灵活性与超现实性。其造型明确、构思大胆、线条流畅、用笔凝练概括，使用添加、变形与夸张的表现手法。在民间有“十斤狮子九斤头，一斤尾巴掉后头”的画诀，表现出大胆取舍，夸张、提炼其本质，舍弃、弱化细枝末节，它是为生活而创造的艺术，有着自己独特的艺术体系和造型体系。

凤画作为凤阳本地民间文化的视觉图像及符号系统的文化载体，装饰的夸张性、概括性，表述的符号化，构图的程式化等特征，有深深的传统烙印。何谓“凤”?《说文》云：“神鸟也。天老日凤之象也，鸿前麟后，蛇颈鱼尾，鹳鶨鸳思，龙纹虎背，燕颔鸡喙，五色备举，出于东方君子之国，翱翔四海之外……”600余年以来，凤阳的凤画经历民间艺人的不断改革和创造，代代相传又代代发展，逐渐形成了独特的程式和风格：头似蛇，背似龟，嘴似鹰，爪似鸡，头顶如意冠等。俗话说：“龙在头上变，凤在尾上分。”凤尾是凤凰最美丽的部位，也是体现凤凰高贵秀美的一个主要特征，它比其他部位更丰富多彩，更富有表现力，具有一种节奏感和韵律感和动态的美感，而其样式也更具千秋，缤纷多姿。凤阳的凤画虽和一般的凤凰形象有相同之处，但也有某些特别的规定：凤的尾羽有九条，中间三条是主尾羽，长而飘逸，色彩绚丽美观，卷曲自如。两旁各三条次尾羽，样式和中间的主尾羽一致，只不过显得短小一些，色彩和主尾羽可相似，也可不相似，但两旁次尾羽的色彩则一定要统一。凤翅也有严格的规定，每只翅膀由九根硬羽翅组成，左右一对，一共18根，称为“18翅”。凤凰的颈背部是竖立的颈项，组成既有规律而又参差不齐的四束。嘴颔下是一束山羊胡子样的细毛，细致而又独特。以心写形、以形写神，集构成、写真与装饰于一身。既古老又现代，直觉审美意识的凸显，构成了凤画这一民间美术的审美特点。

（三）凤画具有装饰的工艺性特征

由于凤画所处的特殊的地理位置兼有北方民间艺术的粗犷豪放和南方民间艺术的精致细巧，透露出质朴、纯真、丰富的内涵。凤凰的造型生动自然，或亭亭玉立或凌空展翅，或动或静、或仰或俯，形态各异。配以各种背景，寓意深刻，造型独特，画工精细。

手法上，借鉴工笔国画的设色方法，凤画的色彩以民间工艺色彩为主，并吸取了工笔花鸟画的勾线敷色技法，又兼具年画通俗画风。用色上，颜色以朱砂、藤黄、石青、石绿等色为主，并用金色装饰，兼有北方杨柳青年画和南方苏州桃花坞年画所长，吸收了杨柳青年画浓重、艳丽和桃花坞年画点缀金银的特点，独创出“五彩、素彩、水墨”三种色彩表现手法，把工笔重彩、写意、水墨等技法集于一身。色彩讲究鲜艳，而不俗套，装饰味浓厚的民间色彩，受到当地人们普遍而持久的欢迎，雅俗共赏。

凤有三种：一是墨凤——全身以黑墨画成；二是素凤——在墨凤基础上，仅用少许青色、绿色或蓝色并外加金泥，勾勒和圈点凤身的局部花纹、翎眼等；三是彩凤，即涂染大红大绿大青大紫，交织形成鲜丽耀目、五彩缤纷的图案。在色彩的表现上既注重丰富又不失调和，透明的“软色”和浓烈的“硬色”形成对比，达到鲜明、悦目的艺术效果。

（四）凤画具有装饰的象征性特征

“凤凰是古代先民有了等级观念后幻想出来的神物。他们从单一的鸟信仰扩展到对百鸟的信仰，又从百鸟中联想到必有王，于是产生了凤。”所以说凤本身就是象征的产物。所谓“象征”，就是用具体的事物表示某种特殊的抽象的意义。民间美术是最自由、最有生命的艺术，是没有雕琢、不做作，用简单的形式表现出古老的民族风俗的艺术。技巧高超、构思奇巧，每一个图案都有美好的寓意，久而久之，一些美好的寓意被固定的图案所保留，牡丹、菊花、梅花等都寓意着富贵，象征着美好、快乐、幸福的生活。凤画较充分地运用了民间美术的象征手段，凤凰作为百鸟之王本身就具有较强的象征意义，它集各种生灵的特点于一身，自古就是祥瑞的神鸟，再加上同其他具有象征意义的物体如象征上天的龙、象征富贵的牡丹、象征吉利的瑞兽麒麟等一起组合画面，具有欢乐、喜庆、吉利、祥和之意。凤画以凤凰为主体，再加上不同的题材，构成丰富的画面内容。在色彩上，与传统文化的金、木、水、火、土相联系，金色代表金、绿色代表木、黑色代表水、红色代表火、黄色代表土。对比色，给人以浓郁、厚重的艳丽的感觉。凤画的题材很多，其中有丹凤朝阳、百鸟朝凤、带子上朝、五凤楼、龙凤图、凤撵麒麟、百鸟献寿、四扇屏等传统佳作，善于大胆想象和夸张表现强烈的感情，又常用人们熟悉的寓意谐音的手法通过优美的形象表达他们对美好生活的憧憬，具有积极乐观的态度，艺术上刚健清新、活泼淳朴，带有鲜明的浪漫主义色彩，深受广大群众喜欢。

总之，凤画作为凤阳特有的民间美术形式，有着鲜明的个性，它的色彩艳丽明快，造型夸张舒展，构图丰富稳定，具有很强的装饰效果，一直是当地人们喜闻乐见的形式。民间美术资源不是孤立、表面的艺术形式，它贯穿着中国几千年的连续性的文化。而如今，由于受到市场经济的冲击，许多民间艺术面临灭绝的境地，凤阳的凤画也不例外，面临着即将后继无人的窘迫局面。关注民间美术，挖掘民间美术的艺术特点并发扬光大，是我们每个美术工作者的职责，也应当引起政府和学术界的重视。

参考资料：

[1] 邓福星. 中国民间美术全集装饰编年画卷［M］. 济南：山东教育出版社，1995.

[2] 徐颖婷. 审视社会变迁中的民间艺术［J］. 南京艺术学院学报（艺术与设计版），2009.

[3] 炅伟. 装饰画对中国民族民间美术造型与色彩的借鉴［J］. 艺术教育，2009.

[4] 陈伟. 解构与重建——传统民间美术与当代艺术设计［J］. 美与时代，2004.

[5] 马克云. 凤阳民间凤画艺术浅析［J］. 铜陵学院学报，2005.

凤阳花鼓艺术属性流变成因初探

周熙婷

摘　要：自明代以来，凤阳花鼓呈现出一种在音乐、舞蹈、曲艺等艺术形式的流变中生存发展的表现形态。通过梳理田野调查所得的大量曲目资料和历史文献资料，从中归纳凤阳花鼓是一种综合艺术形式，且以曲艺形式最具代表力。其形成原因是凤阳花鼓自身具有的非物质文化遗产特性——多元性、活态性所决定。厘清凤阳花鼓艺术属性及其形成原因，将对凤阳花鼓的保护传承具有重要的意义和文化价值。

关键词：凤阳花鼓；艺术属性；流变；成因

凤阳花鼓又名花鼓小锣、花鼓、打花鼓、凤阳歌。最初出现在明代正统年间，是一种歌、舞、器乐演奏、表演并存的艺术形式。清代乾隆年间形成以说唱为主的曲艺形式，演出时手执花鼓、小锣伴奏，故称为“花鼓小锣”。1955 年《王三姐赶集》将“花鼓小锣”改编为“双条鼓”在北京的大舞台演出以后，歌舞形式的凤阳花鼓（双条鼓）蓬勃发展。近几十年来，曲艺形式的凤阳花鼓演出不多、宣传不够，致使外界多误认为凤阳花鼓的艺术属性就是歌舞，以致影响了凤阳花鼓的传承与研究工作的开展。实际上凤阳花鼓（花鼓小锣）曲目中的曲调特征、唱词结构具有鲜明的说唱性、叙事性，因此第一批国家级非物质文化遗产名录将凤阳花鼓收录在曲艺类。所以，本文探讨的是狭义的曲艺类凤阳花鼓艺术属性的流变，以期从中厘清凤阳花鼓呈现多元形态的成因，为其保护传承提供有益的参考。

一、凤阳花鼓艺术属性的界定

凤阳花鼓知名天下，听过花鼓歌的人很多，研究凤阳花鼓的人也不少，但是了解凤阳花鼓艺术属性的人却不多，学界还需认真研究，形成共识，准确界定。

作者简介：周熙婷，女，国家级非物质文化遗产凤阳民歌市级传承人，滁州学院音乐学院声乐教研室副主任。

关于凤阳花鼓艺术属性的界定有下列五种说法：一是“民歌说”，《中国民间歌曲集成·安徽卷》把凤阳花鼓曲目当作民间歌曲；二是“歌舞说”，《中国民族民间舞蹈集成·安徽卷》《中国大百科全书·音乐舞蹈卷》《中国音乐词典》等都收入了凤阳花鼓；三是“曲艺说”，《中国大百科全书·戏曲曲艺卷》《中国戏曲曲艺词典》《中国曲艺志·安徽卷》《中国曲艺音乐集成·安徽卷》等亦持此说；四是“戏剧说”，《中国戏曲剧种手册》《中国戏曲文化》《中国民俗史·明清卷》等把凤阳花鼓与凤阳花鼓戏混为一谈；五是“综合说”，项阳先生在《凤阳花鼓全书》编纂研讨会上的发言中说：“从名称而论，这凤阳花鼓显系以花鼓为道具并产生音响，亦鼓亦舞、亦说亦唱的综合艺术形式。”

归纳起来，凤阳花鼓就有了民歌、舞蹈、曲艺、戏剧、综合五种说法，众说纷纭，凤阳花鼓到底归属哪一种？笔者通过认真梳理近五年来在凤阳县采集的数百首凤阳花鼓曲目、花鼓艺人的采风笔录及历史文献后，认为凤阳花鼓应该是一种具有音乐、舞蹈、曲艺的多元化属性的综合艺术形式，其中以曲艺形式最具代表力，而不具有戏剧属性。从田野采风中凤阳花鼓艺人的表演来看，其中虽有简单的角色扮演，却没有扮装表演，只是在演唱中跳进跳出，仍然在曲艺的艺术属性中。中国戏剧中虽有《打花鼓》一折，且在清代、民国年间盛演不衰，但只能表明凤阳花鼓对各地戏剧的重要影响，各剧种中都有反映花鼓艺人卖艺为生的内容，与凤阳花鼓本身的艺术属性没有关系。而且即使是凤阳当地的凤阳花鼓戏也不演《打花鼓》，在凤阳花鼓戏的100多个剧目中也没有《打花鼓》。据凤阳县文化馆原馆长成守忠介绍：“据传，在抗日战争期间，凤阳人看到演出《打花鼓》小戏，侮辱劳动人民时，都是要砸台子的。”其原因是《打花鼓》剧中有大相公调戏花鼓婆的情节，语言低级下流，表演庸俗肉麻。

二、凤阳花鼓艺术属性的流变

凤阳花鼓产生于明代正统年间（1436—1450），其历史背景是连年灾荒，凤阳农民大量逃亡。明代袁文新《凤阳新书》记载：“里有十甲而逋者八九，存者一二；地有千顷而荒有十九，耕者一二。”可知大量移民逃离凤阳“赶唱谋食”现象的存在。

明代嘉靖年间编纂的《延平府志》，其“艺文志”卷二欧阳铎的诗中有“花鼓街头劳父老，可能画饼慰愁思”之句。此诗是欧阳铎于正德年间（1522—1567）任延平知府（今福建省南平市）时所作，说明当时“打花鼓”已流传到离凤阳府很远的地方。自明代以来的漫长岁月中，凤阳花鼓呈现出一种在音乐、舞蹈、曲艺等艺术属性的流变中生存发展的表现形式，保持着“共时性”发展的并存格局。

(一)起源唱秧歌的民歌形式

关于凤阳花鼓艺人唱曲生活的最早记载，见于明万历年间，周朝俊撰写的明传奇《玉茗堂批评红梅记》卷下第十九出《调婢》反映了花鼓艺人的卖艺生活：

(丑)：你是哪里人？

(杂)：凤阳人。

(丑)：你打一通我听听！

杂唱：紧打鼓，慢筛锣，听我唱个动情歌。

唱得不好休要赏，唱得好时赏钱多。

凤阳花鼓艺人演唱的内容在明代崇祯年间范文若《花筵赚·打花鼓》中也有反映："江边姐儿洗红纱，清水照见满头花。千人见了千人喜，万人见了万人夸。"这种内容的歌词，在凤阳民间花鼓艺人演唱的曲目中占有较大比重。时至今日，笔者采集的曲目中还有"姐在房后漂白纱"等同类内容。

清代康熙年间朱昆田的凤阳花鼓诗记载了花鼓艺人使用明清俗曲曲牌演唱的情景："两两相携女伴行，凤阳花鼓最知名。笑他也唱［罗江怨］，对客低头作慢声。"花鼓前冠以凤阳，也从此时首见记载。乾隆年间纳兰常安《受宜堂宦游笔记》中的"打花鼓"说："庐凤一带……有一种能出外营生，散行各省，到春时乡邻结伴，着青布袄，至人家锣鼓唱曲，名曰打花鼓。"

从以上文献可以看出，花鼓艺人先是演唱凤阳本地的秧歌小调，后来又从外地学唱一些明清俗曲，提高了演唱的水平。"着青布袄，至人家锣鼓唱曲"，"对客低头作慢声"，当是早期凤阳花鼓演唱的情景。从田野采风得来的资料看，此类歌曲应是民间艺人称为"唱门头"的曲目，大多为篇幅短小、无故事情节或略有故事情节的"奉承歌"。

(二)逐渐演变的歌舞形式

凤阳当地是有名的音乐之乡，元代就盛行花鼓灯一类的大花场舞蹈。花鼓艺人将大花场舞蹈动作增加到花鼓的演出中来，并扩大到街头、庙会、广场的演出场合。

清代康熙四十七年（1708 年）上元佳节，《桃花扇》的作者孔尚任在山西平阳（今临汾市）西街看到凤阳花鼓表演，写下题名"踏歌词"的诗："舞袖弓腰都未忘，街西勾断路人肠。""分明学得秦楼舞，五彩裙边露凤头。""雨点花攒鼓衬锣，春风吹袂影婆娑。"从诗中可以看到当时凤阳花鼓"载歌载舞"的表演形式。

凤阳花鼓歌舞形式的高潮发生在清代宫廷的大舞台。乾隆年间的《霓裳续谱·万寿庆典》一卷中，收有［花鼓献瑞］［鼓乐呈祥］两个曲目。［花鼓献瑞］在唱词后附有表演人物、服饰、乐器伴奏等："右小人八名，扮凤阳妇式，穿毛兰布衫彩裤，汗巾搭头，四锣四鼓。后场笙，笛，琵琶，弦子，鼓板。"

从唱词中可了解到尽管这是皇家祝寿时的演出，艺人们还是"凤阳妇式，穿毛兰布衫彩裤，汗巾搭头"，突出了凤阳服饰特色。表演人数从平时演出时的两人扩大到四锣四鼓八人，还增加了器乐伴奏，为的是寻求更好的演出效果。

（三）曲艺形式的最终形成

自清代乾隆年间以后，凤阳花鼓（花鼓小锣）的表演形式，逐渐从歌舞表演过渡到曲艺表演，并出现了"坐唱"形式。乾隆六十年印刻本《霓裳续谱》中有［数岔］和［秧歌］两首曲词与凤阳花鼓有关。今录其一如下：

［数岔］凤阳歌来了，呀呀哟，粗胳膊跟着倒有一百多。绍兴鼓儿镟子锣，有人家请他上席儿坐着，先吃元宵，后把茶喝。东家开言，设摆下椅桌。四碟子小菜，摆在了四角。剩下的年菜，攒了个火锅。冰冷的馒头，片子饽饽。不用谦让，不用张罗，你夺我抢，一齐都吃货。盅子快（筷）子，得空儿拽着。酒醉饭饱，就唱秧歌。

［数岔］是说唱凤阳花鼓民间艺人在一家农户"唱堂会"并引来乡邻围观的故事。从这首曲目可以看出，利用民间流行的小调演唱故事，其时凤阳花鼓的曲艺属性已比较明显。《霓裳续谱·凤阳歌来了》即是一首民间艺人称为"坐唱"的曲目。

"坐唱"，又称"坐场"，即"左锣右鼓"坐在板凳上演唱——"打小锣者"坐左边，"打花鼓者"坐右边，听众四面围听。"坐场"又分为两种形式：一种是普通"坐场"，演唱地点一般在公共场所（茶馆、村头、院落、祠堂），由当地长者负责安排演唱地点、维持秩序及决定收费方式等。听众有时要艺人拿出"折子"，根据折子上的曲目表来"点唱"。另一种就是"唱堂会"。堂会，是东家逢红白喜事等（结婚、祝寿、孩子满月、买卖开张、老人去世等）请花鼓艺人做专场演出，地点通常是在家中的客厅院落、家族宗祠、买卖铺面、茶楼会馆等处。演出程序、演唱曲目等，均由东家与花鼓艺人协商确定。

演出时有一男一女、一男二女、二女的演唱模式。其演唱方式基本上为齐唱，或一问一答的对唱以及一人独唱、另一人帮助伴奏。演唱时一般以"打花鼓"者为主，以"打小锣"者为辅。在分节歌中，一般是一唱到底，其中亦有乐句、乐段中间插入"道白""数板"。演唱曲目时，舞蹈较少或没有，仅做手势比画而已。

从上可见凤阳花鼓艺术属性的流变，正如中国艺术研究院曲艺研究所所长吴文科所说："作为曲艺的凤阳花鼓，是在作为民歌的凤阳歌基础上，发展演变而来的。即由单曲定词的民歌演唱，向依曲反复填词乃至说唱叙述的方向发展而形成的。其间，吸收化用了当地的许多舞蹈因素，成为‘走唱类’曲艺的一种。”从笔者田野采风录制的音像资料来看，确如吴文科先生所言。

三、凤阳花鼓艺术属性流变的标志

花鼓小锣是凤阳花鼓的伴奏乐器，也是花鼓艺人表演时的道具。在不同的历史时期中，花鼓的形制有不同的变化，小锣的使用数量也有了增减，这成为花鼓表演时不同艺术形式变化的标志。

早期花鼓艺人表演时的鼓是腰鼓，与羯鼓形状相似。腰鼓，《旧唐书》云：“腰鼓，大者瓦，小者木，皆广首而纤腹，本胡鼓也。”同书亦云：“羯鼓，正如漆桶，两手具击，以其出羯中，故号羯鼓，亦谓之两杖鼓。”当时的腰鼓、羯鼓均为宫廷用乐。大约在北魏时期，宫廷伎乐歌舞回流民间，主要途径是通过宗教活动场所——寺院所组织的法会、节庆，搬演伎乐歌舞百戏等。所以，“花鼓”一词的出现，最早与宗教有关的记载是宋代。北宋著名诗僧惠洪在《渔父词》（万回）中写道：“不解犁田分亩步，却能对客鸣花鼓。”生于北宋元祐年间的僧人鼎需（1092—1153）撰《鼎需集》亦有“花鼓”之说：“懒庵需曰：两个孩儿抱花鼓，左边打了右边舞。一曲两曲无人会，历历清风动千古。”《五灯会元》中也有：“三个孩儿抱花鼓，莫来拦我球门路。”

元代寺庙中还有弄“花鼓槌”，借此吸引香客，宣传教义。元代末年，吴王张士诚宫中有花鼓的表演，见于张宪《李天下》诗：“歌吴歈，习赵舞。吹玉笙，击花鼓。”到了明代，花鼓也进入宫廷，弘治年间礼部尚书倪岳“奉制命往祀天寿山之神”时赋诗云：“京兆青箱依耒耜，教坊花鼓应旌旗。”明太祖九世孙朱载堉，其父郑王朱厚烷因罪被囚于凤阳“高墙”（关押皇族的监狱）十九年，以“琴书自适”。在郑王府中有雅鼓，其形与早期凤阳花鼓艺人背的腰鼓基本相同。图1为朱载堉《小舞乡乐谱》中的雅鼓小样。

图1　雅鼓小样

另外，很多研究凤阳花鼓的文章认为凤阳花鼓就是三棒鼓。根据是明代田艺蘅《留青日札》卷十九有“三棒鼓”：“今吴越妇女用三棒上下击鼓，谓之三棒鼓，江北凤阳男子尤善，即唐三杖鼓也。咸通中王文举好弄三杖鼓，打撩万不失一是也。”其实不然，从击鼓的方式来看，“三棒鼓”是“用三棒上下击鼓”，有杂技表演的成分，其鼓应是挂在胸前；而凤阳花鼓却是背着的、腰鼓形状的“花鼓”，是以两根鼓条击鼓。并且击鼓者是凤阳妇人，而凤阳男子击锣。另外，田艺蘅生于嘉靖年间，《留青日札》初刻于万历年间，就是说他记录“三棒鼓”的同时，凤阳花鼓的演唱形式已出现在《红梅记》中，并早已流传广泛。所以只能说明，凤阳的民间艺术中曾有三棒鼓，凤阳花鼓与其相近，但两者不能画等号。古代的腰鼓与羯鼓形状相同，羯鼓称为两仗鼓，与凤阳花鼓用两根鼓槌敲鼓有着相同之处，而鼓形也与早期凤阳花鼓艺人身背的腰鼓相似。这种样式的鼓是何时传入中原再到凤阳，还有待考证。明代宫中的教坊花鼓和郑王府中的雅鼓来自凤阳是很有可能的。

明代正统年间，凤阳人民大量外出逃荒，打着花鼓卖唱歌舞表演。后来在外出卖艺的进程中，艺人们逐渐减少了表演中的舞蹈动作，目的是为了适应其说唱故事，延长演出时间，减少体力消耗，以获取更多经济上的收益。其标志是清代《绘图缀白裘》一书中，花鼓女使用花鼓的形制发生了重大变化：前者为“身背”，后者为“手拿”，而且鼓形大大缩小，将腰鼓改成为手拿的小腰鼓（图2）；鼓条由前者的“一手一根”，到后者的“右手持两只鼓条”，击打的方式也发生了重大变化，这样在演唱的时候更为方便。

图2　《绘图缀白裘》中花鼓女手拿的小花鼓

这种小腰鼓一直延续到1949年以后。对凤阳花鼓颇有研究的吴长俊先生说：“小花鼓是腰鼓形状的，大约有14厘米长，两头小，中间粗，左手拿鼓，右手执两根由竹根做的鼓条来击打。锣是直径大约20厘米的铜质镗锣。”

1955年《王三姐赶集》赴北京参加全国会演。开始换成了现在用的小扁花鼓。将原有的一锣一鼓改为两锣六鼓，由两人增加到八人，《王三姐赶集》的创新使凤阳花鼓的“花鼓小锣”转变为“双条鼓”，使“说唱凤阳花鼓”转变为“歌舞凤阳花鼓”。从门头、街头转移到舞台，表演的场所产生了重大变化，影响深远。1964年，安徽省文工团创编了十个姑娘十面鼓的歌舞《双条鼓儿敲起来》，出席了华东“音乐之春”，该节目在演出中完全减去了小锣，成为双条鼓艺术成熟的标志。

四、凤阳花鼓艺术属性流变的成因

造成凤阳花鼓艺术属性复杂的原因较多，但最主要的原因有以下两点。

（一）凤阳花鼓具有非物质文化遗产的多元性特点

凤阳花鼓历时性与共时性的特点造就了其艺术属性的多元性，它根据自身的艺术特点在歌唱、歌舞、曲艺之中流变。在不同的历史时期中，有所侧重地突出某种艺术属性，具有历时性的特点。凤阳花鼓由最初的打着花鼓唱秧歌，吸收化用当地的民间舞蹈因素，到成为说唱故事的曲艺。其曲艺形式从清代乾隆年间一直延续到当下。2011 年以来还能采录到 210 首曲目，可以看到其顽强的生命力。同时凤阳花鼓又有共时性的特点，保持着共时性发展的并存格局。当乾隆年间曲艺形式在民间兴盛的时候，宫廷的大舞台上仍然演出着歌舞形式的四锣四鼓的八人集体表演，民间的灾民也还在打着花鼓“唱门头”卖艺乞讨。当如今双条鼓的美妙歌舞红火在国内外大舞台上的同时，凤阳民间仍然活跃着一群“坐唱”的艺人。他们仍然使用一锣一鼓，只是鼓已改成了与双条鼓一样的小扁鼓（图 3）。

图 3　2012 年 5 月，邓家芳（鼓）、邓凡兰（锣）在演唱（周熙婷摄）

凤阳花鼓艺术属性的多元性决定了它的复杂性，应该属于一种综合性的艺术。但是梳理 1949 年以后田野考察得来的大量曲目，坐唱的长篇说唱曲目占很大比重。1970 年代，夏玉润、吴长俊、周其芳采录的曲目有 100 多首，2011 年以来笔者采录的曲目有 210 首。仅从收入笔者主编的《凤阳花鼓全书 · 词曲卷》

的214首来看，其中有大量的坐唱曲目，大多有故事情节、篇幅较长，一般都有十多段，其中《杨姑娘上吊》一曲有131段，可以演唱一个多小时。由此看来，凤阳花鼓虽然具有复杂的艺术属性，最具代表力的还是曲艺属性。由于中国非物质遗产名录未设综合类，因而2006年第一批国家级非物质文化遗产的名录中，凤阳花鼓被列为曲艺类。

（二）凤阳花鼓具有非物质文化遗产的活态性特点

非物质文化遗产的传承者是“活态”文化的创造者，最具有能动性，处于“活态”文化的核心地位。这些传承者的表演会随着不同时期、不同地域、不同演出场地、受众的不同需要，以及表演者的自身艺术素质而影响着艺术形式的流变。

凤阳花鼓自诞生开始，其演出一直是在门头、村头、街头、茶馆、广场、民居庭院等各种场合，没有固定的场所。艺人根据不同场合的需要和不同受众的要求，采用不同的艺术表现形式来获取最好的演出效果、最大的经济利益。如在门头演唱时，场地狭窄，又必须尽快结束演出，赶到另一家去，以免错过“饭时”，所以多采用歌唱一些简短小曲的表演形式。在村头、广场等处，场地宽敞，观众较多，需要渲染气氛、吸引观众，多采用歌舞形式，“舞袖弓腰都未忘，街西勾断路人肠”。而在祠堂、茶馆、民居院落中，多采取“坐唱”的形式说唱长篇故事，既可拉长演出时间，又可节省体力，还可以故事情节吸引观众。

艺人的艺术素养也决定着艺术形式的采用，影响着凤阳花鼓的艺术属性。凤阳花鼓艺人多是贫困的农民，家族亲戚结伴卖唱，为的是“人少好分钱”，并无固定班社，也无师傅传授。由于没有受过专门培训，艺人的艺术素养多靠天资，参差不齐。出门在外，嗓子好的就以唱为主，会跳舞的多表演一些身段，总之会什么就唱什么、演什么。所以，凤阳花鼓的艺术属性在歌唱、歌舞、曲艺之间的流变与艺人的艺术素养也有着直接的关系。

综上所述，自明代以来的漫长岁月中，凤阳花鼓呈现出一种在民歌、舞蹈、曲艺等艺术形式的流变中生存发展的表现形式。本文通过梳理田野调查所得的大量曲目资料和历史文献资料，从中归纳出凤阳花鼓是一种集民歌、歌舞、曲艺三种综合形态的艺术，其中以曲艺形态最具代表力。凤阳花鼓在历史长河中呈现多元形态的成因是其具有的非物质文化遗产的特性——多元性、活态性决定的。厘清凤阳花鼓的艺术属性及其形成原因，对凤阳花鼓的保护传承具有重要的意义和文化价值。凤阳花鼓是前辈艺人们留给我们的宝贵财富，我们要传承它、弘扬它，使其具有更加美好的发展空间和未来。

安徽长集淮派皮影戏调查研究

吴衍发

摘　要：源于豫南信阳皮影戏的长集淮派皮影戏，经历200余年的传承发展，在传统剧目、音乐曲调、唱腔唱词、演出程式、道白帮腔、影人雕镂与图案设计等方面形成了独特的艺术特色和浓郁的地域特色，成为皖西民间文化艺术中一道独特的曲艺风景，有着很重要的社会文化价值。然而，市场经济大潮下的多元化艺术娱乐形式，使得长集皮影戏赖以生存和发展的文化空间受到极大破坏，七位传人虽仍在执着坚守皮影戏，却都已年逾古稀，长集皮影戏到了后继乏人和濒临失传的地步。因而如何抢救、传承和保护长集皮影戏成为一项十分紧迫而又必要的重要课题。

关键词：历史渊源；艺术特色；生存现状；传承保护；长集皮影

皮影戏是广泛流传于中国民间的一种古老而又独具特色的民间戏剧艺术。皮影戏又叫影戏、灯影戏或土影戏，是中国民间流传区域相当广阔的一种道具戏，通常是用兽皮，如牛皮、羊皮和驴皮等制作可供操作的人和物，然后借助于灯光将人或物的影子投射在白色帷幕上来进行表演和演唱的一种民间戏剧形式，成为中国民间美术造型、色彩与戏曲艺术巧妙结合的独特艺术品种。在安徽省霍邱县长集镇，至今仍活跃着这样一支皮影戏班，这就是长集淮派皮影戏班。长集淮派皮影戏开始于清朝，有着二百余年的历史，曾经长期活跃于江淮大地和大别山地区。在长达二百余年的传承与发展中，长集皮影戏与当地民间信仰、民俗风情、大别山民歌紧密结合，形成了独特的艺术特色和浓郁的地域特色，成为六安地区民间文化艺术中一道独特的曲艺风景。2007年长集皮影戏被六安市文化局审批为市级非物质文化遗产项目。笔者等一行人曾对长集皮影做过专门调研，还曾有幸观看到农村原汁原味的淮派长集皮影戏的演出盛况。

作者简介：吴衍发，男，安徽财经大学艺术学院讲师，艺术学博士。

一、长集淮派皮影戏的历史渊源

长集皮影戏历史比较久远。据《霍邱文化志》记载，清朝光绪二十一年（1895 年）前后，长集莲花寺附近有一个名叫“老邓三”的村民，从其原籍河南信阳将驴皮皮影戏剧种带到了长集。老邓三兄弟叔侄几人与家乡邻里合伙，共同购买影人、道具，置办了一个皮影戏箱，组成一个皮影戏班，从此皮影戏便在长集生根发芽，老邓三也就成为长集皮影戏班第一代班主。老邓三皮影戏班的艺人们都是当地的农民，他们一般在农忙季节做些农活，农闲时便走村串乡为周围群众演出皮影戏。经过老邓三等几代人的传承发展，长集皮影戏班日臻完善，艺人表演技巧愈加熟练，技艺日趋精湛，尤其是操纵影子的功夫更加老练，更加灵活，唱做念打的功夫，几乎一人就能完成。在唱词、唱腔等音乐曲调方面，长集戏班将当地大别山民歌、民间戏曲等音乐曲调逐渐融入豫派唱腔当中，唱词通俗易懂，唱腔清亮动听，驾影子灵活风趣。因此长集皮影戏很快就走出了长集，经常到周边的宋店、张集、固镇、霍邱城关、金寨和河南省固始、商城等地演出。那个时期应该是长集皮影戏的高峰时期。据说老邓三因擅长演唱《李渊劝民》剧目中的李渊，而被当地群众称为“活李渊”，曾得霍邱知事赏赐银牌一块；小邓五也被当地群众称为“活猴子孙悟空”。长集皮影戏因此成为当地农村的一种主要娱乐形式，很受当地群众喜爱。

20 世纪初，长集皮影戏班先后传到第三代传人黄介峰和第四代传人曹良亭等艺人手中。黄、曹等人再次添置了一批影人，更换和增加了一些道具，充实了皮影戏箱，演员队伍也有所扩大，高峰时能登台演出的人员多达 30 余人。长集皮影戏班由此进入最为红火的时期，经常到附近县乡演出。然而好景不长，由于连年战乱，社会动荡不安，老百姓生活相当困难，请戏班唱戏的家庭越来越少，直接影响到皮影戏班的生存。20 世纪 40 年代，长集皮影戏班到第五代传人涂兰皆时，几位老艺人单靠皮影戏难以维持生计，迫于生活压力，他们已无力再培养后生，皮影戏也日趋衰落。就这样到新中国成立前夕，第六代传人邓六、任继山接手皮影戏班时，戏班已经相当不景气了，艺人减少到 8 人。尽管如此，他们依然坚持传承老祖宗的这门艺术，不断在霍邱南部、固始、商城、金寨和六安一带演出。

新中国成立后，全国各地皮影戏班重获新生，并开始对旧的皮影戏进行改革，提倡时代新戏。但长集皮影戏班因老艺人一个个老去，皮影戏艺人减少了，老影子或损坏或发霉腐烂，没有资金及时更新和补充，所以也不能上演时代新戏。20 世纪 70 年代末 80 年代初，长集区文化馆斥资数百元对影人和道具等进行修补、上色和上油，长集皮影再度慢慢发展起来。然而，由于停演了十多年，老艺人们渐渐感到口生了，手也生了，二百多出优秀传统剧目大多遗忘，只能凑合着上演二十余部剧目；生旦净末丑等行当也凑不齐了；尤其是一担完整的皮影戏箱被藏在阴暗角落里，十多年不见天日，虫蛀霉变，破损不堪，只能拼凑四十余身头、帽不全的影子了，皮影戏短暂红火了一二年，但所得收入甚为寥寥，无力更新影人、添置道具和培养新人。80 年代末，到艺人邱金厚负责戏班时，只有 7 位皮影戏演员能够演出。在地方政府的支持下，邱金厚决定整顿和发展戏班，扩大长集皮影的影响。80 年代是长集皮影最辉煌的时期，邱金厚等 7 名演员领到了国家颁发的职业演员证书，带领戏班到周围乡镇和附近各县参加演出，长集皮影再次勃发生机。1982 年 11 月 1 日，长集皮影戏班参加了霍邱县民间曲艺演唱交流会，演出传统皮影剧目《三盗呼雷豹》，邱金厚和余志和等人分别获得了优秀表演奖。

在随后的三十多年里，长集皮影戏班一直坚持演出，然而能全部熟练操作皮影道具的艺人也就甚为寥寥了。随着电影和电视的普及，以及乡村娱乐方式的多样化，尤其是改革改开以来，市场经济深入发展，大批农民进城务工，农耕时代皮影戏赖以生存和发展的文化空间受到极大挤压，皮影戏的生存异常困难。另外，正像老艺人所说，皮影戏比较难学，比如武场中“步战”“马鞍”“抛枪”等绝活都要手脚并用操作娴熟，非三年五载不可，并且大段大段的唱词只凭着“师父口述，徒儿背诵”的单一模式，“这可得吃不少苦”，所以没有人愿意学皮影戏。如今，长集皮影戏班虽然还有七位演员尚在演出，然而其中六位老艺人年龄都在 70 岁以上，有的还长期生病，后继乏人。目前，长集皮影戏班缺资金，缺市场，缺继承人，处境困难，令人担忧。

二、长集皮影戏的艺术特色

长集皮影戏在长期的传承与发展中，在传统剧目、音乐曲调、唱腔唱词、演出程式、道白帮腔、影人雕镂与设计等方面形成了浓郁的地方特色。长集淮派皮影一整套表演方法都是口传心授，世代相传，正如第七代班主老艺人任其安所说，“腔板韵调、行走坐卧、接骨对榫、大小节疤”等，都是师徒世代口口相传，难以形成文字，确属非物质文化遗产，其珍贵的历史文化价值和社会价值，有待于人们进一步挖掘和探究。

皮影剧目方面，皮影戏剧目属于口授文字，靠师徒世代的口口相传。据尚在演出的老艺人说，长集皮影在二百余年的传承中先后有 200 多个剧目。这些剧目，实际上并没有剧本，只是一些简单的脚本条目，表演时要靠艺人凭着对故事梗概的记忆和掌握情况而即兴演唱。一般每个老艺人大脑中都会有几十个剧目，然而随着一代代老艺人的逝去，这些剧本也就自然消失了。如今长集淮派皮影大部分剧目已经消失，从尚在演出的剧目来看，主要与历史、文学、神话故事、传说等有关，如《封神演义》《东周列国志》《三国演义》《西游记》《东游记》《杨家将》《精忠岳飞传》《九龙山三收杨再兴》《包公案》《反五关》《并吞六国》《李渊劝民》《薛刚反唐》《三盗呼雷豹》等；也有传统故事，如《三朵金花》等。同时他们还把当地民间故事《孙叔敖埋蛇的传说》《朱元璋在临水的传说》等也编进剧目中。这些剧目之所以为群众所喜闻乐见，除了皮影戏表演形式本身能给人带来耳目之娱外，还有它所宣扬和传颂的除暴安良、抑强扶弱、忠孝节义、劝人为善的思想内容，这些都具有较高社会价值。

音乐特色方面，曲调、唱腔和伴奏构成了长集皮影戏特有的音乐色彩。音乐在皮影戏演唱当中起着十分突出的重要作用，同时更是表现地域特色的重要元素。从长集皮影尚在演出的传统剧目来看，与其他地方戏剧种相比，除了人物、时代、剧情大致相同外，其演出程式、唱腔、道白等都有独到之处。曲调和唱腔方面，在早期豫派皮影音乐曲调与唱腔的基础上，长集淮派皮影通过几代人的努力，艺人们把霍邱当地广为盛行的民间音乐《霍邱民歌》、民间舞蹈《打五扇》以及大别山民歌、江淮秧歌、端公调、花鼓唱小调、六安灯戏、倒七戏假声唱法等精华，有机地融入豫派皮影的音乐曲调和唱腔当中，同时运用通俗易懂的长集地方方言演唱，形成了极具地方特色的淮派表演艺术风格。音乐伴奏上，长集皮影戏采用无管弦乐伴奏，这与河南豫派皮影使用管弦乐伴奏不同。长集皮影在伴奏上使用打击乐，运用最多的乐器是书鼓、铜锣、镲、梆子，演唱当中还会不时加入一些人声，形成类似小合唱形式。梆子也是皮影戏伴奏的主要乐器，一般是由两根长短和粗细不同的木棒组成。锣和鼓是皮影戏表演中的最主要的两种打击乐器，锣鼓声的轻重缓急和时间长短常常随戏剧故事情节而有变化。锣鼓有开台锣鼓、唱腔锣鼓、身段锣鼓三种：一般开场前或是开幕时，艺人们要猛敲一阵子锣鼓声，美其名曰打闹台，打闹台锣鼓声响起，懂门道的观众们知道，皮影艺人就要登场表演了，这就是开台锣鼓；唱腔锣鼓一般用于唱腔的起板、间奏、接腔；身段锣鼓主要用于身段表演伴奏，尤其在武场打斗场合中使用。

长集皮影戏的唱腔通常以花鼓调为主，大部分属于四分之二拍，中等速度，不快不慢，任何角色都可使用。调式通常采用的是宫、商、角、徵、羽五声调式。在二百余年的艺术实践当中，长集皮影形成了自己相对固定的审美特征。一般来说，演出剧目不同，音乐唱腔和调式自然也有所不同，即使在同一剧目中，因剧情需要有时候可以大段大段地唱词叙述，交代剧情背景或表现剧中人物内心世界。如果要唱武场戏，唱腔通常高亢、激越，旋律跳动大，前后对比强烈；若唱文场戏，唱腔则起落平稳而轻巧，版式结构较缓慢，听起来悠扬婉转。据介绍，长集皮影戏传统唱腔主要是以独唱和锣鼓伴奏为主，而现在除了独唱和锣鼓伴奏外，还有和声伴奏和道白对唱帮腔。通常帮腔没有唱词，只是在句末用“哎、咿、呀、呵、咳、啊、哈”等衬字来帮腔。一般而言，和声伴奏是艺人们根据皮影戏剧情演绎需要而改编，经多次演练在艺人间形成的一种自然默契，往往和声一经出现，皮影戏故事情节就会被推向高潮。

影人雕刻及其工艺价值方面，主要由影人的材质和造型风格体现出来，而且影人的材质和造型风格也是区分影戏流派的一条重要依据。皮影所选用的驴皮皮质透明度好，坚韧耐用，是其他材质所难以取代的。长集皮影戏班现在表演用的影人，一部分是上辈老艺人遗留下来的，另一部分是后来从河南等地购买添置的新影人。目前戏箱里仍有上百件影人，其中有一小部分是清代和民国时候的影人，这一部分影人他们还在继续使用，像骆驼皮做的“武将”、驴皮做的“凤凰”，柔韧性好，历经百余年，色彩还十分鲜艳，具有一定的工艺价值。据说，2002 年，上海富商想要高价购买长集皮影戏班这担有着 200 多年历史的戏箱，被箱主拒绝了。所以，皮影人物不仅是研究民间工艺和民俗文化的重要材料，也是精美的民间工艺品和收藏品。

长集皮影戏在影人雕镂与图案设计上，综合运用民间剪纸、雕塑和戏剧的艺术表现手法。影人外观造型整体看上去质朴自然单纯，清晰简练概括，线条紧凑生动有力，色彩鲜明净透，脸谱惟妙惟肖，人物形象生动逼真，栩栩如生；轮廓内部则以线描、雕刻、镂空、彩绘为主，图案紧凑自然，繁简相宜，虚实相生。影人的平面造型突出表现在头像设计上，头部为正侧面或大侧面，以头顶、额头、鼻子、下颚和后脑为构图轮廓，刻画出半边脸。一般因角色与性格不同而状貌各异，所谓“公忠者雕以正貌，奸邪者与之丑貌，盖亦寓褒贬于市俗之眼戏也”。故而民间有观脸谱即可辨忠奸之说，譬如“眉眼阳刚、平眉阴美”“眼眉平，属忠臣。圆眼睛，性必凶。线线眼，性情柔。豹子眼，性情暴”等。皮影戏即所谓“眼戏”，即是以视觉来愉悦观众，故而在镂刻时，文生和旦角多被雕镂成细眉细眼、点红小口，看上去眉清目秀、端庄美丽；黑脸和花脸则粗眉大眼、额头饱满、下颚圆突，给人以威武勇猛、刚正不阿之态；丑角则以丑貌雕之，变形且夸张，尽显诙谐滑稽。这样皮影人物的刚柔美丑与善恶忠奸等形象便清晰展现在观众面前，让人们一目了然。

在人物服饰的图案设计上，通常采用老百姓喜爱的民间纹样，色彩十分鲜亮。尽管皮影人物、道具、配景等常常根据剧目中人物身份的不同而有所选择，但也遵循一定的程式，譬如，女则花云草凤，而男则云龙马虎，然图案花纹繁丽而不拖沓、简练而不乏味，每个角色会选择不同的服饰，表现不同的人物性格，这样皮影人物就能活灵活现，栩栩如生。另外，因为与河南豫派皮影戏的渊源关系，长集皮影在影人制作上，刀法简洁明快，着色对比强烈，多采用红、绿、青、黑、黄五种颜色来表达人物黑忠、红烈、花勇、白奸等不同性格特征，如人们所熟悉的黑脸包公、红脸关羽、白脸曹操、花脸张飞等典型人物造型；影人以牛皮雕刻为主，制作工艺严谨精细，同时还延续着南宋“绘革”遗风，亦有部分彩绘，脸谱造型以抽象与写实相结合，以写实为主，极富装饰性。

演唱形式方面，正如老艺人所说，“影子戏好唱，三根棍难戳”。两百多年来，皆是老艺人们操作影人的三根小棍，使影人的形象活跃于影幕之上。戏剧中的人物形象都是通过正侧面的影像活动展开情节，根据剧情的发展，人物的喜怒哀乐、言谈举止、动静变化等诸般动作、诸种表情和各种心理活动等，都要靠老艺人操纵棍子的功夫。这种拿影子的基本功夫非三年五载难以熟练掌握。皮影戏是一种雅俗共赏的民间综合表演艺术，其布景有殿阁、楼台、庭院、山水、树石组成，道具有人、物、桌、椅、车、剑、刀、枪等。长集皮影表演也分生旦净末丑等角色，一般来讲，老生稳重，武生英俊，小生儒雅，花旦俊俏，花脸粗犷，小丑滑稽，每个人物都有不同的发式、发髻和头盔、服饰、靴鞋，人物造型概括得当，且图案精致、细腻，富有装饰效果。最有趣的是每个皮影人的头部还可按照剧情需要，用“换头术”分别插在不同衣着的身躯上，让其也好经常更衣，或着蟒袍上殿或着微服私访等。表演时老艺人们根据分工饰演各自的角色。长集皮影戏完全是用人声控制拿捏演绎皮影戏的故事情节，演唱时，有独唱，有对白，有帮腔。老艺人们用和声接腔、帮腔和鼻哼余韵的唱法，拖腔婉转悠扬，非常动听。长集皮影戏在后来的改编中带有一些随意性，但人们听上去不会有这种随意的感觉，反倒觉得温馨舒服，因为使用的是当地通俗易懂的对白，不论大人还是小孩都可以听得懂，因此皮影戏每每演到高潮时，台下总能听到爽朗的笑声。

三、长集皮影戏的生存现状

中国皮影戏是农耕文化的产物。“随着中国由农耕社会进一步走向工业化社会，社会经济的发展和民间社会信俗的巨大变化，使民间皮影的生存环境有了极大改变。城市化的进程使得农耕信仰已经湮没在市场经济大潮的新民俗中，极大破坏了民间皮影的文化空间，皮影市场急剧萎缩，观众越来越少，也就剩下老年人把皮影作为追溯岁月的忆旧幻影。”

在多元化艺术娱乐形式的冲击下，长集皮影戏观众越来越少，皮影艺人年龄越来越大，收不到徒弟，已经到了后继乏人和濒临失传的地步。如今，任其安等平均年龄70岁以上的7位老人，接过长集淮派皮影戏第七代皮影戏箱，用精湛的演技，沙哑的嗓音和执着的坚守，以“皮影流动舞台车”的形式行走在田间地头；从2007年起，他们公益演出近200场，用苍老的身躯刻画出淮派皮影戏的厚实尊严。唱皮影成了这七位古稀老人农闲时候的精神寄托，只因钟爱这门古老的艺术，他们行吟乡间，尽管收入微薄却乐此不疲地坚守着；他们最大的心愿不是通过皮影戏挣多少钱，而是希望能找到长集皮影的传承人，能把老祖宗流传下来的皮影艺术传承下去。

平日里，老艺人们除了做农活，就是修补皮影打发时间。然而近两年，老艺人张多才病逝，还有两三位老艺人常年生病。任其安老班主甚是担忧地说："再过几年，我们唱不动了，到那时，又该怎么办呢？"任其安显得非常遗憾而又无可奈何，长集皮影戏演唱需要有生旦净末丑五个角色，"但我们当中会唱的也就4个人了"，"皮影戏'唱本'的遗失，让如今的教学只能是口口相传，需要背记的东西很多，年轻人根本学不来"。据任其安等老艺人介绍，以往的皮影艺人如同明星，"是各家的座上宾"，每逢庙会和民间祭神祀祖活动，或是老年人做寿、婚丧嫁娶、孩子出生等，都少不了邀请他们唱上几本大戏，"骑车赶场子是我们当时跑戏的常态"；现如今很少有人在婚丧嫁娶时请唱"愿戏"了，只是在县里有大型活动时，才会拉上这个"非物质文化遗产"撑撑场面。

七位老艺人有着多年从事皮影戏表演的经历，更有着钟爱这门古老艺术的情怀。长集淮派皮影戏第七代传承人任其安，1940 年 3 月出生于霍邱县长集镇张桥村桥口组，农民，初中文化，多年从事皮影戏表演艺术，现为长集镇皮影戏民间艺术团副团长，在表演中主要饰演末角。任其安自幼酷爱皮影戏，受河南豫派皮影戏表演艺术熏陶，十五六岁时拜河南皮影戏艺人许四、杜四为师，后转拜张文河老艺人为师，苦学三载，终有所成。19 岁时即善于表演说唱，功底深厚，操纵影人的功夫也十分熟练。任其安自幼便与皮影戏艺术结下不解之缘，直至古稀之年仍在坚守着这门古老的艺术。任其安带着他的老年戏班为传承长集皮影而努力着，他还成功创办了"长集镇皮影戏民间艺术团"，为皮影戏培养后继人才。多年来，任其安为传承和繁荣发展皮影戏事业做出了突出贡献。表 1 为长集皮影戏班传承谱系示意表。

表 1　长集皮影戏班传承谱系示意表

祖师爷	第二代	第三代	第四代	第五代	第六代	第七代
老邓三	?	黄介峰	曹良亭	涂兰皆 许四、杜四	张文河 任继山	任其安
光绪年间	?	20 世纪初	20 世纪初	20 世纪 40 年代	20 世纪 60 年代	现代

第七代传承人涂自强，1948 年 10 月出生于霍邱县众兴镇林祠村三元组，农民，初中文化，多年从事皮影戏表演艺术，现为长集镇皮影戏民间艺术团演员，

在表演中主要饰演旦角。涂自强自幼酷爱皮影戏，曾先后师从长集皮影第五代传人涂兰皆，后转拜第六代传人任继山先生为师。涂自强善于表演、说唱，经过几十年的刻苦操练和舞台实践，表演技能日益娴熟，其演出程式、腔板韵调等皆有独到之处，并注重挖掘与弘扬相融合，驾驭影身熟练，表演技巧精湛，且在唱腔上能做到传承与深化相得益彰，唱词通俗易懂，唱腔清亮动听，典雅风趣。

第七代传承人汤家具，1944 年 4 月出生于霍邱县长集镇壕墩村剪地组，农民，初中文化，多年从事皮影戏表演艺术，现为长集镇皮影戏民间艺术团演员，在表演中主要饰演生角。汤家具 16 岁时拜涂兰皆为师学习皮影戏，17 岁便能登台表演，至此便与皮影戏艺术结下不解之缘。

第七代传承人张多金，1937 年 12 月出生于霍邱县众兴镇林祠村三元组，农民，小学文化，多年从事皮影戏表演艺术，现为长集镇皮影戏民间艺术团演员，在表演中主要从事打击乐器。张多金自幼酷爱皮影戏，是出了名的“戏迷子”，青少年时便拜皮影戏表演老艺术家第六代传人张文河为师，勤学苦练皮影戏表演技巧，善于表演说唱，尤其擅长打击乐器。

任其安、汤家具曾随涂兰皆等皮影艺人于 1982 年 11 月 1 日参加霍邱县民间曲艺演唱交流会，并获得最佳表演奖。随后，任其安、涂自强、汤家具、张多金还相继参加过六安市第一届民间艺术节、六安市民间绝技大赛、霍邱县农村文化调演等演出比赛，均分别获得特等奖、荣誉奖和特别奖等多种奖项，他们还随团深入周边县乡农村演出，深受群众喜爱。从 2005 年以来，任其安、涂自强、汤家具、张多金等多位老艺人还先后多次被安徽卫视、安徽经济生活频道、安徽广播电视频道、安徽日报、皖西日报、安徽商报、大别山晨报等多家媒体采访和报道，在社会上引起了极大反响。

第八代传承人张幸福，1984 年 3 月出生于霍邱县众兴镇林祠村新河组，农民，初中文化，自幼酷爱皮影戏艺术，受其父亲第七代皮影戏传承人张多财表演艺术熏陶，跟班学艺，耳濡目染间学会了皮影戏演唱，后为生活所迫，外出务工。2012 年 7 月，其父张多财病逝，张幸福遵从父亲遗嘱，转拜任其安为师，继续从事皮影戏表演艺术，成为传承淮派皮影的新一代传人。现为长集镇皮影戏民间艺术团演员，在皮影表演中主要饰演小生。

令人欣慰的是，长集皮影戏艰难的生存现状已经引起地方政府和当地群众的关注和支持。我们知道，“抢救和保护皮影戏，首要的和基本的是对皮影戏传承人的保护，为其提供基本生活费用和生存空间；其次是保护皮影戏的生态环境，为其提供包括生存环境、生活方式和风土人情的文化空间”。

20 世纪以来，六安市和霍邱县领导高度重视长集地区这一稀有剧种的存在，多次通过调演方式不断扩大长集皮影在社会上的影响。按照《国务院关于加强文化遗产保护的通知》（国发〔2005〕42 号）和《国务院办公厅关于加强我国非物质文化遗产保护工作的意见》（国办发〔2005〕18 号）要求，为了进一步贯彻“保护为主、抢救第一、合理利用、传承发展”的工作方针，认真做好非物质文化遗产的保护与管理工作，长集镇文化站为挖掘、保护、传承这一民间戏曲艺术，丰富群众文化生活，于2005 年春成立了“长集镇皮影戏民间艺术团”，同时在长集镇政府和长集皮影戏班的共同努力下，长集皮影戏于 2007 年底被批准为市级非物质文化遗产项目。2011 年，长集镇成立非遗保护小组，对包括皮影戏在内的非遗资源进行挖掘整理与保护传承。

为扩大长集皮影的社会影响，安徽各级新闻媒体也参与到对长集淮派皮影戏的宣传或录制节目当中。2012 年 6 月 16 日至 19 日，安徽卫视经济生活频道《帮女郎》栏目连续 4 天播放长集皮影戏剧团的演出片段。2012 年 7 月 23 日至 24 日，安徽广播电视台旅游频道《畅行天下》节目播放了长集皮影的演出片段。2012 年 8 月 9 日，《安徽日报》B3 版以图文形式刊发了长集皮影戏。2012 年 8 月 26 日至 28 日，《皖西日报》和《大别山晨报》连续刊登了长集皮影戏的相关信息。2012 年 9 月 28 日，长集皮影戏剧团参加六安市首届民间绝技才艺大赛，并获得特别荣誉奖。2013 年 3 月 16 日，长集皮影戏剧团参加霍邱县农村文艺演出，荣获特别奖。同时长集皮影剧团还是安徽省大学生实习调研基地，先后接待了多批次大学生到长集调研皮影戏道具，并为他们表演原汁原味的皮影戏节目。为进一步对外开放，扩大影响，方便社会各界了解长集皮影，2014 年 5 月 20 日，长集镇斥资 28 万元建成皮影文化展览馆，现已对外开放。

虽然如此，长集淮派皮影戏的生存现状依然相当困难，因而如何抢救、传承和保护长集皮影戏将成为一项十分紧迫而又必要的重要课题，有待我们来完成。我们希望长集淮派皮影戏能有一个美好的明天。

安徽淮河流域传统音乐的文化基因

赵 敏

摘 要：安徽淮河流域上古时期处于华夏、苗蛮、东夷三大文化圈的“中心位置”，人类长期的自然活动、人口迁徙等推动三大文化在淮河流域传播融合。夏、商、周及春秋战国时期淮河流域烽鼓不息，多元、开放、包容的淮河流域文化基因萌芽、发展，并最终形成，这种基因为安徽传统音乐文化的发展繁荣注入了强劲的生命力，奠定了独具特质的文化基础，并在长期的传承发展过程中，为安徽传统音乐烙上鲜明的“淮上”特色。

关键词：淮河流域；传统音乐；文化基因；传播方式；开放包容

中国上古时期主要有生活在黄河流域的华夏族系，生活在长江流域的苗蛮族系以及生活在淮水流域的东夷族系三大部族集团，并形成了华夏、苗蛮、东夷三大各具特色的文化圈。当三大文化圈在不同的地域和时期分别进入人类文明时期时，其文明必然在人类长期的自然活动中不断向外辐射与传播，在冲突与碰撞中走向融合。而安徽淮河流域及其西部地区则恰好处于三大文化圈的交界区域，这种特殊的地理位置，使其成为三大文化圈文明融合进程中的“中心位置”，从而形成了一种独特的、富有生命力的、综合的文化生态，并在长期的融合过程中成为淮河流域的文化基因，进而体现于各种文化，并在传承中持续向前发展。

安徽淮河流域的考古发现说明了中华文明并不仅仅发祥于黄河流域，而是在不同的地域先后进入了文明时期，这支持了考古学家吴汝祚提出的中华文明起源多元化的观点，并逐渐为人们所接受。河南舞阳贾湖遗址（距今 7600 ~ 9000 年）发掘的陶器、七音阶的骨笛等，安徽蚌埠双墩遗址（距今约 7300 年），安徽蒙城尉迟寺（距今 4300 ~ 4800 年）发掘出大型聚落遗址，潜山薛家岗遗址，定远侯家寨遗址等古老文化，足以说明安徽淮河流域也是中华文明的一个重要源

作者简介：赵敏，皖西学院艺术学院副教授。

基金项目：安徽省高校人文社会科学研究重点项目：文化大繁荣背景下皖西民歌的传承与创新研究（SK2014A422），皖西学院皖西民歌研究所科技创新平台（wxkj1501）。

头。“处于东夷部落集团大背景之中的淮夷土著文化、安徽西部的涂山文化、皋陶南迁氏族文化……它已经毫不逊色地作为一种‘文明的版块’出现在新石器时代中华文明发祥的版图上。”直至秦汉大一统之间几千年的岁月里，安徽淮河流域的淮夷文化不断融合周边文化，形成了其独特的文化基因，为最终成为中华文化的一部分打下了坚实的文化基础。

“淮夷是生活在淮河流域土著夷的统称，与上古时代的东夷同属夷人的一部分。”众多史料中有关淮夷或东夷、夷人的称呼、记载，应指淮河流域或与之有关的区域，通过对众多关于淮夷的历史资料的研究，可以从中发现安徽淮河流域文化基因的形成过程，进而得到作为文化一部分的安徽淮河流域传统音乐的文化遗传密码。

一、长期的生产实践活动推动中原、苗蛮、东夷文化基因的传播融入

文化的融合是一个长期的过程，特别是融合并内化为自己文化基因的一部分，更需要一个漫长而持续的传播、吸收、内化的过程，而人类长期的生产实践活动则是文化传播、渗透的一种和平主动的方式。

（一）舜耕于淮

《孟子》：“舜生于诸冯……东夷之人也。”《史记》五帝本纪第一：“舜，冀州之人也。舜耕历山，鱼雷泽……就时于负夏。”现在淮南市境内有背靠淮水、自寿县起沿淮河至怀远地区的山脉，名曰大历山，简称历山，又名舜耕山。说明作为中国古代农耕文明代表人物，东夷之人贤帝大舜曾在淮河流域耕作、教化民众，他自然也把东夷文化传播到属“九夷”族群的淮河流域，故留下“舜耕山”之美称。史书还有“四岳举鲧治水……殛鲧于羽山，以变东夷”的记载，把禹的父亲鲧流放到羽山去改变东夷的风俗，自然也是为了传播先进的文化，促进当地文化的发展。

（二）禹治于淮

中国上古时期，四岳，汤汤洪水滔天，特别是黄河、淮河的中下游地区更为严重。禹的父亲鲧治水，九年而水不息，功用不成，大禹接替父亲治水，“禹行自冀州始。海岱及淮维徐州……浮于淮、泗，通于河”。“古禹、皋陶久劳于外……东为江，北为济，西为河，南为淮，四渎已修，万民乃有居。”大禹曾经在淮河流域带领人民治理水患，并取得成功。在治水的过程中，“女华生大费，与禹平水土……而皋陶卒，封皋陶之后于英、六，成在许”。大费乃东夷族团首领皋陶之子伯益，皋陶卒，伯益为首。英、六亦在淮河中游、今皖西地区。在治水过程中，中原华夏族首领大禹和东夷族团首领紧密合作，治水于淮，带动了华夏、东夷文化在淮河流域的传播与融合。

《吴越春秋》曾记载，禹三十未娶。……因娶涂山谓之女娇。“夏后帝启，禹之子，其母涂山氏之女也。”“禹曰‘予（辛壬）娶涂山，（辛壬）癸甲，生启予不子……于是天下皆宗禹之明度数声乐，为山川神主。”而淮河一些地区至今仍有辛壬癸甲日婚娶之俗，想必是大禹治淮之初娶于涂山而留下的风俗。涂山族系之女娇应是淮夷部族中实力较强的淮夷土著涂山氏之女。涂山联姻不仅使禹得到了淮夷部族的支持而治水成功，更为两大族群的文化交流融合提供了便利的渠道，把中原文化这一新鲜的“血液”注入淮河流域的淮夷文化之中。及治水成，作歌，天下兴九韶声乐，自然音乐也不能置身于外。

《左传》哀公七年记载：禹会诸侯于涂山，执玉帛者万国，结合禹“娶涂山氏女”，以及今怀远西南“禹墟”古迹，夏代的历史地图上，古时淮河岸边也只标有“六”和“涂山”两地名，这里的涂山应是指今怀远县西南淮河之滨的当涂山。“涂山氏为谁？有人认为即徐夷，即淮夷……其活动地区主要在泗上到淮上一带……”伯益曾助禹治水于淮河流域，涂山氏应该就是当时伯益带领的南迁淮夷部族。“涂山会万国诸侯”则不仅仅是“华夏”与“东夷”甚至“部分苗蛮”部族集团对大禹的拥戴，也是一次各种文化在安徽淮河流域的交融、汇聚，促进淮河流域多元文化基因的形成，为夏王朝的统一打下了文化基础。

（三）部族迁移

舜生于诸冯（山东诸城），卒于鸣条（河南开封）。“皋陶部族及其封迁到安徽西部的族裔主要对凤图腾的贡献较为明显。”《后汉书·东夷传》也曾记载：“武乙衰弊，东夷寖盛，遂分迁淮夷，渐居中土。”“迁到淮河流域的南淮夷，在西周时代常常起兵反周。”很多史料说明自舜起，至夏、商、周，东夷都曾向淮河流域迁移过，这种族群迁移自然也会带动文化的迁移，推动东夷文化在淮河流域传播，被淮河流域土著文化吸收，并融合为淮河流域文化的部分基因。

二、长期的冲突碰撞促使中原、苗蛮、东夷文化融合而形成淮河流域的文化基因

除了人类生产实践活动是以和平的、渐进的方式带动文化的传播融合，碰撞与冲突则是文化传播的一种剧烈方式，文化的融合也表现出相对震荡的、激进的方式。

安徽淮河流域地理位置特殊，西控汉水，南与吴、楚、越接壤，东连东夷，北靠中原王室，故中原王朝必然要控制这一区域，方能控制来自其东、南方向的战争威胁。自夏至秦一千多年的历史证明，淮河流域一直是中原王朝与荆楚、吴越争夺的核心地区，旷日持久的、残酷的征服与掠夺战争造成了人口的大量流动，但也促使了各族之间的互相学习，加快了东夷、中原、苗蛮文化之间的传播

交流以及各民族的融合，为秦汉以后融合成为伟大的中华民族打下了坚实的文化基础。在这种持续不断冲突碰撞中，各种文化深深融入淮河流域的文化基因之中。

（一）夏朝以前淮河流域文化基因的萌芽及夏朝时期的初步发展

早在尧舜时期，大禹治水于淮河流域："海、岱及淮维徐州，淮、沂其义……淮夷蠙珠暨鱼。"此时淮河流域已归于中原华夏管理，并缴纳赋税，进贡特产等财物。"九泽既陂，四海会同。""底慎财赋，咸则三壤成赋。"《尔雅·释地》中有"九夷八狄七戎六蛮谓之四海"，土地定为上中下三等以定赋税多少。《禹贡》篇中把"五服"具体化，"三百里夷"。胡渭说："五千里内皆供王事，故通谓之服。"因此可知，在夏朝以前淮河流域已经被纳入"中邦"管辖治理，接受王者文教而行之，这一时期可谓是淮河流域文化受中原文化影响而融合的萌芽阶段。

及至夏王朝奴隶制的建立，淮河流域正式纳入夏中央王朝的统治。《后汉书·东夷传》记载："夏后氏太康失德，夷人始畔。自少康已后，世服王化。遂宾于王门。献其乐舞。桀为暴虐，诸夷内侵。"在夏开国不久的太康时期就开始了与淮河流域的淮夷之间的战争，经过四十余年征战方由夏少康夺回。据《竹书纪年》载，后相元年，征淮夷……七年，于夷来宾。用七年的时间才征服淮夷，取得胜利。而后少康之子"征于东海"，才有"献其乐舞"。夏代至此用了十代的努力方征服九夷，真正实现了对淮河流域的控制，"把先进的奴隶制度和文化传到了当时处于原始社会的九夷，九夷向夏朝交纳贡品、财物，并献上优美的歌舞艺术"。夏朝对淮夷的战争次数虽然不是非常多，但历时较长，太康、夏桀时期，虽更为残酷，但打破了淮河流域文化的相对封闭状态，有助于中原文化向淮河流域的传播并逐渐融入。"战争的硝烟散尽，民族（部族）之间的交流、融合仍是淮夷与华夏关系的主流。"这一时期可以说是淮河流域文化基因的初步发展阶段。

（二）殷商王朝与淮夷在淮河流域的反复争夺，推动了淮河流域文化基因进一步发展

在中国古代的历史上，往往把黄河流域的中原文化视作正宗，并形成中原文化高于周边文化的优越意识。这种文化上的排斥造成部族间尖锐的文化矛盾冲突，而这种文化意识的对立是引发战争冲突的深层文化基础，反过来，反复的战争冲突又促进了文化的交流融合，深化了文化的认同。

整个殷商时代，王朝与淮河流域的淮夷矛盾始终尖锐而激烈，冲突频繁，规模浩大。"自是或服或畔，三百余年。""至仲丁以来……诸侯莫朝。""至于仲丁，兰夷作寇。"（《后汉书·东夷传》）在仲丁之前的数百年里，夷人时常攻击王朝，不服管辖，战乱频发。"仲丁即位，征于兰夷。"（《竹书纪年》）仲丁时，复发动对淮夷征战，诸侯归之。至武乙衰微，东夷侵盛。及帝乙数度征夷，其子帝辛（商纣王）持续对夷大规模战争。《左传》昭公四年载："商纣为黎之蒐，东夷叛之。"这次近一年的对夷战争虽然以商获胜，并掠夺了淮夷之地大量的财物，也让商王朝元气大伤，以至于《左转》昭公十一年中说："纣克东夷而陨其身。"导致商的灭亡。商对淮夷反复的征战，虽然给淮河流域的人民带来了深重的灾难，但也对淮河流域的淮夷文化形成持续的冲击，从而推动了淮河流域文化基因的进一步发展。

（三）武周王朝与淮夷的冲突加快了淮河流域文化基因的形成

关于周王朝与淮夷的战争，史料记载很多，且次数多，时间和规模都很大。"初，管、蔡叛周，周公讨之，三年而毕定。"《尚书·大诰·序》："武王崩，三监以淮夷叛。"成王继位："召公为保，周公为师，东伐淮夷，残奄。""既绌殷命，袭淮夷，归在丰……成王既伐东夷，息慎来贺。"《史记·鲁周公世家第三》："管、蔡、武庚等果率淮夷而反……兴师东伐……宁淮夷东土。"周初期在淮河流域三年大规模的战争为周赢得相对的安定环境，巩固了对淮河流域的控制，使得人员流动、文化交流更加频繁。

其后，穆王时期，淮夷乘穆王西征，"徐夷僭号，及率九夷以伐宗周，西至河上……乃分东方诸侯命徐偃王主之……告楚，合伐徐"。此次双方在淮河流域的大规模混战直至周联楚伐徐方取得最终的胜利。及厉王时，厉王无道，淮夷入寇。后王南征，伐南淮尸，伐角。至宣王，周宣王六年召穆公帅师伐淮夷，王帅师伐徐戎。《诗经·大雅·江汉》："淮夷来求……告成于王。"《诗经·大雅·常武》："不测不克，濯征徐国……徐方既平，徐方来庭。"歌颂了周王朝在这两次规模巨大的对淮战争的重大胜利。

纵观整个周王朝，淮夷与周的战争基本上是沿淮河流域进行的，几乎是贯穿了整个周王朝，战争的规模和次数都远远超过夏商两朝，而前期文化融合过程中的矛盾和冲突则是战争的文化因素。虽然，淮夷在战争中失败了，但这种持续的碰撞加快了周边先进文化对淮河流域的影响与融合，为春秋战国时期这一地区文化的繁荣打下基础，为淮河流域独特文化基因的形成创造了条件，为秦汉时期的大一统，淮河流域正式融入中华民族奠定了文化基础。

（四）春秋战国的混战至秦朝大一统最终确立了淮河流域文化基因

虽然周之前各种文化在淮河流域进行了长期传播与碰撞，但尚未完全真正地融合，而是处于量变的阶段，尚未达到突破性极点，因而春秋战国时期各种碰撞愈发激烈，淮河流域文化终在这一时期发生了质的变化，并确立了自己独特的文化基因。

经过周王朝时期的征伐，春秋战国时期淮河流域的淮夷实力孱弱，周边各诸侯逐渐强大，争霸兼并战争频繁，淮河流域依然成为各先进文化集团角逐争霸的核心地区，仅发生在淮河流域的战争，据考证约占一半以上。先秦时期，是淮河流域战争最为频繁的时期，著名战役总数约占全国同时期的1/2以上。齐鲁争霸，鲁僖公发动对淮夷之战，《诗经·泮水》："既克淮夷……淮夷卒获。""楚师宵溃……楚失东夷"，晋楚争霸，晋吴取淮地。自弭兵会盟后，晋退出淮河流域争夺，公元前538年六月，楚于申地主导会盟，其中，原属吴的淮夷亦与会，"秋七月，楚子以诸侯伐吴……八月甲申，克之"，此次伐吴，淮夷也参与其中，可见淮夷复归楚。吴楚争霸，在淮河流域的争夺尤其激烈，吴王夫差曾夺"淮夷地而有之"，并以此为跳板争霸中原。"吴始伐楚……蛮夷属于楚者，吴尽取之，是以始大"，淮入吴。吴越争霸时，勾践伐吴，越灭吴，复夺淮上，淮复归越，成为地控江淮的霸主，直至战国中期，楚灭越，淮河流域又归楚地。后秦灭楚并六国，淮河流域终与华夏族融为一体。

春秋战国时期各诸侯国争霸称雄的战争，表面上是征服与掠夺，实际是各种不同文化的冲突，淮河流域成为核心的交织碰撞区域。在战争冲突的带动下，不同文化也进行着深刻的融汇整合，形成"百花齐放，百家争鸣"的文化繁荣景象。淮河流域出现了管仲、老子、庄子、孔子、孟子等一大批杰出的、集大成的思想家，他们多生于或成就于淮河流域。孔孟的儒家学派，老庄的道家学派，韩非、李斯的法家学派，墨子的墨家学派都创立于淮河流域，可以说，淮河流域是中国古代思想家的摇篮，也标志着淮河流域文化基因的真正形成，至此，中原文化、东夷文化、荆楚文化、吴越文化等深深地融入淮河流域文化而成为其文化的基因，不断在传承中向前发展。安徽淮河流域的传统音乐自然也承袭了这种多元文化的基因，体现出独特的融合色彩。

三、淮河流域的文化基因在其传统音乐物质文化遗产中的体现

区域音乐文化作为文化的一个分支，必然与整个区域文化的发展有着巨大的、不可分割的相关性。此相关性同样体现于安徽淮河流域的传统音乐文化之中。虽然在秦之前的历史资料、典籍的记载中，关于音乐方面的记录较少，但结合现代考古发现的相关资料，依然可以得到淮河流域传统音乐与其区域文化基因具有同一性的结论。

华夏部落联盟首领，也是东夷部族首领的太皞、少皞时期，在向淮河流域的迁移过程中曾把中原、东夷礼乐文化融入淮夷文化中。曾有记载，活动于安徽淮河中游、六安古国的东夷部族首领皋陶是吹管乐器的发明者，其兴巫风，善歌舞；而"兴巫风"，则是荆楚文化的显著特色。考古学家在位于淮河流域上游的

河南舞阳贾湖遗址中，发现了世界上最早的七声音阶吹奏乐器——骨笛，表明八千多年前，生活于淮河流域的先民们已经能够演奏成熟优美的音乐。舞阳文化与近邻六安古国相似之处不仅仅在于上古乐器的先进，贾湖人亦盛行巫术崇拜，在他们的一些随葬品中，发现了骨笛、成组的内装小石子的龟甲等代表原始宗教的用具，遗存中还发现龟甲上的一些契刻符号。这些符号可能是中国最早的文字，也可能是一些宗教语言符号，龟灵崇拜是当时原始的宗教信仰，这与中原的占卜文化一脉相承，当时自称为“宗主文化”的中原文化对沿淮文化的影响由此可窥一斑。以上这些考古发现正好与史料互相佐证，淮夷的物产有神灵之物大龟，《史记·龟策列传》中有“庐江郡常岁时生龟，长尺二寸者二十枚输太卜官”，《诗经·泮水》中有“憬彼淮夷，来献……元龟”，卜辞中也记有“南龟”之说，当指来自现淮河以南地区的占卜用龟，据记载，六安古国就有献巨龟于朝的任务。

另外，对比研究夏商周这一时期的青铜乐器编钟可知，淮河流域编钟的造型、规制等方面与中原编钟极为相近，钟体庄重、典雅、古朴而宏大，说明安徽淮河流域的乐器表现出了极强的中原音乐文化因素，体现中原文化重视礼乐之器的传统。乐器的纹饰、风格则明显具有荆楚音乐文化的风韵，纹饰由简单兽面纹演变为鸟纹、龙纹等，朝着多样化、抽象化发展；浮雕、彩绘精美细致，符合楚地盛行巫风鬼神、舞乐繁荣发达的生活环境。“西周末，安徽散布着淮夷诸邦小国如英、六……他们先后沦为楚属，所以，其乐器纹饰与楚器相近。”相对于此，淮河流域偏南部的镛钟等乐器，除具有中原、荆楚之风外，在规模、纹饰、图案、工艺等方面还与吴越音乐元素极为相近，钟体修长秀气，云雷纹饰，线条精细，小巧精致，表现出对礼乐之器在自己风格基础上的较大变化，也是深受吴越文化影响的表现。

由中原夏禹之妻东夷涂山氏之女作歌《候人兮猗》成为中国最早的音乐韵文“南音”，到河南舞阳贾湖遗址出土的七音阶骨笛，及安徽蒙城尉迟寺上古乐器陶鼓的大量出现，可见中原、东夷音乐在安徽淮河流域传播的悠久历史，也印证了安徽淮河流域音乐文化在保持自身先进性、丰富性时，对周边中原音乐、吴越音乐、荆楚音乐的吸纳融汇，促成了淮夷歌舞音乐艺术的高度发达和完善，最终奠定了其成为当时王朝所青睐的乐舞的地位，也是其音乐文化基因形成过程的有力证明。

四、淮河流域文化基因在传统音乐中的呈现

我国传统音乐包含五大类：戏曲、民歌、说唱、歌舞、器乐等，流布于安徽淮河流域的传统音乐种类丰富多彩。在秦以后两千多年的历史中，淮河流域依然

经历了战争的洗礼、人口的迁徙、各种文化的激荡，其音乐文化依然表现出开放包容的特质，不断地吸收、融合、内化新的音乐文化元素而实现自我的丰富与发展。在保持自身“基因特色”的基础上兼容并蓄，不断丰富自己的内涵，凸显出特有的“淮上”属性。

例如：滁县民歌《山头调》：“肚子饿了软瘫瘫，四两灯草难得担，隔山听了姐讲话，两个石磙一担担，上山好比龙摆尾，下山好比虎翻山。”歌词采用了广布于淮河中上游的六安、豫南及湖北、四川等地的“五句头”形式（本首民歌的第五句为扩充式），运用了比兴的修辞手法，语言质朴，抒情率真。歌词想象大胆奇幻，词风夸张，极富浪漫主义气息，既与荆楚文化浪漫瑰丽之特点一脉相承，又承袭了以《诗经》为代表的中原音乐文化的现实主义手法，表现出了青年男女间爱情的巨大力量。再如金寨民歌《二十岁小郎去摘茶》：“二十岁小郎去摘茶，交代贤妻你在家，大路沿上少要坐，少梳油头少戴花，少跟那光棍交閒差（金寨方言，搭讪的意思）。”这首作品既是朴实保守的传统生活的一面镜子，也为考察齐鲁文化中以《论语》《荀子》《孟子》为主要标志的儒家思想在家庭、男女、婚姻关系上的反映提供了独特视野。如上述既有荆楚之风，又有中原之韵的音乐作品在安徽淮河流域比比皆是，如《歌唱的可是凡间的人》《八段锦》等。特别是现代出现的大量红色革命歌曲，如《八月桂花遍地开》《送哥当红军》等，更是楚文化、中原文化相结合而形成的开拓进取、爱国爱家、勇于斗争精神的写照。

安徽淮河流域的传统音乐，在传承与发展过程中，始终坚持开放包容的精神，除了在题材内容上保持丰富的传统特色之外，在音乐的旋律、形式、风格等音乐形态艺术手法上也坚持了这一发展理念，使其“淮上”之内涵体现于地方戏曲、民歌等传统音乐文化形式之中。

安徽淮河流域传统的音乐文化在发展的过程中，以其开放包容的特质不断吸纳融合优秀的元素，发展出种类更为多元、内涵更加丰富、内容越加精彩、形式更加多样的音乐文化。正是中原文化、东夷（齐鲁）文化、荆楚文化、吴越文化在安徽淮河流域文化的原发阶段融合而成的文化发展基因，成就了安徽淮河流域文化的多元性、开放性、包容性特质，也是安徽传统音乐文化风格特征的内在属性，并在传承与发展的过程中不断丰富、完善，为其发展注入了强劲的生命力，继而为淮河流域文化的大繁荣打下了坚实基础。

参考文献：

[1] 王政．安徽淮河流域的中华文明之光［J］．淮北煤师院学报（哲学社会科学版），2000.

[2] 张海鹏，等．安徽文化史［M］．南京：南京大学出版社，2000.

[3] 司马迁．史记［M］．银川：宁夏人民出版社，1994.

[4] 李修松．淮夷探论［J］．东南文化，1991.

[5] 顾颉刚．文史（第三十二辑）［M］．北京：中华书局，1990.

[6] 董原．尚书·礼记［M］．呼和浩特：远方出版社，2008.

[7] 陈广忠．简谈三代对淮夷的战争［J］．江淮论坛，1982.

[8] 尹占群，赵明奇．淮夷文化初探［J］．徐州师范学院学报（哲学社会科学版），1990.

[9] 王先谦．后汉书解集·东夷列传［M］．北京：中华书局，1998.

[10] 线装经典编委会．诗经［M］．昆明：云南教育出版社，2012.

[11] 鲁峰．淮河流域战争多发的动因与战略地位［J］．人文地理，2000.

[12] 春秋左传正义［M］．北京：北京大学出版社，1999.

[13] 王安潮．安徽出土的先秦乐器研究［J］．武汉音乐学院学报，2013.

界首彩陶走出困境与创新发展路径研究

朱铁军　黄　凯

摘　要：淮河流域传统工艺精粹——界首彩陶烧制技艺初创于唐，经千年传承，显精绝魅力，被列入首批国家级非物质文化遗产。然在当前的市场与经济变革形势下，界首彩陶市场低迷，生存状态堪忧，亟待开展创新传承与产业开发。鉴于此，特在深度调研走访之基础上，有针对性且切合实际地从艺术层面、文化层面和产业层面提出界首彩陶如何走出当下困境并实现创新发展之路径，在为地方政府企业提供决策参考与启示借鉴的同时，以期界首彩陶崛起与可持续性发展。

关键词：界首彩陶；生存现状；保护传承；创新发展；现实路径

一、引言

界首彩陶是淮河流域传统工艺精粹之一，其烧制技艺自唐始至今沿袭千年而显绽放之魅力，其不仅以当地特色黏土为原料，且运用刻花、划花、堆贴等装饰手法和流淌变幻的三彩釉色，形成了独树一帜的民间传统手工艺，被赞誉为"东方之秀"，"2006 年 6 月，'界首彩陶烧制技艺'成功入选首批国家级非物质文化遗产保护名录，彩陶烧制技艺原产地田营镇于 2007 年被省文化厅命名为'安徽省民间艺术彩陶之乡'"。①

界首彩陶虽秉承传统之精粹，然未深涉当代突破创新之转换，故在 2007 年前后，界首彩陶即陷入了一个较为严重的发展瓶颈期，界首彩陶传统原有的销售渠道和市场份额日渐萎缩，时至今日，甚至已影响到其生存维系。经深入走访调研获知，界首市阜阳工程技术学校安徽省非遗教育传习基地、陶艺公园、卢莉华彩陶公司、卢群山彩陶公司、田营计窑古联窑、卢窑古窑址、中原十三窑彩陶公司、琉璃寺等地，在对界首彩陶的历史渊源、传统工艺流程、器型表现、装饰纹

作者简介：朱铁军，男，安徽工程大学艺术学院副教授；黄凯，男，安徽工程大学艺术学院院长、教授。

① 钱定果．界首"彩陶"[N]．安徽日报，2014-06-26（8）．

样及其当下生存状态、困境局面和发展现状进行全方位了解以及与市政府相关部门和业界人士深度交流座谈的基础上，结合当下文化创意产业的发展趋势和国家对于民间传统手工艺保护传承的政策背景，特专门研讨界首彩陶如何走出现实困境，并为其创新发展提出可操作性的现实路径。

二、艺术层面的传承创新路径

（一）传统意象叠加促创新

多元传统艺术形式的组合、转换与承接及其所赋予的文化内核的碰撞与融汇，势必迸发出崭新的意象与非凡的创新。

以史为鉴，界首彩陶在千年的发展历程中即出现过类似的以传统对接传统的融合创新，界首彩陶初创于唐代，以唐代的三彩陶工艺为基发展而来，至宋代吸纳了刻花陶工艺，元代以后，融入了当地较为盛行的剪纸贴花与木版年画的艺术表现，至晚清又在纹样图饰上拓展了戏曲人物和场景，“界首彩陶的‘刀马人’装饰题材出自当地流行的梆子戏”①，以形成了现如今独特的艺术魅力，可以毫不夸张地说，界首彩陶的工艺发展史即是一部多元传统艺术形式的融合创新史。因此，以传统叠加传统的做法必定会再一次为界首彩陶注入鲜活的生命力。

界首所在的阜阳地区、皖北地区中原文化底蕴深厚，“界首彩陶的艺术成就，是受中原地域文化综合影响的结果”②，且界首拥有多项国家级非遗，为当今界首彩陶与其他民艺民俗的交融提供了丰沃的土壤，因此可以做到一方面可汲取地方多样的民间工艺形式之艺术风格进行现实转换与创新再设计，如地方性的年画艺术、刺绣、剪纸、石刻、蓝印花布、柳编、泥塑、版画等传统艺术形式，另一方面亦可借鉴当地民众喜闻乐见的民间习俗，如苗湖书会、乡村庙会、光武民俗文化节以及民间戏曲小调，如界首渔鼓、界首扁担戏中的艺术元素和经典意象。

（二）当代创意注入绘蓝图

传统与当代的交汇方能激发出无限的创想和丰富的意象，进而缔造出既宏伟博达又不失特色的未来发展之蓝图。

当前，界首彩陶秉承的传统艺术风格虽经典，然堕距于当代迅捷的社会时尚之步伐，故应以当代创意思维和设计理念来重新表达和传递界首彩陶传统设计手法和工艺特色，优化界首彩陶民间传统工艺发展模式与文化衍生新观点，拓展其在当代国际艺术文化聚合融通新视域下的艺术发展路径，进而提升界首市文化软

① 胡飞．界首彩陶的意象造型及农耕文化渊源［J］．宁夏社会科学，2013，2：128-130.

② 高峰．界首彩陶艺术及其文化生态情境下的保护［J］．民族艺术研究，2010，03：50-53.

实力。

要实现与当代创意时尚和社会风尚的有效结合，“三步曲”是必由之路：

第一步是打破固有印象。据调研走访发现，现阶段界首彩陶的器型种类过于单一，“界首彩陶的器型多为圆腹外鼓的坛型，这是由初期的彩陶作为盛装食物的实用器需求决定的，后来这种造型一直延续至今”①。器形尺寸主体偏大，艺术风格过于保守，装饰纹样缺乏新意，绝大多数的彩陶艺人创作观念较为陈旧且固化等，这些陈旧的形式和固化的观念极大地限制了界首彩陶的当代发展步伐，故势必需要对其进行深度的触动和有效的剥离。

第二步是保留核心要素。每一种民间工艺均有其特有内核，失去了特质表现，其就会“变质”。界首彩陶的核心要素主要是：古朴拙然的陶体胎质、鲜活灵动的刻画式图纹和酣畅淋漓的釉色变幻，在保留部分核心要素的前提下开展合理的“走样”方能达成创新驱动之效。

第三步是注入创意动力。可在多领域中广泛开展大胆尝试与开拓创新，如做到：一是装饰纹样图案可借鉴前卫时尚的网络用语、流行炫酷的嘻哈风格、桀骜不驯的高冷范儿、活泼俏皮的撞色搭配、另类新奇令人脑洞大开的创意图效等；二是陶体材质的创新颠覆，实现界首彩陶特有陶质、陶材、陶品与传统木、石、竹、玉、琉璃等材质的结合或是与现代玻璃、树脂、合金等材质的结合，在视觉感观和肌理触感上给人以强烈的冲击和新奇的感受；三是赋予更多的文化意象，一改浓郁深沉的器型表现并打破传统常规的纯装饰用的大型器物形式，实现无限畅想的器型系列，如小巧的界首彩陶衣饰品系列、符合当代社会价值观“和”文化与“廉政”文化的界首彩陶文化用品系列、与贵金属结合的界首彩陶首饰品系列、富有中西方节庆特色的界首彩陶节庆创意产品系列、酒文化用品系列、体育文化用品系列、饮食文化用品系列、旅游创意产品等。

三、文化层面的传播拓展路径

界首彩陶烧制技艺虽为国家级非物质文化遗产，但其影响力和知名度欠佳，与其历史贡献和社会地位不太相称，因此，开展持续性的强力宣传，彰显并弘扬具有较大影响力且独树一帜的界首彩陶文化的工作亟待开展，主要应从以下几方面努力。

第一，“文化保护最好的状态是原生态资源保护”②，因此，一定要深入挖

---

① 章顺凯．江文森，文化创意产业导向下界首彩陶的功用延伸与产品创新研究［J］．阜阳师范学院学报（社会科学版），2015，5（167）：145-148.

② 王子夺．界首彩陶的营生方式考察与资源开发研究［J］．陶瓷，2013，12：14-16.

掘、系统整合界首本土原生性的文化资源，如界首民间流传的伏羲与大王庙、中原十三窑、唐王李世民与留龙寺、汉光武帝刘秀与娘娘庙和大觉寺等光武民间历史传说以及当代计氏守窑人的故事等，在总结凝练界首彩陶艺术文化精粹的基础上，重讲界首故事、演绎陶史趣闻、鲜活彩陶记忆、熔铸时代精神。

第二，加大宣传和配套性文化基础设施的投入力度，在已有博物馆、文化馆、科技馆、美术馆、图书馆、创意产业园以及商业场所开辟独立空间和场地展示和宣扬界首彩陶及其艺术文化；打造"彩陶城市"，在城市规划与城市建设中以"多点分布、有效联动"的格局规划建设界首彩陶遗址文化公园、彩陶陶艺公园、彩陶文化创意产业园、彩陶主题酒店、彩陶文化休闲广场、彩陶商业街区等，同时点缀诸如界首彩陶公交车站、城市休闲座椅、城市道路景观照明等环境景观小品，以营造无处不在的"彩陶印象"和"彩陶氛围"，形成亮丽的"界首彩陶"城市名片；充分利用新媒体和数字技术，设计创立界首彩陶主题网站、手机微信公众平台、网络推广平台、网络数字博物馆、网络互动体验平台，开发手机彩陶游戏 APP、彩陶应用软件等。

第三，定期举办界首彩陶产品博览会、展销会、工艺交流论坛、研讨会、界首彩陶旅游文化节、界首彩陶创意设计大赛等不同形式和内容的主题活动，并逐渐办出声势、办出影响、办出特色、办出品牌，并在界首彩陶文化品牌的塑造中不断积聚力量，最终以品牌力量带动产业勃发。

第四，保护界首彩陶历史遗迹迫不及待。只有开展深度有效的保护，才能更好地发展传承，并能更好地开展弘扬传播。据田野调查发现，界首彩陶古窑址保护现状不容乐观，需要立即开展抢救性保护，可结合"彩陶城市"规划战略，设立界首彩陶遗址文化公园，根据现有古窑遗址规模可借鉴杭州雷峰塔的保护形式，即旧塔遗迹之上建新塔，开展古窑之上建新窑，新窑完全采用并呈现古窑的结构、规模和风格建造，在有效保护的基础上又可开发成旅游景点并发展成为旅游品牌，同时在遗址文化公园内设立彩陶体验馆，实现"四有"，即有表演、有体验、有深度、有效益和"三传承"，即活态传承、自然传承与主动传承。

第五，地方政府相关部门或企业可以设立专题决策咨询类项目和创意产品研发类项目，鼓励和吸引广大的科研人员与设计人员参与到界首彩陶历史文化传承保护与创意设计的学术研究和应用研究中，集思广益，融聚智慧，用好社会资源。

四、产业层面的链式发展路径

（一）政策先行

要形成界首彩陶文化创意产业良性运作的发展链条，政府层面的众多诸如引智、招商、土地、金融、税收等导向性和激励性政策势必先行，主要做到：建立界首彩陶文化创意产业服务运行机制，在陶瓷文化龙头企业培育或引入、中小企业的孵化、融投资渠道的拓展、重大陶瓷文化成果研发、界首彩陶现代陶瓷技术创新、人才引入及活用机制、陶瓷文化产品市场推介、陶瓷行业协会积极介入、知识产权保护等方面开展全方位点到点的服务，全力搭建界首彩陶文化创意产业公共服务平台。

（二）中西合璧

中国虽然在历史上是全球公认的“陶瓷世界中心”，但综观当前陶瓷市场，国外陶瓷品牌占据国内市场已成常态，如 2016 年海外瓷砖品牌居然占据了我国高端领域瓷砖市场近 90% 的市场份额，数据触目惊心。多数陶瓷博览会、展销会上，国外陶瓷品牌展柜前总是人头攒动，热闹非凡，相比之下，诸多国内陶瓷品牌展柜则显得冷清许多，除却消费心理等影响因素外，单从陶瓷本身来说，国外陶瓷产品热销的主要原因则归功于“精致、新颖”。据此现象深度审思，界首彩陶要想打破滞销局面，一定要这四个字上深挖细挖，根据调研发现，界首彩陶现有产品虽然传统艺术风格浓郁，但细察之下，部分产品在做工方面仍有很多细节值得推敲和完善，如存有细微裂纹、部分转轴等构件在精度方面需要提高等。此外，界首彩陶曾有过出口国外的历史，而当代界首彩陶产业化的发展必须要有高度，要有再次打入国际陶瓷市场的信心、视野和布局，而此次能否成功进军国际市场的关键之处已不能仅凭厚重的历史和传统的工艺，而在于能否吸纳中西文化融汇所带来的创新能量。界首彩陶自身已经拥有了特色性传统工艺和文化的积淀，故应当甄选与融合多样性的异域核心艺术元素和文化特质，如泰国特色传统服饰纹样、英国特色田园装饰图案、欧洲哥特式的建筑表现形式、新艺术直线派装饰风格等，以国内传统融贯国外经典之特色精品打开国际市场。

（三）跨界融通

要实现界首彩陶产业化的持续发展，跨界融通方能注入源源动力：界首作为安徽北部地区农业重镇，农业经济活力四射，可强化与农业的跨界融通，挖掘和发挥地域农业资源禀赋的独特优势，结合休闲农业、创意农业、生态农业、科技农业、农耕艺术等培育特色型彩陶农业文化，打造创意型彩陶农业文化精品；深化与旅游业的跨界融通，“近年来，非物质文化遗产转型为旅游产品的案例很多，并且大都取得了较好的成效，说明这是一个良性发展路径”①。可以增加界

---

① 陈静，肖玮. 非物质文化遗产衍生品开发策略研究——以界首彩陶为例［J］. 绥化学院学报，2014，6：15-17.

首现有景区中的彩陶文化、工艺、创意元素，建设培育一系列彩陶文化游、彩陶创意体验游等新业态，开发并借助各类媒体网络、手机 APP 旅游在线服务功能、旅游信息发布平台和新型旅游产品营销方式等资源渠道，全方位打造和推介彩陶文化旅游品牌；注重与科技的跨界融通，以工艺创新、文化演进、网络支持和科技驱动来打造“互联网+”彩陶文化科技新业态，在提升彩陶文化产品科技含量的同时，为文化服务注入科技属性，实现文化传播的科技途径，展现文化发展的科技力量，鼓励规划建设文化科技产业集中区，加快现代技术在彩陶传统文化产业链的渗透，从而赋予其新的科技与时代感染力和表现力，以科技引擎助推跨越发展。

（四）分类开发

当前，无论是陶瓷产业还是文化产业均展现出激烈竞争的局面，故要想在残酷的竞争中异军突起，不仅要走出一条特色化发展之路，打好地方本土文化的牌，让本土文化牵引产业灵魂，让本土文化渗入产业骨髓，而且要精准定位、分类开发，采用“七品”格局的分类开发模式：一是国际精品、二是大师藏品、三是经典艺品、四是时尚名品、五是文化雅品、六是流行饰品、七是普通用品，实施精细化分类设计研发、市场开发和销售战略，同时形成以零售批发、艺术展示、仓储和物流配送“三结合”式的产业链和服务链，既可以满足不同类型和不同层次消费群体的各种需求，又可以有效降低运营成本，提升运营效率，最终实至名归，重现界首彩陶昔日之辉煌。

（五）产业聚集

实践证明，界首彩陶产业化发展必须要走集群化和集约化的道路。要抱团取暖、集中资源、集合要素、形成合力，不仅要在土地和园区上做到聚集和集约，更要在人才、资金、管理和经营上实现聚集和集约，具体做到一方面全力聚合文化资源，在陶瓷历史、传统工艺、图形文化、古窑建筑、人文资源等保护、挖掘、探析、移植、复制、遴选以及传承的路径上与现代陶瓷文化艺术进行融合，并在研究、开发、创新、利用中聚合为具有原生态的新兴的地方特质文化资源；另一方面科学规划产业园区，强化园区承载能力，全力推进产业园区集聚化发展，打造产业园区、产业项目和产业服务高度融合的界首彩陶文化产业集聚区或产业集群。

五、结语

综观界首彩陶当前所处之势，其创新发展之路上缺的不是传统经典，亦不是工艺技能，而是观念融通下的产业思维与创意触点，是符合瞬息多元市场的实时热点和精准的营销线路，令人欣喜的是，当前界首市政府高度重视界首彩陶的产业化创新发展并已出台了系列举措，行业内人士亦已充分认识到了自身存在的不足，相信通过社会各界之努力，在科学的谋划与具体操作路径的指引下，界首彩陶这只涅槃凤凰定将在当前民间传统手工艺蓬勃发展的熊熊烈火中重生并焕发出夺目光彩。

论光山花鼓戏的传承与发展

常 青

摘 要：光山花鼓戏，也称豫南花鼓戏、信阳花鼓戏，主要孕于今信阳光山县。光山位于河南省南部，地处大别山麓，淮河南岸，与湖北、安徽毗邻相望，是春秋时期的古弦国，是中原文化和楚文化的接合部。这里的风土人情、民俗民习、语言发音与地处中原腹地的河南主体差异较大，但也异于湖北、安徽相邻诸县。本文通过对大量文献资料的爬梳洗剔，阐述光山花鼓戏的剧种渊源及发展历程；同时，在田野调查的基础上，对光山花鼓戏进行全面细致的考察，勾勒出光山花鼓戏兴衰演变的大致脉络。

关键词：光山花鼓戏；传承；发展

一、光山花鼓戏的起源与生成

光山素称歌舞之乡，民歌民舞极为丰富。玩灯唱戏看花会，是当地传统的民间娱乐习俗。很早以前，光山广大农村便流行着“政通人和家家欢，风调雨顺庆丰年，丰衣足食人人喜，城乡都把花灯玩”的民谣，由此可见，花鼓戏这一古老的戏剧艺术，确实为豫南地区人民所深深喜爱，并已成为当地主流文化形式。任何一种戏曲样式总有其兴盛衰亡的过程，那么，光山花鼓戏作为一种地方戏曲，它是如何起源的，又经历了哪些流变，就是本文所要解决的溯流寻源问题。

学界对光山花鼓戏渊源研究，主流观点有以下三种：其一，光山花鼓戏是光山当地土生土长的剧种；其二，本县东部沙窝、周和一代，过去称花鼓戏是从湖北麻城一带流传过来的剧种；其三，一些颇通戏理的老先生、才艺人说：花鼓戏是黄州（今湖北黄冈）一带流行的清戏（青阳腔的分支）与豫南大别山一带的

作者简介：常青，信阳师范学院淮河文明研究中心秘书。

山歌小调融汇而成，代表剧目有《傅罗卜取经》《陈州放粮》《目连救母》。笔者认为，第一种说法比较可信。光山花鼓戏是光山土生土长的剧种，而且其萌芽可追溯到宋代。

据史料记载，北宋时期苏东坡谪贬黄州，途经光山，寄居光山静居寺时留下了许多诗篇。他在《仇池笔记》中写道："光黄人二、三月群聚讴歌，不中音律，宛转如鸡鸣耳，与宫人唱漏微相似，但极鄙野。《汉官仪》：宫中不畜鸡，汝南出长鸡鸣，卫士候于朱雀门外，专传鸡唱。又应劭曰：'今《鸡鸣歌》。'《晋太康地道记》曰：'后汉卫士习此曲，于阙下歌之，今鸡唱是也。'颜师古不考古本，妄破此说。余今所闻，岂《鸡唱》之遗音乎？今士人谓之山歌云。"《东坡志林》二云："雨来黄州，闻光黄人二三月群聚讴歌，其词固不可解，而其音亦不中律吕，但宛转其声，高下往返，如鸡唱尔。与庙堂中所闻鸡人传漏，微有相似，但极鄙耳。"

苏轼这里所说的"光"，即光州，辖境约今淮河以南，竹竿河以东之地，大致就是今光山县所辖范围。可见当时光山人唱民歌已蔚然成风。在民歌发展的过程中，又逐步孕育派生出民间花会。上述记载足以证明，早在北宋时期，豫南民间花会表演已十分兴盛。光山素有"风调雨顺庆丰年，家家都把花灯玩"的民谣，至迟在北宋中后期已出现了光山花鼓戏的雏形。

金、元时期，随着中国戏曲的逐渐成熟，光山花鼓戏形成的各种条件也大致具备。齐建华《中国传统戏剧的文化行程》认为："中国戏曲赖以生存的社会土壤，不可能是当时社会的主流文化话语所培养出来的，而是由处于边缘化的民间话语方式决定的。各种民间习俗，各类的节庆娱乐和祈福攘灾仪式等均成为中国戏曲孕育、萌发的丰富养分。"这种推论也适用于光山花鼓戏，光山花鼓戏的生成、发展与古代农村民俗活动是密不可分的。光山素有"歌乡"之称。古代光山民歌《西时十二月竹枝词》之二："暖风吹谷雪初消，绿色烟痕过野桥，门外一处春水涨，家家�笼下鱼苗。"吟唱出豫南山乡美好的春景。优越的人文地理环境，孕育了光山丰富的民歌民舞，光山民间传统的文艺活动丰富多彩，这些为后世光山花鼓戏的诞生提供了温床。光山花鼓戏的形成过程，约可分为五个阶段：

（一）花会玩灯阶段

每当秋季丰收和春节期间，村村集集盛行玩灯闹会，以示庆贺。演出的有龙舞、狮舞、船舞、车舞等。唱的是光山土生土长的民歌、山歌、田歌、儿歌、小调等。虽然时代在推移，朝代在更迭，但这一民间习俗一直在光山民间延续，至今不衰。玩灯闹会的广泛发展，在艺术上给后来的"打五件"创造了条件，经孕育演绎，逐步脱颖而出。

（二）打五件阶段

打五件是花鼓戏的启蒙时期，是形成光山花鼓戏的重要基础阶段。闹会玩灯盛行时，随着农业耕作技术的发展，民众物质生活日益提高，具有季节性的闹会文艺活动，已不能满足人民群众对文化生活的需要，一种新的文艺演唱形式——打五件，在农村应运而生。打五件在光山民间又称为“打龙船”。演唱者担着彩绘丹凤或云龙的船形木架，架上巧妙地安放着锣、钹、小锣、鼓、板五件乐器，一人手脚并用，自奏自唱。唱的是光山的民歌小调，内容多是祝福类的颂词。唱时分定意而唱和即兴而唱。定意而唱是师傅传授的固定内容；即兴而唱是见景生情，凭自己的一时灵感机智现编现唱。这种别开生面的演唱形式，很受广大民间群众的欢迎。有的演唱者逐步走向半职业性，不少集市无业者和破产农民，也担起彩船，走乡串集，以此谋生。这种说唱形式，在光山城乡极为流行，迅速传播，并逐步向更高一级的演唱形式——二三对（打三件）过渡。“打龙船”这种说唱形式，在群众中有扎实的基础，延至1964年，光山县农村仍有打龙船的说唱活动。

（三）二三对阶段

二三对又叫打三件，随着岁月的推移，为了满足群众的需要，由打五件一人单一说唱逐步向二人对唱过渡。艺人们不断摸索，将打五件演化成打三件，光山民间称为“二三和”或“二三对”，即一人打大锣、小锣、钹，一人司鼓板；演唱上也二人分工，一唱一和，这种演唱形式，已经能演唱简单情节的小戏。二三对在演唱中不断发展壮大，并吸收融合了当地部分民歌舞蹈，逐步孕育产生了光山地灯戏。

（四）地灯班阶段

地灯班又叫地灯戏，是在二三队说唱过程中，经过长期酝酿、孕育、演化而逐渐产生的，其演出单位叫“班”。多数由箱主联合组班，有的是当地知名艺人和箱主联合组班；也有少数由艺人们共同组班，全班由五至七人组成，一人长期积累的经验是七忙八闲，若组办人员精悍，七人最为适宜这种形式的班，目前光山农村仍有两个地灯班。开始组织起的地灯班，多是季节性的演唱班（社），于农闲时演唱，少数以此为生，常年巡回于农村，为广大农民演唱。乐队由一至二人组成，主要是打击乐，乐队人员同时又兼演员，根据剧情表演需要随时调换替补。地灯戏演唱时，没有明显的行当之分，只有男女角色之别。可扮演各种不同身份、性格、性别、年龄的人物，男角多系丑扮，身穿短打，系围裙，手拿折扇（《大访友》中的梁山伯即是丑扮）；女角多系旦扮，上穿彩褂，下穿裙，用黑色手帼子头巾扎头，手拿折扇、手巾。在广场地台或豪绅的堂会上，载歌载舞地演唱。演的多是二小戏（光山叫地灯曲）和三小的折子戏。能演唱折子戏，说明地灯正逐步向花鼓戏演化和过渡。地灯演出艺术日臻完美，已基本孕育出花鼓戏的雏形。这种地灯班，在光山（包括现在的新县、息县等相邻地区）发展很快，基本上形成堡堡有戏，里里有班。出于演唱折子戏，体现剧情、深化人物性格的需要，原来的民歌小调已显不足，在长期演出实践中，不少老艺人不断对光山县流行的山歌、民歌、小歌进行精心提炼加工，逐步创作形成了能适合演唱折子戏的曲调，即光山花鼓戏的主调音乐——东柳子、西柳子、小柳子等。这些曲调，主要适应于折子戏的上演。在上演地灯时，仍使用光山民歌小调。地灯班和民间花会在光山民间曾是最主要的娱乐方式，20 世纪 50 年代几乎村村都有地灯班演出，这种演出形式至今不衰，春、秋两季仍在光山民间流传。随着地灯戏的日益发展壮大，唱腔也日益增多，打击乐、表演形式等艺术形式也日渐完美，为花鼓戏的形成奠定了良好的基础。

（五）花鼓戏形成阶段

据《乾隆光山志》卷十三载："祭祀之事……七月望日、十月朔日士大夫及齐民皆重墓祭，外神之祀，则从神社鬼，好醵金钱刑性、演剧，齐相赛祷，以邀福惠人。"十七卷载《勤民诗》："……何为处市井，此风日相竞。或借迎赛名，或乘剧余兴。高烛夜呼庐，一唱百十应。"笔者查阅明嘉靖及清康熙、乾隆《光山县志》，光山除花鼓戏外，历史上别无其他剧种。而"演剧""或乘剧余兴"的剧，很可能就是光山花鼓戏了。另据 1956 年挖掘民间文化遗产时，当时年过七旬的花鼓戏老艺人李春秀口述："我小时候，听师爷讲，僧王的皇兵打'长毛'（太平军），曾来光山。皇兵是北方人，军纪坏，但爱看花鼓戏，对戏子好。"据此，笔者查阅了《清史稿》和民国《光山县志约稿》，均记载有清王朝曾派科尔沁亲王僧格林沁，率部到光山与湖北接壤的麻城、黄安地带进剿太平军和捻军。可见，早在两百五十年前，光山花鼓戏已经形成。

经多年孕育发展，光山花鼓戏已经形成生、旦、净、末、丑行当齐全的地方特色剧种，各类剧目都能上演。光山花鼓戏唱腔丰富，曲牌体与板腔体音乐结合；道白用地方方言，生活气息浓郁。光山花鼓戏仍以组班形式演出，因演出流动性大，要求演员少而精。对演员的要求，一要记戏多，二要懂韵识辙，三要文武场兼备，四要口齿清楚，五要一人多角。

二、光山花鼓戏的兴衰与流变

新中国成立前，光山花鼓戏的社会地位低下。国民党统治时期，强加给它诲淫诲盗的罪名，不准登乡宦大雅之堂，只能在豫、鄂、皖接壤的边远山区广大农村演唱，生活异常艰苦，群众亲切地说花鼓戏是"踏遍千山情谊深，吃遍万户如家人；三边百姓爱听戏，最爱花鼓乡土音"，艺人自己风趣地说："花鼓戏子福分强，今当天子明当王，住的多是神仙府（指寺庙），睡的朕榻无腿床（指地铺）；夜夜穿蟒系玉带，日日珍肴百味尝；一夕能活几百岁（演几个朝代的戏），喊了多少代须得（方言）娘（指男扮女角）。”这是对他们生活的概括。1956 年 12 月裴传厚的一篇报道曾以醒目的标题“忠于艺术事业的艺人们”，发表于《河南日报》。此文报道了光山花鼓戏历尽艰辛，深入边远山区，给劳动人民送去艺术享受和欢乐，得到了三边地区广大人民群众信任和欢迎的实况。

新中国成立后，光山花鼓戏得到了新的生机。1952 年，光山文化馆将几个花鼓班合并为一个民营剧团，名为“大众剧团”。

1953 年，光山花鼓剧团受光山县、信阳地区人民的委托，赴河南省参加会演，进而与洛阳唢呐、开封坠子组成代表队赴中南大区参加汇演，继之，与两广、两湖、江西的演出团体合组成中南代表团，去北京汇报演出，朱德等中央领导同志在怀仁堂观看了他们上演的《夫妻观灯》，给予了很高的评价。北京汇报演出结束返回后，县委书记程国栋在全县大会上宣布，光山花鼓戏为光山的正式民营剧团，经济上自负盈亏，由财政予以辅助。

1955 年 10 月，经省文化局批准，光山县花鼓（民间）职业剧团定名为大众剧团，并颁发了登记证，将其纳入国家计划管理轨道。同年，县文化馆先后派谬学升等到该团，进行改人、改制、改戏工作。对传统剧目进行挖掘，加工整理，去芜存精，力求净化舞台，同时也改变了社会上旧的势力的看法，演出由农村走向城市，低台步入高台，土台转向舞台，得到了城市广大观众的认可和欢迎。同年政府还给光山花鼓剧团选派了导演，从社会青年中招收部分有音乐水平的青年，充实剧团乐队的弦乐力量。在新老文艺工作者的共同努力下，经两年的探索与研究，在原打击乐的基础上，增添了管弦乐，并谱写出全部乐曲，移植上演了《阎家滩》《风雪配》等二十多个优秀剧目，光山花鼓戏出现了前所未有的繁荣盛况。

1956 年，光山大众剧团参加信阳地区第一届戏剧汇演，演出了花鼓戏的传统剧目《讨人》《游春》《假报喜》。继之，于 12 月与地区京剧团、上蔡京梆剧团又联合组成信阳地区代表团，参加了河南省第一届戏剧会演，演出节目《假报喜》，获演出二等奖。会演大会上，副局长冯纪汉总结时，对光山花鼓戏给予了很高的评价，明确其属于全国 170 多个剧种之一，对光山花鼓戏的地位给予了肯定。

1957 年 9 月，信阳地区第二届戏剧会演，大众剧团参加上演了现代题材创作节目《鱼》。

后来由于各种原因剧团解散了，20 世纪 70 年代后期，光山县文教局数度酝酿恢复光山大众剧团，使花鼓剧种不致湮灭，曾于 1977、1978、1979 年连续三年四次向河南省文化厅、地区文教局写出书面报告，但因种种原因和条件限制，一直没有实现。党的十一届三中全会后，为了落实党的文艺方针政策，保留花鼓艺术，1980 年，在县文化馆大力扶植下，建立了一个半职业性的孙铺乡花鼓剧团。这个剧团沿袭花鼓戏老的传统，坚持勤俭办团，立足本地，面向农村，在演出技巧上，继承花鼓传统艺术特色，并有所创新。《光明日报》《河南画报》《中国妇女》等报刊，对他们深入山区演出，先后有专题报道，河南省电台还选录了他们优秀节目的选场、选段，进行播放。

1984 年 4 月，地区戏剧工作室在新县召开剧本分析会，会议主要内容是讨论新县、光山、商城三县花鼓戏准备作为少数剧种展览节目，参加 1985 年河南省戏剧大赛的问题。会议确定光山负责花鼓戏传统剧目的挖掘、整理和改编任务，这之后，便由裴仁厚同志负责整理《三笑代嫁》《秦雪梅观画》《假报喜》三个花鼓戏。到当年 9 月份，又因种种原因，孙铺花鼓剧团再次停止了演唱活动。

至 1984 年底，光山的几十个花鼓戏班，陆续恢复演出活动。1990 年 6 月，河南省第一次花鼓戏研讨会在光山召开，近 30 名专家学者对光山花鼓戏的源流、沿革和艺术特征进行研究考证，确认了光山花鼓戏的历史地位和艺术价值。

2004 年底，经申报，光山花鼓戏被列为河南省民间文化遗产重点抢救项目。2005 年 12 月，光山花鼓戏剧目《顶椅》参加首届河南省民间戏剧节展演获银奖；2006 年 12 月至 2007 年 1 月，剧目《夫妻观灯》《顶椅》参加中原民间文化精品艺术展演；2008 年 1 月，剧目《打六望》获信阳市“锦绣荣乡”民间艺术展演优秀节目奖。2007 年 2 月，光山花鼓戏被河南省人民政府公布为第一批河南省省级非物质文化遗产名录；2014 年 12 月，光山花鼓戏被国务院列入第四批国家级非物质文化遗产代表性项目。

目前，全县共有 20 多个花鼓戏班和 60 多个地灯戏班在民间季节性地开展演出活动，但收徒传艺的花鼓戏艺人越来越少，光山花鼓戏有失传的危险。花鼓戏的剧目、唱腔和相关史料还需要进一步收集整理。光山花鼓戏的传承保护工作得到省、市、县各级政府和文化主管部门的重视和支持，并取得初步成果。

参考文献：

[1] 司马迁．史记［M］．上海：上海古籍出版社，1997.
[2] 班固．汉书［M］．北京：中华书局，1985.
[3]［日］青木正儿．中国近世戏曲史［M］．北京：中华书局，1954.
[4] 张庚．中国戏曲志（河南卷）［M］．北京：文化艺术出版社，1992.
[5] 周巍峙．中国戏曲音乐集成（河南卷）［M］．北京：文化艺术出

版，1992.
[6] 庄一拂．古典戏曲存目汇考 [M]．上海：上海古籍出版社，1982.
[7] 李修生．古本戏曲剧目提要 [M]．北京：文化艺术出版，1997.
[8] 郭汉城．戏曲剧目论集 [M]．上海：上海文艺出版社，1981.

钟离国卞庄一号墓编钟与石磬的音乐学研究

李　清

摘　要：2007年考古发掘者在安徽凤阳县卞庄基建工地发现被破坏的春秋时期的钟离国贵族墓葬，依出土地命名卞庄M1。共出土金石乐器23件，其中有保存较完好的编镈钟5件、编钮钟9件和编磬9件（含残件）。5件编镈钟正、背面鼓部和两边侧鼓部均有铭文，最重要的是“钟离之季子康”铭文的发现，说明该墓葬是淮河流域钟离国贵族“康”的墓葬。笔者随同有关专家、对编钟和编磬进行了音乐学方面的全面考察与研究。编镈钟正鼓部发音良好，侧鼓音不明显；编钮钟除1号和9号钟一钟一音外，其余各钟均能在正鼓部与侧鼓部发出相差大3或小3度的音响。另仅对9件石磬（含残件）的形制、石料石质做了初步的分析。

关键词：钟离国；凤阳卞庄；编钟；编磬；音乐学研究

钟离国①是在史籍中记载甚少的先秦小国。《史记·秦本记》称钟离为“终黎”，与秦国同为嬴姓，后受分封而以国为姓。根据史料推测，钟离氏源自山东，后迁至安徽蚌埠和凤阳一带，是淮河中游的一个重要方国，观其地望，是淮左通向淮右的重要据点，因而一直受吴、楚两个大国的争夺和挟持，最终成为大国兼并战争的“牺牲品”。20世纪80年代以后，安徽省舒城九里墩、凤阳大东关与卞庄、蚌埠双墩三地先后发现5座春秋时期钟离国墓葬和安徽凤阳县临淮关镇东钟离国古城遗址，成为考证春秋钟离国有力的证据，填补了《左传》中有关钟离国的有限记载的文献空缺。根据《左传》鲁成公记载，公元前576年“会吴与钟离，始通吴也”：公元前538年冬，“楚箴尹宜咎城钟离以备吴”；公元前518年钟离被吴王僚所灭。由此可见，钟离国历史，前后约有58年。钟离

作者简介：李清，男，蚌埠学院音乐与舞蹈学院讲师，蚌埠市淮河文化研究会秘书长，中国世界民族音乐教学研究会理事，中国音乐史学会会员。

① 春秋时期的钟离国在今天安徽凤阳境内，古城遗址位于凤阳临淮镇东1.5公里，与凤阳县城（府城镇）东北直线距离12公里的地方，方型土筑城垣保存较完整。

国地处淮河中游，《左转》中有关钟离国的记载大多是在提到某项重要事件时将钟离国顺带上，并不能反映其真实的历史，其实际建国的历史可能比《左转》记载得要早。

编钟是中国古代重要的打击乐器，是钟的一种。编钟由若干个大小不同的钟有秩序地悬挂在木架上编成一组或几组，每个钟敲击的音高各不相同。由于年代不同，编钟的形状也不尽相同，但钟身都绘有精美的图案。迄今为止，先秦编钟的发现数量已相当可观，据 1988 年的不完全统计，共 116 批，174 组，903 件（型式、组、件不明者未计在内）。其中有铭文者约 400 件。

在中国古代，编钟是上层社会专用的乐器，是等级和权力的象征，它多用于宫廷的演奏，在民间很少流传，每逢征战、朝见或祭祀等活动时，都要演奏编钟。根据文献记载和出土文物，发现我国在西周时期就有了编钟，那时候的编钟一般是由大小 3 枚组合起来的，春秋末期到战国时期的编钟数目就逐渐增多了。

春秋中晚期编钟多为 9 件一组。在西周钟的基础上增铸了低音徵音和商音，在这两音为正鼓音时，其侧鼓音调成大三度的变宫、变徵，从而使整组编钟的正鼓音构成完整的五声音阶，全部音列可构成六声或七声音阶。春秋战国时期盛行以编钟和建鼓为主要乐器的乐队，史称“钟鼓之乐”。钟鼓，我国很早的时候就已经有了，如《诗经·关雎》里，就有演奏钟鼓古老乐器的诗句：“窈窕淑女，钟鼓乐之。”

磬是一种石制的打击乐器，可能源于某种片状石制的劳动工具。磬在远古时代称作“石”和“鸣球”，《尚书·益稷》记载：“夏击鸣球……击石拊石，百兽率舞。”表明在远古时期，先民曾用于乐舞等娱乐。到了春秋时期，可以说磬像钟一样既做乐器又做礼器而广泛被当时的贵族阶层所使用。

凤阳卞庄一号墓位于安徽凤阳县卞庄西北 0.7 千米，距钟离国城遗址北 1 千米①，在临淮关东 3.2 千米，与今凤阳县府城镇东北的直线距离约 12.4 公里，今行政隶属凤阳县板桥镇古城村卞庄村民组。具体位置经卫星定位仪 GPS 测得的数据为：东经 33°55′090″，北纬 117°40′425″。卞庄墓是罕见的圆形墓坑结构，共出土金石乐器 23 件，其中保存较完好的编镈钟 5 件、编钮钟 9 件（图 1）和编磬 9 件（含残件，图 2）。出土的五件编镈钟正、背面鼓部和两边侧鼓部均有铭文（图 3），最重要的是“钟离之季子康”铭文的发现，说明该墓葬是淮河流域钟离国贵族“康”的墓葬。

① 安徽省文物考古研究所：《凤阳大东关与卞庄》，科学技术出版社，2010 年，第 177 页。

这套金石乐器出土后不久经凤阳县文史馆被借展到安徽省博物馆。2011 年 11 月 14 日，应凤阳县文史馆和卞庄一号春秋墓考古发掘队长阚绪杭先生的邀请，笔者与蚌埠学院音乐与舞蹈系李清先生、中南大学艺术学院李敬民先生一起在安徽省博物院对这 2 套青铜编钟和 9 件石磬（含残件）进行了较为详尽的鉴定工作。凤阳卞庄一号墓出土的 9 件编钟，钮饰三角纹，与同为钟离国贵族的另一座双墩一号墓出土钮钟的素钮相异。舞部和篆间饰蟠螭纹，钲篆四边以阳线陶纹为界，鼓部饰以蟠螭纹组成的顾夔纹。钟体内壁有微隆起的音脊，底视钟口呈波状起伏，其调音手法与双墩一号墓相同。卞庄一号墓还出土同铭文镈钟 5 件，钮部以相互缠绕的龙形铸成，龙身饰三角纹。舞部和篆间饰蟠螭纹，钲篆四边以阳线陶纹为界，鼓部饰以蟠螭纹组成的顾夔纹。钟体内壁同样为波式调音结构。铭文位于镈体正被两面钲间、两栾及左、右侧鼓部，内容相同：惟正月初吉丁亥，余口厥于之孙、童离（钟离）公柏之季子康，择其吉金，自作和钟，之兟穆穆合合，报之季康是良，以从我师行，以乐我父兄，其眉寿无疆，子子孙孙，永保是尚。作器者是钟离公柏之子“康”，因而可称为“钟离康镈”。

图1 编镈钟、编钮钟

图2 编磬

图3 编镈钟上的铭文

一、关于编镈钟的研究

（一）镈钟的器型形

镈钟共计 5 件。钟体均锈蚀较重，保存基本完好。形制相同，大小依次顺减。形制为椭圆筒形，平口，钟体的正背面纹饰相同。镂空的钮上窄下宽呈梯形状，钮分两组并铸，每组四条龙相互缠绕，龙身饰回形三角几何纹。钲部梯形状，上窄下宽。以凸弦绳纹为界分左右两区，每区又分 5 个小区。舞部饰蟠螭纹，鼓部饰蟠螭纹组合成的变形兽纹。5 件镈钟正背两面的钲部、钟体两侧和左右鼓角均铸有铭文。钟体正面均有相同的 30 字铭文：惟正月初吉丁亥……钟体背面均有相同的 33 字铭文：柏之季康是良，台从我师行……经相关专家对这些铭文的考证，这是钟离国君“柏”的儿子“康”的墓葬。表 1 为凤阳卞庄一号墓出土镈钟（5 件）形制数据表。

表1 凤阳卞庄一号墓出土镈钟（5 件）形制数据表

标本	通高（cm）	钮高（cm）	钮宽（cm）	舞横（cm）	舞纵（cm）	中高（cm）	铣长（cm）	铣间（cm）	鼓间（cm）	壁厚（cm）	重量（kg）	备注
M1：1	30.00	9.00	18.00	18.70	14.00	21.00	21.80	21.00	13.30	0.8–0.7	5.3	四侧调音
M1：2	28.90	8.50	17.20	16.60	13.90	20.40	20.01	18.80	13.80	0.7–0.85	4.43	同上
M1：3	26.80	7.80	14.90	16.20	12.40	19.00	18.80	17.50	13.10	0.7–0.85	4.27	同上
M1：4	25.70	7.50	14.90	16.00	11.50	18.20	18.00	16.00	12.30	0.7–0.85	3.84	同上
M1：5	24.20	7.40	14.30	14.30	11.00	17.20	17.00	15.00	11.40	0.6–0.7	3.45	同上

（二）镈钟的内唇与调音

这套编镈钟为实用器，每件钟的四侧鼓部内侧有长条凸起（即调音梁），调音手法规律，四侧鼓部也大都有调音痕。以下按镈钟的大小顺序分别描述5件镈钟的调音情况（按照音高从低到高的顺序）：

M1：1 镈钟顺次第一，保存基本完整，锈蚀较重，体下部受压变形，一面有11厘米的裂纹，另一面中下部左侧破损，有一4厘米左右的缺损。四侧鼓部有调音梁，有调音痕迹，失音。

M1：2 镈钟顺次第二，保存完整，锈蚀较重，四侧鼓部有调音梁，有调音痕迹，发音良好。

M1：3 镈钟顺次第三，保存完整，锈蚀严重，四侧鼓部有调音梁，有调音痕迹，发音良好。

M1：4 镈钟顺次第四，保存完整，锈蚀较重，四侧鼓部有调音梁，有调音痕迹，发音良好。

M1：5 镈钟顺次第五，保存完整，锈蚀较重，四侧鼓部有调音梁，有调音痕迹，发音良好。

（三）镈钟的测音

这套编镈钟出土之后，它的音响效果与其音乐性能尚未测试，这次我们一行四人对该套编镈钟的测音也是在它出土后的首次测音。表2为凤阳卞庄一号墓镈钟测音数据表。

表 2 凤阳卞庄一号墓镈钟测音数据表

编次	标本号	正鼓音		侧鼓音		备注
		音分值	频率	音分值	频率	
1	M1：1	—	—	—	—	鼓部裂，失音
2	M1：2	E4+30	335. 43	G4-46	381. 81	侧鼓音不明显
3	M1：3	#G4-15	411. 83	B4+23	500. 65	侧鼓音不明显
4	M1：4	#A4-18	461. 43	C5-12	519. 88	侧鼓音不明显
5	M1：5	C5-40	511. 43	#C5+21	561. 22	侧鼓音同正鼓音

测音时间：2011 年 11 月 14 日

测音地点：安徽省博物馆

音叉发音：A4-24/434. 13

测音人员：杨和平、李敬民、李清

机　测：方建军

统看 5 件镈钟的发音，除 1 号钟由于鼓部断裂和锈蚀严重而失音外，其余 4 件钟正鼓部发音良好，音高准确，音列完整。侧鼓部无敲击点痕迹，发音也无一定的音律组合，不在调式和使用之列。表明这是一套一钟一音的编镈钟。

二、关于钮钟的研究

（一）钮钟的器形

钮钟共计 9 件，钟体锈蚀均较重，基本完好。形制相同，大小依次减小。形制为椭圆筒形，于口弧形，铣凸出，钟体的正背两面纹饰相同。扁方形桥钮，饰回形三角几何纹。钲部梯形状上窄下宽，以凸弦绳纹为界分左右两区，每区又分 5 个小区，其中篆部两个小区饰蟠螭纹，另外枚部三个小区的每区内饰三个圆凸形的枚，枚顶饰三个蟠虺旋纹。舞部饰蟠螭纹，鼓部饰蟠螭纹组合成的变形兽纹。

表 3　凤阳卞庄一号墓钮钟（9 件）形制数据表

编号	通高（cm）	中高（cm）	钮高（cm）	钮宽（cm）	铣长（cm）	铣间（cm）	鼓间（cm）	壁厚（cm）	舞纵（cm）	舞横（cm）	重量（kg）	备注
M1：1	18. 10	14. 20	3. 90	3. 70	15. 40	13. 30	9. 50	0. 6-0. 7	8. 90	11. 70	1. 8	有唇四侧调音
M1：2	17. 20	13. 50	3. 70	3. 80	14. 00	12. 60	9. 40	0. 6-0. 9	8. 60	11. 50	1. 59	同上

（续表）

编号	通高（cm）	中高（cm）	钮高（cm）	钮宽（cm）	铣长（cm）	铣间（cm）	鼓间（cm）	壁厚（cm）	舞纵（cm）	舞横（cm）	重量（kg）	备注
M1：3	15. 90	12. 20	3. 70	3. 10	13. 60	11. 90	8. 80	0. 7–1. 0	8. 00	10. 50	1. 37	同上
M1：4	15. 00	11. 60	3. 40	2. 80	12. 50	11. 10	7. 80	0. 65–0. 95	7. 60	10. 00	1. 13	同上
M1：5	14. 10	11. 00	3. 10	2. 80	11. 60	10. 30	7. 30	0. 6–0. 7	7. 30	9. 40	0. 98	同上
M1：6	13. 10	10. 00	3. 10	2. 80	11. 40	9. 80	7. 10	1. 0–0. 7	6. 80	8. 90	0. 95	同上
M1：7	12. 00	8. 90	3. 10	2. 80	9. 70	8. 80	6. 30	1. 15–0. 9	6. 00	7. 70	0. 79	同上
M1：8	10. 70	8. 30	2. 40	2. 30	9. 00	8. 00	6. 30	1. 05–0. 9	5. 90	7. 10	0. 76	同上
M1：9	9090	7. 80	2. 10	2. 10	8. 40	7. 70	6. 90	1. 2–1. 15	4. 80	6. 80	0. 62	同上

（二）钮钟的内唇与调音

这套编钮钟同样为一套实用器，每件钟的于口内均有薄厚不均的内唇，调音手法规律，调音痕迹明显。以下按钮钟的大小顺序分别描述9件钮钟的调音情况（按照音高从低到高的顺序）：

M1：1钮钟顺次第一，保存较完整，锈蚀较重，于口有唇，四侧鼓部有调音痕迹。

M1：2钮钟顺次第二，保存较完整，锈蚀较重，于口有唇，四侧鼓部有调音痕迹。

M1：3钮钟顺次第三，保存较完整，锈蚀严重，于口有唇，四侧鼓部有调音痕迹。

M1：4钮钟顺次第四，保存较完整，锈蚀较重，于口有唇，四侧鼓部有调音痕迹。

M1：5钮钟顺次第五，保存较完整，锈蚀较重，于口有唇，四侧鼓部有调音痕迹。

M1：6钮钟顺次第六，保存较完整，锈蚀较重，于口有唇，四侧鼓部有调音痕迹。

M1：7钮钟顺次第七，保存较完整，锈蚀较重，于口有唇，四侧鼓部有调音痕迹。

M1：8 钮钟顺次第八，保存较完整，锈蚀较重，于口有唇，四侧鼓部有调音痕迹。

M1：9 钮钟顺次第九，保存较完整，锈蚀较重，于口有唇，四侧鼓部有调音痕迹。

（三）钮钟的测音

这次我们一行四人对该套编钮钟的测音同样也是在它出土后的首次测音。表 4 为凤阳卞阳一号墓钮钟测音数据表。

表 4　凤阳卞庄一号墓钮钟测音数据表

编次	标本号	正鼓音		侧鼓音		备注
		音分值	频率	音分值	频率	
1	M1：6	#D5-30	611.63	—	—	侧鼓音同正鼓音
2	M1：7	F5-44	681.00	A5+9	884.67	—
3	M1：8	#G5-38	812.89	C6-21	1034.38	—
4	M1：9	#A5-28	917.87	D6+43	1204.34	—
5	M1：10	C6-45	1020.15	#D6-20	1230.49	—
6	M1：11	E6+42	1351.23	#G6-16	1646.55	—
7	M1：12	#A6+9	1875.08	D7-38	2298.71	—
8	M1：13	C7-2	2091.06	E7-32	2590.04	—
9	M1：14	G7+19	3171.73	—	—	侧鼓音同正鼓音

测音时间：2011 年 11 月 14 日

测音地点：安徽省博物馆

音叉发音：A4-21/434.70

测音人员：杨和平、李敬民、李清

机　测：方建军

统看 9 件钮钟的发音，9 件钟正鼓部发音良好，音高准确，音列完整，构成完整音节。每件钮钟的侧鼓部均有明显的敲击点痕迹，除 1 号和 9 号钟的侧鼓面所发之音与正鼓音相同外，2、3、4、5、6、7、8 号钟的侧鼓部均能发出与正鼓音相差大 3 或小 3 度的音响，正鼓音和侧鼓音一样也均在调式和使用之列，表明这是一套一钟一音和一钟双音并存的编钮钟。据以上测音结果，卞庄一号墓钮钟的正鼓音也可构成羽调式倾向的五声音阶，其宫音位置在#G，音阶如下：

徵—羽—宫—商—角—羽—商—角—羽，可见这是一套完整无缺的编钮钟。除宫音位置不同外，其音阶结构与双墩一号墓钟离柏编钟完全相同。这套编钮钟的第 1 和第 9 件侧鼓音和正鼓音相同，其余各钟的正鼓音与侧鼓音多为大三度或小三度音程关系，为先秦编钟所常见。唯第4件钟正鼓音与侧鼓音倾向于小四度音程关系，属于变例。不难看出，如果这套编钮钟应用侧鼓音的话，便可在上列五声音阶中出现清角或变之声徵。不过，鉴于这套编钮钟的首尾两钟侧鼓音与正鼓音相同，尚不能判定其侧鼓音应用的程度，乃至是否确实应用侧鼓音。测音表明，钟离康编镈仅发正鼓音。第1件镈因鼓部裂而失音，后4件镈发音良好，可以构成如下音阶：?—羽—宫—商—角（? 表示失音的钟，下同），宫音位置在#G，与同墓所出编钟调音相同，二者应为合奏乐器。[①]

三、关于编磬的研究

该墓出土石磬共计9件。有的完整，有的残损，形制相同，薄厚不均，大小依次递减。石磬全为灰色石料，分深灰和浅灰两种，触之有粉末，有的中间夹杂白色石筋。磬体扁平，上部起脊，脊中有圆形索孔，下端显弧型，两端边平齐（图2）。该套石磬制作工艺不高，形制外观不够精美甚至略显粗糙，其外观的精美远不及该墓主人的父亲即蚌埠双墩一号墓主人钟离国君"柏"的墓葬中出土的龙首形制的石磬（关于蚌埠双墩一号墓的龙首形制编磬，笔者已另行文说明）。制作该套石磬的石料密度较小，硬度不够，不是制作石磬的上等石料，故敲击磬面时，发音浑浊，整套石磬有一定的音律组合，但无完整的音阶关系。表5为卞庄一号墓编石磬（9件）形制数据表。

表5 卞庄一号墓编石磬（9件）形制数据表 （单位：厘米）

标本	长弧边	长斜边	短斜边	大头宽	小头宽	厚	孔径	备注
M1：1	37.2	26.8	18.6	8.4	7.6	2.0-2.4	1.4	残断、能复原
M1：2	—	—	—	—	—	2.0	—	残缺
M1：3	27.2	19.6	14.0	7.2	6.4	1.3-1.7	1.4	—
M1：4	26.4	18.8	13.2	7.2	6.0	0.9-1.6	1.4	—
M1：5	23.2	16.4	12.0	6.4	5.2	1.6	1.4	残断、能复原
M1：6	21.6	15.2	11.2	4.8	3.6	1.5-1.7	1.6	残断、能复原
M1：7	17.6	12.8	9.2	5.6	4.6	1.0	1.4	残断、能复原
M1：8	16.4	12.0	8.8	5.2	4.0	0.5-1.3	1.4	残断、能复原
M1：9	15.2	10.8	8.0	5.2	4.4	1.5	1.2	残断、能复原

① 方建军：《钟离国编钟编镈研究》，《中国音乐学》，2012年第3期，第45-49页。

四、结语

5 件镈钟的发音，除 1 号钟由于鼓部断裂和锈蚀严重而失音外，其余 4 件钟正鼓部发音良好，音高准确，音列完整，是一套一钟一音的编镈。9 件钮钟的正鼓部与侧鼓部一样均发音良好，音高准确，音列完整，构成完整音节，除 1 号和 9 号钟的侧鼓面所发之音与正鼓音相同外，2、3、4、5、6、7、8 号钟的侧鼓部均能发出与正鼓音相差大 3 或小 3 度的音响，正鼓音和侧鼓音一样也均在调式和使用之列，表明这是一套一钟一音和一钟双音并存的编钟。该墓出土的编镈与编钟调式高低相同，可用于合奏，这些编镈与编钟的形制、纹饰和音阶组合，与同为春秋中晚期的吴国、蔡国、楚国同类乐器相近乃至相同，由此可推断出在当时一定区域内音乐文化的相互影响。另这座卞庄墓葬与目前国内出土的几座较有影响的春秋中晚期贵族墓葬相比也是稍早的，如安徽寿县蔡侯墓青铜编钟上发现大量的铭文，有一部分字体为长体形，这种长体铭文字形已经接近小篆，卞庄 M1 没有发现这种长体字形的铭文。由此可见蔡侯墓的年代要比卞庄 M1 晚。1978 年 8 月至 1979 年 5 月发掘的河南固始侯骨堆 M1，器物群和器物形制与卞庄 M1 有一定的可比性。固始侯古堆青铜镈钟大部分是通过战争获得的楚器，这些楚国青铜镈钟舞部、鼓部所铸纹饰与卞庄 M1 青铜镈钟上的极其相近。固始侯古堆墓主人为吴王太子夫差的夫人，其年代晚于卞庄 M1。①

五、价值追问

我们都明白，历史的研究仅仅依靠各年代遗留的文献史籍是远远不够的，只有当考古与文物资料相互印证时，才真正有可能重新建构一个已经消失在人们视野之中的时代氛围和历史情怀，也使得各历史学家和考古学家都能有章可循，有物可依，而这也正是数代文物考古者恪尽的本分和追求的目标，因此所有的历史研究如若不遵循历史发展的客观性和研究的科学性，其研究成果必将是毫无意义的，因此参考历史文献条件下的考古显得尤其重要。

在有关钟离国史料的记载不足的情况之下，能够发现如此完整的墓葬，并采用现代科学技术对挖掘的文物展开科学性研究，不仅补充了历史文化中的缺失元素，繁荣了我们的精神文化财富，也是科学研究的又一次实践性积累。

历史的前行和时代的更迭都遵循着一定的规律，是客观存在，不以人的意志为转移的，但对于历史文化的记忆是一个群体的主观意识存在，它之于群体的身

① 安徽省文物考古研究所：《凤阳大东关与卞庄》，科学技术出版社，2010 年，第 178 页。

份认同具有重要的意义，但并非永远不变，而是随时可能因为朝代的更换而有所修正，也可能因为各种政治立场的不同而有所偏颇，仅以最为普遍存在的小群体——村庄为例，重修族谱是时常在进行的大事，各地文化志的编撰也都在不断地完善和修补，所以作为客观存在的钟离国墓葬就如所有其他考古发现一样，都是能够直接反映当时人们生活的现实景观和风俗信仰的实体，它存在的本身便是科学化的，也更受得住时间的考验。从更广泛的意义上来讲，对钟离国墓葬与中原文化的关系研究成果，也将更加印证“四海之内皆兄弟”的真谛，更为推断人类源自同一祖先的命题锦上添花，在促进社会和谐发展，人民共同进步，联手解决普遍难题如环境、人口等问题，具有重要的意义。

一个王朝或者一个民族都是各群体在各自利益的驱使之下而得以建立和发展的，而统治者往往为了加强管理，每当更朝换代都更改年号，制定各种新标准和新制度，而受到政治、经济的发展状况影响，每一时期君王臣子的墓葬规格自然各不相同。而正是存在的各种差异，不断引发着人们对那一段段逝去的历史的好奇，对于当下国际各国的文化经济发展而言，也正是这样一种隐含于人性之中不可避免的对未知事物的新鲜好奇感，促使着当今旅游业的蒸蒸日上，世界八大奇迹的存在，引来多少游客为一观究竟而不远千里奔赴各奇迹发现现场，去亲身感受那一个个显现出历史人文，蕴含着历史气息的文化遗址。每一批游览观光的游客为各国经济所带来的效益是无法估量的，经济的稳定发展是一个国家保持长治久安的必要保障。从政治层面而言，每一次有意义的考古发现都是在为政治和经济的发展做出伟大贡献。无论中外，考古中所发现的遗迹所引发的经济效益都是可喜的，仅以美国为例，2003 年旅游人群中有 1.4 亿人参观了各种历史遗存，约占整个旅行参观人群的 31%。我国最为重要的考古发现——秦汉墓葬兵马俑所带来的经济利益同样巨大。

由此可知，每一次的考古挖掘，尤其是具备重要历史考察价值的考古发现都将为稳定政治建设、加速经济发展助力，当然，考古发现所带来的民族自豪感和国家威望应该是每一个国家的统治阶级和广大平民百姓所期盼的。钟离国墓葬的发现以及由此为起点展开的钟离国文化的研究所带来的历史神秘力量为旅游发展带来的效益也将是大为可观的。

参考文献：

[1] 安徽省文物考古研究所，蚌埠市博物馆．安徽蚌埠市双墩一号春秋墓葬发掘简报 [J]．考古，2010.

[2] 宋春青，邱维理，张振春．地质学基础 [M]．北京：高等教育出版社，2006.

[3] 王子初. 石磬的音乐考古学断代 [J]. 中国音乐学，2004.

[4] 孙琛.《考工记·磬氏》验证 [D]. 北京：中国艺术研究院，2007.

[5] 安徽省地质矿产局区域地质调查队. 安徽地层志·寒武系分册 [M]. 合肥：安徽省科学技术出版社，1988.

[6] 安徽省文物考古研究所，凤阳县文物管理所. 凤阳大东关与卞庄 [M]. 北京：科学出版社，2010.

[7] 高蕾. 中国早期石磬述论 [D]. 北京：中国艺术研究院，2002.

[8] 方建军. 考古发现先商磬初研 [J]. 中国音乐学，1989.

[9] 方建军. 商代磬和西周磬 [J]. 文博，1989.

附：

卞庄M1：5钮钟舞面

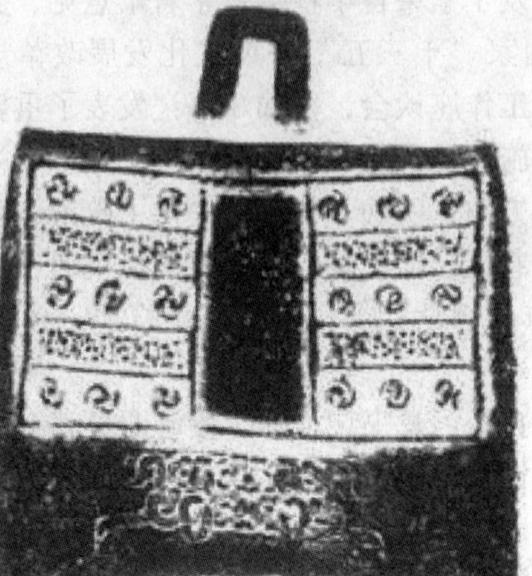

卞庄M1：5钮钟

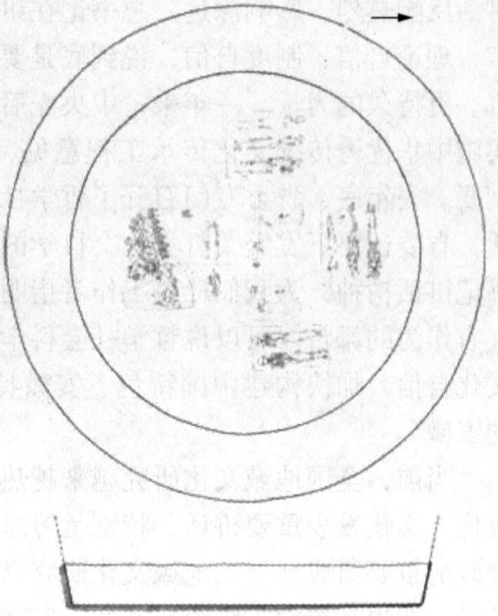

卞庄M1墓葬平剖面图

坚定文化自信　深化淮河文化研究

——在第九届淮河历史文化研讨会上的讲话

安徽省社科联党组书记、常务副主席　马　雷

各位领导、各位专家、各位同仁：

大家上午好！经过多方努力和精心筹备，第九届淮河文化研讨会在这座历史文化名城——亳州市开幕了。首先，我代表省社科联向莅临会议的各位领导、专家学者、新闻界的朋友们表示热烈的欢迎！

去年 5 月 17 日，习近平总书记在全国哲学社会科学座谈会上发表了重要讲话，这是多年来我们党的总书记关于哲学社会科学最全面、最深刻的一次讲话，讲话反响热烈，影响深远。总书记在讲话中强调，坚定中国特色社会主义道路自信、理论自信、制度自信，说到底是要坚定文化自信，文化自信是更基本、更深沉、更持久的力量。一年来，中央先后下发了繁荣哲学社会科学若干意见、关于实施中华优秀传统文化传承工程意见、国家“十三五”时期文化发展改革规划纲要。去年底，省委专门召开了哲学社科工作座谈会，李锦斌书记发表了重要讲话，省委还要下发繁荣哲学社会科学的实施意见。所有这些都是进一步落实习总书记讲话精神，为我们社科工作者指明了方向，明确了任务，提供了政策红利和大有作为的舞台。可以说哲学社会科学的春天已经来临，我们要抢抓机遇，增强文化自信，加快构建中国特色、安徽特点的哲学社会科学体系，打造“学术中的安徽”。

当前，全国地域文化研究越来越热，自从习总书记上任伊始赴曲阜就继承传统优秀文化发表重要讲话，特别是习总书记提出四个自信，把文化自信作为治国理政的重要组成部分，地域文化研究已形成了方兴未艾、如火如荼趋势，陕西有关学、四川有蜀学、湖南有湘学、安徽有徽学。淮河文化作为淮河流域独特的地域文化，凝聚着淮河地区人民的思想、感情和力量，是淮河地区发展的内在依据和巨大动力。充分挖掘和研究淮河文化优势，发展淮河文化产业，打造淮河文化品牌，并使之转化成推动淮河地区经济社会发展的现实资源，对于促进淮河流域的物质文明、精神文明建设，具有重要的现实意义。

淮河历史文化研讨会从 1998 年开始，今年是第九届，本届研讨会共征集论

文120余篇，仅就论文来看，与前几届研讨会相比，这次会议有三个可喜的变化：一是跨省交流学者更多，在这里要特别感谢来自上海、河南、江苏、江西、福建等兄弟省市区的专家学者对淮河文化的关注；二是应用型研究成果更多，流域经济、社会发展、文化建设、文化产业等方面都有广泛涉猎；三是研究采取的新方法更多，文化阐释、文献考据、田野调查、比较视角等方法在研究中均有采用。总之，淮河文化研究的参与热情得到进一步激发，淮河文化的关注度和影响力得到很大的提升。当然，对于淮河文化研究，我们还有许多工作要做，既要在理论层面上进行学理探讨，系统地搜集和整理淮河文化的历史资料和学术文献，深入探讨淮河文化的精神内核和基本价值，构建淮河文化的基本框架和理论体系，更要在现实层面上抓好成果转化，充分利用淮河文化学术研讨会这个平台，整合研究力量，促进学术交流，尤其是要坚持服务现实的导向，将更多的研究成果转化为现实生产力，促进淮河流域经济社会发展。借此机会，就如何开好这次会议，提高集中研讨的质量以及下一步如何推动淮河文化研究的深化，谈几点建议，供大家参考：

一是把握研究方向，在发挥智库作用方面下功夫。研究社会、服务实践是哲学社会科学的使命所在，古人讲文章要“为时而著”“为事而作”，说的就是我们做学问、搞研究要紧贴时代脉搏，关注社会现实，要对社会有所贡献。地域文化是加快区域发展的内在动力，在促进区域发展中具有突出的地位和作用，研究淮河历史文化，不仅是要挖掘文化发展本身的内在规律和优秀品质，更要大力弘扬其精华，推动淮河文化的当代转型与价值实现。当前全省社科界要紧紧围绕李锦斌书记提出的五大发展、美好安徽36项工程，开展应用对策研究，特别是对经济发展、文化旅游、健康、养生、城市、交通、绿色、和谐等文化进行研究，发挥好智库作用。研究淮河文化必须契合当今时代的主题，用五大发展理念研究社科问题、现实问题。本次会议的主题为“淮河文化传统与文化自信”，目的也是希望大家深入探究如何把文化优势、区域精神转化为发展动能，使其具有鲜明的应用价值，从增强文化自信和价值观自信的角度讲述安徽的文化故事，使之具有更广泛的教育价值，为淮河流域经济社会全面发展提供智力支撑。

二是把握研究重点，在滋养社会主义核心价值观方面下功夫。文化自信的灵魂就是价值观，社会主义核心价值观既是当代重要的理论成果，又是当代的行为规范。坚定文化自信是习近平总书记在庆祝中国共产党成立95周年大会上的讲话中着力论述的内容，中华优秀传统文化、革命文化和社会主义先进文化，积淀着中华民族最深层次的精神追求，代表着中华民族独特的精神标识。研究淮河优秀传统文化里面具有的当代价值，可以滋养社会主义核心价值的内容，如“道法自然”“天人合一”的老庄哲学思想、“政之所兴，在顺民心”“一匡天下”

的管子国家治理思想、“大包干”改革文化以及淮河流域优秀的家风家训，等等。还有廉政文化、诚信文化、法治文化、共享文化，凡是内容能够滋养社会主义核心价值观的都应作为我们的研究重点。特别是要将非物质文化遗产作为深化淮河文化研究的重点内容之一，我们既要传承好又要转化好，多出在全国叫得响的精品力作，为增强文化自信作出积极贡献。

三是把握研究质量，在打响“皖字品牌”方面下功夫。淮河文化研究是从1998年开始的，最近也出了一些专著，《走读淮河》《淮南子》《阅读淮南》等，非常好。在这里面，仅仅是亳州市就有药文化、酒文化、养生文化，发表了很多文章。这次淮河文化研讨会有上海、江苏、南京、苏州大学的学者来投稿参与，说明区域文化的研究我们的优势非常明显。但同时，我们还要按照创造性转化、创新性发展的要求，进一步提高研究质量。这里我理解就是要正确认识传承与创新的关系，在传承中创新，在转型中发展。首先是传承，一定要先学会走再开始跑，不能把老祖先优秀的文化弄丢了；其次要创新性的发展，从社科研究的角度来看，言人所未言是原创，从社科普及的角度而言，“人所难言，我易言之”同样是创造。例如亳州的五禽戏已经出电子版了，已经和旅游结合起来了，微信圈来一段五禽戏养生，和时代精神能够结合起来，它就是创新性的发展。在这里我们要特别注意把握好创造性传承，人民群众是社会科学成果最终的转化应用者，群众看得懂、能理解、好掌握、会运用，才能真正把有用的社科研究成果转化为改革开放的具体思路、办法和措施，转化为地域发展的现实优势和加快振兴的巨大潜力。

同志们！这次会议是我省社科界贯彻、落实习近平总书记在哲学社会科学座谈会上重要讲话精神，推动中华优秀传统文化传承发展工程的具体措施，是省社科联着力打造我省地方历史文化研究平台、推进文化强省建设的重要举措。我们欣喜地看到，通过对包括淮河文化在内的地域文化的研究、交流，展示和服务我省经济社会发展的良好的学术与精神成果不断出现，扩大了和周边地区乃至全国的经济文化交流，提升了安徽历史文化的影响力。希望大家进一步加强对地域文化的深度研究，进一步开垦淮河流域这一片文化沃土，为实现发展美好安徽提供更多、更好的智力支持。为开好这次会议，亳州学院、亳州市社科联做了细致周到的安排，对于他们所付出的辛苦努力，让我们以热烈的掌声表示最诚挚的感谢！

最后，预祝研讨会取得圆满成功！祝愿大家在与会期间如意、愉快！谢谢大家！

在第九届淮河文化研讨会上的讲话

亳州市委副书记　方晓利

尊敬的马主席、陆会长，各位专家、各位学者：

欢迎大家莅临安徽省亳州市参加第九届淮河文化研讨会，我谨代表中共亳州市委对各位的到来表示热烈欢迎！对淮河文化研讨会的召开表示热烈祝贺！

亳州位于安徽省西北部，是2000年5月经国务院批准设立的地级市，辖涡阳县、蒙城县、利辛县和谯城区，国土面积8522平方公里，人口646万。亳州地处中原，交通便利，是苏、鲁、豫、皖四省交汇区域中心城市，自古就有“南北通衢、中州锁钥”的美誉，境内拥有2条国道和6条省道，京九、徐阜铁路和济广、南洛、泗许、济祁高速公路在此交汇。商合杭高铁正在建设，亳州机场正式进入规划报批阶段，引江济淮入亳等重大项目前期工作扎实推进。亳州资源丰富，特色鲜明，是闻名全国的中华药都，建有全国规模最大的中国（亳州）中药材交易市场，中药材种植面积突破110万亩，有十万药商、百万药农；素有“酒乡”之誉，有以古井贡和高炉家为代表的白酒生产企业130多家，年产量约占全省的1/3；是全国著名的商品粮、商品棉、商品油、商品用材林生产基地，现有耕地754万亩，年粮食总产接近100亿斤，约占全省的1/7；是新兴的能源基地，已探明煤炭储量50亿吨，约占全省的1/6，现有投产煤矿4对、在建2对。

今年以来，在省委、省政府的坚强领导下，我市各项工作均取得了新的进步。上半年，主要经济指标增速继续保持全省前列，其中，战略性新兴产业产值、外商直接投资等16项主要经济指标增速居全省前8位，全部财政收入等14项指标增速居全省前5位，金融机构贷款余额等7项指标增速居前3位，二产增加值增速居第1位。实现地区生产总值548.8亿元，同比增长9.1%，居全省第4位。财政收入89.7亿元，同比增长17.6%。

亳州是国家历史文化名城、中国优秀旅游城市、中原经济区成员城市。在亳州这片钟灵毓秀的土地上，诞生了老子、庄子、曹操、华佗等众多文治武功、彪炳史册的先哲名流，孕育了在世界产生巨大影响的道家文化、建安文化、中医药文化，留下了丰富的哲学思想、人文精神、道德理念，对人类进步和世界文明产生了极其广泛而深远的影响。花戏楼、运兵道、天静宫、庄子祠、北关历史街区、南京巷古钱庄群的修复、道德中宫的扩容改造和古井酒文化博物馆的建成为亳州文化遗存的保护和开发、文化旅游事业发展增添了新的亮点。

近年来，亳州市在地方文化的发掘与研究方面作了大量工作，取得了丰硕成果。市委宣传部等单位推出的《人文亳州》《老庄文化研究》《亳州文物古迹概览》《亳州风土民情》《亳州历史文献研究》《亳文化十讲》等书籍，对于挖掘和传播亳州地方文化起到了重要作用。老庄思想研讨会、老子与道教文化学术研讨会、亳文化研究座谈会等大型学术研讨会在亳州举办，搭建了文化交流研究的重要平台，也成为地方文化研讨的重要品牌。

应该说，亳州地域文化是淮河文化的重要组成部分。近年来，来自我市的各位专家学者在研究亳州地域文化的同时，丰富了淮河文化的研究格局。本届研讨会的主题是“淮河文化传统与文化自信”，这是立足地方文化、贯彻习近平总书记关于道路自信、理论自信、制度自信、文化自信重要论述的一项重要研究课题。此次淮河文化研讨会在亳州市和亳州学院召开，体现了省社科联对亳州市和亳州学院的关心关爱，对促进亳州经济文化发展、加强亳州与各地文化交流具有十分重要的意义。希望各位专家学者畅所欲言，共同推动本次研讨会结出丰硕成果。

最后，预祝本次研讨会取得圆满成功，祝各位专家学者在亳期间生活愉快！

在第九届淮河文化研讨会上的讲话

亳州学院党委副书记、副院长 张立驰

尊敬的各位领导、各位专家学者：

大家上午好！

经过前期的精心筹备，由安徽省社科联与亳州学院联合主办，安徽省淮河文化研究会、亳州市社科联、亳州学院亳文化研究中心协办的第九届淮河文化研讨会，今天在亳州如期召开了。在此，我谨代表亳州学院，向参加本次研讨会的各位领导、各位专家以及各位媒体朋友表示热烈的欢迎！向为此次大会作出精心指导的省社科联、亳州市委宣传部、亳州市社科联领导表示衷心的感谢！

自 2000 年亳州建市以来，省委省政府、省教育厅、亳州市委市政府高度重视亳州高等教育事业的建设和发展。去年 3 月，在社会各界的关心支持下，亳州师专成功升格为本科院校，也就是今天的亳州学院，自此，学院发展步入了新阶段。目前，学院占地 925 亩，共有 10 个教学系部，42 个专业，7000 余名学生，专人教师近 400 人，其中正教授 35 人、博士和副教授 100 余人，成为安徽省最年轻、极具发展潜力的新建应用型本科高校。此次会议选择在亳州召开，既为我们提供了学习提高的机会，也充分体现了省社科联、各兄弟高校对亳州学院建设和发展的关心。在此，我代表学院师生再一次向各位的关心支持表示最衷心的谢意。

亳州是历史文化名城和全国优秀旅游城市，文化底蕴深厚，研究传承地方文化成为亳州学院不可推卸的责任和使命。2010 年我校便成立了亳文化研究中心，作为专门研究地方历史文化的学术机构，中心共有 4 个研究所，专职研究人员 4 人。几年来，依托亳文化研究中心，我们大力开展亳文化研究，提倡学术研究与文化传承相结合，提倡以文化人和服务地方经济社会发展相结合，并积极推进亳文化进校园、进课堂、进教材，取得了系列成果。几年来研究中心共承担各级各类课题 30 余项，出版著作 10 余部，发表论文 100 余篇，进一步提升了亳文化的影响力。学校还投资 400 多万元建成校内“亳文化馆”，全方位、多角度展示亳州悠久灿烂的地方文化，中心各位专家还积极参与亳州市文化项目建设和文化产业的论证，助推了全市文化事业、产业的建设与发展。

各位领导、各位专家学者，淮河文化研讨会是传承淮河文化血脉、推进地域文化繁荣发展的重要学术盛会。长期以来，淮河文化研讨会在搭建学术平台，促进文化交流、推动文化发展、服务地方经济社会建设方面发挥了重要作用，受到社会各界特别是文化学者的高度关注。本届研讨会的主题是“淮河文化传统与文化自信”，这是贯彻习近平总书记关于道路自信、理论自信、制度自信、文化自信的一项重要课题，可进一步在历史与现实、传统与现代的贯穿视野下，更好地认识淮河流域优秀传统文化的当代价值。

希望在座的各位专家、各位学者在接下来的大会中能够踊跃交流、畅所欲言，奉献更多理论创见，推动淮河文化研究领域向纵深发展，把淮河文化的研究提高到一个新阶段、新水平。

最后，祝愿各位专家、学者在亳期间生活愉快！预祝本次研讨会取得圆满成功！谢谢大家！